清华大学低碳经济研究院

中国低碳发展战略、路径与对策

主　编　何建坤

副主编　周　剑　何继江

本书得到国家自然科学基金重大项目的“国际气候治理与合作机制研究”课题（批准号：71690243）、教育部人文社会科学重点研究基地重大项目“城市低碳发展的峰值目标与碳定价机制研究”（项目批准号：15JJD630006）资助

科 学 出 版 社

北　京

内 容 简 介

本书由清华大学低碳经济研究院组织，汇集了校内相关研究单位的研究成果，编写而成。全书由低碳战略、低碳路径、碳定价机制探索、低碳城市与规划、低碳建筑和低碳交通共六篇组成，以多学科的视角，分析了全球应对气候变化背景下中国低碳发展的战略、目标途径和政策措施，以及在能源革命、产业转型和低碳建筑与低碳交通等领域的对策和行动。本书有助于读者了解中国低碳发展领域的学术研究进展。书中所阐述的观点及内容，能够为政府制定相关政策提供可参考的研究依据，能够启发读者及相关组织关注、讨论并行动，为推动我国实现低碳转型做出贡献。

本书的读者包括：国内政府各级决策者，从事应对气候变化和低碳发展领域研究工作的各界专家、学者，从事低碳发展领域实践工作的产业界人士，高校相关专业师生，关心全球气候变化和我国低碳发展问题的社会公众，等等。

图书在版编目（CIP）数据

中国低碳发展战略、路径与对策 / 何建坤主编. —北京：科学出版社，2018.9

ISBN 978-7-03-055863-3

Ⅰ. ①中… Ⅱ. ①何… Ⅲ. ①中国经济－低碳经济－经济发展 Ⅳ. ①F124.5

中国版本图书馆 CIP 数据核字（2017）第 304531 号

责任编辑：马 跃 李 嘉 / 责任校对：王晓茜 贾娜娜
责任印制：吴兆东 / 封面设计：无极书装

科 学 出 版 社 出版
北京东黄城根北街 16 号
邮政编码：100717
http：//www.sciencep.com

北京虎彩文化传播有限公司印刷

科学出版社发行 各地新华书店经销

*

2018 年 9 月第 一 版 开本：720 × 1000 1/16
2018 年 9 月第一次印刷 印张：31
字数：624 000

定价：252.00 元

（如有印装质量问题，我社负责调换）

本书作者名单

第一篇　低碳战略

第 1 章　中国低碳发展的形势与战略　何建坤
第 2 章　中国可持续能源系统　倪维斗、周滢垭

第二篇　低碳路径

第 3 章　中国重点部门中长期 CO_2 减排潜力与技术路径　温宗国
第 4 章　低碳视角下的中国电力行业分区优化模型应用　蔡闻佳、惠婧璇、毛紫薇、叶敏华、王灿
第 5 章　RCP 排放情景实现路径及国别影响研究　齐天宇
第 6 章　中国分区综合评估模型开发与绿色低碳发展转型路径研究　张旭

第三篇　碳定价机制探索

第 7 章　中国碳排放权交易体系的建设　段茂盛、庞韬
第 8 章　中国分区能源经济模型系列研究　张达
第 9 章　海南省低碳发展下的核电发展研究　周剑、王宇、何晓宜

第四篇　低碳城市与规划

第 10 章　能源互联网与城市能源转型　曾嵘、何继江、陈启鑫
第 11 章　北京城市温室气体排放清单与减排政策情景分析　姜洋、何永、陈素平、何东全、毛其智
第 12 章　低碳浪潮下的城市规划——应对策略与现实选择　谭纵波
第 13 章　横琴新区低碳发展部门规划研究　蔡琴、齐晔、孟延春、张焕波
第 14 章　基于整体观的城镇低碳发展思考　栗德祥、王富平

第五篇　低碳建筑

第 15 章　中国建筑节能的技术路线图　江亿

第 16 章　澳门建筑能耗特点分析及节能建议　孟翔宇

第 17 章　村镇住宅建筑可持续用能体系　杨旭东、单明

第六篇　低碳交通

第 18 章　中国车用能源系统可持续转型　欧训民、彭天铎、王海林、张希良

第 19 章　绿色低碳交通发展战略——主要影响因素与实现途径　陆化普

第 20 章　中国新能源汽车研发进展与展望　欧阳明高、王贺武

第 21 章　低碳交通发展规律探索　王海林、何建坤、张希良

前　言

气候变化危及地球生态安全和人类社会的生存与发展，是当前人类面临的最大威胁，合作应对气候变化已成为世界各国的普遍共识和强烈的政治意愿。2016 年 11 月 4 日生效的《巴黎协定》确立了 2020 年后新的全球气候治理机制，形成以全球控制温升不超过 2℃（并努力控制在 1.5℃以下）目标为指引，以各国自主确定减排贡献目标和行动计划为基础，并以定期全球集体盘点为激励的制度框架，将极大地促进全球应对气候变化国际合作行动，世界范围内将加速经济发展方式的低碳转型。

当前世界各国自主减排贡献目标与实现全球控制温升不超过 2℃目标的减排路径之间尚有较大缺口，到 2030 年这一缺口将达到约 150 亿吨二氧化碳当量。因此各国都必须进一步加大减排力度。世界各国经济社会持续发展都将面临越来越紧迫的碳排放空间的制约，各国都必须加快经济发展方式的低碳转型，走上气候适宜型的低碳经济发展路径。我国也将面临加快经济发展方式转变的紧迫形势。

能源消费的 CO_2 排放约占全部温室气体排放的 2/3，因此全球低碳化发展的核心即在于推动能源体系的革命性变革，要大力节能，提高能源效率，控制能源消费量；同时加强以新能源和可再生能源取代化石能源，在保障能源供给的同时减少 CO_2 排放。《巴黎协定》提出到 21 世纪下半叶实现温室气体近零排放，即意味着到 21 世纪中叶之后，要逐渐建成以新能源和可再生能源为主体的低碳甚至零碳能源体系，也意味着化石能源时代的终结。

我国积极推进能源生产和消费革命，努力构建高效、安全、清洁、低碳的能源供应体系和消费体系，以能源变革促进经济发展方式的低碳转型，为 21 世纪下半叶建成近零排放的可持续能源体系奠定基础，以适应全球应对气候变化的紧迫进程，并发挥积极的引领作用。世界范围内能源转型将使先进能源技术的创新和产业化发展成为战略性新兴产业，成为新的经济增长点和新的就业机会，也是大国间技术竞争和相互合作的重点领域，成为国家核心竞争力的体现。我国当前积极推动能源生产和消费革命，促进经济发展方式向绿色低碳转型，也是顺应世界能源变革趋势，提升我国全球竞争力的战略选择。

我国作为最大的发展中国家和排放大国，在《巴黎协定》的达成和生效过程中发挥了积极的引领作用，体现了大国的责任担当。在国内也积极实施应对气候变化的国家战略，把减缓 CO_2 排放作为约束性目标纳入国家经济与社会发展规划，采取强有力的措施和行动，并取得了举世瞩目的成效。我国在 2009 年哥本哈根世界气候大会上提出到 2020 年单位国内生产总值（gross domestic product，GDP）的 CO_2 排放强度比 2005 年下降 40%～45%的目标，到 2015 年已下降了 38.3%，“十三五”再实现下降 18%的目标后，到 2020 年可比 2005 年下降约 50%，超额完成下降 40%～45%的预定目标。我国在《巴黎协定》后又提出有雄心、有力度的国家自主贡献目标。到 2030 年单位 GDP 的 CO_2 排放强度比 2005 年下降 60%～65%，非化石能源比重达 20%左右，CO_2 排放到 2030 年左右达峰，并努力早日达峰，这都要比实现 2020 年承诺的目标付出更大的努力。当前在转换发展动力、改变发展方式、产业转型升级的经济新常态下，我国将以有雄心的 CO_2 减排目标为导向，发挥 CO_2 减排与国家节约资源、保护环境和可持续发展目标的协同效应，促进国内能源变革和经济低碳转型。需要统筹协调、超前部署，实现经济发展、环境改善、节能降碳的多方共赢。

实现经济发展方式的低碳转型，既是一个长期努力的过程，又十分紧迫，既要有前瞻性的战略部署，又要有分阶段的目标和任务，既要开展切实的行动，又要不断研究和总结经验。制定并实施低碳发展战略，涉及经济、社会、能源、环境、技术创新等多个领域和产业、交通、建筑、居民等多个部门。既需要跨学科的综合研究和相互交流，也需要研究思路和方法学的不断创新，需要以生态文明的理念为指引，研究和探索中国特色的绿色低碳发展模式与路径，实现经济发展、环境保护与应对气候变化的共赢，并为保护地球生态安全和全人类可持续发展做出贡献。

本书由清华大学低碳经济研究院组织，汇集校内相关研究单位的研究成果，编写而成。内容涵盖应对气候变化战略、能源革命、中长期低碳发展路径、低碳政策与制度，以及产业转型、低碳交通、低碳建筑等多个领域，也对相关研究的模型体系和方法学进行介绍，以期与社会各界进行交流与共享。

本书得到国家自然科学基金重大项目的“国际气候治理与合作机制研究”课题（批准号：71690243）、教育部人文社会科学重点研究基地重大项目“城市低碳发展的峰值目标与碳定价机制研究”（项目批准号：15JJD630006）资助。本书感谢王富平、王宇飞、孟翔宇、单明、赵燕来、李志来在组稿期间的投入，也感谢王海林博士在校稿期间的辛苦工作。

何建坤

2016 年 12 月于清华大学

目　　录

第一篇　低碳战略

第二篇　低碳路径

第三篇 碳定价机制探索

第四篇　低碳城市与规划

第五篇　低 碳 建 筑

第六篇　低 碳 交 通

第一篇　低碳战略

第 1 章 中国低碳发展的形势与战略[①]

气候变化是当前人类面临的最大威胁，将危及地球生态安全和人类生存与发展。自 1992 年联合国环境与发展大会通过《联合国气候变化框架公约》（United Nations Framework Convention on Climate Change，UNFCCC）以来，世界开始了合作应对气候变化的进程。应对气候变化的核心是减少人为活动的温室气体排放，稳定大气中温室气体浓度，控制地表温升幅度，以保护地球生态安全和人类社会的可持续发展。这是人类社会发展进程中对自然风险的控制和管理，是寻求经济社会与自然生态环境和谐发展的方式与途径。实现这一目标的核心对策是推动能源生产和消费的革命性变革，发展并建立以可再生能源为主体的高效、低碳新型能源体系，促进经济社会发展方式向绿色低碳转型，最终实现 CO_2 近零排放，使人类社会发展完全不再依赖地球上有限的矿物质资源，也不再向地球环境空间排放废物，实现经济社会发展目标与保护地球生态环境目标的协调统一。

1.1 全球应对气候变化和低碳发展的背景及趋势

1.1.1 全球应对气候变化进程日趋紧迫，发展低碳经济已成为世界潮流

自 20 世纪 80 年代以来，全球气候变化日益引起世界范围的广泛关注，并开启了应对气候变化的国际合作进程。联合国政府间气候变化专门委员会（Intergovernmental Panel on Climate Change，IPCC）2014 年发布了第五次评估报告（AR5）[1]，进一步肯定了近百年来全球气候不断变暖的事实。自 20 世纪以来，全球地表平均温度已上升 0.8℃，而且越来越多的科学事实和研究表明，近百年来全球气候变暖主要是人为活动引起的。

自工业革命以来，人为活动（化石燃料燃烧、工业生产过程、土地利用变化等）引起温室气体（CO_2、CH_4、N_2O、HFCs、PFCs、SF_6 等）排放，使大气中温室气体浓度上升，温室效应增强，导致全球气候变暖。大气中 CO_2 浓度已由工业革命前的 280ppm[②]上升到 400ppm，并呈持续上升趋势。

---

① 本章作者：何建坤教授，清华大学低碳经济研究院学术委员会主任。

② $1ppm=10^{-6}$。

全球气候变暖对自然生态和人类社会产生了越来越广泛的影响，而且其负面影响更为显著。气候变化引起海平面上升、海洋酸化、风暴潮增加、河流径流量减少、农作物产量下降、自然生态退化、生物多样性受损、极端气象灾害事件增加等。近百年来，海平面已平均上升了 17cm。气候变暖将使降雨量不均、强暴风、洪涝、干旱、强台风等极端灾害事件增多、增强，影响粮食生产、人体健康和社会公众的生命财产安全。如果全球气候变暖趋势得不到及时有效的抑制，将给地球生态和人类社会带来不可逆转的灾难性的风险[1]。

在全球减缓碳排放形势的推动下，发展低碳经济已成为世界统筹经济发展与保护全球气候的根本性战略选择。应对气候变化的核心是减缓人为活动的温室气体排放，其中主要是化石能源消费的 CO_2 排放。经济发展不断增长的能源需求和减排 CO_2 形成尖锐矛盾，发展低碳经济成为在可持续发展框架下应对气候变化的必由之路。低碳经济是以低自然资源消耗、低排放、低污染，达到较高的碳生产率，实现较高的经济社会发展水平和较好的生活质量的一种经济发展模式。其核心内容是：发展低碳能源技术，提高能源效率，改善能源结构，转变经济增长方式，建立低碳经济发展模式和低碳社会消费模式，长远使经济社会发展与温室气体排放完全脱钩，在经济社会持续发展的同时，温室气体排放持续下降。

2009 年哥本哈根世界气候大会就全球控制温升不超过 2℃目标达成共识，2015 年通过的《巴黎协定》又进一步明确了控制全球温升不超过 2℃，并争取控制在 1.5℃以下的目标。保护全球气候将极大地压缩全球未来的碳排放空间，世界各国都将面临排放空间不足的挑战。最近发布的 IPCC 第五次评估报告在进一步强化人为活动温室气体排放是造成当前气候变化主要原因的科学结论的基础上，强调了实现全球地表温升不超过 2℃目标下的减排路径。全球碳排放到 2020 年左右要达到峰值，到 2030 年与 2010 年持平到减排 40%，到 2030 年减排 40%～70%，而到 21 世纪下半叶要实现近零排放。而按当前各国的减排承诺和发展趋势，到 2020 年尚有 50 亿～100 亿吨二氧化碳当量的减排缺口，到 2030 年全球排放还会比 2010 年增长约 30%。按此趋势到 21 世纪末的温升将达 3.7～4.8℃[1]，会对自然生态和人类社会带来不可逆转的灾难性后果。因此，世界各国都必须加大减排力度，经济社会持续发展也都将面临排放空间制约的严峻挑战。德班平台谈判于 2015 年底最终就 2020 年后适用所有国家的新减排制度框架达成协议，全球应对气候变化的形势日益紧迫，将进一步推进全球能源体系的革命性变革。

化石能源消费既是最主要的温室气体排放来源，又是与经济社会发展紧密相关的减排领域。在保障经济社会持续发展的同时，实现减排 CO_2 目标，就必须实现能源体系的根本性变革。其一是大力节能，提高能源利用技术效率和经济产出效益，在保障经济增长的同时减缓能源需求的增长；其二是大力发展水电、风电、太阳能、生物质能、核能等新能源和可再生能源，改善能源结构，减少煤炭、石油等化石能源的比例，在保障能源供给的同时，减少 CO_2 排放。上述两个方面即成为当前能源转型的目标和主要方向。最终将形成以新能源和可再生能源为主体的可持续低碳能源体系，以取代当前以化石能源为支柱的传统高碳能源体系，从而摆脱化石能源时代，实现 CO_2 的近零排放。

1.1.2　新型能源体系革命是应对气候变化的根本途径，也是世界大国的战略趋向

在全球应对气候变化低碳发展的潮流下，世界主要国家都出现了能源变革的新趋势。其首要选择是节能和提高能效，把节能放在比开发更为优先的地位。这是因为能源的节约比开发不仅具有更显著的节约资源、改善环境的效果，也具有明显的成本优势和经济效益，而且节能潜力巨大，对未来满足新增能源服务需求可比增加能源开发有更大的作用，因此视节能为“第一大能源”。发达国家大都制定了先进能效标准的节能目标。例如，欧盟提出到 2020 年能效比 1990 年提高 20%的目标，德国进一步提出一次能源总消费到 2030 年和 2050 年分别比 2010 年减少 30%和 50%的目标，而经济社会仍将持续发展。美国也提出轻型乘用车燃油经济性到 2020 年左右将比目前提高 80%、减排 CO_2 达 40%以上的技术标准，同期商业和工业建筑能效也将提高 20%。当前发达国家经济增长缓慢，可依靠提高能效支撑其经济的持续增长，而能源总需求基本稳定，加上能源结构的调整，其 CO_2 排放已呈现持续下降的态势。2005～2013 年，气候公约附件Ⅱ指出发达国家 GDP 增长了 7.4%，一次能源消费却下降了 6.9%，相应 CO_2 排放下降了 9.2%[2]。今后随着发达国家经济复苏，GDP 增速可能有所提高，但能源消费总体稳定、CO_2 排放总体下降的趋势仍会持续。

能源结构低碳化是在保障能源供应前提下减少 CO_2 排放的根本对策。全球风能、太阳能、生物质能和地热能等非水可再生能源供应量 2013 年比 2005 年增长 2.28 倍，年均增速 16%，远高于全球能源总消费量 2.2%的增速。2013 年与 2005 年相比，经济合作与发展组织（Organisation for Economic Co-operation and Development，OECD）发达国家能源总消费量减少 2.6%，煤炭和石油消费量分别减少 9.6%和 9.0%，而天然气和可再生能源则分别增长 11.6%和 180%[3]。欧盟提出 2020 年可再生能源比例达 20%的目标，德国进一步提出 2030 年达 30%，2050 年达 60%，其中发电比例达 80%的目标。全球已出现以新能源和可再生能源为主体的新型低碳能源体系逐渐取代以化石能源为支柱的传统高碳能源体系的变革潮流，可再生能源技术和产业将面临快速发展的新局面。在化石能源中，天然气是比煤炭、石油更为清洁、高效的低碳能源，其产生单位热量的 CO_2 排放比煤炭低 40%以上，用天然气替代煤炭也是促进能源结构低碳化的重要选项。特别是随着美国页岩气开发技术的突破，2012 年与 2007 年相比，天然气产量增长 25%，在一次能源消费

中的比重也由25%上升到30%。相应的煤炭消费量下降23.6%，煤炭在一次能源消费中的比重也由24.3%下降到19.8%，单位能耗的CO_2排放强度下降11.2%，能源消费总量下降6.9%，而CO_2排放总量下降11.2%[3]。世界范围内新能源和可再生能源替代化石能源的变革趋势日益明显与加速，到21世纪末全球必须实现以新能源和可再生能源为主体的可持续能源体系，完成能源体系的根本性转型，使CO_2排放趋近于零，从而实现控制温升不超过2℃的全球应对气候变化的目标。

当前全球能源变革的趋势，也称为正在兴起的“第三次工业革命”的重要标志[4]。历史上每次工业革命都以能源和动力的革命为驱动。第一次工业革命是以煤炭代替木柴，蒸汽机的发明催生了纺织等工业产品的工厂化生产，并伴随铁路的出现，这些都极大地提高了劳动生产效率。第二次工业革命发明了电力作为二次能源，产生了类似福特汽车自动化生产线的工业产品的大规模集约化和自动化生产，同时伴随着石油代替煤炭成为主要能源品种以及内燃机的出现，产生了更为便捷的汽车、飞机、电报、电话等交通和通信方式，劳动生产率也极大提高。但第一次工业革命和第二次工业革命都是以无节制地消耗地球矿物资源、化石能源和向环境排放废弃物为代价的，在创造高度发达的“工业文明”的同时，也造成地球矿产资源日趋枯竭和以全球气候变化为代表的生态危机。工业文明是一种不可持续的人类社会的文明形态，当前人口数倍于发达国家的广大发展中国家实现其现代化进程，已不再具备沿袭发达国家以化石能源为支撑的高碳发展路径的资源条件和环境条件，世界迫切需要向人与自然相和谐的生态文明转型，走上绿色低碳的可持续发展路径[5]。而当前以新能源和可再生能源替代化石能源的新型能源体系革命是促进经济社会发展与资源环境相协调的根本途径。全球应对气候变化的紧迫形势，将加速世界范围内能源变革和低碳发展的趋势，也将会引发经济社会发展方式的根本性变革，并伴随激烈的经济、贸易和技术竞争。先进能源技术将成为国际技术竞争的前沿和热点领域，作为世界大国战略必争的高新科技产业，也将带来新的经济增长点、新的市场和新的就业机会。低碳技术和低碳发展能力越来越成为一个国家的核心竞争力。我国必须实施创新驱动战略，顺应全球能源变革趋势，打造先进能源技术的竞争优势，实现跨越式发展，打造自身的低碳发展优势，在新一轮能源体系革命中占据先机，只有这样才能在自身可持续发展的基础上，在气候变化国际合作行动中占据主动和引导地位。

1.2 中国低碳发展的形势与任务

1.2.1 我国经济发展面临国内资源环境制约和全球减排CO_2的双重挑战，推动能源革命是统筹国内国际两个大局的战略选择

随着经济社会快速发展和能源消费总量的持续增长，我国面临资源紧缺、环

境污染、生态破坏的严峻形势。我国在节能和减缓CO_2排放方面已做出了巨大努力，并取得了显著成效。2005～2013年，关闭能耗高、效率低的小火电机组9400万kW，淘汰能效低的炼铁、炼钢落后产能分别达1.5亿t和1.2亿t，小水泥产能8.7亿t，能源利用效率有很大提高。同期单位GDP能源强度下降了26%，CO_2强度下降了28%[6]，下降幅度远高于发达国家约15%的下降水平，而世界能源强度和CO_2强度平均水平则基本未变。但由于我国经济快速增长，同期GDP增长到2.2倍，年均增速10%以上，相应能源消费也增长了59%，而世界GDP增速仅约为2.5%，同期能源消费增长则不到20%。我国当前能源消费量约占世界的20%，2007～2012年的增长量则占世界同期增长量的47.8%，其中煤炭消费增长量占世界增长量的57%，石油消费增长量占世界增长量的63%[2, 3]。石油和天然气进口的对外依存度增加，2013年分别达58%和31%，到2020年预计将达70%和50%，我国也已成为世界最大的煤炭净进口国。美国由于非常规油气开发技术的突破，石油净进口5年内下降了35.2%，对外依存度下降到45%以下[3]。我国不仅石油进口比例已远远高于美国，而且净进口数量也已经或即将超过美国，并已成为中东地区最大的石油进口国。能源供应安全保障也面临新的挑战。

我国煤炭等化石能源消费较快增长的趋势，已使国内资源保障和环境容量接近极限。2013年煤炭产量达36.8亿t，超过科学产能供应能力的将近1倍，累计造成采空区土地塌陷面积已达100万hm^2，也带来越来越严重的地下水资源破坏、大气和土壤污染等生态环境问题。煤炭等化石能源消费也是SO_2、NO_x、烟尘等常规污染物排放的主要来源。京津冀地区雾霾天气严重，煤炭燃烧和汽车尾气排放也是其主要成因。$PM_{2.5}$中重金属含量40%～70%来自化石能源燃烧。我国能源构成以煤炭为主，其比重长期达70%左右，世界能源构成中煤炭比重不到20%，从而造成我国单位能耗的CO_2排放因子比世界平均水平高20%以上。当前我国CO_2排放量已占世界的1/4，2005～2013年排放增长量约占世界增长量的60%，2013年人均年排放量已达6.0t，接近部分欧洲国家的水平。在全球应对气候变化减缓CO_2排放日趋紧迫的形势下，我国也面临日益严峻的挑战。

当前，随着经济发展进入新常态，经济增速放缓，产业结构调整加快，2014年后能源消费增速大幅放缓，能源结构改善加速，应对气候变化减缓碳排放又出现了新的形势。我国在工业化阶段的首要目标是要提高单位能源消费和单位CO_2排放的产出效益，即提高碳生产率，也就是大幅度降低GDP能源强度和CO_2强度。我国2014年能源消费约占世界的22.4%，而GDP总量仅占世界的12.3%，单位GDP能耗约为世界平均水平的1.8倍，为发达国家水平的3～4倍，存在较大的提升空间和潜力。当前我国新能源和可再生能源发展迅速，比例持续增加，2005～2013年，新能源和可再生能源供应量增加到2.3倍，占一次能源的比重由6.8%上升到9.8%，可再生能源年均增长速度和增长量均居世界前列。我国当前可再生能源电力投资规模和新增容量均已超出煤电，并呈持续快速增长的趋势，但由于能源消费总量仍呈较快增长趋势，所以新能源和可再生能源发展在相当长时间内仍不能满足新增能源的需求，煤炭消费量2005～2013年仍增长了48.1%[6]。我国调整能源结构、控制能源消费总量的增长仍面临艰巨的任务。

面对我国当前资源约束趋紧、环境污染严重、生态系统退化的严峻局势，大力节约能源，提高能源效率，改善能源结构，推进能源体系的革命性变革，既是我国突破资源环境制约、建设生态文明、实现永续发展的内在需求，也是积极推进应对全球气候变化进程的战略选择。推动能源生产和消费革命，可以起到促进节能和能源替代的双重功效，在减缓 CO_2 排放的同时，将有效降低 SO_2、NO_x、$PM_{2.5}$ 等常规污染物的排放。特别是实施能源消费总量的控制目标，将有效控制煤炭消费总量，从根本上减少环境污染的来源。因此，推动能源生产和利用方式的变革，可成为节约能源、改善能源结构、保护生态环境和应对气候变化的综合措施与关键着力点，具有显著的协同效应，将有效地促进经济由资源依赖型、粗放扩张的高碳发展方式向创新驱动型、内涵提高的低碳发展方式转变，推进生态文明建设。

从国内需求看，能源革命的目标是建立并形成高效、安全、清洁的能源供应和消费体系，支撑经济社会的可持续发展。全球应对气候变化则更注重能源供应体系和消费体系的低碳化特征，更强调减排 CO_2 的目标及措施。我国推动能源革命战略要将两者融合，既注重节约能源、改善环境、保障能源安全，又强调减排 CO_2 的目标、措施和效果，在充分发挥两者协同效应的同时，要把低碳化纳入能源革命的战略目标之一，把建立并形成高效、安全、清洁、低碳的能源供应体系和消费体系作为统筹国内可持续发展和应对全球气候变化下能源革命的战略目标[7]。

1.2.2 经济发展新常态下加速推进能源革命步伐，加快经济发展方式向绿色低碳转型

当前，我国经济发展进入转型升级新常态，GDP增速放缓，由30多年来10%左右的高速增长回落到7%左右的中高速发展，由注重GDP增长的速度和规模转变为更加注重经济发展的质量与效益，由资源和要素投入型、粗放扩张增长方式转向创新驱动型、内涵提高的增长路径。这将改变不断扩大投资、增加重化工业产能的发展模式，而更加依赖于技术创新，提高全要素生产力。这将有利于降低对钢铁、水泥等能源密集型产品的需求，有利于促进产业结构调整，降低高耗能重化工业的比重，而促进高新科技产业和现代服务业的发展，有利于促进GDP能源强度和 CO_2 强度的下降。在GDP增速相应放缓的情况下，能源需求的增长速

度将有更大的下降。1990～2013 年，GDP 年均增速为 10.4%，能源消费增速为 6.0%。2013～2020 年，在 GDP 增速回落到 6.5%～7%的预期下，能源需求的增速将进一步下降到 2%左右。能源需求增速放缓的情况下，新增能源供应将以新能源和可再生能源为主。我国 2013 年新能源和可再生能源在新增发电装机容量中的占比已达 60%，在新建电站投资中已占 75%，而且呈逐渐加大的趋势，煤炭等化石能源消费将逐渐趋于饱和，从而使 CO_2 排放趋于峰值。经济发展新常态下将有利于加快能源结构转变步伐，加速向绿色低碳转型。

1.2.3　推动能源结构的低碳转型，我国比发达国家面临更为艰巨的任务

对于处于后工业化发展阶段的发达国家，其能源需求已趋于稳定，发展新能源和可再生能源可替代与降低当前煤炭等化石能源的消费量，使其 CO_2 排放呈持续下降趋势。而我国仍处于工业化发展阶段，随着 GDP 较快增长，能源需求仍处于持续增长阶段，发展新能源和可再生能源，首先要满足能源消费增量的需求，其次才有可能替代存量。在当前新能源和可再生能源比例较低、基数较小的情况下，尽管其发展迅速，近年来我国可再生能源投资规模、新投产供应量和增长速度均居世界前列，但仍不能满足能源消费增量的需求，在相当长时期内，化石能源的消费仍会有所增长，所以 CO_2 排放量还会不断增加。我国当前所处发展阶段的特征使我国在全球能源变革中面临更大的挑战。美国 2015 年 8 月公布“清洁电力计划”，提出 2030 年全国电力部门的 CO_2 排放比 2005 年减少 32%。到 2011 年底，其已减排 10.7%，2011～2030 年需再减排 23.9%。美国 2011 年燃煤发电 1.875 万亿 kW·h，占其电力的 43.1%。美国未来的电力需求基本稳定，若实现其 2030 年减排目标，将由新增天然气和非化石能源装机替代现有煤电机组，天然气和非化石能源装机将需分别增加 0.5 亿～1.0 亿 kW。减少煤电装机约 1.5 亿 kW，相应煤电比例将下降到 28%。我国 2011～2030 年，新增水电、风电、太阳能发电和核电等非化石能源装机将达 10 亿 kW 以上，新增装机规模将是美国的 5～10 倍，新能源和可再生能源发展速度与规模均大于美国。2011～2030 年，美国每千瓦时的 CO_2 排放强度将下降 20%～25%，而我国将下降约 35%，能源替代速度也远大于美国。但因为我国 2030 年电力总需求将比 2011 年大约翻一番，总需求量增长速度大于能源替代的速度，所以届时电力部门的 CO_2 排放仍将增加 30%左右，而美国电力需求不再增长，所以其 CO_2 排放可下降 30%[7]。因此，在我国能源消费总量还在持续增长的阶段，更需要加大能源变革的力度，尽量多地发展新能源和可再生能源来满足新增长的能源需求，减少化石能源供应量的增长，防止未来化石能源供应的技术锁定效应，从而实现新能源技术的跨越式发展。到 2030 年左右，我国基本完成工业化和城镇化发展阶段，人口规模稳定，经济增速放缓，产业结构调整

加速，能源需求增长则趋于缓慢，新能源和可再生能源技术成熟，规模化产业体系趋于完善且发展迅速，届时可依靠发展新能源和可再生能源满足新增能源总需求，从而使 CO_2 排放不再增长。这应是我国中近期能源变革的战略目标。

1.3　中国应对气候变化低碳发展的目标和战略思路

2014 年 11 月亚洲太平洋经济合作组织（Asia-Pacific Economic Cooperation，APEC）会议期间，发表《中美气候变化联合声明》，各自提出 2020 年后减排目标。2015 年 6 月，为促进年底巴黎气候大会成功，又公布了 2020 年后国家自主决定贡献（intended nationally determined contributions，INDC）的减排目标[8]，包括 GDP 的 CO_2 排放强度下降、非化石能源比例提高、CO_2 排放达峰以及森林蓄积量增加等多方面减缓气候变化的指标。CO_2 排放约占我国全部温室气体排放的 80%，我国提出积极的森林增汇目标，每年森林碳汇增长量大体上与水泥生产等工业过程的 CO_2 排放量相抵消，因此在单位 GDP CO_2 排放和 CO_2 排放峰值目标中，主要关注化石能源消费的 CO_2 排放。化石能源消费的 CO_2 排放达到峰值即意味着我国温室气体排放总体上达到峰值。对其他非 CO_2 温室气体，我国也将采取积极的减缓行动。

1.3.1　大幅度降低单位 GDP CO_2 排放，是我国统筹经济社会持续发展和减缓气候变化的关键着力点

我国尚处于工业化、城镇化较快发展的阶段，既要满足随着经济社会发展不断增长的能源需求，又要应对全球气候变化减缓 CO_2 排放，就必须推进能源生产和消费革命，走绿色发展、循环发展、低碳发展的路径。大幅度降低单位 GDP 能源强度和 CO_2 强度，即大幅度提高单位能耗和单位 CO_2 排放的经济产出效益，成为统筹协调国内可持续发展与减缓全球气候变化的关键指标和着力点。处于后工业化发展阶段的发达国家需要确立包含 CO_2 等全部温室气体的减排目标，是“总量”下降的绝对减排指标。作为发展中国家，我国所确立的是 CO_2 排放“强度”下降的相对减排指标，而 CO_2 排放总量在一定时期内仍会有合理增长。这也体现了《联合国气候变化框架公约》所确定的“共同但有区别的责任”原则。

在 2009 年哥本哈根世界气候大会上，我国提出 2020 年单位 GDP CO_2 排放比 2005 年下降 40%～45%的自主减排目标。到 2015 年底已下降了 38.3%。而同期发达国家下降幅度约为 15%，世界平均水平基本没有下降。我国在减缓碳排放方面所做的努力和取得的成效举世公认。我国“十三五”期间又制定了 GDP 的 CO_2 强度下降 18%的目标，完成该目标后，到 2020 年可比 2005 年下降 50%左右，将超过 40%～45%的承诺目标。当前，我国又进一步提出到 2030 年比 2005 年下降

60%～65%的自主决定贡献目标，这是一个更为积极紧迫的减排目标，实现该目标需做出更大的努力。

在我国 2020 年实现单位 GDP CO_2 强度比 2005 年下降 40%～45%目标的情况下，GDP CO_2 强度年均下降率需达 3.35%～3.91%，而要实现 2030 年比 2005 年下降 60%～65%的目标，年均下降率则需达 3.60%～4.11%，2020～2030 年，年均下降率更需提高到 3.97%～4.42%的水平，需要在节能和改善能源结构方面采取更强有力的措施并取得更大成效。

降低 GDP 的 CO_2 强度的途径，其一是大力节能，降低 GDP 的能源强度；其二是改变能源结构，降低能源消费的 CO_2 强度。2013 年我国 GDP 占世界总量的 12.3%，而能源消费占世界总量的 21.5%，单位 GDP 能耗仍为世界平均水平的 1.8 倍，为发达国家的 3～4 倍。这主要是我国工业特别是高耗能产业比重高，制造业产品处于国际价值链中低端，能耗高，增加值率低等结构性因素所致。而且我国能源结构中煤炭比例高，单位能耗的 CO_2 排放约比世界平均水平高 20%。因此，通过转变经济发展方式，调整产业结构，促进产业升级，推广节能技术，大力发展新能源和可再生能源，较大幅度降低 GDP 的 CO_2 强度也存在较大空间和潜力。

当前我国经济发展已从高速增长进入中高速增长的转型期。GDP 增速放缓后，若保持相同的 GDP 能源强度下降率，能源消费弹性则需进一步降低。能源消费弹性是指能源消费增长率与 GDP 增长率之比值，能源消费弹性下降意味着经济增长对能源增长的依赖程度降低。2005～2013 年，能源消费弹性平均为 0.59。为保障到 2030 年实现 GDP 的 CO_2 强度下降 60%～65%的目标，能源消费弹性还要进一步持续下降，到 2030 年前需下降到 0.3 以下的水平。因此需要采取更大力度的提高能效和发展新能源的措施，经济发展方式也要转向产业升级、提质增效的内涵式发展。

发达国家在《京都议定书》(Kyoto Protocol)下承担量化减排义务，欧盟 1990～2012 年温室气体已减排 18%，相应 GDP 增长 45%，单位 GDP 的温室气体排放年下降率为 2.56%，欧盟提出 2030 年比 1990 年减排 40%的目标，2012～2030 年，其 GDP 温室气体强度的年下降率将约为 3.6%。美国提出温室气体排放到 2025 年比 2005 年减少 26%～28%，相应 GDP 的温室气体强度年下降率预计为 3.45%～3.59%，到 2025 年年下降幅度可达 50%～52%。从 GDP 的 CO_2 强度下降速度比较，我国的减排力度尚高于欧盟、美国以及日本等发达国家和地区。另外，由于发达国家 GDP 增长率低，GDP 的碳强度下降率仍将大于 GDP 年增长率，可以实现绝对减排。我国尽管在降低 GDP 碳强度方面居领先水平，但由于 GDP 潜在增长率较高，仍大于 GDP 碳强度的年下降率，还不能实现 CO_2 排放量的绝对下降。这是由不同发展阶段的特征所决定的。我国以大幅度降低 GDP 的 CO_2

强度作为自主决定贡献目标，既符合我国国情和发展阶段，也反映了我国的减排努力和成效。

1.3.2 大力发展新能源和可再生能源，提高非化石能源比例，是我国构建低碳能源体系的重要对策

全球要实现控制温升不超过2℃的应对气候变化目标，必须实现大幅度的CO_2减排，到21世纪下半叶实现近零排放。这推动了世界范围内能源体系的革命性变革。当前以化石能源为支柱的高碳能源体系将逐渐被以新能源和可再生能源为主体的低碳能源体系所取代。我国2009年在哥本哈根世界气候大会上也提出到2020年非化石能源在一次能源中的比重由2005年的6.8%提升到2020年的15%的目标，2015年已达12%，这一目标经努力可以实现。当前又进一步提出到2030年将其提高到20%左右的自主决定贡献目标，这又是一个需进一步努力的积极目标。

我国2015年一次能源总消费量为43.0亿吨标准煤，未来即使采取大力度节能措施，到2030年一次能源总消费量也将达约55亿吨标准煤，实现非化石能源比例达20%左右的目标，届时其供应量将达约11亿吨标准煤，约为2014年4.7亿吨标准煤的2.3倍，非化石能源供应量相当于日本、英国和法国能源消费总量之和，其未来年均增速要达6%以上，远高于能源总需求年均约2%的增速。到2030年，新能源和可再生能源的装机规模将达12亿kW左右，相当于美国当前发电装机总量。其中水电装机将达约4.5亿kW，风电、太阳能发电的装机均达3亿～4亿kW，核电装机达1.2亿～1.5亿kW。非化石能源发电可替代煤炭16亿t以上，减排CO_2超过30亿t。到2030年，天然气比例也将提高到15%左右，煤炭比例下降到50%以下，能源结构的低碳化将使单位能耗的CO_2强度比2013年下降17%，比2005年下降20%。2030年以后，新能源和可再生能源仍将持续快速增长，为CO_2排放达峰并开始下降提供保障[9]。

1.3.3 实现CO_2排放达峰值目标，是我国经济发展方式转变的重要标志

我国当前经济社会发展面临资源约束趋紧、环境污染严重、生态系统退化的严峻局势。节约能源、改善能源结构，既是应对气候变化减排CO_2的战略对策，也是国内可持续发展的内在需要。积极地应对气候变化行动具有推动创新、促进可持续发展、增强能源安全、改善环境质量等协同效益，先进能源技术和产业的发展也将带来新的经济增长点与新的就业机会。实现CO_2排放峰值，即意味着经济社会持续发展将不再以增加化石能源供应为支撑，并与CO_2排放完全脱钩，实现经济持续增长而化石能源消费及其CO_2排放不断下降。这也意味

着国内资源制约和环境污染状况的根本改善，成为实现经济发展方式向绿色低碳转型的重要转折点。

发达国家的CO_2排放峰值均出现在完成工业化、城市化发展阶段之后，经济趋于内涵式增长，GDP增长缓慢，一般不高于3%，能源消费弹性较低，能源需求量增长缓慢或趋于稳定，再加上能源结构的调整，可使其CO_2排放不再增加。例如，欧盟15国1980年CO_2排放达到峰值，1980～1990年，GDP年均增长率为2.39%，能源消费年均增长率为0.9%。能源结构的改善使其单位能源消费的CO_2强度年下降率达1.0%，所以其CO_2排放呈逐渐下降的趋势。美国由于人口增长较快，尽管其人均CO_2排放1973年就达到峰值，但总量峰值直到2005年才出现。日本CO_2排放的人均峰值和总量峰值均到2005年才实现[2]。

我国计划2030年左右CO_2排放达到峰值，在发展阶段上早于发达国家CO_2排放达峰值时的水平，GDP潜在增速会相对较高，普遍认为将不低于4%。即使GDP的能源强度下降率持续保持在3%以上，届时能源消费弹性下降到发达国家峰值时约0.3的水平，2030年左右能源需求的年增长率也仍会达约1.2%，将高于发达国家CO_2排放达到峰值时能源需求的年增长率。因此我国需要比发达国家有更大力度的节能和能源结构调整措施，在尽量降低经济增长对能源增长依赖的同时，加速能源结构低碳化，依靠增加新能源和可再生能源供应量满足能源总需求的增长，从而使化石能源消费量不再增加，CO_2排放达到峰值。据测算，我国届时非化石能源供应量仍需以年均6%～8%的速度增长，每年需新投产风电机组和太阳能发电装机各约2000万kW，核电装机约1000万kW。相当于每天新投产单机容量5MW的风电机组10余套，每年新投产百万千瓦级核电机组8～10台，这预示着我国未来新能源和可再生能源的发展将保持远高于发达国家的速度与规模[9]。由于能源基础设施建设和使用周期长，具有技术锁定效应，需要有前瞻性的规划和部署，并在“十三五”“十四五”“十五五”期间分阶段实施。

我国“十二五”期间制定了GDP能源强度下降16%和CO_2强度下降17%的约束性指标，“十三五”期间制定了GDP能源强度下降15%、CO_2强度下降18%以及2020年非化石能源比例达15%的目标，同时制定了2020年控制能源消费总量不超过50亿吨标准煤的目标，这实质上也就相当于实施了控制CO_2排放总量的目标，从而实现了“强度”和“总量”的双控机制。特别是要控制煤炭消费总量，“十三五”期间煤炭消费量即可达到峰值，为实现CO_2排放峰值创造条件。

由于我国处于工业化阶段，工业部门的CO_2排放约占全国的70%，而发达国家一般不超过1/3。调整产业结构、进行产业升级、推广先进节能技术是工业部门减排的重要措施。“十三五”期间，随着钢铁、水泥等高耗能原材料产品需求趋

于饱和，产业结构调整加速，应努力争取到 2020 年前后工业部门的 CO_2 排放达到峰值，而建筑、交通部门能源需求的增长主要依靠发展新能源和可再生能源满足，从而使 CO_2 排放逐渐趋于稳定。

我国东部较发达地区人均 CO_2 排放已与欧洲和日本人均水平相当，当前结合雾霾治理，控制和减少煤炭消费，加快产业结构转型升级，“十三五”期间 CO_2 排放也可争取陆续达到峰值，当前，北京、广州、镇江等城市已提出 2020 年左右在全国率先达峰的目标，将为全国峰值目标的实现奠定基础。

1.3.4 推动能源革命，加快经济发展方式转变，是实现国家自主决定贡献目标的根本保障

我国经济发展进入转型升级、提质增效的新常态，GDP 增速趋缓，更加注重经济发展的质量和效益，更加注重经济社会与资源环境的协调和可持续发展。我国提出的自主决定贡献目标，将进一步推进能源生产和消费革命的进程，在减缓 CO_2 排放的同时，将有效降低 SO_2、NO_x、烟尘等常规污染物的排放。特别是实现 CO_2 排放峰值目标，将有效控制煤炭消费总量，从根本上减少环境污染的来源。因此，可把国家自主决定贡献目标作为节约能源、改善能源结构、保护生态环境和应对气候变化的综合指标与关键着力点，并以此为导向，形成促进经济发展方式向绿色低碳转型的新机制。也只有实现经济由粗放扩张的高能耗和高碳排放的发展方式向创新驱动型、内涵提高的低能耗和低碳排放的发展路径的转变，才能在经济社会持续发展过程中，有效地降低能源需求的增长速度，减缓 CO_2 排放。因此，积极推动能源生产和消费的革命，既是顺应世界潮流的战略选择，也将成为促进国内经济发展方式转变的重要驱动力，是实现国家自主决定贡献目标的根本保障。

为实现我国自主决定贡献目标，需要进一步推进改革，建立和形成促进低碳发展的体制与机制。国家和各省市都实施应对气候变化战略，完善应对气候变化治理体系，提升适应和减缓气候变化的能力；在国家和各省市国民经济与社会发展五年规划及年度计划中，制定控制 CO_2 排放的约束性目标，加快推进能源革命的各项改革措施，强化各级政府节能和减排 CO_2 的目标责任制，落实企业社会责任，鼓励公众广泛参与；创新低碳发展模式，加快产业结构调整和转型升级，加速发展高新科技产业和现代服务业，抑制高能耗、高污染、高排放原材料产业的发展和产品出口，使工业部门的 CO_2 排放尽早达峰，且使其单位增加值能耗下降速度大于 GDP 的能耗强度下降速度。构建低碳产业体系；倡导低碳生活方式和消费方式，强化建筑、交通部门的能效和排放标准，抑制不合理能源需求，探索中国特色的低碳城镇化道路。

1.4　中国推动能源革命、促进低碳发展的政策与措施

党的十八大提出推动能源生产和消费革命，2014 年 6 月习近平主席又就推动能源生产和消费革命提出 5 点要求，即推动能源消费革命、推动能源生产革命、推动能源技术革命、推动能源体制革命以及全方位加强国际合作，并部署制定 2030 年能源生产和消费革命的战略。因此，推动能源生产和消费革命已成为我国促进经济发展方式转变、建设生态文明的根本途径和关键着力点，也是我国应对气候变化根本性的战略选择。当前需要全面统筹，发挥能源生产和消费革命多方面、全方位的协同效应，整合各项政策措施，加大实施力度，开创国内生态文明建设和应对全球气候变化的双赢局面。

1.4.1　转变发展观和消费观，节约能源，提高能源利用技术效率和经济产出效益，是能源消费革命的核心内容和关键对策

能源发展战略需要有创新的思路，要改变传统能源战略以保障能源供应为中心的思维模式，要从建设生态文明的高度引导和调控能源需求。习近平主席把推动能源消费革命放在优先地位，提出控制不合理能源消费，坚决控制能源消费总量，从而形成促进经济发展方式根本性转变的“倒逼”机制，以低能源消费、高产出效益支持经济社会的持续发展。按当前新常态下节能降碳的趋势，到 2020 年单位 GDP CO_2 强度相比 2005 年下降幅度可超过 50%，能源消费总量也可控制在约 48 亿吨标准煤。2020 年后，我国基本实现工业化阶段，经济趋于内涵式增长，在 GDP 仍保持较高增速的情况下，到 2030 年能源消费总量仍可控制在约 55 亿吨标准煤，未来能源消费的增长趋势将大为减缓。

我国当前能源利用的产出效益仍然较低，单位 GDP 能源强度约为世界平均水平的 2 倍，为发达国家的 3～4 倍。其中，能源转换和利用的技术效率与发达国家的差距并不大，近年来快速接近，例如，燃煤发电效率已超过美国，达世界先进水平。能源利用产出效益低的主要原因是我国工业化阶段的产业结构特征，工业占 GDP 的比重接近 50%，远高于发达国家约 30%的水平，我国工业部门能耗占全国终端总能耗的 70%，而发达国家一般不高于 1/3。同时我国制造业产品处于国际价值链中低端，能耗高、增加值低，上述产业和产品的结构性因素是导致单位 GDP 能耗高的主要原因。我国当前第二产业占 GDP 的比重已达到或超过发达国家工业化阶段的峰值水平，钢铁、水泥、家电等产品的产量均达世界产量的 1/2 左右，存在调整产业结构、较大幅度降低 GDP 能源强度的空间和潜力[7]。据测算，工业在 GDP 中的比重下降一个百分点，而服务业的比重上升一个百分点，单位 GDP

能耗也将下降约一个百分点。因此，在继续大力度推广节能技术、淘汰落后产能、推进产业技术升级、不断提高能源利用效率的同时，要着力发展战略性新兴产业和现代服务业，限制高耗能、高污染和资源密集型产品的出口，加快产业技术升级。我国制造业产品出口多为中低端产品，能耗高、增加值低。当前生产出口产品的能耗约占全国总能耗的 1/4，进出口产品所隐含的能耗抵消后，净出口的隐含能耗也占全国总能耗的 10%以上。因此，要改变当前以不断增加投资、扩充重化工业产能、扩大制造业产品出口为驱动的粗放扩张型的经济增长方式，扩大最终消费的拉动作用，这将有利于降低对钢铁、水泥等高耗能投资品需求的增长，有利于降低高耗能产业的比重，促进产业结构的调整，形成低碳产业体系，从而促进单位 GDP 能耗的下降。所以习近平主席强调“坚定调整产业结构”，以充分发挥结构性节能的效益，促进经济发展方式向绿色低碳转型。

推动能源消费革命，习近平主席特别强调“高度重视城镇化节能，树立勤俭节约的消费观，加快形成能源节约型社会”。当前我国仍处于快速城镇化进程中，随着城镇基础设施建设和农村人口转入城市后生产与生活方式的转变，能源消费势必增加。因此城市化进程中要努力构建低碳型的城市布局、基础设施、生活方式和消费导向，引导社会公众消费观念和消费方式的转变。在注重提高建筑物节能标准、提高家用电器能效、提高汽车燃油经济性等技术节能措施的同时，必须更加重视低碳城市建设的总体布局和规划，要改变过度追求物质享受的奢侈型消费观念和追求超大面积豪华住房、大排量高档汽车等高碳消费方式。消费观念和消费方式的转变，可有效降低最终能源需求服务水平，并引导经济社会发展方式转变。必须避免沿袭发达国家城市建设的高碳基础设施和高碳奢侈性消费的传统发展模式，避免形成只能在宏观高能耗和高碳格局下寻求具体设施与单项技术低能耗及低碳排放的被动局面。要以建设生态文明和低碳社会的理念为指导，探索新型的以低碳为特征的生态城市的发展模式和绿色人居的生活方式，走出新型的生态低碳城市化道路。

1.4.2 推动能源体系的清洁化和低碳化，以多元化能源结构保障能源供应安全，是我国能源生产革命的战略目标和根本途径

当前我国能源结构以煤为主，煤炭在一次能源构成中的比重长期维持在 70%左右，煤炭比例过高不仅使能源系统效率低，而且带来严重的环境污染。我国单位能源消费的 CO_2 排放强度比世界平均水平高 20%以上，约比欧盟高 35%。加速能源结构向清洁化和低碳化转型，就要大力发展新能源和可再生能源以及天然气等低碳能源，最终目标是到 21 世纪下半叶逐渐形成以新能源和可再生能源为主体的新型可持续能源体系，实现 CO_2 的近零排放，以顺应全球能源变革和应对气候

变化的趋势与潮流。我国已制定了 2020 年新能源和可再生能源比重达 15%的目标，届时其年供应量将超过 7 亿吨标准煤，成为有效抵消化石能源增长的替代能源，而煤炭的比重将下降到 60%以下。到 2030 年，可再生能源和核能在一次能源中的比重将达 20%左右，年供应量将达约 12 亿吨标准煤，非化石能源发电占电力总供应量的 40%以上，而煤炭在一次能源中的比重也将下降到 50%以内，新能源和可再生能源将成为与煤炭、石油和天然气等化石能源并列的在役主力能源。到 2050 年，新能源和可再生能源的比重争取达到 1/3～1/2，煤炭的比重下降到 1/3 以下，为 21 世纪下半叶建成以新能源和可再生能源为主体的新型可持续能源体系奠定坚实的基础[7, 10]。

我国地域广大，经济发展不平衡，自然条件和能源资源禀赋差别巨大。我国能源供应在总体上处于向低碳转型的过程中，不同地区因地制宜开发利用多种能源资源，特别是可再生能源资源，对多种先进能源技术进行技术与经济上的优化配置，发展分布式能源网络，以多元化能源结构体系，保障能源供应安全。在大力发展可再生能源的同时，我国在确保安全的基础上，仍应持续、规模化高效发展核电，以加速对煤炭的替代。在化石能源中，天然气是比煤炭更为清洁、高效和低碳的能源，我国也要加强对常规和非常规天然气的勘探开发，不断增加天然气在一次能源中的比重，减缓煤炭的增长，到 2020 年天然气比例可由目前的 5%提高到 10%以上，可使煤炭消费量早于 CO_2 排放达到峰值。虽然今后煤炭比重会持续下降，但是在相当长时期内仍会起主导性作用，因此要加强发展煤炭清洁、高效利用技术，这仍是节约能源、减少环境污染的重要措施。

1.4.3　技术创新是推动能源生产和消费革命的重要支撑

综上所述，推动能源生产和消费革命的战略目标，总体上可概括为高效、安全、清洁、低碳。实现上述目标必须推动能源技术的革命，以先进技术创新支撑能源体系的革命。全球能源变革的发展趋势将引发世界范围内经济社会发展方式的重大变革，从而影响国际经济技术竞争格局的变动。争取先进能源技术的竞争优势和制高点，也是大国参与气候变化领域博弈的重要动因和战略目标。发达国家也旨在凭借自身在能效和新能源领域的技术优势，向发展中国家扩展市场，扩充新的经济增长点，增强其经济活力。在先进能源技术研发的诸多领域，我国和发达国家同步开展，有自己的特点和优势。当前要进一步加强先进能源技术的研发和产业化的力度，利用我国市场需求大的优势，打造能源企业先进技术的竞争优势。以技术创新支撑产业技术升级和能源体系的变革，在世界能源体系变革的技术竞争中争取先机，实现跨越式发展。

我国推动能源革命需要技术创新的支撑。在大力加强太阳能、风能、生物燃料等可再生能源技术的研发和产业化的同时，要加强储能和智能电网以及分布式能源系统的发展，以增强高比例可再生电力上网的消纳和输配能力，保障电网安全稳定运行。当前可再生能源发电成本较高，在电网全额收购可再生能源电力的同时给予电价补贴，长远要降低成本，争取 2020 年前后做到平价上网，与传统能源电力相竞争。在向可持续低碳能源体系过渡的过程中，核能将发挥不可替代的作用。核能技术成熟，运行稳定，负荷因子高，成本具有竞争力，可发挥基础负荷的作用，支持电网稳定运行。我国到 2030 年实现非化石能源占比达 20%左右的目标，核电将占其中的 1/4 以上，运行装机达 1.2 亿～1.5 亿 kW，可替代煤炭近 5 亿 t，减排 CO_2 约 9 亿 t。当前新建核电机组采用先进三代核电技术，采用世界上最严格的安全标准，规模化发展核电在安全上是有保障的。在大力改变能源结构的同时，要特别重视 CO_2 捕集与埋存（carbon capture and storage，CCS）技术的发展。由于煤炭在我国一次能源构成中将长期占据主导地位，到 2030 年其比重仍达近 50%，在全球紧迫减排的目标下以及“碳价”较高的情况下，在煤炭清洁、高效利用的同时，2030 年以后 CCS 技术将是重要的备选技术，每年 CO_2 埋存量可能达数亿吨到 10 亿 t 的规模，CCS 技术对实现 CO_2 长期减排目标将发挥重要作用，当前要加大研发力度和示范工程的进展。在化石能源中，天然气是比煤炭更为清洁、高效和低碳的能源，产生单位热量的 CO_2 排放比煤炭低 40%以上[7, 11]。常规和非常规天然气开发技术的突破性进展也将对改善能源结构发挥着重要作用。

1.4.4　深化改革、推动能源体制革命是实现能源生产和消费革命的根本保障

要进一步完善促进低碳发展的财税金融等政策体系，改革和完善能源产品价格形成机制以及资源、环境税费制度。加强能源市场机制改革，还原能源商品属性，建立公正公平有效竞争的市场结构和市场体系，既要破除某些领域的市场垄断，也要纠正和避免市场的无序竞争。当前我国化石能源定价机制尚没有全面反映其社会成本。例如，煤炭燃烧所造成的大气和水资源污染、公众健康损害等社会损失并未在其价格中体现，国家也没有完善的税费制度对其收益进行相应转移支付，而燃煤消费造成的环境和健康损失成本则相当于当前煤炭价格的 50%以上。通过资源、环境税费制度改革和碳市场的建设，资源环境损失的社会成本内部化，有利于促进化石能源的节约，激励新能源和可再生能源发展，促进能源结构转型。另外，通过分时电价、阶梯电价等能源价格改革，在促进节能的同时，保障低收入家庭公平地获得优质能源服务，促进社会和谐发展。

当前在能源体制改革中，要特别关注碳市场的建设。在全球应对气候变化的紧迫形势下，碳排放空间的紧缺资源和生产要素的属性越来越明显，需要通过市

场机制，明确碳排放空间和配额的价值，促进企业减排，提高单位碳排放的经济产出率。我国已在“五市二省”开展了碳交易试点，在总结经验的基础上，要尽快推进全国统一碳市场的建设，这也是全球低碳发展趋势下的基础能力和基本制度的建设，可以促进地区和企业碳排放统计，以及监测和核算体系的建设，为应对国际社会减碳机制的发展做好自身的能力建设。未来碳市场的发展可能成为世界主要国家应对气候变化的制度选择和发展潮流。第一次工业革命中蒸汽机的出现使生产方式由小作坊向工厂化集中生产转变，以提高劳动生产率为核心，促进了劳动力市场的发展；第二次工业革命中电力的广泛使用形成了大规模自动化生产方式，大规模生产能力和基础设施建设需要大量资金，资本成为更为紧缺的生产要素，由此发展了资本和金融市场，提高资本的产出率也成为企业管理者的首要经营目标。当前全球生态危机和环境容量空间制约使碳排放空间越来越成为比劳动力与资本更为紧缺的资源及生产要素，需要大幅度提高单位碳排放的经济产出率（即碳生产率）。实现全球温升不超过 2℃目标，到 2050 年全球碳排放需比 2010 年下降 40%～70%，而届时 GDP 将为 2010 年的 3～4 倍，因此碳生产率需要提高 5～10 倍，年增长率需达 4%～6%，远高于发达国家工业革命进程中劳动生产率提高的速度。因此，提高有限碳排放空间的经济产出率就成为突破资源环境制约、实现人与自然和谐与可持续发展的根本途径[12]。碳市场将把碳排放额度的价值显性化和货币化，各类碳金融产品也会相继产生和发展，类似国际金融市场的发展，碳市场和碳金融也可能发展成为国际低碳发展竞争中的重要环节。

1.4.5 全方位加强国际能源合作是对新形势下企业“走出去”战略的综合部署

当前全球应对气候变化的合作进程以及全球能源变革的趋势，为我国推动能源生产和消费革命提供了较好的国际合作环境与共赢的机遇。全方位加强国际合作，实施新形势下全方位走出去战略，加强对国际资源的获取和掌控能力，同时打造世界范围内有竞争力的国际化能源企业，扩大对国际能源市场的影响力和定价的话语权，积极参与国际能源安全体系的建设。因此，需要对企业实施“走出去”战略进行全面统筹，相互协调配合，加强与资源产出国的全面战略合作，在获取资源的同时促进当地的可持续发展，打造互利双赢的局面。加强能源国际合作，不仅要获取和利用国际资源，保障能源供应安全，同时要加强国际技术合作和技术转让，掌握先进技术的知识产权，提升核心技术竞争能力，在全球能源变革趋势中占据主动地位，这同时是我国发挥大国作用，推进南南合作，增强发展中国家应对气候变化能力的重要领域。因此，我国要加强能源领域的国际技术合作，在推动全球应对气候变化的合作进程中发挥重要的引领性作用。

1.5 加快新常态下经济转型升级，顺应并引领《巴黎协定》后全球气候治理的新进程

2015 年 12 月巴黎气候大会通过了《巴黎协定》，并已于 2016 年 11 月 4 日正式生效，体现了世界各国合作应对气候变化的空前共识和强烈政治意愿。《巴黎协定》就 2020 年后全球应对气候变化合作行动做出了制度性安排，成为在《联合国气候变化框架公约》下，继《京都议定书》后全球应对气候变化的又一个新的起点，具有里程碑式的意义。《巴黎协定》新的制度安排主要体现为在全球控制温升长期目标下的各国自愿合作行动。首先，《巴黎协定》中确定把未来全球温升控制在工业革命前水平的 2℃以下，并努力控制在 1.5℃以下。为此，全球温室气体排放必须尽快达到峰值，到 21 世纪下半叶实现温室气体源的人为排放与汇的清除之间的平衡，即实现温室气体的近零排放。而实现这一目标则以各自制定国家自主决定贡献目标和行动计划为基础。

《巴黎协定》所确定的全球应对气候变化的长期目标和行动计划，将极大地促进世界经济的低碳转型。实现全球控制温升不超过工业革命前 2℃目标，全球温室气体排放必须尽快达到峰值，到 2030 年需由 2010 年的 500 亿吨二氧化碳当量下降到 400 亿吨二氧化碳当量，而按当前各国自主决定贡献目标汇总后，2030 年排放仍将上升到 550 亿吨二氧化碳当量，到 2030 年距实现不超过 2℃目标下的排放情景尚有约 150 亿吨二氧化碳当量的减排缺口。因此需要各国共同努力，不断更新和强化各自自主决定贡献目标和行动。各国要实现发展与降碳的双赢，就必须加快发展低碳经济，促进发展方式的低碳转型。由于能源消费的 CO_2 排放占全部温室气体排放的约 2/3，全球低碳化发展的核心即在于推动能源体系的革命性变革，要大力节能，提高能源效率，控制能源消费量；同时加强以新能源和可再生能源取代化石能源，在保障能源供给的同时减少 CO_2 排放。《巴黎协定》中提出到 21 世纪下半叶实现近零排放，即意味着到 21 世纪中叶之后，要逐渐建成以新能源和可再生能源为主体的低碳甚至零碳能源体系，也意味着化石能源时代的终结。世界范围内能源转型将使先进能源技术的创新和产业化发展成为战略性新兴产业，成为新的经济增长点和新的就业机会，也是大国间技术竞争和相互合作的重点领域，成为国家核心竞争力的体现。我国当前积极推动能源生产和消费革命，也是顺应世界能源变革趋势，提升我国全球竞争力的战略选择。

《巴黎协定》的实施将给我国带来新的挑战和艰巨任务。一方面，新的国际气候制度不是“自上而下”地对各国施加强制性的减排任务，使各方特别是发展中国家可以根据国情、发展阶段和各自能力提出有力度的自主决定贡献目标与行动

计划，全面统筹经济发展、改善民生、保护环境与减缓 CO_2 排放之间的关系，不至于使限控 CO_2 排放成为经济社会可持续发展的刚性制约。但是另一方面，全球实现控制温升不超过 2℃（甚至 1.5℃）目标，全球未来总的碳排放空间将受到严重制约，必须大幅减排，世界各国都会面临碳排放空间不足的挑战。在保护地球生态安全和全人类生存发展的共同利益与共同目标下，世界各国的自愿合作行动也都必须不断加大力度，在“共同但有区别的责任”原则下，体现出为全人类共同发展的责任担当，从而加快世界范围内经济发展的低碳转型。

我国当前经济发展进入以增速换挡、结构调整、动力转换为特征的新常态，GDP 增速由 10%左右的高速增长转化为 6.5%～7%的中高速增长。产业提质增效，经济结构调整加速。经济发展动力相应地由要素驱动、投资驱动转变为由创新驱动。新常态下将更加注重经济发展的质量和效益。

新常态下发展方式和发展动力转换，基础设施建设和产能扩张放缓，钢铁、水泥等高耗能原材料产品需求下降，将有助于产业结构的优化升级，有助于控制能源消费的增长，从而将加速经济发展的低碳转型。2005～2013 年，能源需求年均增长率为 6.0%，2013～2016 年已下降到 1.5%，能源总需求增速下降将有利于能源结构调整。“十三五”期间，煤炭消费量将达到峰值，能源总需求的增长将主要依靠增加非化石能源供应满足，CO_2 排放总量增长将得到有效控制，为实现 CO_2 排放达峰奠定基础。

当前新常态下低碳转型也面临诸多挑战。新常态下，经济增速下行压力增加，经济发展后劲不足，关键在于科技创新能力不足，缺乏新的高新科技产业增长点，传统产业转型升级遇到困难，粗放扩张的发展方式不可持续，但内涵提高发展又缺乏创新能力的支撑。在当前情况下，地方政府和企业都可能会为传统行业寻求出路，继续扩张其原有的发展模式。煤炭行业和燃煤电站在产能严重过剩的情况下，也可能想法寻求新的用途而压缩未来新能源和可再生能源发展的空间。当前中央大力推进供给侧结构性改革，推进产业提质增效，关停高耗能产业的落后过剩产能，这将有力推进经济发展的低碳转型。到 2020 年左右，工业部门的终端能耗和 CO_2 排放应达到峰值，进入内涵提高发展的新阶段，并为全国 2030 年左右 CO_2 排放达峰创造条件。

我国作为发展中大国和碳排放大国，未来低碳发展的目标和路径备受关注。全球紧迫地控制温升目标，使中国等发展中国家已不可能再沿袭发达国家以高能耗和高碳排放为支撑的现代化发展道路。在当前《巴黎协定》实施“自下而上”自主减排的机制下，必须自觉加快经济低碳转型，形成促进低碳发展的体制、机制和发展方式，决不能固守传统的高碳发展路径。否则日益紧缩的全球碳排放空间限制将成为经济社会可持续发展的刚性制约，不仅将在国际社会上受到越来越大的压力，而且将丧失走上气候适宜型低碳发展道路的机遇期，失去国家可持续发展能力和经济技术国际竞争力而陷于被动。另外，在当前世界范围内应对气候变化威胁、构建人类命运共同体、保护全人类共同利益的自愿合作进程中，只有积极的行动和贡献才能在全球治理中有话语权及影响力，才能在全球治理格局中发挥引领性作用。

参考文献

[1] IPCC. Climate Change 2014，AR5. Summary for Policymakers. Cambridge：Cambridge University Press，2014.

[2] IEA. CO_2 Emissions from Fuel Combustion. Paris：IEA publications，2015.

[3] BP. Statistical Review of World Energy. London，2014.

[4] 里夫金 J. 第三次工业革命. 张体伟，孙豫宁，译. 北京：中信出版社，2009.

[5] 何建坤. 新型能源体系革命是通向生态文明的必由之路. 武汉大学学报（哲学社会科学版），2015，68（1）：5-12.

[6] 国家统计局. 中国统计摘要 2014. 北京：中国统计出版社，2014.

[7] 何建坤. 中国能源革命与低碳发展的战略选择. 武汉大学学报（哲学社会科学版），2015，68（1）：1-18.

[8] 新华社. 中美气候变化联合声明（全文）. http://news.xinhuanet.com/energy/2014-11/13/c_127204771. htm[2015-06-22].

[9] 何建坤. CO_2 排放峰值分析：中国的减排目标与对策. 中国人口 • 资源与环境，2013，23（12）：1-9.

[10] 国务院研究中心，壳牌国际有限公司. 中国中长期能源发展战略研究. 北京：中国发展出版社，2013.

[11] 杜祥琬. 能源革命：为了可持续发展的未来. 中国人口 • 资源与环境，2014，24（7）：1-4.

[12] 何建坤，滕飞，齐晔. 新气候经济的研究任务和方向探讨. 中国人口 • 资源与环境，2014，24（8）：1-8.

第 2 章　中国可持续能源系统[①]

面对日渐凸显的气候变暖及由此导致的极端天气，人类逐渐意识到低碳经济和低碳能源的重要性，包括中国在内的越来越多的国家开启了低碳减排的道路。中国作为世界第一大能源生产国和消费国，在能源和环境问题上已经被逼到了“墙角”：中国每年排放 CO_2 已达 95 亿 t[②]，贡献率达 27%，居世界第一；中国的石油用量不断增长，国产石油最多 2 亿 t/年，对外依存度已达 59.0%，美国却从前几年的 60%下降到 28%，页岩气已开始出口；我国汽车生产量居世界第一，还要持续；由化石能源的消费造成的大气污染，尤其是可吸入颗粒物 $PM_{2.5}$ 的污染，已经影响到了人们的正常生活。随着工业化、城镇化的进一步发展，我国能源需求还将继续增长，能源供应保障的任务仍然艰巨。作为一个负责任的大国，构建一个低碳、经济、可持续的能源系统应该成为全社会共同努力的目标，任重道远。

2.1　中国能源系统的发展与挑战

在开始谈如何建设中国可持续能源系统之前，有必要先对中国目前以及中长期的能源发展有一个全面清晰的认识，对几个难以改变的事实有个清晰的了解。

2.1.1　我国的一次能源消费将持续增长，CO_2 排放 2030 年却需达峰

当前我国已经是世界第一大能源生产国和消费国，但人均能源消费量仍然较低。2013 年我国人均能源消费量约为 2.6 吨标准煤，远低于美、德、法、日等国，加之工业化、城镇化的进一步发展以及原有的庞大能源消耗体量，预计至 2050 年我国的一次能源消费量仍然将持续增长，如表 2.1 所示，将由 2010 年的 32.5 亿吨标准煤增长为 2050 年的 65 亿吨标准煤。能源消费总量的急剧增加给我国的能源供应带来了巨大的压力。我国是否能够供应这么大的一次能源需求？其所引起的污染是否有足够的环境容量？在增长的能源消费下怎样控制碳排放？

① 本章作者：倪维斗、周滢垭。

② 数据来源于《BP 世界能源统计 2014》，该数据与我国官方数据相比偏高。

表 2.1　我国中长期一次能源消费量预测

年份	2010	2020	2030	2050
一次能源消费总量/亿吨标准煤	32.5	45	55	65

2.1.2　非化石能源消费比重在 2030 年达到 20%左右，煤炭直到 2050 年或更晚仍是一次能源中的主力

2014 年《中美气候变化联合声明》中，中国承诺至 2030 年左右 CO_2 排放达到峰值，非化石能源占一次能源消费比重提高到 20%左右。近年来中国政府推行了一系列政策推广可再生能源，也确实卓有成效。2013 年，中国新增可再生能源总装机容量超过欧洲和亚太地区其他国家的总和。截至 2012 年底，我国可再生能源占一次能源消费总量的 9%。可再生能源在我国电力结构调整中的作用初步显现。凭借丰富的可再生能源资源，未来发展潜力仍可观。

同时必须认识到，煤炭现在是、将来仍是我国能源的主力。2013 年煤炭占一次能源消费的 67.4%，预计 2030 年这个比例能降到 50%（图 2.1）。比例虽然在下降，但一方面我国的一次能源消费总量仍在增长，煤炭的消费量也随之增长；另一方面煤炭占我国探明化石能源储量的 94%，以煤为主的能源格局在相当长时间内难以改变。2030～2050 年我国一次能源结构将发生重大调整，核能和可再生能源快速增长，煤炭的年消耗量将被控制住，但仍是占比最多的基础能源，煤炭是保障我国能源安全稳定的基础能源。

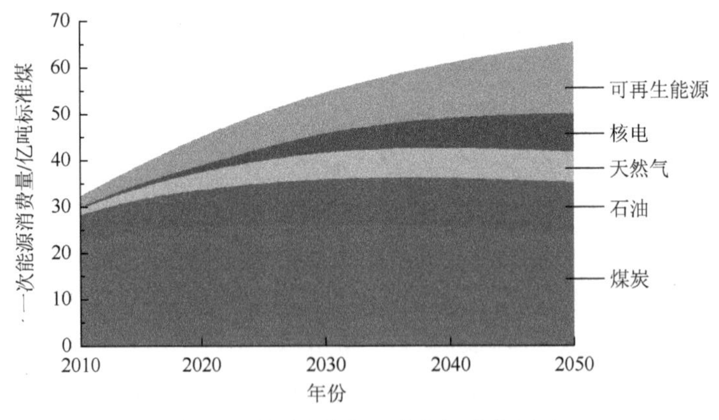

图 2.1　我国中长期一次能源消费预测

对于这么大量的煤炭消费，不得不面对以下几个难以改变的事实。

（1）煤炭用于发电的比例会越来越大，目前为 50%，预计到 2020 年，将达到 70%以上。这意味着燃煤电厂排放的 CO_2 将占 CO_2 排放总量的 60%以上。

（2）煤的开采和直接燃烧已引起严重的生态和环境污染问题，80%以上的 SO_2、NO_x、Hg、$PM_{2.5\text{-}10}$、CO_2 等都是由煤炭直接燃烧引起的。

（3）煤的直接燃烧难以解决温室气体减排问题，从电厂尾气中捕捉 CO_2 的巨大投资和能耗难以承受。对于 60 万 kW、100 万 kW 的大型燃煤电厂，采用超超临界蒸汽参数的供电效率可达 43%～45%。采用尾部烟气脱 CO_2 效率将下降 11 个百分点，即效率为 32%～34%。要得到相同的有用功，需要消耗更多的煤，从而形成恶性循环。

综上所述，煤的高效清洁利用是我国能源系统可持续的重要方面，是不得不做的，其在我国能达到的减排能力不亚于、甚至更胜于发展可再生能源，两者同等重要。从这个角度上来说，煤的清洁利用也是一种“新能源”。我国中长期可再生能源发展趋势如图 2.2 所示。

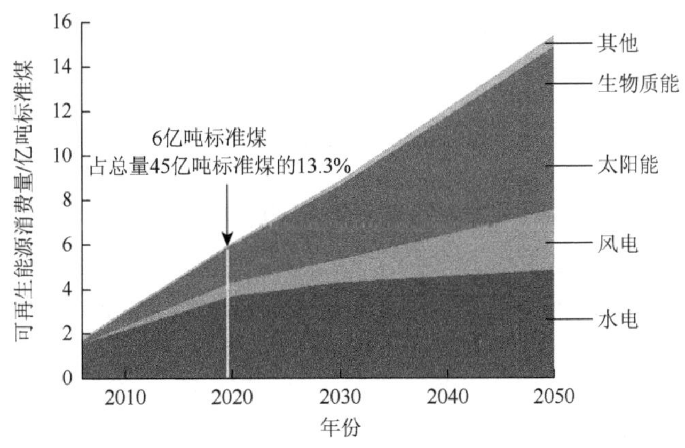

图 2.2　我国中长期可再生能源发展趋势

2.1.3　液体燃料短缺，对外依存度不断增长

我国石油短缺，但对液体燃料的消费量不断增长，致使原油进口量也不断增长。2013 年我国进口原油及其成品油约 2.81 亿 t，对外依存度达到 57%（图 2.3），今后将继续增加。这是一个能源安全的危机，也是一个契机，一个加速石油替代的契机。我国的汽车工业、石化工业应以此通过新的发展模式来适应这个形势，在车用替代燃料和电动车方面走出自主创新的道路，在提升燃油效率、淘汰废旧车辆上加强力度。

液体燃料短缺的大规模缓解可以通过煤基替代燃料（F-T 合成燃料、甲醇、二甲醚等）实现，生物柴油和玉米等纤维素合成的乙醇只能解决一小部分液体燃料短缺问题。当然，煤炭对我国来说也是稀缺资源，但相对于其他能源资源仍可“忍受”，若每年将煤炭产量的 1/8 用于车用液体燃料的生产，则从总的能源供应角度不会带来很大的不平衡。煤制燃料过程中确实也需要消耗能源，从这个意义上生产煤制燃料然后在发动机中烧掉并不合算，但通过整体煤气化联合循环（integrated

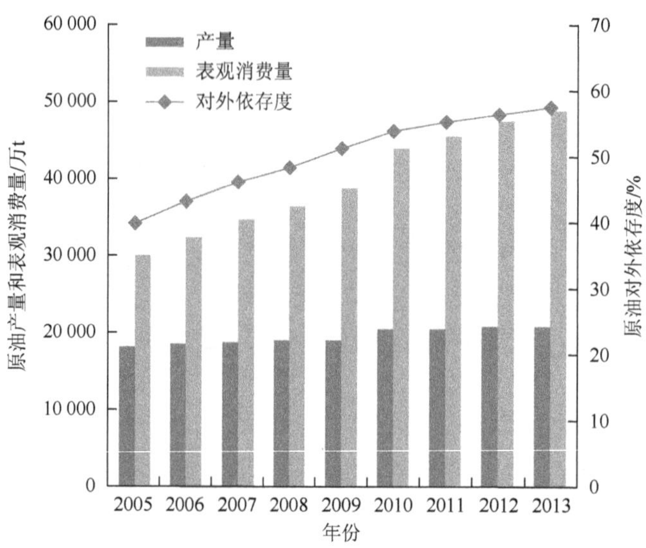

图 2.3　我国原油产量及对外依存度情况

gasification combined cycle，IGCC）多联产或者可再生能源与煤化工协同将煤转化为液体燃料，同时解决了煤的对外运输问题，便是一种系统化地、经济有效地解决问题的方法。同样地，电动车消耗电能，而我国电力 80%来自于煤电，从这个意义上电动车生命周期内的 CO_2 排放可能也并不少。但电动车的意义在于车辆密集区的减少排放、分时租赁、谷电充电和需求侧响应。汽车节能上面可改进的空间就更大了，我国汽车总保有量目前约在 1 亿辆，若每辆在用车一年能节油 10kg，则一年全国即可减少汽柴油消耗约 100 万 t。从这一点出发，传统汽车节能减排的潜力巨大。例如，安装有起停电池系统的传统汽车能够节省 5%以上的燃油消耗。

2.1.4　环境污染逐渐严重，全国性雾霾多次出现

环境污染物质主要是 SO_2、NO_x、$PM_{2.5\text{-}10}$、Hg 和 CO_2，这些污染物的 80%是由化石能源的利用，尤其是煤的直接燃烧所引起的。伴随着中国粗放式制造业扩张达到极限，中国的世界工厂地位奠定，当人均 GDP 达到 5000 美元这一中等发达水平的时候，中国同时进入了环境压力高峰。2012 年以来多次出现的全国性雾霾天气，再清楚不过地揭露了中国环境污染的严重程度和生态的极端脆弱性。需要认真研究的是我国对这些污染物“可容忍”的环境容量究竟是多少，我国人民对于这些污染物“可承受”的极限又是多少。根据国际环保组织绿色和平发布的《2015 年上半年度中国 358 座城市 PM2.5 浓度排名》，中国有高逾八成的城市空气质量未达到 $PM_{2.5}$ 年均浓度不超过 35μg/m^3 的标准。而面对雾霾，多个城镇的政府

采取的手段是外迁厂房和全数关闭煤电厂改燃气电厂。前者并不解决本质问题，只是把雾霾源转嫁，雾霾也有农村包围城市的一天。后者难以大规模推广，在我国天然气与石油一样是非常稀缺的，大量进口天然气将对国家能源安全带来很大的挑战。燃气轮机等联合循环确实比传统火电高效清洁，但绝不可能替代煤电，我国中长期大部分的电力还是要依赖于煤电，这是由我国的资源禀赋决定的。要在如何让煤电更高效、更清洁上面下大功夫，而且潜力巨大。

2.1.5　温室气体排放全球第一，肩负责任达峰承诺

工业化 150 多年以来，空气中的 CO_2 浓度已从 280ppm 增至 380ppm，目前正以 3ppm/年的速度增长。大量温室气体将对地球形成灾难性的后果，在经历了长期的争论后，全世界的学者已有共识。联合国气候谈判业已达成相对工业革命之前温升控制在 2℃以内，2050 年全球 CO_2 排放需要比 1990 年减少 50%左右，只能排放 104 亿 t（1990 年为 208 亿 t），这也就是届时全球 CO_2 排放的总空间。

2013 年全球人类活动碳排放量达到 360 亿 t，平均每人排放 5tCO_2，创下历史新纪录。其中，碳排放总量最大的国家为中国，占 29%；其次是美国，占 15%；欧洲占 10%；而印度占 7.1%。中国的碳排放总量已经超过了美国与欧洲之和。在人均碳排放量方面，中国人均排放 7.2t，而欧洲人均排放 6.8t，这意味着中国的人均碳排放量首次超过欧洲。

在 2014 年《中美气候变化联合声明》中，中国已经承诺计划 2030 年左右 CO_2 排放达到峰值且将努力早日达峰。作为一个负责任的大国，从战略高度、从现在开始就应该认真考虑我国 CO_2 如何分阶段减排的有关战略技术和政策问题，否则，在今后几十年我国将会为此付出更多的代价。

2.1.6　八亿农民及城镇化所需能源的供应

截至目前，有相当数量的农民没有得到良好的能源服务，他们仍依赖当地的农业废弃物（秸秆、柴草等）作为主要能源，有些地方甚至仍在砍伐森林和破坏生态。此外，我国城镇化率在以每年 1%的速度增长，每年有将近 1000 万人口进入新的城镇。据统计，城镇居民的人均能耗是农村的 3.5 倍。这部分份额巨大的能源供应来自何处？这既是对能源供应的压力，也是能源系统改造的契机。一方面借着城市化的契机，新建的城镇需要提高建筑节能，按需规划集中或分布式的供暖（冷）以及工业居民能源消费上的互补；另一方面结合农村改造、提高农民生活质量的契机，提倡农村分布式可再生能源的利用。如何才能结合社会主义新农村的建设提供给广大农村和新建中、小城镇符合中国国情的现代化能源服务，以减少生态破坏、减少室内污染、提高农民生活质量等，是整体能源战略的重要组成部分。

2.1.1 节～2.1.6 节提到的六点既是挑战、压力，也是契机，是推动中国走向经济、安全、可持续的能源系统的契机，而提高能效、总量控制、能源协同是实现中国可持续能源系统的关键。

2.2　提高能效，降低能源“消耗”和能源“损耗”

当用能需求仍将不断上升，可再生能源以一定经济性承担供能主力，化石能源的应用又开始受到碳减排的压力时，正是开展需求侧战略（demand side strategy）的契机，提高能效，节能减排。另外，各国对于可再生能源的发展都是以比例的方式来承诺的，要提高可再生能源的比例，无非就是提高分子和减小分母，即提高可再生能源的供能量和减小总供/用能量。而从某种意义上说，分母的减小比分子的增大对于提高比例更有效，总用能减少 20%相当于提高 25%的比例。

这里先要解释的是，人们平时说的节能、降低能耗，其实有两层含义：一是降低能源“消耗”，减少对能源的需求；二是降低能源的“损耗”，减少能源从供给到接收利用中的损失量。对于我国来说，既要降低能源消耗，也要降低能源损耗，特别是在工业节能和建筑供暖/冷方面下功夫。

中国已经是全球第一大能源消费（能源消耗）国了，占全球能源消费的 20%，这已是众所周知的。但庖丁解牛下去，我国有效利用能源仅占总能耗的 40%左右，另外约 60%都浪费了（图 2.4），这说明我们不仅能源消耗大，能源损耗也大。再来看，我国工业能耗（能源消耗）占全国总能耗约 70%，而能耗中又有近 1/2 的能源损失（能源损耗）。也就是基数大，能源利用效率又不高。工业节能不仅意义很大，而且潜力很大。如果全国工业的能耗降低 10%，就相当于节约了几亿吨标准煤，相当于生产了若干个三峡水电站的清洁能源。建筑方面，我国建筑能源消费占全国总能源消费的 19.5%。其中采暖和空调系统能耗占建筑总能耗的 50%～60%，门窗的能量损失也约占建筑能耗的 50%，可见建筑保温的提高能效、节能潜力巨大。

对比来看，全球第二大能源消费国美国的有效利用能源占总能耗的比例也近 40%，但大部分能源损耗在了交通上，工业的能源损失仅占工业用能的 20%左右（图 2.5）。而德国同样作为一个工业大国，其有效利用能源占总能耗的 70%以上（图 2.6）。横向对比一下便可知我国能源效率总体仍然偏低，有巨大的空间来提高能效。

对于节能减排，降低 2 个能耗，每个人都应该有危机感和使命感。节能是能源可持续发展的根本出路，人类要抑制自身用能的“胃口”，要使节能成为一种先进文化，一种社会道德，一种世界观，一种生活方式。节能要从能量传输的整个链条的每一个环节上想办法，既要降低能源消耗，也要降低能源损耗。而提高能源利用效率就与下面要讲的能源协同联系起来了。

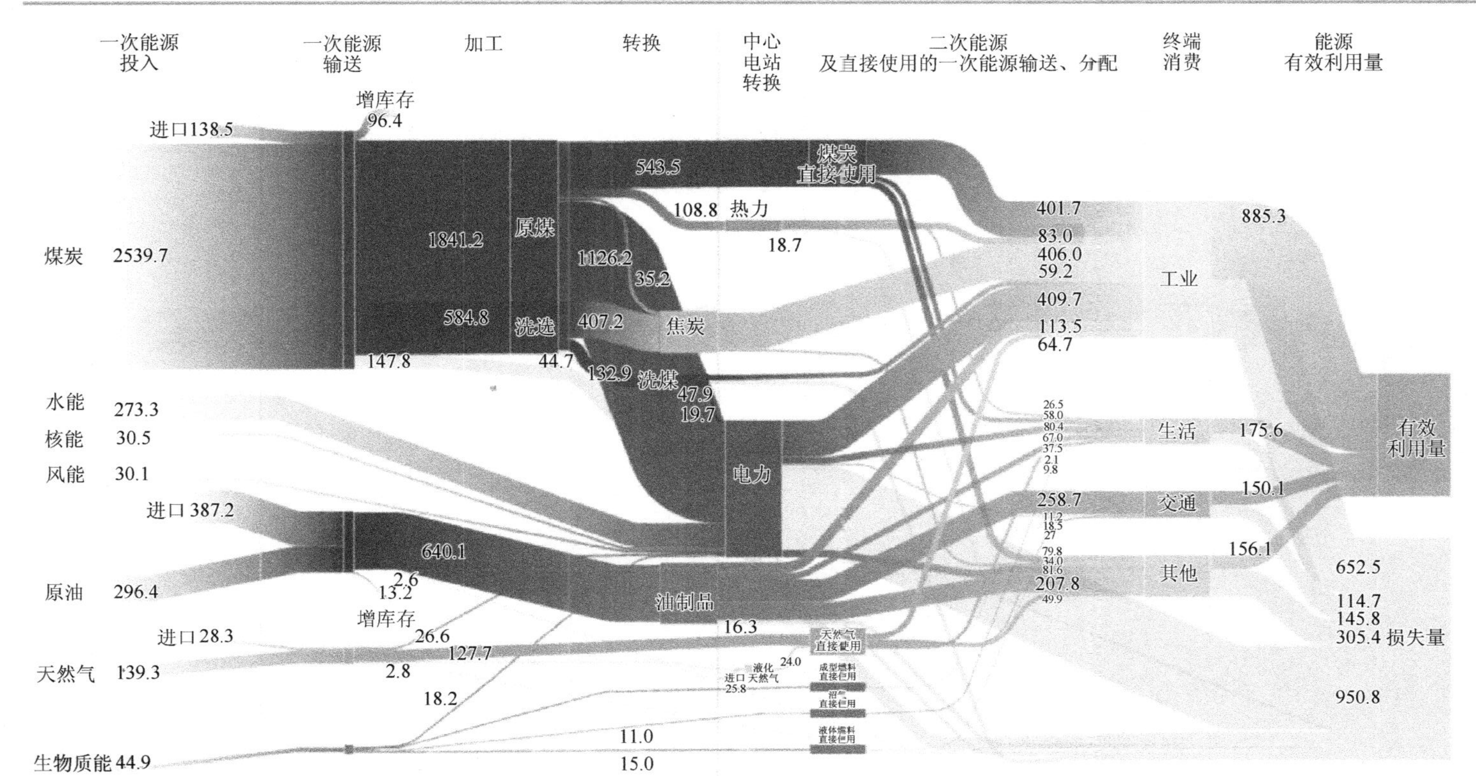

图 2.4　2012 年中国能流图（单位：百万吨标准煤）

资料来源：WWF 报告

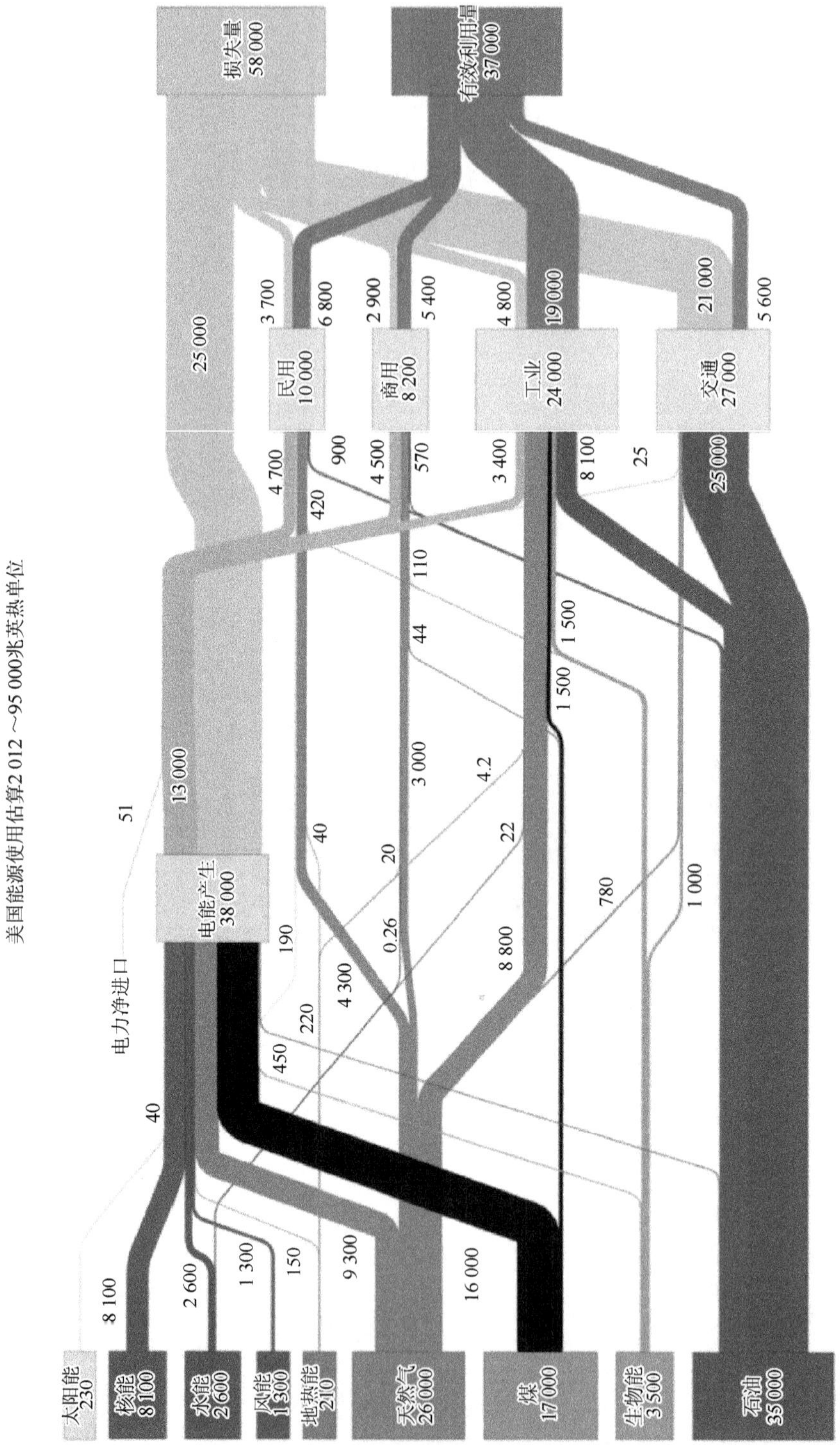

图 2.5　2012 年美国能流图（单位：万亿 Btu）

1Btu=1.05506×10³J

资料来源：Lawrence Livermore National Laboratory

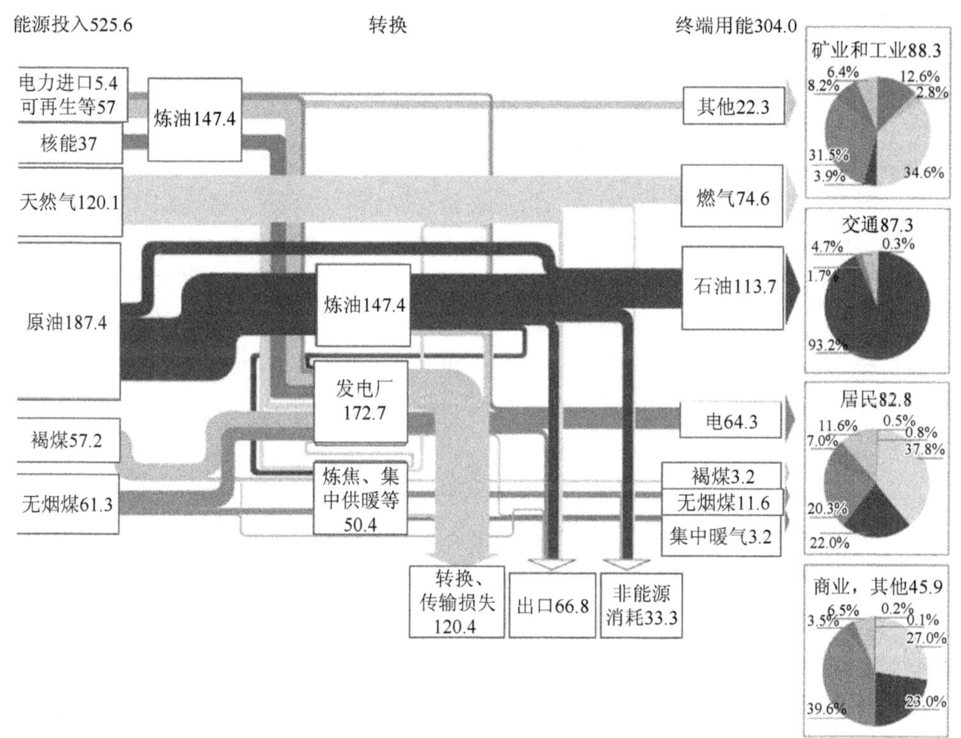

图 2.6　2012 年德国能流图（单位：百万吨标准煤）

可再生能源占一次能源消耗的 10.3%

2.3　总量控制，设置环境容量和能源消费的“天花板”

按发达国家的历史经验，当人均 GDP 处于 3000～10 000 美元的阶段时，均有一个较长的能源强度高速增长的时期，产业结构均呈现“重化工业”的特征。英、德、法、日等发达国家在以重化工业为主导的工业化加速发展阶段均经历过不可逾越的坡峰时期，但随着时间的推移，坡峰越来越低，尤其是日本。调整产业结构、采用新技术，可以消减能源强度的峰值并缩短能源强度上升的持续时间。全世界在经历 300 多年工业化的发展后，如今已没有足够的空间按常规走下去。我国人口多，起步迟，按发达国家的传统发展道路走已经不可能了——地球已没有这种常规发展的空间。首先，全世界大的政治格局已经形成，或许小国家可以找到一些缝隙，但我国不是一个小国家，在全世界举足轻重。其次，从我国的资源禀赋、环境容量、生态平衡与社会和谐之间的矛盾，以及对子孙后代负责的角度来说，也没有空间。GDP 的强大驱动力推动着我国总能耗的发展趋势越来越倾向于传统的发展道路，这个倾向是不可持续的且十分令人担忧的。

目前关于节能的政策有很大的弊端，单纯按单位 GDP 节能 20%至少是不全面的。虽有节能 20%的约束性指标，但若 GDP 快速增长，仍然无法“卡”住能源消耗总量的增长与环境的恶化，近几年的教训已十分明显。我国经济发展对能源的需求主要来自于房地产业的持续高速发展，规模极其巨大的城市建设和遍布全国的基础设施建设项目推动了对钢铁、水泥、铝、玻璃等耗能工业产品的极大需求，又成为钢铁、水泥、电解铝等耗能工业新上大项目的巨大动力（图 2.7），进而又成为地方政府收入、GDP 增长、官员业绩的推力。

由此形成一个不可抑制的全国总能耗快速增长的“恶性”正反馈循环（图 2.8），造成大量的能源资源消耗、环境污染、生态退化等负面影响。诚然，GDP 增长是我国社会和经济发展所必需的，问题是 GDP 增长的内涵是什么。通过产业结构调整、科技创新、开发有自主产权的关键核心技术和产品，进而在国际市场上提升核心竞争力，这才是可持续发展的模式。

就像图的电路一样，“电压”表示 GDP 驱动力，并联电路中的各“电阻”分别表示通过发展耗能工业、改善产业结构、发展高新产业、改变生活/消费模式等增加 GDP 的电阻，“电流”表示社会物质财富流。耗能工业依靠大规模简单重复建设，在没有受到资源、环境强有力约束的条件下，流过的电流最大，即增加 GDP 最容易，也就是在图 2.9 中“电阻 1”的阻力最小。对 GDP 增长的急切追求，使得耗能工业成为 GDP 增长最大的驱动力，增加 GDP 的“捷径”是发展重化工业、房地产以及高能耗、低端产品的出口加工和基础设施建设等耗能工业——这是各地实际上正在做的。追求这种急切和粗放式的 GDP，一方面会使调整产业结构更加困难，另一方面难以实施向可持续发展模式的转移。

控制能源生产和消费总量，就是要将“电阻 1”变大，把 GDP 增长“逼”到其他路径。实行总量控制，能源消费不超过某个限值，就能迫使地方政府和企业调整产业结构，推动自上而下和自下而上的节能措施，挤出能耗指标来发展新的节能产业，取得更大的 GDP 增长。同时，一些对 GDP 增长有用但耗能高的工业和需求，如大规模基本建设、耗能产品的出口、大量的楼堂馆所、马路重复铺挖等就会得到抑制。而且，人们会大力发展高新技术和第三产业，从而把 GDP 增长的驱动力引导到“练内功”上来。

因此，除了原有的节能要求，我国必须按照本国资源供应、环境容量、能源安全的具体情况，制定出 2020 年和更长一段时间内，在考虑适当进口和可再生能源发展的条件下，每年可以消费的能源总量，把它作为“天花板”。然后，按年限定出每年能源消耗总量的硬性指标，并在仔细分析、调研的基础上，分解到各地区、各行业，进而要求各地区、各行业在分配到的总能耗量框架下，进行“逆向思维”，发展各自的特色，做各自的“文章”。总量分解可以刚性与弹性相结合，在一定条件下，各地区、各行业怎么分配，我国已有成功的经验，如黄河流域各省市取水量的分配、SO_2 的两控区的设定、大江大河开发的流域规划。还可以采取能源总量指标可交易的办法，结合能源价格的调控、排放税的收取、必要

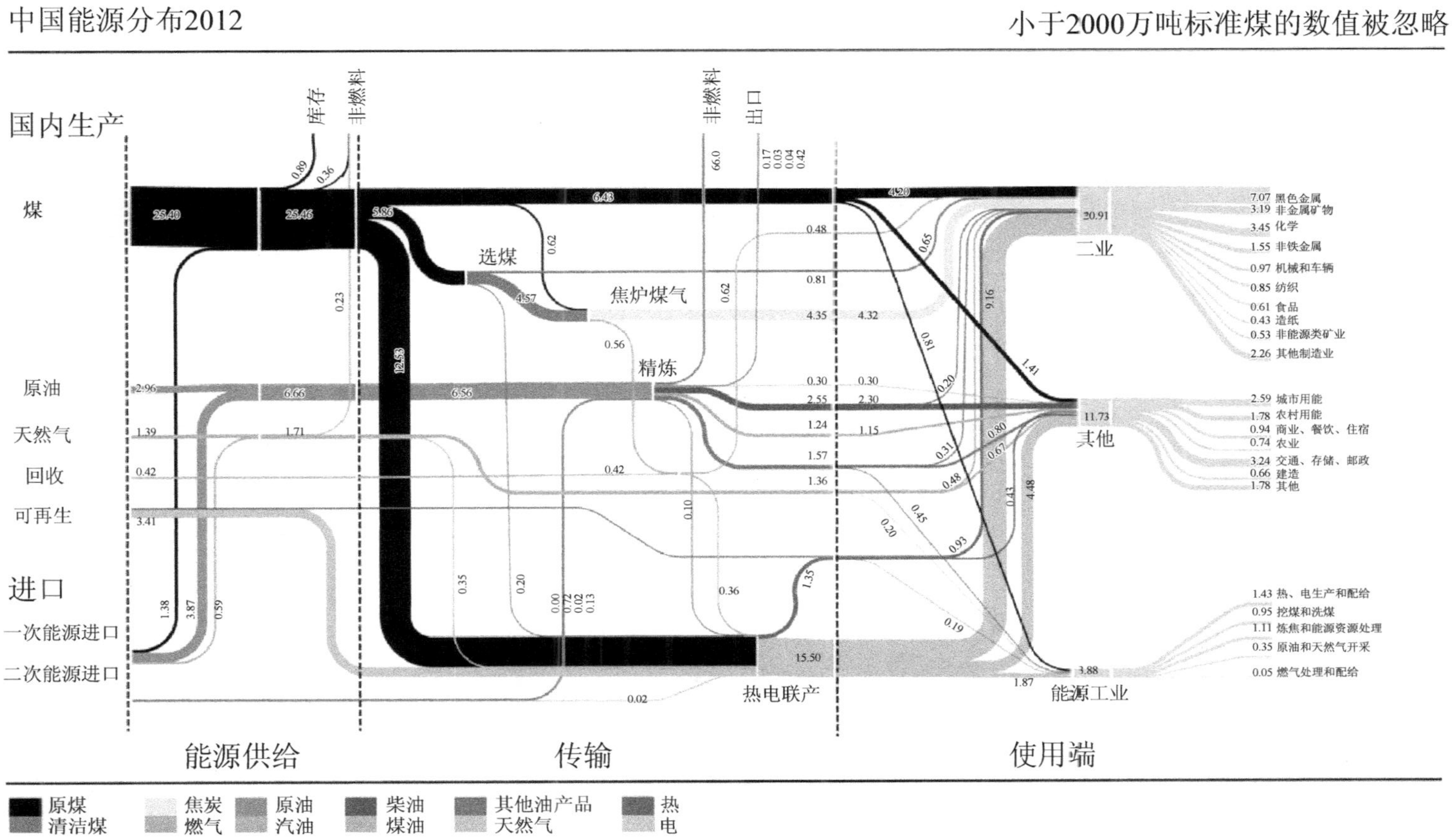

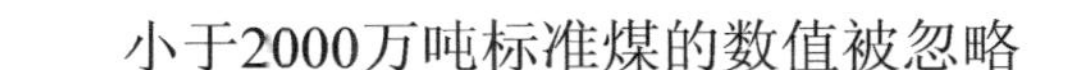

图 2.7　2012 年中国各行业能流消耗图（单位：亿吨标准煤）

资料来源：清华-BP 清洁能源研究与教育中心

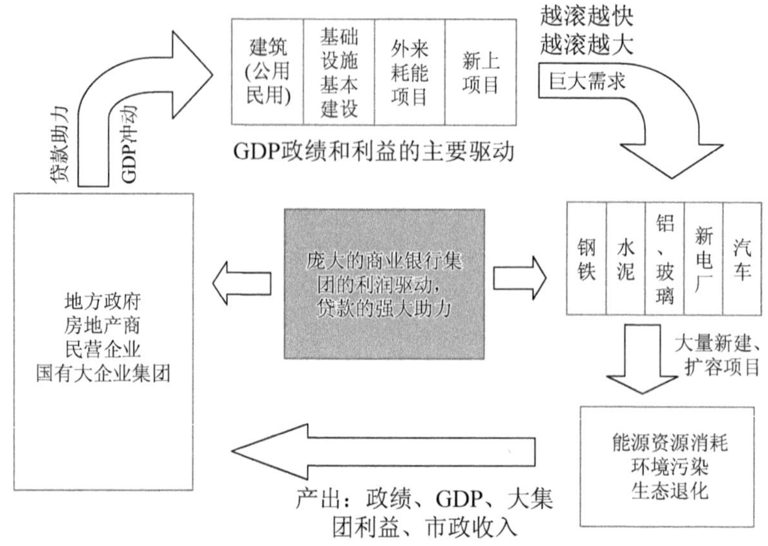

图 2.8　全国总能耗快速增长的"恶性"正反馈循环

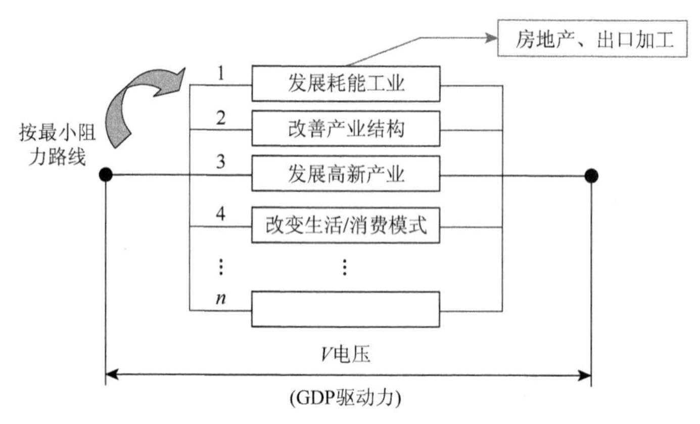

图 2.9　产业选择电路图

的补贴等，形成一套较完整的激励机制。促使减排工作从"上级行政命令不得不减排"变为"我要减排"，让"不减排就没有发展"深入人心。

总量控制不会妨碍社会发展，能真正培植和拉动内需。政府应当严格下达总能耗指标，只有这样才会加速自主科技创新、掌握关键技术和加强国际竞争力，建立节约型、生态文明型社会。控制能源生产和消费的总量势在必行，为了子孙后代，为了与大自然和谐相处，我们应该学会克制。

2.4　能源协同，建设可持续发展能源系统

任何一种能源单独来看都有各自的优点和缺点，任何一种能源负荷也有各自

的特性，多种能源供给和需求的协同（synergy）能扬长补短，并促进能源系统经济、低碳、可持续发展。简而言之，能源协同是中国可持续能源系统的关键。能源协同的指导思想是：把合适的能源放在合适的地方，在合适的系统中与其他能源合适的协同，发挥合适的作用（即 5 个“合适”）。

一个协同的能源系统是什么样子？这是一个很简单也很难回答的问题。简单就在于，其通解形式就是从一次能源到能源生产、能源转化、储能一直到能源需求的各个技术、各个方面的组合。难就难在，这样一个能源系统从最初的设计开始就存在着无数的可能与考虑因素，选取哪些模块，每个模块规模多大、如何配合，这些都取决于用户所在地区的气候、当地的可用资源、不断变化而又难以预测的各种需求，其系统设计需要“量体裁衣”。

每个系统的设计细节可以由大量的数学优化和软件来模拟完成，这个在学术界有很多研究。而对于一个政策制定者或者一方的产业规划者，就需要站在更高的角度，在做规划和布局的时候就把能源协同的理念考虑进去。这里提供能源协同的 6 个维度，作为规划者思考的“引绳”。能源协同可以分为化石能源和可再生能源的协同、高品位和低品位能源的协同、集中式和分布式供能的协同、供能和用能的协同、供能和产业的协同以及电网、气网、热（冷）网、车网的协同（即 6 个协同），如图 2.10 所示。

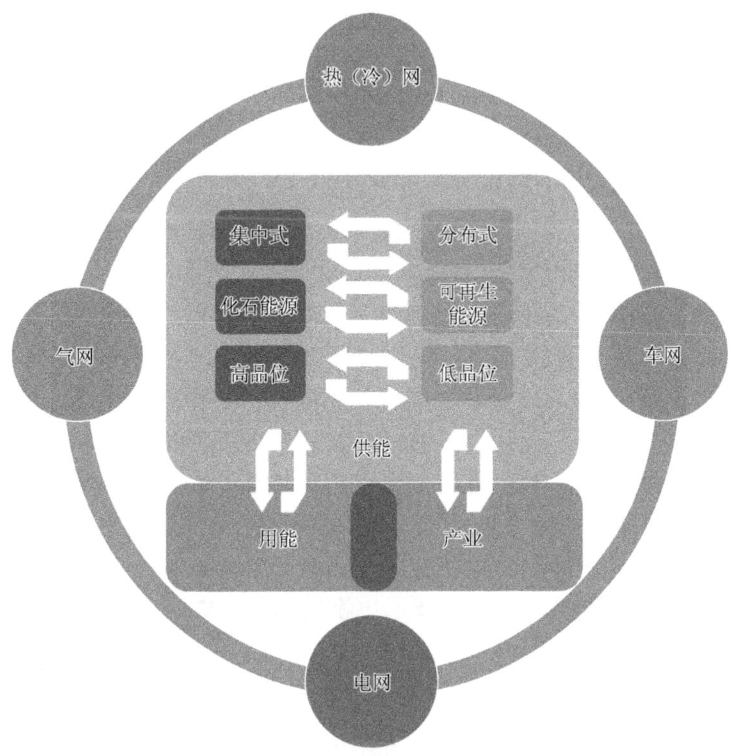

图 2.10　可持续能源系统的 6 个协同

能源协同将开启新的思路，在能源系统中开辟基础研究、应用研究和工业示范的广阔创新空间。

2.4.1　化石能源和可再生能源的协同

在全世界范围内，可再生能源和化石能源发电几乎在同步增长。但在不同的地方，根据当地不同的资源禀赋和产业结构，化石能源和可再生能源所担当的角色可以不同。无可否认的是，在这个能源转型的时代，化石能源和可再生能源处于共存的地位，探索开发化石能源和可再生能源协同利用、扬长补短具有长远的意义，以化石能源弥补可再生能源的波动性，以可再生能源弥补化石能源的高碳排放。

1. 煤电与生物质混合发电

煤电加生物质混合燃烧发电或混合气化发电是一种较有前景的化石能源和可再生能源的协同。两者的协同一方面煤弥补生物质季节性波动、热值低的缺点；另一方面生物质的掺入降低了煤电的碳排放。对于混合气化来说，大型的气化炉还能够提高生物质的气化效率。而从长远的战略角度来看，生物质可再生、零碳排、全球范围内储/产量大，许多国家生物质尚未开发利用。我国在很长一段时间内还要以煤发电为主力，但煤电逐渐减少，可再生能源增加也是长远的趋势。煤与生物质的掺混是一种经济的折中和过渡方式。燃煤电厂掺入生物质对设备的改动相对较少，而一些小型的煤电厂还没退役，安装脱硫装置又太贵，此时可以考虑掺入低硫的生物质进行燃烧。我国在生物质方面若能进行领先的探索，不仅适应于我国作为一个农业大国的生物质资源禀赋，也能够为将来向其他农业国家推广技术做良好的准备。一些发达国家已经看到生物质发电供热对于本国减排和技术输出的潜力，例如，作为欧洲第一农业大国的法国自 2011 年开始大力支持生物质发电的发展，计划到 2020 年实现可再生能源供给占最终能耗 23%的目标，其中 1/3 来自生物质。

目前全球有 150 多座燃煤电厂在试验基础上尝试采用混合燃烧生物质和废气燃料的方式，约有 40 座商业煤粉炉电厂使用煤炭与生物质混合燃烧方式发电。当然，目前国家发展和改革委员会（下称国家发改委）禁止生物质电厂掺烧化石能源，从而规范生物质电厂现有的混乱状态，掺烧煤从而骗取补贴。骗取补贴现象的存在归根到底还是生物质发电对国家补贴依赖性大，且面临原材料收集及储运成本高等问题。生物质集中发电并进行补贴是一个思路，但将少量的分布式的生物质与煤电组合就地消纳，反而降低了生物质发电的成本，使得电厂主动愿意用生物质，根据地区特点也是一个思路。

2. 太阳能预热煤电给水

太阳能热利用分为低温、中温和高温。低温太阳能热利用主要供生活用热，无跟踪，无聚光，工作温度在 40～80℃，普通集热器效率一般在 42%～55%。中温太阳能热利用主要供工业用热，低倍聚光，工作温度在 80～250℃，效率为 40% 左右。不管是低温还是中温，根据卡诺定律发电效率都非常低，很难经济地发电。高温太阳能热可以用于光热发电，但大型聚光器的投资以及集热器的低效却极大地降低了光热发电的经济性。图 2.11 显示了某形式的太阳能集热器集热效率、聚光比和集热温度之间的关系。可以明显看出，集热温度越高，集热效率越低。此外，太阳能热只能在白天发电，晚上需要蓄热或者其他的发电方式互补。

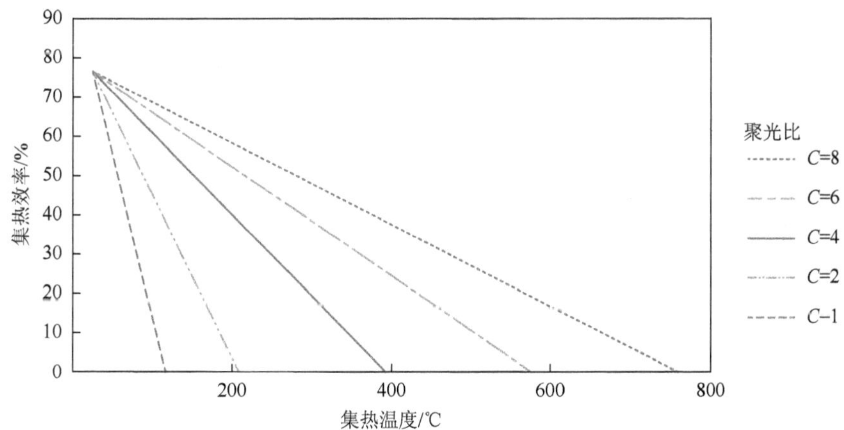

图 2.11　某形式的太阳能集热器集热效率、聚光比和集热温度关系示意图

另外，燃煤发电机组的给水（省煤器入口）一般在 300℃以内，传统的做法是利用汽轮机中的抽汽逐级加热至给水状态，将太阳能替代抽汽回热部分的给水加热，能够替代部分抽汽，增加抽汽在汽轮机中的做功量。这样可以最小限度地影响原发电机组的结构和运行方式，技术和实际应用容易实现，也极大地降低了太阳能热发电的难度。

煤电与太阳能协同的运行方式如下。

（1）当有太阳能可以被利用时，利用太阳能集热来加热给水，替代燃煤发电机组的高压加热器（或低压加热器）的抽汽，从而抽汽可以在汽轮机中继续膨胀做功。太阳能的协同利用使得汽轮机的输出功率将略有增加。

（2）当没有太阳能可以被利用时，燃煤发电机组按照其原来的运行方式运行。

图 2.12 显示了用太阳能集热器替代 100MW 机组抽汽降低的发电煤耗率。低能流密度的太阳能单独发电系统效率低，日夜峰谷大。与高效清洁煤协同利用可以提高综合能效，实现较高的能源利用率。用同样的方式，地热能也可以以预热煤电给水的方式与煤电协同。

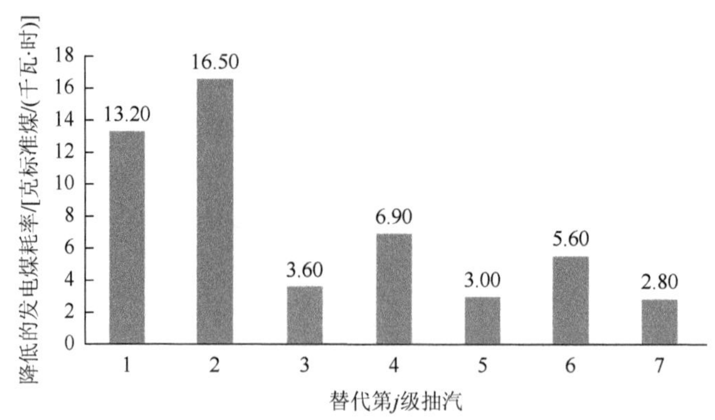

图 2.12　太阳能集热器替代 100MW 机组各级抽汽降低的发电煤耗率

3. 煤电与可再生能源制氢

波动性的可再生能源，如风电、太阳能、潮汐能、部分水电等，在电量过剩时可以电解水制氢。氢气作为一种高热值、高潜力温度的储能介质，既能并入天然气管网进行掺烧，也能进入煤电整体化循环的加力装置，用于提高发电热效率，或与天然气掺混进入燃气轮机联合循环，从而既解决了可再生能源发电的间歇性和不可控性，又解决了大规模蓄能的问题。基于我国有大量煤电的情况，可再生能源电解水与煤电整体化循环的协同将大有发展空间。

4. 火电为可再生能源调峰

风电、太阳能发电间歇性较大，不可调控。化石能源电厂可调控（dispatchable）的特性对于消除可再生能源发电的波动性对电网的冲击、平衡供求将起到越来越大的作用。火电机组为可再生能源调峰也是能源协同的一种方式。如果在波动性的可再生能源发电达到一定比例时，储能还没有在经济性和适用性上达到革命性的突破，火电调峰能力能否跟上是可再生能源发电是否能良好消纳的决定性因素之一，特别是在我国这样一个火电占了 70%以上发电量的国家。从技术上，火电机组应该向更灵活的方向发展。例如，德国截至 2013 年全国光伏和风电的装机容量达到总装机的 40%，在 8 小时内光伏和风电的发电功率可以变化 30GW，也就是全国装机容量的 20%。为了应对日出和日落时大量光伏电站的出力变化，在燃气轮机立即启动排气加热锅炉的同时，利用预先储存的蒸汽预热蒸汽轮机，使其在燃气轮机启动的 15 分钟内便可启动，在 30 分钟内达到最大出力。而在政策上，火电调峰调频的补偿机制也必将逐步建立，改变电站收益仅来源于发电量的做法，火电机组调峰、备用都可以有收益，从而鼓励火电的调峰作用。

2.4.2　高品位和低品位能源的协同

热是有数量的，也是有品位的，前者由热力学第一定律即能量守恒定律来刻画，后者由热力学第二定律来刻画，即没有某种动力的消耗或其他变化，不可能使热从低温转移到高温。正是由于存在温差传热和摩擦生热的现象，一般机械能、电能以及化学能等均为高品位能，而热能的品位则次之，并且携带热能的物体温度越高，热能的品位也就越高。从另一个方面来讲，一种能量的做功能力越大，品位越高。例如，电通过电动机几乎能 100%地做功，但热，根据卡诺定律，即使通过一个没有摩擦力的理想热机，也无法将输入的热完全转换为机械功。这个理想热机的热效率上限是（$1-T_2/T_1$），因此热源温度越高，单位热源的热量做功过程中的能量损失越少。

为了结合工程实际又浅显易懂地定量表述不同形式的热的品位，可以定义一个热源（或燃料）的“潜力温度”：在目前可能达到的技术水平下，某一种燃料（或热源），可以使做功工质能够达到的最高温度，且在这一温度下，系统的热效率达到最高。潜力温度将随着技术发展而变化。各种不同燃料（或热源）的潜力温度见表 2.2。

表 2.2　各种不同燃料（或热源）的潜力温度

燃料种类	天然气、液体燃料	煤（直接燃烧）	合成气（煤气化）
潜力温度/℃	1500～1800	600～700	1500

天然气大多采用内燃方式，通过以燃气轮机为核心的联合循环，目前最高燃气初温可达 1500～1800℃，即天然气的潜力温度。煤、生物质和其他固体燃料，采用外燃方式加热工质（水），目前我国超超临界机组蒸汽温度是 600～620℃，因而可以认为目前煤等固体燃料的潜力温度为 600～620℃。而当煤气化之后，合成气通过内燃加热工质能达到 1400～1500℃，因此其对应的潜力温度为 1500℃。合成气潜力温度高于煤正体现了煤气化过程需要消耗能量。潜力温度可以用来衡量或评价各种燃料（或热源）在热功转换过程中的最大潜力，也可以用来衡量该种燃料（或热源）的使用是否合理。用高潜力温度的燃料（或热源）加热工质的较低温度段必然导致该燃料额外的做功能力损失。用合适的潜力温度的燃料去满足相应温度的热需求，能最大化地利用燃料潜力从而节约用能。

1. 低品位热建筑供暖

以建筑物室内供热为例，舒适的室内温度为 18～26℃，室内采暖用热水属于品位较低的产品。可以由多种供热方式实现：直接用电供热、天然气供热、燃煤锅炉集中供热、热电联产机组抽汽供热和热电联产机组与吸收式热泵（提取凝汽余热，并利用循环冷却水热量）协同供热。它们分别利用的直接能源为电、天然气、煤和抽汽。其潜力温度和发电热效率，即一份该能源能发多少电、做多少功，如图 2.13 所示，其中抽汽参数取为 1000MW 火电机组第五级蒸汽 0.59MPa、298.2℃。

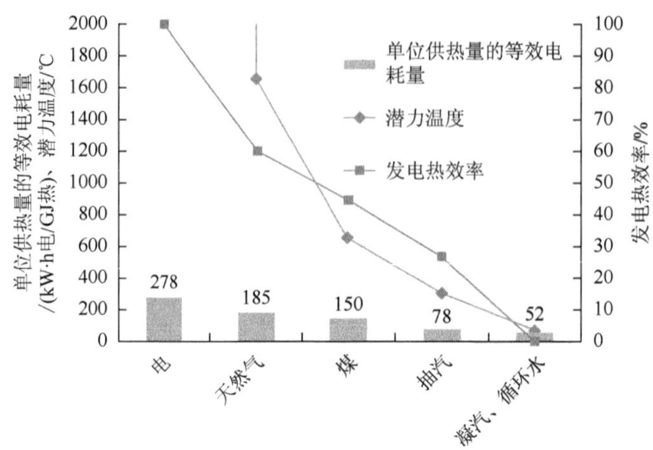

图 2.13　多种供热原料的潜力温度、发电热效率和单位供热量的等效耗电量

可见潜力温度能大致地衡量一种燃料（或热源）的品位。品位越接近于供热温度的热源供热，所消耗的能源越少。这就像公司运用人才，让高层老员工做初级的任务自然效率稍高，但高层干部分配较高级的任务能完成更大的生产价值。从这一点上来说，以电供暖或是天然气直接燃烧供暖是很可惜的。天然气应该尽量考虑联合循环热电联产，供热的同时还能高效发电。当地如果有火电机组，就应该尽量考虑利用抽汽或凝汽器、循环水等来供热。当然，在考虑利用一种热源时，除了技术上通过温度对口、能量梯级利用来达到节能是一个要点，也需要考虑其经济性和污染排放。但在当前节能减排和能源多样化的大趋势下，各种不同燃料、不同余热、可再生能源等，按其潜力温度梯级协同加热工质，做到物尽其用，减少有用功的损失，是能源系统发展的大方向。

2. 工业余热加热煤电给水

目前，水泥、钢铁、冶金、化工、玻璃等高能耗行业在对中、低温余热利用方面，安装了余热发电装置，可以有效地回收余热资源，实现节能减排。但由于单独余热发电的参数较低：新蒸汽压力为 1.2～2.5MPa，新蒸汽温度为 314～409℃，排汽背压为 6.5～9kPa，其发电热效率一般仅在 20%左右。根据能量梯级利用的原则，在地域上可行的情况下，以工业排放的余热逐级或部分替代回热抽汽加热煤电的给水，能使得更多的蒸汽在汽轮机中继续做功发电。在某玻璃窑余热利用的案例中，同样量的余热与煤电协同起来比单独余热发电要多 20%～30%（图 2.14）。

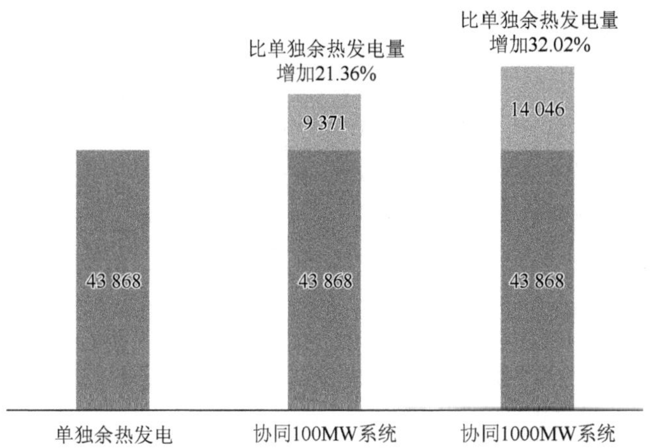

图 2.14　单独余热发电与在协同系统中利用的发电量比较（单位：10^3kW・h）

3. 氢气加力整体循环

波动性的可再生能源如风电、光伏能通过电解水把能量储存在氢气中。氢气作为最清洁的能源，在某种意义上是最“高级”的燃料，应该在最“合适”的场合以最高效率加以应用，发挥关键作用。燃料电池（如固体氧化物燃料电池（solid oxide fuel cell，SOFC）、熔融碳酸盐燃料电池（molten carbonate fuel cell，MCFC）、离子交换膜燃料电池（plant microbial fuel cell，PMFC）等）一般都有较高的能量转换效率（可达 60%），但目前在工艺和价格方面仍然不能达到大规模工业化应用的水平。在火电机组较多的中国，氢气加力整体循环能极大地提高氢气的发电热效率，适应氢气的高品位，并且最有效地利用氢气，起到削峰、填谷的作用。

如图 2.15 所示，氢气和氧气燃烧，产生高温蒸汽（1400℃），此蒸汽通过高温透平做功，作为常规超超临界汽轮机发电机组的“加力装置”，在常规煤电的朗肯循环上加上了氢气直燃的勃雷登循环。可以说，两种燃料各司其职，高品位的氢气“站”在煤的“肩膀”上发挥作用（hydrogen is standing on the shoulder of coal），提高了整体发电的热效率。但仅仅利用氢的高品位提高发电热效率，从而 24 小时运行整体循环还没有利用到氢气储能调峰的特性，还不够物尽其用。最“合适”的运行方式如下（图 2.16）。

（1）在电力需求“峰荷”时段，加力装置投入运行（阀门 A 打开，阀门 B 关闭），可以增加输出功率约 100%。

（2）在基本电力需求时段，加力装置切除（阀门 A 关闭，阀门 B 打开），仅超超临界汽轮机发电机组投入运行。

（3）在电力需求“谷荷”时段，利用电解水制氢氧的方式储存难以消纳的电能。

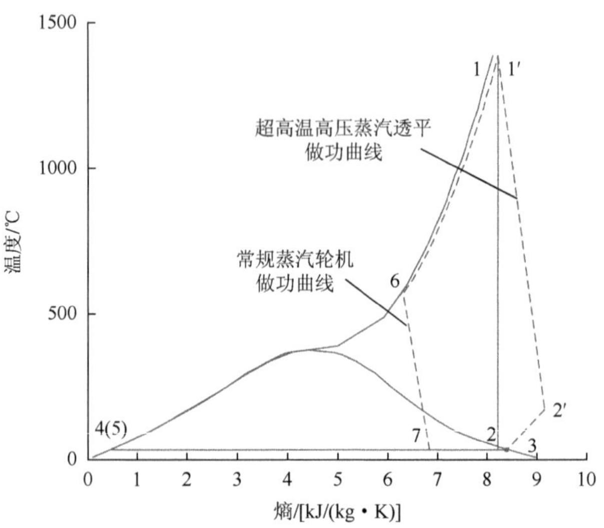

图 2.15　氢气加力整体循环温图

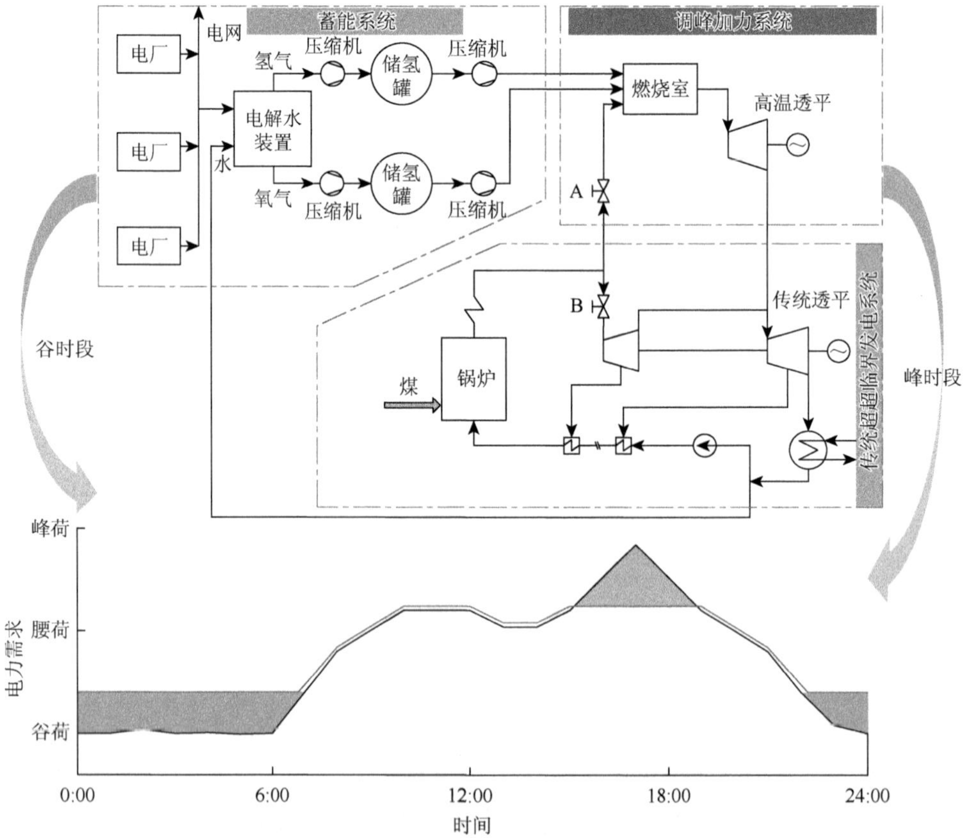

蓄能系统
调峰加力系统
电厂
电厂
电厂
电网
氢气
氧气
水
电解水装置
压缩机
储氢罐
压缩机
压缩机
储氢罐
压缩机
燃烧室
高温透平
A
B
传统透平
锅炉
煤
传统超超临界发电系统
谷时段
峰时段
峰荷
腰荷
谷荷
电力需求
0:00
6:00
12:00
18:00
24:00
时间

图 2.16　氢气加力整体循环峰谷运行方式示意图

目前国内各大电网对各省市实行电网峰谷分时电价，在高峰、平段和低谷时的电价有较大差异，在氢气整体循环系统中，利用谷电或难以利用的可再生能源电来电解水制取氢气和氧气，并在用电高峰时，增大系统出力，利用电力本身的电价差来削峰填谷。经过初步分析，对单位发电量煤耗、水耗、CO_2 排放及常规污染物的排放均降低，带来了较好的环境效益。

另外，由于火电上大压小的实施，关停 20 万 kW 以下机组，甚至 30 万 kW 的机组，大型机组不得不参与调峰，会损失其较好的经济和环境效益。通过氢气加力装置，既消纳了波动性的可再生能源，也提高了大型机组的调峰能力。

2.4.3　集中式和分布式供能的协同

现代化的能源系统不仅要求高效率，而且需要足够的灵活度和安全性。此外，由于一些可再生能源如太阳能本身分布式的特点，能源供应和终端能源需求在形式与距离上，也应当更加靠近，减少转换、输运、存储的环节和消耗。针对中国的国情，可再生能源的利用要注重以高度分散的广大农民和小城镇为主要用能对象，这是一个最“顺其自然”的能源服务配置。

关于分布式能源的定义已有长久的争论。2004 年国家发改委在《关于分布式能源系统有关问题的报告》中的官方定义是：分布式能源是近年来兴起的利用小型设备向用户提供能源供应的新的能源利用方式。与传统的集中式能源系统相比，分布式能源接近负荷，不需要建设大电网进行远距离高压或超高压输电，可极大地减少线损，节省输配电建设投资和运行费用；由于兼具发电、供热等多种能源服务功能，分布式能源可以有效地实现能源的梯级利用，达到更高的能源综合利用效率。分布式能源设备起停方便，负荷调节灵活，各系统相互独立，系统的可靠性和安全性较高；此外，分布式能源多采取天然气、可再生能源等清洁能源作为燃料，较之传统的集中式能源系统更加环保。

国家发改委关于分布式能源的定义确实是描述性的，因此许多人会问到底怎样才是分布式能源系统，分布式与集中式的分界线在哪里。只能说，集中式和分布式是一对相对而言的概念，重要的不是那条分界线，而是我们思考建设能源系统时心里能有个概念，能源系统并不是越大越集中越好，分布式和集中式都有其优缺点，因地制宜选择一种合适的才是最重要的。重要的也不是某个技术名录，一个描述性的定义会容许随着时代和技术的发展，越来越多的能源系统形式进入分布式的队列。

分布式的单机效率低于集中式，但分布式能源系统有如下优点。

（1）热、电、冷等多种能量容易共同就地消纳，从而总的能源利用效率高。

（2）减少了能量长距离输配的损失。

（3）就地取材，各种能源来源协同配合。

（4）能源系统的安全性高。

分布式能源系统的发展需要大电网作为补偿和备用，反过来分布式能源系统也能为减轻大电网的局部阻塞、输配损失和局部安全性作出贡献，两者相辅相成。

分布式热电冷联供和分布式光伏就是目前两种经济可行的分布式能源系统。

1. 分布式热电冷联供

热电联产是目前国际上成熟的分布式能源利用方式，在发达国家已得到广泛的推广利用。针对我国很多地区的情况，更恰当的是“热电冷三联供”。目前部分北方供暖区域在夏季也有相当大的供冷需求，而南方区域既有冬季的供暖需求也有夏季的供冷需求。热电冷联供以天然气在燃气轮机或燃气内燃机中发电做功为主，排气进行多级利用，进行供暖、热水的生产，或通过吸收式制冷进行冷水的生产，实现能量的梯级利用。

对于热电联供或者热电冷联供，国内目前有如下三方面的困难。

（1）技术应用经验在中国较少，缺乏系统科学的解决方案和符合中国实际的优化决策控制体系，这一方面要借鉴其他国家相似地区的经验，另一方面要多做试点积累自己的经验。目前也已经有一些成功的案例，例如，北京燃气集团有限责任公司的三联供项目通过燃气内燃机和余热直燃机对接，为 3.2 万 m^2 的楼宇提供全部的冷热电，已经安全运行 5 年。

（2）并网和上网困难，热电冷联供通常以热、冷定电，电力需要与大电网有交互。这方面需要靠政府的努力和企业的配合，例如，上海市很重视分布式能源发展，制定了有效的措施和实施机构，采用行政上的手段解决了并网的难题。

（3）经济性问题，天然气的价格高，燃气轮机、燃气内燃机设备也有相当大的部分需要进口。但已有案例证明，只要合理地设计系统配合当地热电冷的需求，仅供热和供冷节约下来的电费或者多余的热、冷卖出都能有相当大的收益。

而以上三大困难归结起来，很大程度上只在于一点：在设计和规划时将供能与能源需求匹配起来。可以借鉴德国对于生物质发电设备的要求。在德国，生物质发电设备必须同时具有 60%以上的供热效率才能获得生物质设备的补贴，这条规定在很大意义上并不是针对生物质发电设备的技术要求，而是对于投资者或者设计者在设计建造设备时的要求：在建造生物质发电设备选址时即考虑到周围的供热需求和全年的供热匹配，从而自发地回收生物质发电的余热用于供暖，保证生物质发电项目只要运行就具有一定的经济性。对于中国来说，天然气发电供热也应该如此。

现在南方供暖的呼声越来越高，但考虑到南方供暖时间短，并且集中供热管网投资庞大，南方建筑的保温、排湿等结构也没有考虑到供暖，南方也就一直没有实行集中供暖。南方供暖是民心所向，但并不能照搬北方供暖的集中铺开供热管网的模式，而更应该注重分布式，“分优先，趁新建，翻旧居”。

（1）分优先。对于医院、宾馆、大型公共建筑，由于热水、冬天供暖和夏天供冷的需求大负荷相对稳定，并且安全性要求高，是非常适合建设楼宇型热电冷三联供的。机房布置在建筑物内部，不需要考虑外网建设。

（2）趁新建。对于新建的科技园、商务中心，应该在规划时便有意识地将区域内冷热电的负荷进行互补，如商务中心与住宅小区，能源需求时间上的峰谷能够互补。例如，耗电量大的工业企业附近应该有意识地规划一个制冷需求较大的数据中心，从而创造在区域内冷热电联供的条件。

（3）翻旧居。对于南方大部分已经存在的居民建筑，分布式地以空调供暖目前来看还是更经济，但鼓励提高门窗保温性、密封性，安装双层玻璃、阳台贴保温层避免冷桥。对于别墅，可以鼓励屋顶太阳能供暖。

所以分布式在哪里？到处都可以，南方的供暖就是一个大分布式。

2. 分布式光伏

2013 年全球光伏发电系统新增装机容量超过 37GW，其中近 13GW 来自中国，在政府一系列鼓励政策下，中国的光伏新增装机容量跃居世界首位。至 2013 年中国分布式光伏总装机达到 3.1GW。但这个装机量相对于中国巨大的组件产能和可装机屋顶、荒地资源来说仍然是小巫见大巫。目前中国有 480 亿 m^2 建筑屋顶面积，如果在其中 10%的屋顶建光伏系统，就将形成 500GW 屋顶光伏市场。太阳能的“普照”特性和建筑物屋顶的分散性决定了分布式光伏的潜力与市场。也算是托 2010 年左右欧洲大力支持光伏的“福”，光伏组件的价格一路跳水，当前国内光伏行业的度电成本已达 0.7～0.8 元，国家补贴 0.45 元，而传统能源目前的度电成本在 0.4 元左右。国内分布式屋顶光伏系统，在能够并网且满足年发电 1200 小时的前提下，大约 8 年可回收成本，开启国内光伏市场的时机已经成熟。而分布式光伏的发展不仅需要补贴，更重要的是并网、审批、结算、融资上的简化，使多种民间投资也积极参与到市场中，这方面欧洲的经验已有先例。目前储能的经济性尚没有大规模工业应用，但一旦储能的经济性达到一定程度，分布式光伏与储能不仅可以使用户自产自用，还形成了一个向电网反馈电力的电厂。

2.4.4　供能和用能的协同

以前只有用电负荷是波动性的，自从有了光伏和风电，发电功率也成了波动性的、不可控的。于是也可以这样来想，用电是为负的发电，发电是为负的用电。用电也是一种“发电的形式”，也可以用来调峰，用来配合不可控的风、光发电的

“负荷”。这应该是大规模可再生能源的应用对电力调度和电力交易一个观念上的最大的改变。为相应的供能方式寻找与之协同的供能，并建立起供能与用能之间的通信和奖励机制。

对于大规模的有针对性的供能、用能协同，一个很好的例子是海上风电与渔业冷库的协同。海上风电装机量大，发电的波动性和随机性也大，而沿海的渔业冷库的冷容量和耗电量大，既是一种用能设备，在一定意义上也是一种储能设备。在德国的北海，海上风电与渔业冷库、海滨游泳池的用能协同，冷库响应风电的实时发电量（图 2.17）减少了 16%的由风电预测不确定性造成的平衡功率。另一个例子是电解铝厂，其耗电量大，但负荷经过业主的同意可关断，也就是当可再生能源发电过剩时，可以启动电解铝厂，当可再生能源发电过少时，可以拉停电解铝厂，这就是换位思考，将风电作为波动性的负的需求，将电解铝厂作为可调控的“用电厂”，电厂去适应需求。

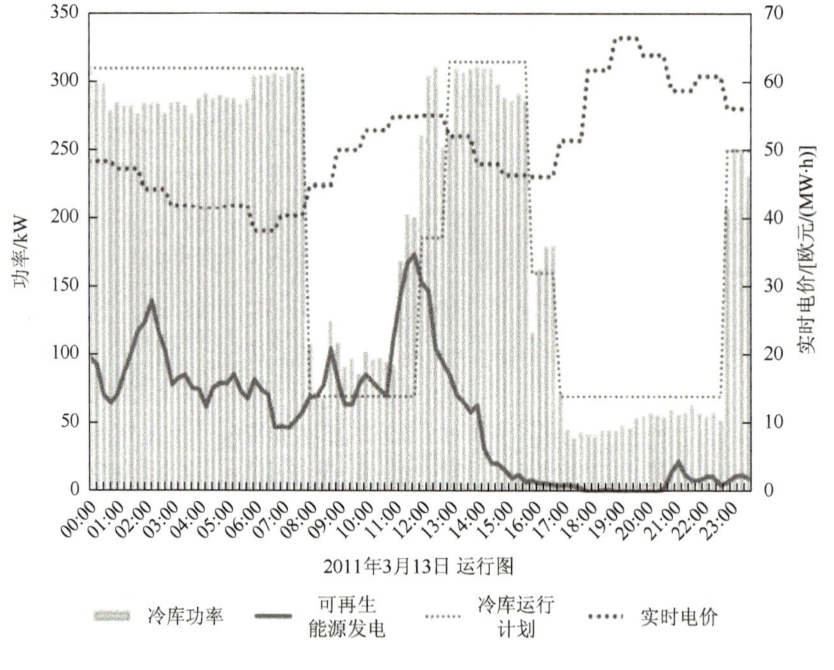

图 2.17　德国北海 Cuxhaven 村冷库与风电的协同

居民负荷也可以参与到协同中来，这时就要有一个奖励机制，可以通过电力的价格，也可以通过参加了多少“调峰”给予某些赠品、授予绿色勋章等形式。德国全国的可再生能源年发电比例已经达到了 27%，部分地区甚至可以达到 50%以上，多个试点已经表明，通过适当的价格信号可以将居民用电负荷的 10%～20%

平移 2 小时，这对于平复风电的波动性几乎是最经济的手段，而居民也因此可节约 10%的电费。在中国，尤其是在城市，夏季空调控制、冬季采暖就是一个很有潜力的可以用来与供能水平协同的负荷。据了解，上海夏季由空调引起的用电负荷可以高达总最高负荷的 1/3，而这些负荷完全可以通过价格信号，在电力供不应求时提升价格，促进居民关掉不常用的房间的空调和升高室内温度。而有条件的新建小区、医院、宾馆还可以建立中央冰库，在遇到高温预警之前用谷电预先制冰，在高温时释放冷气。

供能和用能的协同是一种通过资源匹配达到节能的协同手段，其做法并不复杂也无需大量的投资花费，需要的是全社会人民用能与新能源协同的“意识”。

2.4.5　供能和产业的协同

在可持续能源系统中，供能与产业的配对、互补、协同是一个重要的方面，这可以是煤炭发电与煤化工的协同，可以是可再生能源与高耗能产业的协同，也可以是可再生能源与煤化工的协同。特别是对于一些无法避免的高耗能产业，利用协同的思想，高耗能不一定高污染，高耗能也可以低排放、更绿色。

1. IGCC+多联产+CCS

在煤的利用上，不管是高效发电还是煤化工，任何现有技术都不能单独满足能量效率、环境和经济性等多方面的要求。以煤气化为核心的多联产能源系统正是从整体最优的角度，跨越行业界限，提出了一种煤电生产与煤化工产品生产协同的资源、能源、环境一体化系统。其基本思想是将煤气化得到的合成气现行利用，产生高附加值的燃料、化学品，尾气再送入联合循环发电。虽然 IGCC+多联产系统复杂、投资高，从而相比于单个的超超临界发电或是煤化工厂来说单位产品成本高些，但是 IGCC+多联产系统完成的是在一些特定条件限制下通过协同达到的整体最优、协同最优。

（1）燃料要求低。能大量利用常规活力发电技术不能接受的劣质燃料，如高硫分、高灰分、低热值的低品位煤。

（2）排放低。高硫煤通过 IGCC 多联产发电，其 SO_2、NO_x 和 $PM_{2.5\text{-}10}$ 的排放基本能和天然气电厂相当。

（3）耗水量少。IGCC 电站的耗水量只有常规火电厂的 50%～70%。

（4）碳捕集潜力。IGCC 燃烧前分离 CO_2 技术，可以去除 90%以上的 CO_2，且 CO_2 捕获投资费用比常规燃煤发电低。

单纯发电的 IGCC 成本太高，所以一定要把发电和化工结合起来，进行多联产，如生产甲醇体系的一系列化工产品。事实上从多年的经验来看，多联产技术在经济上是合算的，但是要打破行业的分割界限，要把发电和化工结合在一起。很多发电公司，如大唐、华能、中电投[①]等也在搞煤化工，但是发电是发电，煤化工是煤化工，行业的分割严重。兖矿集团将两者结合，做了示范，效果不错。

地方的规划者和设计者要以协同的思想，给当地的资源组合配一个合适的能源和产业组合，从而扬长避短，取长补短。

2. 可再生能源与煤化工

可再生能源的发展也是产业发展的契机，尤其是我国的中、西、北部，风能、太阳能资源充足，恰好煤炭资源也丰富。我国西部地区煤炭资源储量超过 60%。解决一次能源在西部、负荷中心在东部的矛盾，远距离传输电能是一个方面，在西北地区发展与一次能源相协同的产业，创造“负荷中心”，也不失为一上策。其中一个例子便是风电与煤基甲醇生产的协同。

图 2.18 是一种风电和现代煤化工集成系统的示意图。风电与煤基甲醇生产的基本思想是以非并网风电电解水产生氧气和氢气，氧气作为气化介质送入气化炉，氢气与气化炉生产的富碳合成气掺混，调整至合适比例生产甲醇。风电和煤基甲醇生产集成的系统是一个多赢（win-win-win）的能源系统：对于电网来说，减少了大风电并网和传输带来的电网基础设施投资；对于风电来说，由于不需要并网，省去了并网要求带来的辅助设备、控制系统和旋转备用电源，从而使风电项目的投资成本减少 20%～30%，风能的间歇性对电解水效率的影响也较小，通过设置 H_2 和 O_2 储气罐来消除风能间歇性生产对气化系统的影响；而对于煤化工产业来说，相比于

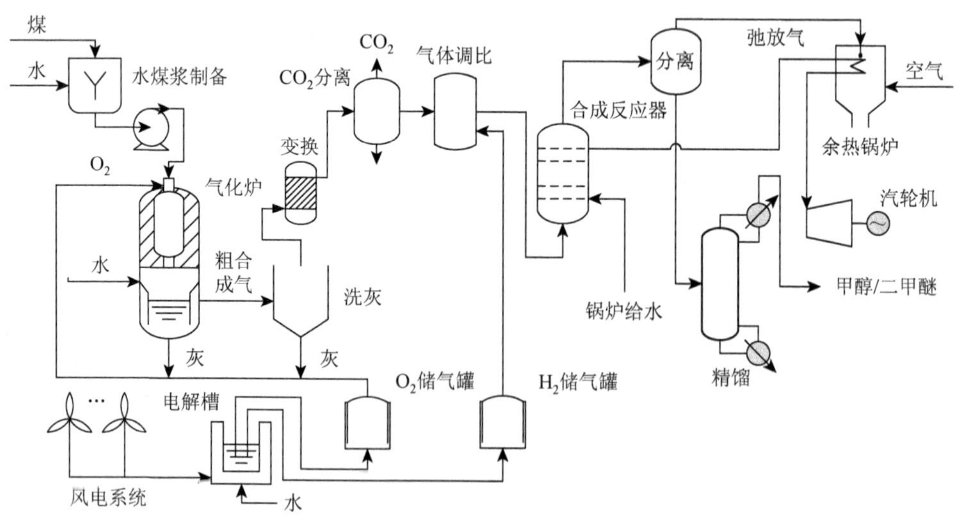

图 2.18　风电和现代煤化工集成系统

① 大唐为中国大唐集团公司的简称；华能为中国华能集团公司的简称；中电投为中国电力投资集团的简称。

传统煤基甲醇生产系统每吨甲醇生产的 CO_2 排放减少了 70%～80%，水耗量减少了 31%～38%，并且煤中碳元素的大部分和电解水的氢氧元素的全部进入甲醇产品，对环境、生态的干扰和影响降到最小，同样 1t 煤可使甲醇产量增加 1 倍。

实施风电与煤化工的集成系统对我国能源系统具有重要的战略意义。集成系统中各项单独的设备和技术均已成熟并且已在工业生产中广泛应用，但将各个设备集成起来以协同的思想去规划和利用却需要规划者更多的思考与推进。在我国规划的具有大型煤化工基地的省份，如内蒙古、宁夏、陕西、甘肃等已提出年产上千万吨的煤制甲醇项目和建设风电"三峡"的宏伟计划。若不认真整体规划，各行其是，这些项目将会成为一个大量排放温室气体，大量消耗水资源，与生态、可持续发展不能相容的工业群体，从长远来看，将长期影响我国能源、环境和生态的发展。因而从现在开始按照各地区的具体情况，认真研究多种能源的集成优化配置，从示范到商业化再到大规模化，要总体规划、分步实施。否则一旦风、煤各种资源在大能源基地没有整合，已形成技术路线锁定和行业壁垒（如现在多联产发展遭遇的化工和发电行业壁垒），几十年内都很难改变。这将导致新型、高效的能源系统很难推进和发展，节能减排困难重重。

2.4.6　电网、气网、热（冷）网、车网的协同

放眼整个能源系统，由电网、气网、热（冷）网、车网连接系统中的各个部件，撑起整个系统的架构，而能源系统未来的发展趋势，必定是由单向的、独立的转向双向的、互联的，达到四网合一联成能源互联网的协同效应，从而形成一个庞大的缓冲、储存和分配体系，尽可能多地消纳波动性的可再生能源，供给波动性的能源需求。在这个过程中有三种技术是能源系统转型的关键。

（1）能够生产两种以上终端能源的技术，如热电联产、IGCC+多联产。

（2）能够将两种终端能源之间进行转化，如电解水、热泵、电动车。

（3）能够存储能源，如冰蓄冷、蓄电池、电动车。

1. 电解水制氢（power-to-gas）

电解水制氢是四网互联、能源协同的最好示范（图 2.19）。电解水制氢的意义在于消纳可再生能源，而绝非输送电力或是利用火电发出来的电制取氢气。一旦有大规模的新能源发电过剩，可以快速响应将电力转化为氢气长期储存，而氢气之后的用途也多种多样，能直接作为汽车燃料，能用作化工原料，也能通过燃气轮机或燃料电池发电，氢气还能在天然气管道之中储存和输送，已有研究证明氢气能够以最多 2%的比例掺混入天然气管道而不对其他基础设施以及天然气的使用有任何影响，而这 2%的天然气管道储量将远远大于抽水蓄能和其他储能形式的总量。

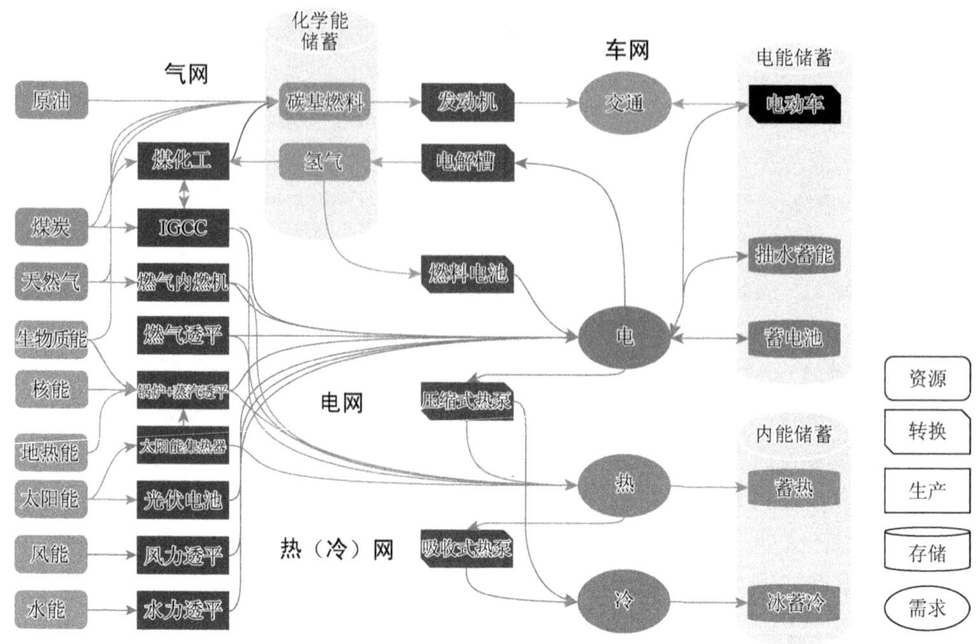

图 2.19　四网互联、能源协同示意图

2. 电动车

电动车在整个四网互联、能源协同中具有特殊的意义，既是终端用能设备，也是储能设备。与电解水相似，电动车的意义也绝不在于消耗使用火电发出来的电力，而在于通过削峰填谷、需求侧响应和储能来减排。

（1）电动车在夜间等电网低谷时充电，提高低谷时段机组运行负荷率，降低发电煤耗。

（2）电动车的电池可以用来给电网作为调频备用。

（3）当电动车普及和网络自动化管理到一定程度时，可以通过价格信号等手段使电动车参与到电网的调峰调频，电动车甚至可以向电网反馈电。

对于一些车辆密集的区域，电动车的意义还在于减少尾气排放。而对于国家来说，我国是全球机动车和新能源汽车生产大国，每年生产汽车 2400 万辆，并且还在增长，发展电动车技术也是一种国家技术战略。

在欧洲，推动电动交通（e-mobility）的主要原因就是减少 CO_2 排放。丹麦、挪威、英国、德国、法国、荷兰、西班牙等都相继建立了政策支持体系和总计 27 个电动交通的试点城市。其中挪威是当今世界人均电动车拥有量最高的国家，平均每 97 人即拥有一辆电动车，并且电动车的销量和保有量几乎以每年 100%的速度增长。德国最大的城市柏林几乎已经是德国乃至全世界电动汽车产业链配备最完整的地区：拥有近 5000 辆电动车，四大电动车分时租赁公司，超过 2000 个充电桩，4 座多功能综合快充充电站，数百家能源互联网创新企业。可以看出，电动车市场可以是最新兴、最活跃、最适合吸引民间资本、最体现创新商业模式的市场。

中国的电动车是一个很大的市场，发达国家推广电动车的经验能给我们很好的借鉴。初期发展在很大程度上并不取决于补贴的高低，而是从其他多方面为电动车使用者创造便利：从使用角度上，在停车、走公交车道、减免税收方面进行优惠；从商业模式上进行创新，如在城市人流密集区实行电动车分时租赁，充电桩广告收入等；从用户心理上进行研究，在德国千百个示范和创新科研项目中，有很多是关于电动车使用心理、用户观念转化方面的研究，从而在民众消费汽车的观念上推进转变。同时，政府对于电动车的质量监控是一个重要的关口，避免电动车行业重蹈风电行业一哄而上、风机质量参差不齐的覆辙。

21 世纪是一个多元化时代，能源供应多元化，转换多元化，分散、集中多元化，终端应用供应一体化。对我国而言，能源种类繁多（煤、油、气、核、风能等），应当有一个各种能源相互取长补短、相互配合、发挥各自优势的战略布局，而不是“各打各的仗”“各吹各的号”。一个国家的能源系统是一个有机整体，是一个各种不同能源的转换、输送，并且以各种不同形式或产品（交/直流电、高/低温热、机械能、化工产品等）服务于终端用户的庞大且复杂的广义总能系统。需要特别强调的是，对一种能源资源，应首先从战略高度考察其在整个能源系统的合理地位，即主要不是在理论上研究它可以干什么（气化、发电、大规模转化），而是首先研究它应该干什么、适合干什么。否则会形成十分不合理的现象：高能量密度的燃料，如煤被分散到农村或小城镇，做低效率、高污染的应用。在多输入、多输出的能源系统中，每种能源必须根据各自的特点发挥其长处。而 6 个协同是目前的能源技术体系中最有潜力也最可行的协同方式。

2.5　建立可持续能源系统——多能协同的 IDDD+N 原则

通过 6 个协同的维度提供了很多的思路、很多的例子，这些例子是随着时代的发展和技术的进步不断充实、不断翻新的，但建立可持续能源系统的过程中不变的是如下几个趋势，总结来说为 IDDD+N。

1. 转换整合化（integration of the process）

转换整合化就是要打破不同行业之间的界限，按照系统最优原则对发电、化工、冶金等生产中的物质流和能量流进行充分集成与优化，改变传统的工艺过程，达到系统的能源、环境、经济效益最优的目的。

广义总能系统从氢碳比（H_2/CO）、压力、物质、温度等多个梯级利用层次进行系统优化，从而实现温度对口、成分合适、物理㶲（physical exergy）和化学㶲（chemical exergy）的梯级利用。在多联产的多输入、多输出系统中，每种能源必须发挥其特殊长处。把可再生能源当作一种有份额的一次能源“插入”整个能源系统中，根据不同可再生能源的特点来确定其在整个能源系统中的战略地位，使之各得其所，发挥长处。

转换整合化在能源研究领域已做了大量的研究和探索，特别是以煤气化为核心的多联产系统，可以实现电力、液体燃料、化工产品等的联合生产。其他系统还有：煤基-化工/电多联产系统；煤基－钢铁/电能源系统；煤气化+天然气重整系统；煤气化+焦炉煤气（更加合适的氢碳比，减少水蒸气转化过程的能量损失）；铁矿石+煤气化制海绵铁（消除高污染的煤焦化过程）；冷热电三联产联供（单元容量 300MW 以上大规模机组回收利用去凝汽器乏汽余热给区域供热）等。

可再生能源利用一定要从国情、从各地区的具体情况出发，因地制宜，因时制宜，因应用制宜，从国家高度一定要把“合适的能源放在合适的地方”。不同可再生能源在整个能源系统中的战略位置应当根据各自的特点进行定义。根据广义能源系统利用的原理，必须考虑可再生能源与化石能源的集成利用，如生物质和煤的混烧发电、太阳能集热器+热泵+天然气（建筑能源供应）、太阳能加热火力发电厂的锅炉给水、大规模风场+燃气轮机或压缩空气蓄能、风能和煤化工的集成等，均为目前可再生能源的发展找到较“合适的位置”。

进一步地，电力、天然气、供暖、交通内部的转换和互相之间的转换也可以相互响应，从而实现四网合一，多种能源相互整合，各自发挥优势、特长。天然气、煤气化、焦炉煤气、煤层气、可再生能源（风能、太阳能、生物质能等）通过不同过程物质、压力、温度等的耦合效率提高的潜力为 15%～20%。

2. 需求精细化（differentiation of the demand）

由于终端用户对用能需求多样化，要对终端用户的用能需求进行精细的分解，按不同的用能需求、需求的不同层次和动态变化，为能源供应、规划和配置提供指导信息与基础。

（1）对热的需求：高温，作为不同的工业利用；中、低温，可用于建筑物冷和热的供应，利用高温热源来满足此需求是一种能源浪费。

（2）对电的需求：区分高/低电压、交/直流电的不同需求；稳定、相对稳定（允许一定范围的波动）的电力需求。

（3）对交通的需求：城市公交、城际客车、市郊客车——有固定的行车路线；出租车——相对较短的行驶距离；市政用车；家庭轿车——各种动力，如电动、混合动力、“插电”（plug-in）。

（4）对供给稳定性的需求：稳定的供给，大多数的工业过程一定要求电网供电；允许一定波动的供应，如电解铝或水、海水淡化，以及其他允许较大的波动的化工生产过程，则可以用非并网风电或其他不稳定的可再生能源电。

只有在终端需求精细化的基础上，多样化的供应才能更大限度地满足能源系统的需求。不同的终端用户应当根据当地具体的条件使用合适的能源，从而消除能源转化和运输（或传输）过程中不必要的环节。

3. 供给多样化（diversification of the supply）

为满足精细化的需求，可以靠一种或多种形式的能源保障供应，能源形式具有多样化：煤、石油、天然气、核能、水能、太阳能光伏、太阳能热、风能（大、中、小规模）、生物质等。各种能源更具有自身的特性，它们应当在整个能源系统中找到各自“合适的位置”，发挥长处，各得其所。因此，在能源供给系统中，需要重点研究的不是各种能源能做什么，而是它们在能源系统中应该做什么，这是两回事，并尽量用较少的能耗代价满足终端用户精细化的需求。

如何使多样化的供应满足精细化的需求，基本原则如下。

（1）集中且高能量密度的能源应当集中利用和转化（高效率、低污染），并利用现存的基础设施（如电网、天然气管网等）连接到终端用户；分散且低能量密度的能源应当分散利用，如农村地区的能源供应。

（2）优质能源，用于发电；中、低质能源，应当梯级利用，避免能源转化过程中不必要的环节。尤其要全盘规划和考虑我国品种各异的煤炭资源如何利用的问题，哪些煤种适合气化，哪些煤种适合发电，这些都需进行仔细研究，把合适的煤种用在合适的位置上。例如，我国各地大量的褐煤（高含水量和高灰分）该怎样合理利用，需要做大量研究。

（3）可再生能源由于能量密度低和具有随机性，应根据当地的具体情况，因地制宜。例如，生物质高度分散且运输困难，适宜分布式就地利用，所以应当首先满足广大农民采暖和炊事的需求，以及中小城镇工业锅炉的需求。

在供给多样化中，高品位能源高品位利用；低品位能源低品位利用，并尽量减少能源损失；物理能——合适的温度进行匹配，梯级利用；化学能——合适的组分，合理配置，多产出，充分利用原材料中的有用物质。

4. 布局分布化（decentralization of the grid）

分布式供能系统是中小规模的终端导向的能源系统，能源在当地进行生产、转化和供应，进而满足终端用户多样化的需求。分布式供能系统的特征如下。

（1）能源在距离和形式上与终端用户密切结合，能量转化、运输（或传输）

等环节效率高、能量损失小。

（2）中小规模的能源系统（微型燃气轮机、内燃机、热泵、风电、太阳能光伏、太阳能集热器等）与不同形式的蓄能系统相结合。廉价且方便的大、中、小型蓄能系统（蓄电、蓄热等）是节能的关键，且急需技术上的突破。

（3）多种能源资源（天然气、液化天然气、城市煤气、焦炉煤气、煤层气、可再生能源）可资利用。低能量密度且高度随机性的可再生能源可以更加方便地利用。

通过布局分布化提高系统能效的潜力可达 20%～30%。在广义能源系统中，因地制宜地进行分布式布局，集中电网、分散电网和离网运行相结合，不同种类的能源应当以互补和互相结合的方式进行利用，特别注意可再生能源的就地利用。分布式供能系统可以实现区域性热、电、冷结合，按功率需求的大小采用模块化布局，机动灵活，就地满足用户要求，减少热源多次转化和输送，可以把总能源利用效率从 40%～50%提升到 80%～85%。

5. 调度、控制、管理网络化（network）

在以上提出的转换整合化（integration）、需求精细化（differentiation）、供给多样化（diversification）、布局分布化（decentralization）的基础上，再加上快速发展的网络信息技术，实现调度、控制和管理的网络化（network），按上述原则对现有的系统逐步进行改造转化，并按此原则建设新的可持续能源系统，本书称为 IDDD+N。

灵活性、可控性、可靠性、在线静态和动态的优化都是能源系统面临的新挑战。快速发展的信息技术可用于促进新的可持续能源系统的建立，如数据搜集、网络传感、在线监测、数据分析、数据挖掘、数据预测（特别是可再生能源）；建立起覆盖面广的能源信息平台和多层次优化的网络（小、中、大、地区、省）；充分利用信息技术，在全国、各省市、各地区全面搜集、整合、细分各种需求和供给信息，进行多层次协调优化，达到动态总量控制的目标。调度、控制和管理的网络化的节能潜力至少有 50%。

2.6 本章小结

可持续能源系统建立在全生命周期分析方法的基础之上，其核心思想是“把合适的东西放在合适的地方”（put the right thing on the right place）。建立可持续能源系统是一个渐变过程，但目标要明确，政策要清晰，措施要果断。在能源消费的天花板和节能目标下，将 IDDD+N 的原则和要求，分解成各行业、各地区的实施细则，将 6 个协同的维度结合各地的实际情况开发出适应当地资源、需求的清洁技术，建立大小不同的、可操作的模板和示范工程。弄清现有系统节能的潜力和转型的目标，以及分阶段、分层次向可持续能源系统靠拢的路线图（roadmap）。国家应在多方面加以牵引，向这些模板靠拢，如规章制度、鼓励政策、市场机制、价格政策、各种国家资助（立项与资金投入）、科研和工程中心建立、人才培养、民间投资引导等，上下同心，打好这场向可持续能源系统转型的攻坚战，这是对我们自己、对后代、对全人类的责任！

第二篇　低 碳 路 径

第 3 章　中国重点部门中长期 CO_2 减排潜力与技术路径①

本章应用自顶向下和自底向上相结合的模型分析我国能源、工业及消费三大部门中的八个重点行业的温室气体排放现状及减排潜力。以 2010 年为基准年，预测在 2 个宏观经济情景和 3 个技术政策情景下，三大部门 2015 年、2020 年和 2030 年的 CO_2 直接排放量变化趋势、拐点、减排潜力与成本。结果表明，主要工业部门可在 2015～2020 年达到排放峰值，而消费部门 CO_2 排放量呈持续上升，在 2030 年之前不会出现拐点。工业部门减排仍然有较大潜力，在 2030 年实现 CO_2 排放峰值的承诺下，其减排将为消费部门的排放增量创造空间。因此，除继续加强工业减排措施外，我国更应该开始关注低碳型消费模式。

3.1　概　　述

制定我国行业温室气体减排方案及其保障机制，是我国在中长期实现低碳转型、推动国家减排目标实现的基础性工作。我国正处于经济社会发展的关键时期，作为国民经济关键支撑的工业制造业，在一定时间内仍将保持持续增长态势。与此同时，汽车交通和建筑使用等消费领域的温室气体排放也将进入新的快速增长期[1]。因此，在国内资源能源安全、生态环境保护以及国际气候变化谈判的综合压力下，研究制定我国重点行业温室气体减排潜力、技术路径与政策保障措施，是当前我国应对气候变化、促进工业转型升级的重大需求。

行业减排及其相关方案的确定一直是气候变化关注的重点和谈判要点。2007 年，《巴厘行动计划》明确提出了国际行业减排办法[2]。作为世界第二大经济体和最大的温室气体排放国，我国也开始主动参与国际行业减排行动。2014 年我国在《中美气候变化联合声明》中，首次提出将努力实现在 2030 年左右 CO_2 排放达到峰值，2030 年非化石能源占一次能源消费的比重提高到 20% 左右。2015 年 9 月，我国承诺在 2017 年推出全国的碳排放交易系统，涉及电力、水泥、钢材等重点行业。2015 年 12 月第 21 届联合国气候变化大会于法国巴黎召开[3]，在国际上气候变化减缓行动的背景下，行业温室气体减排势在必

① 本章作者：温宗国，清华大学环境学院。

行。中国向《联合国气候变化框架公约》秘书处提交了应对气候变化国家自主贡献文件，提出了2020年后应对气候变化行动的目标，以及实现目标的路径和政策措施[4]。我国温室气体排放行业众多，而且具有自己独特的资源能源禀赋以及技术发展特点，因此有必要针对行业层面建立适合我国国情的温室气体排放及减排分析模型，为制定我国行业减排方案提供一个科学有效的决策辅助分析工具。模拟预测我国2015～2030年CO_2排放的趋势、部门减排潜力的差异，以及成本较优的减排路线图，是推进低碳发展和应对气候变化的重要保障。

本章对我国温室气体排放重点部门的电力、石油、钢铁、水泥、电解铝、汽车交通、建筑使用、生物质燃气八个重点行业的减排潜力和成本进行核算，分析并提出中国2030年温室气体减排的路线图和政策建议。

3.2　中国CO_2排放现状分析

3.2.1　行业CO_2排放总体现状

根据初步核算，2010年我国由一次能源消耗带来的温室气体排放总量为80.5亿吨二氧化碳当量，包括电力、石油、钢铁、水泥、电解铝、汽车交通、建筑使用以及生物质燃气在内的八个重点行业温室气体排放总量为65.1亿吨二氧化碳当量，占全国总排放量的81%。其中，温室气体排放总量排名前四的行业是：电力占35%，建筑使用占21%，水泥和钢铁各占14%（图3.1）。

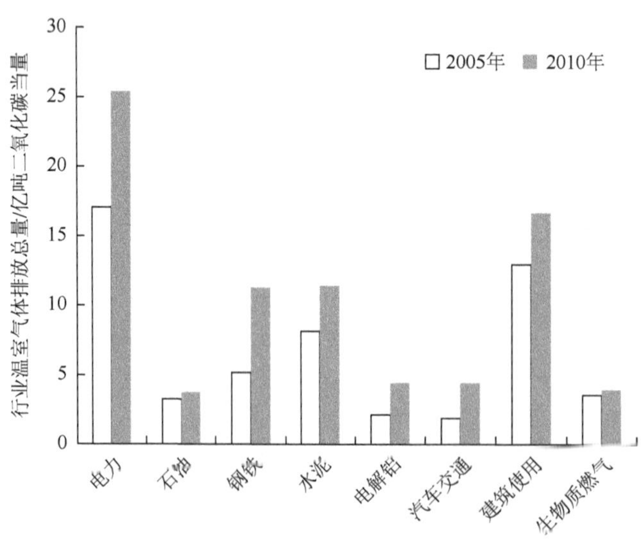

图3.1　2005年和2010年我国八个重点行业温室气体排放总量

化石燃料燃烧和生产过程含碳原料分解为行业直接排放量，生产过程中电力使用带来的排放为间接排放量，两者之和为总排放量。自此图下，为避免重复计算，本章均为直接排放总量

本书将八个重点行业进一步划分为三大部门：能源部门（电力、石油、生物质燃气）、工业部门（钢铁、水泥、电解铝）和消费部门（汽车交通、建筑使用）。扣除重复计算之后，能源、工业、消费部门排放量占比分别为 41%、24%、16%。

3.2.2　部门 CO_2 排放现状

1. 能源部门

1）电力行业

我国电力工业持续快速发展，已成为世界电力第一大国。随着我国发电量逐年增长，温室气体排放总量猛增。2010 年发电供热 CO_2 排放总量达到 25.35 亿 t，主要碳排放集中于生产环节。我国火电机组发电煤耗处于较为快速的逐年递减态势，目前已达到世界先进水平。与世界主要国家单位火力发电产热 CO_2 排放强度的对比可以看出，我国火力发电产热 CO_2 排放强度远低于其他发展中国家。例如，2007 年，我国火力发电产热 CO_2 排放强度为 789g/(kW・h)，只有印度的 63%。“十一五”期间，我国火力发电产热 CO_2 排放强度快速下降，已经低于许多发达国家，处于世界先进水平。

我国“富煤、缺油、乏气”的一次能源资源禀赋条件，决定了我国以煤为主的电力结构状况将长期存在。电力结构调整受一次能源结构的制约，通过调整能源结构和技术进步的方式，进一步降低电力碳排放强度面临巨大挑战。大力发展低碳清洁的可再生能源，可以有效促进节能减排，但当前可再生能源造价高昂，对地域资源依赖性强，在我国能源结构中所占比重小，短期内无法承担减排主力军的任务。同时，可再生能源比例过高，还将推高我国能源成本和发展成本，影响下游产业链的国际竞争力。我国东部沿海发达地区有条件也必须率先控制煤炭消费总量和 CO_2 排放总量，争取 CO_2 排放在 2020 年前后陆续达到峰值，为全国 2030 年前后实现 CO_2 排放达到峰值目标奠定基础[5]。

2）石油行业

石油行业产业链长、产品多，我国石油行业温室气体排放主要分布在油气开采、炼油、油气储运与销售三大环节，前两者排放比例在 90%以上。2010 年我国石油行业 CO_2 直接排放总量约为 3.77 亿吨二氧化碳当量，增量主要来自于原油加工量的快速增加。我国石油行业 CO_2 直接排放总量占全国 CO_2 直接排放总量的 5%以上，呈现上升趋势，且单位产品排放量明显高于国外主要石油公司。

我国油气田整体品质差，且随着多数老油田进入开发中后期，开发深度和难度与日俱增。因此，地方油田不得不使用更为耗能的手段进行石油开采，造成了成本与能耗的增加。陆上油田供液能力明显不足，主要采用机械采油设备。全国目前有 7.5 万多口机械采油井，年耗电量高达 105 亿 kW · h。我国油气储运设施相对较新，装备和技术水平较高，且油气运行规模偏小，其温室气体排放量占石油行业总排放量的比例相对国外排放比例较小，约占 4%。因此，未来我国石油行业上游碳排放强度的下降潜力不大。

在石油行业低碳化技术方面，回收挥发性烃类气体尚未形成技术体系，碳化工仅小规模技术示范，利用难度大。例如，部分能源开发技术（如煤层气勘探开发技术、页岩气勘探开发技术等）是发达国家非常重视的低碳技术，对各国的低碳发展和能源结构调整都具有重要意义，但是这些技术对于石油行业则属于间接减排技术。实际上，在中短期内它们的使用反而会导致石油行业能耗和温室气体排放的增长，短期内在我国应用前景不大。

替代能源（如非常规天然气）的发展仍有大量问题，如勘探开发关键技术有待突破，缺乏具有竞争性的准入机制，缺乏积极有效的配套扶持政策，缺乏完善的基础设施与管理体系等。

3）生物质燃气行业

生物质燃气行业是利用工业和生活源的生物质废物制取燃气的新兴行业，其温室气体的排放主要来自生物质废物处理处置过程，典型温室气体为 CH_4 和 N_2O。2010 年生物质燃气行业温室气体排放总量为 4.01 亿吨二氧化碳当量。生物质废物处理处置带来的温室气体排放量较大，且呈现上升的发展趋势。这主要与生物质废物产生量的增加有关系。而生物质废物产生量与人们对食物类物品的基本需求密切相关，随着人口的增加、生活水平的提高，生物质废物排放量相应增加，在同样的处理处置结构下的温室气体排放也同步增加。

从排放的总量来看，生物质燃气行业的温室气体排放量占我国温室气体排放总量的 5%～6%。养殖单元的排放量占生物质燃气行业排放总量的 50%，是主要的控制单元。同时，随着对农作物秸秆综合利用要求的提高，以及对工业废物排放控制的日趋严格，种植单元和食品加工单元的废弃物排放也将逐步减少。城市和农村生活单元由于人口众多，日常生活产生的废弃物较多，排放也较多，但城市的基础设施较为完善，较农村单元是更有潜力的减排单元。

持续规模化供给生物质废物原料和建立生物质燃气产业化市场机制，是生产生物质燃气清洁能源、实现行业节能减排亟待解决的重大难点。生物质废物产生分散，单位面积上平均能量密度低，收集半径大，物流系统复杂，限制了生物质能规模化开发利用。另外，补贴不足以及导向混乱等问题明显阻碍了整个行业的新能源生产和减排潜力挖掘。生物质燃气作为生物质能开发的重要方向，在发展初期的生产和利用成本都比较高，从与生物质燃气相关的上下游产业补贴情况来看，力度明显无法支撑生产成本收益的平衡点。

2. 工业部门

1）钢铁行业

我国粗钢产量自 1996 年突破 1 亿 t 之后迅速增长，2010 年产量达到 6.27 亿 t[6]。随着粗钢产量的大幅增长，钢铁行业的 CO_2 排放总量也迅猛增加，但整体来看，CO_2 排放总量增长幅度略低于粗钢产量的增长幅度。据中国钢铁工业协会统计，全国重点钢铁企业的吨钢综合能耗已经从 2006 年的 645.12 千克标准煤降至 2010 年的 604.6 千克标准煤，约下降了 6%；2010 年，钢铁行业的温室气体排放总量为 11.24 亿吨二氧化碳当量。近年来，随着节能技术的逐步推广和应用，我国钢铁工业的各工序能耗下降明显。但中国钢铁行业发展较晚，人均累积产钢量较少，导致废钢资源比较少，因此短流程炼钢占比远低于世界平均水平，更远低于发达产钢国家，这也是我国钢铁工业能耗较高的原因之一。

我国钢铁行业总体发展水平很不均衡，一些先进钢铁企业的吨钢能耗水平已经处于国际前列，但小型钢铁企业基本都是粗放式生产，其能耗水平要远远高于重点钢铁企业的平均水平。因此，我国平均碳排放水平仍与国际先进水平有一定差距。目前纳入中国工业统计的重点钢铁企业产能仅占总产能的 80%左右，由于重点钢铁企业设备、工艺水平较高，其单位产品能耗要明显低于那些没有纳入中国钢铁工业协会统计的钢铁企业。而未纳入统计的小型钢铁企业基本都是粗放式生产，其能耗远远高于重点钢铁企业。我国钢铁行业落后产能所占的比重近几年有下降的趋势，从 2005 年的 29.4%下降到 2010 年的 13.8%，并且有进一步下降的空间。若能有效地淘汰落后产能，将会对降低钢铁行业的 CO_2 排放量有非常明显的效果。

我国钢铁行业中大型企业的多数技术经济指标与发达国家相比差距已经不大，而中、小企业技术装备和工艺指标还十分落后。由于总体发展不平衡，我国平均碳排放水平仍与国际先进水平存有一定差距，技术进步主要依靠引进、消化、模仿，重大技术创新很少。我国短流程炼钢占比较低，2007 年国际电炉炼钢比例为 30.6%，美国更是高达 58.1%，韩国为 43.6%，而我国仅为 12.4%，近年来还出现了下降的趋势。短流程电炉炼钢占比持续保持较低水平，不仅使我国的钢铁工业能耗较高，也可能成为未来钢铁行业的减排瓶颈之一。

2）水泥行业

目前我国是世界上最大的水泥生产国，2010 年全国水泥产量 18.79 亿 t，比 2005 年增长 75.8%，年均增长 11.9%，总产量占世界水泥产量的 56%[7]。水泥行业的温室气体排放总量受行业产量影响很大。与 2005 年相比，2010 年我国水泥行业温室气体总量上升，单位水泥产品排放量下降。2010 年我国水泥工业 CO_2 排放总量为 11.37 亿 t，比 2005 年的 8.24 亿 t 增加了 38%。其中，直接排放 10.3 亿 t，间接排放 1.07 亿 t，分别占总排放的 90.6%和 9.4%。吨熟料直接 CO_2 排放由 2005 年的 931kg 下降到 2010 年的 851kg，下降幅度 8.6%；吨水泥直接 CO_2 排放由 2005 年的 686kg 下降到 2010 年的 548kg，下降幅度 20.1%。

水泥生产过程的 CO_2 排放源主要有三种：工艺排放（是生料中碳酸盐分解和少量有机碳燃烧产生的直接排放）、燃料燃烧排放和电力消耗带来的间接排放。熟料生产中的工艺排放是水泥行业最大的 CO_2 排放源（比例为 50%～60%），其次是燃料燃烧（比例为 30%～40%），两者占水泥行业 CO_2 总排放的 90%左右。2010 年我国水泥行业温室气体 57.97%来自于工艺环节的排放。

水泥产量在“十二五”期间还会继续增长，产能过剩成为行业发展的最大障碍，也是行业总量减排的关键制约因素；此外，通过改进能效进行减排的潜力非常有限；化石替代燃料和生物质燃料使用比例几乎为 0，远低于世界平均比例 12.5%，在利用替代燃料方面还存在着技术障碍以及法律法规等因素的制约。

减少熟料系数能有效降低 CO_2 排放，但因混合材掺量高的水泥早期强度偏低，影响其使用范围和混凝土质量。同时，受适用熟料替代品的可得性、复合硅酸盐水泥标准和用户对这些水泥的接受程度的限制，世界五大水泥公司熟料系数的减少已表现出停滞或上升趋势。2010 年我国的熟料系数为 63.23%，远低于世界平均值 75.5%，是否还有减排空间取决于混合和复合水泥的市场前景及混合材的可用量。

3）电解铝行业

2000 年以来，我国铝工业迅速发展，生产和消费规模不断扩大，已成为世界电解铝产业发展的主要推动力量。2010 年我国电解铝产量为 1620 万 t，带来温室气体排放 4.4 亿吨二氧化碳当量，其中由电力以及原材料生产等带来的排放占 90%。2012 年，中国电解铝产量为 2026.7 万 t[8]。在未来一段时期内，电解铝产量仍会持续上升，因此温室气体排放量也会持续上升。2005～2010 年，我国电解铝行业单位产品 PFC 排放量逐年下降，符合国际电解铝产业低碳发展的大趋势。与 2005 年相比，2010 年单位产品 PFC 排放量下降了 42.0%。但是由于电解铝产量的快速增长，该行业的 PFC 排放总量没有下降。

电解铝生产过程中释放出的温室气体由两部分组成：一是直接排放，包括消耗碳阳极产生的 CO_2 排放和生产过程中发生阳极效应时产生 PFC 带来的当量 CO_2 排放；二是消耗大量电能、氧化铝、碳素等原材料而产生的间接排放。根据排放数据，电解铝生产过程中的直接排放比例只有 10%，电力间接排放量占 58.5%。因此，我国电力行业的单位碳排放情况对电解铝行业的排放总量有着很大的影响。

国际上铝行业温室气体减排的主要手段和措施是大力发展再生铝工业。由于我国铝及铝产品在今后较长一段时间内，仍将处在使用周期中，减少温室气体排放还主要依赖电解铝生产过程的减排来实现。国产材料质量性能不稳定，导致能耗增加，PFC 排放攀升。受我国铝土矿资源特点所限，我国生产的大多为粉状或中间状氧化铝，与国外砂状氧化铝相比，存在氧化铝溶解性差、浓度不容易控制等缺点。氧化铝质量的差异将造成我国电解铝与国外先进技术相比吨铝能耗高、PFC 排放高等问题。

我国电解铝产业正在快速向能源丰富的西部地区特别是新疆转移，阶段性产能过剩和抬高部分地区能源消费价格不可避免。我国幅员辽阔，地区之间能源价格差距逐步扩大趋势明显。目前，我国有 1000 万 t 左右的电解铝产能在能源供应十分紧张、没有发展优势的高电价地区（如河南、山西、山东），但这些企业的发展曾为我国铝工业由小变大并实现跨越式发展做出了巨大贡献，有的仍是许多县市的财政支柱。虽然这些企业面临低电价地区产量快速增加、市场冲击的严峻挑战，但在今后一定时期仍可以获得"边际效益"，可维持我国和全球铝市场供应充分。

3. 消费部门

1）汽车交通行业

随着我国汽车工业的快速发展和保有量的迅速增长，汽车交通用油已经成为带动石油消耗增长的主要领域。车用燃油消费的迅速增长导致汽车 CO_2 排放总量逐年增加。2010 年，包括货车、客车和轿车在内的中国汽车交通行业 CO_2 排放量已达到 3.65 亿吨二氧化碳当量，比 2005 年（1.85 亿吨二氧化碳当量）增长了近 1 倍，成为我国温室气体排放的主要来源之一。在 2010 年汽车排放的 CO_2 中，货车的排放分担率达到 51.5%，客车的排放分担率为 24.4%，轿车的排放分担率为 24.1%。根据公路交通行业关键减排技术的成本与燃料节省情况，预计 2020 年减排 CO_2 的平均成本为 88.5 元/t[9]。

我国平均单车 CO_2 排放强度与国际先进水平存在 20%～30%的差距。目前，我国乘用车单车 CO_2 排放强度已经从 2006 年的 194g/km 下降到 2010 年的 175g/km，但与国际先进水平仍有很大差距。在产品技术层面上，我国汽车企业主要通过提高发动机先进节油技术、高效传动与驱动技术、车身轻量化技术、整车设计与优化等方式来提高汽车的减排水平，但目前这些技术在行业中的推广应用还有待加强。特别是目前国内传统高效内燃机驱动技术的对外依赖度较大，节能核心技术缺失，节能汽车产品比例低。目前批量装车的产品（系统）仍然需要依赖引进，或由合资企业提供。尽管国内一些自主品牌企业对核心节能技术进行了研发，但距离技术成熟还有很长的路要走，要实现大规模的应用尚待时日。电动汽车作为我国汽车工业应对减排的主要突破口，其技术水平与国外先进水平相比也存在较大差距。我国目前在电动汽车技术研发和产业上已具备一定基础，但与国际产业化趋势和电动汽车先进水平相比，在关键零部件材料和装备的技术水平、可靠性及成本方面差距较大，在控制器基础硬件、芯片、高速控制器局域网关等方面对外依赖度较大，这些都是电动汽车应用面临的难点和重要挑战。

2）建筑使用行业

2000 年以来，我国进入了快速城镇化阶段，建筑领域用能和碳排放总量也迅速增长。2010 年，我国建筑使用行业的 CO_2 排放总量约为 16.7 亿吨二氧化碳当量，约占排放总量的 21%。但对比美国等发达国家，我国建筑使用行业 CO_2 排放量，无论排放总量还是排放强度都比较低。总体而言，我国的经济水平相对发达国家仍较低，尽管用能效率不高，但是单位建筑面积的能耗强度和碳排放强度都是比较低的。从居民家庭用能消费看，我国总体还是较为节俭的模式。由较为快速的城镇化导致的建筑建设总量大，虽然单位面积的能耗强度和碳排放强度不高，总量却是持续较为快速地增长。如果不采取措施，这些建筑在未来 10～20 年内将成为能耗和碳排放持续增长的“黑洞”。

我国建筑使用行业的关键技术还比较落后，与国际先进水平存在很大的差距。建筑部门的技术潜力巨大，2020 年若全面实施节能减排技术，CO_2 减排潜力可达 5.7 亿吨二氧化碳当量，2030 年可达 9.5 亿吨二氧化碳当量[10]。但是一些不适用于我国的设备系统被盲目引入国内，反而造成了能源的浪费，因此在技术应用转化过程中应充分考虑技术本身的合理性、适用性和经济性。另外，目前我国建筑领域盲目追求高新技术，各种技术泛滥良莠难辨，一些技术不分场合条件遍地开花，低质高用和高质低用的不合理现象严重突出，符合我国国情的建筑节能减排技术体系尚未形成，影响了我国建筑领域的减排成效。例如，用 300℃高温的地热能作为 70℃的建筑热源，高质低用不仅不能实现节能，更会造成能源浪费。同时伴随着经济水平的提升，居民对建筑室内环境和功能的要求越来越高，建筑采暖、空调、生活热水等刚性需求激增，会带来建筑行业能耗和碳排放的快速增长。目前部分城市高收入人群建筑能耗水平已经达到发达国家平均水平，如果我国居民的消费模式由目前传统的节俭型模式转向西方发达国家的奢侈型模式，将造成建筑能耗和碳排放总量的激增。

3.2.3 我国重点行业技术水平与国际水平的差距

对比我国重点温室气体排放行业的技术发展水平以及国际平均水平或国际先进水平（表 3.1），可以看出，除了电力行业的燃煤发电强度低于国际平均水平，其他行业的指标与国际平均水平相比都没有优势，而煤电发电强度也仅与国际先进水平相当。我国行业整体碳排放要高于国际发达国家水平的原因主要有两个：一方面是技术本身的能源转化率确实偏低；另一方面与我国的能源禀赋有很大关系，以煤为主的能源消费结构导致电力、钢铁、水泥等重点行业难以摆脱高碳能源的供给。在发达国家的能源消费结构已经开始从化石能源向核电和可再生能源等低碳能源转变的时候，我国以煤为主的能源结构却难以转变。即使我国燃煤发电的技术已居世界前列，而且碳强度均低于世界平均水平，但由于我国燃煤发电占总发电量的 80%以上，电力行业的碳强度远远高于世界平均水平。

表 3.1　我国重点温室气体排放行业技术发展水平

行业	指标	单位	国际平均水平	国际先进水平	备注
电力	燃煤发电强度	g/(kW・h)	<	=	居世界较先进水平，1GW 超超临界机组拥有量为世界最多； 核电、风电、光伏发电和生物发电技术与国际先进国家还有不小的差距
	电力发电强度	g/(kW・h)	>	>	
钢铁	单位产品综合能耗	吨标准煤/吨钢	>	>	2010 年吨钢能耗为 604.6 千克标准煤，与国际平均水平约有 10%的差距，而与国际先进水平还有较大差距； 部分大型钢铁企业，如宝钢、鞍钢等工艺水平达国际先进水平
	电炉钢占比	%	<	<	
水泥	单位产品综合能耗	吨标准煤/吨水泥	>	>	大型新型干法水泥工艺装备已达世界先进水平，日产万吨的水泥成套装备基本可以自行设计与制造； 目前先进的新型干法水泥熟料落后比例超过 70%，但仍有约 30%的产量由落后的立窑等工艺生产
	新型干法水泥生产线综合能耗	吨标准煤/吨水泥	>	>	
石油	生产排放强度	吨 CO_2/吨成品油	>	>	受油田品质差、加工重质原油、高含硫原油比例大等因素影响，生产 1t 油的自耗能约占 26%； 上游能耗与国外发达国家相比平均高出 10%～30%，下游能耗已逐渐接近国际先进水平
电解铝	铝锭平均综合交流电耗	kW・h	>	>	2010 年降低到 13 979kW・h，已低于 2005 年国际铝业协会制定的到 2010 年底全球铝锭能耗 14 600kW・h 的目标； 电解铝产业节能减排整体水平达到国际先进水平
汽车交通	单位里程 CO_2 排放强度	g/km	=	>	我国平均单车碳排放强度与国际先进水平仍相差 20%～30%； 国内传统内燃机驱动技术对外依赖度较大，节能核心技术缺失，批量装车的产品（系统）仍然需要依赖引进，或由合资企业提供
	燃料经济性	升/百公里	=	>	
建筑使用	北方采暖耗热量	W/m^2		>	与我国北方地区气候条件基本相同的北欧、德国东部等地区采暖耗热量指标为我国北方地区的 1/2； 2010 年单位建筑面积 CO_2 排放量为 $30.4kg/m^2$，低于发达国家的水平
	单位建筑面积 CO_2 排放量	$kg/(m^2$・年)		<	

近年来，我国重点耗能行业在低碳先进技术上的开发和应用有所突破，行业产品的单位能耗和碳排放强度正在逐年下降，特别是在钢铁、水泥等行业中，已经有一大部分大型企业的工艺水平达到国际先进水平。但是由于整体技术相对落后以及行业内部结构不合理，我国大部分行业的平均技术水平与国际先进水平仍存在较大差距，重点行业的能耗强度和温室气体排放强度仍然比较高，重要高耗能工业产品的单位能耗平均水平仍然要比国际先进水平高20%左右。在电力和石油行业，尽管单位碳排放量已经降低，但由于生产和消费规模的扩大，总排放量仍在持续增加。消费部门的减排在很大程度上与城镇化速度、模式和用能消费模式相关。这表明社会因素是减排的主要瓶颈。

3.3　行业温室气体减排潜力核算方法

采用自顶向下和自底向上相结合的模拟方法，以技术为基础建立行业温室气体减排潜力分析模型，据此预测行业 2030 年的温室气体排放量，以是否出现拐点来判断排放量的发展趋势，基于技术和行业成本分析确定行业最优减排情景下对应的减排方案。该模型整体框架包括 5 个模块：温室气体减排技术数据库、温室气体排放核算模块、技术减排分析计算模块、情景设定模块（包括宏观情景设定子模块和技术情景设定子模块）、技术成本分析模块，见图 3.2。

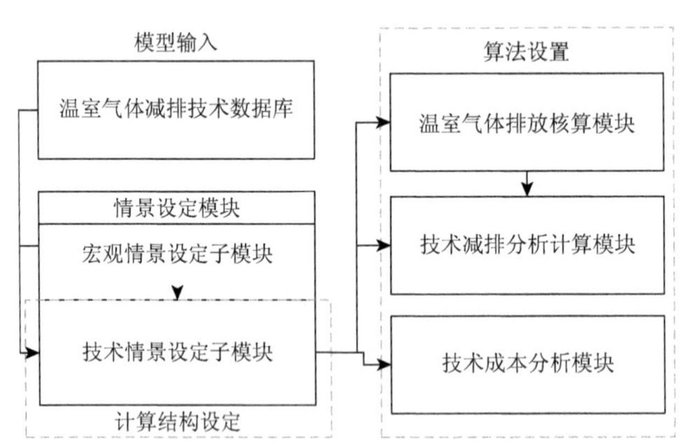

图 3.2　行业温室气体减排潜力分析模型结构

其中，温室气体减排技术数据库储存行业工艺-技术清单及对应的技术变量；情景设定模块中的宏观情景设定子模块储存计算所需的产品产量等宏观变量，两者作为模型输入计算结构模块。

计算结构模块主要是减排情景设定中的技术政策情景设置子模块。在确定了外生输入变量及计算结构模块后，可以开展行业温室气体排放核算、技术减排分析和技术成本分析等。其中，温室气体排放核算模块与技术减排分析计算模块、技术成本分析模块三者的关系见图 3.3。简言之，宏观政策对行业温室气体排放量的影响体现在温室气体排放核算模块中，技术政策对温室气体排放量的改变体现在技术分析模块中。

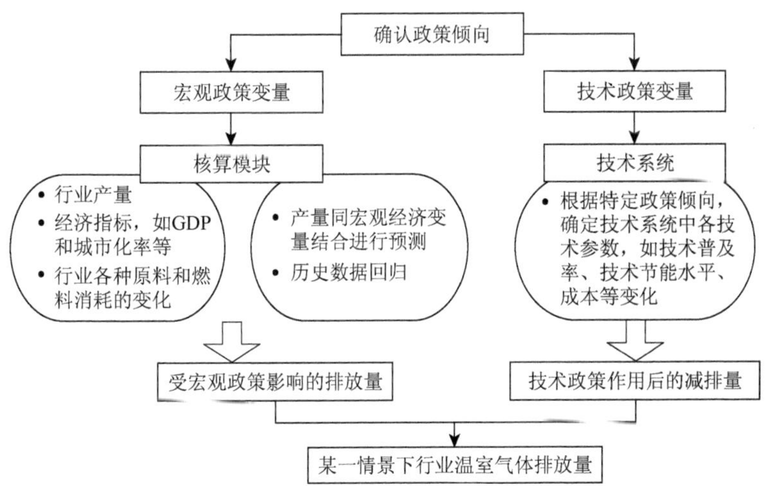

图 3.3　温室气体排放核算模块与技术减排分析计算模块、技术成本分析模块计算关系

3.3.1　温室气体减排技术数据库

温室气体减排技术数据库中包含 8 个行业三大类工艺技术。

（1）主体生产技术（设备）：指某生产过程中进行物质和能量转化的主要技术，如水泥行业新型干法生产技术、钢铁行业炼铁工序中的高炉炼铁技术等。不同规模技术的能源和资源消耗水平不同。一般而言，该类技术规模越大则能源资源消耗水平越低，因此朝大规模发展将有利于节能减排。例如，水泥行业中 7000t/天新型干法生产线比 4000t/天新型干法生产线节能。除了规模会影响该类技术水平，不同的工艺原理也会对技术的能源和资源消耗水平产生影响。例如，水泥粉磨中辊式磨机比传统球磨机更加节电。

（2）资源能源节约/回收利用技术：一是指通过回收并重复利用资源能源，达到节能减排目的的技术，如水泥生产中同新型干法生产线相配套的余热发电技术；二是指包含改变工况从而降低能耗的附属性配备技术，如钢铁生产中的煤调湿技术。

（3）温室气体末端处理技术：同污染物末端治理技术类似，温室气体末端处理技术指在温室气体排放末端对其进行处理处置的技术。该技术类型涉及技术较少，目前一般主要为 CCS 技术。

温室气体减排技术数据库结构如图 3.4 所示。

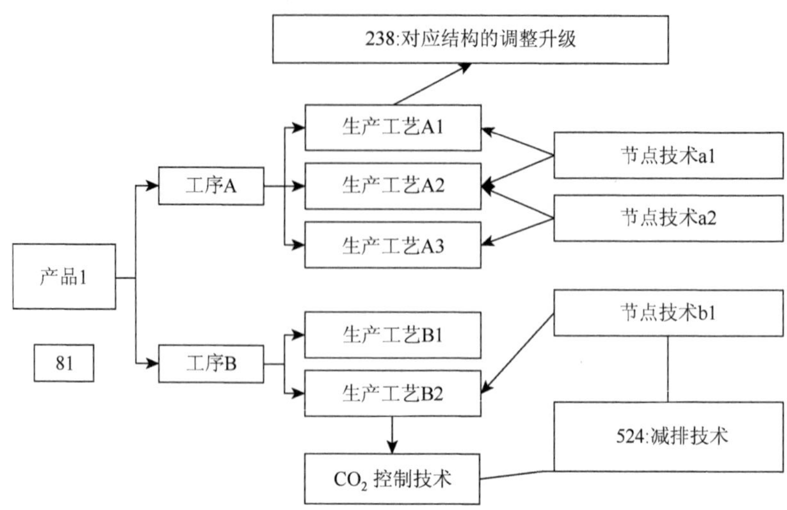

图 3.4　温室气体减排技术数据库结构

"238"为 238 种结构升级技术；"524"为 524 种减排技术；"81"为 81 种产品技术

3.3.2　情景设定

1）宏观经济情景

宏观经济情景如表 3.2 所示。

表 3.2　宏观经济情景

情景	变量	2015 年	2020 年	2030 年
社会低发展（SL）	GDP 增长率/%	7	5	4
	城镇化率/%	51.5	56	60
	人口/亿人	13.7	14.1	14.8
社会高发展（SH）	GDP 增长率/%	8	7	6
	城镇化率/%	55	60	65
	人口/亿人	13.7	14.1	14.8

2）技术政策情景

技术政策情景设定如表 3.3 所示。

表 3.3　技术政策情景设定

技术政策情景	技术政策设定
基准情景（BAU）	1. 延续 2010 年前相关节能减排政策 2. 技术普及率适当增加
弱减排情景（CW）	2011～2015 年的行业技术发展情景考虑行业"十二五"发展规划，充分考虑 2010 年后的各项节能减排措施

续表

技术政策情景	技术政策设定
中减排情景（CM）	1. 在弱减排情景（CW）基础上，工艺结构进一步优化，节能减排力度强化，对低碳发展投入较大，基本形成节约型的生产和消费方式 2. 将中国承诺的 2020 年减排目标作为重要参考条件
强减排情景（CS）	1. 假定启动全球减排行动和国内自愿减排，中国强力推动低碳发展模式转型，在低碳技术的研发和应用上增加资金及力度，加强国际间合作 2. 技术普及率基本达到该技术预期的最大普及率

3.3.3　CO_2 排放及技术减排潜力核算模块

本书应用 CO_2 排放核算模块（自顶向下模型）及技术减排潜力核算模块（自底向上模型）相结合的方法核算排放总量及减排潜力。在减排潜力核算部分应用了三个集成的自底向上模型来计算行业的 CO_2 排放：长期能源可替代规划系统（long range energy alternatives planning，LEAP）模型[11]、亚太综合模型-末端使用（Asia-Pacific integrated model end-use）模型[12]以及清华大学自主开发的模型。

1. CO_2 排放核算

（1）燃料燃烧排放：

$$\mathrm{FCE}=\sum_i F_i \times \mathrm{fEF}_i \times 10^{-3} \tag{3.1}$$

设行业消耗 i 种燃料。其中，FCE 为燃料燃烧排放量（吨二氧化碳当量）；F 为燃料消耗量（t 或 m^3）；fEF 为燃料的 CO_2 排放因子（千克二氧化碳/吨燃料或千克二氧化碳/米 ^{3} 燃料）。

（2）含碳原料分解排放：

$$\mathrm{MCE}=\sum_j M_j \times \mathrm{MC}_j \times \mathrm{mEF}_j \tag{3.2}$$

或

$$\mathrm{MCE}=\sum_j M_j \times \mathrm{MCC}_j \times \frac{44}{12} \tag{3.3}$$

设行业消耗 j 种原料。其中，MCE 为含碳原料分解产生的 CO_2 量（吨二氧化碳当量），M 为原料消耗量（t）；MC 为含碳原料品位（%；即有效成分的质量比）；mEF 为含碳原料 CO_2 排放因子（千克二氧化碳/千克原料）；MCC 为原料中碳元素的质量分数（%）。

（3）电力消耗间接排放：

$$\mathrm{ECE}=\mathrm{Elec}\times \mathrm{elecEF} \tag{3.4}$$

其中，ECE 为外购电力间接排放的 CO_2 量（吨二氧化碳当量）；Elec 为行业外购电力（kW • h）；elecEF 为电力生产的排放因子（吨二氧化碳/（千瓦 • 时））。

2. 技术减排潜力核算

基于技术的减排（排放）分析步骤如下。

设 t 为预测年，t_0 为基准年，P 为行业产品年产量（万 t）。设有 n 种技术用能源消耗参数表征，m 种技术用能源节约参数表征。

（1）若度量技术节能减排指标为能源消耗参数（如主体生产技术），则有

$$\Delta\text{CE} = \left(P_t \times \text{PR}_t \times \sum_i \text{FC}_{t,i} \times \text{fEF}_i - P_{t_0} \times \text{PR}_{t_0} \times \sum_i \text{FC}_{t_0,i} \times \text{fEF}_i \right) \times 10^{-6} \quad (3.5)$$

其中，ΔCE 为单项技术 CO_2 排放量的变化（万吨二氧化碳当量）；PR 为技术普及率（%）；FC 为技术能耗指标（千克标准煤/吨产品，千克燃料/吨产品，10^3 米 ^{3} 燃料/吨产品或千瓦 • 时/吨产品）；fEF 为 CO_2 排放因子（千克二氧化碳/吨标准煤，千克二氧化碳/吨燃料，千克二氧化碳/米 ^{3} 或千克二氧化碳/（兆瓦 • 时））。

（2）若度量技术节能减排指标为能源节约参数，则有

$$\Delta\text{CR} = \left(P_t \times \text{PR}_t \times \sum_i \text{FS}_{t,i} \times \text{fEF}_i - P_{t_0} \times \text{PR}_{t_0} \times \sum_i \text{FS}_{t_0,i} \times \text{fEF}_i \right) \times 10^{-6} \quad (3.6)$$

其中，ΔCR 为单项技术 CO_2 排放减少量的变化（万吨二氧化碳当量）；PR 为技术普及率（%）；FS 为技术节能指标（千克标准煤/吨产品，千克燃料/吨产品，10^3 米 ^{3} 燃料/吨产品或千瓦 •时/吨产品）；fEF 为 CO_2 排放因子（千克二氧化碳/吨标准煤，千克二氧化碳/吨燃料，千克二氧化碳/米 ^{3} 或千克二氧化碳/（兆瓦 • 时））。技术能耗和节能指标以及 CO_2 排放单位的选取依实际情况而定。

引入技术减排分析后预测年总排放量的计算公式为

$$\text{FCE}_{t_0} + \text{MCE}_t + \sum_n \Delta\text{CE}_n - \sum_m \Delta\text{CR}_m \quad (3.7)$$

其中，FCE_{t_0} 为基准年（t_0）燃料消耗 CO_2 排放；MCE_t 为预测年（t）原料分解 CO_2 排放；$\sum_n \Delta\text{CE}_n$ 为 n 种用能源消耗参数表示的技术的 CO_2 排放量变化；$\sum_m \Delta\text{CR}_m$ 为 m 种用能源节约参数表示的技术的 CO_2 减排量的变化。含碳原料分解的 CO_2 排放量核算，是直接在预测行业预测年（t）原料消耗量的基础上进行计算的，未与行业技术产生任何关联。

3.4　结果与讨论

3.4.1　CO_2 排放总量趋势

在社会低发展情景与社会高发展情景下，无论中减排情景还是强减排情景，八个重点行业 CO_2 直接排放总量都会在 2015～2020 年达到峰值（图 3.5）。

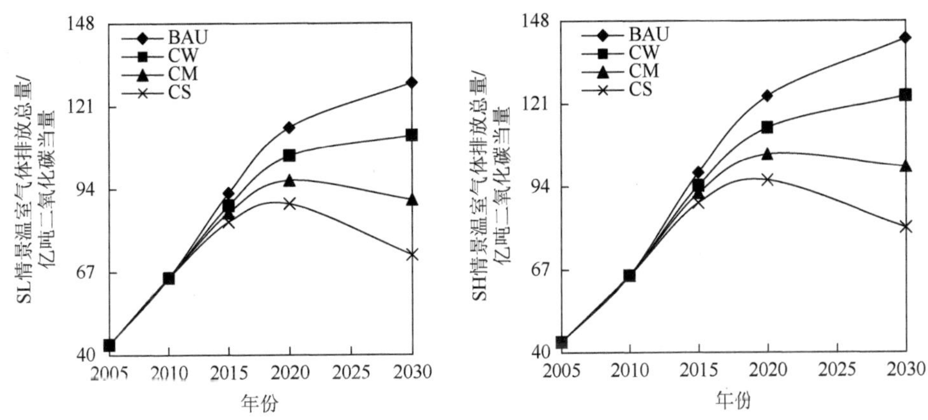

图 3.5　不同政策情景下部门的温室气体排放总量

在 SL-BAU 情景下，温室气体排放总量至 2020 年将增加 78%，至 2030 年将增加 100%。在 SL-CW-2030 情景下，温室气体排放总量将于 2030 年达到相对于基准年增长 76%的水平，这比基准情景下达到相同水平的时间推迟了 10 年。在中等强度的 SL-CM-2020 情景下，温室气体排放总量将增加至 94.3 亿吨二氧化碳当量，比 SL-BAU-2010 情景下的水平高近 50%。在强度最高的 SL-CS-2030 情景下，温室气体排放总量将下降至 77.5 亿吨二氧化碳当量。SL 情景比 SH 情景更接近真实情况，因此本章基于 SL 宏观经济情景进行四种技术政策情景下的 CO_2 减排潜力分析和技术成本分析。

2014 年发布的《国际气候变化评估报告》显示，2010 年美国 CO_2 排放总量为 68 亿吨二氧化碳当量。该报告分以下部门来进行预测：能源、工业生产过程、运输、农业和废弃物。这些部门与美国 CO_2 排放清单所采用的 IPCC 部门定义相契合，只是在清单中运输部门包含在了能源部门中。美国政策情景考虑了 2012 年 9 月开始实施的政策，2005～2020 年，能源部门排放总量将降低 6.5%。2010～2015 年，中国的预期排放量在四种技术政策情景下都超过美国，所以“十二五”计划和“十三五”计划是 CO_2 减排的关键。

3.4.2　不同部门 CO_2 排放趋势

在 CM 和 CS 情景下，能源部门的排放量将会于 2015～2020 年达到峰值。工业部门在所有情景下排放量都会下降。消费部门的排放量将持续增长，2030 年前不会出现拐点（表 3.4）。在美国政策情景下，2005～2020 年，电力和建筑部门与能源相关的 CO_2 排放量将下降 10%，而工业部门将会上升，相关的 CO_2 排放量将由 3.4 亿吨二氧化碳当量增长到 4.4 亿吨二氧化碳当量。

表 3.4　中国各部门 CO_2 排放峰值情景

部门	达到排放峰值的情景
总体	中减排和强减排政策情景（2015～2020 年）
能源部门（电力、石油、生物质燃气）	中减排和强减排政策情景（2015～2020 年）
工业部门（钢铁、水泥、电解铝）	四种政策情景均可实现（预计 2020 年左右）
消费部门（建筑使用、汽车交通）	2030 年之前不会达峰

1. 能源部门

如图 3.6 所示，2015～2020 年，在 SL-CM 和 SL-CS 情景下能源部门排放量将分别达到峰值 50 亿吨二氧化碳当量和 48 亿吨二氧化碳当量，其中电力行业将分别达到峰值 47 亿吨二氧化碳当量和 44 亿吨二氧化碳当量。石油行业的排放量将持续增长，但在 2030 年前不会出现拐点。

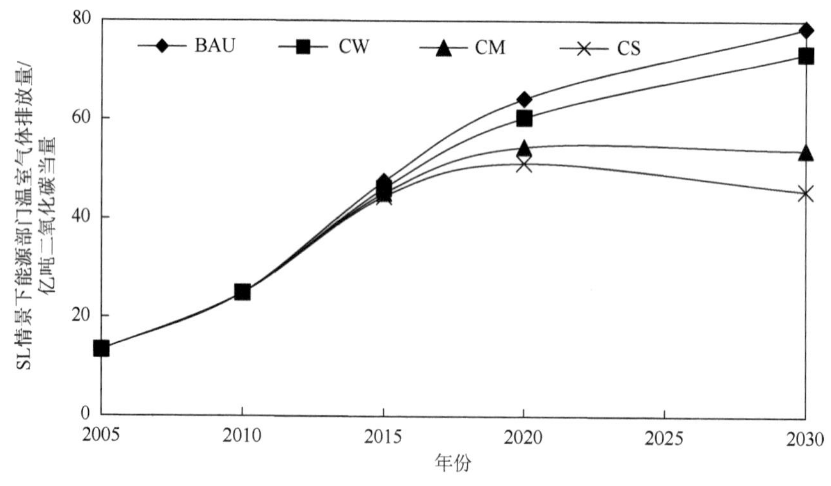

图 3.6　SL 情景下能源部门温室气体排放量预测分析

2. 工业部门

2015～2020 年，在 SL-CW、SL-CM 和 SL-CS 情景下工业部门排放量将分别达到峰值 26.7 亿吨二氧化碳当量、26 亿吨二氧化碳当量和 25.5 亿吨二氧化碳当量（图 3.7）。2015～2020 年，钢铁行业排放量将达到峰值 12 亿～13 亿吨二氧化碳当量，水泥行业排放量将达到峰值 12.6 亿～13.3 亿吨二氧化碳当量，电解铝行业的直接排放量将达到峰值 0.4 亿～0.53 亿吨二氧化碳当量。

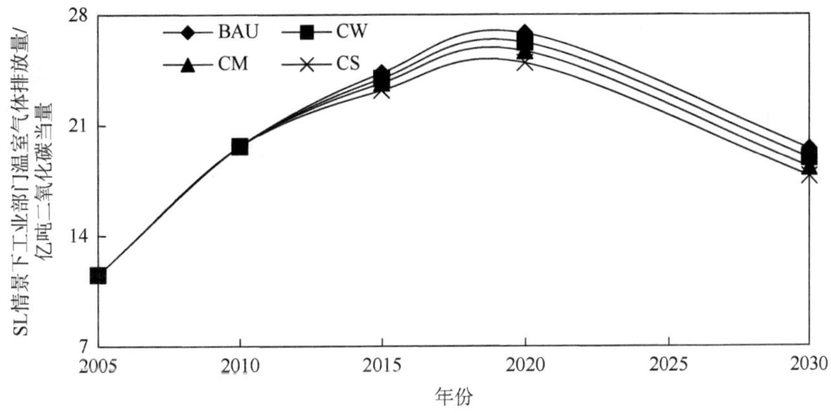

图 3.7　SL 情景下工业部门温室气体排放量预测分析

3. 消费部门

2030 年之前，消费部门温室气体排放量持续增长，不会达到拐点（图 3.8）。2005 年，中国消费部门温室气体排放量只有美国的 37%。然而在基准情景下，到 2020 年中国的排放量将比美国高 19%，到 2030 年将高 78%。

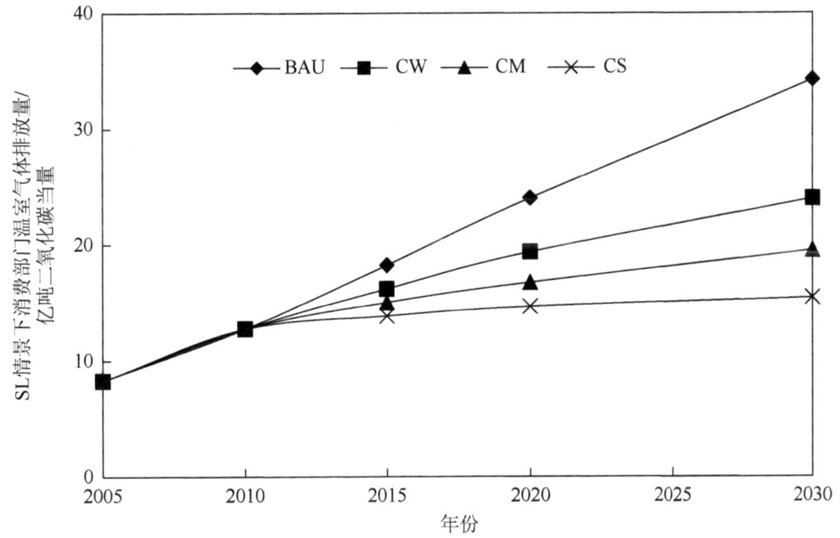

图 3.8　SL 情景下消费部门温室气体排放量预测分析

3.4.3　减排潜力分析

1. 与 2010 年相比

与 2010 年相比，三种减排技术政策情景下的总量减排潜力都为负值。2030 年之前，即便应用大量碳减排技术，排放总量仍无法回到 2010 年的水平。分部门来看，

2025～2030 年，只有工业部门的排放量可以回到 2010 年的水平[13]。2030 年之后，在 CM 和 CS 情景下，能源部门的 CO_2 排放量有机会降至 2010 年水平。但是，在现有减排措施下消费部门的增排趋势无法扭转（图 3.9）。这说明，未来我国工业部门的减排潜力空间最大，而且只有尽快实现排放量的拐点，才有可能给汽车交通、建筑使用部门提供持续排放增量的空间。

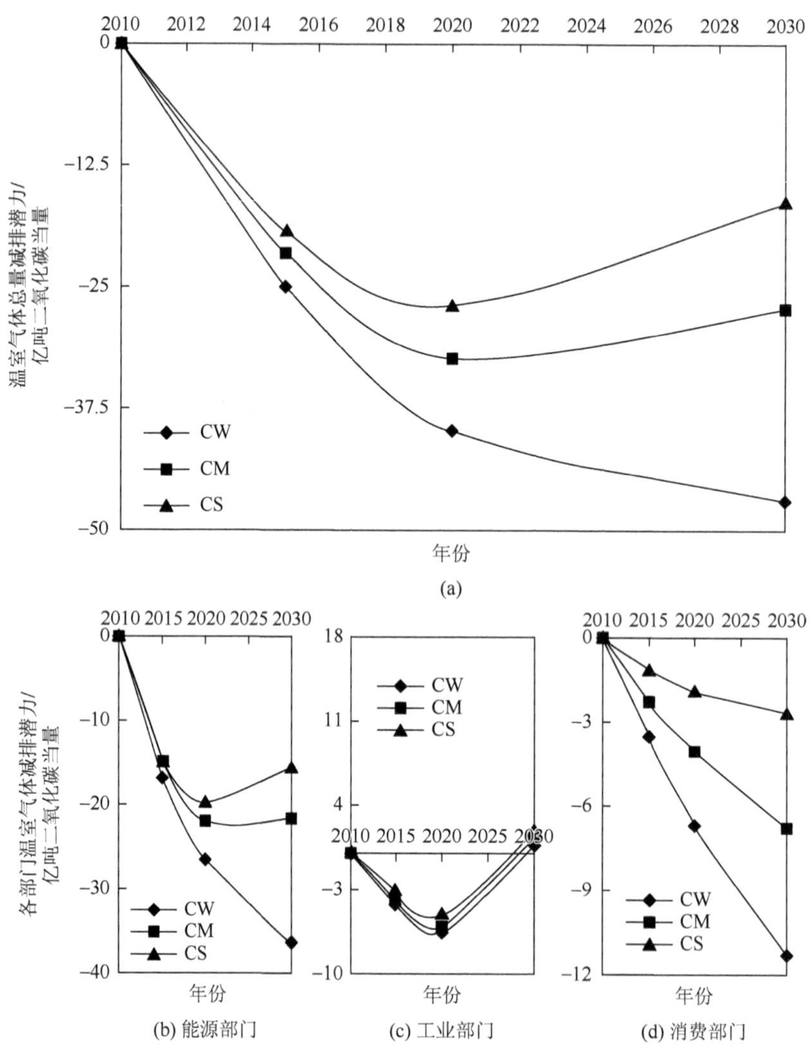

图 3.9　温室气体排放总量及各部门排放量减排潜力

2. 与基准情景相比

在每个目标年将各个技术政策情景与基准情景做比较，可以得到各部门的技术减排潜力。八个重点行业的温室气体减排总量如图 3.10 所示。

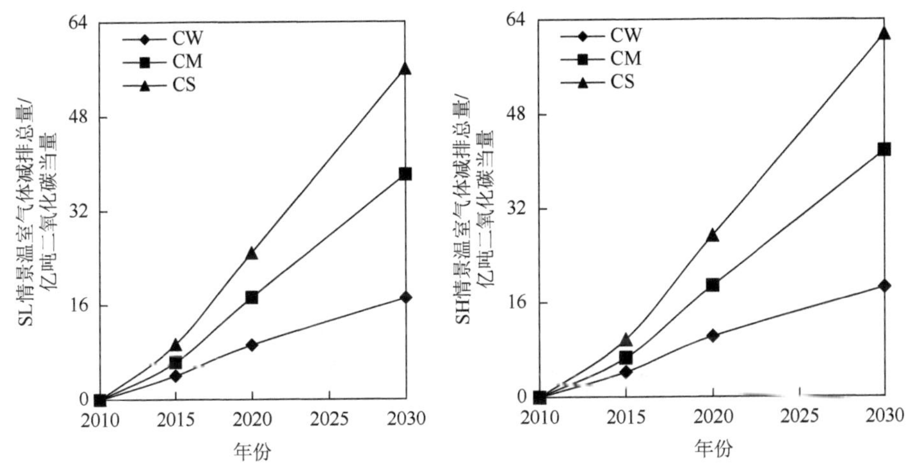

图 3.10　重点行业温室气体总量减排潜力

如图 3.11 所示，消费部门的 CO_2 减排贡献率居于首位，占 48%；能源部门的减排贡献率位居第二，占 46%；工业部门的减排贡献率位居第三，仅占 6%。这说明我国工业部门所采取的减排政策措施已经比较有效[14]，将会持续发挥作用，从而使得工业部门较快地达到拐点。然而，消费部门则需要加大减排措施和政策驱动，在采取减排措施的优先序中应该是最高的，而这恰恰是我国当前迫切需要启动和加强的减排部门。如图 3.12 所示，2015～2030 年，八个行业中减排贡献率最高的前三位依次为电力、建筑使用和汽车交通，这三个行业的减排平均贡献率从 72.6%涨到 81.0%，是未来制定减排政策或者采取强有力减排措施的重点领域和突破口，需要尽快制定相关的减排行动方案。

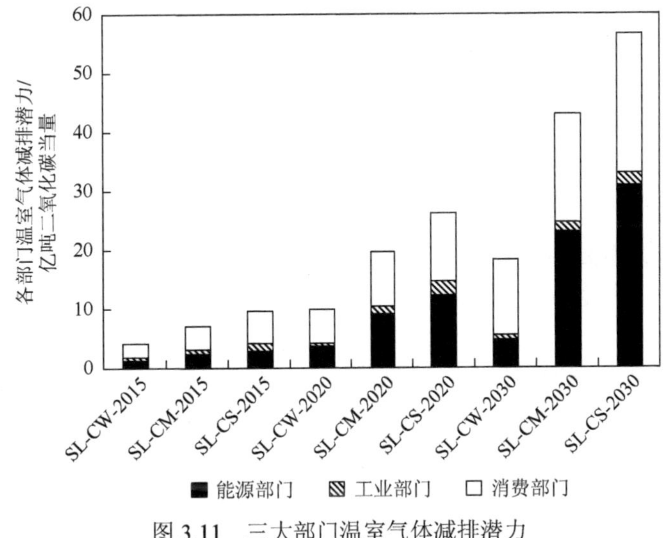

图 3.11　三大部门温室气体减排潜力

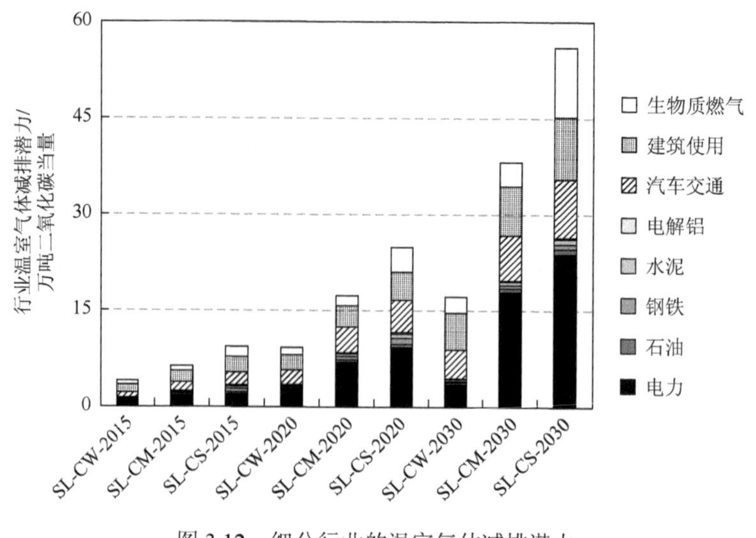

图 3.12　细分行业的温室气体减排潜力

3.5 本 章 小 结

在 CM 和 CS 技术政策情景下，能源部门、工业部门及交通建筑的消费部门的 CO_2 直接排放总量都会于 2015～2020 年达到峰值。在 SL 宏观经济情景下，能源部门的排放量在 CM 和 CS 情景下将分别达到峰值 50 亿吨二氧化碳当量和 48 亿吨二氧化碳当量；工业部门的排放量在 CW、CM、CS 情景下将分别达到峰值 26.7 亿吨二氧化碳当量、26 亿吨二氧化碳当量和 25.5 亿吨二氧化碳当量；消费部门的排放量 2030 年前不会达到峰值，该部门的减排面临严峻挑战。我国工业部门节能减排措施已经比较充分，需要继续保持政策的延续性和已有力度，使其尽快在 2020 年前达到排放量的拐点，从而为消费部门持续增加的排放量提供增量空间。

与 2010 年相比，三种减排技术政策情景下 2030 年排放量都将超过 2010 年的排放水平。分部门来看，2025～2030 年，只有工业部门的排放量可以回到 2010 年的水平。与基准情景做比较，消费部门 CO_2 减排贡献率居于首位（48%），能源部门的减排贡献率位于第二（46%），工业部门的减排贡献率占 6%。2015 年以后，中国电力、钢铁、水泥等生产行业的减排空间在减少，以淘汰落后产能为主的刚性减排措施潜力更加有限并且难以实施。2020～2030 年，我国消费部门（如汽车交通和建筑使用行业）是未来减排的关键突破口，减排控制措施应逐步从工业领域转向消费领域。因此，我国应尽快启动消费领域的减排行动和政策措施，加大能源部门的减排强度，尤其是电力、建筑使用和汽车交通等部门的减排行动。

参 考 文 献

[1] Wen Z，Zhang X，Chen J N，et al. Forecasting CO_2 mitigation and policy options for China's key sectors in 2010-2030. Energy & Environment，2014，25（3-4），635-659.

[2] Ott H E，Sterk W，Watanabe R. The Bali roadmap：New horizons for global climate policy. Climate Policy，2008，8（1）：91-95.

[3] 杨富强，李莉娜，沈海滨. 从利马看 2015 通向巴黎之路——气候谈判走向、关键问题及中国的能源转型. 世界环境，2015，1：20-21.

[4] 李俊峰，陈济，杨秀，等. 自主贡献是实力、态度，更是责任——对中国国家自主贡献的评论. 环境经济，2015，4：467.

[5] 何建坤. 中国的能源发展与应对气候变化. 中国人口资源与环境，2011，（10）：40-48.

[6] 王兴艳，邵剑华. “十二五”期间中国粗钢需求量预测. 冶金经济与管理，2011，5：5-6.

[7] Ke J，McNeil M，Price L，et al. Estimation of emissions from China's cement production：Methodologies and uncertainties. Energy Policy，2013.

[8] 孔明. 2012 年铝市场回顾及 2013 年展望. 有色金属工程，2013，1：7-8.

[9] 蔡闻佳. 国际温室气体行业减排方案对中国的影响研究. 北京：清华大学，2010.

[10] 国家发展和改革委员会能源研究所. 中国 2050 年低碳发展之路：能源需求暨碳排放情景分析. 北京：科学出版社，2009.

[11] Cai W，Wang C，Wang K，et al. Scenario analysis on CO_2 emissions reduction potential in China's electricity. Energy Policy，2007，35（12）：6445-6456.

[12] Wen Z，Meng F，Chen M. Estimates of the potential for energy conservation and CO_2 emissions mitigation based on Asian-Pacific Integrated Model（AIM）：The case of the iron and steel industry in China. Journal of Cleaner Production，2013，65：120-130.

[13] 温宗国，张绚，陈吉宁，等. 2010-2030 年中国重点部门 CO_2 排放趋势预测及减缓措施选择[C]. 中国环境科学学会学术年会论文集（2014）. 成都，2014.

[14] Cao X，Wen Z，Chen J. Contributing to differentiated technology policy-making on the promotion of energy efficiency technologies in heavy industrial sector：A case study of China[J]. Journal of Cleaner Production，2016，112：1486-1497.

第4章 低碳视角下的中国电力行业分区优化模型应用①

随着哥本哈根世界气候大会的召开，低碳成为当前最热门的词汇之一，节能减排日益盛行，清洁能源大行其道，智能电网也在积极建设之中……在这样一个大环境之下，电力行业作为我国 CO_2 的主要排放源，更应该积极加入减排的主力军中，积极研究并实施减排的主要政策。

气候变化是当今人类所面临的重要挑战之一。CO_2 对全球气候变暖效应起到了巨大的作用，而我国又是全球 CO_2 排放量较大的国家之一，所以减少 CO_2 排放是我国亟待解决的问题。在这样的形式下，“低碳经济”这一概念应运而生。“低碳经济”是指以低能耗低污染为基础的经济，其实质是通过技术创新和制度创新来降低能耗及减少污染物排放，建立新的能源结构，目标是减缓气候变化和促进人类的可持续发展，基础是建立低碳能源系统、低碳技术体系和低碳产业结构[1]。电力行业作为国民经济中最大的碳排放部门，应正视高碳的现实，紧抓节能减排环节，努力研发绿色环保的发电能源，建立适应低碳经济的电网规划体系。

4.1 中国电力行业现状及区域特性

4.1.1 中国电力行业现状

（1）电力需求总量持续增长，但逐渐放缓。我国人口发展、经济发展和社会发展全面进入转型期。近几年来，伴随 GDP 增速的温和放缓，我国能源电力需求增速显著下滑。2014 年，全国用电量 5.52 万亿 kW • h，同比增长 3.8%（同期全国能源消费增长 2.2%），增速同比回落 3.8 个百分点，为 1998 年（2.8%）以来的年度最低水平。虽然电力需求的增速放缓，但是总量仍在持续增长。

（2）火电仍然占据电源结构的主要地位。2014 年底，我国水电、火电、核电、风电、太阳能发电以及其他发电的发电量分别为 8921 亿 kW •h、42 216 亿 kW •h、

① 本章作者：蔡闻佳、惠婧璇、毛紫薇、叶敏华、王灿。

1115 亿 kW·h、1383 亿 kW·h、84 亿 kW·h 和 2.8 亿 kW·h，结构比例分别为 16.60%、78.58%、2.08%、2.57%、0.16%和 0.01%。

（3）电力行业依然是我国重要的区域污染物（LAP）排放源。2013 年电力及供热排放的 SO_2、NO_x 和粉尘分别为 720.6 万 t、869.9 万 t 和 270.3 万 t，分别占总量的 62.36%、70.7%和 37.4%。

4.1.2　中国电力行业区域特性

（1）电力需求差异。中国六大电网覆盖区域的经济发展阶段和电力需求存在差异。从图 4.1 可以看到，在我国各区域中，2010 年华东、华北区域的人均 GDP 较高，分别约为 43 987 元和 39 182 元，而西北、华中区域的人均 GDP 较低，分别约为 22 692 元和 23 787 元，最高的华东区域和最低的西北区域相差接近 1 倍。从人均发电量来看，华北、华东和西北区域均较高，分别约为 3970kW·h、3893kW·h 和 3682kW·h，而华中区域最低，约为 2220kW·h，仅为华北区域的 56%。

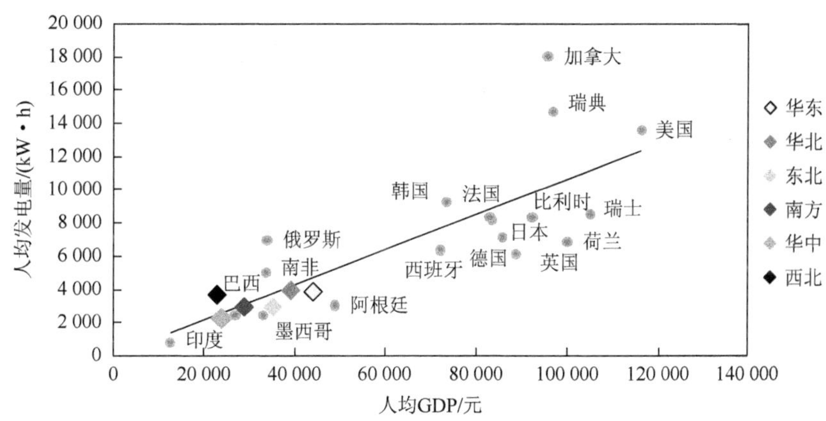

图 4.1　2010 年各国及我国各区域人均 GDP 和人均发电量

从世界范围的发展经验来看，存在人均发电量随着人均 GDP 增大而增大的大致趋势，且中国各区域人均发电量和人均 GDP 的关系也基本符合这一趋势。与世界其他国家相比，中国各区域人均 GDP 水平仍较低，各区域电力需求随着人均 GDP 增长还有较大的上升空间。另外，西北区域的人均发电量在同等人均 GDP 水平的国家和区域中相对较高，表明其平均电耗水平较高，与中国其他几个区域的发展现状存在差异。

（2）资源禀赋差异。可再生能源资源在全国范围内的分布存在地域间的不均衡，而核电厂厂址也需要满足一定的安全需要（如周边需要有丰富的水源等），这使得各个区域电网可以利用的非化石能源发电资源量存在显著差异。图 4.2（a）显示，风能和水能是最主要的可再生能源发电资源，华北、东北和西北区域风能总和占到全国总风能资源量的 84.4%，而南方和华中区域的水能资源量则最为丰富，占到全国水能资源量的 76.2%。从非化石能源发电资源的总量来看，资源量最小的华东区域所拥有的非化石能源发电资源还不足资源量最丰富的华北区域的 1/2，而这两个区域 2010 年的用电规模不相上下。

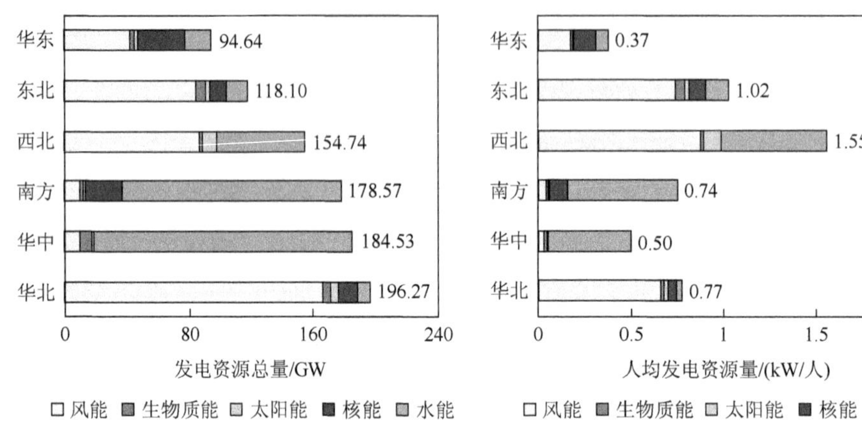

(a) 各区域非化石能源发电资源总量　(b) 各区域人均非化石能源发电资源量（2010年）

图 4.2　非化石能源发电资源量的区域差异

这种差异会影响不同区域对大气排放物减排政策的响应潜力和技术路径，而跨区电力传输则可能有利于更充分地利用这些非化石能源发电。从图 4.2（b）可以看出，西北、东北等区域的人均非化石能源发电资源量较高，显示其非化石能源发电资源充足，将电力传输到人均非化石能源发电资源量相对较低的华北和华东区域将有助于降低整体的发电环境排放。

（3）跨区电力传输。如图 4.3 所示，当前中国各区域电网相对独立，2010 年

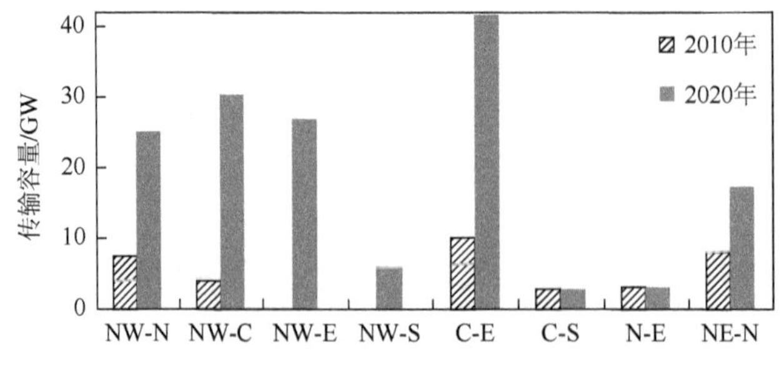

图 4.3　跨区电力传输现状及发展目标

NW-N 代表西北-华北；NW-C 代表西北-华中；NW-E 代表西北-华东；NW-S 代表西北-南方；C-E 代表华中-华东；C-S 代表华中-南方；N-E 代表华北-华东；NE-N 代表东北-华北

跨区传输电量在全国总发电量中的占比仅约为 3%。而随着国家电网公司提出并积极推进坚强智能电网发展规划，以及特高压输电被写入《能源发展“十二五”规划》，中国跨区电力传输规模正在不断扩大，2020 年有望较 2010 年增长 3 倍以上。区域间连通对中国电力部门技术优化及大气排放物控制的影响将日益突显，缺乏对跨区电力传输的考虑，可能会导致忽视这种能源传输新形式在优化能源资源配置、降低大气污染物排放方面能够提供的潜力。

4.2　电力行业分区优化模型的意义

对能源系统进行分区域模拟方法学的开发始于 20 世纪 90 年代，而将其针对电力部门进行应用分析仅有近十年的历史。当模拟范围较大，且空间差异明显时，分区域模拟能够更细致地考察各个区域对于系统中的某项扰动的反应。对电力系统而言，受资源可利用量、燃料价格等的影响，各个区域对于某项政策干扰很难做出一致的回应，例如，在温室气体减排的压力下，华中电网丰富的水能资源会带来该区域水能发电的大规模增长，分区域模拟可以实现区域级的观察分析。同时，对中国电力部门进行分区域模拟更符合目前电网划分的实际情况。基于分电网模拟的结果，可以有针对性地提出各个区域电力部门发展的具体战略。

4.3　电力行业分区优化模型的国内外发展现状综述

4.3.1　国外研究进展

对电力部门进行多区域模拟的方法学始于 20 世纪 80 年代末，主要伴随着欧美地区跨区、跨国电网连通发展的现实需求而出现。Rogers 和 Rowse[2]搭建了电力部门多区域连通的优化模型，以分析加拿大国内 4 个区域的跨区电力交易对全国及区域能源结构和电力供应成本将会产生的影响。Parikh 和 Chattopadhyay[3]基于当时印度国内 5 个区域电力部门相互独立的运行状况，搭建了多区域电力和煤炭部门模型 NATGRID（国家电网多区域线性规划模型），以模拟全国联网情景下的跨区能源传输需求以及可能实现的总能耗、总成本降低潜力。Hoster[4,5]则基于欧洲当时正在兴起的各国互联电网与跨国电力交易搭建了德国和周边数国的多区域连通优化模型——欧洲多区域电力模型（European inter-regional electricity mode，EIREM），增设了 CO_2 排放核算模块，并用其分析了 1995～2020 年欧洲跨国电力交易市场的建设对德国电力部门能源技术发展趋势（重点关注核电退役问题）、能源消耗、供电成本以及 CO_2 排放趋势的影响。Watcharejyothin 和 Shrestha[6]

则通过两区域连通的 MARKAL（market allocation）模型考察老挝的水电发展对老挝与泰国之间的跨国电力交易量、两国电力部门技术结构、供电成本、能源安全以及环境的影响，其中该模型的环境影响模块考虑 CO_2、NO_x、CH_4 和 SO_2 四种大气排放物。

除了模拟跨区、跨国电力传输对能源技术、经济成本、环境排放等产生的影响，多区域模型还被用于模拟多个区域电力部门对环境税等的不同响应情况。Voorspools 和 D'haeseleer[7]对欧洲跨国电力市场进行了更为细致的刻画，搭建了针对欧洲 8 国间互联电网进行模拟的 E-Simulate 模型，增设了碳税模拟模块，用以评价不同碳税水平对整个电力系统及各国电力部门的能源结构、温室气体减排等产生的影响。Rafaj 和 Kypreos[8]应用多区域的全球 MARKAL 模型分析电力部门在考虑局域性外部成本（因 SO_2、NO_x 等局域性污染物产生的外部成本）或者全球性外部成本（除了局域性污染物，还包括温室气体产生的外部成本）时，对各区域发电技术结构、大气排放物排放量以及供电成本的影响，但该模型没有考虑区域间的连通和电力传输，仅模拟了具有区域差异的成本和能源参数。

相比单区域模型而言，多区域电力部门模型可以描述出系统内各区域的差异性特征，对现实电力系统的模拟更为精细，能够同时考虑扰动对系统整体以及每个区域带来的影响，给不同层面的决策提供统筹兼顾的支持。另外，电力部门的多区域模型可以对区域间能源传输及其影响进行模拟，这是单区域模型所无法实现的。电力部门多区域模型的发展历程也表明，电力部门多区域模型与温室气体、大气污染物等核算和政策模拟的联系日益紧密，涵盖大气排放物的种类和政策模拟范畴日渐完善。

4.3.2 国内研究进展

Gnansounou 和 Dong[9]基于中国山东省和上海市的情况提出了一个两区域电力部门模型，该模型为包括两区域的电力需求预测以及以最小化整个系统发电成本为优化目标、考虑区域间传输的电源规划模型；用该模型模拟对比了 2020 年两区域电力部门独立发展以及在最小化成本的目标下连通发展的情景，结果显示两区域电网互联具有降低总成本 7.4%的潜力。

Kypreos 和 Krakowski[10]按照地理区域概念将中国划分为 7 个区域进行模拟，搭建了中国的多区域 MARKAL 模型，并依据人口密度的不同设定了区域性的 NO_x、SO_2 和 PM 环境损失成本，以模拟发电外部成本对中国电力部门技术发展路径优化以及大气污染物排放量的影响，但该研究并没有涉及能源传输的模拟。

林伯强和姚昕[11]搭建了中国能源综合运输体系的模糊多目标多指数运输模型，该模型包含电源基地、煤炭运输和跨区域电力传输模块，将中国分为东北、华北、华中、华东和华南五个区域，通过考虑发电成本、运输成本和环境成本总和的最小化来模拟 2020 年能够满足中国发电能源需求的能源运输组合，结果表明，2020 年电网应成为中国能源输送体系的重要部分，应提高区域间输电比例。姚昕和孔庆宝[12]则进一步将以上模型和可计算的一般均衡（computable general equilibrium，CGE）模型相结合以模拟提高输电比例对 GDP、就业以及单位 GDP 能耗、CO_2、SO_2 排放的影响。

Chen 等[13]将中国划分为东部、西部两个区域，搭建了中国西部可持续能源发展（western China sustainable energy development，WSED）模型，该模型由中国西部 MARKAL 模型、CGE 模型和能源服务需求预测模型构成，用以模拟不同的西部能源向东部输送情景（如煤炭传输、电力传输、液体燃料传输）对西部区域能源消耗、电力部门发展、CO_2 和 SO_2 排放、水资源消耗以及 GDP 的影响，并为中国东西部能源传输和调配政策提出建议。

Mao 和 Wang[14, 15]基于中国六大区域电网的现状搭建了自底向上的中国多区域电力部门优化模型（multi-region bottom-up optimization model for China's electricity sector，BOMCES），考虑了具有区域性差异的发电技术结构现状、电力需求发展路径及能源价格，模拟了可再生能源发展规划、碳税政策和区域电网互联对中国与区域电力部门技术发展、供电成本及 CO_2 排放量的影响。但该研究没有考虑其他大气排放物方面，在刻画区域电力部门的差异性特点以及区域电网连通方面也有待完善（如缺乏可再生能源的区域资源量估计，缺乏区域性的燃料物化参数估计，缺乏发电设备成本的区域性差异估计，仅考虑相邻区域电网连通而没有结合相关行业规划来设定跨区电力传输的线路和容量等）。

可以看出，目前针对中国电力部门的多区域模型研究及应用尚属少数，缺乏能够有效反映六大区域电网差异性特点、考虑多种大气排放物控制的研究，鲜有跨区电力传输对全国与区域电力部门发展及环境排放影响的相关研究。而随着中国坚强智能电网的建设，区域电网互联程度将逐渐加强，跨区电力传输作为新的跨区能源调配形式将会对中国及各区域能源使用、大气污染物排放、温室气体排放等的发展路径产生影响。中国电力部门明显的区域性差异以及日渐增长的互联程度使得电力部门多区域连通模型的发展及其在大气排放物控制政策模拟中的应用变得十分必要。

4.4　电力行业优化模型——中国多区域能源供给系统及其环境影响评估（MESEIC）模型介绍

图 4.4 展示了本书搭建的中国电力部门优化模型结构。本模型是一个多阶段、多区域模型，依据当前六大区域电网的地理边界将中国电力部门分为六个区域进行模拟，规划时间步长为 1 年。模型由输入数据、目标函数、约束条件和输出数据四个模块构成。

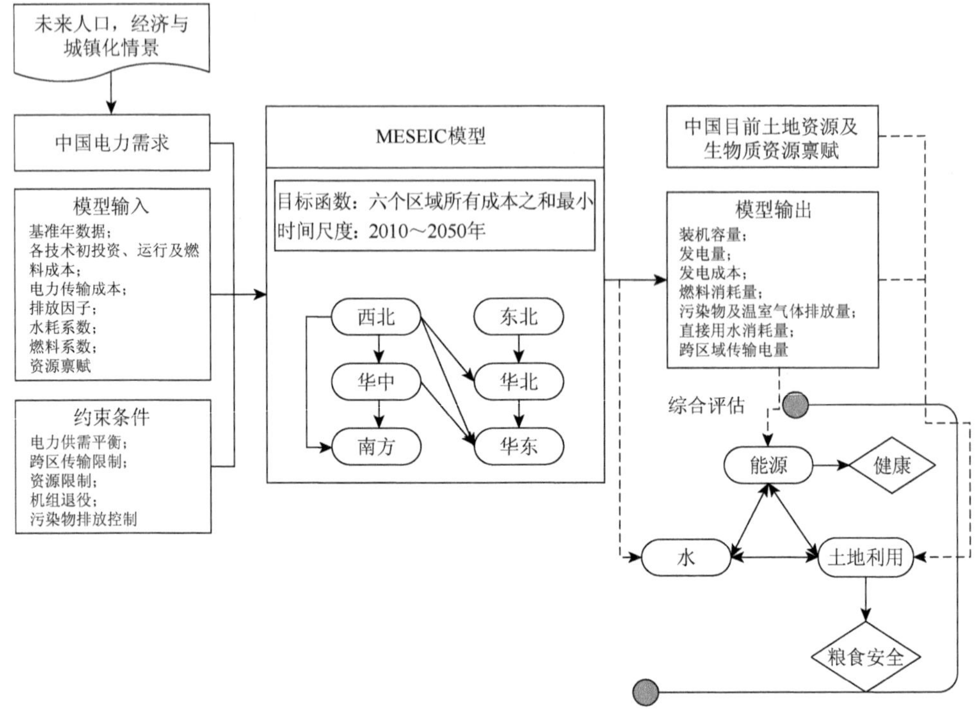

图 4.4 模型结构

（1）输入数据需求主要包括基准年电力部门参数、电力需求预测、技术经济参数（发电技术、大气排放物控制技术、跨区电力传输）、燃料和资源参数（价格、可开发资源量、大气排放物排放因子等）和节能减排目标参数。

（2）目标函数为使全国电力部门总成本（发电成本和跨区电力传输成本之和）最小化。

（3）约束条件主要包括各区域电力供需平衡、可开发资源量约束、装机建设速度约束、大气排放物控制目标（总量控制目标或强度控制目标）等。

（4）输出数据主要包括各区域电力部门逐年的发电成本、装机容量、发电量、大气排放物控制设备装机容量、燃料消耗量、大气污染物排放量、跨区域传输电量等。

本模型考虑 13 种发电技术。①燃煤发电技术：按照装机容量分为小于 300MW 的小煤电和其他煤电，其他煤电进一步分为煤粉炉技术（包括亚临界煤电、超临界煤电和超超临界煤电）、IGCC 发电技术和循环流化床燃烧（circulating fluidized bed combustion，CFBC）技术。②其他化石发电技术：包括天然气发电和燃油发电技术。③核电技术。④可再生能源发电技术：包括生物质发电、风电、水电和太阳能发电技术。本模型考虑 5 种大气排放物控制技术：针对煤粉炉机组的烟气脱硫（flue gas desulfurization，FGD）、针对循环流化床的炉内脱硫、烟气脱硝、低氮燃烧器（low NO_x burner，LNB）以及 CCS。

4.5　案 例 总 结

4.5.1　碳税政策的影响

目前，世界上只有少数国家征收碳税。可是，越来越多的经济学家、政策制定者以及学者甚至是公民意识到碳税可以作为应对气候变化的有效工具，丹麦、荷兰、芬兰和瑞典都已经开始征收碳税。在中国，碳税也被提上了日程，这也是本案例中将碳税作为模拟分析的政策情景之一的原因。

为了选取合适的税率进行模拟，首先让税率在 1～100 美元/tCO_2 的区间内以 1 为步长取值，观察税率变化过程中 CO_2 累积排放量的变化情况，如图 4.5 所示。

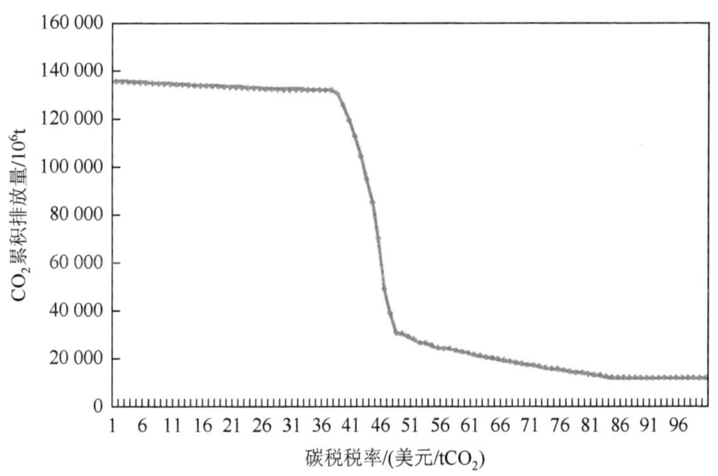

图 4.5　CO_2 累积排放量随碳税税率变化曲线

从图 4.5 中可以看出，当碳税税率低于 38 美元/tCO_2 或高于 48 美元/tCO_2 时，曲线比较平缓，说明此税率对 CO_2 累积排放量的边际影响很小，而当税率在 38 美元/tCO_2 和 48 美元/tCO_2 之间时，CO_2 累积排放量随碳税税率的增加降低速率很快，并在 46 美元/tCO_2 时达到最小，因此，本情景中选取 46 美元/tCO_2 最为理想的碳税税率进行后续模拟分析。

当对整个电力部门征收的碳税税率为 46 美元/tCO_2 时，CCS 技术的发展得到了极大促进，从 2015 年开始，IGCC-CCS 的装机容量快速上升，在 2020 年超过了超超临界和水电成为主力机组。超超临界机组在 2015 年后基本没有进一步地发展，超临界机组始终保持 100GW 左右的装机容量，亚临界机组和油电在 2015 年时仍有少量存在，在 2020 年前全部淘汰。传统火电机组在 2010 年已全部淘汰。CFBC 技术和加压流化床燃烧（pressurized fluidized bed combustion，PFBC）技术保持基准年水平不变。核电、水电、风电和生物质能发电的装机容量都得到了一定的提升。

虽然从整个部门来看 CCS 技术得到了很大程度的发展，但是如果分别考察该技术在六个区域的发展程度，可以发现：CCS 技术在区域经济发展较快，即在电力需求量较大的区域，如南方电网、华东电网和华北电网发展较快，而在电力需求量较小的东北电网和西北电网推广程度较低。但是，华中电网是其中的一个特例，虽然华中电网电力需求量较高，但是由于其水电发展程度远高于其他几个电网，CCS 技术在华中电网并未体现出发展优势。

碳税的征收对电力部门 CO_2 的减排起到了显著的效果，如图 4.6 所示，两情景间的排放差距逐渐拉大，到 2030 年碳税情景仅为基准情景的 1/3。

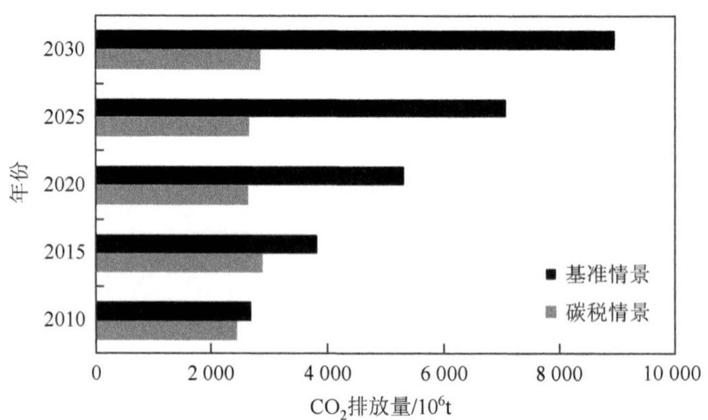

图 4.6　碳税情景与基准情景 CO_2 排放量比较

虽然碳税的征收对 CO_2 排放量的减少产生了显著的促进作用，但是从化石能源消耗的角度来看，却带来了负面的影响，如图 4.7 所示。超超临界机组的火电能耗强度为 0.286kg/(kW • h)，由于 IGCC-CCS 机组配备了 CCS 装置，需要更多的能源供应来维持其正常运行，其火电能耗强度为 0.314kg/(kW • h)。这两种机组分别是基准情景和碳税情景中的主力机组，它们发电能耗的差距也就直接导致了两个情景的 CO_2 排放强度的差异。

在征收 46 美元/tCO_2 碳税的情景下，平均单位减排成本为 42.3 美元/tCO_2，若所征收的碳税全部回流至电力部门作为投资，则完全可以抵消部门减排成本。可见，在电力部门减排过程中，碳税实际上发挥了杠杆的作用，只需保证所征收碳税的合理再分配利用，即可实现减排的可持续性。

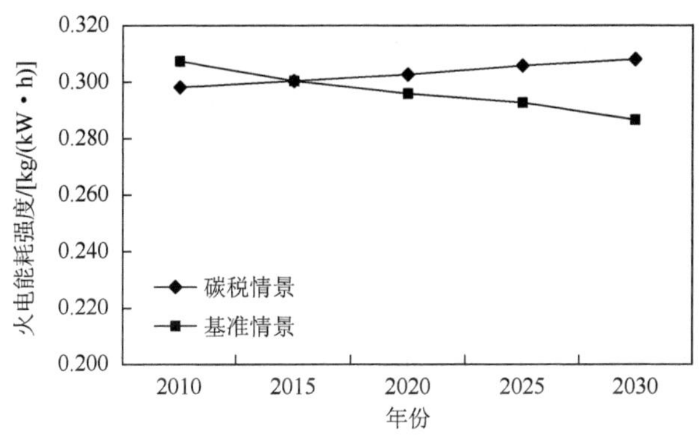

图 4.7　碳税情景与基准情景火电能耗强度比较

4.5.2　区域污染物（LAP）控制目标的气候协同效益分析

1. 情景设置

本案例基于以下维度设置 8 个情景，以 2010～2030 年为规划周期，如表 4.1 所示，并在情景中依据相关节能规划针对火电发电标准煤耗设定了下降目标（即节能目标）。

表 4.1　大气排放物控制情景设定

情景	代号	节能目标	LAP 总量控制目标	碳强度控制目标	跨区电力传输
无控制情景	NC-T	Y	—	—	Y
	NC-N	Y	—	—	—
LAP 控制情景	LAP-T	Y	Y	—	Y
	LAP-N	Y	Y	—	—
联合减排情景	CC1-T	Y	Y	延续	Y
	CC1-N	Y	Y	延续	—
	CC2-T	Y	Y	强化	Y
	CC2-N	Y	Y	强化	—

注：Y 表示 yes

（1）为了考察电力部门不同大气排放物控制政策对电力部门发展以及其他大气排放物控制的影响，设置了无控制（NC）、LAP 控制和联合减排（CC）三类大气排放物控制情景，分别模拟没有 CO_2 和 LAP 控制目标、仅有 LAP 控制目标以及同时具有 CO_2 和 LAP 控制目标的情况。

（2）为了模拟跨区电力传输可能带来的影响，设置了无传输（N）和有传输（T）两类情景，分别模拟不考虑特高压跨区电力传输和考虑特高压跨区电力传输的情况。

（3）为了考察不同碳强度控制目标对电力部门以及其他大气排放物控制的影响，设置了 CC1 和 CC2 两类情景，分别模拟 2020 年后碳强度减排目标延续当前政策趋势以及强化当前政策趋势的情况。

2. LAP 控制目标对 CO_2 的协同减排潜力

LAP 控制目标对 CO_2 排放量产生影响的综合效果如图 4.8 所示，LAP-T 情景的电力部门 CO_2 排放量和碳强度均比 NC-T 情景低，LAP 控制目标对 CO_2 具有协同减排效果。从排放总量上看，2020 年、2030 年 LAP-T 情景的 CO_2 排放量比 NC-T 情景分别下降 1.72 亿 t 和 2.21 亿 t，整个周期内累积减少 CO_2 排放量约 41.3 亿 t。从供电碳强度上看，2020 年、2030 年 LAP-T 情景的碳强度较 NC-T 情景分别下降 21.3g/(kW • h)和 16.8g/(kW • h)。

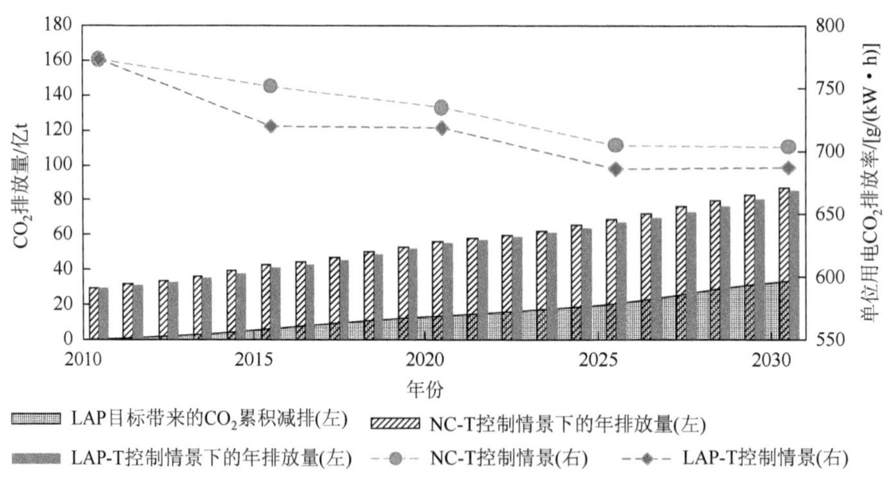

图 4.8　LAP 控制对 CO_2 排放和碳强度的影响

表 4.2 展示了本案例中得出的中国电力部门 LAP 控制目标对 CO_2 减排的协同效应系数，即由 LAP 控制目标导致的 CO_2 减排量与 LAP 减排量之间的比例关系。与其他文献结果对比可发现，本案例得出的 CO_2 减排协同效应系数较小。影响 LAP 控制的 CO_2 协同效应系数大小的主要因素是基准线的选取，即基准线排放水平所代表的技术组合。可以将 LAP 控制技术分为两类：以烟气脱硫脱硝技术为代表的工程减排技术；以高效煤电、核电、水电等为代表的结构减排技术。前者的 CO_2 协同减排效应较小，甚至因为额外的能源消耗而有负效应；后

者的 CO_2 协同减排效应较大。若基准线水平所代表的技术组合中包含较高渗透水平的工程减排技术，则主要需要通过结构减排技术来实现进一步的 LAP 控制，此时核算出来的 CO_2 减排协同效应系数较大；反之则结果相反，因为此时工程减排技术在 LAP 控制中所占的贡献比例较大，会削弱 CO_2 协同减排效应。本案例以不考虑 LAP 控制目标的 NC-T 情景作为基准线情景，即在基准线技术组合中包含较低渗透水平的工程减排技术，并且在其中考虑了出于成本经济性而驱动的高效煤电、核电、水电等结构减排技术的发展，所以属于后一种情况，CO_2 协同减排效应较小。

表 4.2　LAP 控制对 CO_2 减排的协同效应系数

大气排放物种类	LAP-T 情景减排量		LAP-T 情景协同效应系数		其他文献协同效应系数		
	2015 年	2020 年	2015 年	2020 年	李丽平等[16]	Gielen 和 Chen[17]	毛显强等[18]
SO_2	1171.8 万 t	2308.9 万 t	1	1	1	1	1
NO_x	618.1 万 t	970.1 万 t	0.53	0.42	—	0.56	0.69
CO_2	1.46 亿 t	1.25 亿 t	12.49	5.43	79.9（攀枝花） 13.2（湘潭）	64.0	92.0
说明	中国电力部门				“十一五”中国电力部门	2020 年上海能源部门	“十二五”中国电力部门

注：表中协同效应系数为减排 1 单位 SO_2 和 X 单位 NO_x 时实现的 CO_2 减排量或 Hg 减排量，NO_x 和 SO_2 减排量之间的组合关系随不同研究的情景设定而不同；—表示未核算该项大气排放物的减排量

而李丽平等[16]将“十一五”期间关停的小火电作为基准线技术，将超临界、超超临界、循环流化床等近年被大规模应用的主流、低成本、高能效煤电技术均归入 SO_2 减排技术的行列。毛显强等[18]以 2008 年平均火电排放水平为基准线，而当时全国火电脱硫机组比例已达 60%[19]。其他研究者也将发电成本低、具有经济竞争力的水电与核电归入 SO_2 和 NO_x 减排技术的行列。这些因素都使得以上文献的 CO_2 协同减排效应评估结果相比本案例结果较大。可见，基准线的选择对于人们理解 LAP 控制的 CO_2 协同减排潜力非常重要。

观察表 4.3 中 LAP-T 情景下的电力部门碳强度下降幅度可知，当前电力部门 LAP 控制目标可以提供一定的 CO_2 协同减排潜力，2015 年、2020 年电力部门供电碳强度分别较 2010 年下降 6.06%和 7.09%，但比中国电力企业联合会研究提出的下降幅度要小，2020 年国家单位 GDP 碳强度下降目标对电力部门产生了额外的碳减排约束。

表 4.3　LAP 控制目标的电力部门碳强度降低潜力　（单位：%）

年份	NC-T		LAP-T		中国电力企业联合会
	发电碳强度	供电碳强度	发电碳强度	供电碳强度	
2015	−4.60	−2.76	−8.07	−6.06	−12.50
2020	−5.71	−4.98	−8.29	−7.09	−16.18

注：表中数值均为相对 2010 年水平的下降幅度

3. 碳强度控制目标对 LAP 控制的影响

CC1-T 和 CC2-T 情景的结果显示，对比 LAP-T 情景结果，加入碳强度控制目标并没有带来额外的 SO_2 和 NO_x 减排，但会对 SO_2 和 NO_x 的减排技术组合产生显著影响，可再生能源发电、核电、天然气发电等大气排放物协同控制效应强的技术得到更大规模的应用，在各种大气排放物减排中的贡献上升，针对单一排放物的末端控制技术规模受到压缩。如图 4.9 和图 4.10 所示，在 LAP-T 情景中，SO_2 和 NO_x 减排的主导技术是烟气脱硫和烟气脱硝技术，在规划周期内的累积减排量贡献占比基本达到或超过 80%，剩余的累积减排量贡献主要由核电和 LNB 提供。而在 CC1-T 和 CC2-T 情景中，烟气脱硫、烟气脱硝在累积减排量中的贡献占比均出现明显下降，其中 CC1-T 情景中核电、气电、风电、生物质能发电技术在累积减排量中的贡献占比显著上升，非烟气处理技术在 2011～2020 年累积 SO_2 减排量、累积 NO_x 减排量中的贡献占比分别增至 34.4%和 30.7%。在 2021～2030 年累积减排量中，CC1-T 情景的上述占比略有下降，而 CC2-T 情景下低排放技术的贡献占比则有进一步增长。在累积 SO_2 减排量、累积 NO_x 减排量中的贡献占比分别为 40.9%和 36.0%，这主要得益于太阳能发电和气电的贡献显著上升。

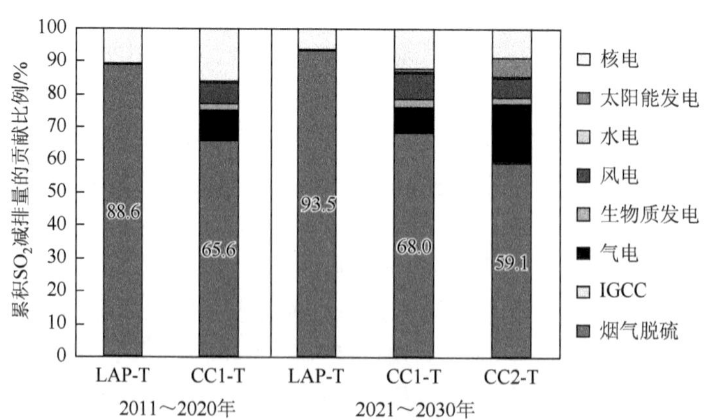

图 4.9　不同情景下各技术在累积 SO_2 减排量中的贡献比例

图中减排量指相对 NC-T 情景的减排量

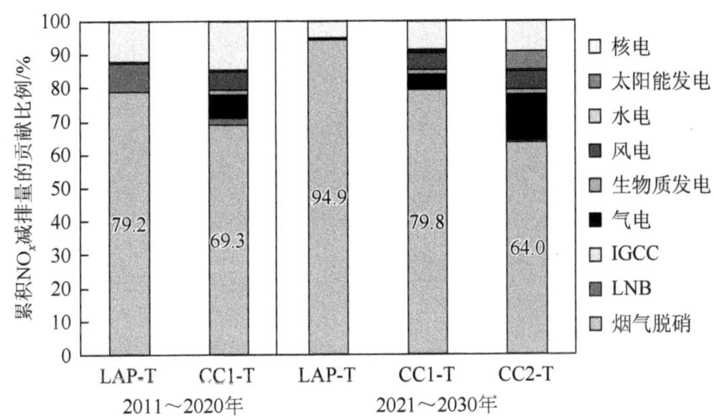

图 4.10　不同情景下各技术在累积 NO_x 减排量中的贡献比例

图中减排量指相对 NC-T 情景的减排量

如图 4.11 所示，在 CC1-T 情景下，核电对 SO_2、NO_x 和 CO_2 的减排贡献均较大，是协同减排潜力最大的技术，气电、风电、生物质发电也在多种排放物减排中的贡献显著。由于绝大部分水电发展被作为基准线情况而在图 4.11 中贡献不显著。而烟气脱硫、烟气脱硝、CCS 等末端处理技术和 LNB 均只对单一排放物减排有显著贡献，但这些技术对相应的单一排放物减排贡献往往很大。在联合减排的情况下，需要统筹考虑不同技术的使用和协同减排潜力，以期在满足多种排放物减排任务的同时，尽可能降低成本需求。

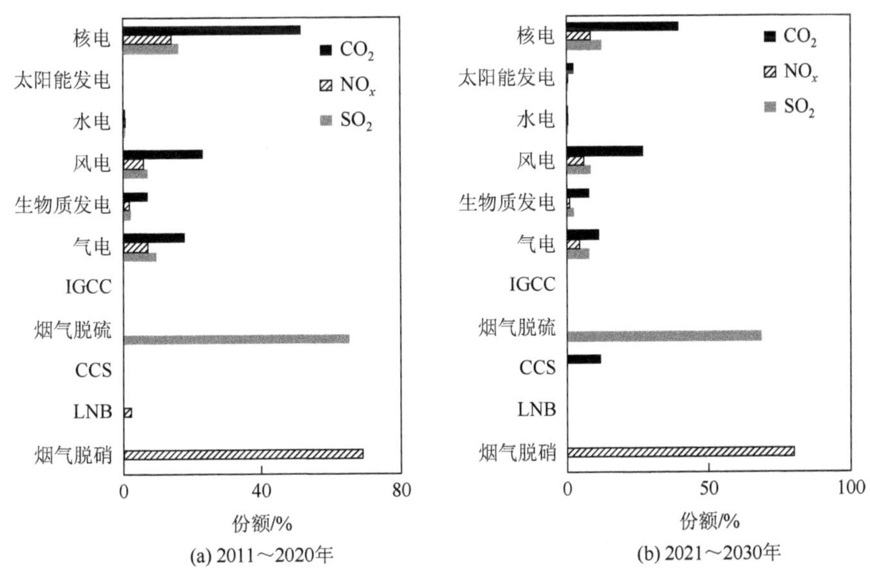

图 4.11　CC1-T 情景下各技术在 SO_2、NO_x 和 CO_2 累积减排量中所占份额

图中减排量指 CC1-T 情景相对 NC-T 情景的减排量

分析大气排放物之间的协同减排潜力可以为国际 CO_2 和 Hg 减排谈判提供不需要付出额外减排成本的“无悔减排目标”的参考，也可以连接不同排放物的谈判进程和资金支持渠道。只有对多种大气排放物控制进行综合考量，才能在满足多个减排目标的同时找到成本有效性最好的控制方案。

4.5.3 页岩气发展对电力行业发展的影响

1. 情景设置

为了分析页岩气开发利用对中国电力部门未来发展趋势的影响以及相关政策的影响，本章设置了以下几个情景进行对比模拟。

（1）基准情景。在基准情景中，除了基本的约束条件，再无其他政策约束，整个预测时段内的结果均来自于成本最小化的选择。有页岩气的情况下考虑了钻井学习效应造成的天然气成本的下降，无页岩气的情况下天然气成本不变。

（2）可再生能源补贴情景。该情景的设立主要模拟可再生能源固定上网电价补贴政策。该情景在有页岩气的基准情景基础上，分别对风能、水电、太阳能与生物质能进行 0.1 元、0.3 元、0.5 元、0.7 元、0.9 元、1.1 元、1.3 元和 1.5 元的补贴，其余的发电机组仍然按照成本最优进行选取。

（3）煤炭价格上涨情景。该情景的设立主要模拟通过征收碳税或者绿色贸易壁垒的方法来改善我国以煤炭为主的能源消费结构。该情景在有页岩气的基准情景基础上，设定了每吨煤炭涨价 10 元、50 元、100 元、200 元、500 元、1000 元以及 2000 元七个档次，其余的发电机组仍然按照成本最优进行选取。

2. 基准情景

在基准情景中，除了基本的约束条件，再无其他政策约束，整个预测时段内的结果均来自于成本最小化的选择。基于以上假设，未来电力部门的机组发电量组成如图 4.12 所示。

从表 4.4 中可以看出，在基准情景下页岩气发展带来的天然气价格优势对于电力行业的能源结构并没有产生很大的影响。这主要是由各种发电技术成本相对高低造成的，天然气价格的下降并没有改变“煤电成本＜天然气发电成本＜可再生能源发电成本”的结构，因此对于能源结构的改变并不是很大。水电的成本虽然比较低，但是它的平均年最大发电小时数只有 3000 左右，远远小于煤炭发电，因此为了满足电力需求，水电的价格优势并没有很好地体现出来。核电虽然也有一定的价格优势，但是出于安全性的考虑，模型中设置核电每年的装机容量增长上限为 20GW，因此核电并不会得到很大的发展。

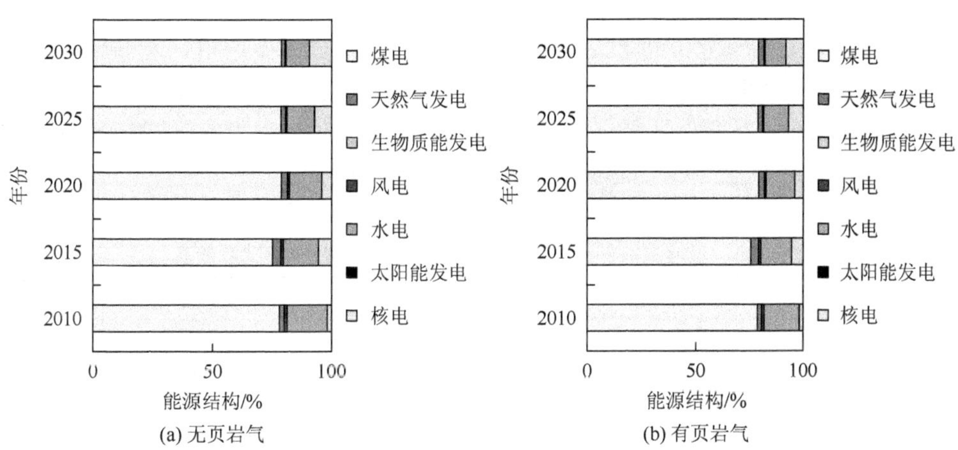

图 4.12　基准情景下的电力行业能源结构

表 4.4　基准情景下电力行业能源结构与发电成本

能源		无页岩气		有页岩气	
	2010 年能源结构/%	2030 年能源结构/%	2030 年单位电价/[元/(kW·h)]	2030 年能源结构/%	2030 年单位电价/[元/(kW·h)]
煤电	78.24	78.93	0.297	78.66	0.299
天然气发电	1.90	1.56	0.442	2.61	0.381
生物质能发电	0.18	0.05	0.609	0.05	0.658
风电	1.21	0.49	0.648	0.49	0.662
水电	16.64	9.84	0.190	9.84	0.197
太阳能发电	0	0	1.547	0	1.547
核电	1.83	9.13	0.282	8.34	0.310

通过上述分析发现，在无政策约束条件下，页岩气发展对于电力行业能源结构优化并没有太大的影响。因此本节接下来会讨论什么样的政策能够使页岩气的发展促进电力行业能源结构优化，主要从可再生能源补贴、煤炭价格上涨两个方面展开讨论。

3. 可再生能源补贴情景

为了促进可再生能源发展，以优化电力部门产业结构，国家制定了一系列政策规划，包括《可再生能源发展“十一五”规划》《可再生能源中长期发展规划》《新能源产业振兴和发展规划》等，同时，随着我国可再生能源的迅速发展，相关规划发展目标也开始提高，并提出“积极推进水电开发”“加快风电、太阳能发电的建设”的口号。

可再生能源补贴情景的设立主要模拟可再生能源固定上网电价补贴政策。该情景在有页岩气的基准情景基础上，分别对风能、水电、太阳能与生物质能进行补贴，其余的发电机组仍然按照成本最优进行选取。如果中国电力部门2010～2030年按照该目标发展，电力行业的能源结构如表4.5所示。

表4.5　可再生能源补贴情景下电力行业能源结构与发电成本

电力机组	补贴0.1元			补贴0.3元		
	2010年能源结构/%	2030年能源结构/%	2030年单位电价/[元/(kW·h)]	2010年能源结构/%	2030年能源结构/%	2030年单位电价/[元/(kW·h)]
煤电	78.2	78.7	0.299	78.2	77.7	0.299
天然气发电	1.9	2.6	0.381	1.9	2.6	0.381
生物质能发电	0.2	0.1	0.558	0.2	0.1	0.354
风电	1.2	0.5	0.561	1.2	1.9	0.278
水电	16.6	9.8	0.197	16.6	9.9	0.197
太阳能发电	0	0	1.447	0	0	1.247
核电	1.8	8.2	0.310	1.8	7.8	0.310
电力机组	补贴0.5元			补贴0.7元		
	2010年能源结构/%	2030年能源结构/%	2030年单位电价/[元/(kW·h)]	2010年能源结构/%	2030年能源结构/%	2030年单位电价/[元/(kW·h)]
煤电	78.2	76.6	0.299	78.2	75.0	0.301
天然气发电	1.9	2.6	0.381	1.9	1.8	0.381
生物质能发电	0.2	1.2	0.120	0.2	1.3	−0.069
风电	1.2	2.3	0.095	1.2	4.5	0.002
水电	16.6	9.9	0.197	16.6	9.9	0.197
太阳能发电	0	0	1.047	0	0.9	0.152
核电	1.8	7.4	0.310	1.8	6.7	0.310
电力机组	补贴0.9元			补贴1.1元		
	2010年能源结构/%	2030年能源结构/%	2030年单位电价/[元/(kW·h)]	2010年能源结构/%	2030年能源结构/%	2030年单位电价/[元/(kW·h)]
煤电	78.2	73.4	0.301	78.2	73.4	0.301
天然气发电	1.9	1.6	0.381	1.9	1.6	0.381
生物质能发电	0.2	1.3	−0.269	0.2	1.3	−0.469
风电	1.2	4.6	−0.193	1.2	4.6	−0.393
水电	16.6	9.9	0.197	16.6	9.9	0.197
太阳能发电	0	3.5	0.040	0	3.5	−0.160
核电	1.8	5.8	0.310	1.8	5.8	0.310

续表

电力机组	补贴 1.3 元			补贴 1.5 元		
	2010 年能源结构/%	2030 年能源结构/%	2030 年单位电价/[元/(kW·h)]	2010 年能源结构/%	2030 年能源结构/%	2030 年单位电价/[元/(kW·h)]
煤电	78.2	72.8	0.301	78.2	72.7	0.301
天然气发电	1.9	1.6	0.381	1.9	1.6	0.381
生物质能发电	0.2	1.3	−0.669	0.2	1.3	−0.869
风电	1.2	4.7	−0.580	1.2	4.7	−0.780
水电	16.6	9.9	0.197	16.6	9.9	0.197
太阳能发电	0	4.3	−0.285	0	4.4	−0.469
核电	1.8	5.4	0.310	1.8	5.4	0.310

从表 4.5 的结果可以看出，对可再生能源进行补贴对可再生能源发展有一定的促进作用。在 2030 年补贴 0.1 元和补贴 1.5 元时，生物质能发电占比从 0.1%上升到了 1.3%，风能发电占比从 0.5%上升到了 4.7%，太阳能发电占比从几乎为零上升到了 4.5%。在该情境下，虽然可再生能源得到了较好的发展，但是对于压缩煤炭和促进页岩气发展并没有起到很好的作用。这主要是因为可再生能源发电会受到自然环境的限制，尤其是风电与水电，因此它们的年发电小时数远远低于煤电（图 4.13）。在这种发电小时数的限制下，即使可再生能源有很强的价格优势，如成本为负，仍然不能起到很强的压缩煤炭的作用，煤炭发电的占比依然超过了 70%。

在这种情况下，因为“可再生能源发电成本＜煤电成本＜天然气发电成本”的成本结构，页岩气发展并没有促进天然气发电，反而因为成本而受到了可再生能源的挤压。而可再生能源由于发电小时数限制，没有能够很好地优化电力行业能源结构。所以在此情景下，电力行业能源结构并没有得到很好的优化，页岩气发展也受到了抑制，所以还需要寻找其他的政策途径。

4. 煤炭价格上涨情景

改善我国以煤炭为主的能源消费结构，提高煤炭价格是个很好的途径。可以通过征收碳税或者绿色贸易壁垒的方法来实现这一设想。为了模拟这一情景，本节设定了每吨煤炭涨价 10 元、50 元、100 元、200 元、500 元、1000 元以及 2000 元七个档次，如果中国电力部门 2010～2030 年按照该目标发展，电力行业的能源结构如表 4.6 所示。

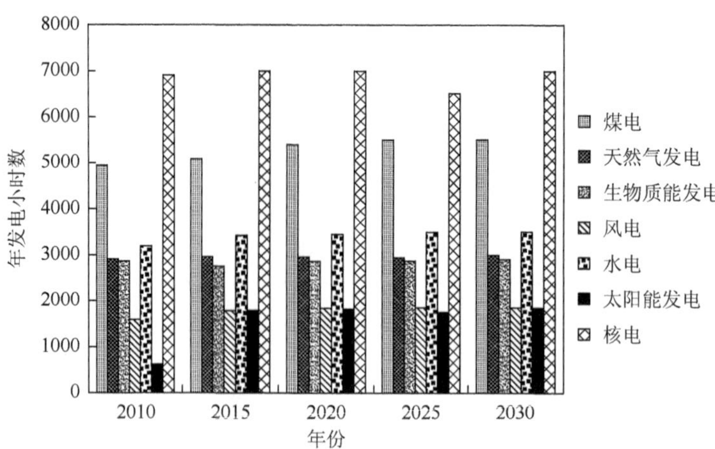

图 4.13　可再生能源补贴情境下发电机组年发电小时数

表 4.6　煤炭价格上涨情景下电力行业能源结构与发电成本

电力机组	每吨涨价 10 元			每吨涨价 50 元		
	2010 年能源结构/%	2030 年能源结构/%	2030 年单位电价/[元/(kW • h)]	2010 年能源结构/%	2030 年能源结构/%	2030 年单位电价/[元/(kW • h)]
煤电	78.24	78.31	0.302	78.24	76.85	0.313
天然气发电	1.90	2.61	0.381	1.90	3.12	0.381
生物质能发电	0.18	0.05	0.658	0.18	0.05	0.658
风电	1.21	0.49	0.662	1.21	0.49	0.662
水电	16.64	9.84	0.197	16.64	9.85	0.197
太阳能发电	0	0	1.547	0	0	1.547
核电	1.83	8.69	0.310	1.83	9.64	0.310

电力机组	每吨涨价 100 元			每吨涨价 200 元		
	2010 年能源结构/%	2030 年能源结构/%	2030 年单位电价/[元/(kW • h)]	2010 年能源结构/%	2030 年能源结构/%	2030 年单位电价/[元/(kW • h)]
煤电	78.24	75.79	0.327	78.24	73.25	0.354
天然气发电	1.90	4.17	0.398	1.90	6.66	0.392
生物质能发电	0.18	0.05	0.658	0.18	0.05	0.658
风电	1.21	0.49	0.662	1.21	0.52	0.661
水电	16.64	9.85	0.197	16.64	9.86	0.197
太阳能发电	0	0	1.547	0	0	1.547
核电	1.83	9.64	0.310	1.83	9.65	0.310

续表

电力机组	每吨涨价 500 元			每吨涨价 1000 元		
	2010 年能源结构/%	2030 年能源结构/%	2030 年单位电价/[元/(kW·h)]	2010 年能源结构/%	2030 年能源结构/%	2030 年单位电价/[元/(kW·h)]
煤电	78.24	66.88	0.437	78.24	65.45	0.576
天然气发电	1.90	12.96	0.387	1.90	12.99	0.387
生物质能发电	0.18	0.07	0.655	0.18	0.10	0.654
风电	1.21	0.52	0.661	1.21	1.85	0.590
水电	16.64	9.89	0.197	16.64	9.91	0.197
太阳能发电	0	0	1.547	0	0	1.547
核电	1.83	9.68	0.310	1.83	9.70	0.310
电力机组	每吨涨价 2000 元			每吨涨价 200 元+减排 30%		
	2010 年能源结构/%	2030 年能源结构/%	2030 年单位电价/[元/(kW·h)]	2010 年能源结构/%	2030 年能源结构/%	2030 年单位电价/[元/(kW·h)]
煤电	78.24	62.09	0.856	78.24	57.37	0.372
天然气发电	1.90	13.21	0.388	1.90	12.96	0.387
生物质能发电	0.18	1.24	0.620	0.18	1.27	0.624
风电	1.21	3.79	0.679	1.21	4.67	0.720
水电	16.64	9.95	0.198	16.64	9.90	0.198
太阳能发电	0	0	1.547	0	4.15	1.006
核电	1.83	9.73	0.310	1.83	9.68	0.310

从表 4.6 中可以看出煤电成本的上涨使“煤电成本＜天然气发电成本＜可再生能源发电成本”的成本结构逐渐向“天然气发电成本＜可再生能源发电成本＜煤电成本”的成本结构转变。后面一种成本结构能够使电力行业的能源结构得到很好的优化（图 4.14）。当煤炭每吨涨价 200～500 元时，天然气发电开始具有价格优势，2030 年的能源结构占比从 6.66%上升到 12.96%，增加了近 1 倍。页岩气的发展降低了天然气发电的成本，这就使得煤炭发电能够以更低的涨价被压缩，这对于我国经济是有好处的。当煤炭每吨涨价 1000 元以上时，风力发电开始具有价格优势。当煤炭每吨涨价 2000 元以上时，生物质能发电开始具有价格优势。

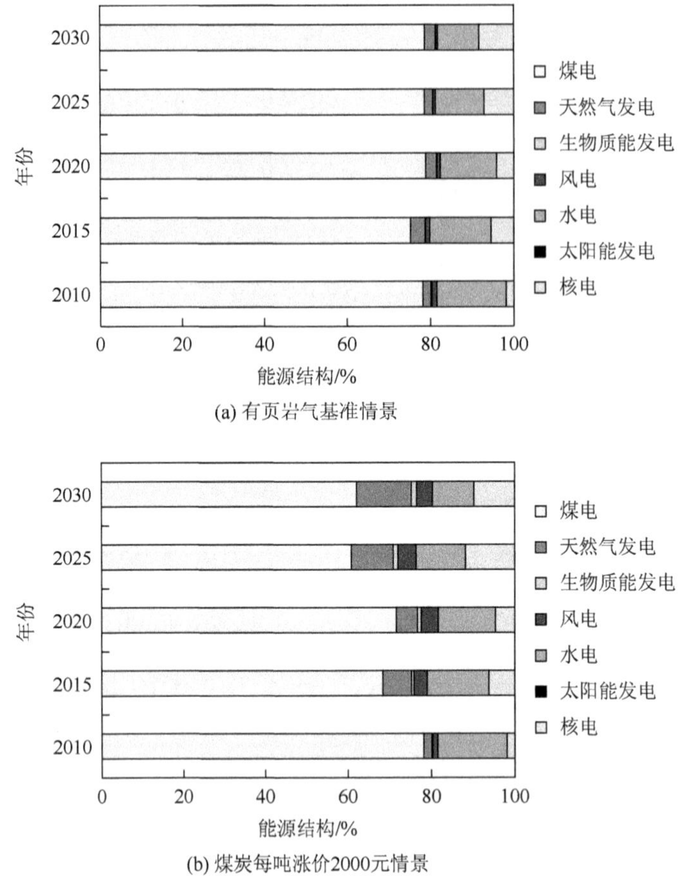

图 4.14　有页岩气基准情景与煤炭每吨涨价 2000 元情景的电力行业能源结构

一味地通过绿色贸易壁垒或者碳税来改善电力行业能源结构并不是非常合适的做法，如果能够将低的煤炭涨价与减排目标组合在一起来达到高的煤炭涨价的效果，那么对于电力行业来说是更好的做法。从表 4.6 中可以看出，煤炭每吨涨价 200 元加上比基准年减排 30%的减排目标后，电力行业的能源结构比煤炭每吨涨价 2000 元时的能源结构还要好（图 4.15），在这种情景下煤电在 2030 年的占比将低于 60%。

页岩气的大面积使用能够降低天然气发电的成本，但是并不能改变“煤电成本<天然气发电成本<可再生能源发电成本”的成本结构，因此在没有其他政策约束的情况下对于能源结构的改变并不是很大。

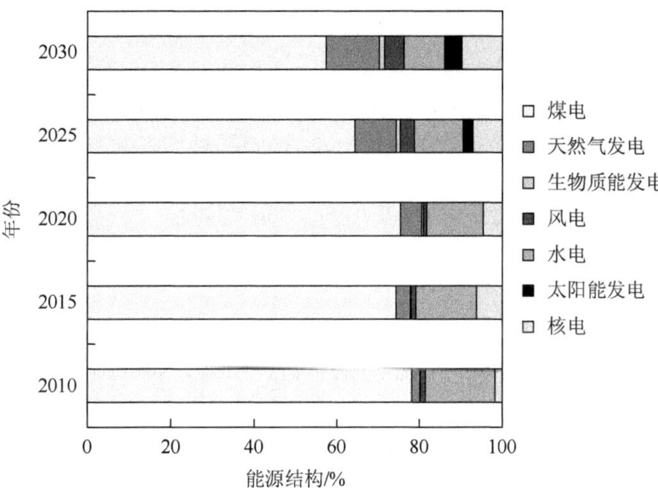

图 4.15　有页岩气时煤炭每吨涨价 200 元与减排 30%组合情景下的电力行业能源结构

参 考 文 献

[1] 路石俊，杨淑霞，林艳婷. 低碳经济下电力行业发展研究. 国家行政学院学报，2010，(2)：82-86.

[2] Rogers J S，Rowse J G. Canadian interregional electricity trade：Analysing the gains from system integration during 1990—2020. Energy Economics，1989，11（2）：105-118.

[3] Parikh J，Chattopadhyay D. A multi-area linear programming approach for analysis of economic operation of the Indian power system. IEEE Transactions on Power Systems，1996，11（1）：52-58.

[4] Hoster F. Impact of a nuclear phase-out in Germany：Results from a simulation model of the European power systems. Energy Policy，1998，26（6）：507-518.

[5] Hoster F. Effects of a European electricity market on the German electricity industry：Results from a simulation model of the European power systems. Applied Economics，1999，31（1）：107-122.

[6] Watcharejyothin M，Shrestha R M. Effects of cross-border power trade between Laos and Thailand：Energy security and environmental implications. Energy Policy，2009，37（5）：1782-1792.

[7] Voorspools K R，D'haeseleer W D. Modelling of electricity generation of large interconnected power systems：How can a CO_2 tax influence the European generation mix. Energy Conversion and Management，2006，47（11-12）：1338-1358.

[8] Rafaj P，Kypreos S. Internalisation of external cost in the power generation sector：Analysis with Global Multi-regional MARKAL model. Energy Policy，2007，35（2）：828-843.

[9] Gnansounou E，Dong J. Opportunity for inter-regional integration of electricity markets：The case of Shandong and Shanghai in East China. Energy Policy，2004，32（15）：1737-1751.

[10] Kypreos S，Krakowski R. An assessment of the power-generation sector of China//International Energy Agency（IEA/AIE）Annex IX Technical Conference. Taiwan，2005.

[11] 林伯强，姚昕. 电力布局优化与能源综合运输体系. 经济研究，2009，(6)：105-115.

[12] 姚昕，孔庆宝. 中国能源综合运输体系及其宏观影响. 金融研究，2010，(4)：29-39.

[13] Chen W Y，Li H L，Wu Z X. Western China energy development and west to east energy transfer：Application of the Western China Sustainable Energy Development Model. Energy Policy，2010，38（11SI）：7106-7120.

[14] Mao Z W，Wang C. Assessing the climate impact of renewable energy targets by bottom-up modeling//International Conference on Intelligent System Design and Engineering Application. IEEE Computer Society，2010：394-399.

[15] Mao Z W，Wang C. Analysis of carbon tax for CO_2 mitigation in China's power sector by modeling//International Conference on Advances in Energy Engineering. IEEE，2010：317-320.

[16] 李丽平，周国梅，季浩宇. 污染减排的协同效应评价研究——以攀枝花市为例. 中国人口·资源与环境，2010，(S2)：91-95.

[17] Gielen D，Chen C H. The CO_2 emission reduction benefits of Chinese energy policies and environmental policies：A case study for Shanghai，period 1995—2020. Ecological Economics，2001，39（2）：257-270.

[18] 毛显强，邢有凯，胡涛，等. 中国电力行业硫、氮、碳协同减排的环境经济路径分析. 中国环境科学，2012，(4)：748-756.

[19] 国家电力监管委员会，国家发展和改革委员会，国家能源局，等. 2008 年电力企业节能减排情况通报. 北京，2009.

第 5 章　RCP 排放情景实现路径及国别影响研究①

全球气候变化已经成为威胁人类可持续发展的重要问题，是国际社会面临的共同挑战，需要全球合作共同应对。为识别不同排放浓度对自然生态环境产生的影响，IPCC 在其最新发布的第五次评估报告中采用了四组典型浓度路径（representative concentration pathways，RCP）的排放情景进行研究，给出了不同排放浓度下全球面临的气候与生态威胁。

RCP 排放情景为分析气候影响模式开发，涵盖了对未来全球温室气体排放路径的设定。当前围绕 RCP 展开的研究主要是围绕排放对大气、水、土地以及生物等生态系统的影响。研究包括：分析不同排放浓度对气温、降水及其他气候条件的影响[1-7]，预测各地区降水的季节分布特征及气温的季节变化和空间分布特征等；气候变化对适种区域及其生育期的影响[8]；不同浓度 RCP 情景下农作物的生长趋势与产量预测[9]；基于集合模拟的方法评估气候变化对中国未来小麦产量的影响[10]；气候变化的湿地水资源适应性管理与对策[11]；RCP4.5 情景下全球海平面变化趋势预测模拟[12]。而对于 RCP 排放应该如何分配给各国并实施及其社会经济影响方面的评估较少。

本章尝试对国际减排的全球性影响展开研究，研究按照“收缩与趋同”（contraction and convergence，C&C）分配机制，分析不同 RCP 排放约束下全球及各区域的减排路径与影响，并讨论国际碳排放权交易制度对降低全球减排成本的作用。本章首先对全球排放情景的开发进行介绍，其次对不同 RCP 情景下排放空间分配结果进行描述，最后利用模型对全球减排的能源经济影响进行分析。

5.1　全球 RCP 排放情景与分配

5.1.1　全球 RCP 排放情景

基于气候模式的气候变化评估需要开发特定的温室气体排放情景，建立具有可信度的全球排放情景是气候变化影响与脆弱性研究的基础[13]。RCP 情景作为 IPCC 第五次评估报告中所使用的崭新排放情景，是从多家研究机构所开发的 30 多

① 本章作者：齐天宇。

个综合排放情景中进行筛选，选取的数据完整且浓度分布具有代表性的典型情景，每一种 RCP 情景都要求必须对应一定代表性气候特征。与之前的特别排放情景报告（special report on emissions scenarios，SRES）不同，IPCC 在此次开发的 RCP 情景中首次引入了对政策影响的考量，RCP 情景的名称也更加准确地反映了气候变化的影响机理。在情景表述上，新的 RCP 情景只给出四类温室气体排放与浓度路径，而不再给出具体的社会经济情景设定。研究者可根据各地区实际情况自主开发包含不同人口、社会经济与能源细节的情景假定，从而极大地增加了情景设计的灵活性；同时研究者可以利用 RCP 所描述的排放轨迹衡量减缓与适应政策的有效性及其经济影响，从而增强了 RCP 在气候变化评估与政策研究方面的应用广度。四种 RCP 情景的具体特征与研发团队及所用模型如表 5.1 所示。

表 5.1　四种 RCP 情景的主要特征

名称	辐射强迫/(W/m^2)	大气浓度/ppmv① 二氧化碳当量	路径形态	2100 年预计温升/℃	来源模型与研究机构
RCP8.5	在 2100 年＞8.5	2100 年＞1370	逐渐上升	＞4	MESSAGE（IIASA）[14]
RCP6.0	2100 年后约稳定在 6.0	约 850（2100 年后稳定水平）	稳定且非超限	3.0～4.0	AIM（NIES）[15]
RCP4.5	2100 年后约稳定在 4.5	约 650（2100 年后稳定水平）	稳定且非超限	2.3～3.0	MiniCAM（PNNL）[16]
RCP2.6	2100 年前约达到峰值 3，然后下降	2100 年前约达到峰值 490，然后下降	达到峰值后下降	1.3～1.7/1.5	IMAGE（NMP）[17, 18]

注：MESSAGE 为能源供给策略选择及其环境影响模型（model for energy supply strategy alternatives and their general environmental impact）；
IIASA 为国际应用系统分析机构（International Institute for Applied System Analysis）；
AIM 为亚太综合模型（the Asia-Pacific integrated model）；
NIES 为国家环境研究机构（日本）（National Institute for Environmental Studies）；
MiniCAM 为微型气候评估模型（mini-climate assessment model）；
PNNL 为美国西北太平洋实验室（the Pacific Northwest National Laboratory in the USA）；
IMAGE 为国际环境评估综合模型（integrated model to assess the global environment）；
NMP 为荷兰环境评估局（Netherlands Environmental Assessment Agency）

5.1.2　基于“收缩与趋同”方案的 RCP 全球排放空间分配

除确定全球减排目标以外，实现全球减排的又一重大问题为全球排放空间的国家分配问题。由于排放空间涉及各国切身发展利益，如何衡量和界定不同国家在全球减排当中的义务与责任，设定被国际社会广泛接受的分配原则和实施机制一直是全球气候政治与国际谈判的焦点议题。尽管公平原则作为气候责任分担的基本原则

① ppmv 指体积的百万分之一。

一直在国际气候制度中被坚持，然而对于如何诠释公平原则的具体含义及衡量准则，国际社会一直没有形成统一意见。伴随全球气候谈判的不断推进，各国基于自身利益的不同分别演绎出“主权公平”“结果公平”“过程公平”等不同层面的公平框架设计，并基于历史责任、基本发展需求以及实际支付能力等角度对公平原则设计出多重演绎[19]。这些演绎原则包括祖父原则、平等原则、基本需求原则、支付能力原则等十余种纷杂原则，体现各自原则的具体分配方案也被设计出来。近年来国际气候治理公平性问题的讨论已经开始从环境与气候等自然科学领域越来越多地向政治与伦理等社会科学领域拓展，涉及的内容与考量的因素也日趋复杂。这样复杂的理论演绎从另一角度也反映出国际社会对于减排责任分担这一敏感问题的激烈争端。关于各种全球气候制度公平原则的研究与综述文献较多[20-23]，本章不对各种原则及其对应的分配方案展开论述。表 5.2 对这些原则与具体分配方案进行了简要的比较。

表 5.2　排放空间分配的不同原则与机制

分类	公平原则	基本定义	一般操作规则	排放权分配的操作规则
基于主权的准则	祖父原则	所有国家具有平等的污染权和不受污染的权利	所有国家按同比例减排，维持现有相对排放水平不变	按排放相对份额分配排放权
	平等主义	所有人具有平等的污染权利和不受污染的权利	减排量与人口成反比	按人口相对份额分配排放权
	历史累积平等原则	历史责任的人均累积排放权相等	发展中国家人均碳排放可以有先升后降的过程，而发达国家则需要单调下降	按历史人均累积排放趋同分配
基于结果的准则	支付能力	各国根据实际能力承担经济责任	所有国家总减排成本占 GDP 的比例相等	排放权分配应使所有国家的总减排成本占 GDP 的比例相等
	水平公正	平等对待所有国家	所有国家净福利变化占 GDP 的比例相等	排放权分配应使所有国家的净福利变化占 GDP 的比例相等
	垂直公正	更多关注处于不利状况的国家	净收益与人均 GDP 负相关	累积分配排放权使净收益与人均 GDP 负相关
	补偿原则	根据 Pareto 最优原则，任何一方的改善不能造成其他方的损失	对有净福利损失的国家进行补偿	排放权分配不应使任何国家遭受净福利损失
	环境公平	生态系统的基础地位和权利优先	减排应使环境价值最大化	排放权分配应使环境价值最大化
基于过程的准则	罗尔斯最大最小原则	处于最不利地位国家的福利最大化	最贫穷国家的净收益最大化	为最贫穷国家分配较多份额，使其净收益最大化
	一致同意	国际谈判过程是公平的	寻求大多数国家接受的政治方案	排放权的分配应满足大多数国家的要求
	市场正义	市场是公平的	更好地利用市场	以拍卖方式将排放权分配给出价最高者

在各种分配方案中，由全球公共资源研究所（Global Commons Institute）1997 年提出的“收缩与趋同”方案反映了发展中国家的“平等发展主义”诉求。该方案

主张设定目标年（如 2050 年或 2100 年）的人均排放量，从基准年（如 1990 年或 2000 年）开始，全球应对气候变化温室气体排放需要总体下降（“收缩”），其中要求发达国家的人均排放量逐渐下降，而发展中国家的人均排放量允许有一定上升空间，到目标年都趋于统一的目标值（“趋同”）[24]。

根据全球公共资源研究所对“收缩与趋同”原则的具体定义，全球各区域碳排放空间计算公式如下：

$$E_t^r = Q_t \times \left[S_{t-1}^r - (S_{t-1}^r - P_t^r) \times \mathrm{e}^{-a\times(1-T)} \right]$$

其中，Q_t 为第 t 年的全球排放总额；S_t^r 为国家 r 在第 t 年的排放占当年全球排放的份额；P_t^r 为国家 r 在第 t 年的人口占当年全球人口的比例；a 为趋同速率因子，定义了各区域人均排放趋同的快慢，a 越高则趋同的速率越慢，本书 a 取值为 4，对应为 2020～2030 年各国人均碳排放开始快速收缩[25]；T 为时间 t 在趋同时间段的份额，记趋同起始年和终止年分别为 s 和 e，定义第 t 年经过的时长为 $T=(t-s+1)/(e-s+1)$。

按照公式，选取 2010 年和 2100 年为趋同的起始年和终止年，根据 RCP 化石能源燃烧 CO_2 排放空间约束，将 RCP 情景下各国家/区域的人均碳排放空间进行分配。全球各区域未来人口增长预测采用联合国秘书处经济和社会事务部发布的《2012 世界人口展望》中等人口情景假设[26]。根据各区域人均排放配额与未来人口预测可以计算出不同 RCP 情景下各国的排放限额，如表 5.3 所示。考虑到 RCP8.5 情景为高温室气体排放方案，当前努力情景的排放水平已经低于 RCP8.5 情景的排放水平，故本书主要针对 RCP2.6、RCP4.5 及 RCP6.0 三种情景进行分析。

表 5.3 2010～2050 年“收缩与趋同”分配方案下全球主要区域碳排放空间分配结果

（单位：10^6t）

名称	年份	中国	美国	欧盟	日本	韩国	印度	非洲
RCP2.6	2010	6750	6163	4444	1344	522	1781	933
	2020	6903	5320	4163	1227	474	2867	1962
	2030	2916	1381	1411	372	146	2455	2357
	2050	1822	685	812	193	79	1963	2199
RCP4.5	2010	6587	6013	4336	1311	510	1738	911
	2020	7336	5654	4425	1304	504	3047	2086
	2030	7291	3453	3527	931	365	6137	5893
	2050	6310	2372	2813	669	273	6796	7614
RCP6.0	2010	6513	5947	4288	1297	504	1719	900
	2020	6652	5126	4012	1182	457	2763	1891
	2030	7022	4329	3804	1075	416	4291	3523
	2050	7462	2805	3326	791	322	8036	9003

5.2 模型介绍

本书采用全球能源经济模型（China in global energy model，C-GEM）作为分析工具来对全球碳市场及其影响做出评估。C-GEM 为全球多区域多部门的递归动态 CGE 模型，模型将宏观经济系统划分为 21 个产业部门，包括 5 种能源生产部门（煤炭、原油、天然气、成品油及电力）、12 种工业部门（化工、钢铁、有色、非金属、交通设备制造、装备制造业、电子工业、食品加工业、采矿业、纺织业、建筑业、其他工业）、农业部门以及 3 种服务业部门（交通服务业、房地产以及其他服务业）。各部门生产活动采用嵌套结构的常数替代弹性（constant elasticity of substitution，CES）函数进行描述（图 5.1）。各种投入之间的不同组合反映了各部门独特的生产技术特点，其中 σ 表示各种投入之间的替代弹性。

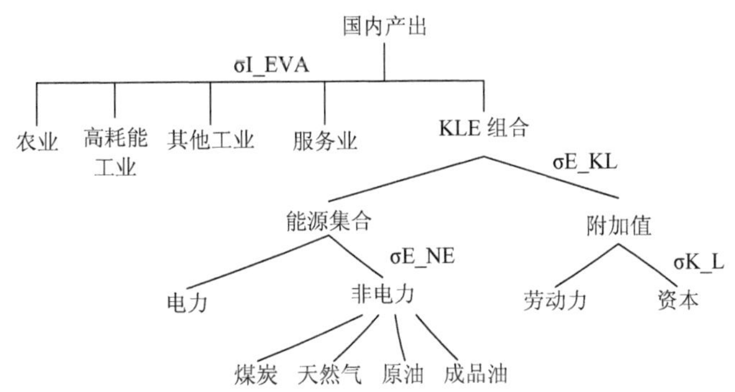

图 5.1　C-GEM 中 CES 函数的典型嵌套结构

σI_EVA、σE_KL、σE_NE、σK_L 为 CES 函数各层的替代弹性；KLE 为资本-劳动力-能源组合

在对经济部门生产关系进行描述的基础上，C-GEM 还对能源技术在 CGE 模型框架下做出具体刻画。当前 C-GEM 包含 17 种能源生产技术，除煤炭、石油、天然气、火电等传统能源生产技术路径以外，还包括了 11 种清洁能源技术，其中包括 3 种油气替代技术（页岩油、生物燃料、煤气化）以及 8 种发电技术（风能发电、光伏发电、生物质发电、IGCC、IGCC-CCS、天然气联合循环（natural gas combined cycle，NGCC）、NGCC-CCS、先进核电）。

C-GEM 基于阿明顿假设对国际双边贸易做出处理，认为国内与国外、国外各来源地之间生产的同类产品是不完全替代的[27]。最终消费品与中间消费品既来源于国内生产供给，也来源于不同国家的进口产品供给。国内与国外各国进口品通过 CES 函数进行组合。C-GEM 中 CO_2 排放量的核算根据 IPCC 中规定的常排放因子[28]与化石能源消费量算得。模型以 5 年为一个时间间隔递归求解。模型通过

MPSGE（mathematical programming system for general equilibrium，一般均衡数学编程系统）平台编程并在 GAMS（the general algebraic modeling system，一般代数模型系统）程序下求解{Rutherford，1999#284}。

C-GEM 的数据基于第 8 版全球贸易分析项目（Global Trade Analysis Project 8，GTAP 8）全球能源与经济数据库[11]。该数据库包括了全球 129 个国家 57 个产业部门的 2007 年经济与能源的生产和消费量数据，以及不同地区间的能源与商品双边贸易流量。根据需要对 GTAP 8 数据库的部门与区域做了合并，最终形成包含全球 19 个区域与 21 个生产部门的模型数据库，范围包括 OECD 国家（美国、欧盟、日本、韩国、加拿大、墨西哥、澳大利亚）、金砖五国（中国、巴西、印度、南非和俄罗斯）、中东地区、拉美地区、东南亚地区、欧洲其他地区、亚洲其他地区、非洲其他地区等。C-GEM 已先后应用于包括中国贸易隐含性碳排放[29]、中国可再生能源发展展望[30]以及国际碳市场[31]的研究当中。详细的模型描述请参阅文献[32]。

5.3 RCP 情景排放约束下全球减排路径研究

5.3.1 情景设计

本节利用所建立的 C-GEM，对三种典型浓度路径（RCP2.6/4.5/6.0）约束下的排放空间按照“收缩与趋同”原则进行分配，分析并模拟不同路径下全球低碳转型的路径及影响。另外，还讨论了全球碳排放权交易制度对降低全球减排成本的作用，共设计了三组六种情景（表 5.4），并与“当前努力”参考情景（EE）进行比较，对减排影响做出评价。

表 5.4 不同 RCP 全球减排情景设计

情景数	研究情景	情景描述
1	各国“当前努力”参考情景（EE）	符合当前各国实际发展状况
2	典型浓度路径 2.6 区域情景（RCP 2.6s）	RCP2.6 下，无全球碳排放权交易
3	典型浓度路径 4.5 区域情景（RCP 4.5s）	RCP4.5 下，无全球碳排放权交易
4	典型浓度路径 6.0 区域情景（RCP 6.0s）	RCP6.0 下，无全球碳排放权交易
5	典型浓度路径 2.6 交易情景（RCP 2.6t）	RCP2.6 下，有全球碳排放权交易
6	典型浓度路径 4.5 交易情景（RCP 4.5t）	RCP4.5 下，有全球碳排放权交易
7	典型浓度路径 6.0 交易情景（RCP 6.0t）	RCP6.0 下，有全球碳排放权交易

5.3.2　情景排放路径

由各国不同 RCP 情景 CO_2 排放轨迹与 EE 情景排放轨迹的关系可知，对于全球大多数国家和地区，三种 RCP 情景下的排放约束低于 EE 情景排放水平，尤其是在 RCP2.6 情景下，各国都需要大幅减排。部分人均排放水平低、人口增速较快的国家和区域，如非洲、印度等可能会出现排放配额大于 EE 情景排放水平的时段，对于这部分“超发”的排放空间可以通过国际碳市场机制进行利用。

1. 中国

三种 RCP 情景下中国排放轨迹与 EE 情景排放轨迹的比较如图 5.2 所示。由图可知，尽管中国的人均排放水平较低，但是未来增加很快，故而三种 RCP 排放约束下中国都需要实现大幅减排。其中 RCP2.6s 情景下中国在 2020 年达到峰值且峰值水平与 2010 年接近，到 2050 年中国实现排放水平比 2010 年下降 75%，比 EE

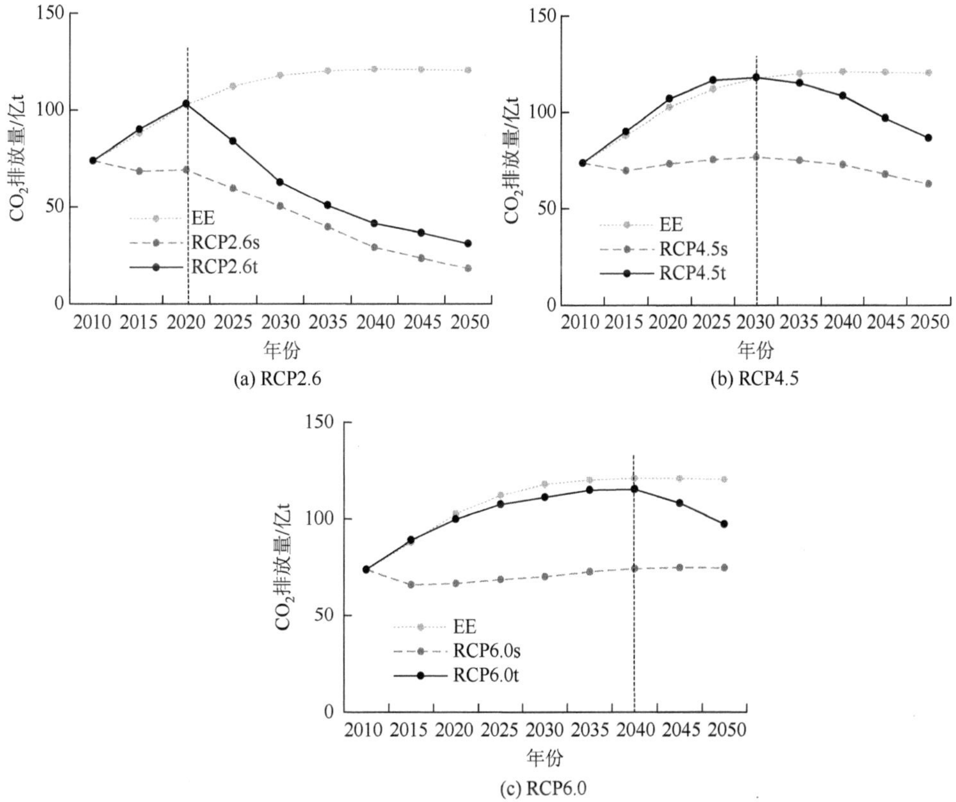

(a) RCP2.6

(b) RCP4.5

(c) RCP6.0

图 5.2　2010～2050 年三种 RCPs/RCPt 情景下中国排放轨迹

情景低 85%（约 102 亿 tCO_2 减排量，相当于美国与欧盟 2010 年的排放总和）的水平，减排幅度巨大。RCP4.5s 与 RCP6.0s 两种情景下的排放轨迹相对缓和。RCP4.5s 情景下中国 2030 年达到排放峰值，且峰值水平与 2010 年排放水平接近；2030 年以后排放水平稳步下降，到 2050 年比 2010 年下降 15%，比 EE 情景低 48%（约 57 亿 tCO_2 减排量）。RCP6.0s 情景下中国排放水平缓慢上升，到 2045 年左右达到峰值，峰值水平也与 2010 年水平接近，随后排放水平基本保持稳定；到 2050 年排放水平与 2010 年基本相同，比 EE 情景低 38%（约 46 亿 tCO_2 减排量）。

如果全球碳排放交易机制得以确立，那么中国可以通过向配额“超发”国家以及减排成本相对较小的国家购买排放配额来降低减排负担与成本。尤其是在全球排放限额相对宽松的 RCP4.5 与 RCP6.0 情景下，中国通过购买其他国家配额来降低本国减排成本，排放轨迹出现明显提升。

2. 美国

三种 RCP 情景下美国排放轨迹如图 5.3 所示。由于美国人均排放水平较高，

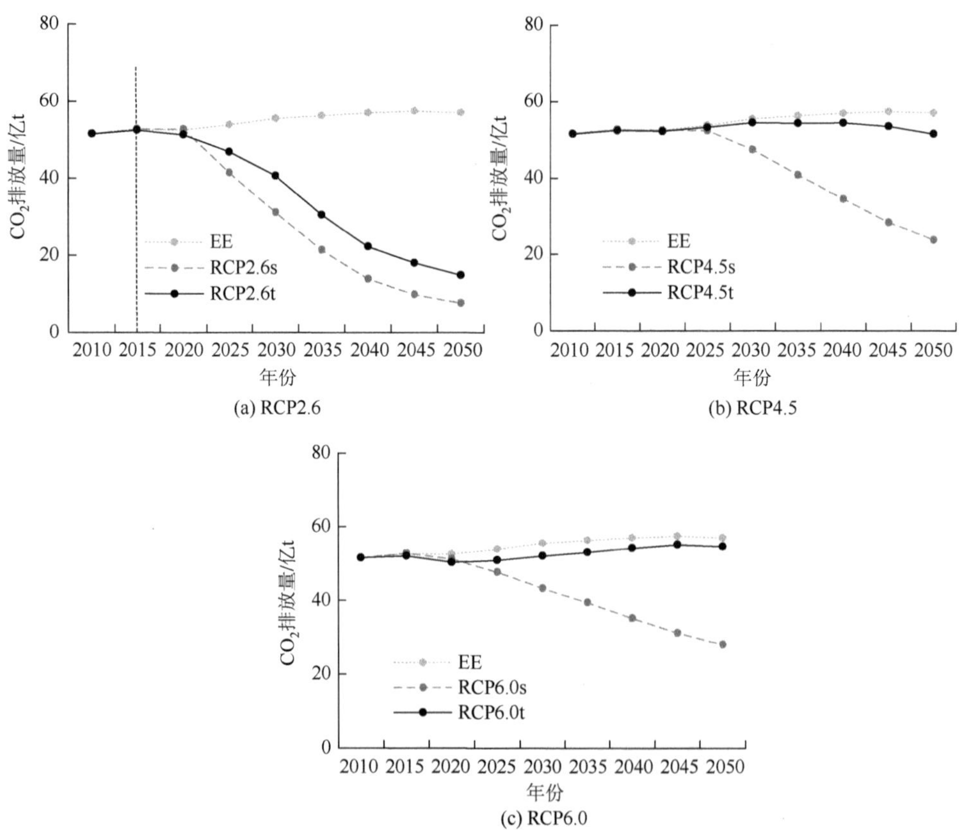

图 5.3　2010～2050 年三种 RCPs/RCPt 情景下美国排放轨迹

三种 RCP 情景约束下美国也都需要在 EE 情景基础上实现大幅减排。在 RCP2.6s 情景下，美国在 2015 年达到排放峰值；在 2020 年以后出现快速大幅减排，到 2050 年实现排放水平比 2010 年下降 85%，比 EE 情景低 86%（约 47 亿 tCO_2 减排量），减排幅度很大。RCP4.5s 与 RCP6.0s 两种情景下的排放约束水平相对缓和。RCP4.5s 情景下美国 2020 年排放达到峰值，RCP6.0s 情景下美国 2015 年达到排放峰值，两者峰值水平都比较接近。两种情景下峰值过后美国都要实现较大幅度减排，RCP4.5s 情景下 2050 年比 2010 年排放水平下降 54%，RCP6.0s 情景下下降 46%，减排强度也比较大。与中国类似，全球碳排放配额交易机制的建立将降低美国的减排成本。

3. 欧盟

三种 RCP 情景下欧盟排放轨迹如图 5.4 所示。由于欧盟人均排放水平较低且 EE 情景下减排效果明显，在 RCP4.5 和 RCP6.0 两组种情景下减排压力较小。在 RCP2.6s 情景下，欧盟在 2020 年达到排放峰值，随后出现大幅减排。RCP4.5s 情景与 RCP6.0s 情景的排放轨迹相对缓和。

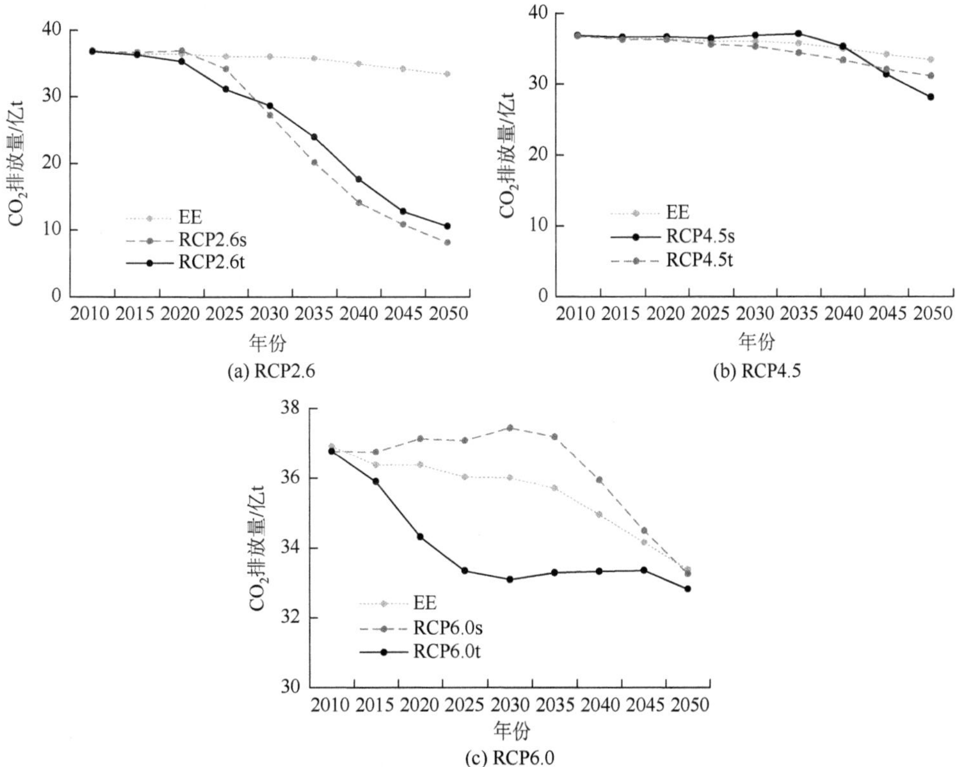

图 5.4　2010～2050 年三种 RCPs/RCPt 情景下欧盟排放轨迹

在排放权可交易情景下，欧盟在2030年以后将通过购买排放配额转移部分减排负担。而在排放约束相对宽松的RCP4.5与RCP6.0情景下，欧盟分配的配额都高于其EE情景，欧盟通过出卖“剩余”配额以及加速自身减排而出卖“节余”配额来获得利益，其排放水平也有小幅降低。

4. 非洲

非洲在RCP2.6s情景下在2040年左右达到排放峰值，峰值水平后开始缓慢减排，到2050年排放水平大约比2010年排放水平高出210%，是少有的在如此严格的全球排放约束情景下仍具有较多排放增幅的地区。在RCP4.5s与RCP6.0s情景下，非洲分配的排放配额都高于其EE情景下的排放水平，因此非洲在EE情景下无需再做减排努力（图5.5）。同样非洲可以承接全球其他地区减排驱动下的产业转移，使其在RCP4.5s与RCP6.0s情景下的排放水平略高于EE情景的排放水平。

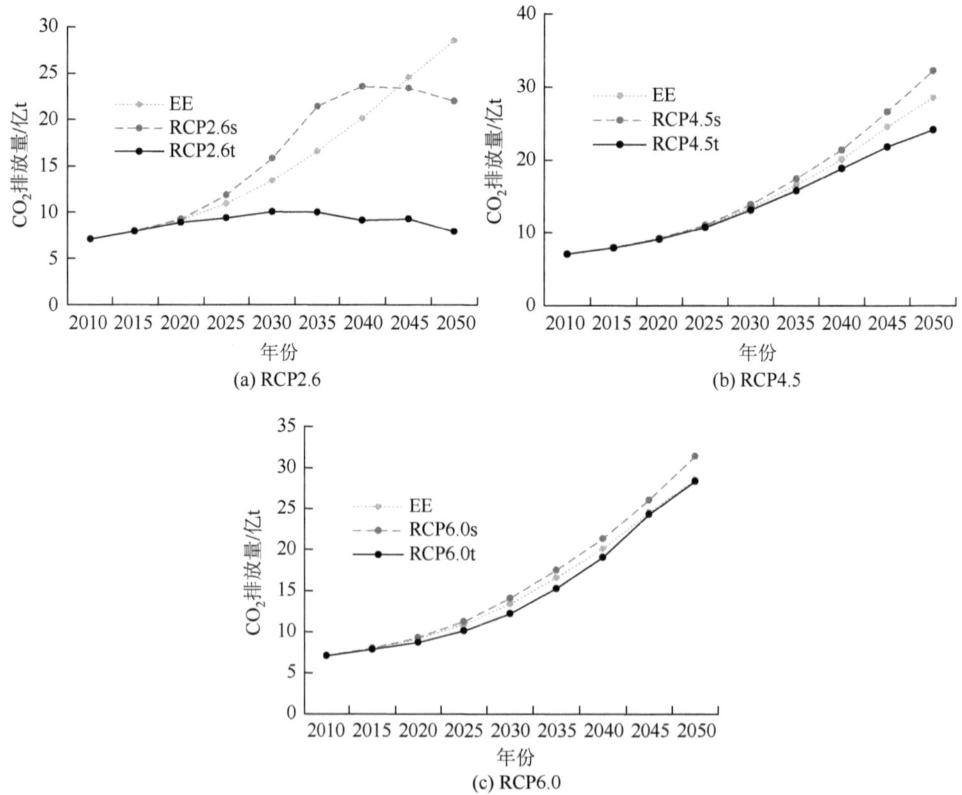

图5.5　2010～2050年三种RCPs/RCPt情景下非洲排放轨迹

同样在排放配额可交易情景下，非洲利用本地区人均排放水平低与人口增速快的优势通过出卖排放配额获得利益，可交易情景下 RCP6.0 情景的排放水平与 EE 情景基本持平。

5.3.3　能源系统清洁化

不同 RCP 情景下全球减排与低碳转型主要依靠能源系统的低碳化转型，其中能源的高效利用与清洁能源的大比例发展是最主要的两条途径。六种 RCP 情景下 2010～2050 年全球累计能源消费与 EE 情景相比都有所下降，其中 RCP2.6s 下降最多达到 27%，RCP4.5s 与 RCP6.0s 相对较小，分别为 10%和 9%。排放配额可交易情景下全球节能压力趋缓，能源下降率有所降低。

从能源消费结构来看，三种 RCPs 情景下化石能源消费增速明显低于 EE 情景，而核能与可再生能源的增速则加快，体现出在排放约束下全球能源的清洁化进程加速。三种 RCPs 情景下非化石能源比例的快速提高主要依靠风能、光伏与生物质等可再生能源的快速发展。在 RCP2.6s 情景下，2050 年全球风能装机达到 58 亿 kW，光伏装机达到 51 亿 kW[①]；在 RCP4.5s 情景下，2050 年风能装机达到 38 亿 kW，光伏装机达到 36 亿 kW；在 RCP6.0s 情景下，2050 年风能装机达到 26 亿 kW，光伏装机达到 24 亿 kW；相比 EE 情景风能 14 亿 kW、光伏 13 亿 kW 有大幅提升。全球碳排放权交易机制的确立在一定程度上减缓了一些国家的约束，降低了能源系统低碳化水平。2010～2050 年 EE 情景与三种 RCPs 情景的能源消费结构如图 5.6 所示。

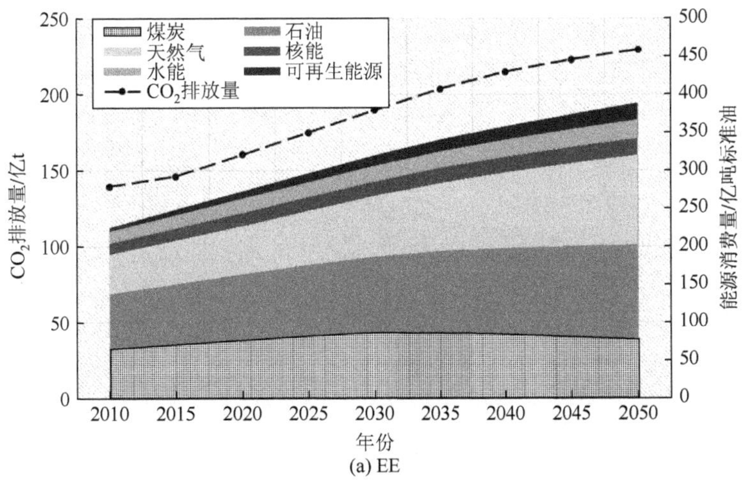

(a) EE

① 全球风电全年发电小时数按照 2000 小时计算；光伏全年发电小时数按照 1200 小时计算。

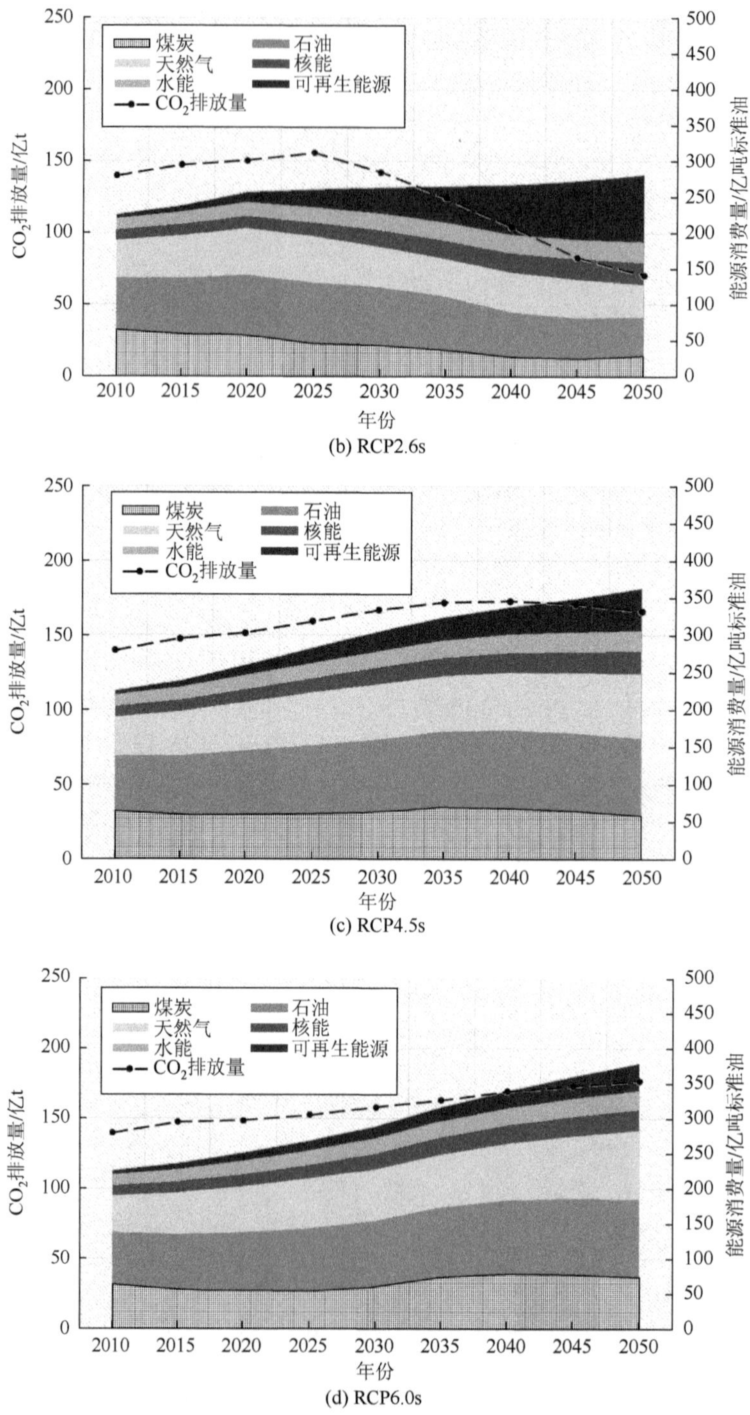

(b) RCP2.6s

(c) RCP4.5s

(d) RCP6.0s

图 5.6　2010～2050 年不同 RCPs 情景下的能源消费结构

非化石能源消费量按照效率 38%～42%折算为发电煤耗法计量

5.3.4　宏观经济冲击

三种 RCP 情景的排放约束会对全球经济造成显著影响。图 5.7 为按照年贴现率 4%折算的 2010～2050 年不同 RCP 情景下全球 GDP 与 EE 情景相比的损失。

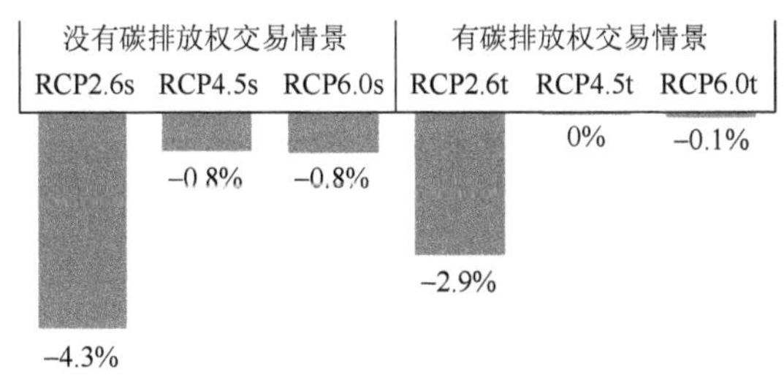

图 5.7　2010～2050 年不同 RCP 情景下全球 GDP 累积损失

从经济影响的国别尺度来看，各国在不同 RCP 情景下的 GDP 损失也有较大区别。中国在 RCPs 情景下减排的 GDP 损失要明显高于欧盟与美国。尤其是在减排最为严格的 RCP2.6s 情景下，中国的 GDP 累积损失达到 14.2%，即使是在排放配额可交易的情景下，中国的 GDP 累积损失也高达 11.2%，如此巨额的经济成本对于中国来讲是很难承受的。在排放约束相对缓和的 RCP4.5s 和 RCP6.0s 两种情景下，中国的 GDP 损失都低于 6%，其中排放轨迹“先高后低”的 RCP4.5s 情景 GDP 损失高于“稳步上升”的 RCP6.0s 情景，可见在 2030 年以前实现严格减排对于中国经济的冲击更大。而如果全球排放配额交易机制得以建立，那么中国通过在全球碳市场购买排放配额减轻自身减排压力将有助于降低中国减排的经济成本（图 5.8）。美国和欧盟与中国类似，在 RCPs 情景排放约束下会受到不同程度的 GDP 损失。由于人均碳排放水平较高，减排压力大，美国减排的 GDP 损失高于欧盟。全球排放配额交易机制同样可以帮助美国通过转移减排负担降低减排成本。非洲地区（除南非外）与中国、美国和欧盟的情况不同。由于配额丰富，其在碳排放权可交易情景下，通过出卖排放配额以及承接其他国家的产业转移可以促进经济的发展。

中国减排经济影响与其他国家不同，与中国当前的发展阶段密切相关。中国当前处于快速工业化与城镇化阶段，较快的经济增速与众多基础设施建设需要消耗大量能源和排放空间。尽管中国当前已经采取措施大幅提高能源利用效率与大力发展清洁能源，但是减少的能源消费与增加的清洁能源量也很难满足经济快速增长带动下的新增能源需求，这就意味着过早地承担较为严格的绝对减排任务对于中国来说必然挑战重重，同时会对经济产生较大冲击。相对于 2030 年以前的经

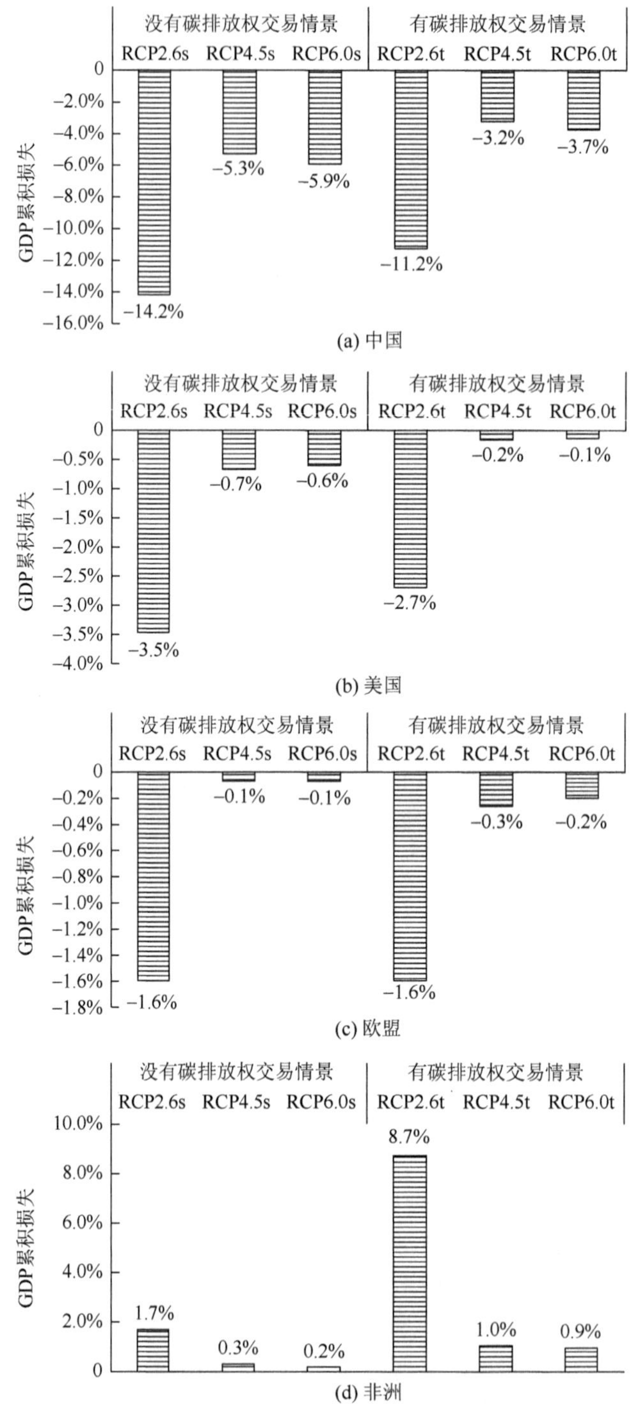

图 5.8　2010～2050 年不同 RCP 情景下中国、美国、欧盟、非洲的 GDP 累积损失

济快速发展期，预期 2030 年以后中国经济发展速度会逐渐放缓，相应新增能源需求量也将明显减小，在此阶段进行减排对经济冲击相对较小。总体来讲，即使在人均碳排放权“收缩与趋同”这一考虑了发展中国家发展诉求的分配机制下，全球减排行动对于中国经济的冲击也远高于欧盟与美国等发达国家和地区，也高于人均碳排放水平本身较低的发展中国家和地区（如印度和非洲）。因而中国当前承担国际减排义务的代价更大，需要谨慎做出国际承诺，并应该寻求国际社会更多的支持与帮助。

5.4　本 章 小 结

本章利用 C-GEM 对全球典型浓度路径排放情景约束下全球及各国减排途径与影响进行了分析。采用反映人均排放权平等准则的“收缩与趋同”全球排放空间分配机制，讨论国际碳排放权交易制度对降低全球减排成本的作用。结果表明，为满足不同 RCP 情景的排放约束，全球需要在 EE 情景下实施更为有力的减排措施。在“收缩与趋同”分配机制下，美国在三种 RCP 情景下都需要在 2015～2020 年达到峰值并随后实现大幅减排；欧盟在 EE 情景下已经实现了绝对减排，在 RCP 情景下的减排压力较小；中国虽然人口基数大且人均排放水平较低，但增速太快，因而即使在“收缩与趋同”原则下中国 2020 年以后也需要实现大幅减排，这样才能满足国际减排需求。从减排成本来看，按照年贴现率 4%计算 2010～2050 年 RCP2.6s 情景下全球 GDP 累积损失达到 4.3%，另外两种相对宽松的 RCP4.5s 和 RCP6.0s 情景下全球 GDP 累积损失在 0.8%左右。由于各国发展阶段与特征不同，减排成本的国别差异较大。美国在三种 RCPs 情景下 GDP 累积损失在 0.6%～3.5%；欧盟 GDP 累积损失在 0.1%～1.6%；中国 GDP 累积损失（5.3%～14.2%）明显高于美国和欧盟，且中国在 2030 年以前实现严格减排的经济冲击比 2030 年以后实现更大。可见中国在当前阶段承担国际减排责任的代价要高于发达国家与欠发达国家。因而，中国一方面需要谨慎做出国际减排承诺，另一方面应该寻求国际社会更多的支持与帮助。全球碳排放配额交易机制的建立可以大幅降低国际减排成本，RCPt 情景下全球减排 GDP 累积损失比 RCPs 情景下下降 33%，中国下降 25%。部分配额丰富地区（如非洲）甚至可通过出卖排放配额以及承接其他国家的产业转移来实现经济的更快发展。

参 考 文 献

[1]　Chong-Hai X，Ying X. The projection of temperature and precipitation over China under RCP scenarios using a CMIP5 multi-model ensemble. Atmospheric and Oceanic Science Letters，2012，5（6）：527-533.

[2]　Qing B. Projected changes in Asian summer monsoon in RCP scenarios of CMIP5. Atmospheric and Oceanic Science Letters，2012，5（1）：43-48.

[3] Ying Z. Projections of 2.0℃ warming over the globe and China under RCP4.5. Atmospheric and Oceanic Science Letters，2012，5（6）：514-520.

[4] 高超，张正涛，陈实，等. RCP4.5 情景下淮河流域气候变化的高分辨率模拟. 地理研究，2014，33（3）：467-477.

[5] 陶辉，黄金龙，翟建青，等. 长江流域气候变化高分辨率模拟与 RCP4.5 情景下的预估. 气候变化研究进展，2013，9（4）：246-251.

[6] 王国庆，张建云，金君良，等. 基于 RCP 情景的黄河流域未来气候变化趋势. 水文，2014，34（2）：8-13.

[7] 张莉，丁一汇，吴统文，等. CMIP5 模式对 21 世纪全球和中国年平均地表气温变化和 2℃升温阈值的预估. 气象学报，2013，（6）：1047-1060.

[8] 胡亚南，刘颖杰. 2011—2050 年 RCP4.5 新情景下东北春玉米种植布局及生产评估. 中国农业科学，2013，46（15）：3105-3114.

[9] 徐建文. 黄淮海平原干旱对冬小麦产量的潜在影响模拟研究. 北京：中国农业科学院，2014.

[10] 杨绚，汤绪，陈葆德，等. 利用 CMIP5 多模式集合模拟气候变化对中国小麦产量的影响. 中国农业科学，2014，47（15）：3009-3024.

[11] 董李勤. 气候变化对嫩江流域湿地水文水资源的影响及适应对策. 长春：中国科学院研究生院（东北地理与农业生态研究所），2013.

[12] 张吉，左军成，李娟，等. RCP4.5 情景下预测 21 世纪南海海平面变化. 海洋学报（中文版），2014，36（11）：21-29.

[13] 秦鹏程，姚凤梅，曹秀霞，等. 利用作物模型研究气候变化对农业影响的发展过程. 中国农业气象，2011，32（2）：240-245.

[14] Riahi K，Grübler A，Nakicenovic N. Scenarios of long-term socio-economic and environmental development under climate stabilization. Technological Forecasting and Social Change，2007，74（7）：887-935.

[15] Fujino J，Nair R，Kainuma M，et al. Multi-gas mitigation analysis on stabilization scenarios using aim global model. Energy Journal，2006，27：343-353.

[16] Clarke L，Edmonds J，Jacoby H，et al. Scenarios of greenhouse gas emissions and atmospheric concentrations. US Department of Energy Publications，2007：6.

[17] van Vuuren D，Eickhout B，Lucas P L，et al. Long-term multi-gas scenarios to stabilise radiative forcing-exploring costs and benefits within an integrated assessment framework. Energy Journal，2006，27：201-233.

[18] van Vuuren D P，den Elzen M G，Lucas P L，et al. Stabilizing greenhouse gas concentrations at low levels：An assessment of reduction strategies and costs. Climatic Change，2007，81（2）：119-159.

[19] 王文军，庄贵阳. 碳排放权分配与国际气候谈判中的气候公平诉求. 外交评论（外交学院学报），2012，29（1）：72-84.

[20] 郑艳，梁帆. 气候公平原则与国际气候制度构建. 世界经济与政治，2011，（6）：69-90.

[21] 苏利阳，王毅，汝醒君，等. 面向碳排放权分配的衡量指标的公正性评价. 生态环境学报，2009，18（4）：1594-1598.

[22] 杨通进. 全球正义：分配温室气体排放权的伦理原则. 中国人民大学学报，2010，24（2）：2-10.

[23] 何建坤，陈文颖，滕飞，等. 全球长期减排目标与碳排放权分配原则. 气候变化研究进展，2009，5（6）：362-368.

[24] Meyer A. Contraction and convergence：A global solution to a global problem. http://www.gci.org.uk/contconv/cc.html[2014-06-11].

[25] Ulussever T. Building on the Kyoto Protocol：Options for protecting the climate. The Journal of Developing Areas，

2004，38（1）：216-221.

[26] Nations U. World population prospects，the 2012 revision. New York：Population Division，Department of Economic and Social Affairs，2012.

[27] Armington P S. A theory of demand for products distinguished by place of production. IMF Staff Papers，1969，16（1）：159-178.

[28] IPCC. 2006 IPCC Guidelines for National Greenhouse Gas Inventories. 2006.

[29] Qi T Y，Winchester N，Karplus V J，et al. Will economic restructuring in China reduce trade-embodied CO_2 emissions?. Energy Economics，2014，42（1）：204-212.

[30] Qi T Y，Zhang X L，Karplus V J. The energy and CO_2 emissions impact of renewable energy development in China. Energy Policy，2014，68（68）：60-69.

[31] Qi T，Winchester N，Karplus V，et al. The energy and economic impacts of expanding international emissions trading. Mit Joint Program，2013，11（3）：23-45.

[32] Qi T，Winchester N，Karplus V J，et al. An analysis of China's climate policy using the China-in-global energy model. Economic Modelling，2016，52：650-660.

第 6 章 中国分区综合评估模型开发与绿色低碳发展转型路径研究①

6.1 概 述

以气候变暖为主要特征的全球气候变化已经成为制约人类长期可持续发展的重大挑战，控制和降低人为经济活动所造成的温室气体排放是应对气候变化的核心任务。中国在提交的国家自主决定贡献方案中明确提出了 2030 年实现碳排放达峰且努力尽早达峰的减排目标[1, 2]。尽管当前各国自主决定贡献方案能够对全球应对气候变化产生积极作用，但与全球实现长期温升控制目标相比仍有较大缺口，在全球减排力度需要不断增强的新形势下，中国未来发展将长期面临巨大的减排压力[3, 4]。与此同时，伴随中国经济近 40 年的快速发展，大量化石能源的生产和消费造成了当前国内资源与环境的严重破坏及污染，由此引发的公众健康问题已经引起广泛关注[5-7]。

在国外应对气候变化与国内环境资源约束趋紧的双重压力下，中国进入了绿色低碳发展转型的关键时期，更加注重在可持续发展框架下实现经济、能源、环境与气候等多重目标的优化协调。同时，中国分省经济社会发展阶段不同，能源资源禀赋、环境承载力区域分布不均，在识别中国绿色低碳转型路径以及制定配套政策时需要充分考虑区域差异性，兼顾公平与效率。能源经济系统与地球和气候系统相耦合的综合评估模型作为气候变化综合评估模型体系的重要组成部分，多用于对区域层面的能源、环境和气候问题进行综合分析与政策评价。当前国内的低碳评估模型大多为能源经济模型，缺乏将能源、碳排放、空气质量与公众健康影响相关联的综合研究。本章将构建反映中国发展阶段特征和区域差异的中国分区综合评估模型（regional energy emissions air-quality climate health model，REACH model），实现分省尺度下能源经济、空气质量和健康效应等模型系统的闭合运行，并应用 REACH 模型对绿色低碳发展转型中的两个重要问题开展案例研究。

6.1.1 全球应对气候变化

IPCC 第五次评估报告综合报告中指出，“如果全球温室气体延续当前的排放

① 本章作者：张旭，清华大学能源环境经济研究所。

趋势，全球气候变暖将持续恶化，人类社会和地球系统遭受极端、广泛和不可逆影响的概率将大幅增加”。同时，第五次评估报告强化了第四次评估报告中人为活动造成全球气候变化的可能性，认为“人类经济活动产生的温室气体排放增加和其他人类活动因素极有可能（extremely likely）是造成 20 世纪中叶以来全球气候变暖的主导因素（dominant cause）”[8-12]。国际社会围绕应对气候变化相关议题已经共同开展了诸多方面的合作与努力。2015 年，巴黎气候大会通过了《巴黎协定》，确定了全球应对气候变化的长期目标是将全球平均温升控制在工业革命前的 2℃以内并努力限制在 1.5℃以内；同时，《巴黎协定》为 2020 年后全球应对气候变化行动做出了安排，进一步推进了世界各国的自愿减排行动和国际合作进程[1, 13, 14]。

中国作为全球最大的温室气体排放国，2015 年 CO_2 排放量占全球排放总量的比例超过 1/4，2005～2010 年新增排放量占全球同期增量的 70%[15-17]。同时，中国正在快速进入城市化与工业化进程末期，中国未来经济发展的排放需求仍然呈现刚性增长特征。因此，在全球减排力度不断增强的新形势下，中国未来实现深度减排需要付出更多努力。在已提交的国家自主决定贡献方案中，中国明确提出了 2030 年实现碳排放达峰且努力尽早达峰的减排目标。与发达国家已经完成工业化和城市化有所不同，中国在应对气候变化过程中需要同时兼顾经济发展、环境保护、公众健康以及能源安全等重要问题。中国以化石能源为主的能源结构决定了其应对气候变化和解决环境问题具有同根同源性，未来在实施应对气候变化政策措施时，需要从能源、环境、气候等多重角度出发，综合考虑气候政策与能源环境政策的协同效应，推进各种政策组合的协调发展。

6.1.2　国内资源环境约束

中国用近 40 年的时间基本实现了发达国家百年完成的工业化和城市化进程，以化石能源为主的能源结构在支撑经济快速增长的同时，也导致了严重的环境问题[18]。当前中国环境形势极其严峻，水污染、土壤污染和空气污染的影响仍在扩大，环境承载力已经接近极限，生态系统功能依然十分脆弱。以空气污染为例，2015 年是中国实施城市大规模空气质量监测的第三年，绝大多数城市 $PM_{2.5}$ 超标依然十分严重，年均浓度显著高于国家二级标准（35μg/m^3），距离世界卫生组织（World Health Organization，WHO）的建议标准（10μg/m^3）仍有较大差距，尤其是京津冀及周边地区，重污染发生频率居全国首位[19, 20]。

空气污染对于居民健康的威胁更加严重，污染导致的人力成本及经济成本上升也越来越明显。20 世纪 90 年代，流行病研究首次证明了颗粒物和臭氧对于人体健康的影响[21-23]。2007 年，世界银行的一项研究表明，污染产生的社会医疗费用占 GDP 的 5.8%[24]。2014 年，WHO 发布报告指出，2012 年全世界共有 700 万人直接死于空气污染相关疾病，尤其以西太平洋区域情况最为严重[25]。2016 年，世界银行发布报告指出，2013 年全球有总计 550 万人的过早死亡可归咎于空气污染，其中，经济发展规模较大、发展速度较快的地区空气污染和污染暴露水平尤为严重[26]。

6.1.3 绿色低碳发展转型

在全球应对气候变化进程不断深入的背景下，面对经济发展进入新常态模式、环境承载力接近极限等新形势和新挑战，中国社会经济步入了以生态文明为指引的绿色低碳发展转型关键时期，正在经历社会经济增长方式的重大变革。从经济供给侧来看，传统的粗放型经济模式难以为继，低附加值产品产能严重过剩，生产要素配置存在扭曲，推动以技术创新与产业升级为主的供给侧改革成为提高经济供给侧质量的根本途径。从需求侧来看，中国社会经济已经从过去的保障型需求转变为改善型需求，社会经济发展内涵更加丰富，经济效益不再是社会发展的唯一诉求，追求社会、自然、经济与环境等多维度的和谐发展成为中国未来发展的新目标。党的十八大突出了生态文明建设，提出绿色、循环、低碳的发展理念，更加强调绿色低碳转型中能源、环境、经济和社会的良性共存[27-30]。

此外，中国地域辽阔，各省份之间经济发展水平、经济产业结构、自然资源禀赋、能源生产消费、环境容量等区域差异巨大[31-37]。从经济发展水平来看，全国多数省份已经属于中等偏上收入地区，北京、天津和上海已经进入世界银行公布的高收入地区行列[38]，但仍有云南、贵州、甘肃等省份尚处于中等偏低收入阶段。同时，发达省区的第三产业占比已经接近发达国家水平，中部省区正在由以高耗能行业为主的传统模式向高新制造业生产模式转型，西部省区的第二产业比重正在快速上升。各地区的能源生产和消费具有明显的地域特征：一方面，依托于地区资源禀赋，内蒙古、山西、陕西等省份在全国煤炭供应方面起主导力量，四川、新疆等西部地区在天然气生产和可再生能源发电方面作用更大；另一方面，当前的能源消费主要集中在东中部地区，西部地区的能源需求将会随着国家能源布局和产业转移进程的推进保持较快增长。环境和气候问题具有同根同源性，伴随长久以来大量的化石能源消费，东中部地区的污染物排放和碳排放都保持在较高水平，所承受的公众健康损害不可忽视。

因此，在研究中国绿色低碳发展转型路径和制定相应的配套政策时，需要着力于省区尺度，充分考虑中国区域经济社会发展阶段不同、能源资源禀赋地域差异较大、环境承载力区域分布不均等因素，体现“共同但有区别的责任”原则，兼顾公平与效率，实现各区域的统筹协调发展。

6.2　中国分区综合评估模型开发

IPCC 在应对气候变化转型路径的系列研究中，始终强调跨部门、多系统综合评估的重要性和必要性[39]，并逐渐按照研究领域和不同侧重形成了三个工作组：自然科学组，影响、适应和脆弱性组，气候减缓组[40, 41]。三个工作组基于三大各具特征且紧密交互的模型组开展评估研究：综合评估模型（integrated assessment model，IAM）组，地球和气候系统模型（earth system model/climate model，ESM/CM）组，以及影响、适应和脆弱性（impacts，adaptation and vulnerability，IAV）模型组。从第四次评估报告开始，以三大模型组为主的气候变化评估模型在支撑 IPCC 的气候变化路径研究中得到了广泛应用。随着三大模型组体系框架的日趋成熟和模型功能的持续改进，气候变化评估模型对相关研究的科学支撑作用更加显著。第五次评估报告与之前的报告相比，也更加侧重于评估气候变化对于社会经济可持续发展的影响、描述区域尺度的发展路径以及评价风险和脆弱性。IAM 组是综合评估模型中的核心组成部分，涵盖人类系统（human system，HS）模块和自然地球系统模块（earth system model，ESM），涉及人类系统与自然系统相互影响的方方面面。

中国新阶段绿色低碳发展转型需要实现经济、能源、环境和气候等多重目标，更需要关注区域层面的发展特征以及公平性问题。已有的研究模型方法缺乏对中国区域尺度的信息描述，空间分辨率较低；缺乏经济、能源、环境、健康等多模块的集成、协调和闭合，在研究支撑区域层面发展路径与应对气候变化和解决空气污染之间相互关系时存在不足。本章建立的 REACH 模型属于 IAM 组的范畴，中国分区能源经济模型（China regional energy-economy model，C-REM）描述了中国区域层面的经济系统和能源系统，排放清单模型和大气化学传输模型用于模拟区域层面经济活动和能源使用产生的温室气体及排放的主要空气污染物，健康效应评价模块将空气质量的变化反馈到经济系统中，从而实现“经济-能源-排放-空气质量-健康”的闭环分析，能够对能源、环境和气候政策的成本-效益进行全面评价。

6.2.1　REACH 模型概述

本章所建立的 REACH 模型耦合了用于分析能源与气候政策的中国分区能源经济模型、排放清单模型、大气化学传输模型以及健康效应评价模块，具有先进的闭合综合评估功能，能够追踪能源、环境与气候政策的综合影响，全面反映政策的成本与效益。作为 REACH 模型的核心模块，中国分区能源经济模型是一个全球多区域、多部门、递归动态的 CGE 模型，涵盖了中国大陆 30 个省级行政区，详细描述了中国各省的能源经济流动情况，主要用于模拟中国未来不同的经济增长与能源发展情景，并且评估中国能源、环境与应对气候变化政策的目标设置、分解方案以及机制设计的综合影响。REACH 模型中的环境影响评价模块主要应用了较为成熟的排放清单模型（如中国多尺度排放（multi-resolution emission inventory for China，MEIC）模型）和大气化学传输模型（如区域多尺度空气质量（community multi-scale air quality，CMAQ）模型），通过软连接的方式将能源经济模型与空气质量模型进行了耦合。

作为 REACH 模型的主要特征模块，拓展的中国分区能源健康效应模块（China regional energy model-health effect，CREM-HE）能够描述从自然系统变化到人类系统影响的反馈作用，实现了综合评估模型的闭合分析功能。CREM-HE 主要关注空气污染对于居民发病率和死亡率的影响，并且追踪这种作用的长期累积效应。同时，根据 CGE 模型刻画经济生产部门相互影响的功能特征，CREM-HE 能够捕捉市场资源配置效率下降所导致的间接损失，从而更加全面地动态反映空气污染对于公众健康、宏观经济和社会福利的综合影响。

图 6.1 显示了 REACH 模型的主要模块和它们之间的交互关系。REACH 模型包括中国分区能源经济模型、排放清单模型、大气化学传输模型以及中国区域健康效应评价模块四大组成部分，图 6.1 中细实线箭头表示不同模块之间的流动变量。中国分区能源经济模型用于模拟参考情景和各种政策情景（包括碳交易、碳税等）下未来各省的经济增长、能源发展和排放路径，产生分区域、分部门、分品种的能源消费量。其中，区域和部门的划分基于中国分区能源经济模型，分品种能源消费量包括煤炭、石油、成品油、天然气和电力的消费量。

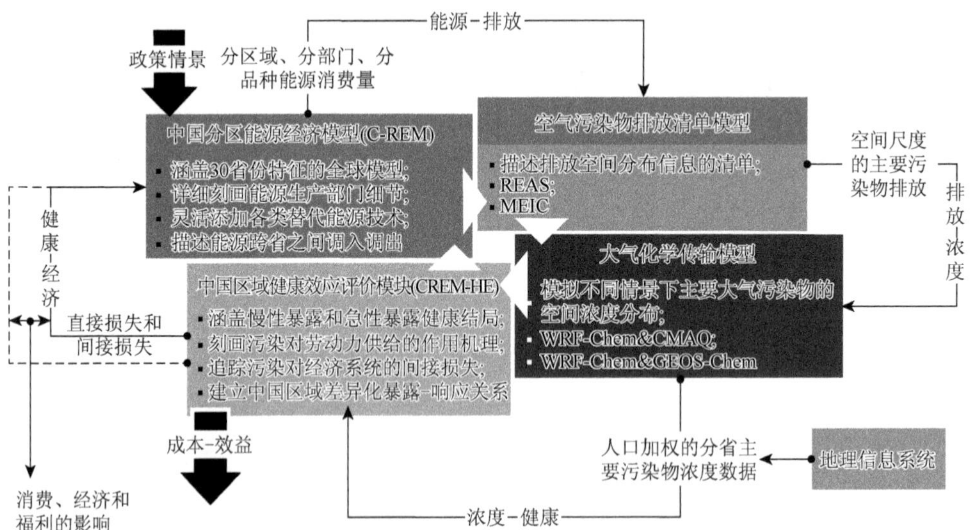

图 6.1　REACH 模型主要模块及其交互关系描述

WRF-Chem&CMAQ（weather research and forecasting-chemistry &community multi-scale air quality，离线气象研究和预测&区域多尺度空气质量）模型；WRF-Chem&GEOS-Chem（weather research and forecasting-chemistry & goddard earth observing system-chemistry，离线气象研究和预测&地球观测系统）模型；REAS（regional emission inventory in Asia，亚洲区域排放清单）

分区域、分部门、分品种能源消费量进入空气污染物排放清单模型，结合工业部门排放大点源的位置信息、交通部门排放移动源的路网信息以及居民生活排放面源的分布信息，考虑时间尺度上排放标准、排放控制目标、末端处理技术等因素对于排放因子的衰减作用，模拟生成空间网格尺度下 SO_2、NO_x、CO、非甲烷挥发性有机物、氨、黑炭、有机碳、$PM_{2.5}$ 等主要大气污染物的排放量。这些主要大气污染物排放空间分布数据作为输入进入大气化学传输模型，经过与气象模块、光解模块、化学传输模块的相互作用，生成主要污染物的网格浓度。为了更加真实地反映公众在空气污染中的暴露水平，REACH 模型利用地理信息系统分析方法，结合人口分布数据，计算得到人口加权的分省污染物浓度数据。人口加权的分省污染物浓度数据进入中国区域健康效应评价模块，通过影响医疗支出、劳动力供给、休闲时间以及市场资源配置效率，以直接和间接的方式对各区域的居民消费、经济增长和社会福利造成冲击。

6.2.2　中国区域健康效应评价模块

CREM-HE 不仅可以追踪经济系统产生的空气污染物对于公众健康水平的影响，而且能够描述这种公众健康水平变化对于经济系统的反馈作用，实现了综合评估模型的闭合分析功能。CREM-HE 具有以下几个主要特点。首先，不同于传统研究方法只针对特定年份进行“切片式”分析，CREM-HE 能够动态刻画空气污染引起的居民发病率和死亡率增加对要素市场中劳动力供给的冲击，追踪经济系统长期因劳动力供给变化而遭受的累计影响，即更加真实地描述了空气污染长期对经济系统的影响机理。其次，CREM-HE 基于 CGE 模型理论进行构建，而 CGE 模型的主要优势在于能够捕捉经济系统中不同部门之间的交互作用，在要素及商品最优配置的情况下，市场效率最高；当要素供给受到外界冲击时，市场资源最优配置受到干扰，市场效率也会有所降低，而这一部分影响称为间接损失。CREM-HE 延伸了空气污染影响的范畴，包含了直接损失和间接损失，对于影响的评估更加科学全面。最后，CREM-HE 在刻画暴露-响应关系方面，注重参数的本土化和差异化：一方面，在确定关键参数相对风险（relative risk，RR）系数时，模型借鉴了最新聚焦中国的流行病学研究成果；另一方面，模型充分考虑了不同省区和年龄组别发病案例、死亡案例的差异，能够更加客观地反映中国分省层面所受到的空气污染影响。

1. 健康结局边界界定

已有的流行病学研究证实，长期暴露于空气污染中会引起咳嗽、哮喘等病症出现，严重的会导致呼吸系统或心脑血管系统疾病，甚至是过早死亡[21-23]。流行病学家多采用时间序列研究以及病例交叉研究方法关注急性效应，观察固定时间内 $PM_{2.5}$ 高暴露对人群短期内发病率和死亡率上升的影响，反映 $PM_{2.5}$ 对已有心肺疾患等敏感人群的影响。另外，长期暴露在 $PM_{2.5}$ 中会对人群产生慢性累积影响，增加人群慢性疾病的发病率或死亡率，即空气污染同样具有慢性效应。因此，CREM-HE 描述了空气污染的急性暴露和慢性暴露健康结局，进而全面反映空气污染的健康效应。

具体到健康结局类别来看，在早期有关 $PM_{2.5}$ 健康影响的队列研究中，Pope 等就指出 $PM_{2.5}$ 与心肺疾病、癌症等紧密相关[42-44]；后续的流行病学研究不断证实了 $PM_{2.5}$ 对心血管系统疾病发病率、住院率和死亡率也有显著影响[45, 46]；长期大量的流行病学研究逐渐形成了对 $PM_{2.5}$ 健康危害的科学认知和归纳分类，证实 $PM_{2.5}$ 能够直接导致呼吸系统疾病、心脑血管系统疾病发病率和死亡率的增加；美国国家环境保护署（United States Environmental Protection Agency，USEPA）所开发的健康效益评价工具 BenMAP（benefits mapping and analysis program）也重点关注呼吸系统和心脑血管系统所受的健康损害[47-49]；2014 年，国际健康影响研究所（Health Effects Institute）主导的一项研究对全球多处研究机构和医疗机构流行病学数据进行了整合，提出了针对缺血性心脏病（ischemic heart disease，IHD）、脑血管疾病（中风）、慢性阻塞性肺病（chronic obstructive pulmonary disease，COPD）和肺癌（lung cancer，LC）等疾病的相对风险函数，进一步对 $PM_{2.5}$ 的健康影响进行了分类细化；近期发布的空气污染评估研究报告也都采用相同的健康影响分类方法开展评估工作[26, 50-52]。

基于上述分析，CREM-HE 主要刻画了四种慢性暴露健康结局，包括慢性阻塞性肺病、缺血性心脏病、肺癌和中风（stroke），从而追踪居民长期暴露在空气污染中所造成的过早死亡影响；同时，为了反映居民在当年受到的急性作用，CREM-HE 包含了五种急性暴露健康结局，分别是急性暴露死亡（acute mortality，AM）、呼吸系统疾病住院（respiratory hospital admission，RHA）、心脑血管系统疾病住院（cardiovascular hospital admission，CHA）、急诊（emergency visit，ERV）和支气管炎（chronic bronchitis，CB）。通过对以上健康结局的描述，CREM-HE 能够较为全面地涵盖和追踪 $PM_{2.5}$ 对公众健康水平造成的影响。

2. 医疗服务部门刻画

对于咳嗽、哮喘等初期症状，主要经济损失来源于患者所受的病痛以及休闲时间的损失。对于支气管炎、呼吸系统疾病以及心脑血管系统疾病等更严重的疾病，经济损失包括休闲时间的损失、劳动力的损失以及健康医疗服务的支出。居民为了应对空气污染所造成的以上健康影响，不仅需要付出薪酬损失的代价进行休息安养，还需要支出更多的费用以购买医疗健康服务。因此，空气污染造成的健康影响不仅只有劳动力损失，还有医疗费用支出和休闲时间损失。为了分析以上影响，本书对传统的社会核算矩阵（social accounting matrix，SAM）进行了改进，增加了应对空气污染健康服务的生产部门和休闲时间。休闲时间的刻画能够反映健康影响所造成的福利损失，应对空气污染健康服务部门的建立能够捕捉满足居民医疗健康需求所对应的经济投入。

图 6.2 显示了扩展后的社会核算矩阵。应对空气污染健康服务部门的生产投入包括劳动力和中间投入医疗服务，从而生产用以消除空气污染不利影响的健康服务。对于不同健康结局，生产健康服务对应的劳动力和医疗服务投入比例也差异较大，例如，呼吸系统疾病住院和心脑血管系统疾病住院需要的医疗费用支出比例要大于急诊等；而对于急性暴露死亡，该部门的生产投入主要是劳动力。同时，不同年龄群组所受健康效应也存在差异，例如，老龄人群在发生患病或死亡时，这种健康结局的成本投入只包括医疗费用支出和休闲时间损失，并不包含劳动力损失。

		中间投入						居民服务		最终使用			总产出
		1	2	…	j	…	n	应对空气污染健康服务	劳动休闲选择	居民	投资　政府	出口	
国内生产部门	1												
	2												
	⋮												
	i												
	⋮												
	污染引起的医疗服务							医疗服务			健康服务		
	m												
进口	1												
	2												
	⋮												
	i												
	⋮												
	r												
	休闲时间								休闲时间	休闲时间			
增加值	劳动力							劳动力	劳动力				
	资本												
	资源												
	⋮												
	总投入												

图 6.2　CREM-HE 扩展后的社会核算矩阵

3. 暴露-响应关系建立

在完成对空气污染健康服务部门刻画的基础上，CREM-HE 吸收流行病学研究对空气污染健康效应的最新成果，描述了四种慢性暴露健康结局和五种急性暴露健康结局的暴露-响应关系，从而建立起从浓度到发病案例或死亡案例的对应关系。流行病学研究中，经常采用相对风险系数（RR）来表征暴露组发病率或死亡率较参照组的风险提高幅度，反映暴露与发病率或死亡率的关联强度。因此，CREM-HE 采用当前主流的暴露-响应函数形式（包括急性暴露健康结局（式（6.1）），以及慢性暴露健康结局（式（6.2））），重点对基准发病率或死亡率进行了不同区域和不同年龄群组的差异化设置，能够更准确地反映居民在空气污染中的实际暴露情况。

$$\text{Cases}_{itr}^{AE} = \left[1 - 1/\text{RR}_i(C_{tr})\right] \cdot F_{itr} \cdot P_{tr} \tag{6.1}$$

其中，Cases_{itr}^{AE} 表示 t 时间 r 区域因空气污染造成的急性暴露健康结局 i 的案例数；$\text{RR}_i(C_{tr})$ 表示急性暴露健康结局 i 的相对风险系数，是 t 时间 r 区域主要污染物浓度值 C_{tr} 的函数；$\left[1-1/\text{RR}_i(C_{tr})\right]$ 在流行病学队列研究中定义为人群归因危险度，用来说明某种暴露因素导致的具体危害程度，或者消除该因素后该人群中发病率或死亡率的潜在降低程度；F_{itr} 表示 t 时间 r 区域急性暴露健康结局 i 的基准发生率；P_{tr} 表示 t 时间 r 区域的暴露人口数量。

CREM-HE 对慢性暴露健康结局进行了更加细致的刻画：慢性暴露健康结局造成的经济损失随时间推进能够产生累计效应，假设一个期望寿命在 75 岁的健康劳动力因长期暴露在空气污染中在 50 岁过早死亡，那么这种慢性暴露导致的过早死亡将会对之后 25 年的经济系统持续产生影响。通过对慢性暴露导致的超额死亡进行仔细追踪，CREM-HE 能够捕捉空气污染对公众健康和经济福利的全面影响。

$$\text{Cases}_{ijtr}^{CE} = \left[1 - 1/\text{RR}_{ij}(C_{tr})\right] \cdot F_{ijtr} \cdot P_{tr} \cdot D_{jtr} \tag{6.2}$$

式（6.2）表示四种慢性暴露健康结局的暴露-响应关系函数，与式（6.1）有所不同，式（6.2）中增加了变量维度 j。Pope 等指出慢性暴露导致的超额死亡案例只发生在 30 岁以上的人群中，不同年龄人群在空气污染中的暴露健康结局风险差异较大[46]，显而易见，老年人在慢性暴露过程中的死亡风险更大，CREM-HE 按照东部、中部、西部地区三类对 30 个省市区域的四种慢性暴露健康结局案例进行了差异化描述。因此，为了准确反映不同地区不同年龄组别的差异，慢性暴露健康结局的暴露-响应函数式中增加了表示 t 时间 r 区域年龄组 j 人口占比的参数 D_{jtr}。

无论是慢性暴露还是急性暴露健康结局，建立其暴露-响应关系的关键是确定 RR 的函数形式和取值范围。由于国内开展 RR 的相关研究较晚，同时流行病学数据和环境质量数据相对缺失，已有关注中国污染损害的评估研究多选取聚焦西方发达国家的流行病学研究成果。但考虑到中国当前的空气污染水平较高、污染物组分较复杂等特征，中国空气污染有关的 RR 与发达国家相比存在明显差异，因此，CREM-HE 在确定 RR 时尽量选用聚焦中国且关注 $PM_{2.5}$ 的流行病学研究成果。对于急性暴露健康结局的 RR，CREM-HE 采用经典的指数函数来表征 RR 的函数形式，如式（6.3）所示，其中，β_i 为 $PM_{2.5}$ 浓度每增加 10μg/m^3，急性暴露健康结局 i 发病率或死亡率增加的百分比。

$$\text{RR}_i(C_{tr}) = \mathrm{e}^{\beta_i C_{tr}} \tag{6.3}$$

对于慢性暴露健康结局，CREM-HE 参考 Burnett 等[53]所发表的研究成果，刻画了慢性阻塞性肺病、缺血性心脏病、肺癌和中风四种慢性暴露健康结局的相对风险值，如图 6.3 所示。上述研究整合了全球多所研究机构和医疗机构的空气质量数据与流行病学数据，不仅参考了美国、英国、加拿大等发达国家的研究结果，还充分吸收了中国等发展中国家的研究进展；在已有关注低污染浓度范围的研究基础之上，对高污染浓度范围下的 RR 进行了拓展描述。该研究构建了一个综合暴露-响应模型（integrated exposure response model），同时包含指数形式和幂函数形式，并与以往的 RR 研究结果进行了检验和比较，建立了覆盖全球范围的 $PM_{2.5}$ 相对风险模型，目前已经广泛应用于全球疾病负担（global burden of disease，GBD）、世界银行空气污染的成本等评估工作中。

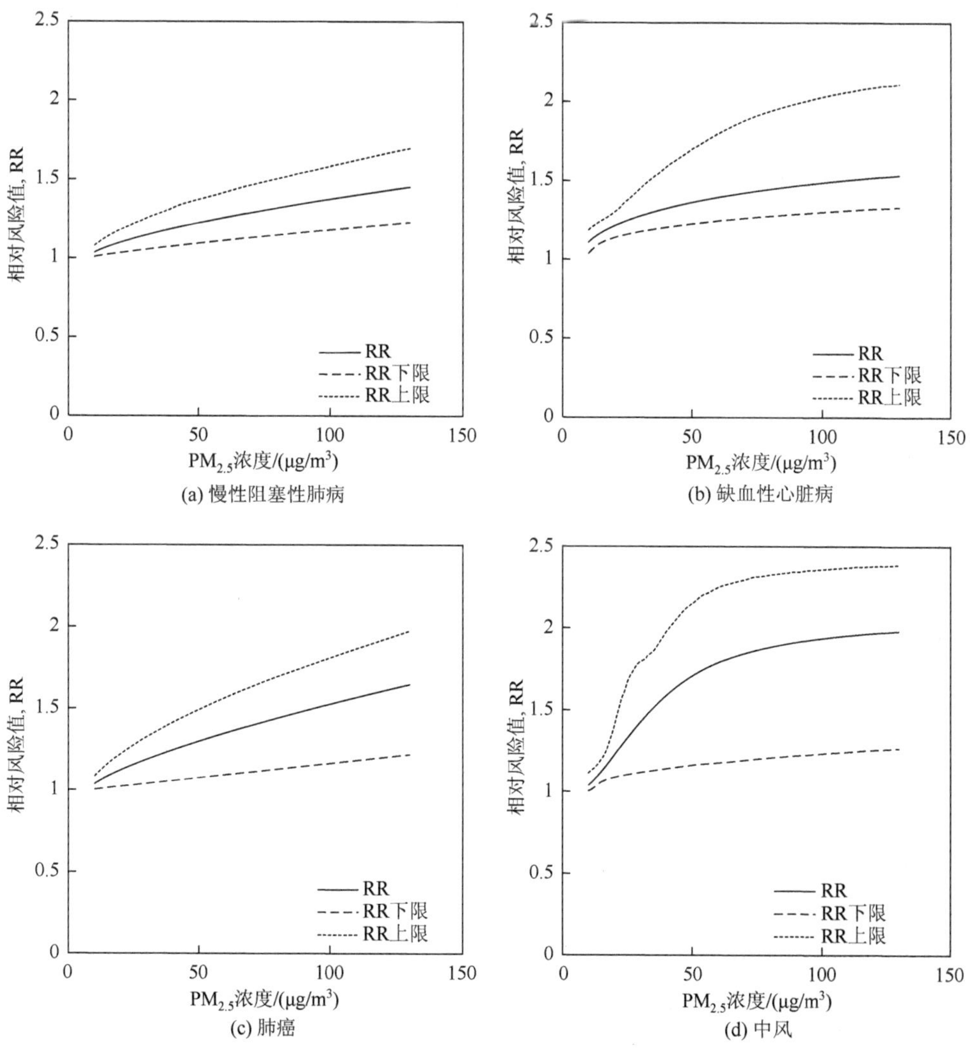

图 6.3　CREM-HE 四种慢性暴露健康结局相对风险值

CREM-HE 对上述的暴露–响应模型进行了刻画，用以表征四种慢性暴露健康结局的相对风险值，如式（6.4）所示：

$$\mathrm{RR}_i(C_{tr})=\begin{cases}1, & C_{tr}<C_{cf}\\ 1+\alpha\left\{1-\exp\left[-\gamma(C_{tr}-C_{cf})^{\delta}\right]\right\}, & C_{tr}\geqslant C_{cf}\end{cases} \tag{6.4}$$

其中，$\mathrm{RR}_i(C_{tr})$ 表示 C_{tr} 浓度下健康结局 i 的相对风险值；C_{cf} 表示浓度阈值，假设该值以下无健康影响，模型中取值为 10μg/m^3；α、γ、δ 为决定 $\mathrm{RR}_i(C_{tr})$ 的关键参数。

4. 健康结局估值表构造

实现 CREM-HE 从“污染物浓度”到“健康结局”的转换功能后，需要对不同健康结局进行货币化评估，将空气污染造成的健康影响量化成经济影响，从而能够对能源环境气候政策进行闭环的成本效益评价。长久以来，环境经济学家一直试图量化空气污染导致的健康损失，包括市场价值损失（劳动时间损失以及医疗服务支出）和非市场价值损失（休闲时间损失以及居民所受病痛）。

常用的健康结局量化方法有人力资本（human capital，HC）法、条件评估法（contingent valuation method，CVM）和疾病成本（cost of illness，COI）法。人力资本法是将单独个人视为经济系统提供人力资本的基本单元，根据个人因某种原因发病或死亡而引起的未来工资收入损失（贴现后）来货币化生命价值。COI 法基于健康结局的医疗服务支出费用和因病而导致的薪酬损失，能够根据官方发布的医疗卫生数据以及收入水平进行估算。COI 法能够较好地评价健康结局的市场成本，包括劳动时间损失和医疗服务支出，这些都会对经济系统造成直接冲击。但是，COI 法最大的缺陷在于不能有效捕捉疾病造成的非市场成本（休闲时间和病痛等）。为了评估非市场成本，环境经济学家通常采用 CVM。CVM 大多采取问卷调查的形式进行开展：调查问卷一般按照支付意愿（willingness to pay，WTP）或者接受意愿（willingness to accept，WTA）的思路进行设计，从而获得居民对健康结局非市场损失的价值评估。支付意愿表示居民为了减少患病风险所愿意付出的经济代价；接受意愿则表示在患病风险增加的假设下居民愿意接受的经济补偿。显然，接受意愿单向无边界，因此，大部分 CVM 都采用支付意愿的设计思路。

CREM-HE 根据所涵盖健康结局的成本特点以及数据可获性，主要采用 CVM 和 COI 法分别对五种急性暴露健康结局进行了货币化评估。值得注意的是，考虑到分省之间经济水平差异较大，我们基于分省消费指数对急性死亡和支气管炎的国家平均估价值进行了区域化调整，再加上分省疾病成本数据，得到分省差异化的健康结局估值表。

对于慢性暴露的经济价值，CREM-HE 不同于传统 CVM 就在于：CREM-HE 能够反映慢性暴露对于经济系统的作用机理，全面追踪慢性暴露对应的劳动时间损失和休闲时间损失。居民过早死亡的所有价值包括从死亡时刻到原本退出经济系统时刻期间的所有劳动时间价值和休闲时间价值总和。经济系统受到居民慢性暴露健康结局的影响，劳动力供给将会减少，进而造成经济活动产出以及社会福利的相应损失。

6.3　中国空气污染负担量化评估

6.3.1　研究概述

以 $PM_{2.5}$ 为主的空气污染已经成为中国举国关切的重大问题。长期频发的空气污染，不仅导致城市大气中灰霾现象持续出现，更对公众健康造成严重损害。近年来，在公众的持续关注和各级政府的不断推动下，虽然国内 $PM_{2.5}$ 的监测、控制和减排等环节已经有了不同程度的进步，但中国已经进入了频次高、程度深和影响广的污染重灾期。2011 年，WHO 曾发布报告指出，中国的城市空气质量在 91 个受调查国家中排名倒数第 15 位[54]。从 2012 年开始，随着中国主要城市开始实施空气质量监测与数据实时发布，国内空气污染现状更加明晰。2015 年，中国空气污染仍然主要来自颗粒物：所有监测城市的 $PM_{2.5}$ 年均浓度超过国家二级标准（35μg/m^3）范围为 36～107μg/m^3，更是远超 WHO 的健康标准（10μg/m^3）；从污染区域来看，京津冀及其周边地区（山东、河南、山西等）是全国空气污染最严重的地区。

20 世纪 90 年代，流行病学研究证实了以颗粒物和臭氧为主的空气污染对于公众健康具有损害作用[21-23]。由此，有关空气污染健康影响的研究逐年增多，空气污染导致的健康风险也越来越受到关注。世界银行始终关注空气污染对于全球居民健康的不利影响，先后多次发布报告，引起广泛关注。2016 年，世界银行与美国西雅图华盛顿大学健康指标与评估研究所共同发布报告《空气污染的成本》，指出 2013 年全世界有 550 万人的过早死亡可归咎于空气污染，体现出空气污染作为全球第四大致命性健康风险的巨大威胁；同时，与早前的结果相似，报告再次强调了经济发展规模较大、发展速度较快的东亚和南亚等地区受灾最为严重。

对于中国而言，空气污染导致的健康影响更是不可忽略的：世界银行主导的“污染负担在中国项目”、自然资源保护协会主导的“中国煤炭总量控制项目”、健康影响研究所发起的“中国燃煤和其他主要大气污染源所致的中国疾病负担研究”、经济合作与发展组织开展的“中国道路交通空气污染及其健康损失成本研究”、绿色和平组织开展的“$PM_{2.5}$污染的公众健康影响研究”等众多研究项目都从不同角度明确指出中国目前正在承受以及未来可能承受的空气污染负担。

6.3.2 研究现状

已有研究对于如何量化空气污染引起的健康影响已经进行了长期深入的讨论，通过将发病案例或死亡案例乘以单位价值，估算得到空气污染造成的部分经济负担：①利用疾病成本方法对居民住院或门诊的医疗费用支出进行估算；②利用人力资本方法分析居民为了从空气污染造成的健康损害中康复所损失的劳动薪酬；③通过支付意愿等条件评估方法估算居民因空气污染而早逝所对应的经济损失。这些研究进展都为在经济系统中刻画环境外部性问题的反馈影响夯实了基础。

但是，已有研究在动态刻画空气污染对于经济系统的影响机理和追踪市场间接影响方面仍然不够充分。一方面，空气污染会引起居民发病率和死亡率的增加，对要素市场中劳动力供给造成冲击：这种冲击并不只在案例发生当期产生作用，在案例发生以后的时间也会持续对经济系统造成影响。已有研究多采用“切片式”研究方法，关注特定年份的健康影响和经济损失，并没有充分考虑时间尺度上空气污染引起的健康影响对经济系统造成的累计效应。另一方面，空气污染不仅会引起要素市场中劳动力供给的减少，而且会迫使医疗健康服务生产部门活动水平增加，使更多劳动力、资本和中间投入等由其他部门转向该部门，造成要素市场和商品市场的重新配置，导致市场资源配置效率损失。已有研究多侧重于估算医疗服务支出、劳动时间损失、休闲时间损失等直接损失，经常忽略市场资源配置效率下降所对应的间接损失[55]。

同时，已有聚焦中国的研究大多将中国整体作为研究对象，没有充分描述分省层面的区域差异性。一方面，中国空气污染浓度分布具有显著区域特征：东、中部地区不仅污染浓度水平高，人口暴露程度也较西部地区更为严重。另一方面，中国各省之间经济发展水平不同，居民收入和消费水平也存在较大差异，量化评估空气污染造成的健康损失需要针对不同区域进行差异化的估算。将中国作为一个整体开展量化评估，忽略不同区域之间的浓度分布、暴露人口、经济水平等差异，会在一定程度上造成研究结果的偏差。

6.3.3 数据处理及情景框架

中国主要城市从 2012 年开始实施新的空气质量标准，并且实时发布$PM_{2.5}$浓度和空气质量指数（air quality index，AQI）。经过 3 年时间的发展推广，2015 年，全国已有 366 座城市实施《环境空气质量标准》(GB 3095—2012)[56]，对包括 $PM_{2.5}$ 在内的 6 项环境指标实施监控。本书选取了 2015 年 366 座监测城市公布的 $PM_{2.5}$ 年均浓度数据[57]，并应用地理信息系统软件（ArcGIS）对原始数据进行插值、人口加权和加总处理，生成分省人口加权的 $PM_{2.5}$ 浓度数据，作为空气污染负担评估的前端输入。空气污染引起的慢性暴露健康结局具有累计效应，因此，为了追踪这部分影响，需要刻画中国 $PM_{2.5}$ 浓度数据的历史变化趋势。空气污染从 20 世纪 80 年代开始日趋严重[58]，而全国从 2012 年才开始实施 $PM_{2.5}$ 浓度检测和信息发布，官方尚未对中国的 $PM_{2.5}$ 历史浓度进行反演和研判。本书选取世界银行发布的世界发展指数（world development indicators，WDI）数据库，该数据库涵盖了全球主要国家和地区 1960～2015 年的经济、社会、能源、环境等指标，包括中国 1990～2013 年的 $PM_{2.5}$ 年均浓度水平。

为了更加准确地反映人口暴露水平下的污染物浓度，本书将人口分布因素纳入污染物浓度计算中。人口分布数据源自美国国家航空航天局（National Aeronautics and Space Administration，NASA）的社会经济数据和应用中心（Social-Economic Data and Applications Center，SEDAC）发布的高分辨率人口地理分布数据。与污染物浓度分布特征相似，中国主要的人口集中在东部沿海、中部以及川渝地区，在重空气污染程度和高人口暴露水平的双重作用下，东、中部地区遭受的空气污染负担更值得关注。

经过上述数据处理，生成 2015 年分省人口加权污染物浓度均值。在考虑人口暴露的因素下，京津冀及周边省份仍然是污染最严重的区域，$PM_{2.5}$ 平均浓度都在 $80\mu g/m^3$ 左右。中部省份包括河南、湖北、安徽等 $PM_{2.5}$ 平均浓度也都超过 $60\mu g/m^3$。相比之下，西部省份包括云南、广西、贵州等空气质量较好，$PM_{2.5}$ 平均浓度在 $30\mu g/m^3$ 以下。为了研究空气污染造成的经济负担，需要将历史情景下的指标与清洁情景下的指标进行比较分析；分省人口加权污染物浓度作为历史情景下的浓度输入，模拟整个经济系统在遭受空气污染影响下的历史发展路径。

本书设置了历史情景（historical）、清洁情景（green）、政策情景Ⅰ（policyⅠ）和政策情景Ⅱ（policy Ⅱ），开展空气污染负担评估研究，如表 6.1 所示。历史情景模拟了中国经济在受到空气污染不利影响冲击下的实际发展轨迹，该情景下的污染物浓度输入已经在上面进行了重点讨论。模拟历史情景时，在输入分省 $PM_{2.5}$ 浓度数据后对 CREM-HE 进行了重新校核，使得模型 GDP 等产出符合历史变化趋势。清洁情景作为反事实情景，用来作为历史情景的对比情景。该情景下，各省 $PM_{2.5}$ 浓度为 $0.1\mu g/m^3$，可以认为没有空气污染造成的健康损害。两个政策情景Ⅰ和Ⅱ，用来模拟中国当实现 WHO 标准或国家二级标准时的发展轨迹，也可作为历史情景的对比情景。

表 6.1 空气污染负担评估研究情景框架

情景名称	$PM_{2.5}$浓度/(μg/m^3)	情景描述
历史情景	实际数据	模拟经济系统在受到空气污染冲击下的实际发展轨迹
清洁情景	0.1	反事实情景，该情景下无空气污染，用来与历史情景进行对比
政策情景 I	10	该情景下，各区域浓度数据设为 WHO 标准值
政策情景 II	35	该情景下，各区域浓度数据设为国家二级标准值

6.3.4 结果分析

1. 国家整体影响

空气污染已经对中国经济系统造成了严重影响，如图 6.4 所示。2015 年，历史情景与清洁情景、政策情景 I 和政策情景 II 相比，空气污染造成的社会福利损失总量分别达到 248×10^9 美元、197×10^9 美元和 103×10^9 美元。如果没有空气污染造成的健康损害，整个国家总社会福利将会增加 248×10^9 美元；同时，如果各省市已经实现 WHO 标准（10μg/m^3）或者国家二级标准（35μg/m^3），国家总社会福利将会分别增加 197×10^9 美元和 103×10^9 美元。模型结果显示，实现国家颁布

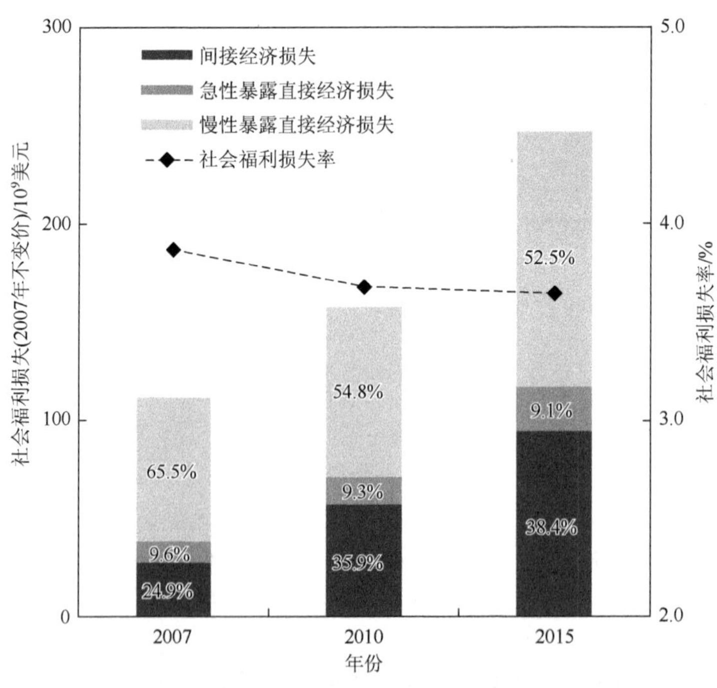

图 6.4 历史情景与清洁情景相比社会福利损失组成及变化趋势

的空气质量控制目标（2017 年较 2012 年浓度水平下降 10%等），会产生显著的经济收益，并且这种经济收益会随着空气质量控制目标的趋紧而持续增加。

从福利损失的构成来看，医疗服务支出、劳动薪酬损失、休闲时间损失等急性暴露直接经济损失占比接近 10%。慢性暴露是造成经济损失的主要因素：空气污染造成健康劳动力的过早死亡，显著减少了每年要素市场的劳动力供给，这种影响会从死亡发生时刻开始，持续到该劳动力原本退出经济系统的年份，因此，随着时间推移，慢性暴露的累计效应会更加明显。虽然其对应的直接经济损失占比从 2007 年的 65.5%下降到 2015 年的 52.5%，但绝对量却增加了 78%。除急性暴露与慢性暴露对应的直接经济损失以外，社会福利损失的剩余部分来自于间接经济损失。间接经济损失主要来自于两方面：一方面，每年福利损失的累积影响（例如，空气污染造成居民收入减少，从而影响未来年份的投资及消费）；另一方面，受到空气污染的冲击作用，经济系统的市场最优配置需要进行资源重置，造成市场效率下降。

2. 区域福利损失

以 $PM_{2.5}$ 为主的空气污染造成全国总计接近 180 万人的过早死亡，呼吸系统和心脑系统疾病住院病例超过 370 万人，急诊病例超过 1.47 亿人，支气管炎病例超过 128 万人；其中，东部和中部成为死亡案例与发病案例集中的“重灾区”。区域空气质量不同是造成公众健康水平差异的主要原因。作为空气污染“重灾区”，京津冀、长三角以及河南、湖北等中部地区 $PM_{2.5}$ 年均浓度都在 60μg/m^3 以上，而云南、贵州、福建等省份的 $PM_{2.5}$ 年均浓度都在 30μg/m^3 以下。另一个引起公众健康水平差异的重要因素是分省人口数量。广东、河南、山东、四川以及江苏的人口数量规模在全国排名居前，这些省份如果长期暴露在高浓度污染水平下，其发病案例和死亡案例数量将尤其显著。

空气污染不仅对各省的公众健康造成损害，而且不同程度地影响了各省的社会福利。从绝对量来看，与健康损害区域分布特征类似，东、中部地区受到空气污染造成的社会福利损失绝对量较大：山东、江苏、浙江和广东等省份损失绝对量超过 20×10^9 美元，北京、上海等发达省份以及河北、湖北等中部省份的损失绝对量普遍超过 10×10^9 美元；云南、贵州、甘肃、青海等西部省份遭受的社会福利损失较小。从相对量来看，空气污染对于区域社会福利的冲击更为广泛。全国绝大多数省份的社会福利损失率都超过 2%，东、中部省份承受的社会福利损失率更是超过 4%。对于东、中部省份而言，人口分布密集、空气污染严重以及经济水平发达等是造成社会福利损失绝对量和相对量均较大的重要因素；即便对于空气质量较优的西部省份，空气污染造成的社会福利损失仍然不可忽略，如贵州、广西等。

3. 部门产出影响

空气污染对于主要生产部门的冲击如图 6.5 所示，图 6.5（a）～（c）依次为东

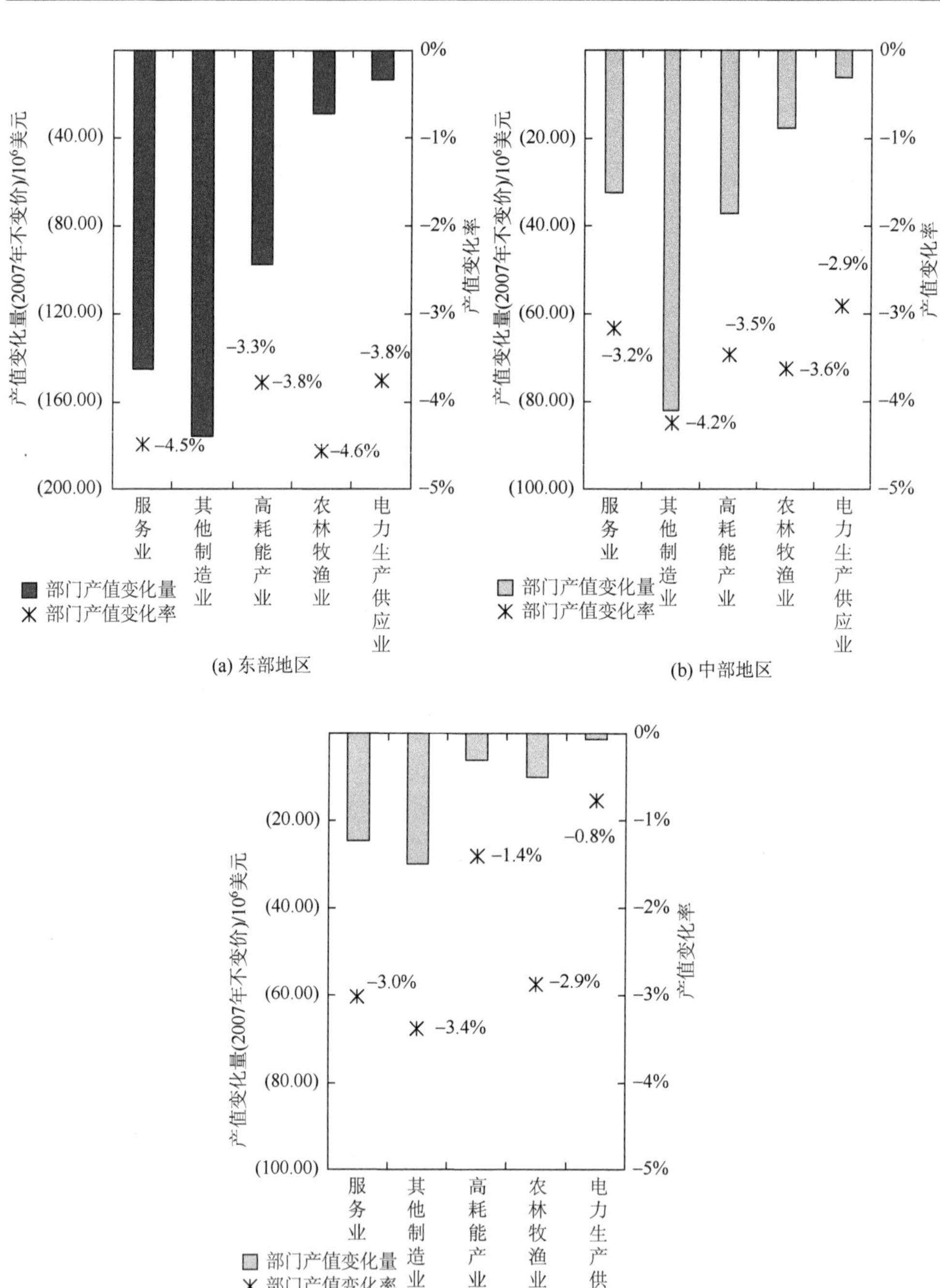

图 6.5　2015 年分区域主要部门产值变化

部、中部和西部地区，重点关注服务业、其他制造业、高耗能产业、农林牧渔业和电力生产供应业。从部门角度来看，服务业、其他制造业和高耗能产业受空气污染影响较大：以东部省份为例，三大产业产值分别减少 145×10^6 美元、175×10^6 美元和 97×10^6 美元，下降幅度达到 4.5%、3.3%和 3.8%。主要原因在于这三大行业都是劳动密集型产业，尤其是服务业与其他制造业，劳动力要素投入占整个生产投入的比例较大，因此，当空气污染引起发病率和死亡率的增加时，各地区要素市场的劳动力供给会相应减少，对于劳动密集型生产部门而言，劳动力要素价格上升会增加这些部门的生产成本，影响部门生产活动水平。

从区域角度来看，一方面，东、中部地区的经济发展水平较高，主要生产部门的产值规模较大；同时，东、中部地区的区域空气污染程度较严重，人口分布较密集，因此，主要生产部门受空气污染而导致的产值下降绝对量和相对量都十分显著。另一方面，东、中、西部地区的经济产业结构存在较大差异，东部地区第三产业已经起主导作用，中部地区仍然主要依赖高耗能产业和其他制造业，西部地区的第二产业刚刚起步，因此，各地区内部不同生产部门所受空气污染的冲击也有所不同。

6.3.5　研究结论

以 $PM_{2.5}$ 为主的空气污染对国家层面和分省层面的公众健康水平、社会福利、主要部门产出等多方面都造成了显著影响，具体如下。

（1）国家层面：2015 年，与无空气污染的清洁情景相比，空气污染对全国社会福利损失造成的损失总量达到 2480 亿美元，并且由劳动生产力的提升、空气污染造成的经济负担逐年增加。慢性暴露是造成经济损失的主要因素，随着时间推移，慢性暴露的累积效应更加明显。同时，空气污染造成的间接经济损失规模不可忽视，间接经济损失主要来自于两方面：每年福利损失的累积影响以及市场最优配置受到冲击后重置引起的效率下降。

（2）分省层面：全国东部和中部地区公众健康水平恶化，成为死亡案例和发病案例集中的“重灾区”；区域空气质量水平和分省人口数量规模是造成公众健康水平区域差异的主要因素。对于社会福利损失而言，东、中部省份受到空气污染造成的社会福利损失绝对量较大，山东、江苏等省份损失绝对量超过 200 亿美元；全国绝大多数省份的社会福利损失率普遍超过 2%，东、中部省份社会福利损失率超过 4%。具体到主要部门产出，服务业、其他制造业等部门产值受空气污染影响的下降幅度较大；主要原因在于服务业等部门都是劳动密集型产业，劳动力要素投入占整个生产投入的比例较大，所以对于空气污染引起的死亡率和发病率增加更加敏感。总体而言，中国空气污染水平相较发达国家而言十分严重，空气污染已经对中国造成了从社会到经济的全方位影响，需要引起特别重视。

6.4 中国气候政策协同效益研究

6.4.1 研究概述

中国新阶段的发展同时面临国际应对气候变化和国内突破环境资源约束的双重挑战。温室气体排放和常规污染物排放具有同根同源性，中国以化石能源为主的能源结构更是强化了减缓气候变化和解决区域污染之间的联系。减缓气候变化政策能够约束社会经济部门的活动水平，进而影响其能源消费行为，降低温室气体排放；与此同时，受到气候政策的协同作用，常规污染物的排放也会相应减少，进而引起区域空气质量的改善和公众健康水平的提升。公众健康水平的提升主要表现为居民受空气污染而导致的发病率和死亡率下降，由此避免的医疗服务支出、劳动时间损失和休闲时间损失等都会产生明显的经济收益，而这种协同效益能够一定程度甚至完全抵消减缓气候变化的政策成本。中国空气污染相对于欧美发达国家仍处于较高水平，气候政策对于改善区域空气质量和提升公众健康水平的协同效益更为显著，因此，科学全面评估气候政策的成本和效益对于合理制定应对气候变化政策具有重要意义。

全球应对气候变化的目的在于保持地球生态系统的稳定和维护人类社会的可持续发展，因此，应对气候变化行动将在长期产生因避免气候变化负面影响而带来的巨大经济效益和社会效益；除了上述直接效益，应对气候变化行动的协同效益也正在引起更多关注。IPCC 在第三次评估报告中首次提出应对气候变化的附带效益（ancillary benefits），并在第五次评估报告中着重强调了应对气候变化行动的协同效益（co-benefits），即减缓和适应气候变化行动能够对提升空气质量、改善健康水平、强化能源安全、增加社会就业等其他领域产生协同效益；同时，第五次评估报告中也明确指出协同效益的多少尚未得到充分量化研究，其规模取决于区域特征、气候政策实施进程和涵盖范围等因素。此外，已有研究证实气候政策的协同效益能够有效激励区域和全球应对气候变化的进程[59]。

具体到中国，当前严峻的生态环境形势使得气候政策对于环境质量改善和公众健康水平提升的协同效益更受关注。中国新阶段需要实现经济、环境、能源、气候等多重目标，气候政策的制定需要充分考虑其协同效益。本节模拟中国不同气候政策强度下的发展路径，并对各气候政策下的空气质量和公众健康协同效益进行量化估算，再结合气候政策成本，完成政策成本效益分析。

6.4.2 研究现状

近年来，关注气候政策协同效益的研究逐渐增多，采用的模型方法也更加复杂化和综合化：一方面，应用经济/技术模型与排放因子[60, 61]、空气质量模型[62]或暴露-响应关系[63]等相连接的方法，分析气候政策对于污染物排放量、区域空气质量和公众健康的协同影响；另一方面，多数研究通过对避免的健康损失进行货币化，量化识别气候政策的协同效益，并与相应的减排成本进行比较。因为 CGE 理论能够模拟整个经济系统在长期动态变化过程中的资源配置以及市场活动，有助于追踪政策作用下的市场活动量和价格量变化，所以绝大多数研究在量化评估应对气候变化政策的协同效益时采用部分均衡模型或 CGE 模型[62, 64-66]。

值得注意的是，在协调一致的模型框架内对气候政策的减排成本和协同效益进行完整闭合分析有助于识别气候政策的合理水平。中国空气污染相对于欧美发达国家仍处于较高水平，气候政策对于改善区域空气质量和提升公众健康水平的协同效益更加显著，IPCC 在第五次评估报告中也着重强调了量化发展中国家气候政策协同效益的重要性[11]。国内已有研究试图评估气候政策的成本和效益[67-69]，但大多忽视了气候政策下空气质量改善引起的发病率、死亡率减少所产生的长期累积效应以及市场资源配置优化所避免的间接损失，更缺乏从分省尺度上全面评估气候政策的成本和效益。

综上，大量研究已经证实气候政策具有减少污染物排放、改善区域空气质量和提升公众健康水平的协同效益，甚至有研究表明，气候政策的环境健康协同效益能够从公众层面和政府层面有效激励应对气候变化行动的开展[59]；同时，气候政策对于减排成本的抵消作用正在引起广泛关注，随着模型方法的日趋完善，在闭合框架内开展气候政策的成本效益分析已经成为气候变化研究的重要关注方向。

6.4.3　情景设计

中国提交的国家自主决定贡献方案已经明确提出 2030 年实现碳排放达峰且努力尽早达峰的减排目标，考虑到中国新阶段的发展需要以及实现经济、能源、环境和气候等多重目标的统筹协调，未来中国的碳排放路径仍然存在一定的不确定性。不同碳排放路径需要配套的气候政策，不同强度的气候政策的协同效益存在较大差异。碳价作为典型的成本有效的市场机制，是全球应对气候变化研究的关注热点。在国内外关于气候变化转型路径的研究中，大多将碳价政策作为经济能源系统转型的主要驱动政策，进而模拟国家、区域或全球层面未来不同的碳排放路径，分析应对气候变化政策对于实现减排目标的作用和综合影响。本节将碳价作为中国正在或将要实施的可再生能源补贴、碳排放权交易体系等应对气候变化政策的代表政策，用以驱动中国未来不同的碳强度下降情景，从而分析不同气候政策的协同效益。

本节设置了无政策情景和 2%、3%、4%、5%、6%五个碳强度下降情景，如表 6.2 所示，模拟不同强度的应对气候变化政策。无政策情景作为碳强度情景组的参考情景，模拟中国无碳强度下降约束下的发展路径；3%CI 情景下，中国将延续哥本哈根承诺的努力，2030 年碳排放仍未达到峰值；4%CI 情景下，中国将实现 2030 年碳强度较 2005 年水平下降 60%～65%的承诺目标，并于 2030 年实现碳排放达峰；5%CI 情景下，中国需要付出更多的减排努力，才能实现 2030 年碳排放提前达峰；2%CI 和 6%CI 情景分别对应缓和与激进减排情景。

表 6.2　碳强度下降情景描述

情景设置	符号	情景描述
无政策情景	NP	参考情景，无碳强度下降目标约束
2%碳强度下降情景	2%CI	缓和减排情景
3%碳强度下降情景	3%CI	延续中国哥本哈根承诺的努力
4%碳强度下降情景	4%CI	实现中国 2030 年碳强度下降 60%～65%和碳排放达峰的目标
5%碳强度下降情景	5%CI	实现中国 2030 年前碳排放达峰
6%碳强度下降情景	6%CI	激进减排情景

6.4.4　结果分析

1. 区域空气质量明显提升

在假设排放末端治理技术保持当前水平的前提下，如果没有实施气候政策，中国将遭受比当前更为严重的区域空气污染问题：一方面，空气污染的程度将进一步加深，东、中部绝大多数地区的 $PM_{2.5}$ 年均浓度将从 2015 年的 40μg/m^3 上升到 2030 年的 60μg/m^3 以上；另一方面，空气污染的影响区域将进一步扩大，2015 年重污染区域集中在京津冀、豫鄂皖和川渝等地区，这些地区 $PM_{2.5}$ 年均浓度都在 80μg/m^3 左右；而 2030 年无政策情景下，重污染地区将基本覆盖中国所有东、中部地区，京津冀、长三角、晋鲁豫、鄂湘皖和川渝等地区都将承受 $PM_{2.5}$ 年均浓度 100μg/m^3 左右的严重污染，甚至连当前空气质量较优的云南、广西等西部地区，也将遭受 $PM_{2.5}$ 年均浓度 60μg/m^3 以上的污染水平。

分析上述原因，在无气候政策约束的情况下，中国未来的工业化和城镇化进程将延续之前的粗放方式，能源消费量将大幅增加，以化石能源为主的能源结构也不会明显改善。因此，中国大部分地区将面临比当前更加严重的空气污染问题。

气候政策对于提升区域空气质量的协同效益十分明显。相较于无政策情景，

3%CI、4%CI、5%CI 情景的 $PM_{2.5}$ 年均浓度下降程度依次增大，表明随着气候政策强度的加大，其产生的空气质量协同效益也更加显著。具体来看，3%CI 情景下，全国基本所有省市的 $PM_{2.5}$ 年均浓度都能够下降 10%以上，北京等省市甚至能够下降超过 20%。

重点关注 2030 年碳排放达峰和提前达峰的 4%CI 情景及 5%CI 情景。4%CI 情景下，中国绝大多数地区的空气质量明显改善，$PM_{2.5}$ 年均浓度下降幅度普遍超过 20%，北京、湖北、湖南等省份的下降幅度超过 30%。5%CI 情景下，气候政策的协同效益更加明显，京津冀、湘鄂和川渝等重点区域的 $PM_{2.5}$ 年均浓度下降幅度超过 40%；值得一提的是，空气质量相对较优的福建、海南以及广西、云南等西部省份在更强的气候政策约束下，也会获得更大的空气质量协同收益。

2. 公众健康水平显著改善

气候政策协同效益不仅体现在区域空气质量的提升方面，更体现在公众健康水平的显著改善方面。总体来看，2030 年，无政策情景下的慢性和急性暴露死亡案例分别超过 200 万例和 24 万例；随着减排力度的逐渐增强，避免的超额死亡案例也明显增加：以 5%CI 情景为例，2030 年较无政策情景能够避免 46 万人的慢性暴露死亡和 10 万人的急性暴露死亡，死亡案例下降幅度分别达到 23%和 42%。

具体到分省健康效应来看，与气候政策的空气质量协同效益类似，随着减排力度的增强，各地区所避免的慢性暴露死亡案例数明显增加。3%CI 情景下，大部分省份避免的慢性暴露死亡案例数不超过 1 万例；而 5%CI 情景下，绝大多数省份都能避免超过 1 万人的慢性暴露死亡，部分省份减少的慢性暴露死亡人数甚至超过 3 万人。此外，随气候政策力度的增强，各省份之间的区域差异也更加明显：5%CI 情景下，京津冀、河南、江苏、湖南和四川等省份所避免的慢性暴露死亡案例数超过 2 万例，山东和广东所避免的案例数超过 3 万例。

3. 气候政策成本有所降低

货币化气候政策的协同效益，有助于帮助决策者权衡气候政策的成本和效益，识别气候政策的合理成本。各碳强度情景下气候政策的协同效益与减排成本如图 6.6 所示，实心阴影和斜影分别表示考虑协同效益和不考虑协同效益下的气候政策减排成本。显然，气候政策的协同效益能够有效降低减排成本，在考虑协同效益的情况下，各碳强度情景的减排成本出现不同幅度下降。从绝对量来看，更严格的气候政策能够产生更大的协同效益：2%CI 情景下，减排成本从 81.5×10^9 美元下降到 30.3×10^9 美元，而 6%CI 情景下，减排成本从 971.3×10^9 美元下降到 846.5×10^9 美元。从抵消幅度来看，随着气候政策力度的增强，协同效益的抵消作用逐渐减弱。主要原因在于，气候政策力度的增强意味着边际减排成本的大幅上升，更严格的气候政策对应更高的社会减排成本，所以，更严格的气候政策协同效益的抵消作用有限。

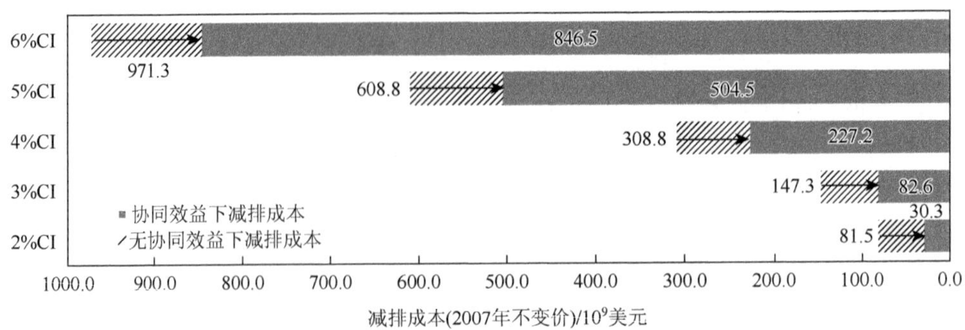

图 6.6 各情景下气候政策的协同效益与减排成本

6.4.5 研究结论

气候政策是提升区域空气质量和改善公众健康水平的有效措施，能够一定程度抵消减排成本；更严格的气候政策会产生更多的环境和健康协同效益，但其协同效益对于减排成本的抵消作用将随气候政策力度增强而逐渐减弱，具体如下。

（1）区域空气质量：如果没有实施气候政策，中国将遭受比当前污染程度更深、覆盖范围更广的空气污染。实施气候政策对于提升区域空气质量的协同效益十分明显：4%CI 情景下，中国绝大多数地区的空气质量明显改善，$PM_{2.5}$ 年均浓度下降幅度普遍超过 20%，污染严重的北京等省份下降幅度超过 30%；即便是空气质量相对较优的福建、广西等省市，在更强的气候政策约束下，获得空气质量协同效益也同样明显。分省经济发展水平、经济产业结构、能源技术水平、能源结构以及气候政策目标强度和分解方案等都是影响分省气候政策协同效益的重要因素。

（2）公众健康水平：气候政策的协同效益不仅体现在区域空气质量的提升方面，更体现在公众健康水平的显著改善方面。随着气候政策强度的增强，避免的超额死亡和发病案例数量明显增加，5%CI 情景与无政策情景相比，慢性暴露死亡和急性暴露死亡案例减少幅度分别超过 23%和 42%。从分省水平来看，受人口数量规模、区域空气污染水平等因素影响，京津冀、河南、江苏和四川等省份在气候政策下获得的公众健康收益更加显著。

（3）气候政策成本：气候政策的协同效益能够有效降低减排成本，从绝对量来看，更严格的气候政策能够产生更大的协同效益。从抵消幅度来看，由于边际减排成本会随气候政策力度增强而大幅上升，更严格的气候政策协同效益对于减排成本的抵消作用有限。从分省来看，北京、上海等东部省份气候政策协同效益的绝对量更大，但由于本身减排成本较高，气候政策协同效益的抵消作用不如河南、湖北等中部省份明显。

综合而言，中国气候政策能够产生提升区域空气质量、改善公众健康水平和抵消减排成本的协同效益，并且这种协同效益随气候政策力度增强而更加明显。本节实现了在闭环模型框架内同时对气候政策的成本和效益进行综合分析，研究结果为决策者识别气候政策的成本和效益提供了参考，有助于决策者针对不同区域制定合理的应对气候变化政策，实现经济、能源、环境和气候等多重目标的优化协调。

参考文献

[1] Rogelj J，den Elzen M，Hoehne N，et al. Paris agreement climate proposals need a boost to keep warming well below 2℃. Nature，2016，534（7609）：631-639.

[2] Fawcett A A，Iyer G C，Clarke L E，et al. Can Paris pledges avert severe climate change? Science，2015，350（6265）：1168-1169.

[3] 杜祥琬. 应对气候变化进入历史性新阶段. 气候变化研究进展，2016，（2）：79-82.

[4] 何建坤. 全球气候治理新机制与中国经济的低碳转型. 武汉大学学报（哲学社会科学版），2016，（4）：5-12.

[5] 王金南，蒋洪强，刘年磊. 关于国家环境保护“十三五”规划的战略思考. 中国环境管理，2015，（2）：1-7.

[6] 何建坤. 中国能源革命与低碳发展的战略选择. 武汉大学学报（哲学社会科学版），2015，（1）：5-12.

[7] 郝吉明，万本太，侯立安，等. 新时期国家环境保护战略研究. 中国工程科学，2015，（8）：30-38.

[8] IPCC. Climate Change 2013：The Physical Science Basis. Contribution of Working Group I to the Fifth Assessment Report of the Intergovernmental Panel on Climate Change. Cambridge：Cambridge University Press，2013.

[9] IPCC. Climate Change 2014：Impacts，Adaption，and Vulnerability. Part A：Global and Sectoral Aspects. Contribution of Working Group II to the Fifth Assessment Report of the Intergovernmental Panel on Climate Change. Cambridge：Cambridge University Press，2014.

[10] IPCC. Climate Change 2014：Impacts，Adaption，and Vulnerability. Part B：Regional Aspects. Contribution of Working Group II to the Fifth Assessment Report of the Intergovernmental Panel on Climate Change. Cambridge：Cambridge University Press，2014.

[11] IPCC. Climate Change 2014：Mitigation of Climate Change. Contribution of Working Group III to the Fifth Assessment Report of the Intergovernmental Panel on Climate Change. Cambridge：Cambridge University Press，2014.

[12] IPCC. Climate Change 2014：Synthesis Report. Contribution of Working Groups I，II and III to the Fifth Assessment Report of the Intergovernmental Panel on Climate Change. Geneva：IPCC，2014.

[13] 何建坤. 《巴黎协定》新机制及其影响. 世界环境，2016，（1）：16-18.

[14] UNFCCC. Paris Agreement. Paris，2015.

[15] IEA. CO_2 Emissions from Fuel Combustion Highlights 2016. International Energy Agency，2016.

[16] IEA. World Energy Outlook 2012. Paris：OECD/IEA，2012.

[17] IEA. Energy Technology Perspectives 2010. Paris：OECD/IEA，2010.

[18] 中华人民共和国国家统计局. 中国统计年鉴 2012. 北京：中国统计出版社，2015.

[19] 中华人民共和国环境保护部. 2015 中国环境状况公报. 北京，2015.

[20] 亚洲清洁空气中心. 大气中国 2016：中国大气污染防治进程. 北京，2016.

[21] Dockery D W，Speizer F E，Stram D O，et al. Effects of inhalable particles on respiratory health of children. American Review of Respiratory Disease，1989，139（3）：587-594.

[22] Dockery D W，Schwartz J，Spengler J D. Air pollution and daily mortality：Associations with particulates and acid aerosols. Environmental Research，1992，59（2）：362-373.

[23] Dockery D W，Pope C A. Acute respiratory effects of particulate air pollution. Annual Review of Public Health，1994，15（1）：107-132.

[24] State of Environment Protection Administration，World Bank. Cost of Pollution in China：Economic Estimates of Physical Damages. Washington：World Bank，2007.

[25] 新华网. 世界卫生组织：2012 年全球 700 万人因空气污染死亡. http://www.xinhuanet.com/video/2014-03/25/c_119930211.htm[2014-03-25].

[26] World Bank，Institute for Health Metrics and Evaluation. The Cost of Air Pollution：Strengthening the Economic Case for Action. Washington：World Bank，2016.

[27] 齐晔，张希良. 中国低碳发展报告（2015—2016）. 北京：社会科学文献出版社，2016.

[28] 齐晔. 中国低碳发展报告（2013）. 北京：社会科学文献出版社，2013.

[29] 国家发展和改革委员会能源研究所课题组. 中国 2050 年低碳发展之路. 北京：科学出版社，2009.

[30] 国家发展和改革委员会. 中国应对气候变化的政策与行动 2015 年度报告. 北京，2015.

[31] 曾贤刚，庞含霜. 我国各省区 CO_2 排放状况、趋势及其减排政策. 中国软科学，2009，（S1）：64-70.

[32] 万伦来，孙博，任雪萍. 中国省际碳排放公平性的测度与分解. 经济学动态，2014，（12）：53-60.

[33] Luo X，Zhang D，Caron J，et al. Interprovincial migration and the stringency of energy policy in China. MIT Joint Program on the Science and Policy of Global Change，2014.

[34] Springmann M，Zhang D，Karplus V J，et al. Consumption-based adjustment of China's emissions-intensity targets：An economic analysis for China's provinces. Environmental & Resource Economics，2015，61（4）：615-640.

[35] Zhang D，Rausch S，Karplus V J，et al. Quantifying the regional economic impacts of CO_2 intensity targets in China. Energy Economics，2013，40：687-701.

[36] Kishimoto P N，Zhang D，Zhang X，et al. Modeling regional transportation demand in China and the impacts of a national carbon policy. Transportation Research Record，2014，（2454）：1-11.

[37] Karplus V J，Rausch S，Zhang D. Energy caps：Alternative climate policy instruments for China? Energy Economics，2016，56：422-431.

[38] World Bank. Classifying countries by income. http://blogs.worldbank.org/opendata/classifying-countries-income-new-working-paper[2016-01-12].

[39] Harrison P A，Dunford R W，Holman I P，et al. Climate change impact modeling needs to include cross-sectoral interactions. Nature Climate Change，2016：885-890.

[40] Moss R H，Edmonds J A，Hibbard K A，et al. The next generation of scenarios for climate change research and assessment. Nature，2010，463（7282）：747-756.

[41] 柴麒敏. 全球气候变化综合评估模型（IAMC）及不确定型决策研究. 北京，清华大学博士学位论文，2010.

[42] Pope C A，Kanner R E. Acute effects of PM10 pollution on pulmonary function of smokers with mild to moderate chronic obstructive pulmonary disease. The American Review of Respiratory Disease，1993，147（6）：1336-1340.

[43] Pope C A，Dockery D W，Schwartz J. Review of epidemiological evidence of health effects of particulate air pollution. Inhalation Toxicology，1995，7（1）：1-18.

[44] Pope C A. Adverse health effects of air pollutants in a nonsmoking population. Toxicology，1996，111（1-3）：149-155.

[45] Pope C A. Invited commentary：Particulate matter-mortality exposure-response relations and threshold. American Journal of Epidemiology，2000，152（5）：407-412.

[46] Pope C A，Burnett R T，Thurston G D，et al. Cardiovascular mortality and long-term exposure to particulate air pollution-Epidemiological evidence of general pathophysiological pathways of disease. Circulation，2004，109（1）：71-77.

[47] Mccubbin D，Hallberg A，Davison K. Assessment of urban air pollution impacts using the environmental Benefits Mapping and Analysis Program（BenMAP）. Epidemiology，2004，15（4）：S209.

[48] Park J I，Bae H J. Assessing the Health Benefits of the Seoul Air Quality Management Plan using BenMAP. Korean Journal of Environmental Health，2006，32（6）：571-577.

[49] Davidson K，Hallberg A，Mccubbin D，et al. Analysis of PM2.5 using the Environmental Benefits Mapping and Analysis Program（BenMAP）. Journal of Toxicology and Environmental Health，2007，70（3-4）：332-346.

[50] Stanaway J D，Shepard D S，Undurraga E A，et al. The global burden of dengue：An analysis from the Global Burden of Disease Study 2013. The Lancet Infectious Diseases，2016，16（6）：712-723.

[51] Kassebaum N J，Bertozzi-Villa A，Coggeshall M S，et al. Global，regional，and national levels and causes of maternal mortality during 1990-2013：A systematic analysis for the Global Burden of Disease Study 2013. Lancet，2014，384（9947）：980-1004.

[52] MAPS 工作组 GBD. 燃煤和其他主要大气污染源所致的中国疾病负担. 波士顿：健康影响研究所，2016.

[53] Burnett R T，Pope C A I，Ezzati M，et al. An integrated risk function for estimating the global burden of disease attributable to ambient fine particulate matter exposure. Environmental Health Perspectives，2014，122（4）：397-403.

[54] 世界卫生组织. 世界城市空气质量报告. 日内瓦，2011.

[55] Yang T，Reilly J，Paltsev S. Air pollution health effects：Toward an integrated assessment. The Coupling of Climate and Economic Dynamics，2005，22：267-293.

[56] 中华人民共和国国家质量监督检验检疫总局，中国国家标准化管理委员会. 环境空气质量标准（GB 3095—2012）. 北京：中国环境科学出版社，2012.

[57] 绿色和平. 2015 年度中国 366 座城市 PM2.5 浓度排名. 2016.

[58] 张英娟，张培群，王冀，等. 1981—2013 年京津冀持续性霾天气的气候特征. 气象，2015，（3）：311-318.

[59] Bain P G，Milfont T L，Kashima Y，et al. Co-benefits of addressing climate change can motivate action around the world. Nature Climate Change，2016，6（2）：154-157.

[60] Yin X，Chen W，Eom J，et al. China's transportation energy consumption and CO_2 emissions from a global perspective. Energy Policy，2015，82：233-248.

[61] Yang X，Teng F，Wang G. Incorporating environmental co-benefits into climate policies：A regional study of the cement industry in China. Applied Energy，2013，112（SI）：1446-1453.

[62] Thompson T M，Rausch S，Saari R K，et al. Air quality co-benefits of sub-national carbon policies. Air Repair，2016，66（10）：988-1002.

[63] Kan H，Chen R，Tong S. Ambient air pollution，climate change，and population health in China. Environment

International，2012，42（SI）：10-19.

[64] Nemet G F，Holloway T，Meier P. Implications of incorporating air-quality co-benefits into climate change policymaking. Environmental Research Letters，2010，5（1）：014007.

[65] Bell M L，Morgenstern R D，Harrington W. Quantifying the human health benefits of air pollution policies：Review of recent studies and new directions in accountability research. Environmental Science & Policy，2011，14（4）：357-368.

[66] Burtraw D，Krupnick A，Palmer K，et al. Ancillary benefits of reduced air pollution in the US from moderate greenhouse gas mitigation policies in the electricity sector. Journal of Environmental Economics and Management，2003，45（3）：650-673.

[67] Jiang P，Chen Y，Geng Y，et al. Analysis of the co-benefits of climate change mitigation and air pollution reduction in China. Journal of Cleaner Production，2013，58（SI）：130-137.

[68] Liu F，Klimont Z，Zhang Q，et al. Integrating mitigation of air pollutants and greenhouse gases in Chinese cities：Development of GAINS-City model for Beijing. Journal of Cleaner Production，2013，58（SI）：25-33.

[69] Shih Y H，Tseng C H. Cost-benefit analysis of sustainable energy development using life-cycle co-benefits assessment and the system dynamics approach. Applied Energy，2014，119：57-66.

第三篇　碳定价机制探索

第 7 章　中国碳排放权交易体系的建设①

为控制温室气体排放、实现低碳发展，建立碳排放权交易体系（emissions trading scheme，ETS）已经成为很多国家和地区的重要政策选择。碳排放权交易是基于市场的控制温室气体排放的政策工具。与传统的行政命令手段相比，碳排放权交易实现同样温室气体排放控制目标的成本更低，同时允许企业灵活选取履行减排责任的方式，因此政治接受程度更高。

截至目前，全球已运行的 ETS 有 17 个，分布在我国、欧盟、美国、加拿大、韩国、新西兰、瑞士、哈萨克斯坦等 35 个国家、12 个州或省和 7 个城市，另外还有 15 个 ETS 正在准备阶段。已经开展碳排放交易地区的 GDP 占全球 GDP 的比例超过 40%[1]。随着在全球实施范围的逐步扩大以及制度的逐步完善，碳排放权交易制度将对国际贸易和各国经济发展产生深远影响。

2013 年 6 月以来，北京、天津、上海、重庆、湖北、广东、深圳等 7 省市陆续启动了碳排放权交易试点，在制度设计、体系运行和管理等方面积累了丰富的经验。我国已经确定在 2017 年建立全国统一的 ETS[2]，全国统一 ETS 的建设和运行，对于各级主管部门、相关行业主管部门，以及电力、钢铁、水泥、化工等重点排放行业的企业管理都提出了新的挑战。

本章将首先介绍碳排放权交易的基本原理和基本要素设计，其次对欧盟、北美和韩国等地的碳排放权交易实践情况进行简单介绍，再次分析我国碳排放权交易试点的特点和经验，最后提出一些针对全国 ETS 的思考和建议。

7.1　碳排放权交易的基本原理

绝大多数 ETS 都按“总量控制与交易”（cap and trade，C&T）的模式运行，主要涉及主管部门、排放源和第三方核查机构三个类体（图 7.1）。主管部门首先确定 ETS 覆盖的温室气体种类、行业及排放主体，并为 ETS 覆盖的所有排放源设定一个总的排放上限，在上限范围内向 ETS 覆盖排放源分配排放权，排放权的多少用“配额”计量，一个配额等于排放 1 吨二氧化碳当量温室气体的权利。ETS 覆盖主体负有向主管部门提交与其温室气体排放等量配额的义务，称为“遵约”。

① 本章作者：段茂盛、庞韬，清华大学中国碳市场研究中心。

从配额初始分配到 ETS 覆盖主体向主管部门上缴配额的时间称为“遵约期”，期间企业可以实施减排行动或进行配额交易，以确保在规定的遵约时点其持有的配额量不少于其遵约期内的碳排放量，否则将需要接受惩罚。ETS 覆盖主体在遵约期内的碳排放需要经过严格的核算、报告与核查，以确保其真实可靠。

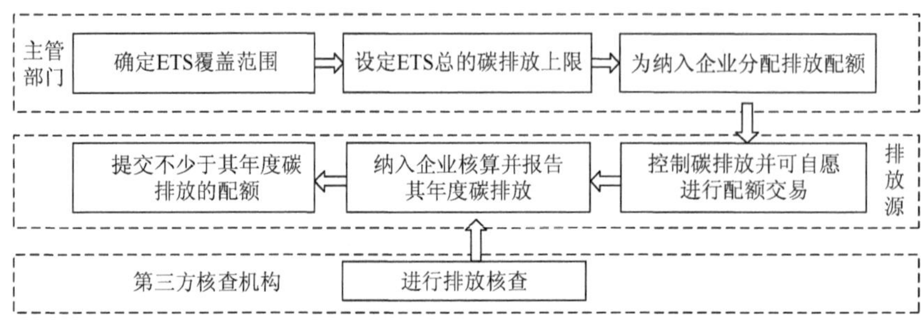

图 7.1　碳排放权交易的基本原理

7.2　碳排放权交易体系的基本要素

一个完整的碳排放权交易体系（ETS），需要法律保障、基本框架、调控机制、支持工具和相关机构等五个方面的基本要素（图 7.2）[3]。

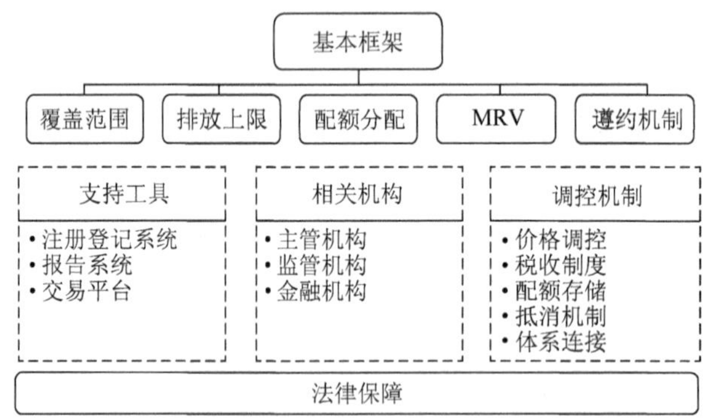

图 7.2　ETS 的基本要素

MRV 为监测、报告与核查（monitoring，reporting and verification）的简称

7.2.1　覆盖范围

ETS 的覆盖范围包括需要明确覆盖的温室气体种类、行业、纳入对象（设施还是企业）、排放源纳入门槛等四个方面的内容。在确定过程中，需要考虑所纳入排放源排放量的大小分布、排放量在全社会总排放中所占比例的大小、覆盖行业

减排潜力的大小、减排成本的差异性、监管难度及成本、数据的可获得性与可靠性等多方面问题。覆盖行业和排放源越多，体系可发掘的减排潜力越大，减排成本的差异性也越明显，越容易降低体系的总体减排成本；但监管的难度也越大，对数据的要求也越高。

绝大多数碳排放权交易体系的覆盖范围主要包括数据统计基础较好的、减排潜力较大的大型排放源，例如，发电、供热、钢铁、水泥、化工等行业中的重点排放企业或设施。从覆盖的温室气体种类看，ETS 可以仅覆盖 CO_2 一种温室气体，也可以覆盖包括 CO_2、CH_4、N_2O、HFCs、PFCs、SF_6 以及 NF_3 等在内的多种温室气体；这需要根据 ETS 所在地区的主要排放特征来确定，也与相应温室气体的监测难度和数据基础有关。

7.2.2　排放上限

规定体系排放上限是实施排放交易制度的基础性工作，也是该制度的目的和优点。体系排放上限的设定，可以采用绝对量方式，也可以采用基于实物量的强度方式。两种方式各有利弊，但从 ETS 作为环境政策工具的角度出发，为提出明确的环境目标，绝大多数经济学家倾向于绝对量方式，即采用“总量控制与交易”。

体系排放上限相当于确定了碳排放配额市场的供给量；配额市场的需求量则由体系纳入排放源的实际排放量决定，与经济发展情况的关系十分密切。当实际经济发展情况与设定排放上限时考虑的情况差异明显时，绝对固化的总量目标可能使 ETS 的配额价格过高或过低，从而影响其对企业减排行动的激励。在实际体系运行中，为提高 ETS 对经济不确定性的响应能力，欧盟和我国部分试点等在绝对总量控制的基础上，建立了一些与配额价格或供需情况相关的总量调节机制。

总量目标要从宏观和微观两个角度，综合“自顶向下”和“自底向上”两种方式的分析结果来确定。宏观角度，从国家或地区温室气体排放控制目标出发，分析对体系总量设定有影响的相关能源、气候政策的目标和影响，包括可再生能源政策、节能政策、其他低碳政策等，进而明确 ETS 在“能源气候政策包”中的定位，通过“自顶向下”方式将社会总体温室气体控制目标分解到 ETS，充分发挥 ETS 对全社会低碳发展的作用。微观角度，从 ETS 覆盖排放源的具体情况出发，分析其排放现状、排放机理、主要排放技术、减排成本和减排潜力、产能发展情况，预测其未来排放，并设计科学、合理的配额分配方法，通过“自底向上”方式将排放源的配额量累加得到体系配额总量。最后对宏观和微观两个角度得到的结果进行协调，以确定 ETS 排放上限。

从具体的实践经验看，很多体系在初期设定的排放上限比较宽松，这与多方面原因有关，如缺乏历史排放数据、排放预测本身具有不确定性、对照常情形下经济和碳排放增长的过高估计、能源价格变化的不可预测性、对减排技术开发和应用潜力的低估等[4]。当然，体系排放上限的设定很大程度上是一个政治决定，由于目前各个国家和地区对碳排放的约束强度并不相同，主管部门也不愿因目标过紧而导致本地企业竞争力的可能降低。

另外，“新进者”和“退出者”也是确定排放上限需要考虑的因素，包括运行过程中纳入或退出体系的企业及生产设施。对于发达国家，由于其经济结构相对稳定，企业生产的波动相对较小，“新进者”和“退出者”规模较小。与之不同，我国仍处于工业化进程中，新上生产项目和淘汰过剩产能的规模都比较大，“新进者”和“退出者”的比例较大，在设定总量上限时更需要慎重考虑。

7.2.3 配额分配

碳排放配额的初始分配，是 ETS 设计中政治性和技术性都很强的一个要素。理论上，配额如何分配并不影响最终的减排效果及减排的社会总成本，但它直接影响体系覆盖实体的生产成本，是一种权益分配。因此配额分配方法的设计反映了政府对于各行业的支持力度，对于经济发展结构的态度，以及对于公平性的考量。

根据是否收费，配额分配方法可以分为拍卖和免费分配两种。对于免费分配，理论上可分为 6 种方法（表 7.1）。一方面，根据所依据基准数据来源的不同，可分成“祖父原则”（grandfathering）和“更新原则”（updating）两种分配原则。祖父原则基于体系运行前的历史数据分配配额，更新原则基于体系运行中相关年份的实际数据分配配额。另一方面，根据所依据基准数据类型的不同，可分为基于排放、基于产出和基于投入三种不同的分配基准。基于产出或投入分配配额时，需要规定相应的排放强度系数。该系数有两种确定方式：一是根据每个排放源的历史排放水平，按相应的排放强度下降标准分别确定；二是考虑所有排放源的排放水平，以技术先进的排放源的排放强度为基础确定行业统一系数，称为“对标法”（benchmarking）。

表 7.1　排放权免费分配方法

分配原则	分配基准		
	基于排放	基于产出	基于投入
祖父原则	基于排放的祖父原则	基于产出的祖父原则	基于投入的祖父原则
更新原则	基于排放的更新原则	基于产出的更新原则	基于投入的更新原则

在实践中，由于拍卖会使企业同时承担所有的配额成本和减排成本，企业会面临较大的政治阻力，很少有体系在初期采用完全拍卖的分配方式。对于免费配额分配，在绝对总量目标下，祖父原则是最优的选择，不会对产品市场和配额市场造成扭曲[5]。基于排放的祖父原则也是操作最为简单的分配方法，但可能导致“鞭打快牛”的情况，排放控制越好的企业获得的免费配额越少。由于考虑了企业的技术水平，基于产出的分配方法更为公平，逐步成为国外和国内试点 ETS 分配免费配额的主要方法。此外，祖父原则或更新原则只是一种相对考量，在碳排放配额分配的实际操作中，为保持 ETS 规则与实际情况相适应，几乎所有的分配方法都不可避免地引入“更新”的色彩。

7.2.4　MRV

通过完善的 MRV 制度，及时、准确地确定 ETS 覆盖排放源在遵约期内的排放数据，是检验其是否履行配额上缴义务的基础，也是体系数据质量和顺利运行的基本保障。建立 MRV 的制度和体系，需要对 MRV 提出明确的规范、要求及相应指南，需要相关企业有效执行监测和报告要求，同时需要有专业的第三方对相关报告进行核查，并向监管机构提交核查后的信息。这是 ETS 日常运行中最主要的一部分工作。

可以采用监测法和计算法获取排放数据。监测法在排放源安装连续排放监测系统（continuous emissions monitoring system，CEMS），进行排放实时监测；计算法需要对排放源的相关能源和原材料投入、产品产出等实地取样调查，按相关规则确定排放因子，并根据活动水平数据核算排放量。所有排放源应在主管部门注册登记，按照规定的统一标准按时报告排放数据；第三方核查机构应严格按照统一标准进行排放情况核查，以保证数据真实、可信。

相比其他要素，MRV 制度是 ETS 设计中技术性最强而政治性最弱的，主要需要权衡排放数据的不确定性和监测核查成本。此外，企业或设施级的 MRV 制度能够为能源和气候政策的制定提供良好的基础，需要多个部门进行协调以及完善人才培养和机构建设等相关基础条件。

7.2.5　遵约机制

遵约机制是指与评估覆盖实体是否完成其遵约义务以及其未完成遵约义务时面临的惩罚后果等相关的规则，对促进覆盖实体完成其遵约义务至关重要。一般而言，遵约机制要求体系覆盖实体在规定的遵约期结束时上缴与其实际排放相同数量的排放配额，对超出其所提交的排放配额部分的排放，监管机构将进行惩罚，并确保其在未来补缴配额完成这部分义务。

7.2.6　抵消机制

抵消机制是指允许体系覆盖实体使用经过核查、符合规定的体系外减排活动产生的“信用额”（credit）完成遵约任务，抵消其排放的制度。信用额是基于减排项目的碳市场交易产品，如清洁发展机制（clean development mechanism，CDM）项目产生的核证减排量（certified emission reduction，CERs）、我国自愿减排项目产生的中国核证减排量（Chinese certified emission reduction，CCER）等。抵消机制是一种帮助 ETS 覆盖企业低成本完成遵约的灵活机制，能够促进更多低成本减排途径的利用；并且可以作为一种调节市场价格的柔性机制，避免政府直接干预市场的不良影响；通过激励 ETS 未覆盖部门实施减排行动，抵消机制也可以降低社会总体减排成本。从实践经验看，几乎国内外所有 ETS 都允许抵消信用额的使用。

作为一种重要的交易商品，抵消信用额对市场运行具有直接影响：若体系对抵消信用额的要求不够严格、成本过低，则会导致“劣币驱逐良币”，影响配额市场价格；若信用额使用量过多，则会影响 ETS 的实际减排量及其目标完整性。因此，抵消机制的成功运行需要建立在严格的使用规则基础上，避免其对配额市场造成不良影响；需要对信用额的来源、种类、使用额度限制、使用方式等内容进行规定。

7.2.7　相关基础设施

ETS 运行所需的基础设施包括排放报送系统、注册登记系统和交易系统等（图 7.3）。排放报送系统用于排放数据录入及审核，体系覆盖企业和第三方核查机

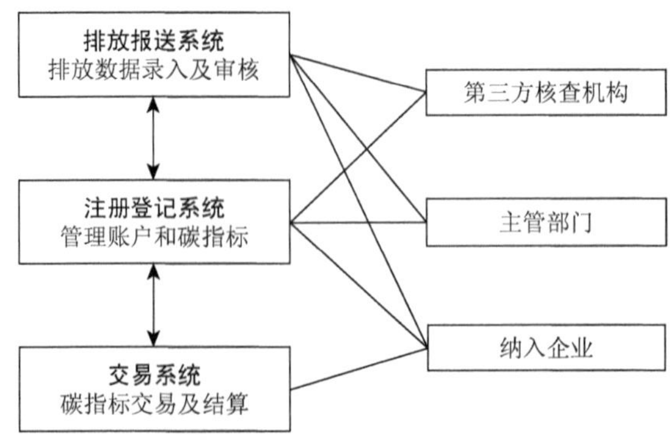

图 7.3　ETS 运行所需的基础设施

构应分别在该系统提交经核查的排放报告与核查报告，并由主管部门审核。注册登记系统用于记录体系中排放配额的创建、分配、交易、转移、上缴、取消、持有、注销等信息，是确定配额归属的唯一依据。主管部门和体系参与者均在注册登记系统内拥有相应账户，不同账户类型的操作权限有所差别。交易系统用于排放配额及其他交易产品的报价、撮合及结算等，市场参与者需要在相关交易系统开立账户才可进行交易。注册登记系统是体系运行的核心，它与排放报送系统、交易系统分别连接，并保持及时、可靠的信息交互，同时为市场的监督管理提供必要的信息。

7.3　国外碳排放权交易体系建设

7.3.1　欧盟碳排放权交易体系

欧盟碳排放权交易体系（EU emissions trading scheme，EU ETS）是目前全球最大的碳排放权交易体系，它是欧盟减少温室气体排放、应对气候变化政策的基石，覆盖了 28 个欧盟成员国及冰岛、列支敦士登和挪威等国家，包括 5000 多家企业的超过 11 000 个温室气体排放设施，以及飞离和飞抵这些地区的多数民用航班[6]。EU ETS 目前覆盖的行业和温室气体种类如表 7.2 所示。

表 7.2　EU ETS 覆盖的行业和温室气体排放种类

温室气体	行业
二氧化碳（CO_2）	发电和供热
	原油精炼、钢铁、铝冶炼、金属、水泥、石灰、玻璃、陶瓷、制浆和造纸、硬纸板、酸和有机物制造等
	民航
氧化亚氮（N_2O）	硝酸、己二酸、乙二醛等生产
全氟化碳（PFCs）	铝制造

EU ETS 的建立具有严格的法律基础。2003 年，欧洲议会和欧盟理事会通过了 EU ETS 的基本法——欧盟排放交易法令（Directive 2003/87/EC），后续根据覆盖范围、配额分配规则、市场调节机制等方面的调整需要不断进行修订。同时，欧盟还对该法令具体实施的各个方面专门立法以规范，如碳泄漏、配额拍卖、抵消信用额的使用等。

EU ETS 从 2005 年起分阶段运行，同一阶段内体系规则保持不变，但根据市场运行和排放控制的具体情况，不同阶段的体系规则会进行调整。

第一阶段（2005～2007 年）是“边学边做”的“试点”阶段，其目的是为 EU ETS 常态化开展做准备[7]。该阶段仅覆盖了电力行业和高能耗工业部门的 CO_2 排放，几乎所有配额都免费分配，未按要求完成遵约的覆盖实体需接受 40 欧元/t 的罚款。在该阶段，EU ETS 规则的统一性较弱，总量上限和配额分配均由成员国决定，欧盟委员会只提供原则性指导意见。由于操作简单等优点，基于排放的祖父法是该阶段的主要分配方法。

由于缺乏可靠的历史排放数据以及各成员国的乐观估计，该阶段的实际排放极大地低于预测的总量上限，而且由于不允许将配额保留到第二阶段继续使用，配额价格在 2007 年暴跌至零。但是，第一阶段的体系运行为第二阶段的上限设定和配额分配提供了坚实的数据基础。

第二阶段（2008～2012 年）是 EU ETS 的稳定发展阶段，与《京都议定书》第一承诺期的时间一致[7]。冰岛、列支敦士登和挪威在该阶段加入 EU ETS，同时覆盖范围增加了硝酸制造产生的氧化亚氮排放。在该阶段，体系规则的统一性得到加强，欧盟委员会加强了对成员国配额分配方案的要求。基于排放的祖父法仍是该阶段的主要分配方法，而且免费配额的比例不低于 90%，只有德国、英国等部分成员国实施了配额拍卖。未遵约的罚款提高到 100 欧元/t。纳入企业可以使用符合规定的 CDM 项目和 JI（joint implementation，联合履约）项目产生的减排信用额完成遵约。

尽管欧盟委员会缩紧了第二阶段的配额总量上限，并要求体系配额总量在 2005 年的基础上下降 6.5%，但 2008 年的经济危机使欧洲企业的碳排放大幅降低，严重影响了 EU ETS 的配额需求，导致配额和信用额的大量过剩及价格暴跌。由于允许跨期存储，过剩配额累积到了第三阶段。

第三阶段（2013～2020 年）是 EU ETS 的统一完善阶段。吸取了前两个阶段出现的配额分配过剩、增值税欺诈、各成员国配额分配方法不统一等教训，欧盟委员会对排放交易法令进行了修订，使体系规则更为统一。修订内容主要包括：①各成员国不再单独设定针对该国覆盖设施的配额总量上限，体系的配额总量上限由欧盟委员会确定，且体系配额总量逐年递减 1.74%；②增加了拍卖在配额分配中的比例，约 1/2 配额通过拍卖分配；③免费分配方法更为统一，为鼓励先进技术并提高分配公平性，基于历史活动水平的对标法成为主要的免费分配方法。

第四阶段（2021～2030 年）将进一步对 EU ETS 的规则进行有针对性的改革。为应对由经济不景气等导致的 EU ETS 配额的结构性过剩，欧盟已明确了将在体系总量设定、价格调控等方面实施的改革措施，进一步强化了 EU ETS 长期的基础政策地位。在第四阶段，体系配额总量下降系数将从每年 1.74%调整为 2.2%。在采取拍卖为主要分配方法的同时，考虑到其他主要经济体尚未实施可比的减排政策，欧盟仍将免费分配作为避免碳泄漏的重要措施，但将对各行业免费配额分配的对标进行阶段性评估。建立市场稳定储备（market stability reserve，MSR）是 EU ETS 最重要的改革措施之一，该措施允许主管部门在市场配额数量过多时将一定数量的配额存入 MSR，当市场配额紧缺时再投入市场，从而更好地通过配额价格激励减碳行动[1]。

7.3.2　北美碳排放权交易发展

由于国会立法等方面的障碍，尽管美国没有建立起在全国层面的 ETS；但在地区层面，西部气候行动（western climate initiative，WCI）、区域温室气体减排行动（regional greenhouse gas initiative，RGGI）等体系发展迅速。

1. 西部气候行动

WCI 是美国和加拿大的多个州、省签署的一个联合排放权交易体系，各个州、省分别通过地方立法建立独立的总量控制与交易制度，然后以连接方式建立区域 ETS。WCI 并没有对体系规则作完全一致的规定，而是由各地区根据当地特点进行设计。在 WCI 框架下，加利福尼亚州和魁北克省分别建立了总量控制与交易体系，两个体系于 2014 年连接，为区域性碳排放权交易的开展奠定了基础。

加州体系从 2012 年 7 月开始实施[8]，它是加利福尼亚州实现 2020 年排放降到 1990 年水平、2050 年排放比 1990 年降低 80%的重要政策工具。该体系覆盖了 CO_2、CH_4、N_2O、HFCs、PFCs、NF_3 等多种温室气体，覆盖范围包括能源和工业行业的大型排放设施（＞25 000 吨二氧化碳当量/年），约占加利福尼亚州总排放的 85%。

加州体系同时采用拍卖和免费方法分配，2013～2014 年配额拍卖量约占全部配额的 10%，该比例将逐步上升。该体系中，公有电力公司及受管制的私有电力公司可代表其纳税人获得免费配额，私有电力公司获得的配额不能自由交易，只能用于遵约或通过州拍卖机构出售。根据面临碳泄漏风险的大小，工业生产设施可基于行业标杆获得免费配额补贴。配额补贴力度逐步下降，碳泄漏风险的大小则根据行业的排放强度和贸易暴露程度确定。对于配额拍卖，该体系设定了拍卖底价（2015 年为 12.10 美元/吨二氧化碳当量），并按照"通货膨胀率+5%"逐步提高；另外还规定了拍卖购买限制和配额持有限制，以减少市场操纵。此外，该体系还预留了部分配额作为价格调控储备，这些配额根据市场情况以三个固定价格出售，固定价格按"通货膨胀率+5%"逐步提高，拍卖未售出的配额也将存入配额储备中。

2012 年，魁北克省建立了总量控制与交易体系[1]，但第一年对覆盖排放源没有强制遵约要求，目的是使其能够熟悉体系并做好相关准备。魁北克省和加利福尼亚州的总量控制与交易体系都是 WCI 的参与者，两者设计基本相同，减少了其连接障碍。为实现连接，它们将体系规则分成三类，分别进行不同程度的协调[1]：一是必须完全一致的规则，如联合拍卖、配额购买和持有限制，体系间的配额流转的注册登记，以及配额流转规则；二是需要相似但不必完全一致的规则，如碳排放的 MRV 流程；三是可以不一致的规则，如对两个体系启动前自愿抵消项目产生减排量的认可。

2. 区域温室气体减排行动[1, 9]

RGGI 是覆盖美国东北部 9 个州电力行业的强制“总量控制与交易”体系，包括康涅狄格州、特拉华州、缅因州、马里兰州、马萨诸塞州、新罕布什尔州、纽约州、罗得岛州和佛蒙特州。目前，该体系覆盖了这些地区装机容量在 25MW 以上的化石燃料发电厂，只覆盖 CO_2 一种温室气体。RGGI 每个遵约期的长度为 3 年，从 2009 年 1 月 1 日启动，当前已进行到第三遵约期（2015～2017 年）。2009～2012 年，体系覆盖设施的实际排放量低于原设定的总量上限 40%；2015～2020 年，体系总量上限将每年下降 2.5%。

RGGI 所有配额均由各州分季度进行拍卖，而且规定了配额拍卖底价以及每个市场参与者每季度的最大购买量。超过 90%的拍卖收益用来补助消费者、提高能源效率和促进可再生能源发展。此外，RGGI 在 2014 年设立了价格调节储备，规定 2015 年、2016 年和 2017 年的触发价格分别为 6 美元、8 美元和 10 美元，2017 年之后该价格将每年提高 2.5%，拍卖价格若超过触发价格，则释放储备配额。在 RGGI 中，未完成遵约义务的企业面临的惩罚措施由各州决定。

7.3.3　韩国碳排放权交易发展

2015 年 1 月 1 日，韩国启动了其全国碳排放权交易体系（Korea’s emissions trading system，KETS），这是亚洲地区第一个国家级的 ETS。KETS 覆盖了钢铁、水泥、石化、精炼、电力、建筑、废弃物处理和航空等部门的 23 个子行业，纳入企业的门槛为 125 000tCO_2/年，纳入设施的门槛为 25 000tCO_2/年，覆盖排放量约占韩国总排放的 2/3。

KETS 也采用分阶段运行的方式，第一阶段为 2015～2017 年，第二阶段为 2018～2020 年，第三阶段为 2021～2025 年。第一阶段配额全部免费分配，大部分行业基于其基年（2011～2013 年）碳排放按照祖父原则分配配额，石灰熟料、炼油、航空三个行业基于其基年活动数据按照对标法分配配额。另外，KETS 在第一阶段约储备了 5%的配额用于市场稳定、先期减排奖励、新入预留等。第二阶段免费配额的比例将下降到 97%，第三阶段将进一步下降到 90%以下。在第三阶段只有能源密集且贸易暴露（energy-intensive，trade-exposed，EITE）的行业能够获得 100%免费配额。三类行业符合 EITE 的标准为：①因 ETS 而增加的生产成本＞5%，同时贸易强度＞10%；②因 ETS 而增加的生产成本＞30%；③贸易强度＞30%。

KETS 允许覆盖企业使用本国 CDM 项目产生的减排信用额完成遵约，且使用数量不得超过企业应提交配额量的 10%。企业如果未完成遵约，将面临不超过平均市场价格 3 倍或不超过 100 000 韩元/t 的罚款。

7.4　中国碳排放权交易体系建设的内容

7.4.1　我国开展碳排放权交易的政策背景

2009 年 11 月，我国政府提出到 2020 年单位 GDP CO_2 排放比 2005 年下降 40%～45%的目标。为落实这一目标，国家制定了“十二五”期间单位 GDP CO_2 排放下降 17%的约束性目标，并将该目标分解到各省（自治区、直辖市）。同时，为避免“十一五”节能减排工作中行政命令手段遇到的一些问题，我国逐步开始了对市场机制的探索使用。

2010 年，十七届五中全会通过《中共中央关于制定国民经济和社会发展第十二个五年规划的建议》，全国人民代表大会批准《国民经济和社会发展第十二个五年规划纲要》，国务院下发《国务院关于加快培育和发展战略性新兴产业的决定》《“十二五”节能减排综合性工作方案》《“十二五”控制温室气体排放工作方案》，从多个方面对碳排放权交易的制度和市场建设提出了明确要求。根据党中央、国务院部署，国家发改委于 2011 年 10 月 29 日下发《国家发展改革委办公厅关于开展碳排放权交易试点工作的通知》，同意北京市、天津市、上海市、重庆市、湖北省、广东省及深圳市开展碳排放权交易试点，标志着我国正式开启了碳排放权交易机制的建设。

在中央主管部门、覆盖行业和企业等的支持下，试点省市分别根据当地特点，建立了比较完善的碳排放权交易的法律基础、运行规则、保障制度和支撑体系。2013 年 6 月以来，七个试点已经陆续启动，体系规则总体上透明、公平、合理，进展顺利，成效显著，管控企业和行业主管部门反响良好，为建立与我国国情相适应的全国碳排放权交易制度积累了丰富经验。

随着试点工作的顺利进行，我国进一步明确了市场机制在控制温室气体排放中的重要作用。《中共中央关于全面深化改革若干重大问题的决定》《中共中央　国务院关于加快推进生态文明建设的意见》《国家应对气候变化规划（2014—2020 年）》等重大政策文件进一步明确和细化了对碳排放权交易市场建设的要求。

在吸收试点经验的基础上，我国将建立全国的规则统一的 ETS。2015 年 6 月，我国向《联合国气候变化框架公约》秘书处提交了应对气候变化国家自主贡献文件《强化应对气候变化行动——中国国家自主贡献》，表示将“充分发挥市场在资源配置中的决定性作用，在碳排放权交易试点基础上，稳步推进全国碳排放权交易体系建设”。2015 年 9 月，习近平主席和奥巴马总统发表《中美元首气候变化联合声明》，明确表示我国计划于 2017 年启动全国碳排放交易体系，将覆盖钢铁、电力、化工、建材、造纸和有色金属等重点工业行业。

7.4.2　我国碳排放权交易的制度建设

1. 国家层面发布《碳排放权交易管理暂行办法》

为稳步推进全国碳排放权交易体系建设，并为体系具体规则设计提供依据和基础，国家发改委于 2014 年 12 月发布了《碳排放权交易管理暂行办法》，从责权分配、配额管理、交易规则、排放核查和配额清缴、监督管理等方面规定了全国碳排放权交易市场的基本管理原则。

2. 国家层面发布多个重点排放行业的企业排放核算方法和报告指南

为全面掌握重点排放单位的温室气体排放情况，加快建立重点单位温室气体排放报告制度，国家发改委先后发布了发电、电网、钢铁、化工、电解铝、镁冶炼、平板玻璃、水泥、陶瓷、民航、石油和天然气生产、石油化工、独立焦化、煤炭生产等 24 个行业的企业温室气体排放核算方法与报告指南[10-12]。

此外，国家发改委还要求各省级主管部门组织开展重点企（事）业单位温室气体排放报告工作[13]。该项工作以全国统一的排放核算与报告指南为依据，直接目的是在严格的制度保障下，获得准确的企业碳排放数据，为实行温室气体排放总量控制、开展碳排放权交易等相关工作提供数据支撑。

3. 试点层面建立必要的针对碳排放权交易的政策体系

为推进碳排放权交易的顺利发展，试点地区针对排放许可制度、注册登记、配额免费分配与拍卖、MRV、配额交易、公开市场操作等方面制定了多个层次的政策，形成地方性法规、地方政府规章、地方规范性文件三种。例如，北京市人大常委会通过了《北京市人民代表大会常务委员会关于北京市在严格控制碳排放总量前提下开展碳排放权交易试点工作的决定》，作为开展碳排放权交易的基本法律依据，北京市政府等则通过一系列规范性文件明确了体系运行的具体规则（表 7.3）。除北京外，深圳市人大常委会也通过了《深圳经济特区碳排放管理若干规定》，作为试点运行的基本依据；其他试点则通过地方政府规章，以省市政府令等形式明确了碳排放权交易的基本方案，法律层级相对较低。

表 7.3　北京市碳排放权交易试点发布的规范性文件

序号	名称
1	（京发改规〔2013〕5 号）（2013 年 11 月） 北京市发展和改革委员会关于开展碳排放权交易试点工作的通知（含附件：北京市企业（单位）二氧化碳核算和报告指南（2013 版）、北京市碳排放权交易核查机构管理办法（试行）、北京市碳排放权交易试点配额核定方法（试行）、北京市温室气体排放报告报送流程、北京市碳排放权交易注册登记系统操作指南）
2	（京发改规〔2013〕7 号）（2013 年 11 月） 北京市碳排放配额场外交易实施细则（试行）
3	（京发改规〔2014〕1 号）（2014 年 5 月） 关于印发规范碳排放权交易行政处罚自由裁量权规定的通知
4	（京政发〔2014〕14 号）（2014 年 5 月） 北京市碳排放权交易管理办法（试行）
5	（北京市发展和改革委员会、北京市金融工作局）（2014 年 6 月） 北京市碳排放权交易公开市场操作管理办法（试行）
6	（京发改规〔2014〕6 号）（2014 年 9 月） 北京市碳排放权抵消管理办法（试行）

7.4.3　我国碳排放权交易试点的体系设计

1. 覆盖范围

从覆盖行业看，各试点既有共同点，也有一些各自的区域特点。绝大多数试点都覆盖了电力热力生产、钢铁、水泥、化工、石化等高耗能行业，除非当地某一行业的排放量很小（如北京没有覆盖钢铁行业）。此外，上海、湖北还都覆盖了有色金属和纺织造纸行业；北京、上海、深圳都覆盖了服务行业；上海还覆盖了航空运输和机场、港口等运输站点。不同地区对纳入体系的企业排放规模也有不同的规定（表 7.4）。

表 7.4　我国碳排放权交易试点的纳入企业门槛

地区	企业纳入标准	纳入企业数量/个	报告门槛
北京	10 000 吨二氧化碳当量	543	2 000 吨标准煤
天津	20 000 吨二氧化碳当量	114	—
上海	工业行业：20 000 吨二氧化碳当量 非工业行业：10 000 吨二氧化碳当量	191	10 000 吨二氧化碳当量
重庆	20 000 吨二氧化碳当量	242	—
湖北	60 000 吨标准煤	138	—
广东	20 000 吨二氧化碳当量	211	10 000 吨二氧化碳当量或 5 000 吨标准煤
深圳	5 000 吨二氧化碳当量	832	3 000 吨二氧化碳当量

资料来源：ICAP. Emissions Trading Worldwide Status Report 2015. https: //icapcarbonaction.com/images/StatusReport2015/ICAP_Report_2015_02_10_online_version.pdf[2015-02-1]

从覆盖温室气体排放来源看，试点体系不仅覆盖了由能源消费及生产过程引起的温室气体直接排放，还覆盖了由电力热力消费引起的温室气体间接排放。这是由于我国的电力和热力价格受政府管制，碳排放控制成本无法通过价格从能源生产者向消费者传导。为鼓励消费者节能减排，故将间接排放纳入体系。

2. 排放上限

由于历史排放数据缺失，以及经济增速的不确定性较大，我国试点体系单纯依靠“自顶向下”方式确定体系排放上限的难度很大，它们几乎都采取了“自顶向下”与“自底向上”相结合的方式。在两者的协调中，更依赖“自底向上”的测算结果，“自顶向下”的结果更多作为参考。此外，多数试点在体系排放上限中预留了相当数量的配额，用于拍卖、价格调控、新进入者分配等，因此实际流通的配额数量与名义的总量上限有一定差距。

各试点“自顶向下”的具体方法有所不同：可以基于当地 GDP 碳排放强度下降目标与 GDP 增速预测、测算当地的全社会碳排放总量目标，再按 ETS 覆盖部门排放在全社会排放中的历史占比确定 ETS 排放上限；也可以根据 ETS 覆盖行业的不同情况，分别确定每个行业的排放总量目标，再根据覆盖企业的总排放占行业排放的比例确定 ETS 排放上限。

3. 配额分配

为了减少对经济发展的影响，试点体系的绝大多数配额都是免费分配的，少量配额通过拍卖分配作为补充，拍卖的目的在于价格发现、促进市场流动性和进行市场调节等。

对于免费分配，各试点采用的方法不尽相同。除了使用与国外体系相同的基于企业历史排放的祖父法、基于企业历史活动水平的对标法，多数试点体系还探索使用了基于企业实际活动水平的对标法、基于企业实际活动水平和历史排放强度的祖父法等。表 7.5 给出了我国试点体系主要使用的四种免费配额分配方法及其应用范围[14]。

表 7.5　我国试点体系的主要免费配额分配方法

分配方法	应用范围
基于企业历史排放的祖父法	北京：工业（除了供电供热业）、服务业 上海：工业（除了供电供热业）、大型公用建筑 天津：除电力热力外其他行业 广东：热电联产机组、短流程钢铁企业、水泥矿山开采和微粉粉磨（2013 年、2014 年） 湖北：除电力外其他行业，以及电力行业的预分配配额
基于企业历史活动水平的对标法	广东：纯发电机组、长流程钢铁企业、水泥熟料生产和粉磨、石化行业（2013 年）

续表

分配方法	应用范围
基于企业实际活动水平和历史排放强度的祖父法	北京：电力热力行业 天津：电力热力行业 上海：航空、机场、港口等少数行业 深圳：除 9E 燃气机组外所有行业
基于企业实际活动水平的对标法	上海：电力热力行业 湖北：电力行业的调整配额 广东：纯发电机组、长流程钢铁企业、水泥熟料生产和粉磨、石化行业（2014 年） 深圳：9E 燃气机组

基于企业实际活动水平的分配方法是试点体系根据我国的行业政策以及发展特点做出的针对性方案。例如，在我国的电力调度方式下，电厂对发电量几乎没有自主调整空间，无法通过产量调整应对碳排放控制成本的增加，因此需要基于实际发电量分配配额来适应其实际需求。另外，一些工业产品的产量受经济情况的影响较大，波动比较明显，很多试点也采用了基于实际产量的分配方法。这些方法在应用过程中得到了行业主管部门和重点排放单位的认同，取得了良好的效果。

4. MRV

企业或生产设施级别的碳排放数据是确定体系覆盖范围、实施配额分配的重要基础。试点体系均建立了完善的碳排放 MRV 制度，发布了相关指南，并以此为基础，对重点排放单位的历史碳排放进行核算与核查，作为配额分配等工作的数据基础。各地指南大多以“一个总体指南+多个行业指南”的形式发布。

通过试点地区企业碳排放的 MRV 实践，被纳入企业逐渐熟悉并掌握了相关数据的监测流程，第三方核查机构与核查员的数量和能力均得到提升，主管部门也建立了相应的管理体系。经过至少一个完整遵约期的运行，试点所覆盖企业对自身碳排放情况有了全面、准确的了解，试点主管部门也掌握了当地企业碳排放的准确数据，这不仅为全国 ETS 建设打下了坚实的数据基础，也为其他低碳政策制定提供了重要参考。

5. 遵约机制

对未履行配额上缴义务的企业进行惩罚，是遵约机制的重要内容，但需要必要法律依据的支持。试点体系采取的惩罚措施包括责令履约、罚款、扣除配额、记入征信系统、取消节能减排相关财政补贴、停止项目审批等。

罚款是最重要的惩罚措施之一，而且单位配额的罚款数额至少应高于市场价格才能对企业起到督促作用。但是，试点地区在制定遵约规则时，普遍面临着法律依据不足的问题。对违规企业罚款属于行政处罚的范畴。但根据各省市目前的行政处罚罚款限额规定，对违约企业罚款的最高额度为 2 万～15 万元。如此有限的惩罚力度难以对企业形成实质性约束。北京和深圳通过人大立法，规定对违约企业可按未提交配额市场价格的一定倍数处以罚款，从而能够以有效的经济手段促进企业遵约；其他缺少人大立法的试点只能更依赖于行政手段促进企业遵约。

6. 抵消机制

所有试点都允许覆盖企业使用部分“CCER”完成遵约义务，但各体系对可使用 CCER 的上限、减排项目所在地、项目类型和减排量产生时间等设立了不同的规定（表 7.6）。

表 7.6 我国试点体系的抵消机制规定

地区	CCER 使用上限	本地 CCER 比例	项目类型规定	减排量产生时间
北京	5%	50%	不允许使用由 HFC-23、N_2O、SF_6 等工业气体减排及水电类项目产生的 CCER	2013 年后
天津	10%	无，鼓励来自京津冀地区的项目	仅来自减排 CO_2 项目，且不来自水电项目	2013 年 1 月 1 日后
上海	5%	无	无	2013 年 1 月 1 日后
广东	10%	70%	鼓励林业项目	无
深圳	10%	无	无	无
湖北	10%	本省无限制，与本省签署了碳市场合作协议的省市不高于 5 万 t	非大、中型水电类项目产生	无
重庆	8%	无	四类项目	2010 年 12 月 31 日后

7.4.4 我国碳排放权交易的制度创新

与欧盟、北美等发达国家和地区不同，我国仍处于工业化阶段，一些行业的市场化程度较低、发展速度波动大，因此 ETS 的设计不能照搬国外的经验，需要根据我国具体情况进行制度创新。这种基于我国国情的设计特点在试点过程中得到了充分体现。

从覆盖范围看，国外体系多以生产设施为基本单元，但我国的数据统计体系和相关管理体系均以企业法人为基本单元，因此试点 ETS 选择以企业法人为覆盖对象，但在排放核查时有些试点会根据实际情况对排放边界进行适当调整，这种方式有利于碳排放权交易的推进；从排放上限看，试点体系更多依赖“自底向上”

方式得到的结果，既避免了预测不确定性大的问题，使总量设定与区域经济发展所需碳排放空间尽量适应，也与企业面临的节能减排政策相匹配，从而使行业主管部门和企业都更容易接受；从配额分配看，基于企业实际活动水平的分配方法，对企业降低单位活动量的碳排放强度有激励作用，与我国在节能减碳领域一贯使用的强度政策类似，有利于企业对碳排放权交易政策的理解和接受。

7.4.5　碳排放权交易有力推动了试点地区的低碳发展

目前，所有试点均已至少经历了一个完整的 ETS 运行周期。北京、上海、广东和深圳已经完成了试点启动后第二年的遵约工作，遵约率均超过 99%。根据地方主管部门、重点排放单位等的反馈，碳排放权交易试点运行效果良好，已经成为地方政府节能减碳工作的有力抓手。以北京和深圳为例，2014 年北京市单位 CO_2 排放量同比降低 5.96%，并实现协同减排 1.7 万 tSO_2 和 7310t 氮氧化物，减排 $2193tPM_{10}$ 和 $1462tPM_{2.5}$[15]；2013 年深圳市 635 家管控单位的碳排放总量较 2010 年下降了 375 万 t，下降率约为 11.5%；同时万元工业增加值碳强度较 2010 年下降了 33.2%，超额完成了深圳市“十二五”规划要求的年均碳强度下降目标[16]。

7.4.6　尽管试点取得了巨大成就，但仍存在较大的改善空间

碳排放权交易是我国在节能减碳领域首次大规模使用市场工具。试点体系在政策设计和实施过程中不可避免地采取了一些权宜措施，一些问题仍待解决。例如，一些试点尚未提出明确的总量上限，导致配额市场的供给信息并不明确；在碳排放权交易初期，配额持有者在一定程度上惜售配额，以及碳交易相关会计制度尚不健全，导致市场活跃程度较低等问题。因此，试点体系有必要通过运行，不断地识别并解决相应问题，完善体系规则和支持环境建设，并为全国 ETS 建设提供经验。

7.5　关于全国碳排放权交易体系建设的思考和建议

（1）建立全国碳排放权交易体系是我国低碳发展的重要举措。国外体系和国内试点的实践经验表明，碳排放权交易是低成本实现温室气体排放控制目标的有效途径，并且正在成为世界主要经济体控制温室气体排放的主要政策工具。我国七个试点省市尽管在经济水平、产业结构、能源禀赋等方面存在很大差异，但都实现了 ETS 的成功建设和顺利运行，说明我国有条件在不同地区推行碳排放权交

易制度。因此，全国 ETS 的建设兼具可行性和必要性，是我国履行应对气候变化的国际承诺，是充分发挥市场在自然资源配置中决定性作用的重要措施。

（2）全国碳市场建设需要制度先行，奠定坚实的法律基础。完善的法律基础是 ETS 顺利运行的前提。我国试点经验表明，具有较高层级法律依据的体系在运行中面临的障碍较少，能够依法采取充分措施激励所有相关方各行其责。目前，尽管国家发改委已经发布了《碳排放权交易管理暂行办法》，但其属于部门规章，法律层级较低。未来仍需在全国人大或国务院层面出台相关的法律法规，对影响全国碳交易市场顺利运行的重大问题作出规定。

（3）全国碳排放权交易体系建设应分阶段逐步推进。国外体系和国内试点经验表明，ETS 的建设和完善是一个长期过程，不可能一蹴而就。全国统一 ETS 的建设面临各地区域差异较大、覆盖行业和企业生产特点多样等挑战，因此需要根据阶段性的实际运行情况对体系规则进行适当修改，以实现通过配额价格激励低碳行动的目的。

（4）相关主管部门和重点排放单位应尽早做好准备。ETS 涉及诸多环节和要素，总量设定、配额分配、排放量 MRV、遵约考核等很多环节都需要中央和地方主管部门、行业主管部门、覆盖企业等各方紧密合作。因此，碳排放权交易的相关主体需要尽早进行相关软硬件基础的准备，熟悉体系运行规则，保障全国统一 ETS 尽早顺利运行。

（5）全国碳排放权交易体系建设需要加强创新。尽管国内试点和国外体系提供了很多经验，但全国统一 ETS 的建设仍面临一些特殊问题，如中央和地方主管部门之间责权的分配等，这类问题需要通过符合我国国情的创新方案来解决。另外，面对国内试点表现出的一些问题，如市场活跃程度不高等情况，也需要加强创新，发展期权、期货等多样化的交易产品，促进全国市场的繁荣。

参 考 文 献

[1] International Carbon Action Partnership（ICAP）. Emissions Trading Worldwide：International Carbon Action Partnership（ICAP）Status Report 2015. https://icapcarbonaction.com/images/StatusReport2015/ICAP_Report_2015_02_10_online_version.pdf[2015-02-10].

[2] 国家主席习近平，美国总统奥巴马. 中美元首气候变化联合声明. http：//www.fmprc.gov.cn/web/ziliao_674904/1179_674909/t1300787.shtml[2015-09-26].

[3] 段茂盛，庞韬. 碳排放权交易体系的基本要素. 中国人口・资源与环境，2013，23：110-117.

[4] OECD/IEA. Reviewing Existing and Proposed Emissions Trading Systems. Paris，2010.

[5] Bohringer C，Lange A. Economic implications of alternative allocation schemes for emission allowances. Scandinavian Journal of Economics，2005，107（3）：563-581.

[6] European Commission. The EU Emissions Trading System（EU ETS）. http: //ec.europa.eu/clima/policies/ets/[2015-09-25].

[7] European Commission. EU ETS 2005-2012. http: //ec.europa.eu/clima/policies/ets/pre2013/index_en.htm[2015-09-25].

[8] California Environmental Protection Agency Air Resource Board. Overview of ARB Emissions Trading Program. http: //www.arb.ca.gov/newsrel/2011/cap_trade_overview.pdf [2015-09-25].

[9] Regional Greenhouse Gas Initiative. RGGI：Program Design. http: //www.rggi.org/[2015-09-20].

[10] 国家发改委办公厅. 关于印发首批 10 个行业企业温室气体排放核算方法与报告指南（试行）的通知. 北京，2013.

[11] 国家发改委. 关于印发第二批 4 个行业企业温室气体排放核算方法与报告指南（试行）的通知. 北京，2014.

[12] 国家发改委. 关于印发第三批 10 个行业企业温室气体排放核算方法与报告指南（试行）的通知. 北京，2015.

[13] 国家发改委. 关于组织开展重点企（事）业单位温室气体排放报告工作的通知. 北京，2014.

[14] Pang T，Duan M. Cap setting and allowance allocation in China's emissions trading pilot programmes：Special issues and innovative solutions. Climate Policy，2015，16（7）：1-21.

[15] 北京市发改委. 重点排放单位 100%履约本市率先完成 2014 年度碳排放权交易履约工作. http: //www.bjpc.gov.cn/gzdt/201507/t9229533.htm[2015-09-20].

[16] 深圳排放权交易所. 深圳市 2013 年度碳排放履约工作圆满完成. http: //www.cerx.cn/Inews/1673.htm [2015-09-20].

第 8 章　中国分区能源经济模型系列研究①

目前我国静态、单区的单纯 CGE 模型已经积累了较为丰富的研究经验，但尚未建立较为成熟的动态、多区、混合，并且充分考虑我国经济、能源系统特点，将全球与中国分区最新能源、经济的价值量和物理量数据整合一致的 CGE 模型。在此类模型基础上能够开展的分析工作，如节能减排政策的目标设置、分解和机制设计、可再生能源技术的准确表达等也存在着巨大的提升空间。

本章介绍中国分区能源经济模型中核心静态多区混合 CGE 模型的构建工作，利用模型讨论以下政策议题：建立全国性碳排放权交易市场对于实现近期节能减排目标的影响，近期减排目标的不同分解方案对于全国及区域经济、能源和排放的影响，建立全国性碳排放权交易市场中初始碳排放权分配的公平性问题，以及有关能源消费总量控制政策的具体设计，并讨论改进可再生能源技术在 CGE 模型中详细建模刻画这一方法学问题。

8.1　模 型 数 据

模型整合了一套包括能源市场详细物理量数据和不同地区、省份各部门经济活动及双边贸易经济流量的能源经济数据库。经济数据方面，对于中国大陆各省级行政区（以下简称各省，西藏自治区由于缺少数据未包括在内），模型采用 2007 年分省投入产出表数据[1]，对于中国以外其他区域，模型采用 GTAP 8 数据[2]；能源数据方面，模型采用 2007 年地区能源平衡表数据和《中国电力年鉴》数据，对于中国以外其他区域，模型采用 GTAP 8 数据。GTAP 8 数据包含了 2007 年全球 129 个国家 57 个部门的生产、消费、税收和双边贸易数据以及能源流动物理量、能源价格和 CO_2 排放数据。中国地区投入产出表包含了 2007 年中国各省 42 个部门的生产、消费、税收和国内外贸易数据。《中国能源统计年鉴》中的地区能源平衡表包含了各省能源生产、进出口、转换和消费数据。《中国电力年鉴》包含了各省火电、水电、核电、风电等各类技术的发电量数据。

8.2　建模与求解原理

以下将简单介绍中国分区能源经济模型建模与求解原理，模型框架如图 8.1 所示。

---

① 本章作者：张达，清华大学能源环境经济研究所。

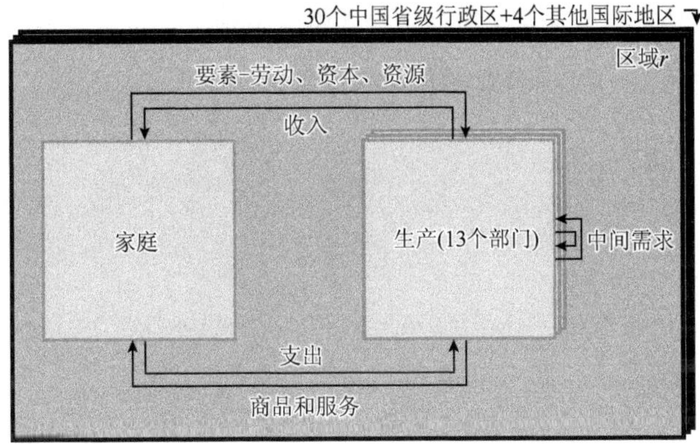

图 8.1　中国分区能源经济模型框架

8.2.1　生产与技术定义

各地区（$r=1,2,\cdots,R$）各部门（$i=1,2,\cdots,I,i=j$）的商品与服务的产出（Y_{ir}）需要使用劳动（L_{ir}）、资本（K_{ir}）、自然资源（R_{ir}，包括煤炭、原油、天然气资源、各类矿藏资源和土地）以及各类中间投入（X_{jir}）[①]：

$$Y_{ir}=F_{ir}(L_{ir},K_{ir},R_{ir};X_{1ir},\cdots X_{jir})$$

采用 CES 函数描述生产活动，共区分为四类：使用资源的生产活动（AGR-农业、OMN-矿业、COL-煤炭、CRU-原油、GAS-天然气），成品油（OIL）加工，电力和热力生产与供应（ELE），以及其他生产活动（EIS-高耗能工业、MAN-其他制造业、WTR-供水、CON-建筑业、TRN-交通业、SER-服务业）。

以化石能源 f（包括 COL、CRU、GAS）为例，使用资源的生产活动可用以下涵盖劳动、资本、生产各部门产品需要的专门资源（如煤炭、原油、天然气资源）以及其他中间投入的多层嵌套的 CES 函数来描述：

$$Y_{fr}=\left[\alpha_{fr}R_{fr}^{\rho_{fr}^R}+v_{fr}\min(X_{1fr},\cdots,X_{jfr},V_{fr})^{\rho_{fr}^R}\right]^{1/\rho_{fr}^R}$$

其中，α_{fr} 和 v_{fr} 是 CES 函数的份额系数。$\sigma_{fr}^R=1/(1-\rho_{fr}^R)$ 是专门资源与其他生产投入（劳动和资本增加值 V_{fr} 以及其他中间投入的聚合）之间的替代弹性。σ_{fr}^R 可以通过专门资源占总投入的比例以及价格供给弹性 η_{fr}^R 进行校核。劳动和资本增加值 V_{fr} 可由劳动和资本的 Cobb-Douglas 函数描述如下：

$$V_{fr}=L_{fr}^{\beta_{fr}}K_{fr}^{1-\beta_{fr}}$$

① 为描述方便起见，本节忽略各类税收在公式中的表达。在实际建模中，模型模拟了生产税、消费税、增值税以及进出口税收和补贴。

其中，β_{fr} 和 $1-\beta_{fr}$ 分别为劳动和资本投入的份额比例。

成品油（OIL）的生产函数嵌套关系如图 8.2 所示。

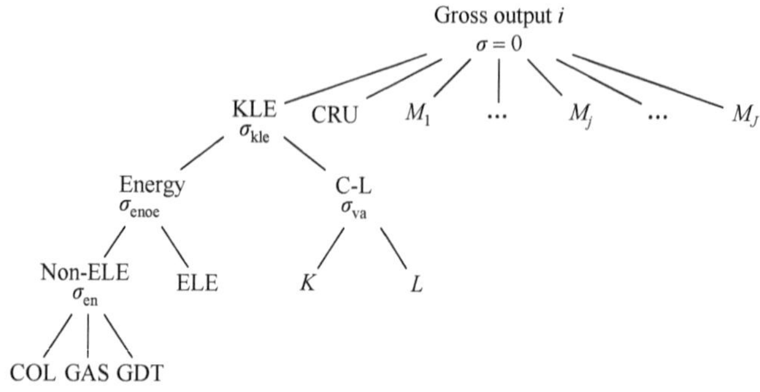

图 8.2　成品油（OIL）的生产函数嵌套关系

Gross output 为总产出；KLE 为资本劳动能源组合；Energy 为能源组合；C-L 为资本劳动组合；Non-ELE 为非电力能源组合；GDT 为燃气运输投入；σ 为各投入间的替代弹性

电力和热力生产与供应（ELE）的生产函数嵌套关系如图 8.3 所示。

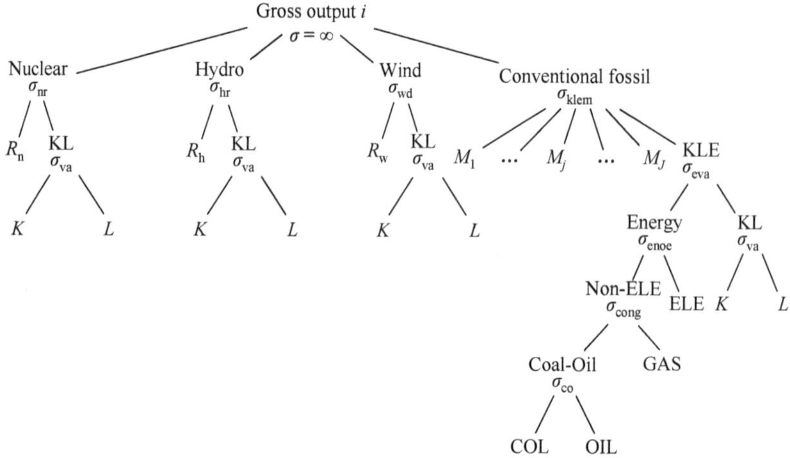

图 8.3　电力和热力生产与供应（ELE）的生产函数嵌套关系

Nuclear 为核电；Hydro 为水电；Wind 为风电；Conventional fossil 为传统化石能源发电；R_{n}，R_{h}，R_{w} 分别为核能、水能、风能资源；Coal-Oil 为煤炭、石油组合；σ 为各投入间的替代弹性；KL 为资本劳动组合

模型中区分了几种不同的电力生产技术，包括常规火电、水电、核电和风电。各地区发电技术比例参考各省发电量数据和美国区域能源政策（United States regional energy police，USREP）模型中世界其他地区的发电量数据[3]。由于缺少中国各省的相关数据，水电、核电、风电的价格供给弹性参考排放预测与政策分析（emissions prediction and policy analysis，EPPA）模型的设定[4]。

其他生产活动（EIS、MAN、WTR、CON、TRN、SER）的生产函数嵌套关系为标准的 KLEM 关系，如图 8.4 所示。

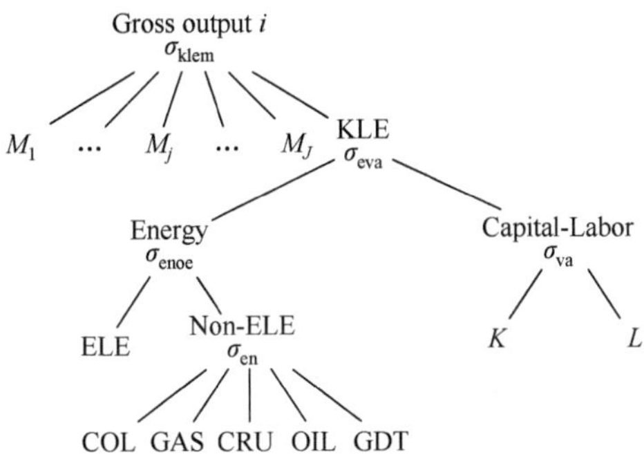

图 8.4　其他生产活动（EIS、MAN、WTR、CON、TRN、SER）的生产函数嵌套关系

σ 为各投入之间的替代弹性

资本的流动性通过以下方法模拟。比例为 ϕ 的一部分资本在各部门中“锁定”，部门采用现有的生产技术，以模型基准的固定投入比例生产该部门产品；而比例为 $1-\phi$ 的一部分资本可以通过响应价格信号在各部门之间自由流动。除电力部门外，所有部门采用同样的 ϕ 值。参考 Wing[5]的设定，电力部门可取相对较高的 ϕ 值。

8.2.2　消费者偏好

各地区代表性消费者的偏好可由以下 CES 偏好函数来表示：

$$U_r = \left[\mu_{cr} \left[g(C_{1r},\cdots,C_{Ir})^{1-\beta_{\text{sav}}} \min(I_{1r},\cdots,I_{Ir})^{\beta_{\text{sav}}} \right]^{1/\rho_{cr}} + \gamma_{cr} N_r^{1/\rho_{cr}} \right]^{1/\rho_{cr}}$$

其中，μ_{cr} 和 γ_{cr} 是支出（所有部门产品的消费 C_{ir} 与投资 I_{ir} 的加总）和休闲（N_r）的份额系数；β_{sav} 为储蓄率（模型假设储蓄率固定，因此消费和投资之间的替代弹性为 1，函数形式为 Cobb-Douglas 函数），支出和休闲之间的替代弹性 $\sigma_{cr}=1/(1-\rho_{cr})$；函数 $g(\cdot)$ 形式为 CES 函数，嵌套关系如图 8.5 所示。

8.2.3　最终商品供给及中国国内与国际贸易

所有中间使用与最终消费的来自不同产地的商品和服务通过 Armington 假设进行区分。对于各种不同的需求类型，部门 i 商品的总供给为国内供给与进口的 CES 聚合：

$$Z_{ir} = \left[\psi^z \text{ZD}_{ir}^{\rho_i^D} + \xi^z \text{ZM}_{ir}^{\rho_i^D} \right]^{1/\rho_i^D}$$

$$C_{ir} = \left[\psi^c \text{CD}_{ir}^{\rho_i^D} + \xi^c \text{CM}_{ir}^{\rho_i^D} \right]^{1/\rho_i^D}$$

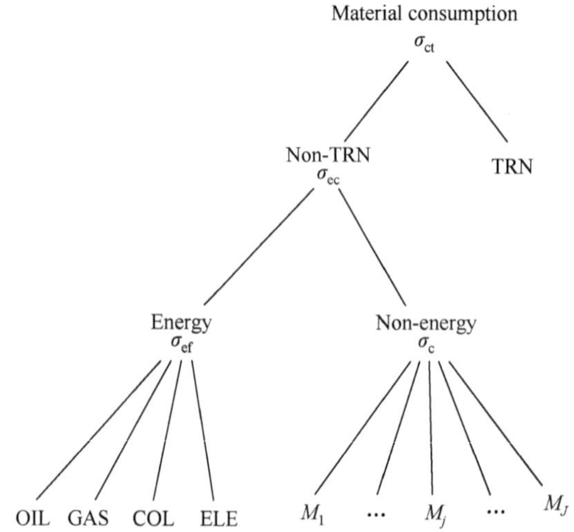

图 8.5　消费 CES 函数的嵌套结构

Material consumption 为物质消费；Non-TRN 为非交通消费；Energy 为能源消费；Non-energy 为非能源消费；σ 为各投入之间的替代弹性

$$I_{ir}=\left[\psi^{i}\mathrm{ID}_{ir}^{\rho_i^D}+\xi^{i}\mathrm{IM}_{ir}^{\rho_i^D}\right]^{1/\rho_i^D}$$

$$G_{ir}=\left[\psi^{g}\mathrm{GD}_{ir}^{\rho_i^D}+\xi^{g}\mathrm{GM}_{ir}^{\rho_i^D}\right]^{1/\rho_i^D}$$

其中，Z，C，I，G 分别表示中间需求、最终消费需求、投资需求与政府消费需求；ZD，CD，ID，GD，ZM，CM，IM，GM 分别为每种需求中国内生产部分和进口部分；ψ 和 ξ 分别为 CES 函数的份额系数。国内生产和进口之间的 Armington 弹性系数 $\sigma_i^D=1/(1-\rho_i^D)$。

国内与进口之间产品的替代关系用嵌套 CES 函数表示。通过假设中国各省产品之间的替代弹性大于其他国家产品之间的替代弹性，模型在一定程度上模拟了“边界效应”。模型对中国各省（$p=1,2,\cdots,P$）和中国以外的其他地区（$t=1,2,\cdots,T$）的进口采用了不同的表示方法，对于部门 i 的进口商品有

$$M_{ir}=\begin{cases}\left[\left(\sum_{p}\pi_{ipt}y_{ipr}^{\rho_i^{RU}}\right)^{\frac{\rho_i^M}{\rho_i^{RU}}}+\sum_{t\neq r}\varphi_{itr}y_{itr}^{\rho_i^M}\right]^{\frac{1}{\rho_i^M}}, & r=t\\ \left[\sum_{t}\varphi_{itr}y_{itr}^{\rho_i^M}\right]^{1/\rho_i^M}, & r=p\end{cases}$$

其中，y_{itr}（y_{ipr}）表示区域 r 从区域 $t(p)$进口的部门 i 产品；π 和 φ 为 CES 函数的份额参数；$\sigma_i^M=1/(1-\rho_i^M)$ 和 $\sigma_i^{RU}=1/(1-\rho_i^{RU})$ 分别为从不同国家和中国不同省份进口的

产品之间的替代弹性。类似地，模型对中国各省（$p=1,2,\cdots,P$）和中国以外的其他地区（$t=1,2,\cdots,T$）的国内生产采用了不同的表示方法，对于部门 i 的进口商品有

$$D_{ir}=\begin{cases}\left[\left(\sum_{p\neq r}\pi_{ipr}y_{ipr}^{\rho_i^{PU}}\right)^{\frac{\rho_i^{DU}}{\rho_i^{PU}}}+\eta_{ir}y_{ir}^{\rho_{ir}^{DU}}\right]^{\frac{1}{\rho_i^{DU}}}, & r=p\\ y_{ir}, & r=t\end{cases}$$

其中，y_{ir} 为区域 r 本地生产的部门 i 产品；η 为 CES 函数的份额参数；$\sigma_i^{DU}=1/(1-\rho_i^{DU})$ 为对于中国各省，本地生产和其他各省调入产品之间的替代弹性；$\sigma_i^{PU}-1/(1-\rho_i^{PU})$ 为对于中国各省，调入产品中来自不同省份产品之间的替代弹性。图 8.6 和图 8.7 表示了上述函数嵌套关系。

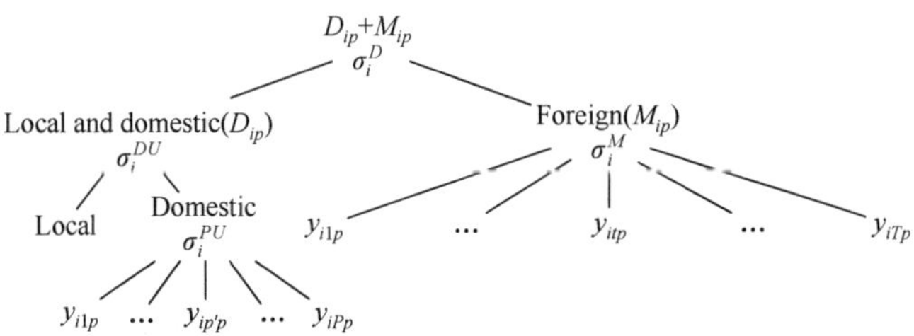

图 8.6　对于中国省份 p 的国内生产与进口产品之间的替代关系

Local and domestic 为国内生产；Foreign 为进口产品；Local 为本省产品；Domestic 为其他省产品

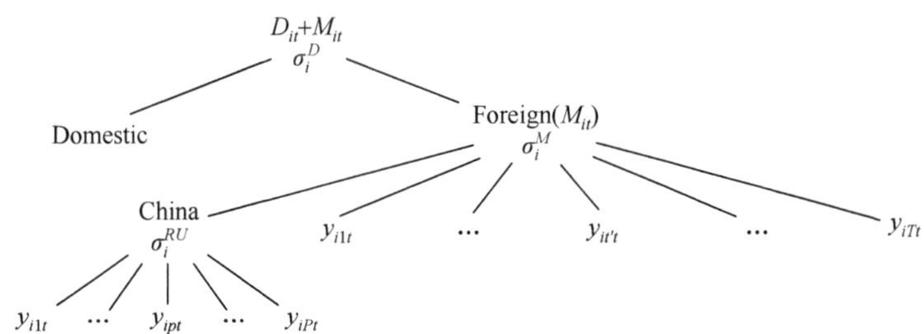

图 8.7　对于中国以外的其他地区 t 的国内生产与进口产品之间的替代关系

8.2.4　均衡、模型闭合与模型求解

消费者通过最大化给定预算下的效用，决定消费、投资与劳动供给，函数表示如下：

$$\max_{\{C_{ir},I_r,N_r\}}U_r\text{s.t.}\sum_i p_{ir}^cC_{ir}+p_r^iI_r+p_r^lN_r=p_r^k\overline{K_r}+p_r^{Vk}\overline{VK_r}+p_{fr}^R\overline{R}_{fr}+p_r^l\overline{L_r}+T_r$$

其中，$p^c,p^i,p^l,p^k,p^{Vk},p^R$ 分别表示家庭消费（含税）、投资、工资、资本租金、

“锁定”资本租金以及资源租金的价格指数；$\overline{K},\overline{VK},\overline{R},\overline{L},T$ 分别表示资本租金、“锁定”资本租金、资源租金、工资以及转移支付等各项收入的基准值。

模型对各要素的流动性假设如下。资源和“锁定”资本在各个区域均不能在行业间流动。对于中国以外的其他地区，劳动和资本可以在不同行业之间自由流动，但不能在地区之间自由流动；对于中国各省，资本可以在不同地区、不同行业之间自由流动，而由于模型主要关注近中期政策问题，在基础版本的模型中，模型假设劳动只能在不同行业之间自由流动，而不能跨省流动。

在给定的产品价格、税率和技术的条件下，生产部门在完全竞争市场的假设下最大化其利润，则产品价格等于边际成本。

模型中政府的主要角色在于税收、公共产品和服务购买以及转移支付。政府收入 $\mathrm{GOV}_r = \mathrm{TAX}_r - \sum_r T_r - B_r$，其中，$\mathrm{TAX}_r, \sum_r T_r, B_r$ 分别表示税收收入、转移支付以及初始收支账户平衡项。政府对于公共产品和服务的需求为 $\mathrm{GD}_r = \mathrm{GOV}_r / p_r^G$，其中，$p_r^G$ 表示政府消费的价格指数。

供给弹性为零的要素的市场出清条件较为直观，以下显示了其他各产品、要素的市场出清条件。

（1）国内生产产品的供应等于生产者、消费者以及投资和政府对国内生产产品需求的总和。

$$D_{ir} = \mathrm{ZD}_{ir} + \mathrm{CD}_{ir} + \mathrm{ID}_{ir} + \mathrm{GD}_{ir}$$

（2）通过进口产品的供应等于生产者、消费者以及投资和政府对进口产品需求的总和。

$$M_{ir} = \mathrm{ZM}_{ir} + \mathrm{CM}_{ir} + \mathrm{IM}_{ir} + \mathrm{GM}_{ir}$$

（3）不同区域间的贸易平衡。

$$\sum_p \sum_r y_{ipr} \sum_t \sum_r y_{itr} = \sum_p \sum_r y_{irp} + \sum_t \sum_r y_{irt}$$

（4）劳动力供给等于需求。

上述模型通过混合互补问题（mixed complementarity problem，MCP）进行建模[6, 7]。模型刻画零利润和市场出清两类互补松弛条件。其中，前一类条件决定了活动水平向量；后一类条件决定了价格向量。模型在 GAMS 中以 MPSGE[8]语言书写，通过 PATH[9]求解器求解非负的活动水平与价格向量。

8.2.5 弹性系数选择

同大多数经典 CGE 模型类似，模型通过基期（2007 年）能源经济数据的价格与价值量来校核各份额系数及活动量。生产函数与消费偏好函数中的替代弹性取值见表 8.1。

表 8.1　生产函数与消费偏好函数中的替代弹性取值

参数	何种投入之间的替代	取值
σ_{en}	各能源投入（电力除外）	1
σ_{enoe}	能源-电力	0.5
σ_{eva}	能源/电力-增加值	0.5
σ_{va}	资本-劳动	1
σ_{klem}	资本/劳动/能源-其他中间投入	0
σ_{cong}	电力生产中煤/油-天然气	1
σ_{co}	电力生产中煤-油	0.3
σ_{hr}	水电生产中资源-其他投入	校核值
σ_{nr}	核电生产中资源-其他投入	校核值
σ_{wr}	风电生产中资源-其他投入	校核值
σ_{resr}	其他使用专门资源行业中资源-其他投入	0.5
σ_{ct}	家庭消费中交通-非交通产品与服务	1
σ_{ec}	家庭消费中能源-非能源产品与服务	0.25
σ_{c}	家庭消费中各非能源产品与服务	0.25
σ_{ef}	家庭消费中各能源产品与服务	0.4
σ_{l}	休闲-物质消费	1

注：$\sigma_{hr}, \sigma_{nr}, \sigma_{wr}$ 取值均需要通过价格供给弹性来估计，由于缺乏中国各省相关资源数据，在模型的基础版本中，这些弹性参考 EPPA 模型设定。模型的扩展版本对这些参数的取值进行了详细的讨论，在此不详述。部分参数因为没有中国实证研究校核参数，所以参考 EPPA 模型参数取值，而在大多数情况下，取值不影响政策分析中不同情景的福利损失排序

Armington 替代弹性取值见表 8.2。由于缺乏对 σ_i^{RU}、σ_i^{DU}、σ_i^{PU} 取值的实证性研究，采用嵌套函数每层替代弹性等于上一层替代弹性的两倍这一经验性原则进行取值。通过这一假设，模型一定程度上模拟了“边界效应”。例如，对于中国各省，来自其他不同省份的调入产品之间的替代弹性大于本地生产与外省调入的产品之间的替代弹性，大于国内生产与进口产品之间的替代弹性[①]。

① 尽管对所有部门应用这一同样的假设并不是最理想的方案，但在目前数据可获性的条件限制下，该方案较为可行。在未来的研究中，模型可通过利用更多实证性研究来支撑改进参数的设定，或通过敏感性分析来量化这一假设对结果的影响程度。

表 8.2　Armington 替代弹性取值

参数	何种投入之间的替代	取值
σ_i^D	本国生产与进口产品	基于 GTAP 8 取值
σ_i^M	来源于不同地区的进口产品	基于 GTAP 8 取值
σ_i^{RU}	对于中国以外的其他地区，进口来自于中国各省的产品	$2\sigma_i^M$
σ_i^{DU}	对于中国各省，本省生产与外省调入产品	$2\sigma_i^D$
σ_i^{PU}	对于中国各省，调入来自于不同省份的产品	$2\sigma_i^{DU}$

在之后章节的政策分析中，根据不同研究需要，可以对不同的替代弹性进行敏感性分析，以保证模拟结果的稳健性。

8.3　模型分析政策案例

本章在之前模型描述的基础上，分别针对近期节能减排政策的目标设置和机制设计问题开展详细的分析讨论，具体包括：建立全国性碳排放权交易市场对于实现近期减排目标的影响，以消费内涵排放为基准分解近期减排目标对于全国及区域经济、能源和排放的影响，建立全国性碳排放权交易市场中初始碳排放权分配的公平性问题，以及有关能源消费总量控制政策的具体设计等问题①。

8.3.1　政策背景

“十二五”期间，我国首次提出了单位 GDP CO_2 排放下降 17%的国家减排目标，并与节能指标一样，将减排目标分解到了各省，各省目标为 10%～19.5%，如表 8.3 所示。目标的分解有利于各级政府和部门形成对于节能减排工作的共识，提高对于节能减排工作的重视程度，同时能够综合考虑各地区之间自然条件、资源禀赋和发展水平的巨大差异，以达到各地区统筹协调发展的目的。

① 由于开展不同政策分析工作时模型版本也在不断更新，应用于本章的模型版本区域、部门聚合情况与前面介绍的基础版本可能略有不同，详见各节分析对应的作者发表或完成的论文。例如，为利用投入产出表中“燃气生产与供应业”，若干模型版本中对由煤炭、石油和天然气部门产生的燃气（fuel gas）单独表示。

表 8.3　“十二五”期间各地区单位 GDP CO_2 排放下降指标[10]

单位 GDP CO_2 排放下降/%	地区
19.5	广东
19	天津、上海、江苏、浙江
18	北京、辽宁、山东、河北
17.5	福建、四川
17	山西、吉林、安徽、江西、河南、湖北、湖南、重庆、陕西
16.5	云南
16	内蒙古、黑龙江、广西、贵州、甘肃、宁夏
11	海南、新疆
10	青海、西藏

在约束性的强度目标基础上，《能源发展“十二五”规划》[11]还明确了强度和总量双控制的原则，提出对能源消费总量控制这一预期性目标，反映了我国节能减排工作的巨大决心。合理地进行能源总量控制的目标设置和机制设计，对于政策的有效实施非常重要。在总量控制政策制定的过程中，曾有围绕煤炭消费总量控制和化石能源消费控制的选择、如何具体设计消费控制方案、分析不同省份可能受到的影响以及协调能源消费总量控制和处于试点中的碳排放总量控制与交易关系等问题的讨论。

讨论这些节能减排政策的目标设置和机制设计及其对于各省的影响等问题需要建立在充分了解考虑各省特点的基础上。

相对于中、西部省份，东部沿海省份总体上拥有相对较高的人均 GDP、较高的 CO_2 排放和较低的单位 GDP CO_2 排放，反映出东部沿海省份人口相对密集、生活较为富裕，且生产技术相对先进。

通过多区域投入产出（multi-regional input-output，MRIO）分析方法，基于中国分省能源平衡表和投入产出表，可以更为详细地量化不同省份能源生产和消费情况的一些差异。图 8.8 显示了各省电力和热力供应部门全生命周期消耗的化石能源量，反映出各省能源生产情况的巨大差异。例如，青海、广西、湖北等省份水电资源丰富，生产单位电力消耗的化石能源量较少，而内蒙古等以煤为主的省份消耗的化石能源量则较高。

图 8.9 显示了各省终端消费内涵的能源量及各省的能源强度，反映出各省能源消费情况的巨大差异。例如，青海、宁夏等西部省份虽然终端消费较小，但能源强度较大，能源利用效率较低，而山东、广东等东部省份虽然终端消费较大，但能源强度较小，能源利用效率较高。

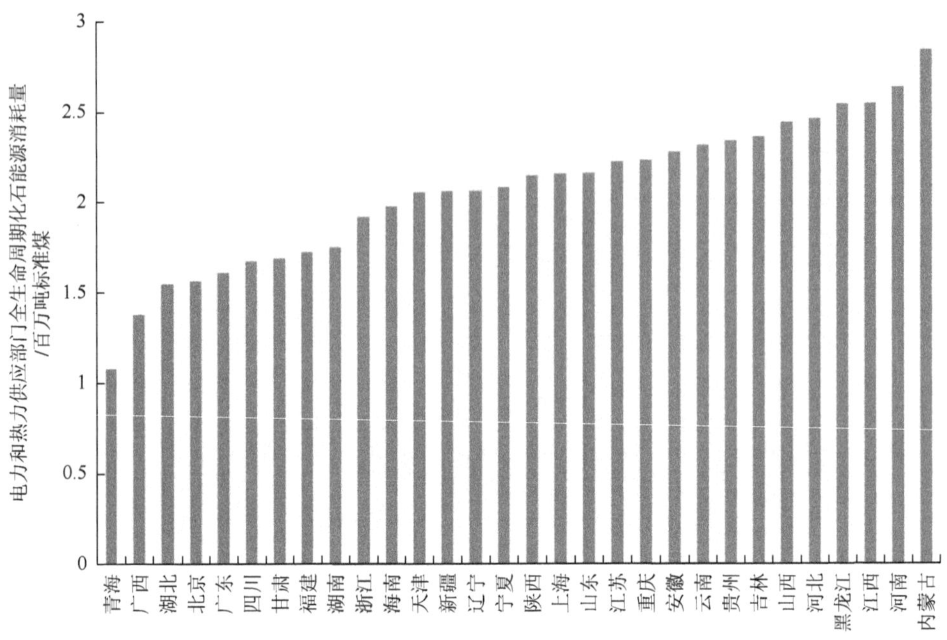

图 8.8　各省电力和热力供应部门全生命周期消耗的化石能源量

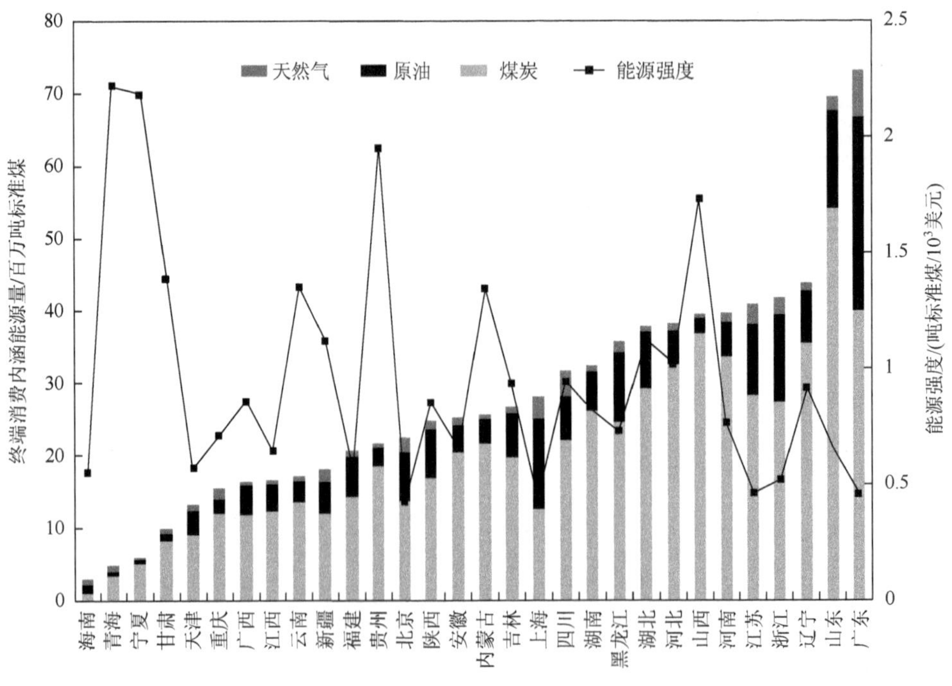

图 8.9　各省终端消费内涵能源量及各省能源强度比较

因此，利用分省模型研究以上述及的各项政策问题十分必要。

8.3.2　建立全国性碳排放权交易市场的影响评估

1. 政策背景与情景设计

目前，碳排放权交易试点工作已在我国七省市开展，全国性碳排放权交易市场的建立也正在讨论之中。需要指出的是，如果不建立全国统一的 ETS，即使各省都建立自己的碳排放权交易市场，也仍存在很大的经济效率和公平性改进空间。下面通过模型模拟比较以下两个情景的能源使用、居民福利变化[①]等指标，并讨论建立全国性碳排放权交易市场对全国及各省层面的影响。

情景一：各省建立各自独立的碳排放权交易市场情景（以下简称分省情景，PT）：在我国 30 个省份建立各自覆盖各生产部门和终端消费的区域性碳排放权交易市场，总排放权的发放额度基于"'十二五'各地区单位 GDP CO_2 排放下降指标"划定。

情景二：建立全国统一碳排放权交易市场情景（以下简称全国情景，NT）：打破省之间的界线，建立全国一体化的 ETS，允许碳排放权在不同省份之间买卖。

分省情景下，各省需要完成分省单位 GDP CO_2 排放目标，省间不允许进行碳排放权交易；全国情景下，各省根据基期的 CO_2 排放，按同样比例获得一定碳排放权（排放权通过拍卖形式发放，拍卖收入将通过转移支付形式成为居民收入的一部分），碳排放权在各省之间可以进行交易，各省不需要完成确定的单位 GDP CO_2 排放目标，但全国的单位 GDP CO_2 排放需降低 17.4%（与模型模拟分省情景下全国单位 GDP CO_2 排放的下降幅度相同，以保证两个情景的可比性）。在模型中，减排政策通过内生碳税形式实现。模型能够对碳税水平进行自动调整，以实现情景设定的减排目标。

2. 模型主要结果

模型结果显示，分省情景的全国平均居民福利损失为 1.5%，而全国情景由于减排目标设定灵活，各省减排成本较低的减排机会能够得到充分利用，全国平均居民福利损失为 1.2%，比分省情景要低 20%。能源使用情况方面，两个情景的化石能源消费下降了约 18%，而煤炭消费下降了约 25%，同时，水电、核电和风电等非化石能源利用增加了约 25%。

两个情景的模型结果在分省层面显示出了较大的差异。由于存在可观的成本较低的减排机会，一些在分省情景中碳强度目标较低的省份（如宁夏、贵州等）

① 居民福利变化指相对于基准情景，家庭收入的等价变换（equivalent variation）。

在全国情景中的碳强度下降幅度较大，而一些在分省情景中碳强度目标较高的省份（如山西、北京、江苏等）在全国情景中则不需实现较大幅度的碳强度下降，如图 8.10 所示。

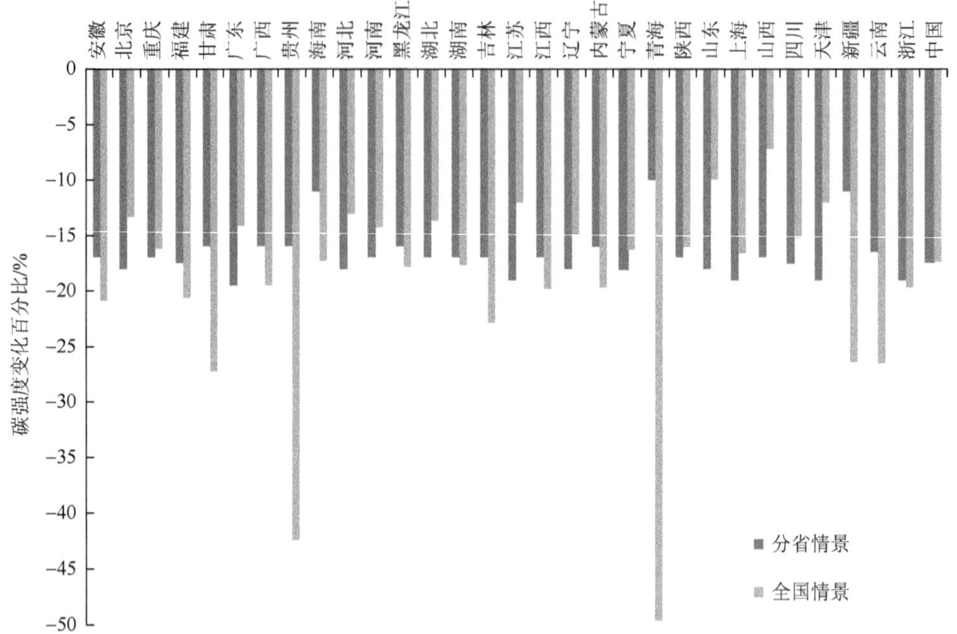

图 8.10　分省情景和全国情景下全国平均及各省的碳强度下降幅度

各省的能源消费在分省情景下的变化情况如图 8.11 所示。可以看出，由于提升能源和能源替代（如发电/供热环节的煤改气）提供了成本较低的减排机会，煤炭使用在所有能源消费中受到的影响最大。

对于居民福利变化，各省情况差异同样较大，如图 8.12 所示。一些省份的居民损失较为显著（如作为煤炭主要生产省份的山西和碳强度已经较低但减排目标仍然较高的北京、天津、江苏、浙江等）。一些省份（如宁夏、贵州等）在全国情景下居民福利的显著上升可以部分归因于其碳强度较高，具有可观的成本较低的减排机会，能够通过向其他省份出售碳排放权来获得一定收入。

为方便比较两个情景下不同地区的居民福利损失情况，本书在国家统计局“东西中部和东北地区划分方法”的基础上略作调整（根据部分地区近年人均 GDP 变化情况），将全国划分为东部、中部和西部三个区域。其中，东部包括北京、天津、河北、辽宁、上海、江苏、浙江、福建、山东、广东和海南；中部包括山西、内蒙古、吉林、黑龙江、安徽、江西、河南、湖北和湖南；西部包括广西、重庆、四川、贵州、云南、西藏、陕西、甘肃、青海、宁夏和新疆。

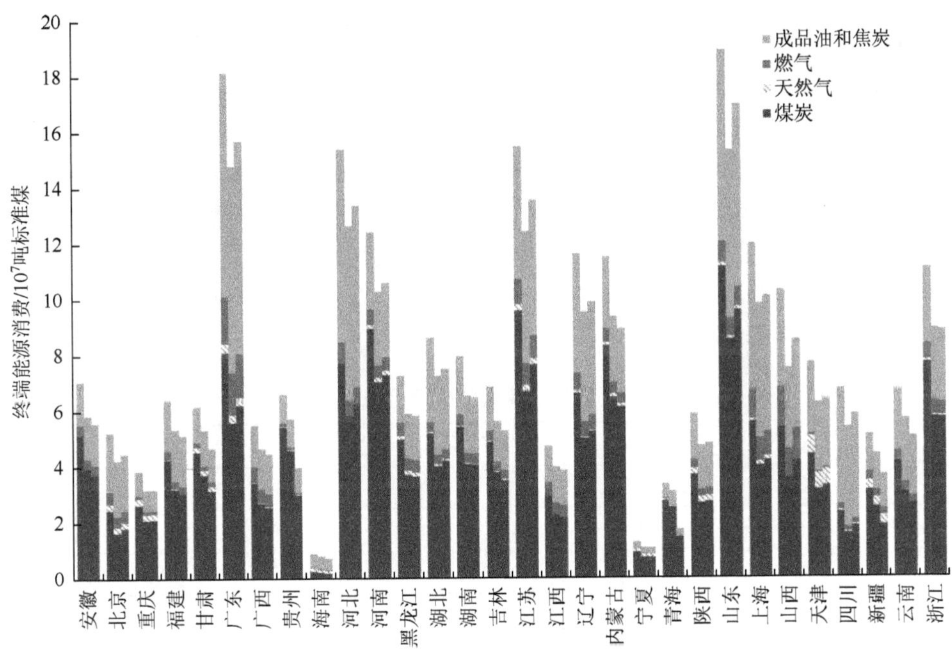

图 8.11　分省情景各省的能源消费变化情况

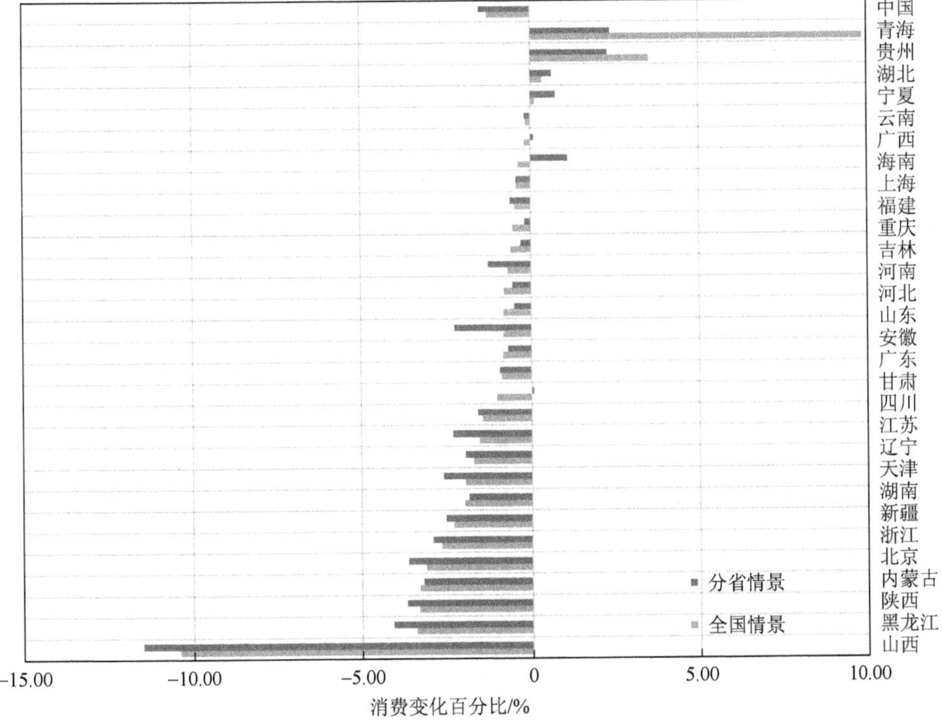

图 8.12　分省情景和全国情景下全国平均及各省的居民福利变化情况

虽然单位 GDP CO_2 排放下降指标在分解时已经对于中、西部地区有所倾斜，中、西部地区的碳排放下降指标总体来讲小于东部地区，但是由于中、西部地区是资源及原材料的主要输出区域，由减排造成的能源消费减少而受到的冲击相对于东部地区更大。在分省情景下，中部地区居民福利损失达到 2.2%，西部地区居民福利损失达到 1.4%，而东部地区居民福利损失为 0.9%；而在全国情景下，东部地区将向中、西部地区购买碳排放权，其中的“溢价”部分将有效地增加中、西部地区收入，缩小地区间居民福利变化差距，西部地区居民福利损失减小至 0.9%，与东部地区居民福利损失（0.7%）接近，中部地区居民福利损失也减小至 1.9%，如表 8.4 所示。

表 8.4　分省情景与全国情景下不同区域的居民福利变化　（单位：%）

区域	分省情景	全国情景
东部	−0.9	−0.7
中部	−2.2	−1.9
西部	−1.4	−0.9

分省情景下，各省完成国家下达的碳排放指标的边际减排成本仍有很大的不同，如图 8.13 所示。分省情景下，由于各省之间碳排放权交易市场是相互独立的，没有连接，各省的碳排放权交易市场形成了各自不同的交易价格。在西部地区，边际碳排放减排成本相对较低，国家下达的碳减排指标也相对较宽松，

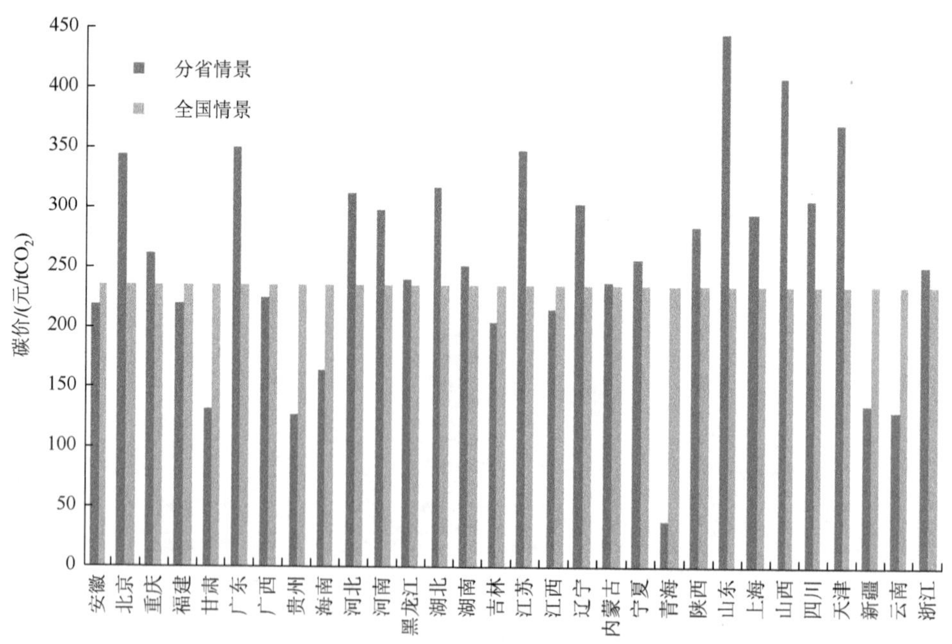

图 8.13　分省情景和全国情景下各省的碳排放权交易价格情况

西部省份的碳排放权交易价格相对较低，如青海省的碳排放权交易价格为全国最低（然而，青海在分省情景下的减排目标也为全国最低）。与之相反，在东部地区，边际碳排放减排成本相对较高，国家下达的碳减排指标也相对较紧，东部省份的碳排放权交易价格相对较高。建立起全国统一的 ETS 后，形成全国统一的碳价，为 235 元/tCO_2。

模型同样能够量化中国以外的其他地区的排放与居民福利变化情况。由于情景中模拟的减排幅度不大，中国以外其他地区受到的影响也较为有限，详见表 8.5。然而，随着中国经济规模的进一步增长和对外贸易的进一步扩大，中国未来有可能实施的较为严格的减排政策将可能对其他地区产生更为显著的影响。

表 8.5　分省情景和全国情景下中国及其他地区各项指标的变化情况（单位：%）

国家或地区	碳强度	碳排放	居民福利变化
中国（分省情景）	−17.4	−18.8	−1.5
美国（分省情景）	0.2	0.3	0.0
欧洲（分省情景）	0.2	0.3	0.0
世界其他地区（分省情景）	0.5	0.5	0.0
中国（全国情景）	−17.4	−18.6	−1.2
美国（全国情景）	0.2	0.2	0.0
欧洲（全国情景）	0.2	0.2	0.0
世界其他地区（全国情景）	0.5	0.5	0.0

3. 电价管制影响与敏感性分析

目前国内电价仍受到价格主管部门管制，没有放开自由浮动，因此在模型中测试了我国电力市场的这一特点对于模型结果的影响。通过在模型中引入使电价固定在基准水平的内生电价补贴，分别模拟了分省情景下，各省居民电价、工业电价均固定和只有居民电价固定两个情景。对于对居民电价和工业电价均进行补贴的完全补贴情景（PT_ELEALL），假设补贴来自于政府预算；对于只对居民电价进行补贴的居民补贴情景（PT_ELERES），假设补贴通过增加工业用电成本这一“交叉补贴”的形式筹集。模型主要结果如表 8.6 所示，可以看到两个补贴情景通过影响电价对 CO_2 排放及单位 GDP CO_2 排放均产生了影响。同时，由于本应升高的电价信号受补贴而扭曲，福利损失相对于分省情景也较大。

表 8.6　分省情景下两个电价补贴情景全国平均的各项指标变化情况（单位：%）

指标	PT	PT_ELEALL	PT_ELERES
碳强度	−17.4	−17.4	−17.5
碳排放	−18.8	−18.7	−19.2
居民福利变化	−1.46	−1.62	−1.56

在模型中还对几项可能的重要参数进行了敏感性分析，各项结果如表 8.7 所示。对“锁定资本”在各行业所有资本中所占比例进行了测试。由于模型重点考虑政策的短期效应，“锁定资本”的比例可能较高，在“高锁定成本”假设下，“锁定资本”比例提高了 50%；考虑到未来可能在中国发生的“页岩气革命”，参考美国同类研究[12]，在“高天然气供应”假设下，将中国未来天然气的价格供给弹性提升 4 倍。从模型结果可以看出，较高的“锁定资本”比例将一定程度上增加居民损失，显示出规避“锁定效应”的重要性；而较高的天然气供给弹性对结果的影响较为有限，说明由于天然气目前在能源结构中占比较为有限，实现大规模的替代还需时日。还进一步测试了 Armington 弹性和能源-中间投入替代弹性取值（增大 1 倍或减为 1/2）的影响，结果显示其影响较为有限，说明分析的主要结论具有较强的稳健性。

表 8.7　模型几项可能的重要参数敏感性分析结果

情景	指标	基准	高锁定成本	高天然气供应
分省情景	碳强度	−17.4	−17.5	−17.4
	碳排放总量	−18.6	−19.7	−18.8
	居民福利变化	−1.2	−2.4	−1.5
全国情景	碳强度	−17.4	−17.4	−17.4
	碳排放总量	−18.6	−19.0	−18.6
	居民福利变化	−1.2	−1.7	−1.2
情景	指标	基准	高 Armington 弹性	低 Armington 弹性
分省情景	碳强度	−17.4	−17.4	−17.4
	碳排放总量	−18.6	−18.4	−18.5
	居民福利变化	−1.2	−1.1	−1.2
情景	指标	基准	高化石能源供应	低化石能源供应
分省情景	碳强度	−17.4	−17.4	−17.4
	碳排放总量	−18.6	−18.6	−18.7
	居民福利变化	−1.2	−1.2	−1.2

续表

情景	指标	基准	高其他消费-能源消费替代	低其他消费-能源消费替代
全国情景	碳强度	−17.4	−17.4	−17.4
	碳排放总量	−18.6	−18.7	−18.6
	居民福利变化	−1.2	−1.1	−1.2

参 考 文 献

[1] 国家统计局国民经济核算司. 中国地区投入产出表 2007. 北京：中国统计出版社，2011.

[2] Center for Global Trade Analysis，Purdue University. Global Trade，Assistance，and Production：The GTAP 8 Data Base. https: //www.gtap.agecon.purdue.edu/databases/v8/v8_doco.asp[2013-01-19].

[3] Rausch S，Metcalf G E，Reilly J M. Distributional impacts of carbon pricing：A general equilibrium approach with micro-data for households. Energy Economics，2011，33：S20-S33.

[4] Paltsev S，Reilly J M，Jacoby H D，et al. 2005. The MIT Emissions Prediction and Policy Analysis（EPPA）Model：Version 4. http: //globalchange.mit.edu/files/document/MITJPSPGC_Rpt125.pdf[2013-03-04].

[5] Wing I S. The synthesis of bottom-up and top-down approaches to climate policy modeling：Electric power technologies and the cost of limiting US CO_2 emissions. Energy Policy，2006，（34）：3847-3849.

[6] Mathiesen L. Computation of economic equilibria by a sequence of linear complementarity problems. Mathematical Programming Study，1985，23：144-162.

[7] Rutherford T F. Extension of GAMS for complementarity problems arising in applied economics. Journal of Economic Dynamics and Control，1995，19：1299-1324.

[8] Rutherford T F. Applied general equilibrium modeling with MPSGE as a GAMS subsystem：An overview of the modeling framework and syntax. Computational Economics，1999，14：1-46.

[9] Ferris M C，Pang J S. Complementarity problems in GAMS and the path solver. Journal of Economic Dynamics and Control，2000，24：165-188.

[10] 国务院. 国务院关于印发“十二五”控制温室气体排放工作方案的通知. http: //www.gov.cn/zwgk/2012-01/13/content_2043645.htm[2013-04-15].

[11] 国务院. 国务院关于印发能源发展“十二五”规划的通知. http: //www.nea.gov.cn/2013-01/28/c_132132808.htm [2013-04-15].

[12] Brown S P，Gabriel S A，Egging R. Abundant shale gas resources：Some implications for energy policy. http: //www.rff.org/RFF/Documents/RFF-BCK-Brownetal-ShaleGas.pdf[2012-08-01].

第 9 章　海南省低碳发展下的核电发展研究①

9.1　海南省能源消费与碳排放特点及面临的挑战

9.1.1　海南省的经济发展水平在全国仍处于中等偏下水平

海南省自建省以来经济快速发展，地区生产总值（GDP）由 1988 年的 179 亿元增加到 2012 年的 2523 亿元（按 2010 年不变价测算），年均增速为 11.7%；同期人均 GDP 由 2857 元/人增加到 25 470 元/人，年均增长 9.5%（图 9.1）。海南省的经济发展与人均 GDP 基本保持同步发展的趋势[1]。

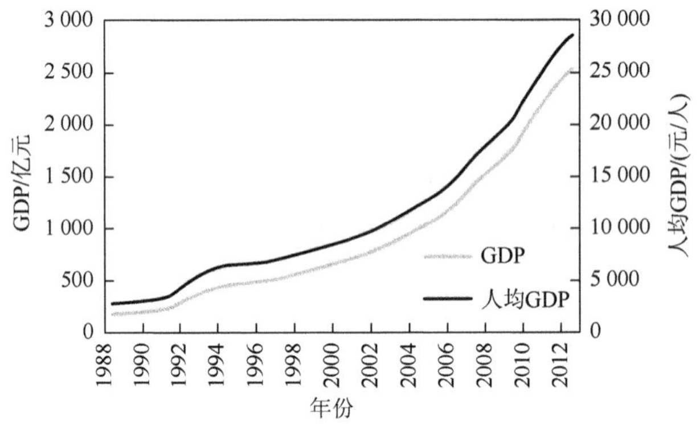

图 9.1　海南省 GDP 总量及人均 GDP（2010 年不变价）

资料来源：《海南统计年鉴 2013》

与其他省份和地区相比，海南省的经济发展水平在全国仍处于中等偏下水平，如何促进海南省未来经济的健康、持续、快速发展是海南省面临的重要挑战。据统计，2012 年海南省 GDP 占全国总量的 0.50%，常住人口占全国总人口的 0.65%，人均 GDP 水平明显低于全国平均水平，属于发展程度较低的地区（图 9.2）[2]。与全国发展水平较高的北京、上海、天津等地区相比较，海南省的人均 GDP 仅为其 1/3。

① 本章作者：周剑、王宇、何晓宜。

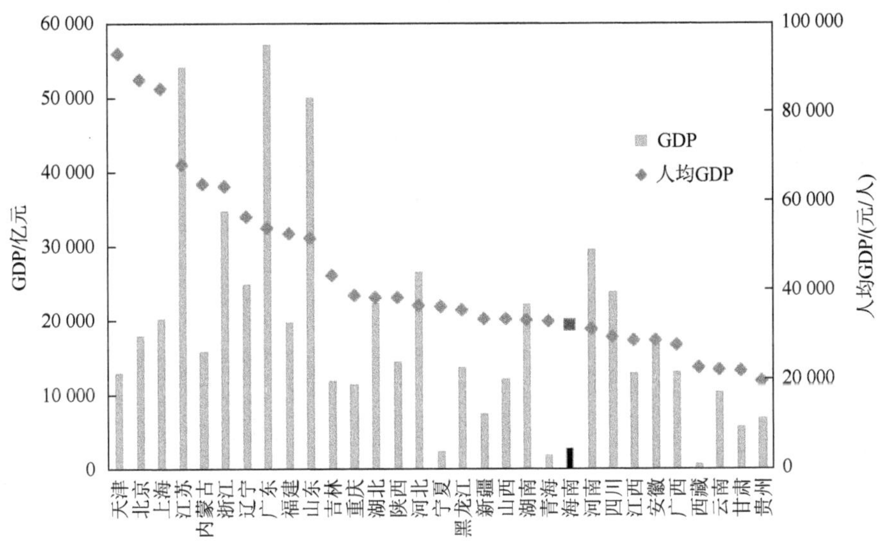

图 9.2　全国各地区 GDP 与人均 GDP 比较

资料来源：根据《中国统计年鉴 2013》数据计算得到

海南省经济结构以第三产业为主，其占 GDP 的份额由 1988 年的 31.6%提高到 2012 年的 46.9%，而之前在 GDP 中占较大份额的第一产业的发展速度相应放缓，所占份额由 1988 年的 50.0%迅速降低到 2012 年的 24.9%[1]；工业在此期间占 GDP 的份额基本呈现出先下降后上升的趋势，目前在 GDP 中所占的份额保持在 18%～19%；建筑业占 GDP 的份额则从 1988 年的 5.4%上升到 2012 年的 9.9%，尤其在海南国际旅游岛建设上升为国家战略后，发展速度明显加快（图 9.3）。

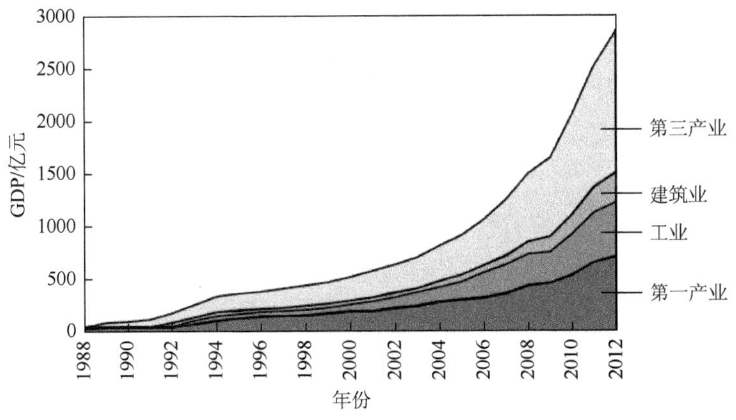

图 9.3　海南省 GDP 的构成状况

资料来源：《海南统计年鉴 2013》

海南省常住人口以每年 9 万人左右的规模增长，其总量由 1988 年的 627 万人增加到 2012 年的 887 万人，增加了 41.5%。同时，海南省城镇化水平仍处于较低水平，2012 年非农人口占总人口的 38%，远低于全国 51%的平均水平（图 9.4），因此可以预见在未来城镇化过程中能源需求将大幅度增长。

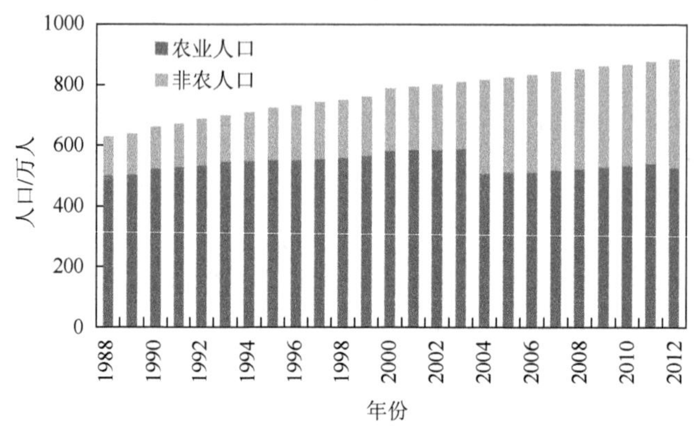

图 9.4 海南省人口增长及城镇化率

资料来源：由海南省统计局提供

9.1.2 能源消费快速增长

“十一五”期间海南省能源消费总量以年均 15.5%的增长率持续、快速增长。2012 年，海南省能源消费总量达到 1688 万吨标准煤，较 2005 年的 822.2 万吨标准煤翻了一番；其中，煤炭、石油、天然气消费量分别是 616.22 万吨标准煤、594.47 万吨标准煤和 383.92 万吨标准煤。

从能源结构角度分析，海南省能源结构优于国家平均水平。海南省煤炭和石油消费量各占一次能源消费总量的 1/3 左右，天然气消费量约占 23%，非化石能源占 5%～6%。海南省 1991～2012 年的能源消费总量及构成如图 9.5 所示。

2008～2012 年，海南省第一产业约占全省能源消费总量的 10%，而居民生活能源消费消费量呈现快速增长的趋势，从 2008 年的 85.54 万吨标准煤增加到 2012 年的 154.25 万吨标准煤；第二产业中工业能源消费约占全省能源消费总量的 50%，其能源消费强度显著高于其他部门；第三产业能源消费量约占全省能源消费总量的 30%，其中交通运输仓储邮政业的能源消费占第三产业的 2/3 左右（图 9.6）。

9.1.3 能源强度基数较低，未来下降空间十分有限

从能源强度的角度分析，海南省的能源强度变化与全国的能源强度变化趋势类似——在经过 21 世纪最初几年的能源强度上升之后，于“十一五”期间开始呈

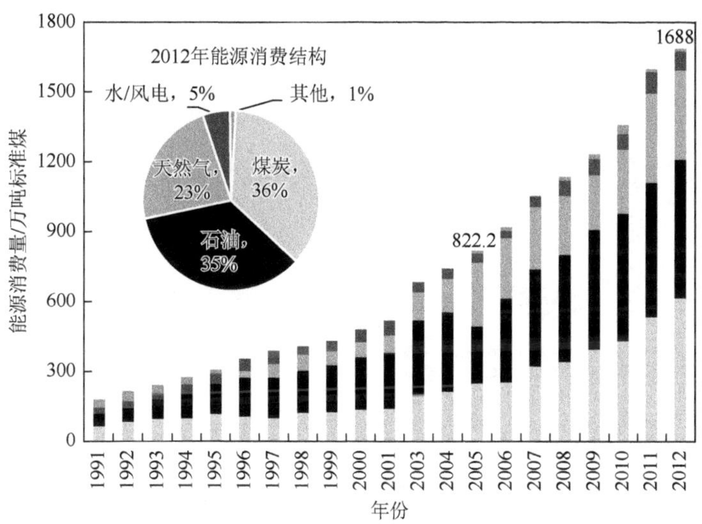

图 9.5　海南省一次能源消费总量及构成

资料来源：《海南统计年鉴 2013》

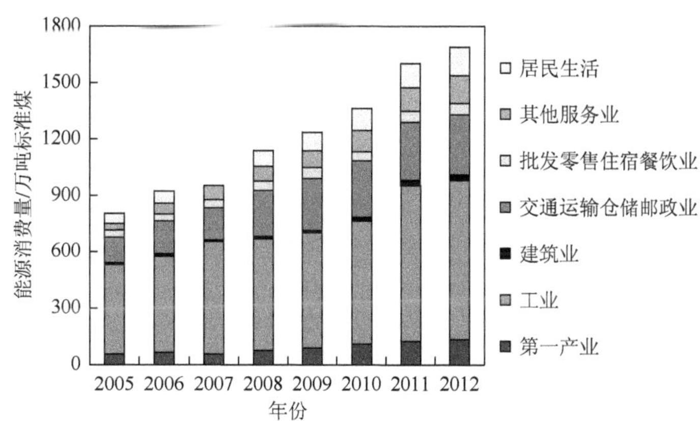

图 9.6　海南省分部门能源消费量（2005～2012 年）

资料来源：《海南统计年鉴 2013》

现出明显下降的趋势。2010 年，海南省的能源强度为 0.658 吨标准煤/万元，比 2005 年下降了 12%[1]，但在“十二五”的前两年中出现了较大反弹。2012 年，海南省的能源强度为 0.669 吨标准煤/万元（2010 年不变价），第二产业，尤其是工业部门能源强度的变化是海南省总体能源强度产生波动的主要原因（图 9.7）。

与全国其他地区相比较，海南省的能源强度在全国仍处于较低水平（全国第八位，见图 9.8）[2, 3]。这一方面反映了海南省未来能源强度下降空间十分有限；另一方面，由于海南省工业在 GDP 总量中的份额占比不到 20%，未来的工业化道路将面临更大的来自节能和控制温室气体排放的制约与挑战。

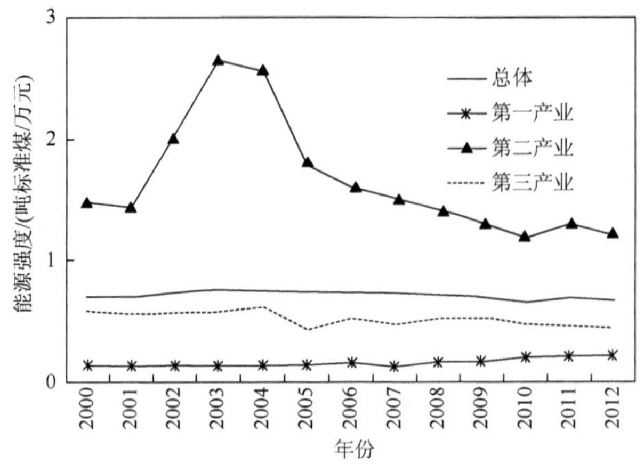

图 9.7　海南省能源强度变化趋势（2000～2012 年）

资料来源：根据《海南统计年鉴》中能源消费量及 GDP（2010 年不变价）计算得出

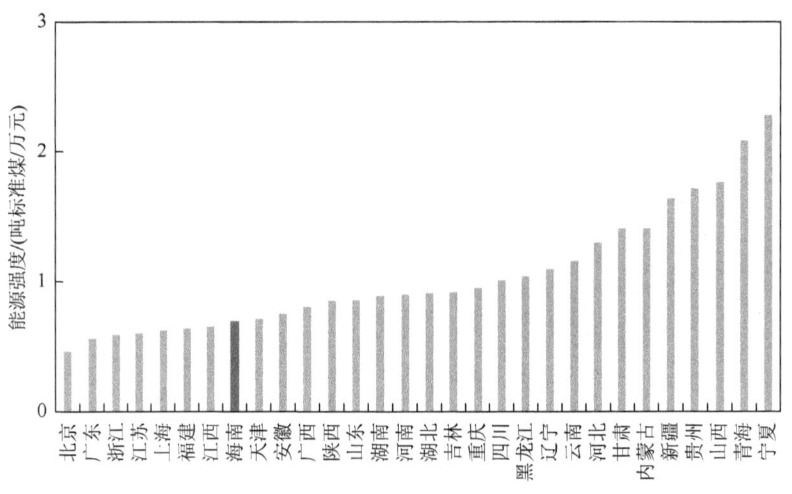

图 9.8　全国各地区能源强度（2011 年）

资料来源：《中国统计年鉴 2013》

2014年9月2日国家发改委公布了2013年度各地区节能目标责任评价考核结果，安徽、海南、重庆、青海、宁夏等 5 个省（自治区、直辖市）为基本完成等级。海南省在全国排名靠后，节能减排目标责任评价考核有较大的压力。

9.1.4　海南省可利用的一次化石能源资源匮乏，未来可提升的空间十分有限

海南省可利用的一次化石能源资源匮乏。尽管“十一五”期间海南省的化石

能源生产能力有所提高，但未来可提升的空间十分有限。特别是从 2010～2012 年的数据来看，海南省的化石能源生产增长速度明显落后于其能源消费需求增长，未来的新增能源需求将主要依靠从岛外调入（表 9.1）。

表 9.1　化石能源本省生产数据

年份	煤炭	原油/万 t	天然气/亿 m^3
2005	—	0.03	1.66
2006	—	9.27	1.42
2007	—	10.66	1.68
2008	—	12.05	1.92
2009	—	18.36	1.54
2010	—	19.96	1.84
2011	—	19.66	1.95
2012	—	18.96	1.80

1. 煤炭

海南省的煤炭资源储量较少，其所需煤炭基本全部从省外和境外调入。对于未来的新增煤炭需求，省外调入部分将主要来自于我国的煤炭大省，即山西、内蒙古和陕西，境外调入部分将主要来自越南、印度尼西亚等煤炭资源丰富的国家，煤炭的外省调入量与进口量基本持平。从能源平衡表分析，海南省煤炭资源的 3/4 用于发电，其余的基本用于工业生产。

2. 石油

海南省蕴藏着较为丰富的油气资源，且具有油气外购的区位优势。海南省所辖海域约 200 万 km^2，中国海洋石油总公司的最新勘探显示，海南省的海洋石油储量约 20 亿 t。基于国家和海南省提出将洋浦打造成面向东南亚的航运枢纽、物流中心和出口加工基地的战略目标，目前洋浦港油品码头及配套储运设施项目已经开工建设。未来，洋浦将成为主要的原油、成品油的物流平台，为海南省的石化产业提供资源保证和区位优势。

3. 天然气

海南省天然气资源储量约 50 000 亿 m^3，2010 年天然气探明储量 2610 亿 m^3，年产能 81.74 亿 m^3。依托南海开发战略，环海南天然气管输大动脉将连接南海西部气田，从而缓解未来海南省天然气的增长需求。

9.1.5　海南省电力需求快速增长，常规化石能源的发电方式将给海南省 CO_2 排放指标的考核带来巨大压力

为满足海南省快速增长的电力需求，海南省在稳步控制火电比例的同时，积极发展风电、水电、核电等非化石电力资源。表 9.2 列出了海南省近年来分品种的电力生产情况，2005～2012 年，风电生产量提高了 30 多倍，水电增加了 1 倍，太阳能光伏发电也较 2011 年增长了近 6 倍。

表 9.2　海南省电力生产数据　（单位：亿 kW·h）

发电装机	2005 年	2010 年	2011 年	2012 年
火电	71.55	136.17	158.00	181.89
水电	10.50	21.09	25.53	24.14
风电	0.15	2.41	5.28	4.74
太阳能光伏发电			0.04	0.25

海南省电力消费增速高于全国水平。海南省电力消费总量从 2000 年的 38.37 亿 kW·h 增长到 2012 年的 208.08 亿 kW·h，年均增长率为 15.1%。而同期全国电力消费总量则从 2000 年的 15 606 亿 kW·h 增长到 2012 年的 51 603 亿 kW·h，年均增长率为 10.5%。海南省未来对电力消费的需求将更为强劲，而常规化石能源的发电方式将给海南省 CO_2 排放指标的考核带来巨大压力。

9.1.6　碳排放总量和碳排放强度双增，海南省控制碳排放面临较大压力

根据国家控制温室气体排放试评价考核中核算碳排放的方法，以及海南省能源消费平衡表，可测算海南省 2010～2012 年源自能源活动的碳排放水平。海南省 2010 年的 CO_2 排放总量为 2707.59 万 t，2011 年增加到 3233.62 万 t，2012 年达到 3489.92 万 t；三年相应的万元 GDP 的 CO_2 排放量分别为 1.31tCO_2/万元（2010 年不变价，下同）、1.40tCO_2/万元及 1.38tCO_2/万元，“十二五”的前两年，海南省的 CO_2 排放强度比 2010 年均有增长（表 9.3）。

表 9.3　海南省 CO_2 排放量计算（2010～2012 年）

项目	单位	2010 年	2011 年	2012 年
GDP（2010 年不变价）	亿元	2061.5	2312.03	2522.65
煤炭消费 CO_2 排放	万 tCO_2	1134.41	1409.26	1626.84

续表

项目	单位	2010 年	2011 年	2012 年
油品消费 CO_2 排放	万 tCO_2	1139.84	1195.31	1236.30
气体燃料消费 CO_2 排放	万 tCO_2	452.26	631.51	625.29
外省电力调入蕴涵的 CO_2 排放	万 tCO_2	0.43	1.21	4.71
本省电力调出蕴涵的 CO_2 排放	万 tCO_2	−19.35	−3.67	−3.21
CO_2 排放总量	万 tCO_2	2707.59	3233.62	3489.92
碳强度	tCO_2/万元	1.31	1.40	1.38

9.1.7　海南省具有较好的核电站址资源，是解决未来海南省用电需求快速增长的有效途径之一

1. 水电

海南省水电开发程度较高。海南省水能资源理论储量为 103.88 万 kW，其中可开发量为 89.77 万 kW，截至 2010 年，已开发 75 万 kW，开发度超过 80%，其经济可开发量基本开发殆尽，后续开发规模较小。

2. 风电

海南省风电资源开发规模有限。海南省海上风电技术可开发量约为 425 万 kW，陆地风电技术可开发量约为 206 万 kW，所需技术可开发面积为 638km^2，当前风电装机为 20.5 万 kW。海南省风电资源存在以下特点：风力发电特性与电网用电特性相反，具有明显的反调峰特性；其年利用小时数较低，一般不超过 2000 小时；受气候影响较大，随机性较强，可控性差；陆上风电占地面积需求较大，尤其会占用大量海岸线资源。鉴于上述原因，海南省未来的风电资源开发将以发展海洋风电为主，且其装机容量应与全省电力总量相匹配，不应超过全省电力装机总容量的 10%。

3. 太阳能

海南省平均太阳辐射总量为 4600～5800MJ/m^2，全岛平均日照小时数为 2165 小时，太阳能资源属于二类较丰富地区和三类中等地区。但是，太阳能发电受气候影响较大、随机性强，不宜作为主力电源，只能作为未来的补充能源。分散利用屋顶、墙面等分布式能源建设将是海南省未来太阳能发展的重点方向。

4. 生物质能源

海南省对生物质燃料的资源利用、技术开发和产业化发展十分重视，形成了

《海南省发展生物质能源原料生产基地（土地）调研报告》，并制定了相应的产业发展规划。根据规划，海南省生物质资源丰富，但生物质发电不能成为主力电源，还需要加大沼气利用等非电力的生物质能源利用途径。

5. 其他可再生能源

海南省地理条件较为优越，具有丰富的潮汐能、地热能。尽管这些能源的应用前景很大，但受制于目前的技术水平或经济因素，近期可开发的规模较小。

6. 核能

海南省具有较好的核电站址资源，是解决未来海南省用电需求快速增长的有效途径之一。海南省目前的电网结构属于典型的“大机小网”，近期核电站的建设必须与抽水蓄能等调峰机组建设相一致，远期需要建设南方电网联网工程。与此同时，为解决投资回收问题，必须出台联网工程以及抽水蓄能电站的投资回收机制，建立峰谷电价机制，进一步加大用电侧峰谷电价的引导作用。

为解决核电相应的系统调峰问题，海南省目前适宜的抽水蓄能电站有琼中大丰（60 万 kW）和三亚羊林（120 万～240 万 kW）。其中，琼中大丰规模适合 2×65 万 kW 核电机组投产后的调峰需求，适于近期建设；三亚羊林适合远期建设，可支持配套 230 万～460 万 kW 机组的核电站。

9.1.8　小结：海南省要走低碳发展之路

在国际方面，全球变暖已经是不争的事实，IPCC 第五次评估报告再次强调，当前气候变化主要是由人类活动引起的，并提出了实现控制温升不超过 2℃的目标，这样全球碳排放到 2020 年左右需达峰值，2030 年要比 2010 年下降 15%～40%[4]。然而，如果按目前全球经济发展和能源消费的趋势，2030 年将比 2010 年增加约 30%，全球应对气候变化的形势日益严峻。中国是目前世界上 CO_2 排放最多的国家，并且其能源消费需求还在不断增长，未来全球碳排放空间不足将对中国的发展产生严重影响，也给中国在国际气候谈判带来巨大的压力。

在我国国内，经济社会发展也受到日益强化的资源和环境制约。党的十八大提出进一步加强生态文明建设，党的三中全会又再次强调加快生态文明的制度建设，促进经济发展方式向绿色发展、循环发展和低碳发展转型。为实现这一目标，全国很多地区开始实施碳交易市场试点，并将环境指标和能源消耗指标纳入其考核目标等。目前国家也开始研究对于各省市和地区实行碳排放总量控制的方案，并探讨全国统一碳市场建设的可行性，低碳发展已成为我国发展的一个潮流。

2014 年 8 月 6 日，国家发改委印发《单位国内生产总值二氧化碳排放降低目标责任考核评估办法》的通知，通知提出："建立健全二氧化碳强度降低目标责任评价考核制度，并将二氧化碳排放强度降低指标完成情况纳入各地区（行业）经济社会发展综合评价体系和干部政绩考核体系，是强化政府责任，确保实现'十二五'碳强度降低目标的重要基础和制度保障。"

对于海南省，由于国际旅游岛战略，提出"逐步将海南建设成为经济繁荣发展、生态环境优美、文化魅力独特、社会文明祥和的开放之岛、绿色之岛、文明之岛、和谐之岛"。而且由于海南岛陆地面积有限、环境容量小，对于绿色环保低碳有更高的要求。

同时海南省也面临发展经济、提高工业化城镇化水平、提高人民生活水平、建设国际旅游岛的任务，为了实现这些发展，需要大量的能源消费作为支撑。海南省的发展决不能再按照"高能源消费""高排放"的传统工业化思路发展，更不能走"先高碳后低碳，先污染再治理"的老路，而必须坚定不移地走低碳发展之路。海南省目前迫切需要解决的问题是：在实现经济发展和人民生活水平提高的要求下以及在环境容量和碳排放的约束下，如何探索低碳发展之路。目前，海南省能源强度进一步下降的空间较小，改变能源结构、大力发展低碳能源，如核电，将是保证碳强度大幅度下降的有力抓手。

综上所述，海南省的未来发展既要满足能源需求的不断增长，又要达标碳排放强度考核，走低碳发展之路势在必行。发展核电将可以缓解海南省未来电力需求的紧张局面，既能保证全省的经济发展、提高人民生活水平，还将为海南省摆脱碳排放空间限制争取更多的发展空间。

9.2　碳排放约束管控目标下海南省中长期能源与碳排放测算

9.2.1　情景设定

根据《海南省国民经济和社会发展第十二个五年（2011—2015 年）规划纲要》等重点产业规划，并考虑到由于上述规划公布的时间较早，目前海南省实际的发展状况已经与规划数据存在一定偏差，在情景设置过程中除了考虑海南省按照规划发展的情景，还考虑了海南省未来其他可能的发展路径，并进行相应的情景分析。情景设定的假设条件如表 9.4 所示。

表 9.4　情景设定的主要假设

GDP 增长	2020 年前参考海南省“十二五”规划及相应产业、环境、能源设定的相应目标，结合海南省当前的经济发展现状及国内国际经济发展背景；2021～2030 年基于规划进行趋势外推
产业结构	2020 年前参考海南省“十二五”规划及相应规划设定的产业结构，2021 年开始基于规划发展路径进行趋势外推。第二产业在 GDP 中所占的份额仍保持先上升、后下降的趋势，但总体波动幅度不大
能源供应	一次能源：煤油气的生产规模参照能源发展规划适度增加，不足部分通过外购满足。同时为适应地区终端油品需求，炼油规模适度扩大。 电源结构：对于电力供应的技术构成设定几种情景，主要分析不同核电发展规模对海南省能源供应及相应碳排放的影响。参考海南省电力和能源发展规划，设定不发展核电及发展核电的相应情景。 发电效率：未来火电效率水平与国家平均水平相当
人口	基于历史发展趋势，海南省每年人口增长 9 万人，在“十三五”至“十五五”期间，人口年均增长率分别为 0.8%、0.6%和 0.4%
城镇化率	参考《海南省城镇体系规划（2005—2020）》和《海南城乡总体规划（2005—2020）》，海南省 2020 年城镇化率将达到 60%、2030 年将达到 68%

1. 经济发展及产业结构

根据上述情景设定的主要假设条件，2013～2030 年，将海南省各产业的不同增长速度进行设定，如表 9.5 所示。

表 9.5　不同情景下海南省各产业 GDP 年均增长率

第一产业	第二产业	第三产业
2013～2015 年：5.9% 2016～2020 年：3.6% 2021～2030 年：1.9%	2013～2015 年：10.9% 2016～2020 年：10.4% 2021～2025 年：8.2% 2026～2030 年：5.3%	2013～2015 年：12.0% 2016～2020 年：12.2% 2021～2025 年：8.5% 2026～2030 年：7.3%

根据规划及上面设定的情景，可计算得出 2015 年海南省 GDP 约为 3360 亿元，2020 年将达到 5400 亿元左右，2025 年达到 7760 亿元，2030 年达到 10 400 亿元，如图 9.9 所示。在 2020 年前，海南省的经济年均增长率基本可以保持在 10%的水平，到“十四五”期间经济年均增长率为 7.5%，到“十五五”期间经济年均增长率为 6%。而三次产业之间的比重则是第三产业进一步上升，第一产业在 GDP 中的份额逐步下降，第二产业的比重基本保持不变。

2. 人口及城镇化

国内外发展经验表明，伴随工业化产生的人口聚集效应是城市化发展的根本动力。由于城市人口能源消费是农村人口的 3.5～4 倍，并且城市化进程要求大规模的基础设施和住房建设，这必然会带动建材、冶金等高耗能产业的快速增长，从而导致能源需求的快速增长。

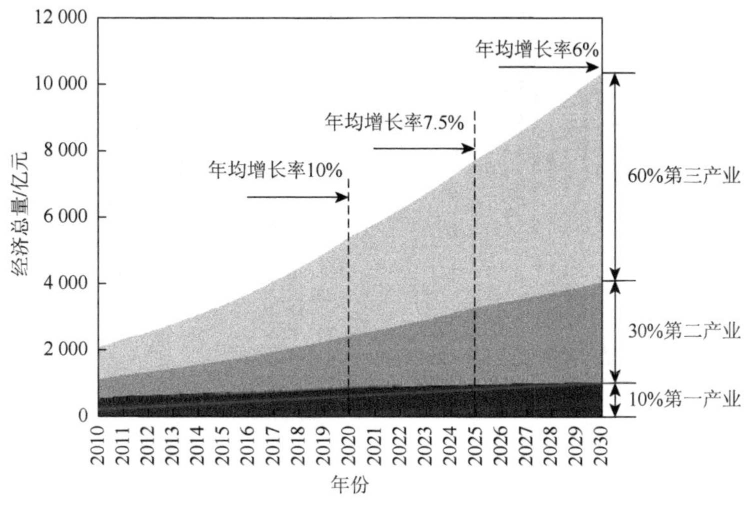

图 9.9　海南省经济总量情景设定

根据《海南省城镇体系规划（2005—2020）》等确立的海南人口发展规模，以及人口增长率和城镇化率提高的历史数据，外推设定海南省 2013～2015 年人口增长率为 1%，2015～2020 年人口增长率为 0.8%，2021～2025 年人口增长率为 0.6%，2026～2030 年人口增长率为 0.4%。基于上述设定，得到海南省 2015 年人口总量达到 913 万人（与海南省“十二五”规划目标基本一致），2020 年人口总量达到 950 万人，2030 年达到 1000 万人。2015 年全省城镇化率达到 50%，城镇总人口为 450 万人左右；2020 年全省城镇化率达到 60%，城镇总人口达 582 万人左右。海南省要形成“特色突出、文明生态、集约发展、功能一体”的现代城乡体系，目标在 2020 年城镇化率达到 60%，2030 年达到 68%，城镇化质量处于全国领先水平。同时，有研究表明，随着经济水平的发展和人类社会的进步，家庭规模趋向简单化。到 2020 年，按照每户人口数 3 人计算，海南省家庭户数将达到 330 万户；2030 年，若海南每户人口数降至 2.6 人，则家庭总户数将达到近 400 万户。海南省人口规模、城镇和农村家庭户数及家庭规划如图 9.10 所示。

9.2.2　方法学简介

海南省能源消费与碳排放量测算是在构建“LEAP 模型”的基础上，采用自底向上的、分部门的研究方法，分部门进行情景分析，并将各产业，尤其是制造业的能源强度与先进水平进行比较，从而分析海南省能源消费与碳排放量的变化趋势。具体的研究框架如图 9.11 所示。

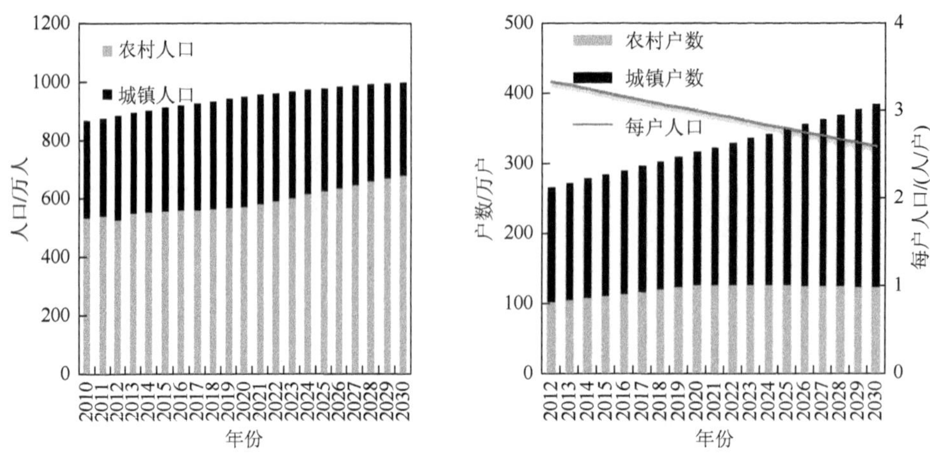

图 9.10　海南人口规模及预测（2010～2030 年）

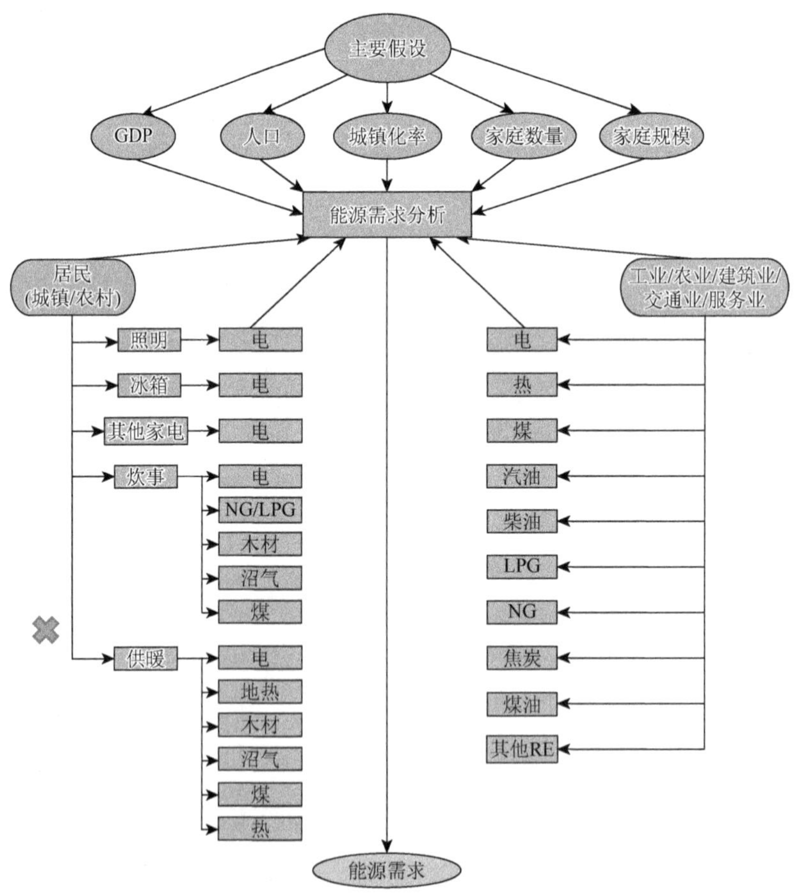

图 9.11　研究方法框架示意图

LPG 为液化石油气（liquid petroleum gas）；NG 为天然气（natural gas）；RE 为可再生能源（renewable energy）

研究方法的步骤如下。

首先，对海南经济发展、人口、城镇化率等影响其能源消费和碳排放量的关键要素进行研究，并根据海南现有的相关发展规划、政策措施对其未来的可能发展路径进行情景设定。

其次，对国民生产、居民生活的关键部门进行专题研究，对每个部门的生产过程、生活模式进行深入调研，从而获取各部门的活动水平及能源消费强度，并对部门未来的发展进行相应的情景设定。研究过程中充分考虑了海南省经济总量的发展、产业结构的优化调整、居民生活水平的提高和生活模式的转变，以及技术进步带来的能源效率的提高。

再次，将各部门的能源消费进行分品种的测算，从而得出各部门的能源消费总量及能源消费结构数据。在此基础上，结合海南省的能源资源及能源生产加工转换能力，分析能源供应及相应的 CO_2 排放水平。

最后，对海南省的能源消费总量和碳排放总量进行汇总计算，并根据设定的经济发展及人口增长数据，分析海南省未来能源强度及 CO_2 排放强度的变化趋势。

9.2.3　能源需求测算

根据综合能源平衡表对各部门的能源消费量及能源品种进行划分，分为第一产业、第二产业（包括工业和建筑业）、第三产业（包括交通运输部门和其他服务业产业）及居民生活。2012 年各部门的能源消费量及构成情况如表 9.6 所示。

表 9.6　海南省各部门能源消费及构成（2012 年）

部门	煤炭/吨标准煤	石油/吨标准煤	天然气/吨标准煤	热力/吨标准煤	电力/(亿 kW · h)
第一产业		97.53			9.36
第二产业	159.86	59.98	292.99	9.13	96.51
工业	159.86	44.09	292.99	9.13	91.38
建筑业		15.89			5.13
第三产业		350.27	13.15		54.61
居民生活		51.18	2.37		34.23

1. 能源消费总量测算

根据海南省工业、交通运输以及建筑业等部门的发展预测，海南省未来的终端能源需求情况如表 9.7 所示。

表 9.7　终端能源需求测算结果　（单位：万吨标准煤，电力以当量值折算）

年份	第一产业	第二产业	第三产业	居民生活	合计
2015	117	781	583	85	1566
2020	122	1185	760	109	2176
2025	117	1647	882	110	2756
2030	104	2060	1019	102	3285

从终端能源消费角度分析，第一产业的能源消费于 2020 年左右达到峰值，约为 122 万吨标准煤，但第二产业和第三产业在 2030 年前均难以达到峰值，从而导致海南省的能源消费到 2030 年仍不能达峰。其中第二产业的能源消费量占据了全省能源消费总量的近 2/3，因此第二产业的能源消费状况对全省的能源消费总量具有至关重要的影响。居民生活用能将于 2025 年左右达到峰值，约为 110 万吨标准煤。

考虑能源的加工转换，将上述的终端能源消费量折算到一次能源消费量，则 2015 年海南省能源消费总量在 2000 万吨标准煤左右，2020 年进一步增加到 3000 万吨标准煤左右，到 2025 年将达到 3700 万吨标准煤左右，到 2030 年将达到 4500 万吨标准煤左右（图 9.12）。

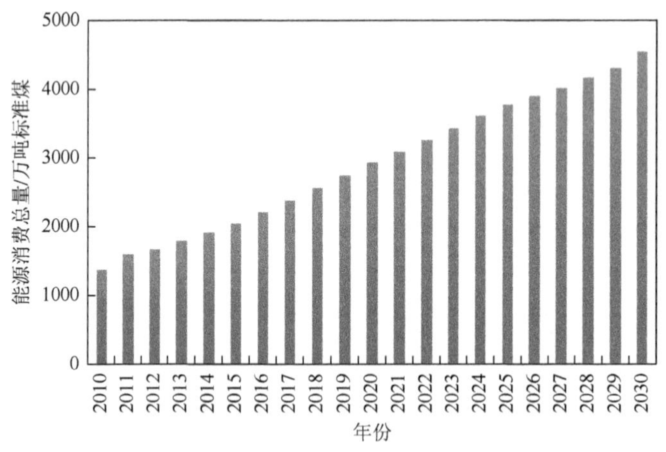

图 9.12　海南省一次能源消费总量预测

2. 能源消费强度测算

由于在“十二五”期间海南新上项目能源消耗较多，而落后产能已基本淘汰，置换空间有限，在整个“十二五”期间，海南省的能源消费强度呈现出先上升后下降的趋势。2015 年，海南省的能源消费强度为 0.605 吨标准煤/万元，比 2010 年（0.658 吨标准煤/万元）下降了 8.0%；2016～2020 年，海南省的能源消费强度可降至 0.540 吨标准煤/万元，意味着“十三五”期间能源消费强度水平将下降 10.7%；“十三五”后，海南省的经济发展趋于稳定，能源消费增加不会发生大幅度变化，而服务业的迅猛发展将导致海南省能源消费强度的快速下降，到 2030 年能源消费强度将为 0.436 吨标准煤/万元，比 2010 年累计下降 33.7%（图 9.13）。

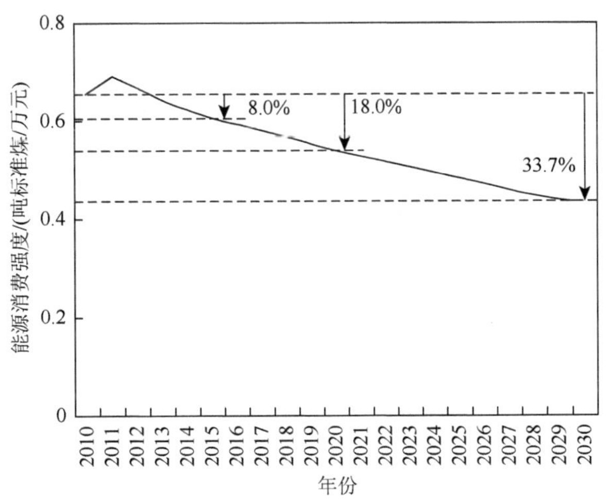

图 9.13　海南省能源消费强度变化趋势分析预测

9.2.4　碳排放预测

1. 碳排放总量测算

根据国家目前核算各省碳排放的计算方法，即碳排放量等于该地区消耗的煤炭消费量、油品消费量、天然气消费量相应的碳排放之和加上/减去电力调入/电力调出相对应的碳排放量。该核算方法得到的碳排放是能源活动引起的，不包含碳汇等因素。由于目前缺乏调入、调出电力地区的碳排放因子，为简化计算，外部输入或者本地输出电力的排放因子暂近似为海南省本省的火电平均电力排放因子。其中，根据现有国家数据调研及专家经验判断，选取煤、油、天然气的碳排放因子分别为 2.64tCO_2/吨标准煤、2.08tCO_2/吨标准煤和 1.63tCO_2/吨标准煤。

图 9.14 给出了未来海南省 CO_2 排放量预测数据。从图 9.14 中可以看出，未来海南省的碳排放将随着能源消费量的增长持续增长。在不发展核电期间，海南省的 CO_2 排放量持续增长，到 2020 年可能达到 6000 万 t，到 2030 年增长到近 1 亿 t。但是在引入核电的情况下，海南省 CO_2 排放将有大幅度的降低，2020 年的 CO_2 排放量为 5000 万～5480 万 t，2030 年排放量为 5500 万～8000 万 t。

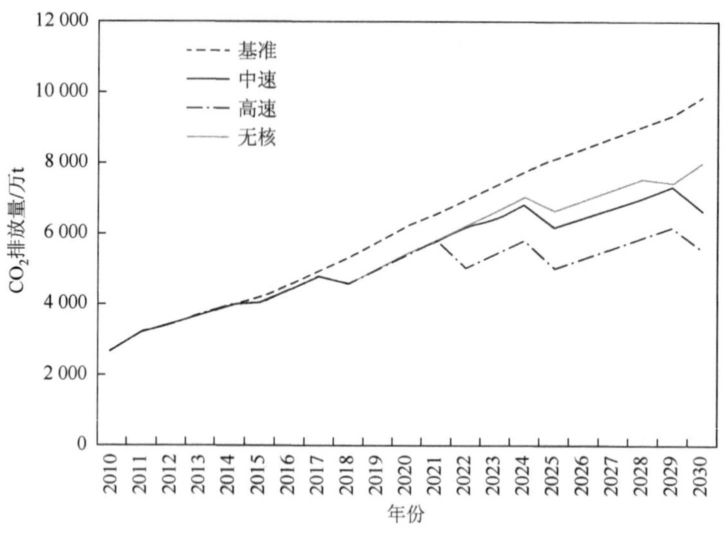

图 9.14　海南省 CO_2 排放量三种情景预测

2. 碳排放强度测算

根据上述国家目前核算各省碳排放的计算方法，得到海南省能源消费引起的 CO_2 排放量，结合上述情景假设中的 GDP 预测数据，可以计算海南省未来的碳排放强度变化数据，其中 GDP 按照 2010 年不变价计算。

$$\text{碳排放强度} = CO_2\ \text{排放量}/\text{GDP}$$

从图 9.15 中可以看出，未来海南省的碳排放强度在 2011～2015 年有较大幅

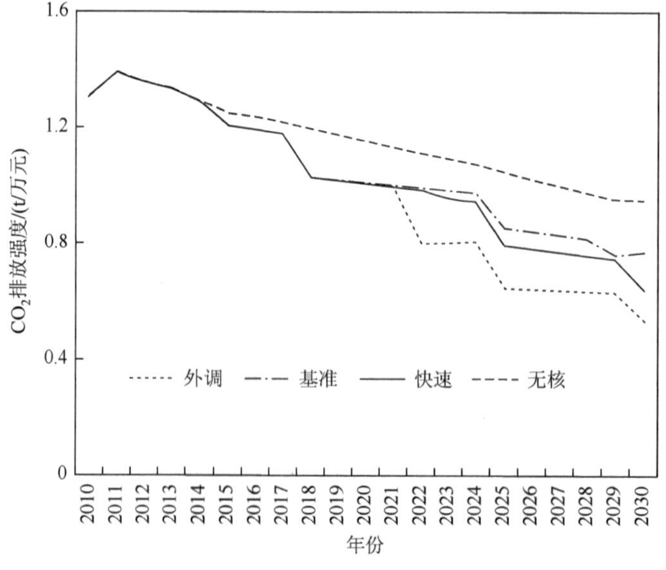

图 9.15　海南省单位 GDP CO_2 排放三种情景预测

度下降，预测 2015 年比 2010 年可以下降 11%左右。根据《国务院关于印发“十二五”控制温室气体排放工作方案的通知》，海南省“十二五”期间的碳排放强度下降目标为 11%，预测数据与目标之间的差距较小。“十三五”期间，海南省核电的大规模发展为其控制 CO_2 排放、降低碳排放强度作出了重大贡献，2020 年碳排放强度比 2010 年下降 26%。但总体来说，海南省近阶段还处于发展的上升期，在经历了快速发展期之后（即在 2020 年以后），海南省的碳排放强度在三种情景下均有较大幅度下降。2030 年海南省的碳排放强度预计比 2010 年累计下降 59%～63%。

9.2.5　主要结论：在碳排放约束管控目标下，核电对煤电具有良好的替代效应，未来的海南省应充分发挥核电对煤电的替代效应

（1）影响海南省未来能源消费的主要因素是 GDP 增长率、城市化进程、技术进步。因为未来 GDP 增长率存在不确定性，所以未来能源消费总量也具有一定的不确定性，2015 年的能源消费量在 2000 万吨标准煤左右、2020 年增加到 3000 万吨标准煤、2030 年达到 4500 万吨标准煤；能源消费总量持续增长，在中近期内尚不能预见能源消费峰值的出现。

（2）影响海南省未来 CO_2 排放的主要因素是 GDP 增长率、终端部门的技术进步、核能与可再生能源发展，因此 CO_2 排放也存在一定的不确定性。2015 年海南省 CO_2 排放总量在 4000 万～4200 万 t、2020 年在 5000 万～5480 万 t、2030 年在 5500 万～8000 万 t。核电发展对海南省优化能源结构、减少 CO_2 排放具有重要作用，有利于 CO_2 排放峰值的提前实现。

9.3　引入单一碳价政策对海南省的影响分析

2011 年 10 月，国家发改委发布了《国家发展改革委办公厅关于开展碳排放权交易试点工作的通知》（发改办气候[2011]2601 号），批准北京市、天津市、上海市、重庆市、广东省、湖北省、深圳市在 2013～2015 年开展碳排放权交易试点。根据试点工作的安排，目前五市两省已纷纷启动了各自的碳市场，并已形成了各自的碳价。

全国碳排放权交易市场建设的基本原则如下[5]。一是坚持与加快转变经济发展方式相结合。将转方式、调结构、控排放作为碳排放权交易市场建设的出发点和落脚点，更加注重提高发展质量和效益、更加注重节能减排和降碳实效。二是坚持政府监管与市场主导相结合。发挥市场在碳配额资源配置中的决定性作用，政府做好监管和服务。

全国碳排放权交易市场建设的主要目标如下：通过给参与企业设定排放上限，推行碳配额管理，实现合理控制重点行业温室气体排放，并通过建立交易制度体系，以市场发现排放配额价格，赋予企业实现减排目标的灵活机制，激励企业有效降低减排成本，切实落实各项控制温室气体排放任务，从而推动企业转变发展方式、调整经济结构和能源结构，最终实现经济和社会健康持续发展。

阶段性目标如下。

2014～2015 年：准备阶段。法律法规、技术标准和基础设施建设。

2016～2020 年：运行完善阶段（第一阶段）。全面启动实施和完善阶段。

2020 年后：拓展阶段（第二阶段）。扩大参与企业范围和交易产品，探索与国际市场连接。

9.3.1　海南省一般均衡（CGE-HN）模型

CGE-HN 模型是大规模、单区域动态 CGE 模型，充分体现海南省经济和电力的特点。CGE-HN 模型以一般均衡经济学理论为基础，具有准确刻画市场运行机制的标准模型工具的特征；同时结合海南省经济社会发展趋势、经济结构特征对模型机制、数据库、基准情景进行了大量独特设计，描绘了海南省未来到 2030 年的经济社会发展走势，详细刻画了海南省与我国其他地区贸易往来机制及国际贸易机制，建立了能源产品之间的替代机制，建立了居民消费中电力消费与电器消费的耦合机制等，这使得 CGE-HN 模型能够贴近和真实反映海南省实际的经济运行情况与电力消费特点，从而能够更好地对海南经济进行政策模拟和应用研究。

1. 模型生产和消费结构

1）生产结构

CGE-HN 模型中，大量使用最优化原则来刻画经济主体的行为决策，并据此得到计算投入的方程，具体生产结构如图 9.16 所示。生产过程中，企业依据成本最小化原则计算要素及中间投入，依据利润最大化原则选择生产产品组合；式（9.1）～式（9.5）为计算行业产出及生产投入的方程。在 CGE-HN 模型中，允许每个行业 i 都生产一组产品$(i,j)i=1,2,\cdots,\text{NC}$。行业 i 通过利润最大化原则来选择产品组合，在已知各产品价格下，寻找利润线与由常转化弹性（constant elasticity of transfer，CET）方程决定的等产量线的切点。式（9.1）表示行业 j 生产第 i 种产品的产出取决于行业 j 的总产出水平 $X1TOT(j)$、行业 j 生产的所有产品 i 的价格 $P0(i)$和相应的生产技术 $A0(i,j)$。其中，产出水平 $X1TOT(j)$ 描述了行业 j 的等产量线与

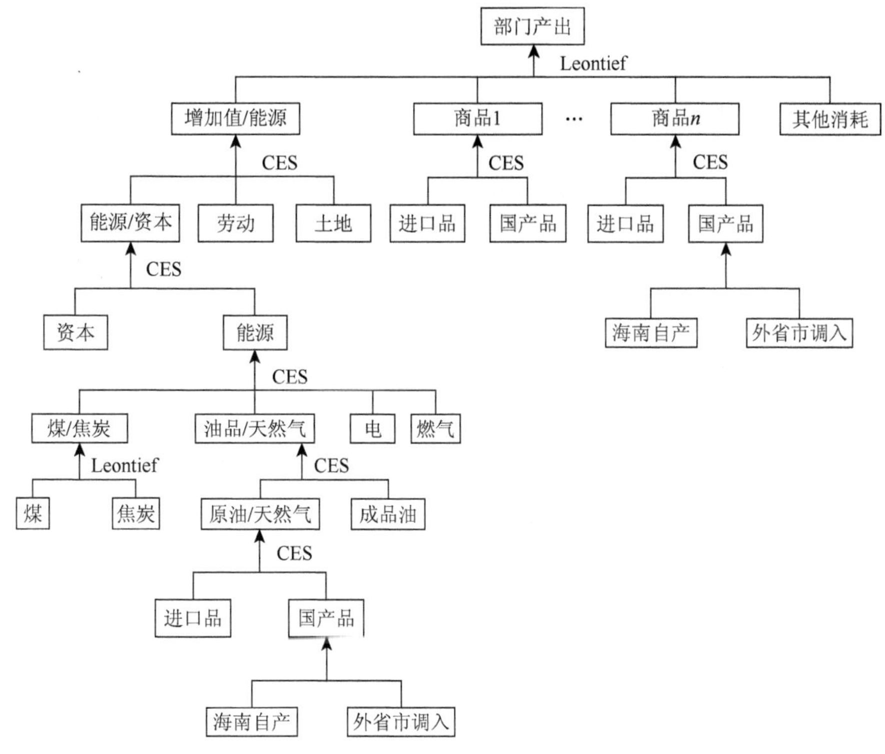

图 9.16　CGE-HN 模型改进后的生产模块结构图

原点之间的距离。遵循规模报酬不变假定，当产出 $X1TOT(j)$ 增长 x%时，行业 j 生产的所有产品的产量同时增长 x%。引入 $P0(i)$之后，该方程能够反映不同产品的价格相对变化对最终产出组合的影响。引入技术进步变量 $A0(i,j)$ 使该方程能够反映在行业活动水平及产品价格保持相对不变的情况下，其他因素对最终产出组合的影响。

式（9.2）表示经济社会中产品 i 的总量 $X0COM(i)$，它是由所有行业的该产品 $X0(i,j)\,(j=1,2,\cdots,\mathrm{NI})$ 加总得到的。

式（9.3）～式（9.5）分别表示生产过程中对中间投入、劳动力投入和资本投入的计算方程。行业 j 的产出水平 $X1TOT(j)$ 由各种生产要素和中间投入的数量决定，且生产技术遵循规模报酬不变假定。按照成本最小化原则，可推导出为完成产出水平 $X1TOT(j)$ 所需的中间投入和要素投入的最小值。式（9.3）计算了来自区域自产、调入或者进口（三个来源）的中间投入品需要量。从方程等号右边可看到中间投入品 i 在区域自产、调入或者进口之间的选择，主要依赖于该商品的区域自产价格 $P1_1(i)$、进口价格 $P1_2(i)$ 和调入价格 $P1_3(i)$，对进口品的偏好程度 $A1TWIST(j)$，以及行业 j 的产出水平 $X1TOT(j)$，同时取决于 j 行业的

技术进步参数 $A1(i,j)$。该参数反映非价格因素引起的 j 行业对中间投入品 i 的节约程度。

式（9.4）和式（9.5）表示 j 行业生产过程对劳动力和资本两个要素的投入量主要取决于行业 j 的产出水平 $X1TOT(j)$，以及要素投入的价格（即行业 j 的工资率 $W(j)$、资本的回报率 $Q(j)$ 和相应的技术参数 $A_{PF}(j)$）。

$$X0(i,j) = X1TOT(j) \cdot \Psi_{0ij}(P0(i), A0(i,j)) \tag{9.1}$$

$$X0COM(i) = \sum_j X0(i,j) \tag{9.2}$$

$$X1(i,s,j) = X1TOT(j) \cdot \psi_{1isj}(P1_s(i), A1(i,j), A1TWIST(j)) \tag{9.3}$$

$$L(j) = X1TOT(j) \cdot \psi_{Lj}(W(j), Q(j), A_{PF}(j)) \tag{9.4}$$

$$K(j) = X1TOT(j) \cdot \psi_{Kj}(W(j), Q(j), A_{PF}(j)) \tag{9.5}$$

2）消费模块

（1）总体思路。根据统计数据和消费群体的差异，模型中考虑两类居民消费：城镇居民消费和农村居民消费。

式（9.6）～式（9.9）描述了 CGE-HN 模型中对居民消费（可以代表城市和农村）需求的计算。居民对商品的消费需求是在（由满足预算约束下的效用最大化决定）满足预算约束下的效用最大化。式（9.6）描述了城镇（或农村）居民对商品 i 的消费需求，取决于预算约束 C、商品价格以及反映居民消费偏好改变的技术参数。该公式中需要注意的是，影响关于商品 i 的居民消费量的偏好参数不是单独的 $A3(i)$，而是 $A3(i)/A3AVE$。这样处理保证了 $A3(i)$ 变化引起的消费变化不会影响预算约束。换句话说，对偏好变化的限制使得式（9.8）～式（9.11）总会满足：

$$\sum_i \sum_s P3_s(i) \cdot X3(i,s) = C$$

式（9.7）描述了消费品 i 的价格是由区域自产产品价格 $P3_1(i)$、进口品价格 $P3_2(i)$ 以及调入品价格 $P3_3(i)$ 组合而成的。式（9.8）是分来源的区域自产消费品、进口消费品和调入消费品的需求计算方程，分来源的消费品的需求取决于对该商品的总需求（从式（9.6）得到），国产品、进口品和调入品的价格，以及在国产品、进口品和调入品间选择的偏好 $A3TWIST(i)$。需要注意的是，式（9.8）中的函数 ψ_{3is} 表明调入品、进口品和其余自产产品之间的选择只取决于相对价格。式（9.9）中定义了平均偏好变化 $A3AVE$。

$$X3\_S(i) = \Psi_{3i}\left[C, P3, \frac{A3}{A3AVE}\right] \tag{9.6}$$

$$P3(i) = \Psi_{P3i}[P3_1(i), P3_2(i), P3_3(i)] \tag{9.7}$$

$$X3(i,s) = X3\_S(i) \cdot \Psi_{3is}[P3_1(i), P3_2(i), P3_3(i), A3TWIST(i)] \tag{9.8}$$

$$A3AVE = \Psi_{A3}[A3(1), \cdots, A3(\mathrm{NC})] \tag{9.9}$$

需要说明的是，在 CGE-HN 模型中，所有商品需求都取决于购买者价格，例如，用于中间投入时的购买者价格为 $P1_s(i)$，用于投资时的购买者价格为 $P2_s(i)$，用于居民消费时的购买者价格为 $P3_s(i)$。这些价格与产品的生产者价格之间相差了流通费用和税。

（2）电力消费和电器消费的耦合处理。根据线性支出系统（linear expenditure system，LES）的数学特性，在预算总约束下，当一种居民消费品需求增加时，其他消费品会相应减少。减少的幅度由边际预算份额和相对价格决定。但是，现实中，居民电力需求的变化往往和购买的电器数量正相关，即电力消费和电器消费具有耦合关系，当电器数量增加时，电力需求会随之增加，而服装、餐饮、交通运输、服务业等方面的需求则会因为预算总额一定而受到负面影响。为实现该功能，本章进行了特殊设计，如图 9.17 所示。假设一个虚拟的电力服务需求，该需求与其他居民消费需求满足一般的线性支出系统的函数关系，而电力服务需求则由电器消费与电力需求共同组成，满足 Leontief 函数方程关系。本书中所包括的电器具体有：家用视听设备、通信设备、电子计算机、家用电力器具、办公设备、仪器仪表。

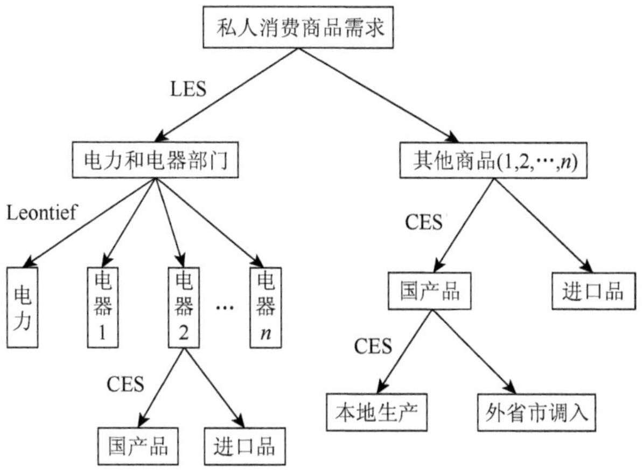

图 9.17　模型消费结构

2. 碳税（碳交易）模块

1）碳价（碳税）的引入

碳价在模型中以碳税的形式进入，当将碳税内生后便是碳价。由于碳价和碳税都是从量计收的，要将碳价引入模型中首先是要将从量税转化为从价税的税率。其基本思路见方程（9.10）：

$$C \cdot Q \cdot I = (T - 1) \cdot \text{TaxBase} \tag{9.10}$$

其中，C 为碳价，元/t；Q 是 CO_2 排放量，t；T 是税率加 1，即税收的力量；TaxBase 是税基；I 为同质化检验的价格指数。

其中，

$$\text{TaxBase} = P \cdot X \tag{9.11}$$

其中，P 是投入品的价格；X 是投入品的数量。

2）碳交易市场的设置

碳交易市场的设置主要分为如下四步。

第一步，将进行碳交易的行业合并为一个交易组，从而保证碳交易在指定交易组中进行，因此，此设置可以设定多个交易组，并且交易组内各自交易互不影响。

第二步，确定交易组内各个行业的排放配额，从而确定整个交易组的排放配额，整个交易组的排放配额与排放量必须相等，但交易组内的各个区域在相互交易的驱动下可以实现配额量和排放量的不一致。

第三步，当各行业之间不进行交易时，每个行业都有一个碳价，当把互相交易的行业设置为同一交易组时，会将其碳价统一设置为一个碳价。

第四步，在同一碳价的诱导下，边际减排成本低的行业将会多减排、卖配额，边际减排高的行业会少减排、买配额，从而产生交易。

9.3.2 海南省碳价管控的政策情景

在基准情景的基础上，考虑目前我国关于碳价机制的进程，设计了 5 组碳价政策情景，即 4 组碳税政策情景和 1 组碳交易政策情景，且无核电投入。通过 5 组政策情景的对比，分析碳价机制对海南省经济和碳排放的影响。

1. 碳税政策（无核电）

碳税政策情景具体是海南省在 2013 年开始征收碳税（表 9.8），以后以每年

5%的增速提高碳税；无核电投入，电力投入结构与现有状况一致。参考目前国内碳交易所反映出来的碳价情况，设置了 4 组碳税的起征值，分别是 20 元/tCO_2、50 元/tCO_2、100 元/tCO_2和 150 元/tCO_2。

表 9.8　政策情景 1-碳税

情景 1	CTAX1	2013 年开始征收碳税，起征值为 20 元/tCO_2，以后年均增长 5%，2020 年碳税达到 28 元/tCO_2，2030 年达到 46 元/tCO_2
	CTAX2	2013 年开始征收碳税，起征值为 50 元/tCO_2，以后年均增长 5%，2020 年碳税达到 70 元/tCO_2，2030 年达到 115 元/tCO_2
	CTAX3	2013 年开始征收碳税，起征值为 100 元/tCO_2，以后年均增长 5%，2020 年碳税达到 141 元/tCO_2，2030 年达到 229 元/tCO_2
	CTAX4	2013 年开始征收碳税，起征值为 150 元/tCO_2，以后年均增长 5%，2020 年碳税达到 211 元/tCO_2，2030 年达到 344 元/tCO_2

2. 碳交易政策（无核电）

在碳交易政策情景下只有纳入碳市场的企业才会承担减排责任，面临碳价；无核电投入，电力投入结构与现有状况一致。纳入碳交易的具体企业包括制造业和采矿业企业、服务业企业（单位）、火力发电企业的燃气机组、火力发电企业的燃煤机组、供热企业（单位）的燃气机组和供热企业（单位）的燃煤机组。配额分配方案是其核心，具体的配额分配方案见表 9.9。

表 9.9　政策情景 2-碳交易（ETS①）

企业	2013 年	2015 年	2020 年	2030 年
制造业和采矿业企业	98%	94%	92%	90%
服务业企业（单位）	99%	96%	94%	92%
火力发电企业的燃气机组	100%	100%	98%	95%
火力发电企业的燃煤机组	99.90%	99.50%	98%	96%
供热企业（单位）的燃气机组	100%	100%	98%	96%
供热企业（单位）的燃煤机组	99.80%	99.00%	97%	95%

9.3.3　海南省碳价管控政策情景的模拟测算结果

1. 碳价政策对海南省碳排放的影响

根据模型测算，不同的碳价政策将对海南省碳排放产生不同程度的减排效应。

① 本章中 ETS 代表碳交易政策情景。

第一，碳价越高的管制政策的碳减排效应越明显。在最高的碳税政策情景 4（CTAX4）管控下，其所对应的碳减排效果最显著，与基准情景相比较，2015 年、2020 年、2025 年和 2030 年所对应的碳减排率分别为−8.44%、−9.41%、−14.00%和−19.74%，如图 9.18 所示。

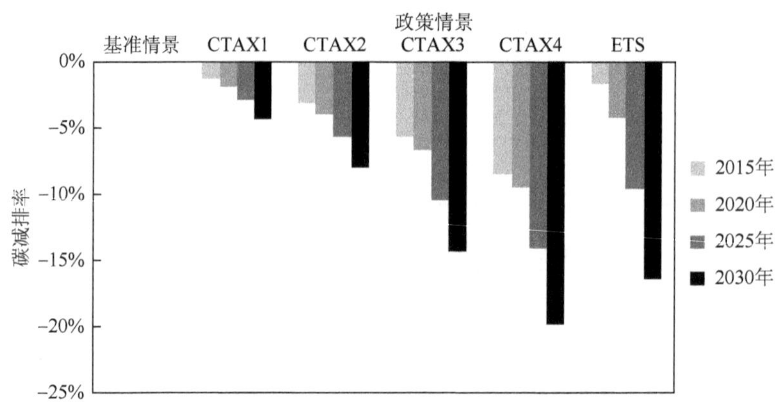

图 9.18　碳价政策的碳减排率

与基准情景比较，无核电

第二，碳交易政策情景（ETS）管控下，控排系数收缩使得免费的排放配额逐渐减少，这也使得其对应的碳减排效果在逐渐强化。2015 年的碳减排率为−1.63%，略超过碳税政策情景 1（CTAX1）的碳减排率；2020 年和 2025 年的碳减排率分别为−4.19%和−9.57%，超过碳税政策情景 2（CTAX2）并逐渐逼近碳税政策情景 3（CTAX3）的碳减排率；2030 年，碳交易政策情景的碳减排率为−16.34%，该减排效应已超出碳税政策情景 3（CTAX3）的减排效应。

第三，碳价政策是一项在远期减排效果显著的干预政策。无论是采取碳税政策还是碳交易政策，都将影响企业的能力建设提升，并且碳价将逐渐影响到企业的投资决策、生产经营决策，从而最终解除固定资产投资中的碳锁定，这将是一项长期的政策干预工作。由图 9.18 可见，无论是碳税政策还是碳交易政策，其减排效应随着时间推移都在逐渐增强，到 2030 年，碳税政策和碳交易政策的减排率都达到非常显著的效果。

第四，碳价管制政策下，2030 年 CO_2 排放达峰特征初显。随着时间推移的碳减排效应不断增强，可以观察到 CO_2 排放的年均增速在减缓。不同碳价政策都降低了同期的 CO_2 排放年均增速，2026～2030 年，基准情景下 CO_2 排放的年均增速为 2.3%，碳税政策情景管控下的 CO_2 排放年均增速均低于 2%，碳交易政策情景管控下的 CO_2 排放年均增速更是降低到不足 1%，这使得 2030 年 CO_2 排放达峰特征初显，如图 9.19 所示。

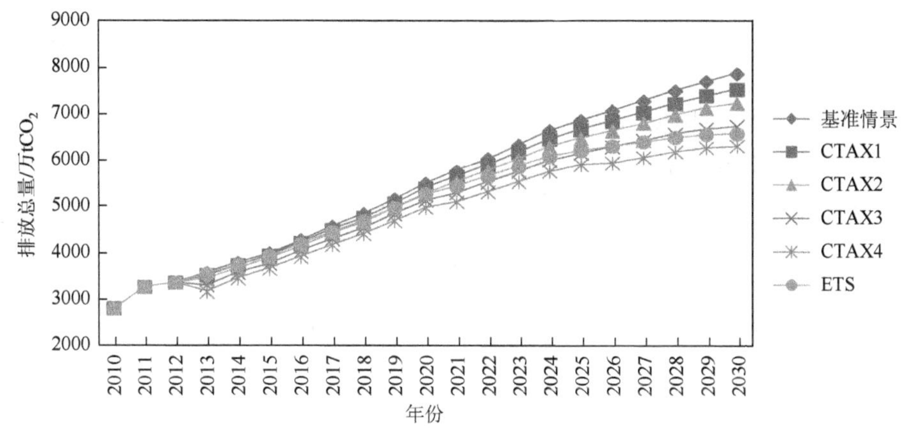

图 9.19 碳价政策对海南省碳排放的影响

2. 碳价政策对海南省经济发展的影响

实施碳价政策后，海南省经济发展方面将做出一定的牺牲。

首先，碳价越高的管制政策对经济发展的冲击效应越明显。在最高的碳税政策情景 4（CTAX4）管控下，其所对应的经济发展的冲击效应最显著，与基准情景相比较，2015 年、2020 年、2025 年和 2030 年所对应的 GDP 总量分别损失–1.53%、–1.14%、–0.81%和–0.69%（图 9.20）。

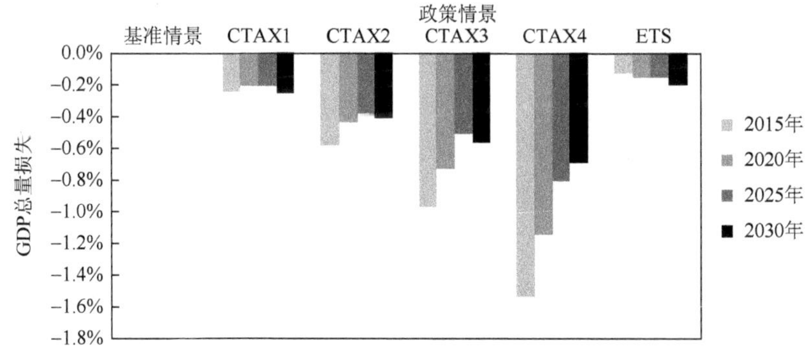

图 9.20 碳价政策对海南省 GDP 的影响（无核电）

其次，与碳税政策相比较，碳交易政策对经济发展的冲击效应较弱。由图 9.20 可见，碳交易政策在 2015 年、2020 年、2025 年和 2030 年所对应的 GDP 总量分别损失–0.12%、–0.15%、–0.15%和–0.19%，该冲击效应均弱于所有的碳税政策情景所造成的 GDP 总量损失。

最后，碳税政策和碳交易政策对经济发展的冲击效果分别发生在不同的时间段。碳税政策对经济发展的冲击主要体现在近期，由图 9.20 可见，所有的碳税政策所造成的 GDP 总量最大损失都发生在近期（2015 年），随着时间逐渐推移，各项碳税政策所造成的 GDP 总量损失在逐渐减小。与此相反，碳交易政策对近期 GDP 总量的损失不显著（2015 年 GDP 总量损失为−0.12%），随着时间逐渐推移和免费配额逐渐收紧，GDP 总量损失在逐渐加大，到 2030 年 GDP 总量损失−0.19%。

9.3.4　主要结论：单一的碳价政策对海南省低碳发展而言不是最优的政策选项

随着国家控制碳排放的政策由行政管制逐渐过渡到行政管制与市场机制相结合，海南省将面临如下挑战。

（1）碳价政策引入后，海南省的碳排放需求将进一步压缩。无论是碳税政策还是碳交易政策，都将在不同程度上降低海南省的 CO_2 排放量。海南省 CO_2 排放总量在 2015 年、2020 年、2025 年和 2030 年分别最多降低到 3662 万 t、4985 万 t、5913 万 t 和 6326 万 t。

（2）碳价管制政策下，2030 年 CO_2 排放达峰特征初显。随着时间推移，碳减排效应不断增强，CO_2 排放的年均增速在减缓，2030 年 CO_2 排放达峰特征初显，特别是碳交易政策情景管控下的 CO_2 排放年均增速更是降低到不足 1%。

（3）碳价政策引入后，海南省的经济发展将做出一定的牺牲。无论是碳税政策还是碳交易政策，都将在不同程度上造成海南省的 GDP 总量损失，且近期的 GDP 总量损失更为明显。2015 年，四种碳税政策将使海南省 GDP 总量损失−1.53%～−0.24%，碳交易政策使海南省 GDP 总量损失−0.12%。

由此可见，对海南省而言，推动低碳发展仅仅依靠碳价管控政策，并不是最优的政策选项，需要探索其他的政策干预及政策组合使用方式。

9.4　大力发展核电是碳价管控政策下海南低碳发展的无悔政策选择

9.4.1　发展核电是海南省推动能源生产和消费革命，促进生态文明建设与应对气候变化协同共赢的重要举措

习近平主席就推动能源生产和消费革命提出 5 点要求，即推动能源消费革命，推动能源供给革命，推动能源技术革命，推动能源体制革命以及全方位加强国际合作，并部署制定 2030 年能源生产和消费革命的战略[6]。因此，推动能源生产和消费革命，已成为我国促进经济发展方式转变、建设生态文明的根本途径和关键

着力点，也是我国应对气候变化根本性的战略选择。当前需要全面统筹，发挥能源生产和消费革命多方面、全方位的协同效应，整合各项政策措施，加大实施力度，开创国内生态文明建设和应对全球气候变化的双赢局面。

大力发展新能源和可再生能源，实现能源体系的低碳化转型，是能源生产革命的核心和关键，最终目标是形成以新能源和可再生能源为主体的新型可持续能源体系，实现 CO_2 的近零排放[7]。我国 2013 年对新能源和可再生能源电力的投资已达常规化石能源电站的 3 倍，新投产规模也接近新增化石能源装机容量的 2 倍，呈快速发展态势。我国已制定了 2020 年新能源和可再生能源比重达 15%的目标，届时其年供应量将达 7 亿吨标准煤左右，超过英国和德国并相当于日本 2010 年的能源消费总量，成为有效抵消化石能源增长的替代能源。到 2030 年，可再生能源和核能的比重将超过 20%，年供应量将超过 10 亿吨标准煤，届时水电、风电、太阳能发电装机规模都将达数亿千瓦，非化石能源发电占电力总供应量的 40%以上，将成为与煤炭、石油和天然气等化石能源相并列的在役主力能源，而煤炭在一次能源中的比例将下降到 50%。到 2050 年，新能源和可再生能源的比重争取达到 1/3～1/2，煤炭的比重下降到 1/3 以下，为 21 世纪下半叶建成以新能源和可再生能源为主体的可持续能源体系奠定坚实的基础。在可再生能源快速发展的同时，核能在向可持续能源体系过渡过程中，以及在实现 CO_2 排放峰值目标的过程中，都将发挥不可替代的作用。2030 年核电装机约 1.5 亿 kW，将替代煤炭近 5 亿 t，减少 CO_2 排放 9 亿 t，同时对于减少 SO_2、NO_x、$PM_{2.5}$ 等常规污染物排放也将发挥重要作用。因此，在确保安全的基础上，我国仍应持续、稳步和高效发展核电。

发展核电是海南省推动能源生产和消费革命、促进生态文明建设与应对气候变化协同共赢的重要举措。一方面，面临国家未来的对于地区碳排放总量的控制，海南省未来新增能源均为核电，能够有效改善未来海南省发展的碳排放空间需求。另一方面，面临 2016 年全国碳排放权交易市场的建设，核电投入能够有效减缓碳价政策对海南省 GDP 的冲击作用，核电提供的清洁能源将为海南省创造大量的绿色 GDP。

9.4.2　情景设定

本情景是推动海南低碳发展的技术情景，主要设置三种核电发展的情景：①核电投入政策情景 1，2020 年核电装机达到 130 万 kW，2025 年核电装机达到 260 万 kW，2030 年核电装机达到 330 万 kW；②核电投入政策情景 2，2020 年核电装机达到 130 万 kW，2025 年核电装机达到 330 万 kW，2030 年维持该装机水平；③核电投入政策情景 3，2020 年核电装机达到 130 万 kW，2025 年核电装机达到 530 万 kW，2030 年核电装机达到 730 万 kW（表 9.10）。

表 9.10 核电发展情景

情景名称	电力结构	碳价
核电投入政策情景 1（NPOWER1）	核电投入，130（2015），130（2020），260（2025），330（2030）	无
核电投入政策情景 2（NPOWER2）	核电投入，130（2015），130（2020），330（2025），330（2030）	无
核电投入政策情景 3（NPOWER3）	核电投入，130（2015），130（2020），530（2025），730（2030）	无

本章将核电发展情景与碳税、碳交易政策进行组合，以此来分析在核电发展下碳税、碳交易的减排效果，如表 9.11 所示。

表 9.11 核电发展和碳税、碳交易政策组合情景

情景名称	电力结构	碳价
NPOWER1+CTAX2	核电投入，130（2015），130（2020），260（2025），330（2030）	2013 年开始征收碳税，起征值为 50 元/tCO_2，以后年均增长 5%，2020 年碳税达到 70 元/tCO_2，2030 年达到 115 元/tCO_2
NPOWER1+CTAX3	核电投入，130（2015），130（2020），260（2025），330（2030）	2013 年开始征收碳税，起征值为 100 元/tCO_2，以后年均增长 5%，2020 年碳税达到 141 元/tCO_2，2030 年达到 229 元/tCO_2
NPOWER2+CTAX2	核电投入，130（2015），130（2020），330（2025），330（2030）	2013 年开始征收碳税，起征值为 50 元/tCO_2，以后年均增长 5%，2020 年碳税达到 70 元/tCO_2，2030 年达到 115 元/tCO_2
NPOWER2+CTAX3	核电投入，130（2015），130（2020），330（2025），330（2030）	2013 年开始征收碳税，起征值为 100 元/tCO_2，以后年均增长 5%，2020 年碳税达到 141 元/tCO_2，2030 年达到 229 元/tCO_2
NPOWER3+CTAX2	核电投入，130（2015），130（2020），530（2025），730（2030）	2013 年开始征收碳税，起征值为 50 元/tCO_2，以后年均增长 5%，2020 年碳税达到 70 元/tCO_2，2030 年达到 115 元/tCO_2
NPOWER3+CTAX3	核电投入，130（2015），130（2020），530（2025），730（2030）	2013 年开始征收碳税，起征值为 100 元/tCO_2，以后年均增长 5%，2020 年碳税达到 141 元/tCO_2，2030 年达到 229 元/tCO_2
NPOWER1+ETS	核电投入，130（2015），130（2020），260（2025），330（2030）	碳价内生，取决于配额分配
NPOWER2＋ETS	核电投入，130（2015），130（2020），330（2025），330（2030）	碳价内生，取决于配额分配
NPOWER3+ETS	核电投入，130（2015），130（2020），530（2025），730（2030）	碳价内生，取决于配额分配

9.4.3 核电发展对碳价管控下低碳海南的贡献

1. 环境效应

根据图 9.21 和图 9.22 可见，核电投入结合碳价管控，将进一步推动海南能源结构低碳化，9 种情景都将显著降低海南省碳排放，改善环境效应。

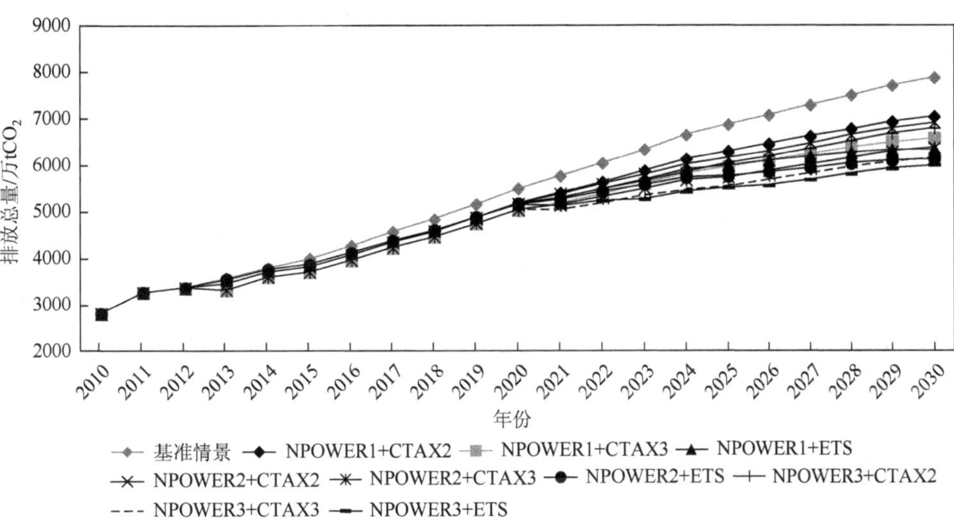

图 9.21　核电投入与碳价管控的政策组合对海南省碳排放的影响

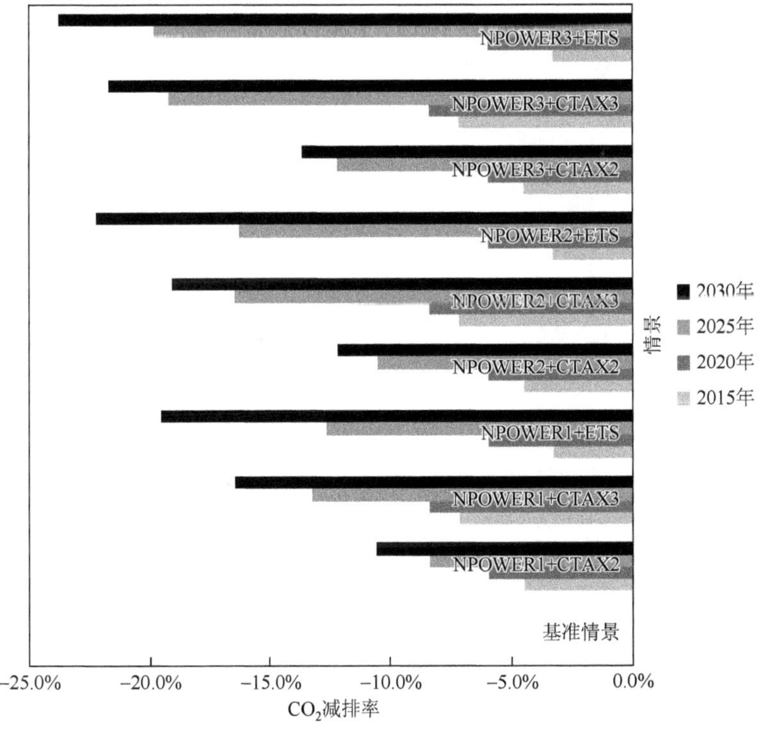

图 9.22　核电投入与碳价管控的政策组合的碳减排效应

首先，核电投入政策与碳价管控政策结合使用效果较好。碳价管控与核电投入的组合政策的碳减排效果均强于单一的碳价管控政策或单一的核电投入政策的环境效应。核电加碳价的组合政策管控下，2015 年和 2020 年 CO_2 排放量下降的范围分别为–7.17%～–3.27%、–8.34%～–5.95%。2025 年，核电加碳价的组合政策管控下，CO_2 排放量下降的范围为–19.77%～–8.38%。2030 年，核电加碳价的组合政策管控下，CO_2 排放量下降的范围为–23.77%～–10.60%。

其次，核电投入政策与碳价管控政策的不同组合产生了不同的减排效果。2015 年、2020 年，NPOWER3 与碳税（CTAX3）的政策组合的减排效果比较明显，与基准情景相比较，CO_2 排放量减排率分别为–7.17%、–8.34%。2025 年、2030 年，NPOWER3+ETS 的政策组合下，减排效果最明显，与基准情景相比较，CO_2 排放量减排率分别为–19.77%、–23.77%。

最后，组合政策中核电投入政策将能够贡献净碳排放空间。

上述政策组合的环境效应中，既包含了核电投入对煤电的替代效应，也包含了碳价管制对煤电的溢出效应。为此，需要剔除碳价管制的溢出效应，来进一步分析核电投入在环境方面的净效应。为此，将政策组合与各自对应的碳价管制进行比较，可得到核电投入的净环境效应。

由图 9.23 可见，三种核电投入的净环境效应贡献如下。2015 年、2020 年，三种核电投入政策在碳价管控下对 CO_2 排放节省空间的净贡献分别为–65.8 万～–57.4 万 t、–107.4 万～–96.8 万 t。2025 年，三种核电投入政策在碳价管控下对 CO_2 排放节省空间的净贡献为–701.5 万～–185.5 万 t。2030 年，三种核电投入政策在碳价管控下对 CO_2 排放节省空间的净贡献为–585.8 万～–171.3 万 t。

2. 经济效应

首先，核电投入政策对经济发展具有拉动作用，碳价管控政策对经济发展具有一定程度的抑制作用。这两个政策结合使用效果较好，能适当减缓碳价管制对经济发展的抑制作用。

核电投入政策与碳价管控政策组合对经济的协同效应详见图 9.24。2015 年，核电投入与碳价管控的政策组合对海南省经济发展有一定的负向作用。三种核电投入政策与碳税政策（CTAX2、CTAX3）的政策组合，都各自使得当年 GDP 总量与基准情景相比损失了 0.27%、0.73%。但三种核电投入政策与碳交易政策（ETS）的政策组合，已开始正向促进海南省的经济发展，当年 GDP 总量与基准情景相比增加了 0.07%。

2020 年，随着核电投入规模加大，核电投入对经济发展的拉动作用逐渐加大，使得政策组合出现正向作用，当年 GDP 总量与基准情景相比增加 0.12%～0.34%。

中远期，核电投入对经济发展的拉动作用更为明显。2025 年，政策组合使得当年 GDP 总量与基准情景相比增加 0.32%～0.73%；2030 年，政策组合对经济发展的贡献进一步加大，使得当年 GDP 总量与基准情景相比增加 0.50%～0.98%。

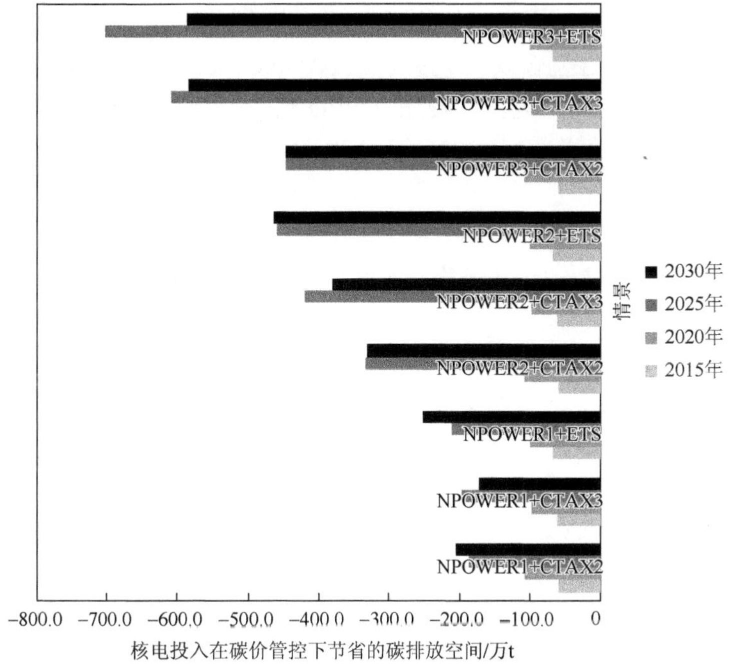

图 9.23　核电投入的净环境效应

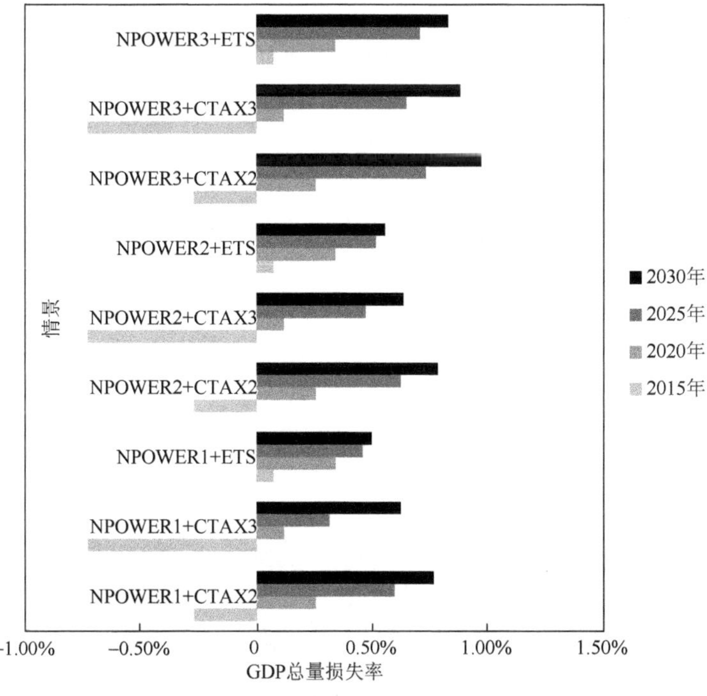

图 9.24　核电投入与碳价管控政策组合对 GDP 总量的影响

其次，不同的组合政策对经济发展的贡献程度不同。中近期，核电投入政策与碳交易政策的组合效果较好，2020 年，该组合使得 GDP 总量增加 0.34%。中远期，三种核电投入政策（NPOWER1、NPOWER2、NPOWER3）与碳税政策的组合效果较好，2030 年，该组合使得 GDP 总量分别增加 0.77%、0.79%和 0.98%。

最后，组合政策中核电投入政策所贡献的绿色 GDP。绿色 GDP，即现行 GDP 总量扣除环境资源成本和对环境资源的保护服务费用所剩下的部分。其计算方法如下：

GDP 总量–（环境资源成本+环境资源保护服务费用）=绿色 GDP

基于研究目标需要，此处仅考虑在碳价管制下，核电投入政策对海南省减缓碳价管制对经济发展的抑制作用的净贡献，即 GDP 损失的减少量，也将该净贡献定义为核电投入所创造的绿色 GDP。

计算方法是将核电投入与碳价管控的政策组合分别与对应的碳价管控政策情景比较，从而剔除碳价管控对经济发展的抑制作用，进一步分析核电投入的净经济效应。计算公式如下：

$$\mathrm{GDP}_{G_t} = \Delta\mathrm{GDP}_{\mathrm{NP+PRICE}_t} - \Delta\mathrm{GDP}_{\mathrm{PRICE}_t}$$

其中，GDP_{G_t} 为碳价管制下核电投入贡献的绿色 GDP 总量，亿元；$\Delta\mathrm{GDP}_{\mathrm{NP+PRICE}_t}$ 为碳价管制与核电投入的组合政策导致的 GDP 总量的变化量，亿元；$\Delta\mathrm{GDP}_{\mathrm{PRICE}_t}$ 为碳价管制政策下导致的 GDP 总量的变化量，亿元。

图 9.25 中显示的是碳价管控下核电投入所贡献的绿色 GDP。

单独实施碳价管控，对海南省经济发展具有一定程度的抑制作用。政策组合中剔除碳价管控的抑制作用后，核电投入政策的净经济效应所显示的对经济的拉动作用比较显著。与碳价管控的抑制作用相比较，核电的净经济效应都呈现出对经济的拉动作用。三种核电投入政策，在 2015 年、2020 年，对海南省所创造的绿色 GDP 分别为 6.53 亿～10.48 亿元、26.71 亿～45.49 亿元。且随着核电投入规模的加大，对经济的拉动作用更为明显。到 2025 年，三种核电投入政策对海南省所创造的绿色 GDP 为 47.22 亿～89.46 亿元；到 2030 年，三种核电投入政策对海南省所创造的绿色 GDP 为 71.79 亿～149.71 亿元。

9.4.4 主要结论：碳价管控与核电投入的组合政策的效果优于单一政策的效果，一方面碳减排效果更强，另一方面可利用核电投入所贡献的绿色 GDP 减缓碳价管控政策对经济发展的抑制作用

（1）核电投入政策与碳价管控政策结合使用效果较好。碳价管控与核电投入

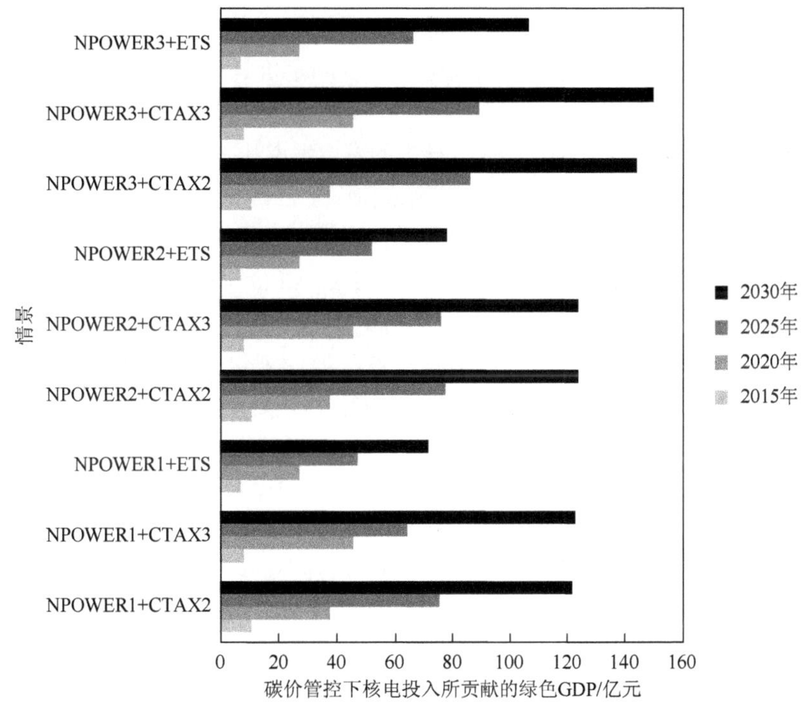

图 9.25　碳价管控下核电投入贡献的绿色 GDP

的组合政策的碳减排效果均强于单一的碳价管控政策或单一的核电投入政策的环境效应。

（2）核电投入政策对经济发展具有拉动作用，碳价管控政策对经济发展具有一定程度的抑制作用。这两个政策结合使用效果较好，能适当减缓碳价管控对经济发展的抑制作用。

（3）在碳价管控下，核电投入政策能有效减缓碳价管控对经济发展的抑制作用，即 GDP 损失的减少量，这实际上也是核电投入政策对 GDP 总量的贡献。

9.5　低碳海南发展中核电定价的建议

9.5.1　定价机制分析

1. 国外上网电价机制研究

电力市场的核心是电价，电价形成机制需要与电力市场的目标模式相适应，既要反映合理的电力成本构成，又要反映市场竞争机制，还要兼顾国情并有利于促进经济的协调发展。由于国外电力市场改革较早，发展较快，目前大部分电量的交易通过长期的双边交易确定，有近 20%是通过竞价形成的。目前国外上网电价的形成方式主要有政府定价、协议定价（合同定价）、市场竞争形成电价等。

1）法国电价形成机制

法国是全球核电比重最高的国家，核电的发电量占法国发电量的 75%左右，在满足国内需求的基础上，部分还输往德国等欧洲国家。法国从 1999 年开始实行电力体制改革，建立了比较完善的核电电价管理体系，现核电执行的是全国统一的标杆电价机制和基于居民消费价格指数（consumer price index，CPI）调整的核电电价调整机制。

统一的核电定价机制采取“成本加利润”的模式，由法国能源监管委员会审批通过后执行，电价要求包含全部运行成本，但尚未包括更新改造、投资和退役成本。法国电力公司还负责收购太阳能、风能，政府对电价较高部分进行补贴。对于核电，实行统一标杆电价，由于已经过了还本付息期，核电上网电价是各类电源上网电价中最低的，2009 年法国电力公司核电上网电价约为 50 欧元/（MW · h）（约折合人民币 0.475 元/（kW · h）），当时平均发电成本为 32～36 欧元/（MW · h）（折合人民币 0.3～0.34 元/（kW · h）），考虑投资回报率为 43 欧元/（MW · h）（约折合人民币 0.41 元/（kW · h））。核电电价调整机制是根据每年的物价指数，对运行成本和燃料成本进行调整，但是目前只针对销售电价，预计不久后，调整机制将运用于上网电价和输配电价。

由于法国在运的核电机组建设较早，大部分机组建于 20 世纪 70 年代，已过了还本付息期，尽管在资本金回报率为 10.6%情况下（2009 年），上网电价在欧洲仍处于较低水平（表 9.12）。

表 9.12　2012 年各国电价水平

国家	工业用电价格/［美元/（MW · h）］	民用电价格/［美元/（MW · h）］
比利时	138.51	264.37
智利	154.31	210.74
捷克	159.94	210.71
丹麦	115.17	409.17
芬兰	113.64	213.61
法国	121.54	187.09
德国	157.23	351.95
爱尔兰	152.39	259.47
意大利	279.31	278.88
日本	179.03	260.93
韩国	—	88.64
荷兰	73.72	212.1
英国	127.39	204.92
美国	69.57	117.84

资料来源：OECD-IEA 统计数据

2）日本电价形成机制

日本制定电价的法律依据是《电力事业法》，电价必须按法律规定的手续经政府批准后才能实施。定价遵循三条基本原则：成本主原则、合理利润原则、对用户公平原则。

日本共有 10 大区域的电力公司，各区域电力公司均为发输配售一体化的企业组织形式，并有各自的火电厂和核电厂（除了冲绳电力），分地区垄断经营，电力公司基本为私营企业，各自之间没有直接的竞争关系，核岛事故前，核电厂发电量占全国的 30%左右，由于各区域发展水平不一，各区域电价水平也不一样。

日本电价为混合电价制度，分为两类：政府主导的电价（受管制的电价）和协议定价（自由化用户的电价）。政府主导的电价（受管制的电价）是指政府按照 10 大区域电力公司各自的综合成本，考虑促进电力公司自主地提高效率的要求批准的电价。为了使没有直接联系的 10 大公司之间进行竞争，在电价审批制度下，共用一个尺度，对削减成本高效化的程度进行相对性评估，实行奖惩，促进电力企业自觉提高效率。协议定价（自由化用户的电价）是指客户和供应商之间通过谈判来确定电价，各电力公司列出自己的标准电价表，并提供特定的选择项目对应不同的客户需求。目前在日本，核电属于相对便宜的能源（11.46 日元/（kW・h））。各电力公司依靠核电降低综合发电成本。

日本的电价不是一成不变的，2009 年 5 月后燃料费用调整制度改革，每一个月计算一次 3 个月的平均价格，并且中间准备时间缩短为 2 个月，燃料浮动可以迅速与电价联动，同时，政府规定了电价调整上限，电价一次调整最多不超过 150%。

3）美国电价形成机制

美国电力市场主体是以民营为主的混合主体（民营和非民营），美国非民营电力公司不以营利为目标，电价由联邦或州的管理委员会统一制定，民营电力公司的电价由市场竞争形成。

非民营电力公司电价制定的目标和原则为：①为公司正常运行提供必要资金；②不允许以营利为目标；③制定尽可能低的电价；④反映实际供电成本的同时，保持电价稳定，便于理解和操作；⑤公平；⑥有利于节约能源和保护环境。

美国前后在 22 个州启动了电力改革，通过放松发电管制，民营电力公司剥离其拥有的全部或者部分发电资产，产生数量众多的独立发电商（火电厂商、水电厂商、核电厂商等），形成自由竞争。民营企业以营利为目标，电价受独立管制机构监管，由独立于电力公司外的第三方联邦能源管制委员会和各州公用事业委员会管理，现货市场的价格由市场竞争形成。各发电厂商提前一天将火电机组、核电机组等每半小时机组的运行成本、可发电量等信息上报给电力联运中心，电力联运中心将各机组按照成本由低到高排序，直到发电容量满足负荷需求，最后一个机组上报的发电成本作为系统的边际成本，成为全网统一的“上网电价”的依据，其余列入发电计划的机组按统一的上网电价结算。为避免价格操作，联邦能源管制委员会对价格进行监测评估，并保留制定价格上限的权利。为规避风险，买卖双方一般签订远期双边合同交易，约定交易的数量和价格，合同价格属于商业秘密，不对外公开。

由于核电成本低，在自由竞争的市场中，占据有利地位，各电力公司纷纷通过并购核电厂来降低自己的综合发电成本。没有固定用户的单独的核电厂很难适应变化多端的市场条件，往往需要和用户签订长期包销协议或者并入有固定用户的大发电企业进行组合报价来规避风险。

2. 国内电力上网电价形式分析

我国电力工业已经实行打破垂直垄断、“厂网分开”的电价改革，但并未形成市场竞争定价机制。目前，我国电价机制正处在由政府定价向市场竞争定价的过渡阶段。电价政策和电价水平主要由政府价格主管部门制定，电价按电力生产经营环节分为上网电价、输配电价和销售电价。

对于发电企业而言，上网电价即其产品的销售价格，电价高低直接影响到企业的生存发展。目前我国主要的电源类型包括核电、火电、水电、风电、太阳能发电等。由于各种类型发电机组的特性不一样，政府价格主管部门制定的上网电价政策也不尽相同，见表 9.13。

表 9.13 中国各类上网电价情况

发电类型	电价范围/[元/(kW·h)]	平均电价/[元/(kW·h)]	电价发展趋势	备注
水电	0.2	0.265	随着火电的逐渐减少，有上升趋势，但变化幅度小	
火电	0.3	0.4	由于煤炭市场的萎靡以及环境的要求，国家再次下调火电价位，今后也会逐渐降低，火电在能源板块中的比例会逐渐减少	脱硫煤电在此基础上加价 0.015 元/(kW·h)
核电	0.43	0.43	将根据核电技术进步、成本变化、电力市场供需状况变化情况对核电标杆电价进行评估并适时调整	核电实行标杆上网电价政策
风电	0.51 标杆上网电价	按风能资源状况和工程建设条件，将全国分为四类风能资源区，分别规定 0.51 元/(kW·h)、0.54 元/(kW·h)、0.58 元/(kW·h)和 0.61 元/(kW·h)的风电标杆上网电价	国家有下调的趋势。发展下调风电上网电价的原因主要有两个：一个是风电设备价格降价明显；另一个是可再生能源发展基金缺口较大，所以评估减少补贴	政府政策和财政补贴、可再生能源基金补贴

续表

发电类型	电价范围/[元/(kW·h)]	平均电价/[元/(kW·h)]	电价发展趋势	备注
太阳能发电	0.8 政策和财政补贴	一类资源区（年有效利用小时数大于 1600 小时）为 0.8 元/(kW·h)；二类资源区（年有效利用小时数在 1400～1600 小时）为 0.9 元/(kW·h)；三类资源区（年有效利用小时数在 1200～1400 小时）为 1.0 元/(kW·h)；四类资源区（年有效利用小时数小于 1200 小时）为 1.1 元/(kW·h)。其中对于特殊地区如西藏、云南、青海等为 1.15 元/(kW·h)	国家根据地区情况，统一定价，较稳	对于分布式开发，自发自用余电上网的光伏发电系统的电价为：一类资源区 1.0 元/(kW·h)；二类资源区 1.15 元/(kW·h)；三类资源区 1.25 元/(kW·h)；四类资源区 1.35 元/(kW·h)

1）核电

我国目前已投运的核电站有 10 座，共计 17 台，目前这些电站执行的上网电价制度有如下特点。

（1）“事后定价”“一厂一价”。各核电厂的上网电价是在机组建成后确定的，对于不同的电厂，分别计算其发电成本，采用成本加利润加税金的方法来确定上网电价。这种电价是对各核电站成本的追认，只反映个别企业的成本，所以必然导致“一厂一价”。

（2）定、调价方法不确定，变动频繁。例如，岭澳核电站的上网电价，先是用“经营期”的方法，按负荷因子 80%、资本金内部收益率 10%、折旧期 25 年核定，超发电价由买卖双方协定，并明确规定执行期暂定为 5 年；而 5 年期未到，又取消超发电价重新核定电价。

2013 年 6 月 15 日，国家发改委所发布的《国家发展改革委关于完善核电上网电价机制有关问题的通知》（发改价格[2013]1130 号），建立了全国核电标杆上网电价。

2）火电

对于燃煤火电机组，2004 年以后新投产的上网电价实行分省“标杆电价”机制，以各省典型燃煤机组社会平均成本为标准分别制定各省燃煤机组上网标杆电价水平，各省新建燃煤机组统一执行标杆电价，老机组也逐步过渡到执行标杆上网电价。

同时，考虑到燃煤机组燃料成本占比大，发电成本受煤炭价格波动影响较大，2004 年，经国务院批准，国家发改委同国家电力监管委员会颁布了煤电价格联动机制。规定按照“市场导向、机制协调、价格联动、综合调控”的思路，建立灵活的、能够及时反映煤价变化的电价调整机制，即以 6 个月为一个周期，在电力企业消化 30%煤价上涨因素的基础上，实行上网电价与煤价联动。

此外，为减少 SO_2 排放，弥补发电企业安装和运行脱硫设施而产生的额外成本，从 2004 年起，国家发改委出台了脱硫加价政策，规定脱硫电厂上网电价每千瓦时提高 1.5 分。2007 年，国家发改委与国家环境保护总局联合颁布《燃煤发电机组脱硫电价及脱硫设施运行管理办法》（试行），进一步完善和规范脱硫电价政策。

至 2012 年 12 月，我国各地燃煤机组上网标杆电价为 0.235～0.506 元/(kW・h)（不含脱硫、脱销电价），不同地区上网电价差异较大，东部沿海地区上网电价较高，西部地区上网电价较低。

3）水电

对于水电机组，由于水电的开发建设受水文、地质条件、调节性能、库区移民、综合利用程度等多种因素的影响，在同一地区，水电站的建设成本和发电差异较大，难以找到被普遍认可和接受的“社会平均发电成本”。在没有建立补偿机制的情况下，执行统一标杆电价，容易形成一刀切的情况，难以反映水电站合理的成本。2004 年实行标杆电价政策后，各省水电并没有严格执行标杆电价。对于大型水电站，目前仍采用“经营期电价”的方法，按照合理补偿成本、合理确定收益和依法计入税金的原则核定水电项目经营期平均上网电价。此外，对于跨区送电的水电企业，上网电价是按照各受电省（区）电厂同期平均上网电价扣减输电价格后确定的。水电上网电价机制与核电电价一样，目前仍处在改革阶段。

4）风电

对于风电机组，目前实行区域标杆电价机制。2009 年，国家发改委发布了《国家发展改革委关于完善风力发电上网电价政策的通知》，将全国分为四类风能资源区，制定相应标杆上网电价。四类地区分别执行 0.51 元/（kW・h）、0.54 元/（kW・h）、0.58 元/（kW・h）和 0.61 元/（kW・h）的标杆上网电价。并规定，风电上网电价在当地脱硫燃煤机组标杆上网电价以内的部分，由当地省级电网负担；高出部分，通过全国征收的可再生能源电价附加分摊解决。脱硫燃煤机组标杆上网电价调整后，风电上网电价中由当地电网负担的部分要相应调整。

5）太阳能发电

对于太阳能发电机组，执行全国统一标杆电价，并结合招标电价。2011 年，国家发改委发布《国家发展改革委关于完善太阳能光伏发电上网电价政策的通知》，对太阳能上网电价做出了明确规定：2011 年 7 月 1 日以前核准建设、2011 年 12 月 31 日建成投产、国家发改委尚未核定价格的太阳能光伏发电项目，上网电价统一核定为每千瓦时 1.15 元（含税，下同）；2011 年 7 月 1 日及以后核准的太阳能光伏发电项目，以及 2011 年 7 月 1 日之前核准但截至 2011 年 12 月 31 日仍未建成投产的太阳能光伏发电项目，除西藏仍执行每千瓦时 1.15 元的上网电价外，其余省（区、市）上网电价均按每千瓦时 1 元执行；通过特许权招标确定业主的太阳能光伏发电项目，其上网电价按中标价格执行，中标价格不得高于太阳能光伏发电标杆电价。并规定，太阳能发电标杆电价中高于脱硫标杆电价的部分，仍按《可再生能源发电价格和费用分摊管理试行办法》（发改价格[2006]7 号）有关规定，通过全国征收的可再生能源电价附加解决。

目前，海南省的煤电上网电价为 0.488 元/度①，核电按照标杆电价为 0.43 元/度。但是，目前这种定价方法对各种发电技术的负外部性考虑不足。以煤电和核电为例，目前核电的定价考虑了核电技术全生命周期中的外部成本，而煤电定价中则只考虑了煤电污染的处置成本。

根据研究结果（表 9.14），煤电的外部成本远远高于核电的外部成本。核电在正常生产运行过程中不排放 CO_2 和 SO_2，不会产生明显的负外部效应。而核电发电成本中的退役成本和乏燃料处置成本则被认为是将核电外部成本有效的内部化。核电的外部成本已经内化，体现在成本中，例如，铀矿开采成本已经在燃料价格成本里面；乏燃料处理成本都在账目上有明确体现；还有核电站的退役处理，都已经考虑，按照投资 10%摊销。

表 9.14 关于煤电与核电负外部性的研究

煤电		核电	
研究机构	全球气候变暖的损害 / [欧分/(kW • h)]	研究机构	外部性的全成本 / [欧分/(kW • h)]
Cline（1992 年）	15	CEPN（贴现率=0%）	2.5～2.6
Fankhauser（1993 年）	10	ORNL（1993 年）	0.2～0.3
Tol（1995 年）	18	Pearce 等（1992 年）	0.8～1.8
		Friedrich 和 Voss（1993 年）	0.1～0.7

注：CEPN 为核能防护评估中心（法国）（Center of Evaluation Protection of Nuclear）；ORNL 为橡树岭国家实验室（Oak Ridge National Laboratory）

欧洲委员会和美国能源部在 1991 年联合启动“ExternE”研究计划，对各种电力的外部成本进行了研究，试图将外部成本量化评估。该研究考虑各种电力废弃物的排放、扩散和最终影响。研究表明，核电的外部成本与水电大致相当，大约为 0.4 欧分/（kW • h），煤电约为 4 欧分/（kW • h），气电为 1.3～2.3 欧分/（kW • h），风电的外部成本比核电更低，在 0.1～0.2 欧分/（kW • h）。因此，普遍认为核电在外部成本方面要明显优于煤电，但这种优势并没有完全在现有的定价机制中反映出来。

3. 海南核电与国内其他核电的成本比较

截至 2013 年 2 月底，我国核电总装机容量为 14 762.6MWe，已有 17 台机组并网运行；在建机组 29 台，在建容量为 31 783MWe。其中部分核电机组的平均发电成本统计如表 9.15 所示。

① 1 度 = 1kW • h。

表 9.15　中国核电发电成本统计表[①]　（单位：元/（kW·h））

序号	项目名称	平均发电成本	折旧摊销成本	财务成本	燃料成本	运行维护成本	乏燃料后处理成本	退役成本	机组类型
1	秦山二期扩建	0.251	0.076	0.031	0.043	0.061	0.033	0.007	CNP650
2	岭澳二期	0.249	0.078	0.037	0.038	0.058	0.029	0.010	CPR1000
3	红沿河一期	0.224	0.056	0.028	0.066	0.045	0.022	0.007	CPR1000
4	阳江	0.227	0.054	0.025	0.057	0.059	0.027	0.005	CPR1000
5	三门一期	0.308	0.090	0.052	0.072	0.062	0.023	0.009	AP1000
6	台山一期	0.242	0.078	0.023	0.056	0.056	0.018	0.012	EPR

表 9.15 中，秦山二期扩建、岭澳二期已投运；红沿河一期 1 号机组已投运，其余 3 台机组在建；阳江、三门一期、台山一期在建。从表 9.15 可以看出，成熟二代加机型的发电成本趋于一致，大约为 0.22 元/（kW·h）。三代技术与二代加技术相比，成本偏高，其原因可能是存在技术引进费及设备国产化比例低等导致的建设投资偏高，根据我国核电建设经验，伴随标准化和国产化的进程，发电成本应存在下降空间。总体来看，核电发电成本区间为 0.2～0.3 元/（kW·h），表 9.15 六个电站算数平均发电成本约为 0.25 元/（kW·h），各部分比例如图 9.26 所示。

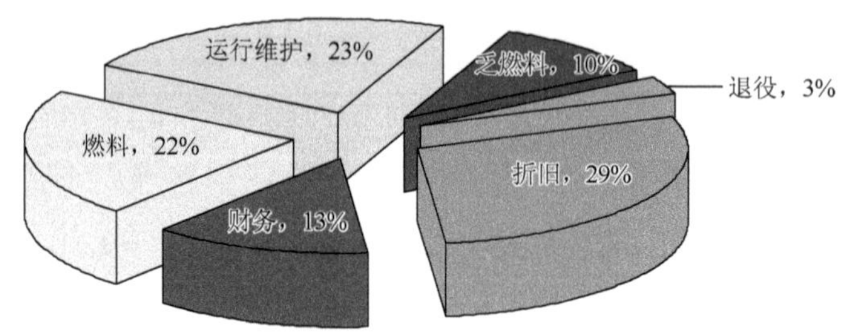

图 9.26　核电站发电成本构成

若将上述成本进一步归并成投资成本、燃料成本和运行维护成本，则投资成本（包含折旧摊销成本、财务成本和退役成本）约占 45%，燃料成本（包含燃料成本和乏燃料后处理成本）约占 32%，运行维护成本约占 23%。

我国在运二代加机组设计寿命为 40 年，在建三代机组（AP1000 及 EPR）设计寿命为 60 年，火电机组寿命一般为 30 年。可见，与火电机组相比，核电机组特别是三代核电机组寿命期长。而目前核电发电成本的计算中，计算期为 30 年，故 30 年之后，由于没有折旧摊销和还本付息的压力，核电的发电成本将降低近

① 秦山二期扩建、岭澳二期数据为运行成本数据，其余机组数据为可研成本数据。

1/2，这种低成本的运行将持续 30 年甚至更久。由此可见，目前我国核电经济评价和发电成本的计算中，由于受到计算方式的影响，实际上剔除了核电经济性极优的后 30 年寿命期。

随着核电行业的发展，核电运营水平显著提高，核电站的功率负荷因子大幅提高。资料显示，1980 年，全美的平均负荷因子为 54%，1991 年达到 68%，2001 年已升至 90.7%。我国核电运行水平达到世界领先水平，根据中国广核集团有限公司公布的数据，2012 年公司核电机组实际平均年利用率为 89.56%（二代机组的设计利用率为 83%～87%）。而三代核电 AP1000 机组的设计有效年利用率高达 93%，如果满功率发电，那么年利用率可以达到 97%，甚至更高。

由于核电站本身的特性，频繁停堆或变化功率会致使核燃料不能充分利用，不仅造成资源的浪费，还会增加放射性废物的产量，导致环保费用的上升。所以核电机组通常带基荷运行，不参与调峰。同时，由于核电运行不排放 SO_2 和 CO_2，相比于煤电更加清洁环保，属于国家政策鼓励优先发电的电力品种。而目前核电的高负荷因子、稳定的功率也非常适合承担电网的基荷。

核电的负荷因子对核电的发电成本有直接的影响，敏感性分析表明，在目前发电成本计算时采用负荷因子为 80%的基础上，负荷因子增加 5%，发电成本减少 4%左右。由此可见，由于核电实际负荷因子高于发电成本计算时所采用的 80%，我国核电的实际发电成本要比目前所认为的更低。

由以上比较分析可看出，由于海南的离岛属性以及海南电网的小网，负荷因子仅可以达到 75%，导致海南核电与国内其他核电厂比较，成本不具有竞争优势。

4. 核电定价机制的建议

2013 年 6 月 15 日，国家发改委所发布的《国家发展改革委关于完善核电上网电价机制有关问题的通知》，建立了科学合理的调整机制。《国家发展改革委关于完善核电上网电价机制有关问题的通知》中规定："全国核电标杆上网电价保持相对稳定。今后将根据核电技术进步、成本变化、电力市场供需状况变化情况对核电标杆电价进行评估并适时调整。"既保持相对稳定，又要适时调整，这就是说，今后标杆电价的电价机制还要进行完善。要相应建立配套的调整机制，规定定期检查评估制度，明确进行调整的条件、调整的基本原则，以及实施调整的规则程序。因此，海南省作为低碳省市试点省份，在核电定价时应当积极创新。

9.5.2　基于单位核电的绿色 GDP 贡献的调整法

应考虑国家能源结构调整的意向，利用价格经济杠杆进行调整，对符合国家能源结构调整意向的项目适当倾斜，使其有更大的利润空间，以吸引投资。核电是实现可大规模有效替代碳基燃料的发电能源技术，为满足减排 CO_2，缓解全球变暖的要求，应在核电发电成本之外考虑核电投入贡献的绿色 GDP，并逐步、适当地提高核电的上网电价。

$$P_N = P_C + P_{GDP}$$

其中，P_N 为调整后的核电上网价格，元/（kW • h）；P_{GDP} 为单位核电所创造的绿色 GDP，元/（kW • h）；P_C 为核电的单位成本，元/（kW • h）。

核电投入所贡献的绿色 GDP 除以所对应的核电发电量，可得单位核电投入所贡献的绿色 GDP。三种核电投入政策在不同碳价管控下，单位核电投入所贡献的绿色 GDP 具体结果详见图 9.27 和表 9.16。2015 年，三种核电投入都是在碳税政策 2（CTAX2）下所贡献的单位绿色 GDP 最高，为 0.62 元/（kW • h）；2020 年，三种核电投入都是在碳税政策 3（CTAX3）下所贡献的单位绿色 GDP 最高，为 0.54 元/（kW • h）；2025 年，核电投入政策 1（NPOWER1）在碳税政策 2（CTAX2）下所贡献的单位绿色 GDP 为 0.44 元/（kW • h）；2030 年，核电投入政策 1（NPOWER1）在碳税政策 2 和碳税政策 3（CTAX2、CTAX3）下所贡献的单位绿色 GDP 为 0.57 元/（kW • h）。

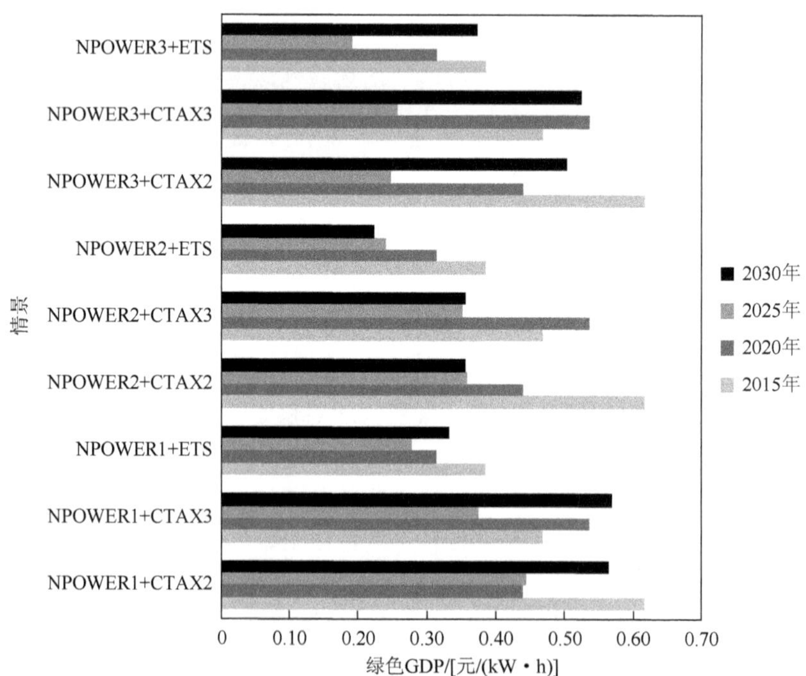

图 9.27　单位核电投入贡献的绿色 GDP

表 9.16　不同情景下的单位核电投入所贡献的绿色 GDP（单位：元/（kW·h））

情景	2015 年	2020 年	2025 年	2030 年
NPOWER1+CTAX2	0.62	0.44	0.44	0.57
NPOWER1+CTAX3	0.47	0.54	0.38	0.57
NPOWER1+ETS	0.38	0.31	0.28	0.33
NPOWER2+CTAX2	0.62	0.44	0.36	0.36
NPOWER2+CTAX3	0.47	0.54	0.35	0.36
NPOWER2+ETS	0.38	0.31	0.24	0.22
NPOWER3+CTAX2	0.62	0.44	0.25	0.50
NPOWER3+CTAX3	0.47	0.54	0.26	0.52
NPOWER3+ETS	0.38	0.31	0.19	0.37

9.5.3　基于单位核电替代煤电的社会成本的调整法

在调整核电上网电价时，应当考虑核电替代煤电所节省的碳排放社会成本。碳排放社会成本是指增加排放 1tCO_2 或者其他温室气体所带来的损害，或者说是经济上的成本。它将包括气候变化损失成本和环境污染成本两部分。

$$P_N = P_I + P_{CC} + P_{CP}$$

其中，P_N 为调整后的核电上网价格，元/（kW·h）；P_I 为核电上网的标杆价格，目前为 0.43 元/（kW·h）；P_{CC} 为单位核电投入所节省的碳价，元/（kW·h）；P_{CP} 为单位核电投入所节省的煤的外部环境成本，元/（kW·h）。

燃煤的气候变化损失成本一般以气候变化中 CO_2 排放量造成的损害以货币价值来表示，而且考虑到大气中 CO_2 等温室气体的影响会随时间而累计，它还将未来的损失折算为现值。此处，基于 CO_2 排放价格来进行测算。计算方法是节省的 CO_2 排放量与当年所对应碳价的乘积之和，计算结果见表 9.17。

表 9.17　核电投入所节省的气候变化损失成本（单位：元/（kW·h））

情景	2015 年	2020 年	2025 年	2030 年
NPOWER1+CTAX2	0.0186	0.0089	0.0098	0.0108
NPOWER1+CTAX3	0.0386	0.0160	0.0208	0.0182
NPOWER1+ETS	0.0068	0.0057	0.0121	0.0225
NPOWER2+CTAX2	0.0186	0.0089	0.0139	0.0109
NPOWER2+CTAX3	0.0386	0.0160	0.0349	0.0251
NPOWER2+ETS	0.0068	0.0057	0.0207	0.0256
NPOWER3+CTAX2	0.0186	0.0089	0.0116	0.0107
NPOWER3+CTAX3	0.0386	0.0160	0.0314	0.0281
NPOWER3+ETS	0.0068	0.0057	0.0198	0.0235

燃煤的环境污染成本主要指煤炭开采、运输及使用过程中，三废排放所引起的环境污染及对生态系统的破坏，且未被受益企业承担的那部分经济损失。燃煤的环境污染成本采用实证法进行确认，见表 9.18[8]。

表 9.18　2010 年煤炭环境外部成本核算

环节	核算项	核算细项	环境外部成本/万元	吨煤成本/元
煤炭生产	水污染	废水处理	314 295	0.97
	大气污染	矿区职工健康损失	9 340 000	28.88
	固废污染	煤矸石自燃损失	97 304	0.30
		煤矸石占用土地资源	143 192	0.44
		煤矸石堆存土壤耗损	526	0.002
	水生态系统	地下水资源破坏	3 441 781	10.64
		水土流失	2 006 794	6.20
	土地生态系统	土地塌陷	668 224	2.07
		周边居民移民	65 398	0.20
	森林生态系统	坑木消耗及生物多样性损失	4 984	0.02
		林木生长量损失	5 306 694	16.40
		林地生态服务价值损失	434 337	1.34
		增加造林费用成本	11 848	0.15
	草原生态系统	草原生态服务损失	9 800	0.03
	农田生态系统	农田环境服务损失	14 282	0.04
小计			21 859 459	67.682
煤炭运输	铁路运输	铁路运输环境污染损失	4 256 591	27.28
		铁路运输煤炭损耗	1 067 177	6.84
	水路运输	货船装卸煤炭损耗	932 447	8.02
		港口装卸煤尘污染	871 935	7.50
	年末库存	堆存煤尘散发	13 150	2.40
小计			7 141 300	52.04
煤炭使用	人体健康损失		21 173 231	67.81
	农田减产		5 039 417	16.14
	清洁费用增加		341 032	1.09
小计			26 553 680	85.04
总计			55 554 439	204.762

资料来源：环境保护部环境规划研究院. 煤炭环境外部成本核算及内部化方案研究. 2014 年 7 月 10 日

海南省发展核电，可以替代煤电。而煤炭的外部成本远远没有内部化。2014 年 7 月 10 日，环境保护部环境规划研究院和能源基金会联合发布的《煤炭环境外部成本核算及内部化方案研究》报告指出：每吨煤环境外部成本为 204.762 元，相当于当年煤炭价格的 28%。煤炭生产、运输及使用环节的吨煤环境成本分别为：67.682 元、52.04 元和 85.04 元。

对于清洁能源节约的环境成本进行测算，过程如下。1t 原煤=0.7 吨标准煤，300g 标准煤可发 1 度电，所以 1t 原煤可发电：0.7×1000×1000/300=2333.3（度）；而每吨煤的环境外部成本为 204.762 元，分摊到 2333.3 度电上，每度电用煤的环境外部成本为：204.762/2333.3=0.088（元）。

参 考 文 献

[1] 海南省统计局，国家统计局海南调查总队. 海南统计年鉴—2013. 北京：中国统计出版社，2013.

[2] 中华人民共和国国家统计局. 中国统计年鉴 2013. 北京：中国统计出版社，2013.

[3] 戴彦德，白泉，等. 中国“十一五”节能进展报告. 北京：中国经济出版社，2012.

[4] IPCC：Climate Change 2014，AR5. Summary for policymakers. Cambridge：Cambridge University Press.

[5] 蒋兆理. 碳排放权交易试点和全国统一碳排放权交易市场建设进展. 北京：北京市发展改革委碳排放权交易高级培训班（清华大学），2014.

[6] 新华社. 习近平：积极推动我国能源生产和消费革命. 人民网—人民日报，2014-06-14.

[7] 何建坤. 中国能源革命与低碳发展的战略选择. 武汉大学学报（哲学社会科学版），2015，68（1）：1-18.

[8] 环境保护部环境规划院. 煤炭环境外部成本核算及内部化方案研究. 北京，2014.

第四篇　低碳城市与规划

第 10 章　能源互联网与城市能源转型①

10.1　城市能源转型的目标和难点

10.1.1　城市能源转型的目标

中国城市能源转型的最终目标是淘汰碳能、普及绿能。

各种化石能源燃烧都会产生 CO_2，可以将煤炭、石油、天然气等化石能源简称为碳能。不同类型的化石能源产生每千克标准煤热值当量所排放的 CO_2 不同，煤炭约为 2.64kg，石油约为 2.08kg，天然气约为 1.63kg。相比煤炭和石油，天然气是低碳能源。

各种可再生能源如风能、太阳能、地热能和生物质能可以简称为绿能。核能和绿能都是非化石能源，也可简称为无碳能源。

城市能源转型实现后，城市里不再直接使用煤炭、石油、天然气，也不间接使用化石能源，全部电力、供暖、交通运输都由绿能提供。在部分城市，核能起到一定的补充作用。

中国城市的能源转型将循序渐进。在中国 2030 年左右碳排放达峰的大目标背景下，东部经济发达地区的部分城市已经在控制煤炭消费总量不再增长，广州、镇江、北京等国家低碳试点城市已经明确在 2020 年达到碳排放峰值，湖南省、四川省提出 2030 年达到碳排放峰值。2050 年，非化石能源基本成为主体能源，主要城市也基本实现绿能成为主导能源，甚至有一些可再生能源资源条件较好的城市接近或基本达到零碳水平。按照 IPCC 发布的第五次评估报告的情景预测[1]，要实现全球温升控制在 2℃以内的目标，中国有必要在 2100 年前实现完全不依赖化石能源，届时，所有的城市也都将实现去碳化。

10.1.2　城市能源转型的难点

（1）城市市政部门在能源体系中缺乏治理的抓手。以往地方政府的能源需要主要由大型央企来保障，如发电集团、电网公司和石油集团，地方政府对能源企

① 本章作者：曾嵘、何继江、陈启鑫，清华大学能源互联网创新研究院。本章主要基于共同作者发表在《城市规划》2013 年第 37 卷第 4 期的《基于空间规划视角的城市温室气体清单研究》一文，并补充了对北京市 2011～2030 年碳排放情景的分析工作成果，最终合并整理而成。

业的影响十分有限。例如，很多燃煤电厂大部分归属中央电力企业所有，地方政府难以对这些燃煤电厂进行碳排放控制，而且城市供电由电网公司控制，地方政府对电网所能施加的影响并不大。地方政府鲜有市政能源公司，推动能源转型困难颇多。因为天然气分布式的特点，地方政府积极建设市政燃气公司，以加强天然气在能源体系中的比重。但是，当地有天然气资源的城市并不多，更多城市是靠外地管道输送，在迅速增加的需求面前，供给保障有不少的困难，而且在城市能源体系中所占的份额并不高。

（2）城市具有丰富的可再生能源资源，但应用程度很低。目前城市的可再生能源比重还处于比例很低、甚至微乎其微的状态。例如，广州市 2015 年，全市非化石能源占一次能源比重仅达到 3%[2]；北京市 2015 年，全市新能源和可再生能源利用总量仅达到 550 万吨标准煤左右[3]。

城市能源转型最关键的是要大规模发展可再生能源，太阳能、生物质能和垃圾发电、浅层地热能是大多城市都拥有的资源。光伏是大部分城市最有共性能够广泛发展的可再生能源，建筑与太阳能的一体化正在成为一种趋势。城市大规模建设光伏、普及太阳能热水和热泵技术对于城市来说涉及建筑标准修订、大规模基础设施改造及城市治理模式变化的巨大挑战。

（3）城市建筑与交通部门巨大的能源替代潜力尚待挖掘。建筑用能主要有三大能源需求：电、热、冷。城市建筑供热形成巨大的能源需求，因此建筑具有明显的锁定效应，即目前已经建成的建筑将在未来几十年内具有大体类似的能源消费特性，若进行改造，则需要大量的资金投入。欧洲国家发展零能耗建筑已经使建筑供热方面的需求明显降低，这些技术可以在中国逐步推广，但中国与欧洲明显不同的是：中国存在大量冬冷夏热的地区，甚至南方很多地区几乎终年炎热，这些地区对供冷的需求非常大。这方面，尚不能从欧洲低碳发展的经验中得到直接的解决方案。

交通用能的能源替代困难很大。近年来，对公交车换用液化天然气（liquefied natural gas，LNG）明显地减少了污染物排放和碳排放，但 LNG 仍然是化石能源。乘用车将主要由电动汽车实现能源替代，这个趋势越来越明朗。电动汽车在城市低碳交通体系中将扮演越来越重要的角色，但电动汽车的大规模普及以及充电设施的建设对地方政府是很大的挑战。航空目前考虑用生物燃油来替代化石能源。

（4）高比例的可再生能源接入将加剧城市电网的运行压力。在过去的电力系统中，城市的各类用户仅仅是单一的使用方，电网所需的调峰能力主要侧重对发电侧调峰能力的建设。城市要想接纳高比例的可再生能源，就必须使城市电网具有足够的灵活调峰能力。这就需要把城市里分散的各种用能设施（大到电动汽车和中央空调，小到家用冰箱、空调、智能家居等）利用互联网技术集合起来，参与电网的调峰调频，进而有助于城市高比例接纳可再生能源，这是很大的挑战。

10.2　能源互联网在能源系统转型中的重要作用

10.2.1　能源互联网的概念演变

2004 年英国《经济学人》杂志刊发了一篇名为“Building the energy internet”的文章，是目前最早正式提出能源互联网的文献。2008 年，美国著名记者、三度普利策新闻奖获得者托马斯・弗里德曼在专著《世界又热又平又挤》中专门就能源互联网进行了介绍，这是经济学层面对能源互联网的最初探索。

技术层面的探索也大约产生于 2008 年，随着德国提出 E-Energy（信息化能源）计划，充分利用信息和通信技术，以解决以未来分布式能源供应为主的电力系统面临的新问题，以求从配网到循环电网打造一个全新的能源互联网。苏黎世联邦理工学院则致力于研究应用于能源互联网的能量集线器（Energy Hub）概念模型，也称为能量控制中心。Energy Hub 是电网系统中的一个广义多端口网络节点，与配电网连接，对配电网上的能量起到补充、缓解、转换、调节、存储的作用，其范围可覆盖一个家庭甚至整个城市。2008 年，美国国家科学基金会（National Science Foundation，NSF）在北卡罗莱纳州立大学建立了未来可再生电力能源传输与管理（Future Renewable Electric Energy Delivery and Management，FREEDM）系统研究院，由 17 个科研院所和 30 余个工业伙伴共同参与，其核心在于将电力电子技术和信息技术引入电力系统，效仿通信网络中路由器的概念，提出了能源路由器的概念并实施了初步开发，以期在未来的配电网层面构建能源互联网，实现分布对等的系统控制与交互。2009 年，在美国迪比克市，IBM（International Business Machines Corporation，国际商业机器公司）与政府开始建设首个拥有智能能源网的智慧城市，以实现城市水、电、油、气、交通、公共服务等的智慧连接。日本则提出了研制数字电网路由器的计划，该计划的特点在于：包括发电设备及用电设备在内，由名为“数字电网路由器”的装置（电力路由器）进行统筹管理与能量调度。

能源互联网引起国人的广泛关注，可能更多是因为里夫金（Rifkin）的著作《第三次工业革命》，书中畅想了“在即将到来的时代，我们将需要创建一个‘能源互联网’，让亿万人能够在自己的家中、办公室里和工厂里生产绿色可再生能源”[4]。在里夫金看来，能源互联网同信息互联网一样，“能源的分布可以建立起神经式的互动网络，把普通的电网变成能源型互联网”。

里夫金认为，能源互联网是把互联网技术与可再生能源相结合，在能源开采、配送和利用上从传统的集中式变为智能化的分散式，从而将全球的电网变成能源共享网络。在他看来，能源和通信技术相结合，最终会让人类的商业模式和社会模式发生翻天覆地的变化。在他的构思中，能源互联网是一种依托于可再生能源技术、通信技术及自动控制技术，以集中式和分布式可再生能源为主要能量单元，能够实现双向信息数据的实时高速交互，涵盖多类型能源网络与交通运输网络的新型能源利用体系。处于能源互联网中的各个参与主体都既是“生产者”，又是“消费者”，传统的以生产顺应需求的能源供给模式将被彻底颠覆。

能源互联网在推动德国的能源转型中起到了关键性作用，现在已经被普遍认为是接纳高比例可再生能源的有效方案。里夫金描绘了能源互联网在第三次工业革命中的关键角色，李克强总理迅即要求国家发改委和国务院发展研究中心开展相关研究，2015 年李克强总理在政府工作报告中提出“互联网+”，其中互联网+智慧能源即能源互联网。能源互联网是推动我国能源革命的必然选择，是第三次工业革命的创新核心。

10.2.2 能源互联网是中国能源革命的关键点

习近平总书记在 2014 年 6 月提出能源革命。能源互联网是接纳高比例可再生能源的有效方案，是我国推动能源革命的战略性选择。世界向低碳经济转型，我国要积极承担大国的责任，不仅要力争在 2030 年左右达到碳排放峰值，还要在达峰之后持续减排。能源革命必须能够解决我国的能源供给、空气质量和气候变化问题，其核心应当是实现能源的清洁替代，把当前以煤炭为主的高碳能源结构转变为以可再生能源为主的低碳能源结构。

中国能源生产革命和能源消费革命，到 2050 年能基本实现，目标是打造清洁、低碳、安全、可靠的能源系统，使化石能源在整个能源系统中的比例降到最低，使可再生能源在能源消费中的比例大幅提高，逐步形成以可再生能源为主导的多元、低碳、安全能源供应体系，实现能源节约、清洁能源替代、可再生能源利用充分结合的空间格局、产业结构、生产方式、生活方式。

能源互联网核心的目的是发展清洁能源。能源互联网的建设不是基于现有的能源生产、消费模式和能源体制，而是要通过能源互联网这种能源技术革命，推动能源生产、消费、体制变革和能源结构的调整，有力地推动我国能源革命。为了应对全球气候变化的挑战，世界能源发展必须进入以无碳化为核心内容的第三次能源变革时代。

全面推动能源革命，不再是简单地增加能源供给、提高能源利用效率，而是需要通过全面的革命，建立一套全新的能源流动体系，形成能源应用的创新形式，建设一个基础设施智能化、生产消费互动化、信息流动充分化的能源互联网。能源革命将推动电力、石油等产业的结构重组以及公共事业企业的职能拆分，改变现有的产业结构与行业组织方式，催生出大量新兴的产业机会和经济增长点。通过广泛采用新能源、新型电力电子器件、新型储能材料、新一代互联网技术等，可实现能源网络与信息网络的深度融合，提升能源供应、消费环节间的互动能力和灵活性，大幅提升能源资产的利用率，解决可再生能源资源在传输和利用中的瓶颈，服务于国家能源安全的战略需求。从而协同解决能源供应、能源消费、能源安全、污染治理及资源利用等关键问题，全面推动能源资源的优化整合，提升社会资源的优化配置水平。

10.2.3　能源互联网支持高比例可再生能源接入

实现高比例可再生能源是能源转型的重要环节。国家发改委能源研究所 2015 年 4 月发布的《中国 2050 高比例可再生能源发展情景暨路径研究》课题报告是为探索化石能源，特别是煤炭逐步退出主导中国能源发展所进行的情景及路径研究。高比例可再生能源发展情景下，煤炭消耗峰值在 2020 年左右即可达到，化石能源消费峰值在 2025 年左右实现。风电和太阳能发电成为未来电力供应的重要支柱。2020～2040 年风电和太阳能发电得到迅猛发展，平均年度新增装机容量接近 1 亿 kW。2050 年将实现风电装机 24 亿 kW，实现太阳能发电装机 27 亿 kW，风电和太阳能发电合计为 9.66 万亿 kW • h，占全部发电量的 64%，风电、太阳能发电成为未来绿色电力系统的主要电力供应来源，2050 年可再生能源发电量达到 85%[5]。在波动性发电达到如此高比例的情况下，保证电力供应与需求之间的实时平衡更具挑战性。能源互联网作为一种全新的技术解决方案将大幅增加电网的灵活度，提高接纳可再生能源的比例，将有力地促进全社会从建筑、工业、交通等终端能源部门推动清洁电力和可再生能源替代化石能源，构建清洁城镇能源体系，共同建立未来能源体系，实现能源革命。

能源互联网提高电网接纳可再生能源的作用，主要体现在以下三个方面。

（1）通过发展能源互联网，电力网与气象网实现高度协同，使对风光发电的预测和调度更加精细化，减少弃风和弃光。

（2）发展能源互联网可以使电力需求侧资源得到有效开发。家庭和工商业零散的需求响应能够整合起来形成大规模的调峰能力，通过移峰填谷和负荷转移实现清洁能源的多发满发。随着电动汽车的大规模发展，通过能源互联网可以将这些分布式的储能资源整合起来，通过用户的广泛参与形成高效的低谷负荷。各类可调负荷则可以在能源互联网的交易平台上以虚拟电厂的身份出现。据初步预测，通过能源互联网的有效建设，可在 2030 年形成 2 亿 kW 左右的虚拟电厂，大体可以保障 10 亿 kW 以上的可再生能源的有效接纳。

（3）能源互联网可以实现电力系统与热力系统、供冷系统、天然气系统的多能贯通，使不同形式的能源需求也具备相互协调、互为调峰的能力，从而进一步提高可再生能源在能源体系中的比例。

10.2.4 德国能源互联网支撑能源转型

自 2000 年德国《可再生能源法》启动以来，德国的能源转型已经做出了一些卓有成效的探索。2011 年 6 月，德国联邦议会决定，未来 40 年内将其电力行业从依赖核能和煤炭全面转向以光伏与风电为主体的可再生能源。到 2050 年，德国的一次能源中可再生能源占比达到 60%，电力中可再生能源占比达到 80%[6]。

德国的能源转型正在创造一个有可能引领世界潮流的新型能源体系。让电力系统接受更多波动性很强的风电和光伏是个很大的挑战，德国的进展已经卓有成效，2000 年德国可再生能源发电比重尚不足 7%，2015 年就已经超过 30%。

德国的 E-Energy 大体可以理解为德国的能源互联网。E-Energy 是德国联邦经济和技术部 2008 年发起的一个技术创新促进计划，提出打造新型能源网络的目标，是德国“绿色 IT 先锋”行动计划的组成部分。E-Energy 为满足未来以分布式能源供应结构为特点的电力系统的需求，推出了适用于双向系统的信息通信技术（information communication technology，ICT）解决方案，最后达到的状态是“以电力生产决定消耗”，最大限度地利用风电和光伏。这是能够实现大比例接纳可再生能源的以 ICT 为基础的未来能源系统[7]。E-Energy 利用新的 ICT 解决方案，为实现未来整个能源供应系统的智能一体化建设创造了先决条件。

能源互联网使能源系统中，从发电厂、电力运输公司到电力分配、电力消费环节都实现相通。每个与电网连接的设备或装置都如即插即用的应用程序一般，被添加到控制系统中，形成具有全新结构和功能的综合数据与电力网络。在能源互联网中，智能电能表不再只是为了计价而仅仅测量消耗的电力或馈入电网的电力，它们还能够为智能 E-Energy 系统的网络节点提供所需的信息，从而在很大程度上实现对电力生产、电网负荷、电力消耗的自动调节，这有助于减少用电高峰时的电力需求，减轻电网负荷，确保电力供应安全。

10.3 能源互联网助推城市能源转型

10.3.1 应用于城市的能源互联网的基本要素

由于可再生能源广泛分布于世界各地，与传统化石能源的思维方式不同，可再生能源可以采用分布式而不是集中式的方式进行收集。收集可再生能源有很多创新的思路。可再生能源可以与楼宇结合，每一栋楼都能转变为一个潜在的小型发电厂，它能吸收可再生能源——照射到楼顶的太阳能、墙外的风能、从房子里排出的污水、楼房下面的热能等。家庭居民和商业办公楼用户可以在自己的房顶上安装太阳能电池板，这些电池板能生产电力，供建筑使用，如果有剩余，还可以卖给电网或周边的用户。

由于可再生能源多半为间歇性能源，当可再生能源大规模应用后，为确保能源供应稳定，需要发展和应用储能技术。在电力充沛时，可以将多余电力储存起来，在晚上、弱风、阴天等发电量不足的时候释放出来以满足负荷需求，有助于顺利解决类似问题。随着未来技术发展，超级电容器储能、超导飞轮储能、氢储能和压缩空气储能等高效储能技术都有可能得到广泛应用。届时，“储能”成为电力生产的重要环节。

随着可再生能源体系的建立、建筑物发电以及高效储能技术的发展，电力输送网络将发生深刻的变化，同时转变成为能源信息网络。这种智能型能源网络将与人们的日常生活息息相关。家庭、办公室、工厂、交通工具以及物流等无时无刻不相互影响，分享信息资源。同时与大数据分析等最新的信息技术发展相结合，创造全新的模式。随着电力供给和需求信息的实时掌握，会采用动态定价的形式，在每栋大厦中分布的数字仪表上实时显示，以便消费者能够根据价格变动自动调整用电量。与此同时，动态定价也将促使能源服务商把握发电的最佳时机。智能电网系统还与天气的变化相关联，使得电流以及室内温度会随着天气状况和用户的需要而改变。此外，这种智能网络还能够根据家用电器用电量的多少来进行自我调节，如果出现用电负荷峰值，软件就会进行相应的调节，以避免出现电网超负荷的情况。能源互联网的发展重塑了传统的电力供应者、输送管理者和消费者的角色，电力消费者将同时成为电力生产者，并通过全新智能电网的输送功能来汇集、传输，使电力由原本的供应端单向管理转变为发电侧与用电侧的双向互动协同。

随着建筑物转变成小型发电厂和能源互联网的建立，这些基础设施可以为插电式电动车、氢燃料电池车提供动力，并在交通领域掀起一场巨大变革。随着电动汽车的普及并深入融入能源互联网，巨量的电动汽车和氢燃料电池汽车同时能够成为潜在的发电厂，当电动汽车和氢燃料电池汽车处于非行驶状态时，可以接入交互式电网。当电网处于需求波谷时，向电动汽车充电，将多余的电力存储在电动汽车中。当电网处于需求波峰时，电动汽车可以向电网回输电能。

10.3.2　以可再生能源为核心的能源供给和利用

能源互联网是以互联网理念构建的新型信息能源融合的“广域网”，强调“自由多边、广泛参与、信息对称、用户体验”的互联网思维，将从根本上改变人们的生活方式和工作方式。能源互联网以大容量远距离输电网为“主干网”，以局部综合能源支撑的微电网为“局域网”，将大量由分布式能量采集装置、分布式能量存储装置与不同类型电力负荷构成的新型电力网络节点互联起来，真正实现能源的双向按需传输和动态平衡使用。即可以从两个方面促进可再生能源的消纳：一方面是电力系统内充分挖掘发电侧与用电侧的灵活调节资源，扩大需求响应的范围与潜力；另一方面是充分实现电力系统与热力系统、天然气系统，以及通信至能源系统的协调，以更大比例地接纳可再生能源。

虽然大城市的能源供给在很长时间里还主要依靠外部电网送入，但建设能源互联网必须大规模发展城市内的可再生能源供给，鼓励全民参与，人人行动，使人人都成为能源产消者（prosumer），实现人人享有能源、户户销售能源、人人受益于能源，全面迈进以绿色、低碳、清洁、高效、智能和可再生为主要特征的新能源时代。

城市市民成为产消者，要从屋顶光伏系统、电动汽车出行和车网融合等起步。首要是居民和商业部门推广建筑可再生能源供热及光伏系统。全面推广安装太阳能热水器，大力推广可再生能源供暖、制冷系统，使可再生能源成为居民和商业热水、供暖、制冷的重要补充能源。全面推广屋顶光伏系统，大规模推广新建建筑一体化光伏系统，使光伏发电成为城市重要的补充电源。

生物质也是城市的可再生资源之一，要全面高效利用各种生物质资源，要积极推广沼气、成型燃料、各种城乡垃圾（工业有机废水、畜禽粪便等）的资源化利用，除了物资循环利用，主要是指利用和发电。浅层地热直接热利用在很多城市是可行的，要推进地源热泵规模化应用。在某些城市可以探索电供热。

城市市民成为城市能源产消者的另一项重要工具是电动汽车。交通行业是除发电行业之外的另一化石能源消耗大户，2010 年，交通运输行业占最终能源使用的 27%。交通行业的最大减排潜力将是以电动汽车为核心的电气化交通体系。电动汽车的普及将使作为化石燃料的汽油逐步退出城市。电动汽车可以用作备用电源和移动存储器，在用电较少的时段进行充电，在用电高峰时将电力反哺到电网。当百万辆计的电动车构成的分布式储能系统与电力系统高度一体化时，将不仅使电动汽车对电网的影响降到最低，还会形成规模巨大的虚拟电厂，具有很强的需求响应能力。有关课题预测，加快推广普及电动汽车，使 2020 年前电动汽车具有一定规模应用，初步发挥低谷负荷作用，到 2030 年形成上亿千瓦低谷负荷和灵活资源。能源互联网能够很好地协调电动汽车作为低谷负荷的资源，以及作为储能设备的资源，巨量电动汽车形成的分布式储能系统能够极大地增强电网接纳可再生能源的能力。

城市市民成为城市能源产消者的另一项重要工具是智能家居。在能源互联网中，由家庭中的冰箱、空调、家庭储能装置构成的巨量的智能家居构成规模庞大的分布式能量调节系统。试想，如果北京的数百万个家庭的冰箱和空调以主动或被动的方式纳入电力调度体系，其所构成的需求侧响应能力是惊人的。巨量智能家居设备形成的分布式能量调节系统也将极大地增强电网接纳可再生能源的能力。

楼宇、小区、区域微电网和综合能源网也是城镇可再生能源体系的重要组成部分。通过将能源网、物联网和互联网耦合形成“能源互联网”，将工业、建筑、交通部门各类用能设施与集中电网、管网和本地太阳能、风能、地热能等分布式能源等各种新能源高效集成，按照终端用户的需求将区域多种类的可再生能源和化石能源高效转换为冷、热、电等不同种类和品位的适用能量，进而形成清洁能源循环生产、多种能源有序配置的智能能源网。海量分布式设备的广域协调和即插即用未来能够实现双向互动的分布式储能，能够提供远距离、大容量的需求侧响应能力[8]。电动车、家庭储能、楼宇储能、天然气发电及电转气技术，以及智能楼宇都将发挥积极作用。能源互联网发展情况预测见表 10.1。

表 10.1 能源互联网发展情况预测[5]

能源互联网建设举措	2017 年前	2020 年	2030 年	2050 年
建设城镇可再生能源体系和能源互联网	示范楼宇、小区、区域微电网和综合能源网，集成应用可再生能源、电力、燃气、热力	示范融合居民、商业、工业、交通部门能源供应服务的城镇综合清洁能源网，试验智能能源互联网	将能源网、物联网和互联网耦合形成“能源互联网”	全面建成智能能源互联网
大规模发展负荷响应和储能	示范可调节负荷和负荷响应；发展抽蓄；示范先进储能	扩大可调节负荷的规模；在用户侧推广先进储能	全面挖掘可调节负荷潜力；普及先进储能技术	负荷响应和先进成为重要灵活资源
居民和商业建筑推广普及可再生能源供热与建筑光伏系统	加快推广建筑屋顶和建筑一体化光伏发电。建设居民和商业建筑可再生能源热水、供暖、制冷示范项目	规模化推广可再生能源供暖、制冷系统。全面推广屋顶光伏系统、建筑一体化光伏系统	全面推广可再生能源供暖、制冷系统。新建建筑普遍实现建筑光伏一体化	可再生能源成为居民和商业供暖、制冷的主导能源
交通部门推进电力化、提供低谷负荷和灵活储能	推广电动汽车和低谷负荷充电	电动汽车具有一定规模应用，初步发挥低谷负荷作用	全面推广电动汽车，形成上亿千瓦低谷负荷	普及电动汽车，提供超过 10 亿 kW 低谷负荷

资料来源：国家发改委能源研究所. 中国 2050 高比例可再生能源发展情景暨路径研究. 2015

10.3.3 多能协同的灵活的能源系统

在可再生能源丰富的地区使可再生能源电力达到 100%有着很大的可行性，但实现的关键是，充分利用输配电网、热管、燃气管道 3 大网络，制订电、热、燃气的最佳调度计划，在地区内建立多能协同的灵活的能源系统。地区的电力消费量减去地区利用风力及太阳能生产的发电量，剩下的部分称为“剩余电力”（residue power），而风力及太阳能发电会有变动，因此要想提高可再生能源的比例，剩余电力必须是能够平抑风电光伏波动性的灵活电源，还需要具备足够应对天气变化的容量，开发能够吸收发电量变化的灵活电源，并实现多能协同，对于实现 100%可再生能源发电非常重要[9]。

（1）生物质燃料的调峰功能。生物质燃料在规模和成本上无法与大电厂相比，但它所具有的灵活性使其适于承担电网调峰功能。

（2）电与热的协同。生物质热电联产需要使电能与热能取得平衡。热电联产同时产生一定比例的热能。而传统的热电联产一般以热需求为准，同时产生电能，因此，借助以需求响应为基础的热需求转移，可以实现一定程度的调整。调整地区的热需求将会采用开关锅炉、蓄热设备蓄热放热、供热管道蓄热放热、需求转移等方式。

（3）天然气网络与电网耦合形成强大的调峰能力。天然气在电力系统中的比重正在迅速上升，美国 2013 年宣布新建电厂的碳排放标准后，新建火力发电厂均为燃气电厂。燃气电厂具有很好的调峰功能，尤其是中小功率燃气轮机机组。最近出现的电转气技术颇引人关注，它可将水电解后产生氢气与氧气，再将氢气与二氧化碳混合产生甲烷。电转气的转化效率可达 60%～70%，德国目前已经在进行商业示范。电转气技术将可再生能源机组的多余出力转化为甲烷，可以直接注入天然气网络中进行运输和储存，这使得未来的电力系统与天然气网络之间的能量流动由单向变为双向。这里的天然气还可包括沼气，即由生物质生成的“生物燃气”。通过设置储气罐，提纯甲烷气体注入燃气管道等方式，调整剩余和不足。广泛分布于发电端和用户端的小型燃气发电与电转气设施将形成功能强大的分布式储能体系。

通过利用热泵和冷藏仓库等的“灵活消费”，以及生物质等发电和蓄电池的“灵活供应”，吸收电力输出的变化，还可作为“灵活供需要素”，把电能转化成燃料储存，按需供电、供热的系统也将变得重要。通过构建充分利用电、热、气网络的灵活系统，能够有效促进城市实现高比例利用可再生能源。

10.3.4　互联网思维与能源互联网

能源互联网的内涵是以互联网思维和理念变革能源基础设施，与智能电网相比，能源互联网的关键拓展在于采用互联网理念、方法和技术实现能源基础设施架构本身的重大变革，使能量的开放互联与交换分享可以跟互联网信息分享一样便捷。作为我国前沿科学最高会议的香山科学会议于 2015 年 4 月下旬在北京香山饭店召开，来自全球的 52 名顶级能源互联网专家济济一堂，共商能源互联网的中国之路，与会专家一致认为能源互联网，不是简单的能源+互联网，不是仅把互联网作为工具叠加在电力或者其他能源行业之上，重构能源电力企业的思维模式是最重要的。清华大学曹军威等指出能源互联网区别于传统能源基础设施的本质特征包括如下几项[10]。

（1）开放。互联网实现信息的随时随地接入与获取，主要取决于开放式的体系结构。能源互联网要实现开放性，需要可再生能源和储能、用能装置的“即插即用”。

（2）互联。“局域网”内部可以进行多种能源形式的转换，可以进行风光储用的平滑与协调，而“广域网”的互联必须建立在局域消纳的基础上，形成简捷的能量交换方式，才可能实现大规模互联。

（3）对等。同传统电网自顶向下的树状结构相比，能源互联网的形成是能量自治单元之间的对等互联。

（4）分享。分布、分散与分享也是能源互联网的主要特征，原来仅依赖于中心调度与管理的功能可以采用分散-协调的方式来更高效地实现，而“局域网”（如微网）的监控甚至可以采用没有“中心”的对等模式。借鉴互联网应用中借助社交网络的信息分享机制，能源互联网中各局域网间的能量交换与路由也都是就近、实时、动态进行的，以分散式局部最优和高效的全局协调来实现电网整体能量管理的调度优化。

能源互联网代表了一种全新的思维模式，核心是以“全连接”来重构能源企业的思维模式，电力消费者和发电企业之间、发电企业和电网之间、电力消费者和电网之间，以及服务企业和消费者之间，都是全连接的。在能源互联网中每一个参与个体都是平等的角色，协作将替代传统的电网调度命令。能源企业的商业模式、营销模式、研发模式、运营模式、服务模式等，都将以互联网的时代特征为出发点进行重构。

在能源互联网时代，个人将能够参与能源系统的管理和投资，单个个体不仅能够通过互联网金融众筹建设分布式电站项目，还可以作为能源互联网的重要主体参与需求侧管理，成为电力网络最重要的末端细胞。在能源互联网时代，电力系统将先化整为零成为微型单元，再通过众包模式聚沙成塔。

大数据的使用也使精确的气象预测和用电需求预测成为可能，仰赖大数据预测，发电企业和电网管理企业可以精益管理与调度系统内的电源，实现资源的精益利用。其实能源互联网产生的巨量能源电力消费数据，在能源应用之外，还有难以想象的商业价值。

10.4　城市能源互联网建设路径图

10.4.1　城市能源互联网总体建设路径

中国城市的能源供给中可再生能源如何达到较高的比重，有很多要解决的难题。虽然国际上已经有一些城市提出将在 2035 年之前就成为 100%可再生能源城市，但这些城市或者是有丰富的水能资源或其他资源，或者是城市规模较小。在中国很多上百万人口的大城市，光伏等分布式能源的资源远不足以实现城市的能源替代。

面对这种特殊情境，中国的城市能源互联网应该至少包括两大部分。第一是促进可再生能源大力发展。大力推进可再生能源发展，基于现实的资源条件，尽可能达到较高的可再生能源占比。第二是提高城市电网的调节能力。城市具有强大的需求响应与灵活调节能力，从而为接纳间歇式的可再生能源提供条件。

1）促进可再生能源大力发展

发展城市可再生能源，大致可包括以下几个方面。

（1）大规模发展光伏，主要以建筑一体化的方式发展。

（2）大规模发展光热资源，主要是建筑一体化的民用热水和工业园区的工业热水。

（3）大规模发展电动汽车，实现电能对于终端一次化石能源的高效替代，降低交通用能的碳排放，使交通体系逐渐电气化，实现交通体系与电力体系的耦合。

（4）快速发展各种储能产品，包括民用和工业用的储能产品，也包括发电侧的储能产品。

（5）城市的垃圾资源化利用、生物质的能源化利用等。

2）提高城市电网的调节能力

除了传统的发电资源，还应大力发展城市的需求响应资源，主要可来自以下几个方面。

（1）大量工商业用户的可中断负荷的集成化。

（2）大量智能家居的需求响应能力的集成化。

（3）大量储能设施的需求响应能力的集成化。

（4）电动汽车集聚所形成的低谷负荷。

（5）燃气冷热电联产形成的跨能源类型的调峰能力。

（6）各种储热储冷产品形成的调峰能力。

10.4.2　充分利用能源革命的契机与改革红利

为了实现以上两方面的发展目标，应充分利用能源革命的契机与改革红利。其中，电力体制改革作为能源体制改革的核心，将对能源互联网的发展起到关键性作用。

对于城市可再生能源的发展，中共中央、国务院2015年3月发布的《中共中央 国务院关于进一步深化电力体制改革的若干意见》（中发〔2015〕9号文）中有两方面的内容特别值得关注。

一是促进分布式能源的并网与建设。积极开展分布式能源项目的试点和示范，允许分布式能源自行消纳电量，并将余量上网，将结算关口设置在包含分布式能源的用户甚至园区等单元，从而可以对广大市场主体投资分布式能源产生重要的激励，支持企业、机构、社区和家庭根据各自条件，因地制宜投资建设太阳能、风能、生物质能发电以及燃气“热电冷”联产等各类分布式电源，准许接入各电压等级的配电网络和终端用电系统。并鼓励专业化能源服务公司与用户合作或以“合同能源管理”模式建设分布式能源。

二是放开售电侧市场主体准入与竞争。光伏的发展需要有一个可以整合售电侧各方资源、提供专业化服务的运营主体，即售电公司。售电公司可以代理广大分布式能源与用户的交易行为。中发〔2015〕9 号文特别指出“引导市场主体开展多方直接交易。有序探索对符合准入标准的发电企业、售电主体和用户赋予自主选择权，确定交易对象、电量和价格，按照国家规定的输配电价向电网企业支付相应的过网费，直接洽谈合同，实现多方直接交易，短期和即时交易通过调度和交易机构实现”。

对于城市需求响应能力的提升，中发〔2015〕9 号文也强调：“积极开展电力需求侧管理和能效管理，通过运用现代信息技术、培育电能服务、实施需求响应等，促进供需平衡和节能减排。”

除了中发〔2015〕9 号文，其他国家部委、地方出台的文件也相继给出了政策上的支持。发改运行〔2015〕518 号文指出，通过移峰填谷能够为清洁能源多发满发创造有利条件，而这种移峰填谷就需要需求响应能力的大幅提升，文件中强调“积极尝试开展需求响应试点，以在线监测和互联网技术为支撑，综合运用补贴政策、价格政策等，对在高峰时段主动削减负荷的用户给予经济补偿，或通过与清洁能源开展直接交易给予补偿”[11]。

北京市在需求侧管理试点城市的配套政策中则明确地提出了培育新型的市场主体即“需求响应负荷集成商”[12]。需求响应负荷集成商是将某些具备需求响应能力的电力用户集中在一起，作为整体参与需求响应，并代理相关商务事宜的服务机构。负荷集成商主要负责管理需求响应用户，建立自身可转移负荷资源能力，承担需求响应转移负荷量，协助用户实现控制、计量改造，制订需求响应策略并指导用户执行响应，记录改造前响应基准参数、过程参数和结果参数等工作。负荷集成商和用户确定可调峰能力后，与北京节能环保中心签订需求响应协议，在执行需求响应并达到协议规定转移负荷量标准后，按照资金管理办法，根据实际转移负荷量予以需求响应奖励资金支持。以上奖励资金由负荷集成商与用户协商确定分享比例。

10.4.3　大规模发展低碳建筑

未来建筑采暖将大量利用太阳能、生物质、地热等可再生能源，煤炭等化石能源比例将逐步降低。通过集中供热、小区锅炉、热泵供热、可再生能源直接供热等途径，主要利用电力和可再生能源（太阳能、生物质、地热等），为建筑提供供暖服务。在高比例情景下，将结束煤炭供热的时代，采取电驱动热泵、可再生能源供热和部分天然气供热，低碳甚至零碳建筑将成为普遍现象。

屋顶光伏与储能技术的发展在能源互联网时代对于建筑低碳化有着重要的意义。1991 年，“光伏发电与建筑物集成化”的概念被正式提出，从此世界各国开展了建筑光伏技术的研究。阳能建筑发展迅速，尤其是光伏建筑一体化技术，目前光伏建筑一体化主要有光电采光顶、光电屋顶、光电遮阳板、光电幕墙、屋顶光伏方阵和墙面光伏方阵等多种形式。将光伏器件与建筑材料集成化是光伏建筑一体化的发展目标，部分建筑材料被光伏器件所代替，可降低光伏发电成本，不仅开辟了建筑领域光伏技术的应用空间，还推动了低碳节能技术在城市的推广与应用。欧洲国家相继提出“10 万屋顶”“百万屋顶”的太阳能屋顶发展计划，建筑太阳能光伏发电技术进入了大发展的阶段。中国提出 2020 年建成 1 亿 kW 的光伏，屋顶光伏在其中占有重要比重，屋顶光伏所形成的庞大的分布式发电网络，将成为城市能源互联网的重要组成部分。

建筑是供热最主要的需求方，建筑节能要求热力与电力互通互济，热力行业将在电力系统的转型中发挥重要作用。原因有如下三点。

（1）热能的能源消耗几乎是电能的两倍。德国热力行业 2020 年的总体能源消耗大约是电力行业的两倍[13]。为实现德国官方设定的温室气体减排目标“到 2050 年减少 80%～95%”，热力行业的能源消耗必须降低，行业内可再生资源必须几乎完全取代石油和燃气。由于生物质能规模有限，只能在这一过程中发挥很小的作用。长期来看，热力行业必须提高对风能和光伏发电的使用。在供热问题上，中国北方与德国有非常类似的特点，热力行业提高对可再生能源的利用势在必行。

（2）相较于电能，热能更易于存储。与电能不同的是，热能更易于存储。通过位于城市集中供暖系统或分布式供热网络中的私人住宅隔热水箱，可轻易存储家庭用热能（热水和暖气）。像这样的热能存储系统能以非常低的成本持续供热若干小时或若干天。其中的能源损耗也远低于电能存储。与储热相似，还可以商用制冷等较低的成本和损耗方式来短期储存冷却能。

（3）大部分热能需求正好是在风力最强的冬季。在德国，大部分热能需求增长出现在 10 月到次年 4 月，这些月份也是风力和风能最强的时候。中国北方的情况也类似，正在积极推进将风电用于供暖。热电联产发电厂既生产热能也生产电能，已经为电力和热力行业提供了联系。中期来看，双重模式热能系统将被采用。这种系统将电力和热力行业联系在一起，并通过利用化石燃料或电能生产热能实现高度的灵活度。在风能和太阳能发电充足时，系统利用电能生产热能，享受较低的电价。在风力和阳光较弱、电价较高时，转而使用天然气或燃油生产热能。

从更长远的角度看，使用共同且可相互转化的气态燃料，像天然气、沼气或电转气，将使两个行业更加紧密地联系在一起。这种燃料可用于集中式或分布式发电，可用于热电联产发电厂的热电联产，也可用于只生产热能的系统。使用气态燃料的好处在于，可将燃料储存很长时间，已有的管道网络也利用燃料的存储和运输。

10.4.4　大规模发展电动汽车

新能源汽车包括纯电动汽车、混合动力汽车、燃料电池汽车等，当前纯电动汽车成为重中之重。

纯电动汽车在运行使用过程中不产生 CO_2，具有无污染、低噪声、高能效、易维修的优点。电动汽车的节能减排效益实质上包括两个方面：一是节能效益；二是减排效益。目前，各方对于电动汽车的节能效益普遍表示认可。从燃油汽车的汽油开采到使用的全过程角度来看，汽车的总能耗由“石油开采”以及“路上排放”两个过程能耗组成。相比燃油汽车，电动汽车省去了“石油开采”环节，而且由于电动机的效率远高于内燃发动机，加上现代电力系统的综合发电效率相比过去有了较大提高，电动汽车的总体能耗要显著低于传统燃油汽车，具有显著的节能优势。清华大学等院校科研机构的全寿命周期分析结果都指出，在我国当前电源结构下，纯电动乘用车相比同类型汽油车能够节能约 50%，纯电动公交车相比常规燃油公交车能够节能 30%。根据美国国家环境保护署发布的信息，某款纯电动汽车的综合能效达到了 44 公里/升燃油（将电能折算为燃油），相比该款汽油车约 15 公里/升燃油的综合能效评级，电动汽车的能效优势十分显著。从使用过程来看，相比燃油汽车，电动汽车是“零排放”，这一点对于缓解城市 $PM_{2.5}$ 等大气污染问题具有重要意义。

电动汽车是一种分布式储能设施，可利用其充电需求的可引导性，发挥分布式储能作用，有效提高电力系统接纳可再生能源的能力与常规电源的运行效率，从而取得更为显著的间接节能减排效益。在城市能源互联网中，电动汽车还作为储能设备起到为城市贡献低谷负荷和向电网送电的功能。

2020 年中国包括纯电动、插电式混合动力、燃料电池汽车在内的新能源汽车产销量达到 200 万辆，保有量达到 500 万辆。以电动汽车为代表的新能源汽车将加快普及，在 2035 年前超过内燃机燃油汽车销售量，成为主流车辆动力技术。据预测，到 2050 年，纯电动汽车、插电式混合动力汽车及氢燃料电池汽车将占车辆市场保有率 86%。大规模的电动汽车，在低谷期将以智能充电的方式为电力系统提供可控负荷。据预测，2020 年，中国电动汽车具有一定规模应用，初步发挥低谷负荷作用。到 2030 年，全面推广电动汽车，形成上亿千瓦低谷负荷。

2050 年，普及电动汽车，提供超过 10 亿 kW 低谷负荷[5]。

大规模的电动汽车参与电网，能够有力提高城市的调峰能力，进而有效提高城市接纳可再生能源的能力。智能充换电服务网络通过与智能电网高效融合，是电动汽车用户与电力系统实现友好互动的重要平台，通过提供灵活的分时电价机制和需求侧响应激励，对接入网络的电动汽车进行高效、优化的智能充电管理，使电动汽车充电负荷曲线根据常规电源与可再生能源的出力进行智能调整，最大化避免“弃风”“弃水”“弃光”现象出现，最大限度地接纳可再生能源。

10.4.5 大规模提升需求响应能力

需求侧的更大弹性对提高风能和太阳能光伏的使用具有重大意义。将阳光和风力较弱时段的电力负荷转移至阳光和风力较强的时段，可实现在不依赖昂贵储能的情况下，提高电力系统消纳更多风能和太阳能的能力。大规模分布式储能装备要想在能源互联网中高效运行，最不可少的制度支撑是动态电价和电力市场。足够大的峰谷电价差可以吸引投资者和普通家庭积极进入电力市场。依托发达的互联网技术，消费者能够根据实时电价自动调整用电消费行为和储能设备的运行状态。

大规模风电的随机性和波动性为风电调度带来巨大困难，如何抑制风电波动，使之平稳地接入电网具有重大现实意义。研究表明，需求响应配合可再生能源发电运行能够有效降低可再生能源发电波动性带来的问题。

需求响应即电力需求响应的简称，指电力用户针对实施机构发布的价格信号或激励机制做出响应，并改变电力消费模式的一种参与行为。通过主动采取措施，临时性减少或者转移某时段的用电负荷，从而减少电网高峰负荷压力。通过引入需求响应资源，可以引导用户主动改变用电方式，并成为供应侧调峰备用资源的替代资源，在保障系统运行可靠性的前提下，提高系统运行经济性，降低系统排放水平。通过实时电价机制引导用户在风电出力高峰时多用电，低谷时少用电，并结合一定数量的可控负荷和动态需求响应，使用户的负荷曲线与风电出力互补，从而平缓新能源波动，减少系统运行负担，提高新能源的接纳能力[14]。

大力发展新型可控负荷非常重要。近些年风电、光伏等分布式发电发展很快，装机总量快速增长，但可控负荷如智能家居、智能楼宇等分布式储能设备规模的增速较低，规模也很小，不能满足大规模调峰的需要。

通过大力挖掘、引导、发展需求侧的可控负荷，如智能充电设备、家用电器、充电汽车、电热设备等，对于那些不重要、不严重影响生产质量与生活质量的负荷，交由配电网进行用电容量调节或投切控制，使之成为配电网的可调资源，使配电网提高接纳分布式光伏等可再生能源的能力。

据预测，2020 年全社会用电量预计达到 8 万亿 kW・h 左右，最大负荷有可能达到 13 亿 kW。如果可调负荷达到最大负荷的 15%，我国的需求响应资源也大约能达到 2 亿 kW，从美国的经验来看，这个比例是能够达到的。如此巨大的需求响应资源与可再生能源发电能够有效组合，使未来电网大比例接纳风电、光伏等可再生能源，实现中国能源体系的低碳转型。

参考文献

[1] 联合国政府间气候变化专门委员会. 气候变化 2014：减缓气候变化决策者摘要. 柏林：联合国政府间气候变化专门委员会，2014.

[2] 广州市发改委. 广州市低碳试点工作实施方案. 广州，2012.

[3] 北京市发展和改革委员会. 北京市“十三五”新能源和可再生能源发展规划. 北京，2016.

[4] 里夫金 J. 第三次工业革命：新经济模式如何改变世界. 张体伟，孙豫宁，译. 北京：中信出版社，2012.

[5] 国家发展和改革委员会能源研究所. 中国 2050 高比例可再生能源发展情景暨路径研究. 北京，2015.

[6] 王志强. 德国联邦政府 2050 年能源规划纲要——致力于实现“环境友好、安全可靠与经济可行”的能源供应. 全球科技经济瞭望，2011，26（3）：5-17.

[7] 王喜文，王叶子. 德国信息化能源（E-Energy）促进计划. 电力需求侧管理，2011，13（4）：75-76.

[8] 慈松，李宏佳，陈鑫，等. 能源互联网重要基础支撑：分布式储能技术的探索与实践. 中国科学：信息科学，2014，44（6）：762-773.

[9] 山家公雄. 德国实现“100%可再生能源地区”的策略. http: //www.escn.com.cn/news/show-89080.html [2013-11-28].

[10] 曹军威，杨明博，张德华，等. 能源互联网——信息与能源的基础设施一体化. 南方电网技术，2014，8（4）：1-10.

[11] 国家发展和改革委员会. 关于改善电力运行调节促进清洁能源多发满发的指导意见（发改运行〔2015〕518 号）. 北京，2015.

[12] 北京市发展和改革委员会. 关于组织征选北京市电力需求侧管理城市综合试点需求响应负荷集成商和电力用户的通知. 北京，2015.

[13] 穆思文. 关于德国能源转型的十二个见解. 北京，2012.

[14] 何继江，谭小英. 电力需求响应机制建设的路径分析. 中国电力企业管理，2016，（8）：57-59.

第 11 章　北京城市温室气体排放清单与减排政策情景分析①

全球气候变化是人类 21 世纪最重要的议题之一。随着城市化进程的日益加速，城市已经日益成为 CO_2 排放的主要贡献者——目前世界约有 50%的人口生活在城市，却排放着 80%的 CO_2，发展低碳经济、低碳城市日益成为世界各城市应对全球变暖的主要措施。我国已经进入工业化、城市化快速发展阶段，快速的经济发展和城市化过程，必然导致能源消费和 CO_2 排放总量增加。相关部门预测，我国 2035～2045 年 CO_2 排放将达到顶峰，大部分城市节能减排的形势十分严峻。

为此，中国政府在哥本哈根世界气候大会期间作出承诺，到 2020 年单位 GDP CO_2 排放比 2005 年下降 40%～45%，并作为约束性指标纳入国民经济和社会发展中长期规划。作为首都北京，市政府在《北京市“十二五”能源发展规划》中明确提出到 2015 年万元 GDP CO_2 排放比 2010 年下降 18%，使节能减排工作继续走在全国前列。

研究表明，仅依赖能源供应端的产业政策和减排技术尚不足以遏制 CO_2 排放的猛增势头，亟待通过空间规划寻求城市发展的低碳化方向，探索以人为本的可持续低碳城市发展模式[1-6]。然而在实践层面，当前低碳城市建设一方面多青睐供应端的节能措施，对于“人-地”需求端的减排策略关注不足，导致不少生态城示范区沦为五花八门减排技术和单点示范项目的堆砌，空间上仍沿用小汽车导向的“超大街区”路网结构[7, 8]；另一方面，政府主导下的土地开发管控和引导，因缺乏可量化的决策支持工具和综合减排技术集成而难以发挥作用。

城市温室气体排放清单包括城市社会和生产活动中各环节直接或者间接排放的温室气体。编制城市温室气体排放清单是掌握城市能源利用现状、识别节能减排领域、进行城市间比较、制定低碳城市路线以及开展公众宣传的基础性工作[9]。在快速城镇化背景下，要想通过空间规划实现城市减排目标，就必须重

---

① 本章作者：姜洋、何永、陈素平、何东全、毛其智。姜洋（1983—），男，清华大学建筑学院在职博士研究生，宇恒可持续交通研究中心城市规划总监。何永（1964—），女，博士，北京市城市规划设计研究院规划研究室副主任。陈素平（1984—），女，硕士，宇恒可持续交通研究中心项目专员。何东全（1971—），男，博士，能源基金会中国可持续城市项目主任。毛其智（1952—），男，通讯作者，博士，清华大学建筑学院教授。

视规划与城市温室气体排放清单编制的对接——最近已有学者提出城乡生态绿地空间碳汇功能评估模型[10, 11]。本章旨在探寻一种较为完整、能够直接反映人和土地要素作用的城市温室气体排放清单编制方法，并将不同的低碳政策应用于不同的情景中，使规划决策信息在基于清单数据结构和低碳情景的政策评估模型中得以表达，并量化减排贡献潜力，推进当前节能减排工作由被动末端治理向源头需求疏导转变。

11.1　文献综述

国际上对城市温室气体排放清单的研究始于 20 世纪 90 年代，而国内相关研究近几年才刚起步，方法尚不成熟[9, 12, 13]。目前国内外主流的城市温室气体排放清单编制方法是 ICLEI①方法，全球已经有 68 个国家的 1200 个城市采用 ICLEI 方法编制了城市温室气体清单[9]。

编制城市温室气体排放清单主要有“自上而下”和“自下而上”两种思路[13]。“自上而下”方法，也称为参考方法，指基于能源表观消费量（国内数据来自各地统计年鉴里的能源平衡表）计算能源消费温室气体排放量。这一方法的优势在于所利用的是官方权威、公开的统计数据，可操作性强；缺点是核算出的城市碳排放总量难以分解到具体实践部门，无法针对具体的行业和技术提出有针对性的措施。“自下而上”方法，也称为部门分析法，指针对具体排放源的排放特征，逐一分析分部门、分燃料品种、分设备的燃料消费量等活动水平数据以及相应的排放因子等参数，通过逐层累加综合计算得到。由于具体政策行动往往作用于构成分部门温室气体排放的某一项或几项因素，“自下而上”方法有利于将政策行动在政策情景中表达，通过定量分析评估减排政策的贡献潜力，识别减排政策抓手。

从既有文献看，国内学者在编制城市温室气体排放清单时多采用“自上而下”方法，有些在清单部门划分时还注重了与国际惯例的对接（表 11.1）。遗憾的是，人和土地等要素往往在清单数据结构中被忽略，致使关键规划指标（如用地规模、交通出行结构等）在进一步情景分析时被排除在减排政策选项之外，研究结论也多倾向于将调整产业结构、提高能效、发展新能源等作为城市减排工作的重点，难以就城乡空间发展提出具体的措施建议。

① ICLEI 为全球地方环境理事会（International Council for Local Environmental Initiatives）的英文缩写，专门从事城市温室气体清单研究，1990 年成立。

表 11.1　国内城市温室气体排放清单编制案例比较[14-20]

作者	城市	核算年份	核算气体	部门划分	核算方法	主要减排政策结论
邢芳芳等[14]	北京	1995～2005	终端能源碳排放	一产、二产、三产、生活消费	自下而上	调整产业结构；提高能效；开发新能源和可再生能源
朱世龙[15]	北京	2001～2007	CO_2	农业、工业、建筑业、交通、商业、居民生活、发电和供热	自上而下	调整产业能源结构和交通手段；采用燃烧、交通和建筑减排技术；增加生态系统固碳
张晚成和杨旸[16]	上海	2008	能源活动 CO_2	热电厂、工业、农业、商业、交通、居民生活	自上而下	降低对周边地区能源依赖度；提高耗能设备节能技术；增加天然气使用；限制私家车数量
郭运功等[17]	上海	2001～2006	终端能源碳排放	一产、二产、三产	自上而下	优化产业结构；提高低碳能源使用比例
曹斌等[18]	厦门	2007	能源活动温室气体	工业、家庭、交通、商业	自下而上	推广清洁燃料使用；工业部门减排；优化城市能源结构
王海鲲等[19]	无锡	2004	CO_2、CH_4、N_2O	工业、交通、居民生活、商业、工业过程和废物	自下而上	无
杨谨等[20]	重庆	1997～2008	CO_2、CH_4、N_2O	能源活动、工业、废弃物处置、农业、畜牧业、湿地过程和林业碳汇	自上而下	改善能源结构；控制高耗能产业；提高工业能效；增加森林碳汇等

11.2　北京市城市温室气体排放清单分析

本章采用“自上而下”和“自下而上”相结合的清单编制方法，并强调两种方法核算结果的对接，以做到兼顾数据来源的权威性、可得性以及政策研究的针对性、一致性。综合考虑多方数据的可得性，选取 2011 年作为北京市温室气体排放清单编制年份。清单编制过程可分为以下 4 个步骤（11.2.1～11.2.4 节）。

11.2.1　确定清单核算范围与数据来源

鉴于中国政府提出的 2020 年和“十二五”期间碳排放强度减排目标均只针对能源活动相关 CO_2 排放[21]，宜将其作为当前清单核算气体的重点①。至于核算边界，因国内城市层面的空间规划通常以市域为单元，建议采用城市行政区域范围，即包括城镇建成区、乡镇和农村，即北京市域 16 410km²。

在核算范围方面，国际通行做法主要包括 ICLEI 范围所界定的范围 1（城市直接排放）和范围 2（外调电力和供暖产生的间接排放）。因为机场、火车站、物

① 工业过程和废弃物处理等排放与能源活动无关，本章暂未将其纳入清单范围。

流仓储基地等的选址和规模既是空间规划决策的重点之一，也是地方经济的驱动要素，对碳排放强度指标影响较大，所以建议清单包括城际交通排放，即范围 3 的部分内容（图 11.1）。

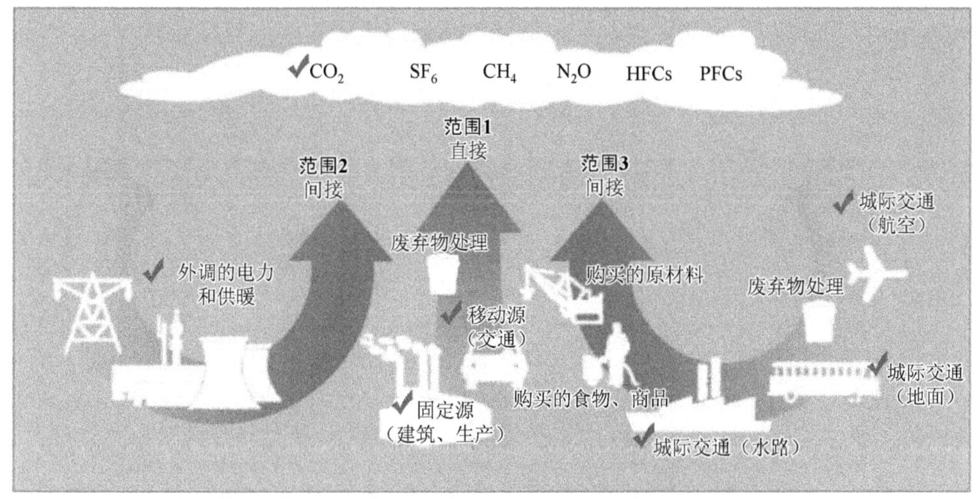

图 11.1　空间规划视角下的城市温室气体核算清单范围

资料来源：改绘自参考文献[22]

城市数据来源方面，参考资料包括《北京统计年鉴 2012》、北京市第四次交通综合调查简要报告和北京市交通发展年度报告（2012）等部门报告，以及相关的文献研究资料和部门调研[23-31]。各类能源的消费量与标准煤之间转换系数来源于《中国能源统计年鉴 2011》[32]。碳排放因子方面，电力碳排放因子来源于国家发展和改革委员会应对气候变化司公布的华北电网参数（2011）[33]，其他取 IPCC 默认值。

11.2.2　构建“土地利用–碳排放”关联框架

空间规划决策的主要对象之一是土地，其相关指标包括用地类型、用地规模、用地开发强度等，因此首先构建“土地利用-碳排放”关联框架。国家于 2012 年正式启用新修订的《城市用地分类与规划建设用地标准》（GB 50137—2011），实现了城乡用地全覆盖，从而与基于市域行政区的城市温室气体排放清单核算边界相一致。作者试从固定排放源和移动排放源两个方面对各类城乡用地与碳排放的关联进行分析①。

① 温室气体排放源除固定排放源、移动排放源外，还包括工业生产过程（CO_2）和废弃物处置（CH_4）。后两者与能源无关，本章暂未考虑。

在固定排放源方面，生产和建筑部门能源相关碳排放分别来自地块内的农机操作、企业生产及建筑运行，而承载这些活动的用地类型较为明确，因此可与所对应的碳排放直接关联。在移动排放源方面，交通部门碳排放可进一步细分为城际客运、货运以及城市客运。其中城际客运主要由机场、铁路、码头等区域交通设施用地（H2）产生，且用地面积与城际客运周转量成正比，故直接与城际客运碳排放关联。货运排放由货运运输量决定，而货运运输量可作为测算仓储和物流用地规模需求的依据[23]，故可与物流仓储用地（W）直接关联。城市客运碳排放与城乡用地的关联则相对特殊：城市客运本质上是人在城市内部空间上的移动，其规模和交通方式构成不能归结于某一类或几类用地，而是由城市人口、用地整体空间布局联动决定的。最后，碳汇部门碳吸收主要来自城市的生态绿地空间系统，可与城市建设用地中的绿地（G）以及非建设用地中的农林用地（E2）直接关联。

基于以上分析，提出空间规划视角下的“土地利用-碳排放”关联框架（图 11.2）。

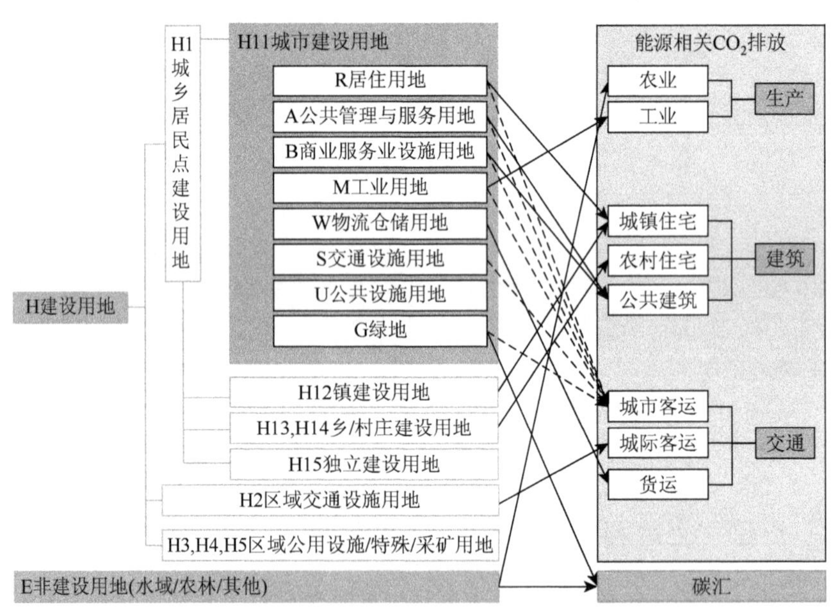

图 11.2　“土地利用-碳排放”关联框架

11.2.3　“自上而下”基于能源平衡表进行北京市城市大类部门温室气体核算

目前国际惯例将终端能源消费分为生产、建筑、交通三大部门，但国内城市年鉴中的能源平衡表却以经济活动划分为一产、二产、三产和生活四大部门，对终端能源消费仅统计品种和数量，不分具体用途，例如，交通部门只统计营运车辆用油，未统计其他部门和私人车辆的用油量。因此，“自上而下”核算需要将能源平衡表中某些特定行业的特定能源品种的消费量（如二产、三产中的汽油和柴油）重新划归到新部门中[24, 25]。此外，对交通部门仅采用“自上而下”方法核算仍有局限性。一方面，油品分摊难以完全精确；另一方面，城市统计年鉴中的交通运输业能耗数据来自本地企业上报，而它们的部分经营活动可能发生于异地之间（如航空、海运及物流公司），因此采用“自上而下”方法难以同实际属于范围 3 的那部分交通碳排放相对应，宜采用“自下而上”方法补充核算。

基于《北京统计年鉴》中的能源平衡表，经由对各类行业能源消费量重新划拨和调整①，得到北京市 2011 年终端能源消费总计 6695 万吨标准煤，相关 CO_2 排放总量为 1.73 亿 t。排放强度方面，单位 GDP CO_2 排放为 1.06tCO_2/万元 GDP，人均 CO_2 排放为 8.56tCO_2/人，与课题组之前所做的 2009 年清单结果相比分别下降 19.7%和 6.4%，表明 GDP 的增长与碳排放的增长逐渐脱钩。将北京市温室气体排放清单划分为生产、建筑和交通三大部门，各部门排放分别占总量的 34%、44%和 22%（表 11.2）。由于首钢搬迁、能源结构得到优化，北京市生产部门碳排放比 2009 年降低 1%，但建筑和交通部门增长迅速，分别比 2009 年增加了 10%和 20%。若按范围划分，则 2011 年北京市外调电力和供暖 CO_2 相关排放（范围 2）为 5997 万 t，城际交通 CO_2 排放（范围 3，包括城际客运和货运）为 2533 万 t，分别占全市能源活动相关 CO_2 排放的 35%和 15%。

表 11.2　北京市 2011 年能源消费量及相关 CO_2 排放量

部门	能源消费		能源相关 CO_2 排放	
	消费量/万吨标准煤	比 2009 年增幅	排放量/万 t	比 2009 年增幅
生产	2194（33%）	7%	5928（34%）	–1%
建筑	2762（41%）	9%	7548（44%）	10%
交通	1739*（26%）	20%	3801（22%）	20%
总计	6695	11%	17277	8%

注：括弧内数值为所占比重

*基于各交通方式年周转量采用“自下而上”方法的校核值，略大于直接油品分摊得到的能源消费量

据 11.2.2 节“土地利用-碳排放”关联框架，对大类部门 CO_2 排放量进一步分解，得出 2011 年北京市 CO_2 排放量最高为公共设施用地，比排在第 2 位的城镇住

①主要体现在对油品的拆分，具体原则为：保留交通运输、仓储和邮政业中 100%的汽油、煤油及柴油，50%的天然气和 70%的电力；将一产、二产行业中 100%的汽油、煤油和 65%的柴油转入交通部门；将三产行业中 100%及生活消费部门中 95%的汽油和柴油转入交通部门。据此，北京市 2011 年非交通部门经油品分摊所得的 CO_2 排放占交通部门全部 CO_2 排放的 49.5%。

宅用地排放量高出近 1 倍。三类工业用地的排放受首钢搬迁影响下降明显，由 2009 年的第 1 位退至第 3 位。碳排放量最低的为牧草地、养殖业用地、鱼塘用地（图 11.3）。图 11.3 所列出用地的 CO_2 排放量之和占全市排放总量的 83.5%；未匹配部分主要是城市客运以及工业部门中电力、热力生产所排放的 CO_2。

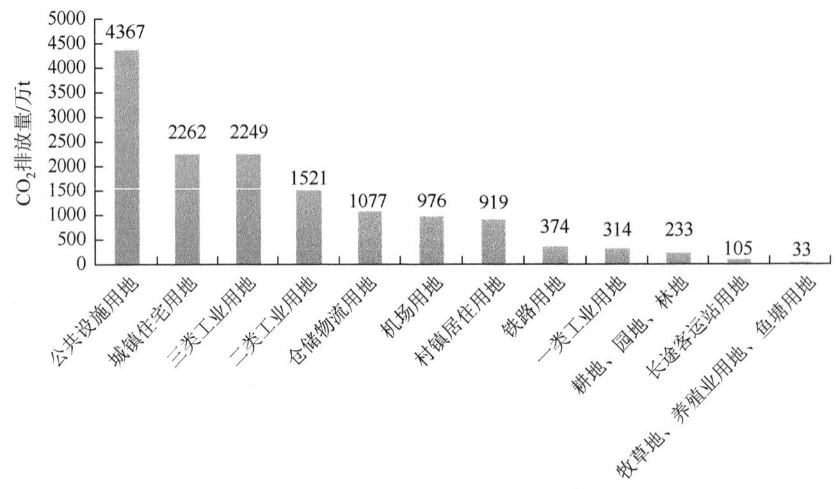

图 11.3　北京市 2011 年各类用地 CO_2 排放量

11.2.4　“自下而上”建立基于用地和人的北京市城市温室气体核算指标体系

建立核算指标体系的关键在于整合用地和人的要素对各大类部门温室气体排放做进一步分解。在能源政策规划研究领域，Kaya 公式是应用最广泛的 CO_2 驱动要素分解模型[32]：

$$C = P \times \frac{\mathrm{GDP}}{P} \times \frac{E}{\mathrm{GDP}} \times \frac{C}{E} \tag{11.1}$$

其中，C 为 CO_2 排放总量；P 为社会总人口；GDP 为国内生产总值；E 为能源消费量。所分解的 4 项 CO_2 驱动要素分别是人口规模、人均 GDP、能源消费强度以及单位能耗 CO_2 排放强度。

作者尝试对 Kaya 公式进行调整变形，提出适用于空间规划视角的新公式：

$$C = S \times \frac{C}{S} = S \times \frac{A}{S} \times \frac{C}{A} = S \times \frac{A}{S} \times \frac{E}{A} \times \frac{C}{E} \tag{11.2}$$

其中，C 为 CO_2 排放总量；S 为用地面积；A 为基于用地规模的活动水平；E 为能源消费量。据此，可得空间规划视角下城市某部门 CO_2 的一级驱动要素包括用地规模以及单位用地碳排放强度；二级驱动要素包括地均活动水平和单位活动水平碳排放强度；三级驱动要素包括单位活动水平能耗结构和强度，以及各能源品种排放因子。

对于城市客运交通部门碳排放，由于无法与某类城市用地直接关联，不适用式（11.2）。结合 Schipper 提出的 ASIF 框架[33]，重新将 Kaya 公式调整变形：

$$C_m = P \times \frac{T}{P} \times \frac{T_m}{T} \times \frac{D_m}{T_m} \times \frac{E_m}{D_m} \times \frac{C_m}{E_m} \tag{11.3}$$

其中，C_m 为城市客运交通方式 m 的 CO_2 排放量；P 为城市人口；T 为出行总次数；T_m 为方式 m 的出行次数；D_m 为方式 m 的出行距离；E_m 为方式 m 的能源消费量。据此得到基于居民出行特征的城市客运交通 CO_2 排放驱动要素，共 6 项，依次为：①城市人口；②人均出行次数；③出行方式分担率；④单程出行距离；⑤人公里能耗强度；⑥能源排放因子。

综上，构建以“人地规模 + 人地碳排放强度 + 次级影响因子”为主体的碳排放核算指标体系，可满足不同层次和重点下的碳排放核算要求（表 11.3）。

表 11.3　空间规划视角下的城市温室气体核算指标体系

排放部门	用地规模	单位用地碳排放强度	地均活动水平	单位活动水平碳排放强度	单位活动水平能耗强度	能源排放因子
农业	农业用地面积/hm^2	农业用地碳排放强度/（tCO_2/hm^2）	行业地均产量/（t/hm^2）	单位产量碳排放/（tCO_2/t）	（吨标准煤/t）	（tCO_2/吨标准煤）
工业	工业用地面积/hm^2	工业用地碳排放强度/（tCO_2/hm^2）	行业地均GDP/（万元/hm^2）	单位 GDP 碳排放/（tCO_2/万元）	（吨标准煤/万元）	（tCO_2/吨标准煤）
城镇住宅/农村住宅	居住用地面积/hm^2	居住用地碳排放强度/（tCO_2/hm^2）	居住用地容积率	单位建筑面积碳排放/（tCO_2/m^2）	（吨标准煤/m^2）	（tCO_2/吨标准煤）
公共建筑	公建用地面积/hm^2	公建用地碳排放强度/（tCO_2/hm^2）	公建用地容积率	单位建筑面积碳排放/（tCO_2/m^2）	（吨标准煤/m^2）	（tCO_2/吨标准煤）
货运	物流仓储用地面积/hm^2	物流仓储用地碳排放强度/（tCO_2/hm^2）	地均货运装载量/（t/hm^2）	单位货运量碳排放/（tCO_2/t）	（吨标准煤/t）	（tCO_2/吨标准煤）
城际客运	区域交通设施用地面积/hm^2	区域交通设施用地碳排放强度/（tCO_2/hm^2）	地均客运周转量/（人次/hm^2）	人均碳排放/（tCO_2/人）	（吨标准煤/人）	（tCO_2/吨标准煤）
城市客运	城市人口/人	人均出行次数/（次/人）	出行方式分担率/%	单程出行距离/（km/次）	人公里能耗强度/［吨标准煤/（人・km）］	能源排放因子/（tCO_2/吨标准煤）

此外，在核算指标时须注重同部门内不同指标的相互关联，并与“自上而下”方法得到的大类部门碳排放结果相对接。以工业生产和城镇住宅建筑排放为例，部门指标核算方法可分别用公式表示为

$$\mathrm{MCT}=\sum_{i}[\mathrm{MS}_{i}\times \mathrm{MI}_{i}] \tag{11.4}$$

$$\mathrm{MI}_{i}=\frac{\sum_{j}\mathrm{MC}_{i,j}}{\mathrm{MS}_{i}}=\left[\frac{\sum_{j}\mathrm{GDP}_{i,j}}{\mathrm{MS}_{i}}\right]\times\left[\frac{\sum_{j}\mathrm{MC}_{i,j}}{\sum_{j}\mathrm{GDP}_{i,j}}\right] \tag{11.5}$$

$$\mathrm{MC}_{i,j}=\sum_{k}[\mathrm{ME}_{i,j,k}\times \mathrm{EF}_{k}] \tag{11.6}$$

其中，MCT 为工业生产总碳排放，tCO_2；MS 为子类工业用地面积，hm^2；MI 为子类工业用地的碳排放强度，tCO_2/hm^2；MC 为子类工业用地上子行业的碳排放，tCO_2；GDP 为子行业的 GDP 产值，万元；ME 为工业能源消费量，t，10^4m^3，$10^4kW \cdot h$，10^6kJ；EF 为能源碳排放因子，tCO_2/单位；i 为工业用地类别，包括一类、二类和三类工业用地；j 为工业子行业，如纺织业等；k 为能源品种，如煤炭、柴油等。

$$\mathrm{RCT}=\sum_{i}\left[\mathrm{RS}_{i}\times \mathrm{RI}_{i}\right] \tag{11.7}$$

$$\mathrm{RI}_{i}=\frac{\sum_{j}\mathrm{RC}_{i,j}}{\mathrm{RS}_{i}}=\left[\frac{\mathrm{BUA}_{i}}{\mathrm{RS}_{i}}\right]\times\left[\frac{\sum_{j}\mathrm{RC}_{i,j}}{\mathrm{BUA}_{i}}\right] \tag{11.8}$$

$$\mathrm{RC}_{i,j}=\sum_{k}\left[\mathrm{RE}_{i,j,k}\times \mathrm{EF}_{k}\right] \tag{11.9}$$

其中，RCT 为城镇住宅建筑总碳排放，tCO_2；RS 为子类居住用地面积，hm^2；RI 为子类居住用地的碳排放强度，tCO_2/hm^2；RC 为子类居住用地上子类住宅建筑的碳排放，tCO_2；BUA 为子类居住用地上的住宅建筑面积，m^2；RE 为住宅建筑终端用能消费量，t，10^4m^3，$10^4kW \cdot h$，10^6kJ；EF 为能源碳排放因子，tCO_2/单位；i 为居住用地类别，包括一类、二类和三类居住用地；j 为住宅建筑终端用能类型，包括采暖制冷、照明、炊事、生活热水、家电等；k 为能源品种，如煤气、电力等。

不难看出，工业类用地碳排放强度的次级影响因子有 2 个，分别是子类工业用地内部行业的地均 GDP（万元/hm^2）和单位 GDP 碳排放（tCO_2/万元），其高低取决于内部具体行业的特征和构成。而居住类用地碳排放强度的次级影响因子则分别是子类居住用地的平均容积率和单位建筑面积碳排放（tCO_2/m^2），体现用地空间形态、建筑技术乃至家庭社会经济因素的影响。

11.2.5　核算结果

经核算，北京市 2011 年各类用地碳排放强度如图 11.4 所示。工业部门内部呈现两极分化（即三类、二类工业用地碳排放强度位列各类用地前列，而一类工业用地碳排放强度甚至低于城镇住宅用地和公共设施用地），说明规划对于工业用地的类别选择和空间规模调控有着巨大的减排潜力。机场用地碳排放强度排位第三，可预见第二机场建成后城际交通将为北京带来可观的碳排放增量。至于建筑部门，公共设施用地、城镇住宅用地和村镇居住用地的碳排放强度之比为 15∶6∶1，因此应重视公共建筑的总量控制（包括土地供给和容积率设定）。最后，根据图 11.4 和年用地规划，可对不同空间规划方案的城市碳排放量进行粗算和比较。

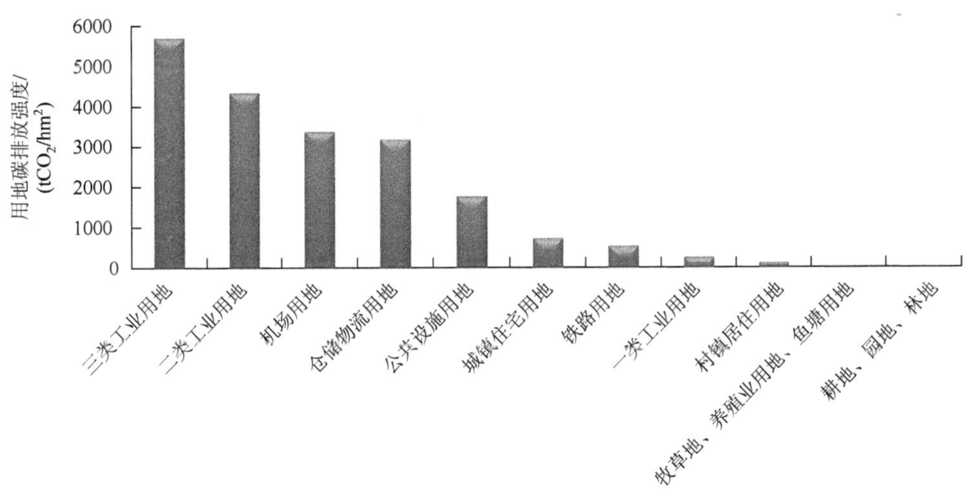

图 11.4　北京市 2011 年各类用地碳排放强度①

由表 11.3 可知，用地碳排放强度还受次级影响因子的影响。以工业用地为例，次级影响因子包括内部子行业地均 GDP 以及单位 GDP 碳排放。表 11.4 显示了一、二、三类工业用地内子行业单位 GDP 碳排放均有显著的离散度，特别是三类工业用地离散度很大，说明政府在空间规划的基础上招商引资时设定环保准入门槛，仍能有效减排。

① 此图未包括长途客运站用地碳排放强度，因客运站占地很少，其排放强度值（117 627tCO_2/hm^2）远高于其他用地，横向可比性不大。

表 11.4　北京市 2011 年工业用地内部子行业单位 GDP 碳排放

用地类型	行业个数	单位 GDP 碳排放/（tCO_2/万元）			
		平均值	最小值	最大值	标准差
一类工业用地	4	0.655	0.280	1.009	0.323
二类工业用地	19	2.399	0.440	9.093	2.232
三类工业用地	12	7.084	0.267	40.206	11.000

北京市 2011 年城市客运交通碳排放核算指标结果如表 11.5 所示。总体来看，2011 年北京市城市客运交通部门 CO_2 排放量为 1152 万 t，比 2009 年下降 11.5%，究其原因，实施小汽车总量控制、尾号限行、停车收费等政策在短期内有效抑制了部分小汽车交通需求，使小汽车的分担率、单程出行距离和人公里碳排放均有所下降，对本部门减排贡献率高达 90%。同期多条轨道线开通也转移了部分小汽车需求，体现在地铁分担率和单程出行距离的明显增加。可见，通过优化出行方式结构、缩短出行距离能实现较好的节能减排效果。

表 11.5　北京市 2011 年城市客运交通碳排放核算指标结果

人口/万人	日均出行次数/次	交通方式	出行方式分担率/%	单程出行距离/km	人公里碳排放/[kg CO_2/（人・km）]	CO_2 排放/万 t
2019（1755）	2.74（2.42）	地铁	9.6（7.0）	16.5（14.8）	0.02（0.04）	71（63）
		公交	19.6（20.1）	10.3（9.7）	0.03（0.05）	106（147）
		小汽车	23.0（23.7）	11.4（12.2）	0.15（0.21）	817（921）
		出租车	4.8（4.9）	9.5（13.9）	0.24（0.24）	158（170）
		自行车	10.5（12.5）	3.6/5.7（6.7）	0	0
		步行	30.4（30.4）	—	0	0
		其他	2.1（1.4）	—	—	—
		总计	100（100）	—	—	1152（1301）

注：括弧内为 2009 年核算数值

11.3　北京市温室气体减排政策情景分析

11.3.1　情景设定

以 2011 年的清单核算结果作为基准年数据，根据北京市未来节能减排政策及技术实施的可能性，设置三个总体规划尺度碳排放情景，分别为基准（business as usual，BAU）情景、低碳（low carbon，LC）情景和强化低碳（enhanced low carbon，ELC）情景，分别设定 2020 年、2030 年相应规划年中各情景的关键参数值及政策。各情景设置的主要依据和原则如下。

（1）基准情景：人口发展保持高规模、建筑本身高活动水平、高能耗强度，但将“十二五”已经公布的计划措施中有明确行动计划的节能减排政策纳入该情景。

（2）低碳情景：人口发展保持中等规模，建筑方面与基准情景一致，工业和交通方面体现一定的结构调整和节能减排技术政策。

（3）强化低碳情景：人口发展和人均建筑面积均保持低规模，同时加入最强化的节能减排技术手段和最强的结构调整手段。

各情景中对基本指标的设定如表 11.6 所示。人口指标方面，北京市 2011 年常住人口为 2019 万人，根据不同的情景，对人口发展趋势采用了高、中、低三种预测方法。基准情景到 2030 年为高人口发展趋势，达到 3000 万人；低碳情景到 2030 年为中等人口发展趋势，达到 2800 万人；强化低碳情景到 2030 年为低人口发展趋势，达到 2500 万人。

表 11.6　北京市 2011～2030 年三种碳排放情景中基本指标的设定

指标	基准情景		低碳情景		强化低碳情景	
	2020 年	2030 年	2020 年	2030 年	2020 年	2030 年
人口/万人	2 500	3 000	2 500	2 800	2 300	2 500
GDP/亿元	29 100	51 700	27 300	48 400	25 600	45 400
建筑总面积/亿 m^2	13.48	16.62	13.48	15.74	12.04	11.31

经济指标方面，北京市 2011 年 GDP 为 16 252 亿元，根据不同的情景，对经济发展趋势采用了高、中、低三种预测方法。基准情景到 2030 年为高经济发展趋势，GDP 达到 51 700 亿元；低碳情景到 2030 年为中等经济发展趋势，GDP 达到 48 400 亿元；强化低碳情景到 2030 年为低经济发展趋势，GDP 达到 45 400 亿元。

建筑指标方面，北京市 2011 年建筑总面积为 10.2 亿 m^2。基准情景中，人口采用高发展趋势，同时 2030 年人均住宅面积略有增加，以此来预测基准情景下 2030 年建筑总面积；低碳情景中，人口采用中等发展趋势，人均居住面积与基准情景设置相同；强化低碳情景中，除人口采用低发展趋势外，对人均居住面积也进行了严格的控制，预计 2030 年城市人均住宅面积为 $30m^2$、农村人均住宅面积为 $40m^2$。

在减排政策设定方面，在基准情景中，纳入“十二五”已经公布的计划措施中有明确行动计划的节能减排政策；在低碳情景中，体现一定的结构调整和节能减排技术政策；在强化低碳情景中，纳入最强化的节能减排技术手段和最强的结构调整手段（表 11.7）。各项减排政策主要来源于北京市已出台的城市各部门规划、具体行业相关节能减排规划与研究以及相关领域的学术研究报告等。

表 11.7　北京市 2011～2030 年强化低碳情景中各主要部门减排政策

部门	减排政策
规模控制	人口：2030 年人口由 3000 万人调整到 2500 万人 GDP：2030 年 GDP 由 5.17 万亿元调整到 4.54 万亿元
生产部门	能源结构调整：2030 年工业部门煤炭零使用，天然气使用比例增加 产业结构调整：2030 年全面取消三类工业，环保型行业比例增加 能耗强度调整：2030 年产业能耗强度下降
建筑部门	人均建筑面积控制：人均住宅面积控制在 30m^2（城市）、40m^2（农村） 2030 年公共建筑用电能耗下降 30% 2030 年采暖结构调整，采暖方式更加清洁节能 每年推广 1200 万 m^2 太阳能热水
交通部门	能源结构调整：增加电动车、天然气车比例，降低汽油、柴油车比例 活动水平控制：降低车辆使用强度 能耗强度降低：提高燃油效率，降低单位能耗 运输方式结构调整：提高节能环保型运输方式比例

11.3.2　结果与分析

总体情景分析结果如图 11.5 所示。2030 年，基准情景下北京市 CO_2 总排放量为 3.11 亿 t，低碳情景下总排放量为 2.34 亿 t，排放量比基准情景下降 25%；强化低碳情景下总排放量为 1.63 亿 t，排放量比基准情景下降 48%。2030 年基准情景下能源消费总量为 12 901 万吨标准煤；低碳情景下能源消费总量为 10 099 万吨标准煤，比基准情景下降 22%；强化低碳情景下能源消费总量为 7456 万吨标准煤，比基准情景下降 42%。

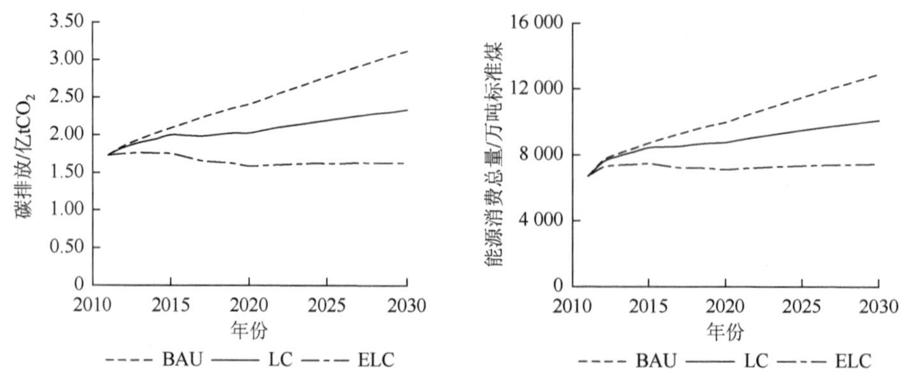

图 11.5　北京市 2011～2030 年三种碳排放情景下碳排放及能源消费总量发展趋势

排放强度方面，基准情景下北京市 2020 年单位 GDP 碳排放为 0.83tCO_2/万元，2030 年单位 GDP 碳排放为 0.6tCO_2/万元，分别比 2005 年下降 57%、69%；低碳情景下 2020 年、2030 年单位 GDP 碳排放分别比 2005 年下降 62%、75%；强化低碳情景下 2020 年、2030 年单位 GDP 碳排放分别比 2005 年下降 68%、81%（图 11.6）。北京市 2005 年单位 GDP 碳排放为 1.94tCO_2/万元；对比 2009 年国务院常务会议制定的 2020 年我国单位 GDP 碳排放比 2005 年下降 40%～45%的碳排放目标，可知北京市低碳情景和强化低碳情景均能够达到并超过上述目标。基准情景下北京市 2030 年单位 GDP 能源消耗为 0.25 吨标准煤/万元，比 2011 年下降 39%；低碳情景下 2030 年单位 GDP 能耗比 2011 年下降 49%；强化低碳情景下 2030 年单位 GDP 能耗比 2011 年下降 61%。

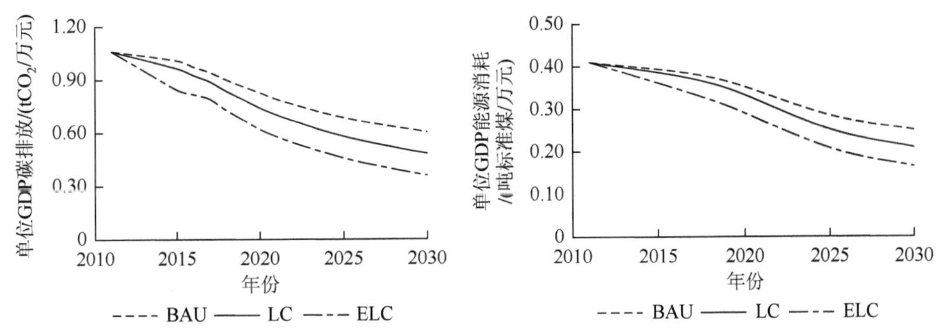

图 11.6　北京市 2011～2030 年三种碳排放情景下单位 GDP 碳排放及能源消耗发展趋势

2030 年由基准情景到强化低碳情景，是通过不同部门、不同方式的减排政策实现的。2030 年基准情景 CO_2 排放量为 31 183 万 t，强化低碳情景 CO_2 排放量为 16 304 万 t，共完成 CO_2 减排 14 879 万 t，强化低碳情景相对基准情景减排 49%。根据节能减排政策分类情况，进一步得到 2030 年各部门政策减排潜力的路径排序及贡献比例，如图 11.7 和图 11.8 所示。

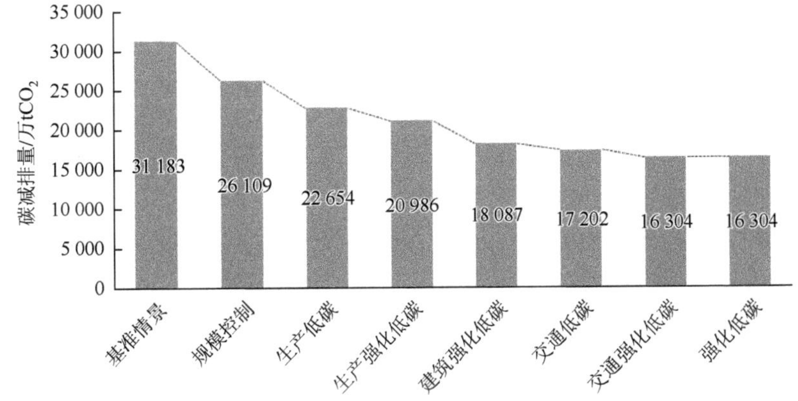

图 11.7　北京市 2030 年各部门政策减排路径排序

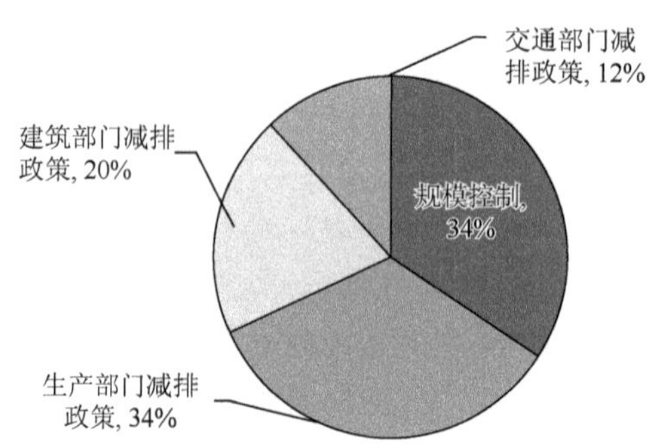

图 11.8　北京市 2030 年强化低碳情景下各部门减排潜力贡献比例

首先是规模控制和生产部门减排政策对减排的贡献比例最高，各达到了34%。一方面，合理规划控制城市人口规模，追求经济发展的质量而非速度，是实现北京市节能减排的关键因素。另一方面，产业结构的调整和节能减排技术的应用很重要。在工业部门内部，不同行业的能耗强度和碳排放强度差距明显，建议加快工业结构的优化升级，加速淘汰落后产能，积极发展低能耗、高附加值的现代制造业。继续推进小化工、小铸造、小电镀等企业的淘汰工作。

其次是建筑部门减排政策，对减排的贡献比例为 20%。这源于对城市总体建筑面积的控制以及绿色建筑技术的应用。在政策方面，应当提倡集约、紧凑的建筑形式，防止人均居住面积过大和过快增长；同时，应从采暖、照明、炊事、热水、空调（特别是公共建筑空调）、通风等方面考虑，降低建筑的单位面积能耗强度，提高居住建筑和公共建筑节能设计标准，严格控制农村城市化过程中能耗标准的提高。鼓励和引导节约的用能方式。以谁用能、谁买单，多用能、多付出的原则（即 pay for use 原则），鼓励和引导居民与企业形成节约的用能方式。

最后是交通部门减排政策，减排贡献比例为 12%。由于基准情景下交通部门占北京市总排放量的占比提升明显（图 11.9），且是碳排放绝对量年增长最快的部门，应加大对交通领域节能减排工作的重视程度，做到防患于未然。而在城市客运部门的碳排放减排量中，小汽车减排量的贡献比例达到 99%以上，减排原因主要来源于小汽车出行比例的下降和公共交通出行比例的上升。因此在保持现有的小汽车摇号、限号出行等政策的基础上，应继续严格引导小汽车的有限合理使用，构建公交导向的紧凑城市用地布局并改善慢行空间的环境品质，实现城市交通的绿色低碳发展。

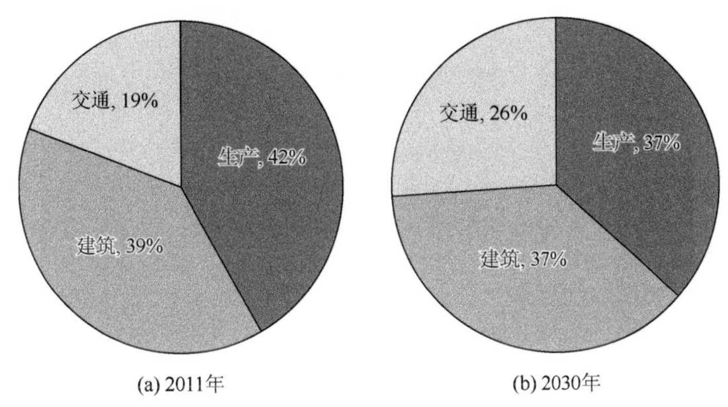

图 11.9　北京市基准情景下各部门 CO_2 排放比例变化（2011～2030 年）

11.4　本章小结

本章针对当前实践中空间规划在政府减排政策体系中所面临的话语权困境以及传统城市温室气体排放清单编制方法对人地要素的关注不足，基于城乡用地分类、传统城市温室气体排放清单部门划分和空间规划减排路径，建立“土地利用-碳排放”关联框架，采用“自上而下”和“自下而上”相结合的方法，构建了以“人地规模+人地碳排放强度+次级影响因子”为主体的碳排放核算指标体系，编制了北京市 2011 年的城市温室气体排放清单。此外，在情景分析方面，通过分析基准（BAU）、低碳（LC）和强化低碳（ELC）三种不同情景下 2011～2030 年北京市碳排放的发展趋势，量化了各类节能减排政策的减排潜力。

展望未来，有待完善和开展的工作包括以下三个方面。

（1）对于城市客运部门，建立“用地-人-交通行为”分析模块，开展实证研究，进而从源头量化城市用地和交通基础设施布局等空间决策所蕴涵的节能减排潜力。

（2）开展部门深入调研，明确子类用地划分和次级影响因子。采用用地分类的方法计算温室气体排放与城乡规划建设和管理水平直接相关，但目前将各分类用地都视为均质的平均排放显然是不够的。进一步的研究将涉及各类地块土地使用的实际状况，包括强度与效益等。例如，公共建筑用地可按照具体行业、建筑单体规模和区位进行细分，体现这些因素对容积率和单位建筑面积碳排放强度的影响。

（3）补充工业生产、废弃物处理等非能源活动部门温室气体排放以及林地碳汇的基础数据和核算方法，进一步完善基于空间规划视角的城市温室气体排放清单结构及核算指标体系。

参 考 文 献

[1] 潘海啸，汤諹，吴锦喻，等. 中国“低碳城市”的空间规划策略. 城市规划学刊，2008，（6）：57-64.

[2] 顾朝林，谭纵波，刘宛，等. 气候变化、碳排放与低碳城市规划研究进展. 城市规划学刊，2009，（3）：38-45.

[3] 顾大治，周国艳. 低碳导向下的城市空间规划策略研究. 现代城市研究，2010，（11）：52-56.

[4] 秦波，邵然. 低碳城市与空间结构优化：理念、实证和实践. 国际城市规划，2011，26（3）：72-77.

[5] 郑思齐，霍燚. 低碳城市空间结构：从私家车出行角度的研究. 世界经济文汇，2010，（6）：50-65.

[6] 郭晶. 低碳目标下城市产业结构调整与空间结构优化的协调：以杭州为例. 城市发展研究，2010，17（7）：25-51.

[7] 何东全，姜洋，王悦，等. 以人为本的城市规划与建设是低碳发展的核心//中国城市科学研究会. 中国低碳生态城市发展报告 2011. 北京：中国建筑工业出版社，2011：286-299.

[8] 仇保兴. 紧凑度与多样性——中国城市可持续发展的两大核心要素. 城市规划，2012，（10）：11-18.

[9] 蔡博峰. 中国城市温室气体排放清单研究. 中国人口·资源与环境，2012，22（1）：21-27.

[10] 叶祖达. 温室气体清单在城乡规划建设管理中的应用. 城市规划，2011，（11）：35-41.

[11] 叶祖达. 建立低碳城市规划工具：城乡生态绿地空间碳汇功能评估模型. 城市规划，2011，（2）：32-38.

[12] 顾朝林，袁晓辉. 中国城市温室气体排放清单编制和方法概述. 城市环境与城市生态，2011，24（1）：1-4.

[13] 丛建辉，刘学敏，王沁. 城市温室气体排放清单编制：方法学、模式与国内研究进展. 经济研究参考，2012，（31）：35-46.

[14] 邢芳芳，欧阳志云，王效科，等. 北京终端能源碳消费清单与结构分析. 环境科学，2007，28（9）：1918-1923.

[15] 朱世龙. 北京市温室气体排放现状及减排对策研究. 中国软科学，2009，（9）：93-106.

[16] 张晚成，杨旸. 城市能源消费与二氧化碳排放量核算清单：以上海市为例. 城市管理与科技，2010，（6）：17-21.

[17] 郭运功，赵艳博，林逢春，等. 终端能源利用的碳排放变化特征研究——以上海市物质生产部门为例. 环境科学与技术，2010，33（6）：88-92.

[18] 曹斌，林剑艺，崔胜辉，等. 基于 LEAP 的厦门市节能与温室气体减排潜力情景分析. 生态学报，2010，30（12）：3358-3367.

[19] 王海鲲，张荣荣，毕军. 中国城市碳排放核算研究：以无锡市为例. 中国环境科学，2011，31（6）：1029-1038.

[20] 杨谨，鞠丽萍，陈彬. 重庆市温室气体排放清单研究与核算. 中国人口·资源与环境，2012，22（3）：63-69.

[21] 国务院. 国务院关于印发“十二五”控制温室气体排放工作方案的通知. http：//www.gov.cn/zwgk/2012-01/13/content_2043645.htm[2012-11-07].

[22] United Nations Environment Programme（UNEP）and UNEP Sustainable Buildings and Climate Initiative（SBCI）. Common carbon metric for measuring energy use & reporting greenhouse gas emissions from building operations. http: //www.unep.org/sbci/pdfs/UNEPSBCICarbonMetric.pdf[2016-10-18].

[23] 北京市统计局. 北京统计年鉴（2012）. 北京：中国统计出版社，2012.

[24] 姜洋，何东全，Christopher Z. 城市街区形态对居民出行能耗的影响研究. 城市交通，2011，（9）：21-29.

[25] 袁宏伟，孔令洋. 城市轨道交通能耗影响因素及测算研究. 都市快轨交通，2011，（9）：41-44.

[26] 陆锡明，祝毅然. 上海交通能耗现状及发展前景. 上海节能，2010，（1）：4-6.

[27] 国家统计局能源统计司. 2011 中国能源统计年鉴. 北京：中国统计出版社，2012.

[28] 国家发展和改革委员会. 2011 年中国区域电网基准线排放因子. http: //cdm.ccchina.gov.cn/WebSite/CDM/

UpFile/File2720.pdf [2012-10-30].

[29] 曾海川，王岳丽.城市物流设施用地规模控制研究. 城市交通，2009，7（5）：8-11.

[30] 王庆一. 中国 2007 年终端能源消费和能源效率（上）. 节能与环保，2009，（2）：14-17.

[31] 清华大学气候变化国际政策研究中心. 中国低碳发展报告（2011～2012）. 北京：社会科学文献出版社，2011：305-307.

[32] 邢璐，单葆国. 基于 Kaya 公式的中国 CO_2 排放影响因素分解. 能源技术经济，2011，23（10）：46-50.

[33] Schipper L，Marie-Lilliu C，Gorham R.Flexing the Link between Urban Transport and CO_2 Emissions：A Path for the World Bank. Paris：International Energy Agency，2000.

第 12 章 低碳浪潮下的城市规划——应对策略与现实选择[①]

近年，基于全球气候变化学说的各种“低碳”概念层出不穷。“低碳”成为包括城市建设、城市规划在内的社会经济活动中不可回避的风潮。当低碳浪潮袭来的时候，城市规划应如何应对？在既有的未来可能的城市规划策略及技术中应做出何种选择？这是城市规划无法回避的问题。

首先，低碳浪潮发源于西方发达国家所主导的国际社会。1988 年世界气象组织（World Meteorological Organization，WMO）和联合国环境署（United Nations Environment Programme，UNEP）联合成立了 IPCC，专门负责对气候变化、气候变化影响结果以及限制温室气体排放等问题的研究。IPCC 分别在 1990 年、1995 年、2001 年和 2007 年发表了 4 期气候变化评估报告。虽然其数据、分析过程以及结论的科学性仍存在争议，但基本上构成了目前讨论“低碳”问题的前提和事实基础[②]。在此基础上，联合国分别于 1992 年、1997 年和 2007 年形成了《联合国气候变化框架公约》（巴西里约热内卢）、《京都议定书》和《巴厘路线图》（Bali Roadmap）。最近一次世界气候大会是落实《巴厘路线图》成果和推进德班平台谈判的 2014 年的利马气候大会。依照《京都议定书》，全球主要工业化国家的工业 CO_2 排放量在 2008～2012 年，比 1990 年的排放量平均要降低 5.2%。在 2009 年的八国峰会上，与会国家同意按照 2050 年前发达国家减少 80%，其他国家减少 50%的 CO_2 排放量来控制碳排放。以此为背景，以英国为首的部分发达国家率先提出了“低碳经济”“低碳城市”等概念。

与此相对应，中国也从科学研究以及政府政策方面积极响应国际社会的呼声，并适时提出了降低碳排放的具体目标。例如，中国科学院于 2009 年发布的《2009 中国可持续发展战略报告》中，明确提出 2005～2020 年单位 GDP CO_2 排放降低 50%的目标。同时，中国政府在 2009 年《联合国气候变化框架公约》第 15 次缔约方会议（COP15，哥本哈根）召开之前向国际社会承诺：到 2020 年中国单位 GDP CO_2 排放比 2005 年降低 40%～45%。

作为人类生产、生活活动高强度聚集区的城市，其碳排放量在整个由人类活

---

① 本章作者：谭纵波，清华大学建筑学院城市规划系。

② 参见文献[1]。有关质疑的事件，例如，2009 年 11 月英国东安格利亚大学气候研究中心（Climatic Research Unit，CRU）被曝出数据造假的丑闻，而该中心在 IPCC 第四次评估报告的工作中扮演着重要的角色。

动所引起的温室气体排放中占据了较大的比重。国内外学者对此也进行了较为广泛的研究和论述①。本章希望在此基础之上，就城市规划在实现低碳目标的过程中可以发挥的作用及其局限性进行初步的探讨。

12.1　低碳目标对城市规划的影响

12.1.1　“低碳”问题的性质及讨论的前提

由于碳排放对全球气候变化的影响是全局性的、长期的，其影响机制尚未获得充足的科学依据支撑②，在讨论“低碳”与城市规划之间关系的时候，有必要界定其前提条件。

首先，按照 IPCC 等国际机构的解释，全球气候变化是由工业革命之后大量使用化石燃料，导致地球大气中包括 CO_2 在内的温室气体浓度提高而引起的，所以要控制温室气体的排放总量。对照在此之前西方发达国家在城市发展领域中提出的“可持续发展”“生态城市”“紧缩城市”“精明增长”“新城市主义”等一系列概念，不难看出：应对后工业化社会中的城市发展问题是贯穿其中的主线。换言之，低碳城市是西方发达国家主导的重点解决后工业化社会发展问题的又一个新概念。对于尚处在以工业产品出口为导向的工业化过程中，以及以空间外延为主的城镇化进程中的中国社会而言，具有先天的抑制发展的方向性。因此可以说，低碳问题既是一个技术问题，更是一个国际政治问题。

其次，按照目前被广泛接受的应对全球气候变化的基本思路，降低温室气体排放、减缓温室气体效应，以及通过政策和技术手段使现实社会逐步适应气候变化是两个主要的应对方式。就城市规划而言，现代城市的建设无一不是利用人工的技术手段使人类能够适应作为新环境的城市。所以，从这个意义上来说，无论低碳概念存在与否，城市规划已经并一直在帮助人类“适应”所处的环境。所以，对城市规划而言“低碳”在一定程度上是新概念中的老问题。

12.1.2　实现低碳城市的基本路径

从已有的研究以及低碳城市的实验性实践来看，现阶段实现低碳城市的路径

---

① 文献[2]中已有较为详尽的综述，在此不再赘述。

② IPCC（2007 年）的评估报告中将工业革命之后 100 多年的全球气温上升归结为化石燃料的大量使用，但在对过去 60 万年地球温度变化与大气中 CO_2 浓度变化之间仅建立起相互之间的关联性，并未有足够的证据说明两者之间的因果关系。对于全球气候变化的复杂性问题，参见：Michael Le Page（2011）. Climate change：What we do-and don’t-know. http: //www.newscientist.com [2013-08-21].

主要有三个：一是降低碳排放相关技术的应用；二是基于价值观重塑的生活方式调整；三是传统城市规划技术的针对性应用。

1. 降低碳排放相关技术的应用

降低碳排放的技术应用主要集中在替代能源的开发利用、节能减排技术的应用以及碳捕获及储藏技术等方面。从根本上减少碳排放的途径只有一种，就是彻底摒弃对化石燃料的大量使用，转而寻求太阳能、风能、潮汐能、生物能、地热、核能等可再生能源。提高传统能源的使用效率也是在保障社会经济正常发展的同时，降低对能源依赖程度的一个重要途径。而利用森林和海洋藻类加快对 CO_2 的吸收以及对已排放 CO_2 的捕获及深海埋藏则属于人为强化 CO_2 固化的技术手段。必须指出的是，这些技术基本上属于目的明确的单项技术应用，就事论事，与城市规划本身并无太多交集。或者说，上述技术的应用并不会从根本上改变城市规划的现有格局。

2. 基于价值观重塑的生活方式调整

现阶段对低碳问题的讨论是基于社会经济“正常”运转而继续发展的。但是，工业革命后，尤其是第二次世界大战后，西方发达国家所形成的工业化生产和大众消费模式正是造成过量碳排放的根本原因。在一定程度上牺牲日常生活的“舒适性”和“便捷程度”，以换取单位人口碳排放的减少同样是实现低碳目标的重要途径。与上述技术手段不同，这一途径的实现必须依赖社会整体及个体价值观的根本性转变。由于城市规划通常以对象城市中的社会经济运行模式为前提，城市社会及其构成个体对于生活方式的选择决定了城市规划的目标以及为达成目标所采取的措施。因此，基于价值观转变的城市规划在实现低碳目标的过程中可以发挥更加直接的作用。

3. 传统城市规划技术的针对性应用

以低碳为导向的传统城市规划技术和方法的针对性应用也是实现低碳城市的重要路径之一。例如，采用紧凑的城市空间结构，在土地利用上实现适当的功能混合，以达到减少居民出行距离和交通量、提高城市基础设施效率的目的。同时，配合紧凑的城市空间结构，采用公共交通优先的城市交通系统，并提供完备的自行车交通系统以及人性化的步行空间，以减少城市出行活动对小汽车的依赖，降低交通过程中能源的消耗。另外，结合城市开敞空间系统的规划，布置大量的绿色空间，提高城市碳汇能力；引导绿色建筑的普及等也是城市规划中可以直接采取的策略。

12.1.3　城市规划的可能性与局限性

从以上的讨论中可以看出：在实现低碳城市的三个路径中，城市规划可以在城市土地利用以及交通模式等方面有针对性地进行以低碳为导向的调整和应对。但是，在其他两个方面，城市规划既不属于直接的“减排”或“碳汇”技术，也无法左右个人尤其是社会整体在生活方式选择上的价值观。因此，在实现低碳目标的过程中，城市规划具有可以发挥作用的一面，也存在着较大的局限性。在承认城市规划在构建低碳城市过程中具有局限性的前提下，如何最大限度地发挥城市规划的作用？现就城市规划在构建低碳城市的过程中可以发挥的主要作用简述如下。

1. 城市规划的间接作用

无论“低碳”目标是否存在，城市规划一直是，并将仍然是各项现代技术在城市中集成与应用的平台。各种低碳技术，无论是替代能源的采用，还是提高能源使用效率的应用（如公共交通、建筑物节能等），与城市空间密切相关的技术应用最终都需要通过城市规划整合并落实到城市空间中，并相互配合而产生作用。另外，城市规划也是城市社会中价值观博弈与选择的平台。对生活方式的选择（例如，在低密度郊外居住及小汽车出行的生活模式和靠近工作地点、较高密度居住及公共交通或自行车出行模式之间的选择），尤其是社会整体的选择也需要通过城市规划来具体得到体现和落实。因此，可以说城市规划在实现低碳城市的过程中主要扮演的是技术集成和价值观博弈与实施平台的角色。

2. 城市规划的直接作用

利用传统城市规划技术实现低碳目标最直接的领域集中在选择合理的土地利用模式、城市交通模式以及两者相互配合所形成的合理的城市空间形态领域。在土地利用方面，适度的土地用途（也可表述为城市功能）混合，以及恰当的土地利用密度均有助于居民日常出行距离的缩短，有效降低因长距离出行而对小汽车产生的依赖。因此，城市规划在土地利用及交通模式的选择上，除原有的考虑因素外，实现低碳目标也将是一个新加入的重要因素，虽然这个因素或许已被可持续发展以及生态城市等目标所包含。

12.2　实现低碳目标城市规划的现实选择

由于低碳问题兼具科学技术与国际政治的双重属性，包括城市规划在内，任何有关实现低碳目标问题的讨论都离不开具体的社会经济环境。以下是基于现阶段中国社会发展状况的有关实现低碳目标城市规划的讨论。

12.2.1　中国的碳排放现状与低碳路径

从 2013 年中国能源消耗的结构来看，煤炭占 67.4%，仍占绝对主要的位置，其次是石油和天然气（分别占 17.1%和 5.3%），水电、核电、风电等非化石能源仅占 10.2%①。从主要能源消耗行业来看，工业占据了 69.8%（其中，制造业为 56.9%），生活消费、交通运输和商业服务分别占 10.9%、8.7%和 2.4%（2012 年数据）①。由此可以看出，中国的能源结构以碳排放系数较高的煤炭为主，碳排放的主要来源是以制造业为代表的工业部门，这与我国尚处在工业化与城市过程中的实际状况相吻合。

另外，根据刘卫东等[3]的研究，在实现 2005～2020 年单位 GDP 碳排放降低 40%～45%的情景预设中，发展模式转变及产业结构调整的贡献度为 58%～64%；工业技术节能的贡献度为 11%～14%；建筑节能、增加非石化能源和道路交通节能的贡献度分别为 10%、10%和 2%～3%。由此可以得出，近期我国实现低碳目标的主要努力方向并不在于与城市规划关系最为密切的道路交通领域。而建筑节能的贡献度虽然高于道路交通，但建筑节能更多地取决于建筑物本身的设计与建造，城市规划仅在引导方面可以有所作为。

因此，我们应该清醒的认识到，对于正处在工业化和城市化过程之中，以满足伴随不断增长的工业生产和生活环境改善而产生的用地需求为目标，更多面对外延式空间增长的城市规划而言，虽然低碳是一个不可回避的目标，但在实现低碳目标的诸多途径中，并非能够起到主导和影响全局的作用。

12.2.2　实现低碳目标城市规划的焦点

鉴于城市规划在实现低碳目标的间接作用方面难以具体衡量，在此将分析的重点聚焦在其直接作用方面。如上所述，土地利用、城市交通以及由两者之间相互配合而产生的城市形态是实现低碳城市的重要领域。

1. 低碳城市的土地利用模式

可以为实现低碳目标作出贡献的土地利用模式通常包含如下两项。

---

① 中华人民共和国国家统计局. 中国统计年鉴 2014. http: //www.stats.gov.cn/tjsj/ndsj/2014/indexch.htm.

（1）较高的密度。通常，较高的土地利用密度可在一定程度上减少居民的出行距离，有效降低小汽车的出行比例，提高城市交通设施以及基础设施的使用效率①。以在城市用地中占有较大比例的居住用地为例，相对于西方发达国家尤其是英美国家中通常低于 200 人/hm^2 的“高密度”，我国大部分地区容积率为 1.5 左右的以多层住宅为主的居住区通常可以达到超过 400 人/hm^2 的密度②。换言之，我国以多层住宅为主体的居住用地为低碳城市提供了一个事实上的范本；当然，考虑到建筑物内垂直交通的能耗以及由建筑物和人口过度拥挤所带来的额外的采光通风等设施能耗与交通拥挤等情况，土地利用的密度也应限制在一个合理的范围之内，并非密度越高对实现低碳目标越有利。

（2）用途（功能）混合。在排除相互干扰的前提下，城市中不同种类的用地在一定程度上的混合布局同样可以缩短居民日常活动的出行距离，减少使用小汽车的比例。土地利用的适度混合主要体现为：①社区层次上部分非妨害型商业服务业用途与居住用途的兼容和混合，即商住复合型土地利用；②对环境不造成影响和污染的产业用地与居住用地临近布置的职住复合型土地利用。必须指出的是，土地利用适度混合的目的在于形成紧凑的城市空间，减少居民的出行距离和使用小汽车的比例，而并非意味着对近现代城市规划中“功能分区”原则的否定。土地利用适度混合以“大分区，小混合”为原则，对可“混合”的功能和具体情况进行具体甄别，以取代对“功能分区”僵化的理解和执行。

2. 构成低碳城市的“生活单元”

土地利用的适度混合以及较高的密度构成了可以称为“生活单元”的城市基本单位。与邻里单位等概念不同，“生活单元”的提出基于减少居民日常出行距离，降低小汽车的出行比例，形成紧凑社区，最终实现包括低碳目标在内的可持续发展。具体而言，“生活单元”的空间规模在 3～5km^2，包含了大约 5 万人日常生活所必需的绝大部分配套服务设施，有时或包含部分就业岗位。其中的居住用地部分拥有较高的建筑和人口密度（容积率≥1.5，人口密度≥400 人/hm^2）。事实上，我国从 20 世纪 50 年代以来由于历史条件所形成的各式“大院”可以看作这种“生活单元”的范本之一③。

---

① 参见：布雷赫尼 M. 集中派、分散派和折中派：对未来城市形态的不同观点//詹克斯 M，伯顿 E，威廉姆斯 K. 紧缩城市——一种可持续发展的城市形态. 周玉鹏等，译. 北京：中国建筑工业出版社，2004：13-37.

② 关于西方发达国家中居住区人口的密度，参见：弗尔福特 C（2004）. 紧缩城市与市场：以住宅开发为例（参见文献[4]和文献[5]）。密度的含义参见文献[5]。

③ 有关中国式“大院”的研究参见：《国际城市规划》2009 年第 5 期，中国城市单位转性研究。

3. 低碳城市的交通模式

虽然作为常识，我们都知道步行或自行车交通不需要使用能源，但遗憾的是现代城市必须以机动化交通作为支撑。在机动化交通中，小汽车的单位乘客公里全生命周期碳排放量远远高于轨道交通，是轨道交通的2～3倍。公共汽车等路面公共交通的情况较为复杂，在高峰时段，其单位乘客公里全生命周期碳排放量甚至低于轨道交通，是前者的1/2左右，是小汽车的1/7～1/5，但在非高峰时段空载率较高的情况下，甚至会高于小汽车[①]。另外，从不同交通方式的运量、适用距离和运营速度上看，轨道交通属于大运量的公共交通，适合在人口密度较高的交通走廊上长距离快速穿行。路面公共交通属于中小运量的公共交通，适合作为快速轨道交通的补充，不太适用于长距离交通。步行和自行车受出行距离的限制只适合于短距离出行。而小汽车属于分散式个人交通，对道路等交通设施的使用效率较低。

因此，为了实现低碳目标，城市交通的组织必须围绕以快速轨道交通为主的公共交通展开，并辅以步行和自行车等慢行系统，最大限度地限制小汽车的使用。我国的自行车出行原本有着较好的基础，但近年随着小汽车的普及和公共交通建设的相对滞后，城市交通过度依赖小汽车，并形成了道路拥堵的状况。

4. 低碳城市中土地利用模式与交通模式的配合

上述土地利用模式和交通模式相互配合，构成了实现低碳目标城市规划的最直接的技术手段和应对措施。这种模式在社区层面上构成了具有较高密度，拥有较完善公共服务设施，并兼有部分就业岗位，以短距离非小汽车出行为特征的“生活单元”；在包括大都市地区在内的大范围空间中，沿快速公共交通走廊布置的“生活单元”与构成城市的其他单元形成单元间的有规律的定向交通。

以“生活单元”为基本单位，在构成不同规模城市的过程中，通过同时采用共通的和有针对性的规划对策，可以形成实现低碳目标城市规划的如下模型。

12.2.3 不同城市规模下的城市规划对策

1. 小城镇[②]

人口20万人左右，城市建设用地的规模半径在2～3km，这大概是描述或衡

① 数据来源：Chester M V，Horvath A. Environmental assessment of passenger transportation should include infrastructure and supply chains. Environmental Research Letters，2009，4（2）：237-266.

② 本章中有关城市规模的划分并未采用1989年颁布的《中华人民共和国城市规划法》中所列出的标准，而是根据目前我国城市规模的实际情况，从实现低碳目标角度进行划分的。

量小城镇的主要指标。通常由于规模和职能的限制，小城镇的空间结构相对简单，具有相对集中的单一中心以及围绕中心所形成的数个单元，其中多数为以居住功能为主的“生活单元”，内含有提供公共服务和基础商业服务的社区服务中心。根据所处区位的不同，“生活单元”中的住宅形式涵盖了从多层住宅到密度较低的联排式住宅等多种形式。靠近中心的“生活单元”除住宅形式为中高层公寓外，通常还会兼容有部分商业、服务业等第三产业的功能。虽然单元内的功能混合是一个普遍现象，但大型的产业用地多半集中形成独立的单元。单元之间或穿插有相对集中的公共绿地，间或起到划分单元空间的作用。由于规模较小，虽然无法组织起有效的轨道交通，但城市内居民出行距离较短，路面公共交通、小汽车、自行车和步行多种交通方式并存。有快速公共交通系统，尤其是轨道交通系统与相邻城市或中心城市相连（图 12.1）。

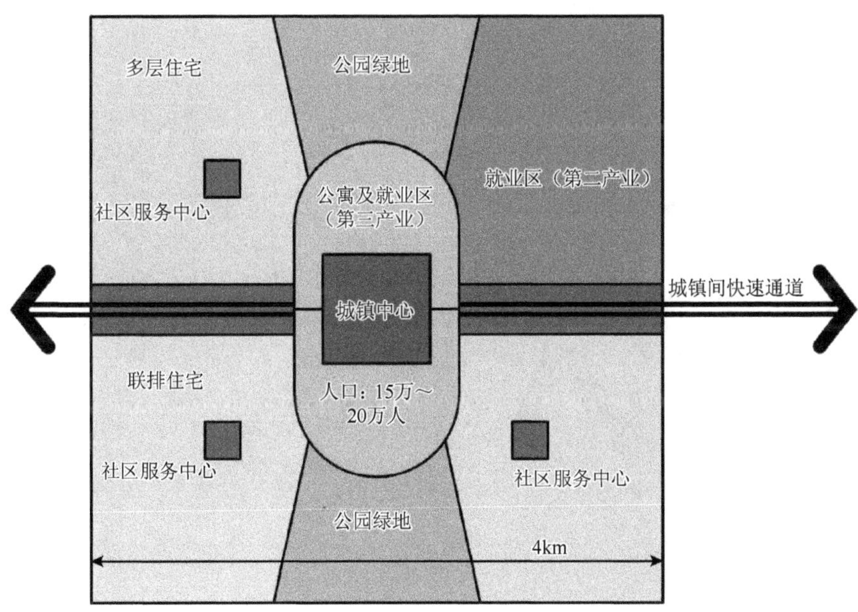

图 12.1　低碳导向的小城镇示意图

这种小城镇模式的空间结构简单，以中低密度为主，功能混合普遍存在，但公共交通组织不便，本身就是一种低碳的空间结构及组织模式，通过规划可以挖掘的潜力有限。这类小城镇在我国大量存在。

2. 中等规模城市

当城市人口规模超过 100 万人的时候，城市功能多样，结构趋于复杂，可以称得上是中等规模的城市。首先，在中等规模城市中，除居住、商业服务和产业外，还可能出现大学或科研机构等特殊功能相对集中的片区。同时，城市中心除相对集中的地区外，在城市不同方向上还会形成城市副中心或片区中心，城市结构呈多中心的态势。以居住用地为主，包含社区服务中心的“生活单元”依旧是构成城市空间的最基本单元，但相邻单元之间的组合方式出现多样化的趋势。重要的是，虽然“生活单元”可以在一定程度上减少居民的出行距离，但单元间的交通出行距离明显增大，必须依赖机动化交通。较为理想的解决方案是采用快速公共交通走廊（各种轨道交通系统或大运量的专用路面公共交通系统），串联“生活单元”以及其他单元，并将“生活单元”与城市中心和作为就业区的产业聚集区便捷地联系在一起。同时，土地利用的密度依据到达快速公共交通站点的距离，或者沿快速公共交通走廊的垂直方向依次递减，以最大限度地发挥公共交通的效率。基本上类似于以公共交通为导向的开发（transit oriented development，TOD）的概念或巴西的库里蒂巴市已经实现的那样（图 12.2）[①]。

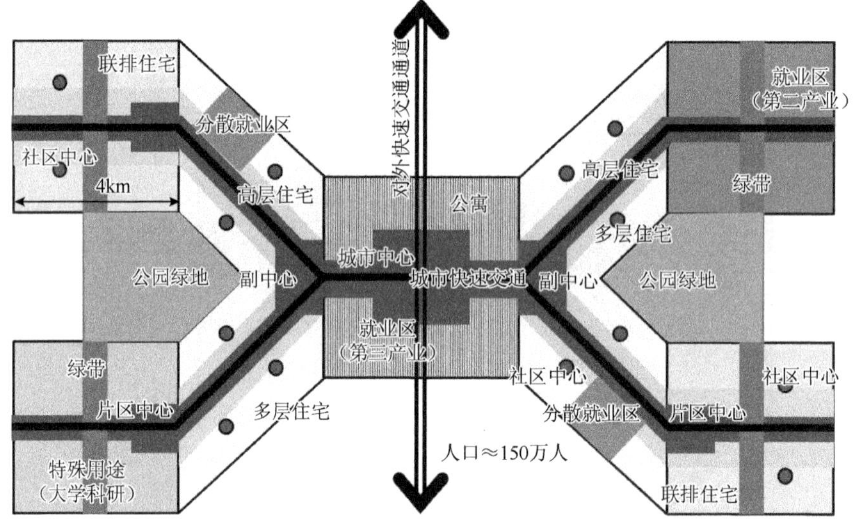

图 12.2　低碳导向的中等规模城市示意图

在实现低碳目标的过程中，由大运量快速公共交通系统所串联的密度呈梯级分布的“生活单元”和其他单元，形成了功能分区与功能混合相结合（“大分区，小混合”）的紧凑、有序和高效的城市空间结构，是中等规模城市的理想发展模式。考虑到在我国的城市化过程中，将会有大量小城镇转化为中等规模城市这一事实，在城市规划中有意识地采用这种结构的意义就显得尤为重要。

① TOD 和库里蒂巴市的情况参见：Calthorpe P. The Next American Metropolis：Ecology，Community，and the American Dream. New York：Princeton Architectural Press，1993，以及文献[6]。

3. 大都市地区

当都市连绵区的总人口超过 1000 万人的时候，可以看作一个大都市地区（或称为特大城市）的形成。大都市地区中通常会形成多个相对独立的片区。虽然城市中心已不再可能是单一的，但至少仍有两种不同类型的组织方式：一种是城市中心职能及就业岗位分散在较大范围的不同片区中，片区间存在大量分散的通勤出行（如兰斯塔德和巴黎等）①；另一种是中心职能及就业岗位依旧分布在一个相对狭小的范围内，形成一个相对明确的中心地区（如东京和北京）。从实现低碳目标的角度来看，后一种情况下的大都市地区的空间结构倾向于围绕包含多中心的城市中心区，沿快速交通走廊呈放射状向外发展。这种空间形态更有利于大运量快速轨道公共交通的组织。美国华盛顿特区的放射状走廊规划以及日本东京圈中人口密集区（densely inhabited district，DID）沿轨道交通呈放射状向外延伸的实例很好地说明了这一点②。

在这种模式下，城市中心以及围绕中心所形成的城市中心区仍然是大都市地区中不可替代和复制的核心，快速轨道公共交通将由众多“生活单元”和其他功能区所组成的片区紧密地联系在一起，并将大量的人流带入中心区或位于相反方向的拥有大量就业岗位的产业聚集区。快速轨道交通的主要站点周围往往会形成片区中心，甚至是副中心，而片区内到达片区中心的交通手段可以是多样的。中心区与片区之间抑或片区与片区之间可以布置绿化隔离带，以形成开敞空间系统规划，并明确片区的增长边界（图 12.3）。

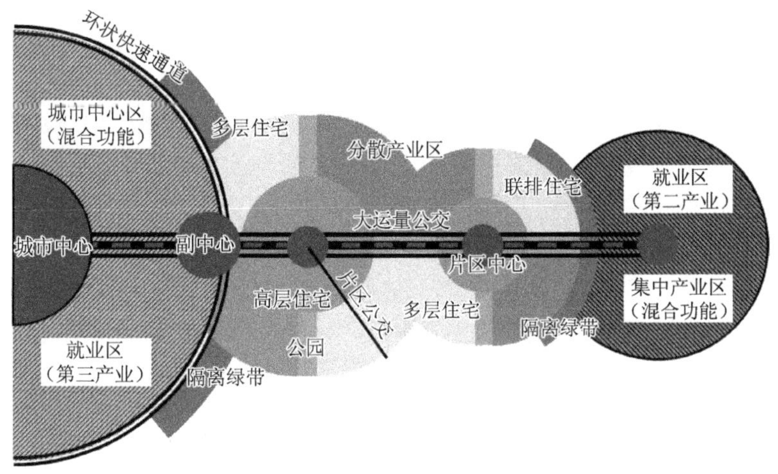

图 12.3　低碳导向的大都市地区示意图

① 兰斯塔德及巴黎区域的通勤出行的空间分布参见：文献[7]。

② 有关美国华盛顿特区规划及现状以及东京圈 DID 分布状况分别参见：Berke P R，Godschalk D R，Kaiser E J，et al. Urban Land Use Planning. 5th ed. Urbana and Chicago：University of Illinois Press，2006；日本建筑学会关东支部住宅问题专门委员会. 東京の住宅地. 3 版. 东京：社团法人日本建筑学会关东支部，2003.

这种看似回到“单一中心”的大都市空间结构的最大特点就是将都市区内大部分长距离出勤组织在由快速轨道公共交通形成的交通廊道上，在满足居民出行便捷、安全的基础上，实现低碳城市目标。

12.3 本章小结：实现低碳目标城市规划的路径选择

当低碳浪潮袭来的时候，客观来看，城市规划处在一个被动的位置，如果不加入这个浪潮之中，或多或少有被主流社会边缘化的恐慌。但是，只要简单地回顾近现代城市规划的历史就可以发现，从工业革命到以信息化为主要内容的“第三次浪潮”，恰恰是一个近现代城市规划产生、发展与壮大的过程。全面、综合性地应对社会经济发展问题恰好是城市规划的擅长领域。从城市规划所擅长的广阔视野中望出去，“低碳”这个包含着国际政治成分的命题的局限性一目了然。可以这样设问，假如没有“低碳”这个命题，城市规划就不考虑可持续发展的问题了吗？就不提倡节能减排了吗？就不倡导公共交通了吗？就不采用紧凑的土地利用模式和空间结构了吗？答案显然是否定的！换言之，传统意义上的优秀城市规划事实上就是一个可以达成低碳目标的城市规划。面对低碳浪潮，城市规划无需轻言改变。

另外，“低碳”命题的出现也为我们重新审视传统城市规划与建设遗产的价值提供了一个契机。我国的小城镇乃至传统村落的生活模式和社会价值观、以多层住宅为主的高密度居住用地，以及职住接近、大量日常活动与出行限定在较小范围内的“大院”式社区组织模式堪称是实现低碳目标的范本。

当然，城市规划也不能对实现低碳城市的需求视而不见。传统城市规划理论中某些“定论”在实现低碳目标的过程中会遇到前所未有的挑战。例如，传统城市规划理论将大城市中的单一中心、卧城以及由此产生的钟摆式（潮汐）交通视为负面现象，而提倡相反的多中心以及新城的职住平衡和自立。但是过于分散的城市中心职能和就业岗位恰恰会导致大城市地区中分散式的交通需求，无法通过大运量的快速轨道交通满足，只能依赖与实现低碳目标背道而驰的小汽车。

综上所述，针对实现低碳城市的目标，城市规划不妨将其作为需要统筹考虑的诸多因素之一，在构建可持续城市的大目标中增加“低碳”这一要素。面对低碳浪潮的来袭，城市规划应该密切关注，积极参与讨论，但要有选择地行动，避免随波逐流。

参 考 文 献

[1] Intergovernmental Panel on Climate Change. Climate Change 2007：Synthesis Report. Geneva，2007.

[2] 中国城市科学研究会. 中国低碳生态城市发展报告（2010、2011、2012 版）北京：中国建筑工业出版社，2010.

[3] 刘卫东，陆大道，等. 我国低碳经济发展框架与科学基础——实现 2020 年单位 GDP 碳排放降低 40%～45% 的路径研究. 北京：商务印书馆，2010.

[4] 詹克斯 M，伯顿 E，威廉姆斯 K. 紧缩城市——一种可持续发展的城市形态. 周玉鹏等，译. 北京：中国建筑工业出版社，2004：132-143.

[5] 詹克斯 M，丹普西 N. 可持续城市的未来形势与设计. 韩林飞，王一，译. 北京：机械工业出版社，2010.

[6] The World Bank. Eco2 Cities：Ecological Cities as Economic Cities. 2009.

[7] 霍尔 P，佩恩 K. 多中心大城市——来自欧洲巨型城市区域的经验. 罗震东等，译. 北京：中国建筑工业出版社，2010.

第 13 章　横琴新区低碳发展部门规划研究[①]

2012 年横琴新区与清华大学气候变化国际政策研究中心共同启动了《横琴新区低碳发展规划（2010—2020）》（简称《规划》）编制工作，在充分解读和评价横琴已有的各类规划愿景和实现路径的基础上，借鉴国内外低碳发展经验，从产业、能源、建筑、交通、生态等方面全方位构建具有综合性、系统性、可对接的横琴低碳发展体系。《规划》明确提出横琴低碳发展目标，即单位 GDP 能耗和单位 GDP CO_2 排放进入国内最低行列。《规划》构筑以“六大支柱和三大重点”为核心的横琴新区低碳城市品牌建设，“六大支柱体系”即高效、清洁的低碳能源体系；科技、创意的低碳产业体系；低耗、宜居的低碳建筑体系；智慧、畅达的低碳交通体系；无废、再生的城市矿藏体系；汇碳、和谐的城市生态体系。“三大重点产业”即低碳产业创新园区建设、低碳博览会展中心建设和低碳金融交易中心建设。依据《规划》，横琴新区将全面打造“宜居、宜业、宜学、宜商、宜游”的低碳城市品牌，为可持续发展奠定基础。本章介绍横琴新区低碳发展中的部门规划，即六大支柱的低碳规划。

13.1　规划的背景与目标

13.1.1　背景与意义

横琴新区是我国继上海浦东新区和天津滨海新区之后的第三个国家级综合体制创新示范区，也是全国首批低碳发展试点区。在我国加快转变经济发展方式、积极应对全球气候变化及国际政治经济严峻挑战的宏观背景下，横琴新区明确低碳目标、积极探索低碳发展战略、创新低碳发展路径，对于全国低碳发展具有独特的示范作用。

2012 年，广东省人民政府制定的《广东省低碳试点工作实施方案》获得了国

---

① 本章作者：蔡琴，清华大学美术学院、清华大学艺术与科学研究中心；齐晔，孟延春，清华大学公共管理学院；张焕波，中国国际经济交流中心。

本章基于《横琴新区低碳发展规划（2010—2020）》，该规划在横琴新区政府与清华大学气候变化国际政策研究中心共同研究的基础上，由后者撰写。董文娟、李惠民、宋修霖、王晓、杨秀、赵小凡、朱岩等参与了项目研究和报告撰写。

家发改委的批准，该方案将横琴新区列为低碳发展的试点市（区），广东省决心将横琴新区打造成示范基地，带动全省的低碳发展。《规划》既是广东省低碳试点建设的重要内容，也是横琴新区低碳发展的战略方案和行动指南。

13.1.2　规划目标

横琴新区低碳发展的基本目标是：2020 年单位 GDP 能耗量、单位 GDP CO_2 排放量处于全国城市最低水平。人均能源消耗量、人均 CO_2 排放量不超过全国乃至世界平均水平。2050 年人均能源消耗量、人均 CO_2 排放量、单位 GDP 能耗量、单位 GDP CO_2 排放量处于全国城市最低水平，全区实现 CO_2 近零排放[1]。

横琴新区低碳发展的总体目标是打造低碳城市品牌，将横琴新区建设成为代表中国未来发展方向的全国低碳发展示范基地：①成为全国领先的低碳经济区；②成为全国低碳创新的先导；③成为全国低碳生活的楷模。

按照横琴新区低碳发展基本目标要求，基于对能源转换、建筑、工业、交通等领域减排的可行性评估，得到 2020 年横琴新区总的能源消耗为 75.6 万吨标准煤，届时人均能源消耗阈值为 2.7 吨标准煤，处于世界平均水平。根据横琴新区低碳发展实际，将该目标进行分解，通过能源转换、建筑、工业、交通等各领域的具体低碳实施策略来实现。根据《横琴总体发展规划》推算，2015 年 GDP 是 144 亿元（2010 年价），2020 年 GDP 是 560 亿元，相应 2015 年 GDP 能源强度阈值为 0.276 吨标准煤/万元，2020 年 GDP 能源强度阈值为 0.135 吨标准煤/万元，远低于全国和世界平均水平。考虑到实施过程中的不确定性，将阈值上下 5%的波动范围确定为目标空间。即 2020 年横琴人均能源消耗为 2.57～2.84 吨标准煤，万元 GDP 能耗为 0.128～0.142 吨标准煤。《规划》的贯彻实施，将使横琴新区 CO_2 少排放比率提高 11.4 个百分点[2]。

13.1.3　规划内容

为了实现低碳发展总体目标，横琴新区应全面建设“六大支柱体系”：高效、清洁的低碳能源体系；科技、创意的低碳产业体系；低耗、宜居的低碳建筑体系；智慧、畅达的低碳交通体系；无废、再生的城市矿藏体系；汇碳、和谐的城市生态体系。着力推进“三大重点产业”：低碳产业创新园区建设；低碳博览会展中心建设；低碳金融交易中心建设。

横琴低碳城市品牌建设是新区“生态岛、开放岛、活力岛、智能岛”建设理念的凝聚与体现。建成后的横琴低碳示范区将以其吸引力、创造力、凝聚力和竞争力来体现新区的活力。

13.2 低碳能源体系规划

13.2.1 规划目标

严格控制能源消费总量，2020 年人均能源消耗不超过世界平均水平；提高清洁能源消费的比例，实现全区无煤化，化石能源结构以天然气为主；积极倡导分布式能源供应；严格执行能源效率高标准，2020 年单位 GDP 能耗量、单位 GDP CO_2 排放量达到国内最低水平；2025 年碳排放总量开始下降；2050 年可再生能源比重过半，全区近零碳排放。

13.2.2 规划重点

（1）实行能源消费总量控制。以《横琴总体发展规划》为基础，科学制定横琴新区的能源消费总量。采用国内外最先进的技术，加强以电力、燃气、热力供应为重点的能源基础设施建设，构筑横琴能源安全和低碳发展保障体系。2020 年后，单位 GDP 能耗量达到全国最低，人均能源消耗量不超过世界平均水平[3]。

（2）改善传统能源的使用结构。加快输气干线建设，扩大南海天然气就近向横琴供气。新区内严禁使用燃煤锅炉，全部实现燃气化。

（3）加强能源的综合利用，提高能源生产和转换部门的能源效率。将能源效率作为能源生产和转换行业重要的准入条件。新区电力生产全部实现多种能源联供。

（4）积极推广太阳能热水器、太阳能路灯、光伏屋顶等分布式能源，在资源普查基础上确定横琴新区分布式能源供应比例。充分利用本区独特的地理环境，运用财政和税收手段，结合城市和社区建设，积极推广分布式能源。开展太阳能集热普及工程，新区内新建 12 层以下住宅小区太阳能热水器安装率达到 100%。开展光伏建筑应用示范工程，2015 年底安装光伏系统 10MW，2020 年安装 20MW。开展太阳能及风光互补照明示范工程，2015 年太阳能及风光互补照明占公共设施照明的 10%，2020 年达到 15%。开展绿色景观照明工程，在城市夜景设计、建筑外观照明、景观园林照明等景观照明中 100%使用发光二极管（light emitting diode，LED）灯和节能灯。

13.2.3 实施策略

（1）实施能源效率评价制度和能源消费总量控制制度。编制各类建设项目的能效标准，对建设项目实施能源评价制度。从规划开始，根据横琴新区的能源消费总量控制目标，对建设项目实施能源消费总量控制。

（2）拓宽资金筹措渠道，促进可再生能源发展。建立可再生能源发展基金，拓宽资金筹措渠道。利用税收和财政补贴等手段，开展可再生能源建筑应用城市示范项目，增加用户端低碳能源的比例。

（3）建立强制性标准，发展分布式能源。制定新建住宅小区安装太阳能热水器的强制性措施，提高居民生活用能中可再生能源的比例。智能化微电网结构和收费机制，鼓励分布式可再生能源供应。

13.2.4　具体措施

（1）申请国家可再生能源建筑应用城市示范项目。横琴岛是珠三角地区太阳能资源较丰富的区域，又属于用电负荷集中区域，有着发展分布式可再生能源应用的天然条件。建议横琴新区申请国家可再生能源建筑应用城市示范项目，利用国家补贴增加可再生能源应用，增加用户端低碳能源的比例，树立绿色低碳的城市形象。

（2）更多的太阳能分布式应用。增加太阳能在发展中的用能比重。横琴岛属于太阳能可利用区，年太阳总辐射量为 4651.6MJ/m^2。珠海地处低纬度，光照充足，年平均日照时数为 1947 小时，占全年可照时数的 44%，是广东省内太阳能资源较丰富的地区之一。横琴新区具有很大的优势：①发电系统就在负荷中心，不用远距离输电；②太阳能发电输出曲线与负荷曲线一致，可以有效缓解用电高峰期用电紧张的问题；③空气清洁，易于维护；④岛上正处于建设时期，可以在建设期就加入建筑光伏设计，免去重复设计施工的人力物力浪费。尽快在资源细致的资源调查基础上确定分布式能源比重。

（3）优化天然气多联供系统。天然气多联供系统是横琴新区的重要市政公用基础配套设施项目。与其他化石能源相比，天然气多联供系统具有能源利用效率高、排放低的特点，该项目为横琴岛的低碳发展奠定了坚实的基础。然而从整个能源系统角度来看，需要对原有方案进行优化，包括该系统可能出现的输送能耗高、系统可调节性差、收费困难等问题。

（4）在建筑领域广泛使用地源热泵及相关技术。充分利用横琴新区的天然优势，在公共建筑、居民建筑和厂房建筑中将已经成熟的地源热泵技术、水源热泵技术作为重点予以推广应用。

（5）根据风能资源特点，运用不同规模和技术充分利用风能。横琴新区目前已有少量风力发电装机。在此基础上，精确测量确定岛上和海上风能潜力及特点，运用相应的技术充分利用风能优势[4]。

13.3　低碳产业体系规划

13.3.1　规划目标

打造以高端服务业为主体，研发、设计、博览、交易、金融等低碳特色鲜明的绿色产业体系。全面提升单位碳排放的经济生产力，单位 GDP CO_2 排放量达到全国最低水平。2020 年，低碳情景下单位产业增加值能耗比规划情景低 25%～30%，比基线情景低 41%～45%（表 13.1 和表 13.2）。

表 13.1　横琴新区 2020 年低碳产业结构　　（单位：%）

情景	第一产业	第二产业	第三产业
基线	3	55	42
规划	0	25	75
低碳	5	15	80

表 13.2　横琴新区 2020 年各产业单位产值能耗

情景	第一产业/（吨标准煤/万元）	第二产业/（吨标准煤/万元）	第三产业/（kW・h/万元）
基线	0.136	0.524	564
规划	0	0.402	466
低碳	0.100	0.280	334

13.3.2　规划重点

（1）着力推进以绿色低碳为特征的高端生产性服务业。将低碳研发、设计、博览、交易、金融作为横琴低碳绿色产业的核心。

（2）重点推进以科技创新、原创设计、低碳绿色为特征的工业。工业以科技创新、原创设计、低碳绿色为特征的原型产品制造为重点。建筑业采用节能低碳的建筑材料和建筑模式。禁止高耗能、高排放、高污染的粗放型行业。

（3）升级改造第一产业。利用非城市建设用地发展低碳、高产值的林下产业。建设以低碳、生态、精细和科技为特征，同时承载绿色休闲、旅游度假、文化创意和生态保育等活动的新型农林渔业，使之成为低碳横琴的重要组成部分。

13.3.3 实施策略

（1）引导产业集聚。按照低碳化、现代化、多元化的产业发展理念，通过科学引导各类生产要素向相应的产业园区集聚，形成集约发展、多元复合、布局优化和功能互补的产业空间格局。统筹低碳产业创新园区、博览会展中心、低碳金融交易中心建设，使低碳产业成为横琴新区低碳示范基地的有力支撑。

（2）制定严格的产业发展政策，重点发展轻型化、知识密集型、以科技创新为标志的新型产业。利用横琴新区的政策优势，吸引低碳研发、设计、博览、交易、金融等相关企业落户横琴。发挥澳门大学的人才集聚和知识辐射作用，吸引更多的高端教育和研发机构，培育知识创新企业和中介机构。

（3）利用中央赋予的金融创新政策，与香港国际金融中心错位发展、优势互补。将国际先进的金融技术和经验从香港转移到横琴，利用香港高度国际化的特点，将横琴新区作为内地开展碳金融市场的试验区。成为珠三角西岸地区一体化城市群的次区域金融中心，吸引各金融机构在横琴设立分支机构，发行面向高端服务业的低碳产业基金。

（4）创新口岸通关制度。通过创新口岸通关制度，方便人员和交通工具进出，与港澳珠海携手打造共同旅游市场，与周边地区形成共生关系，为周边地区提供延展休闲旅游产业的空间[5]。

13.3.4 具体措施

（1）加大低碳科技人才和管理人才的引进力度。充分利用粤港澳优质高校资源优势，建立产学研对接和低碳人才联合培养机制。

（2）为企业提供低碳、低能耗、环境友好、节地、节水的运营环境。积极实施以企业为主体的自主知识产权品牌战略，完善企业自主创新的激励机制。

（3）建设具有国际化视野的低碳产业项目甄选、引进团队。

（4）拓宽低碳产业投融资渠道。建立低碳创业投资引导基金，培育股权投资机构，支持符合条件的横琴开发运营机构和企业在全国银行间市场发行债务融资工具，或直接发行企业债券。

13.4 低碳建筑体系规划

13.4.1 规划目标

控制居住建筑的总体规模，限制大户型住房的比例，将人均居住面积控制在城市合理水平。

以高于国家的节能标准，尽快制定适合横琴新区的建筑节能标准，建成高于现行标准的低碳绿色建筑。最大限度地减少建筑部门能源消耗和碳排放，2020 年每平方米建筑能源消耗低于建筑节能设计标准的参考值，并达到粤港澳地区最低水平。

大力推进低碳绿色建筑建设，结合当地气候特点与生活方式，将绿色低碳的理念运用到建筑的建设中，促进绿色建筑的规模化发展。

通过建筑设计标准的提高，以及人们生活方式的调节，将横琴地区建筑总能耗控制在 25.66 亿 kW • h，比基线情景节能 21%，比区域能源规划提出的目标节能 6%[6]。

13.4.2　规划重点

（1）优化目前已有的城市规划。充分结合低碳交通专项规划，运用 TOD 理念，落实“悠然慢行，以人为本”的思想，建设居住、商业、办公一体的多功能社区，积极推广城市综合体的规划思路。严格限制新建居住建筑中大户型住房的比重，控制新区总体的建设规模，参照周边区域与环境条件，确定居住建筑总面积的指导性建议指标为人均 35m^2、户均 100m^2 以下。

（2）编制高于国家标准的横琴新区建筑节能标准，推进低碳建筑建设。在建筑设计中注意结合当地居民生活方式进行节能设计，加强外窗的遮阳性能，加强屋顶和墙体的隔热性能，加强建筑的自然通风性能；避免过分强调建筑墙体的保温性和建筑外窗的气密性；杜绝不可开启窗户的建筑设计。

（3）建立公共建筑能耗定额管理体系。公共建筑的节能管理以能耗数据为抓手，将公共建筑节能管理由定性概念阶段上升到可控制、可监测的定量阶段，实行公共建筑的能耗定额全过程管理，在整体规划、项目立项、方案设计与招投标、施工图设计、施工、工程竣工验收、运行管理和节能改造的各个阶段贯穿能耗定额指标的节能监管，以用能定额作为考核建筑节能的目标和依据。在原有的公共建筑全过程节能监管的基础上，增加能耗定额控制指标和相应的管理手段。

（4）构建公共建筑能耗监管体系。开展能耗计量与监测、能耗统计、能源审计、能耗公示等工作，定量掌握横琴新区公共建筑的能耗情况，实施动态节能管理。

（5）推广适宜当地气候和生活方式的技术。在全区公共建筑和设施中全部使用最先进技术的节能灯照明；利用国家高效照明产品推广补贴政策，对居民购买节能灯补贴资金 50%，对大宗用户政府补贴资金 30%；公共建筑地下车库和建筑外照明优先使用 LED 光源；在道路、公园、车站等公共设施照明中推广使用以分散为主的光伏电源照明。

（6）大力推进低碳绿色建筑建设。政府投资项目，以及社会投资 2 万 m^2 以上的新建公共建筑、20 万 m^2 以上的新建居住建筑和重点工业建筑全部按绿色建筑标准建设与施工，至少达到评价标准一星级要求，其中二星级及三星级绿色建筑不小于 20%；到 2020 年，全区所有新建建筑全部满足绿色建筑标准要求。

（7）加强绿色建筑设计。新建建筑需达到绿色建筑一星级标准，结合横琴地区的气候特点，特别需要注意的是强调建筑的遮阳性能；加强建筑隔热性能；合理设计自然采光；鼓励夏季和过渡季节应用自然通风；控制建筑窗墙比不应超过 0.7。

（8）倡导节能降碳的生活细节。在公共建筑中提倡夏季室温不低于 26℃，并在公共机构开展严格控制。促进用能设备系统节能，推广节能灯使用；加强电热开水器的节能管理，加强电热开水器的保温，下班关闭，杜绝在无人使用时的反复开启加热；要求所有电梯使用节能型电梯并采用节能型控制方式；政府机关和公共机构采购节能高效的电子计算机、传真机、打印机等用能设备[7]。

（9）在居民中培养低碳生活方式。鼓励简约装修；鼓励采用自然通风、自然采光；鼓励科学合理使用家用电器；提倡公园跑步、锻炼等绿色休闲方式。

13.4.3　实施策略

（1）健全低碳建筑管理机构。低碳建筑的管理和落实由横琴新区公共建设局牵头，横琴新区统筹发展委员会、财金事务局和规划国土局配合完成。成立低碳建筑工作小组和实施机构，确定技术支撑单位和专家顾问机构，并制定相关工作机制。

（2）构建公共建筑能耗监管体系。开展能耗计量与监测、能耗统计、能源审计、能耗公示等工作，定量掌握横琴新区公共建筑的能耗情况，实施动态节能管理。

（3）制定低碳绿色建筑激励政策。对新建的二星级及以上的建筑实施经济激励。制定节能灯、高效家电和太阳能热水器的区域性补贴政策。鼓励大型公共和商业建筑率先实现近零排放。

（4）提供低碳绿色建筑的资金保障。设立规划优化、建筑节能标准、低碳导则的研究专项资金。设立节能灯、高效家电、太阳能热水器专项资金，通过政府财政资金对高效节能设备进行补贴。设立低碳绿色建筑建设融资平台，支持低碳绿色建筑建设的资金支持。建立公共建筑能耗计量、监测、统计和节能管理资金。

（5）分阶段逐步提高各类建筑的能耗控制。针对住宅、办公、商业等不同类型的建筑，细划设定不同的能耗控制标准（表 13.3），分阶段逐步提高各类建筑的能耗控制标准，最终达到实现建筑总体碳排放强度的目标。

表 13.3　各类建筑能耗控制标准　（单位：kW・h/m²）

标准	住宅建筑	办公建筑	商业建筑
入门级	40	100	290
第一级	35	83	235
第二级	—	72	200

（6）在城市化过程中加强信息化水平，通过智慧城市和智能化社区建设减少建筑能耗。

13.4.4　具体措施

（1）制定横琴新区建筑节能标准。梳理已有法律法规、标准和规章制度，优化横琴新区低碳建筑规划，研究制定横琴新区建筑节能标准，整理居住建筑和公共建筑的设计、施工、验收、运行管理、节能改造每个环节的节能要点，编写颁布横琴新区建筑全过程节能导则。

（2）制定公共建筑能耗定额全过程节能管理条例。对粤港澳地区公共建筑开展能耗调查，并基于此制定横琴新区的公共建筑全过程每个环节的能耗定额；以能耗定额为依据，制定横琴新区的公共建筑能耗定额全过程节能管理条例。

（3）开展低碳生活的主题宣传活动。通过广播、电视、报纸、网络等媒体渠道，在全区组织开展低碳生活的主题宣传活动。以社区为单位，提出低碳生活倡议，开展低碳社区创建活动。组织编写和印发低碳生活手册，推动和教育人们广泛参与及自觉践行低碳的生活方式。举办各种低碳生活知识讲座，召开学术理论研讨会，使低碳生活的意识深入人心。

（4）开展低碳建筑和智能化社区试点。在大型公建、商业设施和居民社区中，选择有条件、有积极性的机构开展低碳建筑试点，通过设计、建设和管理率先实现近零排放，成为全区低碳建筑的典范，使其发挥标杆和先导作用。

13.5　低碳交通体系规划

13.5.1　规划目标

打造满足不断增长的交通需求的低碳绿色综合智能化交通体系，通天达海、内畅外达，公交为本、健康出行，人均交通碳排放明显低于周边城市地区，单位交通周转量碳排放处于国内乃至全球低碳领先水平。

到 2020 年，基线情景下横琴交通体系将排放 28 万 tCO_2，规划情景下将排放 24 万 tCO_2，低碳情景下将排放 21 万 tCO_2，低碳情景分别比基线情景和规划情景低 25%和 12.5%。

13.5.2　规划重点

（1）优先规划绿色横琴的智能交通格局。以低碳为核心，规划横琴新区综合交通体系，优先发展城市公共交通，建立以轨道交通为支撑、传统公交为主线、慢行交通和水上交通为特色的公共交通体系，大力提升公共交通的服务水平，建设横琴新区内外交通集散的综合枢纽，畅通横琴岛内外交通，提高低碳交通出行方式的可达性，有力地支撑横琴新区低碳城市空间格局和低碳示范基地的形成。

（2）实施全过程低碳交通模式管理。运用 TOD 理念引导横琴岛交通出行方式，通过运用规划、建设、规制、倡导、供给等一系列手段，采用智能化方法，优化交通网络的微循环、微小路网，设计功能完善的街区道路，满足横琴新区全社会的低碳交通出行。

（3）倡导健康低碳出行方式。鼓励使用低碳化的清洁燃料、鼓励采用绿色低碳交通方式、鼓励使用步行和自行车等慢行交通。规制小汽车使用。采用空间限制、时间限定、成本提高的方式，对高碳排放的交通出行进行规制；以高停车费和高拥堵费等经济手段激励减少小汽车的使用。

（4）倡导成立低碳环保交通的城市联盟。在粤港澳地区倡导成立低碳环保交通的城市联盟，建立高标准的燃油经济性标准、排放标准、油品质量标准，发挥城市联盟的协同效应和示范引领。

（5）打造水陆空交通的畅通接驳。以快速公共交通为主要交通方式，建立横琴新区通往航空港、海港、陆路门户的快捷通道和转换枢纽[8]。

13.5.3　实施策略

1. 出入交通

（1）鼓励入岛交通方式以公共交通为主。对入岛私人车辆征收高额过桥费、停车费和拥堵费，鼓励使用公共交通模式。入岛城际轻轨在入岛口处设立站点，并在站点建设立体停车场，为公共交通出行提供便利。

（2）推进通关创新，入港分线管理，控制岛外小汽车入岛数量。在轻轨出入岛站点设置快捷智能自助通关系统。对不符合岛内最新排放标准的车辆加以适当限制；未来可以考虑对不同排量和能源的车辆分等级收取过关碳税（费）。

2. 片区间交通

（1）片区间交通优先发展城市公共交通，规制小汽车的使用。交通方式优先顺序依次为轻轨、公交、新能源汽车、传统能源汽车。在横琴岛门户和重要的交通节点，为采用岛内低碳出行方式的居民、游客提供免费汽车停泊，每 500m 范围内设立公交站点、提供公共自行车，实现公共交通和慢行道路系统通往工作地、居住地、服务设施、旅游观光、休闲度假等各类目的地的最高可达性。长隆海洋游乐园在入岛口设立大巴接驳站，并凭轻轨购票凭证赠送游乐优惠券。

（2）鼓励使用清洁燃料交通工具。在横琴岛内建设少量加油站，重点保障公共交通的需求；遍布充气、充电站，鼓励使用清洁燃料交通工具。岛内车辆一律执行国际最严格排放标准和燃油经济性标准。推广电动汽车和低碳替代燃料（压缩天然气）在岛上的应用，从公交系统着手，建设电动汽车泊位、充气、充电和更换电池一体化设施。

（3）建立横琴新区通往航空港、海港、陆路门户的快捷通道和转换枢纽。考虑未来珠海机场和澳门国际机场有可能互为中转站，在横琴口岸通关处设置凭机票迅速通关通道。

3. 片区内交通

（1）合理布局各项功能设施在片区间的密度，保证慢行系统的可达度。保证十个区内均有步行范围可及的主要功能型设施，主要功能设施在选址和建设时要充分考虑与慢行交通系统的连接。

（2）建设有利于慢行交通的基础设施。慢行道和机动车道分开，以保证慢行系统的安全性。实施对绿道和有盖步行空间及长廊的已有规划。科学设立自行车租借点，便于行人随时随地租借和退换自行车。

（3）通过疏浚改造和建设，发挥岛内水系的交通功能，使其在旅游、观光、娱乐、休闲、健身等方面发挥作用。

（4）开展智能交通建设，便利接驳，鼓励共享。

13.5.4 具体措施

（1）入岛城际轻轨在入岛口处设立站点，如横琴大桥和横琴口岸等，适度提高和调节入岛轻轨发车频率，以容纳换乘人流。在站点建设立体停车场，以方便自驾乘客转乘轻轨入岛。

（2）广珠城际轻轨延长线目前规划将由唐家至拱北经南湾进入横琴，向西将最终接入珠海机场。在轻轨各站点设置公交站点，以保证公交系统的无缝连接。

（3）慢行道和机动车道分开，并有路障隔离，做到各行其道，以保证慢行系统的安全性。在慢行路和机动车道交汇处设置机动车停车观望指示牌，本着行人最大的原则，机动车必须停车避让，对经过慢行路而不停车的驾驶员处以高额罚款。

（4）岛内车辆一律执行国际最严格排放标准和燃油经济性标准。乘用车平均燃料消耗量到 2020 年降至每百公里 5 升，并对岛内汽车尾气进行定期检测。

（5）采取精细化管理思想，细化机动车使用的措施，进一步优化公交优先的理念。如鼓励单位接送班车，增加私人停车费用，限制单人驾驶、鼓励多人共乘，控制保障房的停车位，高峰期间加密公交班次，增加市区到横琴快线班次，增加换乘停车场等措施。

13.6　废弃物管理体系规划

13.6.1　规划目标

通过可持续设计、精细化管理、全民性参与，在城市规划、产品选用、垃圾处理等领域秉持“从摇篮到摇篮”的基本原则，真正实现横琴岛废弃物的减量化、资源化。2015 年达到“向岛外输送焚烧垃圾、填埋处理垃圾量不超过 15%”的目标，2020 年实现所有固体废弃物资源化利用，实行雨污分流，污水全面处理，中水回收利用[9]。

13.6.2　规划重点

（1）通过政府公共机构进行示范。行政机构、公立医院、公共体育文化设施等建筑物，以及采用“从摇篮到摇篮”理念设计的可持续建筑，对整个横琴新区建设可持续城市起到示范带动作用。

（2）对建设项目的废弃物产生和管理进行评估。建设招标时对设计方案的可持续性、环保性进行评估，对垂直绿化、节能低碳等方面达到一定标准的设计方案给予优先考虑和一定的优惠政策。

（3）因地制宜地确定垃圾分类体系。按照国内外先进的垃圾分类体系进行垃圾分类，有机质垃圾堆肥利用，可对固废直接回收利用，可燃不可回收垃圾收集后运往岛外垃圾焚烧发电厂，不可燃不可回收垃圾及有毒有害垃圾按相关标准和程序进行安全处理。

（4）实行雨污分流，污水全面处理，中水回收利用。节约利用淡水资源，从源头上减少污水产生量。在市政工程建设中，实行雨污分离，污水全部经过处理循环利用，中水全部利用[10]。

13.6.3 实施策略

（1）建立垃圾分类责任体系。政府需向家庭和单位提供垃圾分类用具，以及相关分类说明。家庭用户的生活垃圾分类由其所在社区的物业管理部门负责，单位用户的生活垃圾分类由单位自己或委托所在楼宇物业管理部门负责。政府部门需要出台配套的奖惩机制，对于不按照责任体系规定进行垃圾分类的单位或个人进行必要的处罚。

（2）建立垃圾回收处理标准并实施商业化运营招标。建立一套回收处理标准，然后以商业招标的形式委托给相关公司进行回收和初步分拣处理。与岛外企业（堆肥厂、纸制品厂、饮料灌装厂、金属材料冶炼厂、垃圾焚烧发电厂等）建立合作关系，承接横琴岛“固废资源流”。

（3）综合运用价格杠杆和规制手段，提高水资源利用效率和生产率，保障污水不出岛。按照外部成本内部化的原则，合理确定水资源价格及污水排放收费和罚款标准，用市场和规制两种手段确保水资源生产率提高及污水产生率下降。保障公共投资、拓展融资途径、严控建设标准，确保污水全面处理、中水全部利用。

（4）行政机构在进行政府采购时，优先选用可再生、可循环、“生态租赁”等模式的办公用品。建立针对可再生、可循环、“生态租赁”等模式的生活用品的财政补贴机制。开展“零废办公室”专项评选及表彰活动，对在办公场所实行“零废弃物”的企事业单位给予奖励和表彰。

13.6.4 具体措施

（1）制定严格的建筑固体废弃物的相关法规。要求建设施工方按要求妥善处理建筑垃圾，并建立相应的奖惩机制。建筑垃圾运送到岛外，与生产建筑骨料的加工企业签署合作协议，将横琴岛输送的建筑固体废弃物转变为骨料生产的原材料。

（2）出台横琴新区建筑材料限制目录。限制不可回收循环利用、有毒有害的建筑材料在横琴使用，成立或委托授权建筑施工监理部门，监督建筑材料的选用。

（3）实行雨污分流，建立雨水收集和污水处理系统。横琴岛陆域面积较小，地下淡水资源较紧缺，但横琴地处我国亚热带多雨地区，充分收集宝贵的降水并加以利用将是横琴开拓淡水资源的重要渠道之一。建议雨水收集处理系统成为项目建设的强制措施。充分利用当地资源，如蚝壳等，按照“以废治废”原则对地表污水进行有效处理。

（4）建立建筑施工中施工垃圾的回收处理系统。按照《横琴总体发展规划》等的要求，横琴在今后的一个阶段内将处于快速建设发展的时期，建筑施工将产生巨量的垃圾，建立施工垃圾回收处理系统是横琴低碳示范区的重要基础和保障。

（5）建立真空管道垃圾收集系统。按照垃圾分类要求，在岛上设置真空管道垃圾收集系统，高级楼宇如宾馆、酒店、写字楼、公寓等必须设置投放口，绿色建筑必须预留管道接口。

（6）推广厨余垃圾处理器。从源头上对厨余垃圾进行减量化、无害化、再利用，采用生物处理机等专用设备进行处理，采取相关措施推广厨余垃圾处理装置进入家庭。

（7）建立回收宣教与激励办法。在社会上，广泛倡导回收利用，从娃娃抓起培养，培养公民回收利用的意识，培训学生及群众做志愿回收员和志愿督导员。同时，建立适当的利益引导激励办法，如施行电池回收奖励制度、豪华外包装及不可回收包装的商品缴纳回收税，废旧汽车家电设备家具要收取回收处理费，岛内全面严禁一切场合使用塑料袋及塑料餐盒等措施。

13.7　生态碳汇体系规划

13.7.1　规划目标

建立高密度、大容量、多元化、资源化、可持续的生态碳汇体系，大幅度提高生态系统的生物生产力和生态服务功能，保护海陆生物多样性，发挥生态系统协同效益，建设优美宜居、活力充沛、人与自然和谐共生的低碳生态岛。

《规划》中的碳汇仅计入陆地植被的碳储量和固碳能力及海洋的固碳能力。在基线情景下，即维持 2010 年植被覆盖面积和固碳能力持续累积碳汇，2020 年横琴岛碳储量约 25.1 万 t，年吸收 12.9 万 tCO_2。在规划情景下，各生态系统植被覆盖面积在合理情况下尽可能取大，植被碳储量、固碳能力取周边地区平均值。2020 年可实现森林覆盖面积 $38km^2$，城市绿地 $13.94km^2$，红树林湿地植被覆盖面积 $10.8km^2$，中心沟人工湿地 $0.96km^2$，近岸海域面积 $124.3km^2$。植被碳储量可达 44.3 万 t，年吸收 29.9 万 tCO_2。在最大碳汇情景下，植被覆盖面积与规划情景相同，植被碳储量、固碳能力取周边地区最大值。2020 年横琴岛植被碳储量达 54.1 万 t，年吸收 42.0 万 tCO_2。生态系统碳汇的累积需要较长时间，通过植被的持续碳汇累积效应，规划情景下，植被碳储量最终可达 59.7 万 t，最大碳汇情景下植被碳储量可达 89.4 万 t。不同生态系统类型的面积固然是碳汇的基础，但其质量和生长茂盛程度同样对碳汇有重要影响。因此，管理生态系统，使其最大限度发挥碳汇功能是碳汇管理的重要途径。

13.7.2 规划重点

（1）建设森林碳汇，加强林地恢复与管护。造林、再造林实现大、小横琴山森林植被全覆盖。废弃采石场恢复，大、小横琴山南坡斑块状裸露地表造林、再造林。林分、林相改造提高森林碳储量及固碳潜力。对景观效果差、老化退化严重的片区可间伐、间种乡土树种。加强横琴岛森林管理和保护。严格限制森林采伐；加强森林资源的抚育间伐管理；加强森林火灾管理。

（2）强化景观林地建设，推进城市立体绿化。以水系、道路、公路为依托构建城市绿色廊道网络。合理布局，立体绿化，提高绿地碳汇能力。依照“环、楔、廊、园、林”模式布局，充分利用城市空间和边角土地发展立体绿化。科学引进植被品种，实现高效灌溉养护。尽量种植本地植被和适应性植被，对外来引种进行科学评估；科学推进有机肥使用，利用智能灌溉等先进技术提高灌溉效率。

（3）恢复重建红树林湿地，建设人工湿地系统。恢复重建二井湾红树林湿地、深井湾-赤沙下角红树林湿地，并建设堤岸红树林防护带。提高红树林湿地植被覆盖率；深井湾-赤沙下角逐步探索红树林种植-养殖耦合的生态经营模式。采取“退塘还林”恢复方法，建立中心沟、水库周边人工湿地生态系统。

（4）挖掘潜力巨大的海洋碳汇。利用优势发展生态养殖模式，充分发挥渔业的碳汇功能。大力发展垂直养殖，上层筏式养殖藻类和牡蛎，中层养殖贝类，滤食浮游植物，下层养殖海参、鲍鱼、海胆等海珍品。发展海洋牧业。推动浅海海藻（草）床建设、深水大型藻类养殖、生物质能源新材料开发等规模化的海洋森林工程建设。加强基础工作，促进建立渔业碳汇交易中心。

13.7.3 实施策略

（1）执行严格的空间生态控制线管理。以城市生态系统为主的建成区，严格执行城市蓝线、城市绿线控制。以森林、湿地为主的自然生态系统，严格执行生态红线、蓝线、绿线控制。

（2）建立保护区-公园互补生态保护模式，发展低碳生态旅游。建设大横琴山森林自然保护区、横琴岛红树林湿地保护区。缓冲区适当建设森林公园、郊野公园、特色湿地公园等。发展景观林、红树林低碳生态旅游。应用生态旅游食、住、行、游、购、娱的每一个环节，实现生态旅游的低碳化。

（3）健全生态保护法律、政策、机制体系。利用本区的立法权限，立法为先，为生态保护提供依据。合理布局森林、湿地保护区内公园建设，规划旅游地规模，将管理容量纳入旅游规划。建立生态旅游开发补偿机制。建立碳汇计量、跟踪监测机制。

（4）创新生态保护机制，实现全社会参与。创新绿化机制，倡导全社会参与绿色生态系统建设。鼓励居民领养草木、湿地、林地等，打造“宜居、宜业、宜游”的横琴绿色生态系统。增进国际合作，引进世界自然基金会（World Wide Fund for Nature/World Wildlife Fund，WWF）、保护国际基金会（Conservation International，CI）等国际非营利组织，共享经验、技术、资金，共创合作模式。

13.7.4　具体措施

1. 增加和保护森林碳汇的措施

采石场恢复方法及树种选择如下：建议采用堆土自然复绿法、巢穴种植复绿法进行乔木植被群落的恢复，恢复后的群落植被碳汇潜力较大，但相对恢复时间较长。复绿树种及种植方式选择马尾松、相思针阔混交林，并辅以灌-草-藤等乡土种植物，提高整个群落的固碳潜力。

林分、林相改造及造林、在造林措施如下：采取封山育林的措施，对景观效果差、老化退化严重的片区可进行间伐、间种乡土树种，提高碳汇潜力。

2. 城市廊道及立体绿化措施

在城市道路两侧设计绿化隔离带，如人行道绿化带、道路防护绿带、基础绿带、分车绿带、交叉路口绿地。以沿铁路、公路、河道两侧的绿化带建设规划市域绿色生态廊道。合理搭配乔木与灌木、速生树与慢长树、常绿树与落叶树、观赏树与抗污染树种以及林带与田地或经济林带的比例。

充分利用各种边角土地和空间发展破墙透绿、垂直绿化、棚架绿化、屋顶绿化、悬挂绿化、檐口绿化、装饰绿化等立体绿化，弥补局部地区平面绿化的不足。

3. 增加和保护湿地碳汇的措施

实践证明发展红树林种植-养殖耦合模式是适合于华南沿海的一种新型的、环境友好的滩涂海水养殖模式，值得大力推广。严格禁止毁林养殖式开发，积极推广红树林友好式开发；建立养殖示范区，使其成为红树林湿地公园的一部分；加强相关科研，提高养殖系统综合效益；控制合理的养殖容量，实现可持续发展。

横琴岛红树林植被恢复地区现多为养殖水塘，因此其恢复应采取“退塘还林”恢复方法。以本土红树林树种秋茄、桐花树为主，从增加固碳潜力角度考虑，可选择木榄、白骨壤。根据海南省经验，“退塘还林”成活率能达到 90%以上。中心沟地区的红树林应高度重视和重点规划。

4. 增加和保护碳汇的资金保障措施

增加和保护碳汇既是积极响应国家应对气候变化与低碳发展的行动，又是保护生态和环境的有效措施，协同效益显著。横琴岛作为连接中国内地、港、澳的桥梁和门户，其生态建设极为重要。地方相关部门需确保造林、湿地恢复的资金投入，同时国家、广东、深圳也应给予资金支持，以加快横琴岛碳汇建设的步伐。

参 考 文 献

[1] 中国工程院. 中国能源中长期（2030、2050）发展战略研究. 北京：科学出版社，2011.

[2] 马忠海. 中国几种主要能源温室气体排放系数的比较评价研究. 北京：中国原子能科学院博士学位论文，2002.

[3] 夏德建. 基于情景分析的发电侧碳排放生命周期计量研究. 重庆：重庆大学硕士学位论文，2010.

[4] 张正敏. 中国风力发电经济激励政策研究. 北京：中国环境科学出版社，2002.

[5] 李扬，裴长洪. 广东经验：跨越“中等收入陷阱”. 北京：社会科学文献出版社，2012.

[6] 清华大学建筑节能研究中心. 中国建筑节能年度发展报告 2010. 北京：中国建筑工业出版社，2010.

[7] 任俊，孟庆林，刘娅，等. 广州住宅空调能耗分析与研究. 墙体革新与建筑节能，2003，(4)：34-37.

[8] 张良，郑大勇. 借鉴国际低碳交通经验 良性发展我国低碳交通. 汽车工业研究，2011，(7)：26-29.

[9] 周晓娟. “从摇篮到摇篮”——低碳循环发展理论在社区规划中的应用及启示. 上海城市规划，2011，(3)：30-35.

[10] 冷发光，何更新，张仁瑜，等. 国内外建筑垃圾资源化现状及发展趋势. 环境卫生工程，2009，17(3)：33-35.

第 14 章　基于整体观的城镇低碳发展思考①

中国的城市建设在经历了日新月异的 30 年辉煌之后，马上又迎来了新型城镇化的热潮。与之相伴的是不断出现的“空城”“鬼城”等发展失控问题。2013 年，国务院一项关于 12 个省会城市和 144 个地级城市的调查显示，省会城市平均每个要建 4.6 个新城新区，地级城市平均每个规划建设 1.5 个新城新区，全国新城新区规划总人口达 34 亿人，是我国现有人口总数的 2.6 倍[1]。即便有朝一日这些新城新区走出“空城”“鬼城”困境，但漫长的锁定阶段恐怕已成定局。这一困境缘何而来，又应如何化解？这是我国新型城镇化发展必须深入思考的问题，也是尚在起步阶段的城镇低碳发展所必须面对和回应的问题。下面结合近年来的一些理论探索和现实思考，从整体性角度，对此背景下的城镇低碳发展及其规划稍作探究。

14.1　城镇低碳发展的新理念、新视野

14.1.1　系统论：“整体大于部分之和”的城镇低碳发展

系统论是研究系统一般模式、结构和规律的科学，具有世界观和方法论的普遍意义。系统具有整体性、开放性、关联性、层次性、动态平衡性、时序性等基本特性。系统论认为，系统、要素和环境之间通过不断的物质、能量及信息交换，相互作用、相互影响，共同构成有机整体。由于相互作用，系统具有“整体大于部分之和”的独特属性和功能，并以开放、有序的动态方式发展演进。只有从整体着手，以发展的眼光对待，才能客观完整地认识系统的性质和规律，解决其结构和功能问题。

城镇是一个典型的复杂巨系统。它的低碳发展不是若干要素的简单叠加，而是区域、城镇系统与各发展部门之间，通过不断地相互作用构成的有机整体，具有“整体大于部分之和”的独特发展结构和功能。城镇不能脱离区域谈低碳。城镇因“市”而生。作为一个开放系统，城镇必须通过与外界不断的物质、能量和信息交换，获取养分，才能实现其发展繁荣。区域条件决定了城镇能够获得的养

① 本章作者：栗德祥、王富平。

分种类、数量及质量。这些养分也滋养着城镇的低碳发展。城镇也不能脱离部门之间的联系谈低碳。城镇的任何发展部门都有其独特职能。这些职能之间相生相克，共同支撑着城镇的正常运转。若割裂这些联系，则低碳发展的部门能力和整体效果都难以充分展示，还可能出现为局部利益而不顾全局利益的失控发展风险。另外，“碳”问题本身就具有全局性特征，它不是某一部门、某一领域甚至某一地区的局部问题，而是城镇发展环境、发展水平、发展结构、发展方式、发展机制等多方面问题综合作用的结果。因此，城镇的低碳发展必须从整体出发，厘清系统、部门与区域之间的复杂联系，使各结构要素处于适宜的生态位，建立科学的发展结构，在不断地动态调整中，实现分层次、分步骤的有序发展。

从整体出发，就要了解城镇作为复杂系统所特有的结构层次特性。在空间关系上，建筑/街区、城镇、地区、乃至国家，是一个由小及大、层层关联、具有分形关系的空间复杂系统。若干的建筑/街区组成城镇，若干个城镇组成地区，若干个地区组成国家。它们在各自的层次上都是完整系统，具有一系列系统特性。它们同时也是上一层次系统的组成要素，以及下一层次系统的发展环境。其状态对上、下层次系统的发展都会产生直接影响。例如，城镇所有的资源利用和生产生活活动都是以建筑/街区为基本单元进行的。建筑/街区本身也是完整的系统，组成建筑/街区的各项资源利用活动之间、生产生活方式之间具有“整体大于部分之和”的相互影响，犹如一个微缩城市。建筑/街区的高能耗、高水耗、缺少绿化、公共服务设施和商业设施不足等问题，也就是城镇的资源利用、自然碳汇能力和职住平衡能力等问题。在建筑/街区层面开展“微创业”“微消费”“微交通”“微电网”“微冲击”“微降解”等“微循环”[2]发展模式，其效应累积，就能使城镇整体的就业、交通、资源供应和废弃物处理处置等能力得到极大提高，基础设施建设规模和投入大幅缩减，产生可观的资源环境和经济社会效益。所以，城镇的低碳发展既要加强与上一层次系统的联系，也要加强与下一层次系统的联系，是宏观与微观的辩证统一。而在每个层次上，都应将“整体大于部分之和”的系统发展观念贯彻始终。

14.1.2　协同学：以最小代价实现自身发展

协同学以研究复杂自组织系统①有序结构的形成和演化机制见长。“协同”是指结构元素通过各自之间的协调和相互影响形成拉动效应，共同推动系统前进的相干能力。它是系统由无序到有序、由低级有序到高级有序演化的内驱力[3]。自

① 如果一个系统在获得时间、空间或功能的有序结构过程中，没有外界的特定干涉，该系统就是自组织的[2]。

组织系统内部的竞争与协同是对立统一的。竞争是协同的前提，协同是竞争基础上的合作，合作之中又有竞争。自然界中的协同进化[①]使生物在物竞天择的生存竞争中，以最小的代价实现自身的繁衍演替。

在各类复杂系统中，城镇是“人+物”的独特自组织系统。作为自组织系统，城镇的发展演化不以长官意志和个人喜好为转移，而是区位条件、资源禀赋、环境容量、经济基础、科技水平、意识文化等驱动因子合力作用的结果。任何发展决策只有符合城镇的自组织演化规律，才能为城镇带来稳定和繁荣；违背这一规律，就会造成发展中的缺位、错位与越位问题，如“空城”“鬼城”的出现。尽管有这些问题，但并不能因此而否认人的能动创造性在城镇发展中的价值。人作为城镇自组织演化的主体，拥有强大的学习能力、能动性和创造性。这是城镇发展的力量源泉和自组织机制的核心。经济的繁荣、科技的进步、文化的发展，都离不开人的创造性活动。因此，城镇发展尽管表现为“物”的发展，但核心是“人”的发展。城镇的自组织机制也是具有结构层次特性的。无论是城镇、地区还是国家，它们都有自己强烈的自组织演化规律。国家政策具体到某个地区，地区政策具体到某个城镇，都要符合当地的具体条件，才能落地，否则就会出现水土不服的现象。而在各个层次上和各个领域中，“人”与“物”都是相互依存的。大到城镇发展战略的制定，小到一项技术措施的运用和实施，都需要由人来决策和执行。人的能动创造性决定了发展的品质。无数个个体的创造性互相激发，不同领域和部门的创造性相互影响，层层涌现，造就了城镇的创造性，进而造就了地区甚至国家的创造性。微观与宏观再次统一。同样，城镇的低碳发展也是一个层层递进、“人”与“物”结合的自组织演化过程。其发展目标和路径是内外发展条件综合作用的结果。只有尊重现实、客观定位、理性行动，做好各个层次的发展衔接，才能保证发展的科学性和可持续性。这不仅要依靠低碳技术的运用，更需要发挥人及群体的知识、智慧与创造性。而如何善用人的能动创造性，形成层层涌现的创造合力，是低碳发展获得突破的关键。

作为自组织系统，城镇的低碳发展是竞争与协同的对立统一。日益匮乏的化石能源和有限的气候环境资源，使国家和城镇都必须选择低碳发展道路，这样才能保证自身的发展安全，并在未来的发展竞争中谋求更大的发展空间。同时，只有打破樊篱，建立各系统、各领域、各部门之间开放共享、互通互融的协同共进关系，系统的低碳发展潜力才能得到充分释放，实现发展合力的最大化，使低碳发展以最小的代价快速推进。协同发展所带来的更开放的发展意识、更合理的发

---

① 协同进化是指一个物种的某一特性由于回应另一个物种的某一特性而进化，而后者的该特性也同样由于回应前者的特性而进化。协同进化在生物进化中普遍存在，如竞争物种之间的协同进化、捕食者与猎物系统的协同进化、寄生物与寄主系统的协同进化等。

展结构和更高效的发展机制，特别有助于解决当前低碳发展中存在的发展意识落后、结构布局不合理、体制机制不健全等基础性问题，促进应对气候变化与经济、社会发展的整体效益最优。因此，低碳城镇协同发展的核心，就是“人”与“物”的协同关系问题，在各个层次上和领域中，实现人尽其才与物尽其用的协同共进。

14.1.3　中医理论：城镇碳排放问题的辨证施治

中医理论是我国传统哲学智慧的重要体现。它所蕴涵的朴素整体观和自组织协同思想，与现代一般系统论和协同学理论不谋而合，甚至可以说是后者的绝佳注释。相比之下，中医理论提出的“天人相应”“相生相克”“阴阳平衡”“不治已病治未病”等辨证施治思想，在认识复杂自组织系统发展机制方面有许多独到之处。将中医理论与协同学对接，为我们认识和解决城镇碳排放问题，又提供了一个有趣且深入的新视角。

人体是世界上最复杂有序的多层次自组织有机体。根据中医理论，通过不断的物质、能量和信息交换，人与自然之间、人体各器官之间形成了对立统一、相互依存、相互包含、相互制约、相互转化的整体关联，保持着循环往复的动态平衡（相生相克、阴阳平衡）。这也是自然界生生不息的基本规律。人离不开自然，人的生活应“法于阴阳，和于术数”①[4]（天人相应）。顺应自然规律，系统保持对立统一的动态平衡，免疫功能正常②，人体健康；违反自然规律，系统对立统一的动态平衡被打破，免疫功能下降，人体就会患病。因此，疾病是系统关系的整体失衡，病症就是正常的相生相克关系变成相乘相侮③后的外在表现。中医疗法，就是从外部向人体输入适宜的物质流（食疗）、能量流（药疗）和信息流（针灸理疗），“通痹解塞，推齐致平”[5]，激发和助力体内的免疫功能，恢复个人体质的阴阳平衡。这种调节不是僵化孤立的，它强调道法自然、整体着手、尊重差异、因势利导。而比治“已病”更重要的，是治“未病”，未病先防④。

同为复杂的自组织系统，如果将城镇与人体做类比认识，那么城镇碳排放问题的产生和解决与人体疾病的辨证施治有许多共通之处。城镇与自然之间、城镇各部门之间同样具有相生相克的整体关联。正常状态下，城镇各发展部门之间协

①“上古之人，其知道者，法于阴阳，和于术数，食饮有节，起居有常，不妄作劳，故能形与神俱，而尽终其天年，度百岁乃去”，语出《黄帝内经》上古天真论第一篇。这是《黄帝内经》的养生总原则，即顺从自然规律的生活。

② 免疫力就是器官之间通过相生相克的协同作用而产生的抵御外邪入侵的自组织功能。

③ 相乘相侮是指正常生克关系遭到破坏后出现的不正常的相克现象。相克是常态，是人体的生理关系；相乘是变态，是人体的病理关系。

④“上医治未病，中医治欲病，下医治已病”，语出《黄帝内经》。中医的核心精神是治未病。

同共进，保证其资源利用和温室气体排放活动在自然生态系统的可承受范围内，全球碳循环收支平衡。但不断增加的发展诉求与不匹配的发展能力，导致城镇过度的资源索取和碳排放，扰乱了全球碳循环的收支关系，气候变化问题由此产生。因此，气候变化问题，归根到底是发展的失衡问题。它表现为城镇经济社会活动与自然生态承载力之间的失衡，其实质是发展诉求与发展能力的失衡。作为发展中国家，我国城镇有繁重的发展任务，同时面临着人口基数大、人均资源占有量低、经济基础薄弱、科技水平相对落后的现实矛盾。高消耗、高排放、高污染的粗放型高碳发展方式不可避免。但传统的政绩考核模式、体制机制的不合理以及监督机制的缺位又加剧了这种发展方式的不理性扩张。因此，解决高碳问题，必须从整体入手，表里双解，通过低碳物质流（低碳物资）、低碳能量流（低碳/零碳能源）和低碳信息流（低碳政策机制）的输入，转变发展方式，调节发展中的对立统一关系，增强协同效应，使全球碳循环的收支关系重回平衡（图 14.1）。在这三种“治疗方案”中，低碳物质流和低碳能量流的输入重在“解表”，提高“物”与“物”的协同效应；低碳信息流的输入重在“解里”，解决“人”与“物”的协同关系问题。相比之下，“解里”更为关键。解里，才能通痹解塞，从根本上重建城镇抵御气候变化的免疫功能。

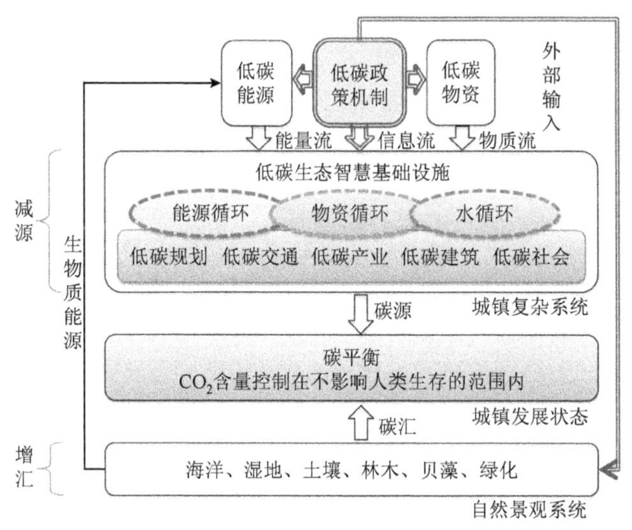

图 14.1　城镇发展的碳平衡模型

14.1.4　“四个全面”战略布局：基于中国现实矛盾的治国方略

“四个全面”战略布局，是我国新一届中央领导集体治国理政的总体框架，包括全面建成小康社会、全面深化改革、全面依法治国和全面从严治党等四部分内容。“四个全面”的提出，来自新形势下我国发展的实践要求，特别是当前国家发展中必须解决好的主要矛盾。其中，全面小康是目标牵引，着眼于解决好发展不平衡不协调的突出矛盾；深化改革是动力机制，着眼于解决好发展的深层次矛盾特别是利益固化问题；依法治国是路径选择，着眼于解决好治理方式不相适应、人治传统根深蒂固的现实矛盾；从严治党是全局枢纽，着眼于解决好“四风”泛滥、腐败严重的紧迫问题。“四个全面”的显著特征是相辅相成，全面推进。当代中国发展的系统性和耦合性增强，无论是国家总体层面还是各个发展领域，包括城镇的低碳发展，都可以在“四个全面”的引领下，整体解决发展矛盾，提升发展质量，服务于全面建成小康社会的战略目标。对于城镇的低碳发展来说，在低碳政策机制的引导下，全面深化改革，解决好“人”与“物”的协同问题，尤为重要。

14.2 城镇低碳发展的目标内涵

在以上新理念和新视野的启发下，我国城镇低碳发展的目标定位和规划路径应着眼于城镇发展的整体特性，更加丰富系统，更具发展质量。

14.2.1 “安居乐业，美丽城镇+”

目标定位是对城镇发展基本要求、国家战略和世界发展潮流的综合考量。低碳发展是世界发展的大势，也是我国资源节约型和环境友好型社会建设的重要内容，但作为城镇发展目标，它还应服务于国家发展的总体战略布局和城镇居民的基本生活理想。

作为城镇的主人，每个居民都有自己的城市梦，其中最基本的共同梦想就是安居乐业、建设美丽城镇。正如习近平主席所说，“人民对美好生活的向往就是我们的奋斗目标”。安居是指满足居民在衣、食、住、行、游、购、娱、康、学诸方面的需求，使居民安全、安定、安逸地生活，有较强的幸福感，不仅是居者有其屋，还要居者有其安；乐业是指居民能够较容易地找到合适的工作岗位，获得足够的经济收入，可以宽松地消费，自由地发挥才能，实现自我价值。这是居民基本的生存要求。安居乐业的更进一步表现就是要建设有魅力、有活力、有潜力的美丽城镇。魅力是城镇给人的直观感受，包括城镇与自然生态环境的友好相融，城镇空间布局的多样有序，街道、广场与建筑的宜人尺度，历史遗存的全面保护，地方文化的弘扬，市民的良好素质等；活力是城镇给人的深层次印象，主要表现为城镇产业经济、商业、文化、休闲娱乐等消费领域的繁荣和发展；潜力是城镇持续发展的潜在能力，它综合表现为城镇良好的资源储备、生态环境和管理环境，以及由此构成的对人才、资本的吸引力和转型发展能力。其中的根本，是政府善治下形成的清明高效的治理环境。

碳排放问题的产生，源于城镇追求更快更好发展的过程；碳排放问题的解决，也源于城镇追求更可持续发展的美好愿望。因此，从根本上说，低碳发展是建设美丽城镇、百姓安居乐业的一部分，是对城镇基本发展目标的完善、优化和提升。低碳发展所带来的更安全的能源结构、更清洁的空气品质、更便捷的交通出行、更舒适的建筑环境、更少的废弃物排放、更绿的生态环境、更具竞争力的产业结构、更高效的城市治理模式、更有力的科技创新水平，都将使城镇更宜居、宜业，更具人才吸引力、经济竞争力和可持续发展能力，赋予城镇更具活力和潜力的时代魅力。如果借用“互联网+”的表达方式，低碳城镇的确切含义就是“安居乐业，美丽城镇+”。因此，城镇的低碳发展不能仅仅着眼于减排的量，更要着眼于减排的质，在路径设计上有所侧重，将控制温室气体排放与提高经济发展质量、增进人民福祉、推动新型城镇化建设联系起来，更好地服务于国家的繁荣富强。

14.2.2　城镇发展目标的进一步辨识

近年来，有关城镇发展的新概念不断涌现。其中既有园林城市、山水城市、宜居城市、循环经济型生态城市、森林城市、智慧城市、海绵城市等强调城市品质特色的；也有生态城市、绿色之都、低碳城市等体现城市综合品质的；还有不同概念的结合，如循环型生态城市、低碳生态城市、绿色智慧城市、智慧生态城市、智慧低碳城市等。概念的丰富，体现了人们对城镇可持续发展需求和解决之道的多元化思考，但同时带来了一定的决策困扰。困扰在于哪一个概念更能体现当前发展中的关键需求，更适合指导今后建设。

我国城镇的可持续发展，是一个复杂的系统问题。只有从根本上转变传统的粗放型发展方式，提高综合发展品质，才能彻底解除资源环境危机，保证发展的安全和持久繁荣。不谋求这一根本转变，仅仅依靠某一或若干领域的进步，对摆脱发展困境难以起到实质性作用。但复杂问题的解决往往需要一个有力的抓手。这个抓手既要紧扣问题的主要方面，又要有较强的辐射带动能力，推动问题的整体解决。“低碳生态城市”在以上概念中最符合这两点要求。“低碳生态城市”是“低碳城市”和“生态城市”的概念结合，由住房和城乡建设部（简称住建部）副部长仇保兴于 2009 年在第四届城市发展与规划大会上首次提出。生态城市是指社会、经济、自然协调发展，物质、能量、信息高效利用，生态良性循环的人类聚居地。这一概念是 20 世纪 70 年代联合国教科文组织在“人与生物圈”（man and the biosphere，MAB）计划中提出的。它一经出现，就立刻受到全球的广泛关注，建设热潮持续至今。生态城市理论体系完备、系统性强、实践成果丰富，是各类概念中最能触及发展方式整体转变的一个。但也正因为着眼于城市的整体发展，概念外延过大、内容松散、主线模糊等问题一直为人所诟病。而低碳城市恰恰具有这样的主线作用。碳排放问题的全局性和战略性特点，使得抓“低碳”，就能把城镇的主要资源环境问题，如节能、节地、节水、节材和环境保护（“四节一环保”）等，全部带动起来，特别是将资源环境问题的核心——经济领域的发展方式转变调动起来，使这些松散的发展内容，在碳问题的牵引下，结合成一个协同共进的整体，并通过碳指标建立统一的倒逼机制。这是其他发展概念所做不到的。换而言之，以“低碳”为抓手，是对生态城市理论重要的拓展和提升，使生态城市具有更全面、更深入地解决城市资源环境问题的能力，逐步带动城市发展方式的整体转变。因此，“低碳生态城市”既强调了发展的综合品质，又突出了发展抓手，既全面又重点突出，体现了当前我国城镇可持续发展的主要需求。不同资源禀赋和发展水平的城镇，都可以在此基础上，探索自身的发展特色，形成多样统一的城镇发展新图景。这应该是对“安居乐业，美丽城镇+”的进一步解读。

14.3　低碳城镇规划关键词

从以上理论和目标探新出发，低碳城镇的规划建设，应是以低碳为抓手，在科技节能和人文增效双轮驱动下，不同要素相互激发、协同共进的自组织过程。“整体大于部分之和”是贯穿规划组织各环节的根本原则。

14.3.1　政策导向，协同共进

政策机制的输入是驱动城镇低碳发展的关键。它既包括国家层面追根溯源、统揽全局的顶层设计，如应对气候变化的立法，气候变化、节能与能源产业发展政策的协调，低碳发展的宏观战略设计等；也包括国家和地方政府贯彻落实顶层设计的各类政策举措，如节能评估审计制度的落实，碳排放权、节能量和排污权等市场化机制的建设，价格、税收、金融等激励政策的实施，资源环境保护的执法监督制度等；还包括城市规划、交通、能源、建筑等行业、专业领域的发展思路及工作路径转变。这些政策机制相互衔接配合，覆盖了城镇低碳发展的各个方面和层次，犹如人体的神经系统，通过激发、引导、规范和限定等作用建立低碳发展的有序结构，唤醒各结构要素低碳发展的自组织性能（自觉性），增强其协同效应，使城镇系统碳循环重回平衡状态，带动可持续发展的最终实现。

在政策机制的指引下，城镇系统以协同共进的方式不断进行低碳发展和演化。用模型的方式来表达，我国城镇的低碳发展应是以全面协调可持续发展为指向，以城镇资源与环境承载力为前提，以能源、水资源、物资等资源的优化

配置为关键，以产业经济、土地利用、建筑、交通等城镇物质系统建设活动为载体，以政策导向为内核，科技节能和人文增效双轮驱动的，层层嵌套的协同共进结构（图 14.2）。其中，城镇的资源与环境承载力，是城镇建设发展的根本前提。城镇建设发展的任何活动都不应该超出这一承载力的承载范围。能源、水资源和物资（重点是固体废弃物的处理处置）是城镇低碳发展涉及的关键资源。它们的优化配置水平是城镇利用资源、影响环境的直接活动，也是城镇低碳发展的重要表征。通过多层次的循环经济模式，实现资源利用效率最大化和废弃物排放最小化，是这三种资源优化配置的重要特色。城镇物质系统建设既包括产业经济、土地利用等传统建设内容，也包括智慧城市等新兴建设内容。这些建设活动是城

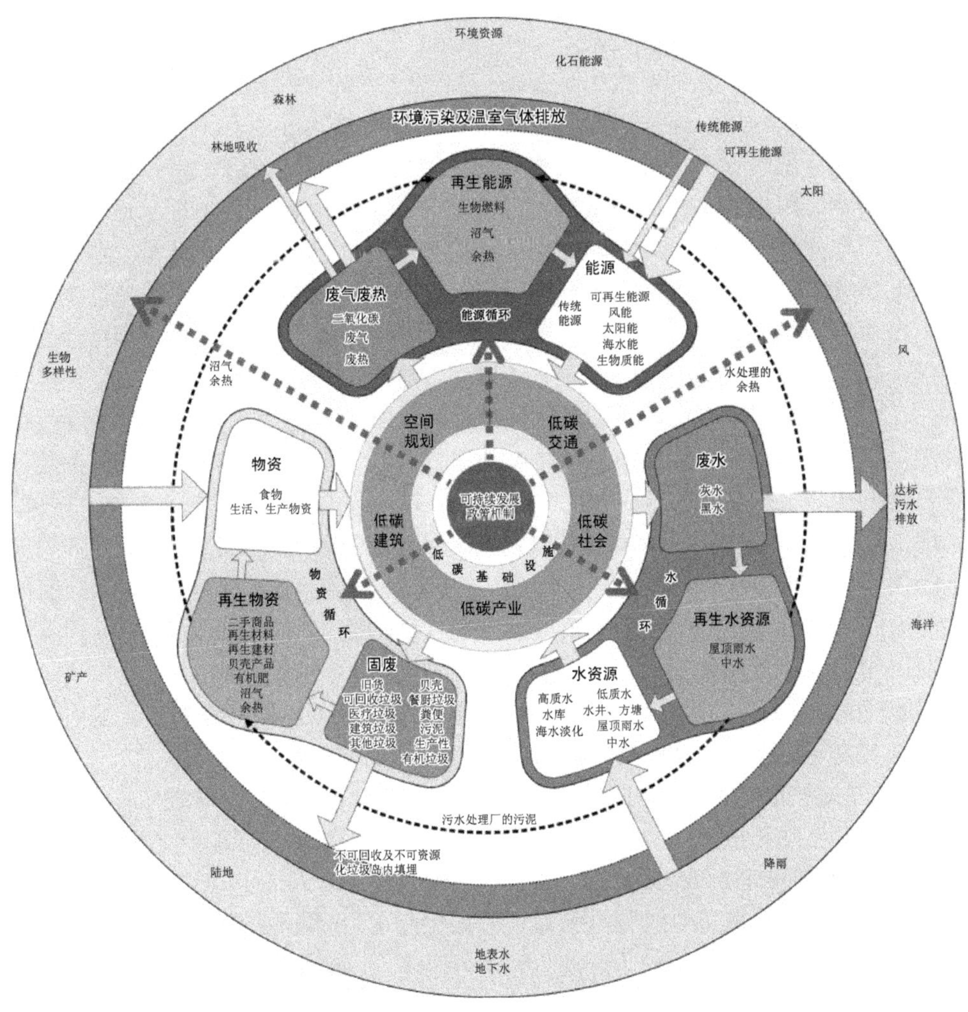

图 14.2　低碳城镇协同共进的模式模型

镇资源优化配置活动的载体，也是政策机制发挥协同引领作用的平台。而在政策机制的引导下，城镇的低碳发展不仅要依靠“物”的进步（科技节能），更离不开“人”的进步（人文增效）。

14.3.2　合理布局，紧凑发展

紧凑合理的功能布局，是城镇低碳发展中诸多技术措施发挥作用的基础。空间规划直接决定城市的发展规模、功能布局、基础设施建设形式、资源利用、环境保护等诸多方面，对城市生产生活方式具有重要的引导作用。而这些无一不与温室气体排放和适应气候变化息息相关，并具有长期的锁定效应[6]。例如，尽管技术进步能够减少小汽车的能耗水平和碳排放量，但其减排效益仍然无法抵消城市蔓延、职住分离、大网格式街道布局、缺少公共交通系统等规划问题所带来的出行需求及其碳排放。同样，尽管建筑节能措施节能效益显著，但不紧凑的居住方式和大量房屋闲置造成的材料浪费及其全生命周期碳排放仍然惊人。因此，城镇的低碳发展规划首先是合理布局、紧凑发展的空间规划。合理确定城镇规模、公交导向型开发（TOD 模式）、高密度的路网布置、土地的混合利用、高效的绿色交通系统、科学的景观生态安全格局等，都是解除锁定效应的重要规划措施。

城乡空间规划在城镇低碳发展建设中具有重要的引导作用。这一作用的发挥，不仅在于相关规划措施的使用，还在于城乡规划编制环境、思路和方法的整体完善。在宏观层面，城乡空间规划是国民经济和社会发展规划提出的低碳发展战略及减排指标分解实施的重要载体，也是众多建设活动的基本管理依据，负责城镇重要建设活动的布局和引导控制。但在实际工作中，由于部门分割，发改、城乡、土地、环保等部门的规划编制相互独立，缺乏互动。国民经济和社会发展规划提出的低碳目标较少反映到城乡、土地和环保等部门的规划编制中，这些部门的低碳建设成果也难以充分反映到城镇低碳发展规划的编制中。因此，城镇低碳发展需要这些部门之间打破壁垒，综合协调各规划类型，探索“多规合一”的城镇规划编制模式。就城乡空间规划编制来说，除了前面提到的规划措施，它还是许多低碳技术的实施载体，如各类用地的可再生能源使用、再生水利用、低冲击开发等。如何将这些非法定规划内容纳入法定城乡规划体系中，是这些技术能否实施、实施效果如何的重要保障。目前的规划方法主要是在法定规划编制之前或编制过程中，开展各类非法定专项规划，再将专项规划成果融入法定规划方案中进行统一实施和管理（图 14.3）。这种方法目前看效果尚可，但非法定规划与法定规划不同步、规划成果两层皮等不“兼容”现象仍较普遍。未来，如何使城乡空间规划与其他类型规划之间有更好的“兼容”能力，实现不同类型规划成果的充分互动，将是提高城乡空间规划低碳引导能力的一个关键。

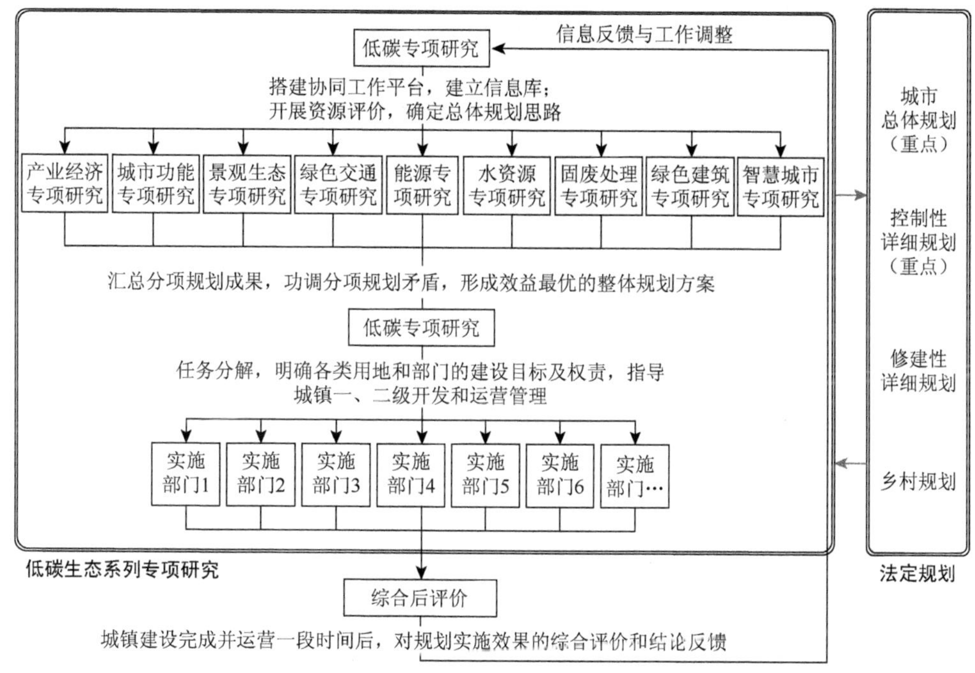

图 14.3　低碳城市协同规划的工作路径

14.3.3　提升建筑整体性能

建筑是我国终端能源消费及碳排放增长最快的领域之一，也是城镇低碳发展的重点领域。低碳建筑是一个具有全生命周期特征的建筑性能概念。它需要从规划、设计、施工、运营、拆除和回收利用等各个环节入手，减源增汇、提高效率，最大限度地减少相关碳排放。在规划阶段，项目应从优化建筑群体布局入手，改善单体建筑的通风采光条件，同时注意提高场地绿地率和植被固碳能力；在设计阶段，项目应着重开源节流，提高建筑的节能、节地、节水和节材水平；在施工阶段，项目应优化施工流程和工艺，提高施工中的节能和节水效益；在运营阶段，项目应注重提高运营管理者的专业素质，明确权责，做好技术维护和监督工作，保证低碳技术的科学运行；在拆除和回收利用阶段，项目应最大限度地提高建筑材料的回收利用率和建筑垃圾的资源化处理率。这些技术措施之间的配合衔接，只是“物”与“物”的协同。在它们由理论向实践的转化过程中，还需要进一步解决“人”与“物”的协同问题。

解决“人”与“物”的协同问题，就要使以“绿色低碳”为代表的技术性能，重新回归到建筑创作的整体评价标准中。通过“适用”“经济”“美观”“绿色低碳”等四个性能指标的协同共进、整体平衡，实现“整体大于部分之和”的建筑创作效果。对于建筑的低碳性能来说，这意味着低碳技术的应用，不仅要考虑技术的减排效益，还要考虑技术的经济性、地域差异，以及对城市景观的影响。对于广大建筑师来说，这意味着要以生态环境建设为己任，更加积极主动地将“绿色低碳”融入建筑设计的各个环节，使建筑师、结构工程师、设备工程师等专业人员通力配合，协同创新。对于建筑创作的管理工作来说，这意味着要进一步深化改革，使相关管理部门融合发展，从整体性能出发进行顶层设计，做好技术实践的指导工作，共同创造适合百姓安居乐业和美丽城镇建设的“中国好建筑”（图 14.4）。

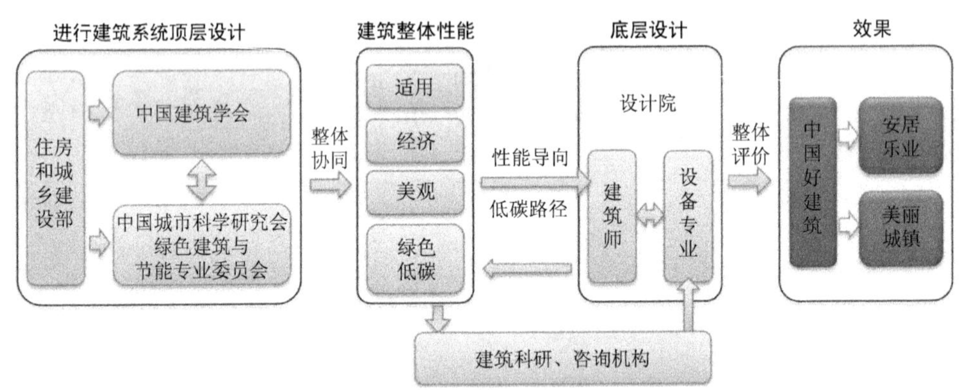

图 14.4　提升建筑整体性能的实现路径

14.3.4　产业经济托起美丽城镇

产业经济是城镇运行的实体支撑，也是低碳发展的关键内容之一。在新城新区建设中，产业定位不合理、产城分离造成的就业和居住人口不足，使城镇大量房屋和基础设施闲置，由此带来的资源浪费和间接碳排放惊人。这样所谓的低碳新城新区即使采用了最先进的低碳技术，也是形同虚设，其本质仍然是高碳的，或者说是伪低碳的。对于既有城区，工业领域的温室气体排放（包括能源利用和工业生产过程）通常是城镇温室气体排放的最主要来源。2009 年，我国工业能耗占全国一次能源消费的 71.3%，其中高能耗产业能耗占工业能耗的 80%左右[7]。近年来，尽管高能耗产业的增长势头已经得到有效遏制，但产业结构不尽合理、工业比重过大的问题，在许多城镇依然存在。因此，无论是对新城新区还是对既有城区，低碳发展都离不开科学合理的产业规划和布局建设。

低碳城镇的产业发展应强调特色化、新型化、循环化和低碳化。第一，要扬长避短，发挥地方资源优势，发展特色产业，实现区域经济的协同共进；第二，要调整优化产业结构，建立清洁安全、附加值高、吸纳就业能力强、绿色低碳的现代产业体系，重点发展有机农业、战略性新兴产业和现代服务业；第三，要延长产业链条，通过充分利用城市矿山、建设循环经济产业园等措施，以循环经济促进低碳发展，降低发展难度；第四，要重视“就业机器”小微企业的发展，并给予政策上的优惠，促进居民的充分就业；第五，要促进“产”“城”的融合发展，以产业为支撑，防止城镇发展的“空心化”，以完善的基础设施和宜居环境建设为依托，防止城镇发展的“孤岛化”；第六，要重视教育、医疗和养老产业的发展，满足城镇的宜居需要，顺应老龄化社会发展趋势；第七，要避免重三产、轻二产的发展倾向，客观认识将高能耗产业向欠发达地区转移带来的“碳泄漏”问题。

14.3.5　开源节流，高效优质

“开源节流”和“高效优质”是城镇低碳发展的两个基本路径。

“开源”指通过常规资源的循环再生和新型资源利用，丰富资源供给种类、数量，实现供应低碳；“节流”指在需求侧提高资源利用效率，减少资源需求，实现消费低碳。城镇的低碳发展，“节流”是前提，“开源”是根本。没有“节流”，“开源”成果中的很大一部分要被高碳的资源利用方式所浪费，这样的“开源”是低效的；没有“开源”，仅仅依靠“节流”来实现温室气体减排，潜力有限；两者相互促进，缺一不可。

“开源节流”，重在实现能、水、物、地的循环再生，建设节约型社会。对于能源利用，“开源”主要指在保证生态安全的前提下，合理开发利用清洁能源、可再生能源和废弃能源，如天然气、水能、太阳能、风能、地热能、生物质能以及余热余压利用等；“节流”主要指合理预测用能规模，提高设备能效，减少以工业、建筑和交通领域为主的能源需求。对于水资源利用，“开源”主要指各种非传统水源的开发利用，如雨洪利用、海水淡化和再生水利用等；“节流”就是指合理预测用水规模，采取各种节水措施，减少以工业、建筑和市政公用设施为主的自来水需求量。对于物资利用，“开源”主要指各类物资的回收利用和固体废弃物的资源化再利用，如建筑材料的循环再利用和生活垃圾的资源化处理利用等；“节流”主要指采取各种减量化策略减少物资消耗，如建筑节材、产品包装的简化设计等。对于土地资源利用，“开源”主要指通过旧城的更新改造和各类废弃地的修复再利用，在不新增建设用地的前提下，扩大供给能力；“节流”就是指通过紧凑布局和集约发展，提高土地利用效率，减少新增建设用地需求。以上开源节流措施，能够同时实现节能、节水、节材、节地和减碳等多种资源环境效益。

“高效优质”与“开源节流”是紧密联系的。“高效优质”就是要树立“高效也是低碳”“优质长寿也是低碳”的意识，通过质量管理、运营管理和智能化管理措施，提高整体产出效率和产品质量，全面提升城市建设质量、社会服务质量和市

民生活质量，建设高效、优质、安全的低碳城镇。其中，质量管理，是通过提高产品品质和延长使用寿命，减少频繁的物资投入和废弃带来的直接间接排放。目前我国住宅的平均实际使用寿命约为 30 年，不及国家规定的最低使用年限（70 年）的 60%，也远低于美国（平均 44 年）和欧洲（平均 80 年）的平均水平。一定周期内，由此产生的碳排放约是预期的 2.3 倍，分别是美国和欧洲的 1.47 倍和 2.67 倍。运营管理，包括两个层次的含义，对“物”就是要通过科学的运营维护，提高单位时间内设施设备使用频率，避免由错误使用和疏于维护造成的设备设施损坏及闲置；对“人”就是要转变政府治理模式，提高政府决策和社会服务效率，避免懒政、不作为等官僚作风。智能化管理，就是要通过智慧产业、智慧政务、智慧交通、智慧水务、智能电网等智慧城市建设，使城镇不同部门和系统之间深度物联、广泛协作，使之成为快速反应、协同运作的“系统之系统”，使管理质量最优化。

14.3.6 以人为本，生态文明

人是城镇复杂系统中自组织性最强的部分。城镇的低碳发展最终要从人出发，并以人的发展为根本。

从人出发就是要满足不同年龄、不同层次居民的物质和精神需要，从整体上解决城镇的育人、用人和养人问题。育人，就是要重视教育产业的发展，通过普通教育（学校）、成人教育、行业（企业）教育、社会教育等终身教育体系的构建，为人力资源的持续开发和升级创造条件，特别是为创新型人才的培养创造条件，同时要充分利用大众媒体、互联网、社区等新型教育载体，提高教育水平。用人，就是要通过科学的产业规划和政策导向，拓宽就业渠道，创造良好的就业环境，满足不同层次劳动者的就业需要。其中既包括具备较强创造能力的高端人才，也包括那些面临转轨就业和转移就业的普通劳动者，以及仍有一定专业知识和劳动能力的“银发人才”——老年劳动者，使低碳城镇成为人才培育摇篮、人才吸纳平台和人才用武之地。养人，重点是老有所养，通过老年社区、适老公共服务设施、适老产业等的建设，方便老年人生活，实现老年人的乐居和乐养，同时为他们参与公益活动和发挥余热创造条件。

人是城镇持续发展的主体和动力源，人口素质决定着城镇的持续发展程度。借用“英格尔斯效应”①[8]的观点，城镇低碳发展的一个重要任务就是要不断塑造

---

①“英格尔斯效应”是人类文化学家英格尔斯就人的现代化问题提出的著名论断。他认为，禁锢在传统意识之中的国民心理和精神，是经济与社会发展的严重障碍。如果一个国家及其人民缺乏一种能赋予这些制度以真实生命力的广泛的现代心理基础，如果执行和运用这些现代制度的人自身还没有从心理、思想、态度和行为上都经历一个向现代化的转变，失败和畸形发展的悲剧结局不可避免。再完善的现代制度和合理方式，再先进的技术工艺，也会在一群传统人手中变为废纸一方。

具备低碳发展价值观和生活方式的“低碳人”，以区别于尚未摆脱传统高碳生活方式和保守落后观念束缚的“传统人”。任何政策机制，最终都需要人来执行和运用。只有当城镇居民已经具备了赋予这些政策机制以真实生命力的广泛心理基础时，这些政策措施才能真正得到贯彻实施。一个重要的反面案例就是垃圾分类收集制度的推行在我国遇到的实施困境。“低碳人”的塑造，根本在于建立“天、地、人和谐共生”的生态伦理观，培育低碳生活方式，提倡低碳行为。低碳发展也只有从政策行为转变为普通人的文化观念、行为方式和生活习惯，才能真正从量变到质变，转变发展方式，并最终实现工业文明向生态文明的历史转变。

14.4　本 章 小 结

城镇的低碳发展与规划是一个复杂的系统工程，距离形成科学的理论体系和实践路径还有很长的路要走。以上探究仅是一家之言，希望能起到抛砖引玉的作用，给关心和从事相关工作的同仁与朋友一点启发。此外，还有如下几点内容应在今后的发展和规划工作中引起重视。

首先，要尽快建立城镇低碳发展评价标准，统一各领域、各部门对城镇低碳发展的认识，指导实践。可以借鉴中国城市科学研究会提出的“低碳生态度”的评价模式，以城镇的发展水平相对评价替代绝对标准的评价[9]。评价结果以定期发布排序的常态化方式，引导城镇在广泛比较中，明确自身的发展定位和方向路径，提高发展的可操作性。此外，城镇的低碳发展水平，不能单纯以碳减排效果来衡量，还应同时考察城镇低碳发展对居民物质和精神需求的满足程度，考察城镇居民对低碳发展的认知和理解程度，体现低碳发展从人出发、以人为本的基本特点。

其次，要建立存量空间和增量空间并重的发展意识，改变以往以新城新区为主的规划建设思路。与大拆大建的新城新区相比，广大既有城镇的有机更新更具资源环境价值和经济社会价值，应是低碳发展和规划的重点。与新城新区相比，既有城镇的有机更新情况复杂、投资大、难度高，规划建设的整体性要求更突出，更需要政策引导。通过政策杠杆，撬动企业、公众、科研院所、投资人、规划师等利益相关者的共同投入和协同工作，使既有城镇成为有机更新、创意涌现的平台。

最后，城镇的低碳发展应继承创新，慎言复制。低碳发展本质上是一种创新型发展，是对传统的高碳发展模式的扬弃。因此，没有创新就没有低碳发展。创新，就要慎言复制，提倡原创；摒弃千城一面，突出地方特色；求精品，忌贪大。但是，创新不等于对过去的全盘否定。继承，就是指历史上成功的方针政策和方法不能丢。例如，在建筑领域，中华人民共和国成立初期提出的建设方针“适用、经济、在可能条件下注意美观”，在当下仍然有重要的现实意义，再加上“绿色低碳”，就更符合时代要求了。

参考文献

[1] 郭仁忠. 全国新城规划人口 34 亿严重失控. http: //news.sciencenet.cn/htmlnews/2015/9/327412.shtm?id=327412[2015-09-22].

[2] 仇保兴. 重建城市微循环——一个即将发生的大趋势. 城市发展研究，2011，（5）：1-13.

[3] 哈肯 H. 协同学：理论与应用. 北京：中国科技出版社，1990.

[4] 佚名. 黄帝内经. 北京：中医古籍出版社，2010.

[5] 班固. 汉书. 北京：中华书局，2007.

[6] 潘海啸，汤锡，吴锦瑜，等. 中国“低碳城市”的空间规划策略. 城市规划学刊，2008，（6）：57-64.

[7] 国家统计局. 中国统计年鉴 2011. http: //www.stats.gov.cn/tjsj/ndsj/[2015-11-06].

[8] 英格尔斯 A，等. 人的现代化. 成都：四川人民出版社，1985.

[9] 李爱民，刘琰，李海龙，等. 中国城市低碳生态化水平评估——“低碳生态度”的构建与应用. 建设科技，2012，（12）：30-37.

第五篇　低 碳 建 筑

第 15 章　中国建筑节能的技术路线图①

近年来，我国建筑节能领域在社会各界的共同努力下，取得了许多成绩，尤其是北方城镇单位面积采暖用能，已有了明显的下降。建筑节能工作在一定程度上减缓了我国建筑能耗随城镇建设发展而持续高速增长的趋势。然而，近年来我国建筑总能耗还在不断攀升：2000～2013 年，建筑年运行商品用能从 2.89 亿吨标准煤增加到了 7.56 亿吨标准煤[1]。在今后持续"城镇化"发展的背景下，中国建筑能耗可能会达到什么样的程度？我国建筑节能目标是什么？怎样从现在起，为实现这一目标而努力？这些都是迫切需要回答的问题。

这一问题也是国内外能源和气候变化领域的研究者非常关注的问题。近年来国内外有大量的研究，通过各种预测模型试图对中国未来的建筑能耗进行预测。

国际能源署（International Energy Agency，IEA）发布的《世界能源展望 2011》（*World Energy Outlook* 2011）[2]指出，到 2030 年，中国总能耗将达到 58.1 亿吨标准煤，其中建筑能耗将达到 15.2 亿吨标准煤，政府的节能减排政策和能源价格将是影响能源消耗的主要因素，要实现全球碳减排目标，未来中国建筑能耗应该控制在 11 亿吨标准煤以内。而另一份报告 *Energy Technology Perspectives* 2010[3]则指出，提高技术水平是中国实现建筑节能的主要解决途径。

美国能源情报署（U. S. Energy Information Adiministration，EIA）研究则指出，中国未来（2030 年）能耗将达到 64.04 亿吨标准煤，建筑能耗将达到 12.93 亿吨标准煤[4]，总能耗高于 IEA 的预测结果，而建筑能耗则低于 IEA 的预测结果。

美国劳伦斯伯克利国家实验室（Lawrence Berkeley National Laboratory，LBNL）长期研究中国的建筑能耗，认为目前中国建筑用能在总能耗中的比例还较低，仅为 20%左右，未来将增长到 30%。周南等指出到 2020 年，中国建筑能耗总量将达到 10 亿吨标准煤，而城镇化是引起住宅能耗增长的主要因素，建筑面积和设备拥有量的增长将带来非住宅类城镇建筑能耗的增加[5]。

国内一些机构也做了分析：《2020 中国可持续能源情景》研究指出，到 2020 年，中国能源总需求将在 23.2 亿～31.0 亿吨标准煤，建筑能耗在 4.7 亿～6.4 亿吨标准煤[6]。实际上，2013 年我国社会能源消耗已经达到了 39.5 亿吨标准煤，建筑能源消耗为 7.56 亿吨标准煤，也已经超过其预期目标。还有文献指出，未来中国建筑

① 本章作者：江亿。本章的研究工作得到了中国工程院组织的"中国建筑节能的技术路线图研究"项目的支持。

总量将达到 910 亿 m^2[7]，甚至 1180 亿 m^2[8]，相当于在目前建筑量的基础上增长 1～2 倍，由此也将导致建筑运行能耗大幅度提高。

已有的这些研究试图预测中国未来能耗发展状况，给出政策或技术方面的建筑节能建议。实际上，未来建筑能耗水平取决于我国目前和今后一段时间的工作。我们的任务不是去预测未来，而是从我国未来可以获得的能源总量和环境容量条件出发，从社会经济发展各方面对能源的需求出发，得到未来我国可以用于建筑运行的能源总量。以这一总量为天花板，探讨如何分配各类建筑运行能耗，从而为建筑节能工作明确具体的定量目标和约束上限，并进一步研究如何在这些用能上限的约束下，实现城乡建设发展和社会进步对建筑环境不断提高的需求，给出我国建筑节能工作的技术路线图。本章试图从这一思路出发，给出初步研究成果。

15.1 未来中国建筑用能总量的上界

能源消耗总量受到全球资源和环境容量的限制，从地球人拥有同等的碳排放和能源使用的权利出发，可以得出未来全球人均碳排放量和化石能源利用量的上限；而从我国的能源资源、经济和技术水平以及可能从国外获得的能源量等情况来分析，也可以得到我国未来发展可以利用的能源上限。从这一总量出发，进一步结合我国社会与经济发展用能状况，可以得出我国未来能为建筑运行提供的能源总量。本节分别从这样几个分析角度出发，自上而下地对我国未来可以容许的建筑能耗上限进行估计。这应该是我国建筑节能工作要实现目标的用能上限。

15.1.1 碳排放总量的限制

碳排放的主要来源是化石能源的使用，IEA 研究表明[9]，由化石能源使用产生的碳排放量约占人类活动碳排放总量的 80%。减少化石能源使用量，是减少碳排放的重要途径。

2013 年，世界能源使用形成的碳排放总量为 321.9 亿 t，中国碳排放占 28%，人均碳排放量已超过世界平均水平[9]。我国温室气体排放的大量增加，已经引起世界各国的关注，要求我国尽快控制碳排放的呼声越来越高。

“碳减排”的目标是多少？IPCC 指出，为保护人类生存条件，需控制地球平均温度升高不超过 2℃[10, 11]。为达到这一目的，应逐步控制 CO_2 排放量。

（1）到 2020 年，CO_2 排放总量达到峰值 400 亿 t，由能源使用产生的碳排放约为 320 亿 t，按照目前的化石能源结构，约为 156 亿吨标准煤化石能源的碳排放；联合国预测，按照 2020 年全球人口将达到 76.6 亿人计算[12]，人均化石能源消耗约为 2 吨标准煤。而目前美国人均化石能源消耗为 9.8 吨标准煤，为该值的 5 倍左右，2013 年中国人均化石能源消耗为 2.75 吨标准煤，也已超过了这个值。

（2）到 2050 年，CO_2 排放总量应减少到 2000 年的 48%～72%，这就意味着，除非调整能源结构，大量使用可再生能源或核能，否则化石能源使用量还必须不断大幅度降低。

中国在 2015 年联合国气候变化大会上提出了如下行动目标：2030 年单位 GDP CO_2 排放量比 2005 年下降 60%～65%；2030 年非化石能源比重提升到 20%左右；2030 年左右化石能源消费的 CO_2 排放达到峰值；2030 年森林蓄积量比 2005 年增加 45 亿 m^3。中国是以煤炭为主要一次能源的国家，煤的碳排放系数是化石燃料中最高的，更应该严格控制能源使用总量。根据中国碳排放控制目标，如果未来中国人口达到 14.7 亿人[12]，要将人均化石能源消耗控制在 2.7 吨标准煤，那么化石能源消耗总量应控制在 40 亿吨标准煤；除化石能源外，非化石能源还包括核能、太阳能、风能、水能以及生物质等可再生能源资源，如果考虑非化石能源的比例提升到 20%左右，那么未来我国一次能源消耗总量上限应该是 50 亿吨标准煤。

15.1.2　我国可获取能源总量限制

2013 年，我国一次能源消费总量已达到 41.7 亿吨标准煤（发电煤耗法计算）。其中煤炭约占 67.4%，石油占 17.1%，天然气占 5.3%，核电、水电和风电占 10.2%[13]。其中石油的对外依存度已经超过 50%[14]。核电、水电、风电的发展受资源、技术和经济水平的限制，很难在短期内替代化石能源成为主要能源。

我国传统化石能源资源总量丰富，但人均能源资源占有量少，煤炭、石油、天然气人均占有量分别为世界的 2/3、1/6 和 1/15[15]。在我国城镇化进程中，能源供应量成为发展的瓶颈。一方面，受能源资源赋存量、生产安全、水资源和生态环境、土地沉降、技术水平及运输条件的限制，我国煤炭、石油和天然气等化石能源年生产量有限；另一方面，国内生产难以满足快速增长的消费要求，能源供应对外依存度逐步提高。然而，能源进口量受能源生产国、运输安全和能源市场价格等多方面因素的制约，进口量很容易受到冲击，因而不能通过扩大进口满足国内能源需求。

我国能源超快增长的发展势头难以持续，必须进行重大调整，必须对化石能源进行总量控制。根据中国工程院研究，到 2020 年，我国有较大可靠性的能源供应能力为 39.3 亿～40.9 亿吨标准煤，各类能源供应量如表 15.1 所示[8]。

表 15.1 我国未来能源可能的供应能力 （单位：亿吨标准煤）

能源来源	煤炭	天然气	石油	水电	核电	风电	太阳能发电	太阳能热	生物质
国内生产	21	2.83～3.21	3～3.29	3.27	1.63～1.86	0.62～0.93	0.046～0.092	0.3	1～1.45
进口能源	—	1.29	4.28	—	—	—	—	—	—

如果考虑对我国温室气体排放和环境制约的因素，我国能源供应能力还将受到很大的影响，多数非化石能源，如水电和核电供应能力已经难以继续扩大。化石能源、水电、核能及进口能源总量应该在 38 亿吨标准煤以内，如果可再生能源得到充分发展，达到能源总量的 20%，那么我国在 2020 年能源总的供给能力应在 47.5 亿吨标准煤。在国务院印发的《能源发展战略行动计划（2014—2020 年）》中，也明确了 2020 年我国能源发展的总体目标，提出到 2020 年，合理控制能源消费总量，将一次能源消费总量控制在 48 亿吨标准煤左右。

15.1.3 我国建筑用能总量上限

受碳排放和可获得的能源量的共同约束，未来我国全社会能源消耗总量应该在 47 亿吨标准煤以下。这不是一个暂时的约束，而将是长远发展要求的目标：从全球碳减排目标来看，未来碳排放量要逐年减少，化石能源用量也应逐年减少；我国能源赋存有限，技术短期内难以取得重大突破，经济条件也难以支撑大规模发展可再生能源，因而不能支持不断增长的能源需求。为履行大国义务，保障我国能源安全和可持续发展，控制能源消耗总量势在必行。

在国家能源消耗总量的约束下，建筑能源使用也应该实行总量控制。目前，我国建筑能耗约占社会总能耗的 20%，而发达国家建筑能耗占社会总能耗的 30%～40%[16, 17]。是不是中国的建筑能耗也能占到总能耗的 30%以上呢？

从我国社会经济结构来看，工业（特别是制造业）是我国发展的动力（2000 年以来，第二产业占 GDP 的比例在 45%～48%[13]），生产和制造加工对能源的需求量大，工业用能量占国家总能耗的 65%以上（图 15.1）。2013 年我国工农业用能超过 25 亿吨标准煤，在未来很长一段时间内，制造业还将是支撑我国发展的重要经济部门，工农业用能还将占我国能源消耗量的主要部分，逐年增长的态势短期内不会改变（近年来工业用能增长率持续在 5%[13]）。2013 年，我国人均工农业能耗强度为 2.14 吨标准煤，美国人均工业能耗强度为 3.58 吨标准煤，而德国人均工业能耗强度为 1.06 吨标准煤，英国、法国和意大利等国家人均工业能耗均低于 1 吨标准煤。按照人均工农业用能，通过工业结构调整和淘汰落后产能，工业能效进一步提高，我国未来可能维持在人均 2 吨标准煤，这样，未来 14.7 亿人工农业用能应在 29.4 亿吨标准煤左右。我国目前交通用能仅占全社会总能耗的

10%左右，人均交通用能不到 0.3 吨标准煤。无论从用能比例还是人均交通用能，都远低于 OECD 国家水平。随着现代化发展，交通用能比例一定会有所提高。若未来人均交通用能达到 0.5 吨标准煤，则交通用能为 7.4 亿吨标准煤，这样如果总能源消费量为 48 亿吨标准煤，建筑运行能耗总量就应该控制在 11.01 亿吨标准煤，约占我国能源消费总量的 23%。

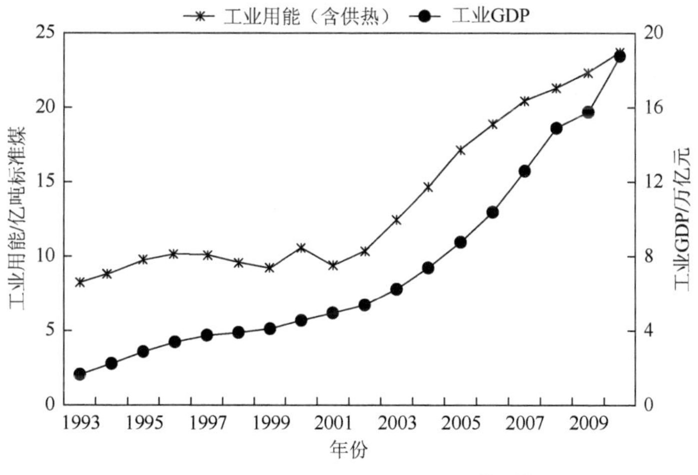

图 15.1　工业用能和工业 GDP[13, 18]

我国建筑用能（不包括农村非商品生物质能源的建筑用能）一直维持在社会总能耗的 20%～25%[13, 18]（图 15.2）。在保证我国各部门经济建设健康发展的情况下，未来建筑能耗最多只能维持在社会能耗的 25%以下。

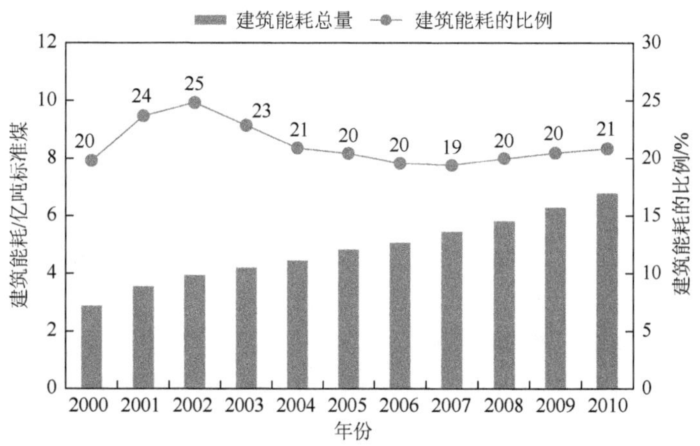

图 15.2　我国建筑能耗发展历程[13, 19]

不包括农村使用的生物质能

综上，由于碳排放总量和能源供应量的约束，我国国家用能总量在 47 亿吨标准煤以内；考虑工业生产、交通和人民生活发展需要，建筑能耗总量应该在 11.01 亿吨标准煤以内，这一用能总量不包括安装在建筑物本身的可再生能源（如太阳能光热、太阳能光电、风能等）。

15.2 怎样实现中国建筑用能总量控制的目标

15.2.1 影响城镇建筑用能总量的因素

在明确建筑用能总量上限后，接着要回答的问题是，能否实现以及怎样实现这个总量控制目标。

建筑用能总量为

$$建筑用能总量=用能强度\times总拥有量$$

用能强度是指单位建筑面积用能，总拥有量则是指总的建筑面积。所以要研究未来建筑用能总量，就需要分别研究未来可能的建筑用能强度的变化和建筑总量的变化。由于城市和农村建筑使用状况、环境条件等都不相同，用能强度也不同，于是还需要分别考虑城镇和农村的建筑用能强度与建筑总量的变化。

到 2030～2040 年，中国人口将达到高峰 14.7 亿人，城镇化率将达到 70%[20]，城镇人口可能增加到 10 亿人，而农村人口将逐渐减少到 4.7 亿人，这是我国社会发展、城镇化建设的大趋势。由此也将导致城乡建筑总量出现较大的变化。

1. 建筑面积总量

建筑面积总量控制是实现建筑节能目标的重要内容。在城镇化的背景下，城镇住宅和非住宅类建筑面积将进一步增长。然而，受土地和环境资源的约束，未来建筑面积总量不能无限增长。另外，建筑面积增长引起建筑能耗增加，在能耗总量约束下，为保障建筑能够正常运行，建筑规模也应存在上限。

图 15.3 列出了世界上一些国家目前的人均建筑拥有量[13, 16, 17, 21]（包括住宅和公共建筑）。可以看出，亚洲国家与欧美等早期发展起来的发达国家相比人均建筑拥有量有很大的不同，其中既有土地状况的原因，更有可从海外获取资源规模的原因。从目前世界政治和经济格局看，我国这样的大国很难依靠大量进口来满足发展的各种资源需求，而我国拥有的各类人均资源大部分又远低于世界平均水平，因此我国的经济发展必须建立在节约资源的基础之上。房屋建设是高资源消耗型产业，从资源环境条件来看，我国未来的发展不可能走欧美国家的模式，而应该参照亚洲的发达国家或地区的发展模式。像日本、韩国、新加

坡，人均建筑面积都是在 40m²/人左右，我国也应把人均量控制在这个范围。如果控制在 50m²/人左右（不超过 51m²/人），按照未来 14.7 亿人计算，总的建筑规模应该不超过 735 亿 m²。

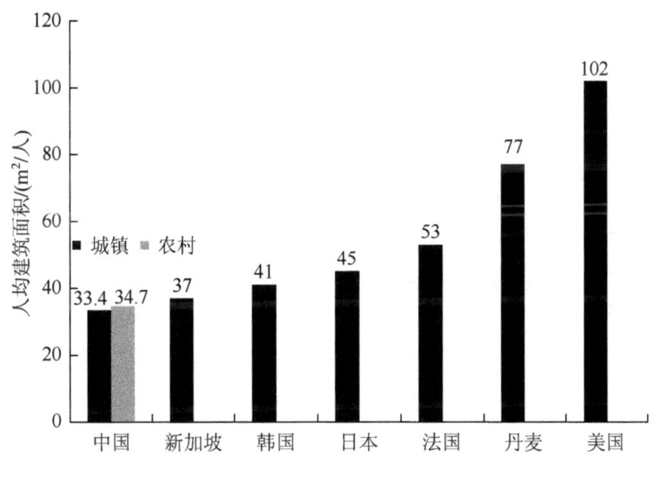

图 15.3　世界各国人均建筑面积对比

2013 年，我国建筑总量已经达到 545 亿 m²[1]，其中，城镇住宅约 208 亿 m²，公共建筑（包括城镇与农村公共建筑）约 99 亿 m²，农村住宅建筑约 238 亿 m²。按照总量不超过 735 亿 m² 的规划，未来城镇人均住宅面积应基本维持在当前 35m²/人的水平，城镇住宅总面积将达到 350 亿 m²，可以增加量为 140 亿～150 亿 m²；未来人均非住宅类建筑面积达到 13m²/人，非住宅类城镇建筑总的建筑面积达到 191 亿 m²，可以增加量为 92 亿 m²；农村整体的人均住宅建筑面积保持与现状相同（38m²/人），但由于农村人口逐渐减少，同时区划调整使得一部分农村住宅建筑被归为城镇住宅建筑，农村住宅建筑面积将由 238 亿 m² 降低至 179 亿 m²。这样全国的总建筑面积有可能控制在 720 亿 m²。

这样，未来城镇民用建筑增加总量约为 175 亿 m²，这一过程若在 15～20 年完成，则每年不包括既有建筑的拆除，新增城镇建筑面积应控制在 8 亿～12 亿 m²，这是从我国城镇发展及土地与资源条件出发所得出的约束条件，也是考虑建筑能耗总量时的基本出发点。

2. 用能强度

用能强度因建筑用能类型不同而表现出明显的差异。产生用能强度差异的原因包括：城乡居民用能方式和用能类型的差异，非住宅类城镇建筑与住宅建筑使用方式的差异，南北地区冬季采暖方式和强度的差异。根据用能特点，建筑用能可以分为北方城镇采暖用能、城镇住宅（不含北方采暖）用能、非住宅类城镇建筑（不含北方采暖）用能和农村住宅用能等四种类型[1]。

（1）北方城镇采暖用能，指的是历史上法定要求建筑采暖的省（自治区、直辖市）的冬季采暖能耗，包括各种形式的集中采暖和分散采暖。按照热源系统形式的不同规模和能源种类分类，包括各种规模的热电联产、区域燃煤或燃气锅炉、小区燃煤或燃气锅炉、热泵集中供热等集中采暖方式，以及户式燃气炉、小煤炉、空调分散采暖和直接电加热等分散采暖方式。采暖能耗除热源用能外，还包括水泵、风机等各类采暖辅助设备用能。

（2）城镇住宅（不含北方采暖）用能，指的是除了北方地区的采暖能耗，城镇住宅所消耗的能耗。从终端用能途径来看，主要包括家用电器、空调、照明、炊事、生活热水以及夏热冬冷地区（非法定采暖地区）的冬季采暖能耗，使用的主要商品能源种类是电力、燃煤、天然气、液化石油气和城市煤气等。

（3）非住宅类城镇建筑（不含北方采暖）用能，指的是除了北方地区的采暖能耗，非住宅类城镇建筑内由于各种活动产生的能耗，包括空调、照明、电器、炊事、电梯、各种服务设施以及夏热冬冷地区（非法定采暖地区）非住宅类城镇建筑的冬季采暖能耗，使用的主要商品能源种类是电力、燃气、燃油和燃煤等。

（4）农村住宅用能，指的是农村家庭生活所消耗的能源，从终端用能途径上，包括炊事、采暖、降温、照明、热水、家电。农村住宅使用的主要能源种类是电力、燃煤和生物质能（秸秆、薪柴）。由于本章主要针对商品能源，农村生物质非商品能源的建筑用能不包括在本章计算中。

对于不同的用能类型，节能技术和用能规划的预期也不同。下面将分别阐述各类用能的现状和节能技术，从实际出发，分析在节能技术和措施可行的情况下，未来我国各类建筑用能总量可以达到的节能目标。

15.2.2　北方城镇采暖用能

我国北方地区城镇建筑实行集中供暖，用能强度大，一直是建筑节能工作关注的重点。“十一五”期间，通过围护结构保温、提高高效热源方式的比例，提高供热系统效率等途径，取得了突出的成绩。如果按照“好处归热”的方法来分摊热电联产电厂的发电与供热煤耗，我国北方供热单位面积能耗从 23.1 千克标准煤/米 ^{2}（2000 年）降低到 15.1 千克标准煤/米 ^{2}（2013 年）。2013 年，北方城镇采暖的总能耗为 1.86 亿吨标准煤。

随着城市化的推进，北方城镇建筑面积预计将从 2013 年 120 亿 m^2 增加到 200 亿 m^2。从目前推广节能技术的状况和效果看，北方城镇采暖用能还存在如下节能空间。

（1）改善保温，降低采暖需热量。目前我国北方地区 21 世纪以来的新建建筑采暖能耗依气候不同，在 60～120kW·h/m^2，与同气候带发达国家的先进水平相比，还有可以进一步降低的空间。通过改善外墙保温，外窗保温，减少渗风带来的热损失，引进定量通风窗，引进高效的带热回收的换气装置等措施，可以使北方采暖地区的建筑需热量平均值降低到 80kW·h/m^2 以下。与发达国家比，我国保温性能差的老旧建筑比例低，对这些建筑进行节能改造的困难较小。按照新建建筑的节能标准对这些老旧建筑进行改造，也可以显著降低采暖需热量。

已有大量围护结构改造实例证明这一目标完全可以实现。例如，北京市某居民楼通过改造围护结构保温，室内温度明显高于未改造的楼栋，而建筑能耗从 80kW·h/m^2 降低到 53kW·h/m^2；沈阳市某新建住宅项目在实现室内温度在 18～20℃的情况下，耗热量小于 65kW·h/m^2；北京市某新建建筑耗热量已低于 50kW·h/m^2。

（2）通过落实热改，实现分户分室热量调节，进一步消除过热现象。推行“供热改革”，包括改革供热企业经营机制，变按照面积收费为按照热量收费，激励使用者自觉调节。增加末端调节装置，使得房间温度可以调节，避免过热。使由过量供热造成的损失从目前的 15%～25%降低到 15%以下，这样可将北方采暖地区的建筑供热量控制到 0.33GJ/m^2。

例如，在长春某小区通过以“室温调控”为核心的末端通断调节与热分摊技术改造，减少了大量由过热造成的热损失，对比未调控楼栋平均耗热量为 105kW·h/m^2，在仅有 30%用户长期调控的情况下，调控楼栋平均耗热量为 85kW·h/m^2，节能达 19%。到 2011 年前后，末端通断调节室温调控技术已在北京、吉林、内蒙古、黑龙江等省份进行了大量的应用，经过近五个采暖期，运行效果良好，与未采用末端调控的建筑相比，建筑采暖耗热量降低 10%～20%。

（3）大幅度提高热源效率。除了建筑保温和末端调节，采暖热源的节能挖潜空间更大，主要是：①采用基于吸收式热泵的热电联产供热方式，能够使热电联产电厂在燃煤量不变、发电量不变的条件下，输出的供热量提高 30%～50%；②对燃气锅炉的排烟进行冷凝回收，使其效率提高 10%～15%；③将各类工业生产过程排出的低品位余热作为集中供热热源，利用这部分热量可以看作零耗能。

我国北方大部分大、中、小城市目前都已建成不同规模的城市集中供热管网，充分利用好这一资源，有可能充分挖掘和利用上面所述的待开发热源。在未来北方采暖地区建筑面积总量 200 亿 m^2 的情况下，75%可由集中管网的集中供热来提供。我国北方地区燃煤热电厂如果 80%改为热电联产，那么可供热量 40 万 MW，北方地区规模以上工业可产生低品位余热 30 万 MW，如果应用其 70%作为供热热源，那么供热量为 21 万 MW。燃煤热电厂余热和工业低品位余热可提供 60 万 MW 热量，相当于为集中供热建筑提供 36W/m^2 的基础热负荷，通过天然气在末端调峰满足严寒期热量需求，平均只需要 18W/m^2。这样，热电联产共计承担 59%的供热量，工业余热共计承担 30%的供热量，天然气锅炉提供剩余的 11%的供热量，集中供热的总耗能为 0.72 亿吨标准煤。通过热泵、地热以及其他方式来解决无法集中供热的约 50 亿 m^2 的区域，单位供热量能耗可控制在 30 千克标准煤/吉焦，分散供热总能耗为 0.50 亿吨标准煤。这样可以计算出，200 亿 m^2 供热面积年采暖能耗可以控制在 1.22 亿吨标准煤以内，平均每平方米每年能耗 6.1 千克标准煤，比目前采暖能耗强度的 1/2 还要低。

已有提高热源效率的实际工程案例。例如，大同市某热电厂乏汽余热利用示范工程中，采用吸收式热泵技术，将乏汽余热回收用于供热，大幅度提高该电厂的供热能力和能源利用效率，将供暖面积从原来的 260 万 m^2 提高到 638 万 m^2，而不增加电厂总煤耗，不降低冬季总发电量；赤峰市利用工业余热供热节能示范工程项目的成功实施，使赤峰金剑铜业有限责任公司的工业余热成为重要补充，和热电厂以及锅炉房一起并入城市热网，为赤峰市集中供热提供热源，填补了小新地及松山区 100 余万平方米的供热缺口。

15.2.3 城镇住宅（不含北方采暖）用能

城镇住宅单位面积能耗持续缓慢增加，一方面，家庭用能设备种类和数量明显增加，造成能耗需求提高；另一方面，炊具、家电、照明等设备效率提高，减缓了能耗的增长速度。2013 年，城镇住宅（不含北方采暖）用能达到 1.86 亿吨标准煤，占建筑能耗的 24.5%。

随着我国城镇化进程，未来将有超过 70%的人口居住在城镇，城镇住宅面积将大大增加，在合理发展城镇住宅建筑量的情况下，建筑面积预计将从 2013 年的 208 亿 m^2 增加到 350 亿 m^2。

根据气候和终端用能类型，城镇住宅（不含北方采暖）能耗可以分为北方空调、长江流域采暖和空调、夏热冬暖地区空调、家用电器、炊事、生活热水和照明等用能部分。从各部分用能现状和特点出发，城镇住宅节能的主要任务如下。

（1）长江流域住宅的采暖能耗近年来迅速增加，该地区应选择何种采暖形式引起了广泛争议。目前该地区建筑采暖用能强度较低，采暖能耗强度不到 3kW · h/m^2，但冬季室内温度偏低，空调能耗约 5kW · h/m^2，采暖和空调需求还有较大的增长空间。从实测数据来看，如果采用集中供应的形式，目前最好的大型热泵案例一年电耗约为 40kW · h/m^2，采用热电冷联产能耗约为 15 千克标准煤/米^2，相当于 45kW · h 电力，而采用热电联产供热加分散空调，全年用能强度为 10 千克标准煤/米^{2}加 10kW · h/m^2 电耗，合起来还是 40kW · h/m^2。相比之下，采用可以实现“部分时间、部分空间”使用方式的分散式空气源热泵进行夏季制冷和冬季供暖，则有可能把夏热冬冷地区的全年空调和采暖能耗强度控制在 20kW·h/m² 以下。

（2）随着人民生活水平的提高，各地对夏季空调的需求量都将会增多，空调用能强度还可能增加。通过已有的测试发现，生活方式是影响空调能耗的主要因素，而建筑和系统形式也会对空调使用方式产生影响。

从生活方式和建筑及系统形式两方面考虑空调节能问题：①提倡和维持节能型生活方式。反对“全时间、全空间”“恒温恒湿”，提倡“部分时间、部分空间”，“随外界气候适当波动”营造室内环境。②发展与生活方式相适应的建筑形式。反对那些标榜“先进”“节能”“高技术”，而全密闭、不可开窗、采用中央空调的住宅建筑形式；大力发展可以开窗，可以有效自然通风的住宅建筑形式，尽可能发展各类被动式调节室内环境的技术手段。通过这些措施，可将严寒和寒冷地区的空调用电强度从 2013 年的 2kW·h/m² 增长并维持在 4kW·h/m² 以内，夏热冬暖及温和地区的空调用电强度从 2013 年的 8.5kW·h/m² 增长并维持在 12kW·h/m² 以内。

（3）对于家电、炊事、照明方面，采取措施如下：①鼓励推广家电器具，并通过市场准入制度，限制低能效家电产品进入市场；②大力推广节能灯，对白炽灯实行市场禁售；③限制电热洗衣烘干机、电热洗碗烘干机等高能耗家电产品，将用能强度分别控制在家电 700kW·h/户，照明 4kW·h/m² 以内，炊事维持当前 70 千克标准煤/人的水平。

（4）积极推广太阳能生活热水技术，充分利用太阳能解决生活热水需求，在生活热水需求增长的情况下，使得该项能耗从 2013 年的 25 千克标准煤/人增长并维持在 45 千克标准煤/人水平内。

根据当前用能特点，用发展的眼光研究分析，在落实各项技术措施的情况下，城镇住宅用能各部门用能可以实现能源消费总量的控制目标，具体目标如表 15.2 所示。

表 15.2　城镇住宅（不含北方采暖）能耗现状与目标

城镇住宅	2013 年		720 规划	
	规模	强度	规模	强度
空调（严寒和寒冷地区）	83 亿 m²	2kW·h/m²	120 亿 m²	4kW·h/m²
空调（夏热冬暖及温和地区）	36 亿 m²	8.5kW·h/m²	80 亿 m²	12kW·h/m²
空调+采暖（夏热冬冷地区）	89 亿 m²	8kW·h/m²	150 亿 m²	20kW·h/m²
家用电器	208 亿 m² 2.57 亿户	522kW·h/户	350 亿 m² 3.5 亿户	700kW·h/户
照明		4.6kW·h/m²		4kW·h/m²
生活热水		25 千克标准煤/人		45 千克标准煤/人
炊事		72 千克标准煤/人		70 千克标准煤/人
总用能		1.84 亿吨标准煤		3.84 亿吨标准煤

15.2.4　非住宅类城镇建筑（不含北方采暖）用能

非住宅类城镇建筑（不含北方采暖）用能是用能量增长最快的建筑用能分类。近 10 年来，该类建筑面积增加了 1.4 倍，平均的单位面积能耗增加了 1.2 倍。建筑单位面积用能强度分布向高能耗的“大型建筑”尖峰转移[22]，是非住宅类城镇建筑单位面积能耗增长的最主要驱动因素。2013 年，非住宅类城镇建筑面积约占建筑总面积的 18%，而能耗为 2.04 亿吨标准煤，占建筑总能耗的 27.9%。

在城镇化进程中，随着公共服务和设施的健全，该类建筑面积也将明显增长，参考发达国家该类建筑建设情况，非住宅类城镇建筑面积预计将从 2013 年的 99 亿 m^2 增加到 191 亿 m^2。

非住宅类城镇建筑节能面临的主要问题是当前对于“节能”的概念认识不清，以为采用了节能技术或节能措施便是建筑节能。而无论如何，只有实际建筑运行能耗数据才能作为评价建筑节能相关工作的标准[23]。基于这个认识，继续强调商业建筑上“和国外接轨”“多少年不落后”等观点将把“节能”推向“能耗不降反升”的一面。应将实现实际的节能减排效果和可持续发展作为城市建筑的主要追求目标，从以下技术措施取得非住宅类城镇建筑用能的节能量。

（1）以绿色、生态、低碳为城市发展目标，提倡绿色生活模式，尽可能避免建造大型高能耗建筑，改变商业建筑发展模式，提倡“部分时间、部分空间”的室内环境控制，减少“全时间、全空间”室内环境调控的建筑。

深圳某办公楼充分利用自然通风和自然采光，提倡“部分时间、部分空间”的室内环境控制是对该建筑起到主要作用的节能技术。图 15.4 是深圳某办公楼的电耗与该地区典型办公建筑用能强度的逐月对比情况，该办公楼办公区年度单位

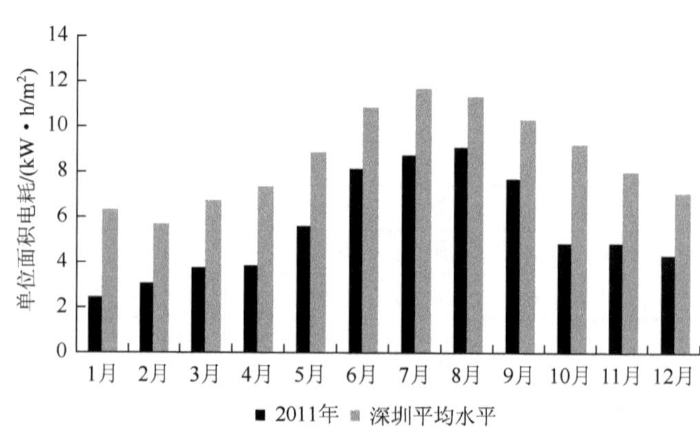

图 15.4　深圳某办公建筑单位面积电耗与典型情况对比

建筑面积电耗约为 60.2kW·h/m^2，扣除太阳能光伏板发电，年度消耗电网供电 56kW·h/m^2，已经达到了未来规划中商业办公建筑的能耗强度目标。

（2）全面开展大型商业建筑的分项计量，以实际能耗数据为目标实施节能监管，逐渐发展用能定额管理，梯级电价。

（3）推广能源服务公司（energy service company，ESCO）的模式，改善目前的商业建筑运行管理模式，并促进节能改造。

（4）积极开发推广创新型节能装备，提高系统效率。如 LED 灯具、能量回收型电梯、温度湿度独立控制的空调系统（可降低能耗 30%）、大型直连变频离心制冷机等。

通过以上的节能技术和措施，参照 2013 年非住宅类城镇建筑用能水平，未来该类建筑用能总量可控制在 4.63 亿吨标准煤，用能强度控制在 24.3 千克标准煤/米^2，各类建筑的用电量强度控制在以下目标（表 15.3）。

表 15.3　公共建筑能耗现状与目标

公共建筑	2013 年		720 规划	
	规模/亿 m^2	强度/（kW·h/m^2）	规模/亿 m^2	强度/（kW·h/m^2）
商业办公	21	57	29.4	60
政府办公	16	51	29.4	50
商场	8	89	14.7	150
商铺	15	43	22.1	50
酒店	5	69	8.8	90
医院	4	72	29.4	90
学校	16	44	29.4	60
其他	13	53	27.9	90
总量	98	2.11 亿吨标准煤	191.1	4.63 亿吨标准煤

15.2.5　农村住宅用能

农村住宅单位面积用能已超过同气候带的城镇住宅用能，但目前农村建筑提供的服务水平远低于城镇住宅。户均总能耗没有明显的变化，而生物质能耗有被商品能耗取代的趋势（图 15.5）。2013 年，农村建筑商品能耗为 1.79 亿吨标准煤，占建筑总能耗的 23.6%，生物质能（秸秆、薪柴）的消耗约折合 1.06 亿吨标准煤。

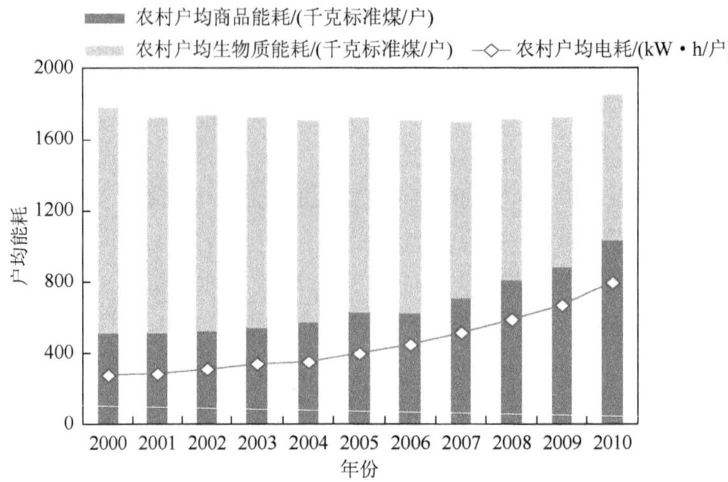

图 15.5　我国农村住宅用能强度变化趋势

2000～2013 年农村人口从 8.1 亿人减少到 6.3 亿人[13]，而人均住房面积增长带来总住房面积的增长。随着城镇化的推进，农村人口将进一步减少，预计未来农村建筑面积将从 2013 年的 230 亿 m^2 降至 179 亿 m^2。

驱动农村建筑用能增长的原因包括两点：①生物质能逐渐被燃煤替代，居民用电量逐年增加；②开展“并村”运动，让从事农业生产的人口住进小区，改变了生活方式，实际不利于其生产和生活。

针对农村住宅不同终端用能类型，未来农村住宅用能应充分利用生物质能解决炊事和北方采暖的需求，利用太阳能解决生活热水的用能需求，充分利用农村环境资源，优化自然通风解决室内降温需求；在服务水平相当的情况下，照明用能强度应控制在和城镇住宅相当的水平；农村家庭住宅面积大于城镇家庭，家电用能强度则会略低于城镇住宅家电用能，总体可以使得农村住宅家庭的户均商品能耗控制在 1000 千克标准煤/户，与城镇住宅的户均商品能耗相当（1040 千克标准煤/户），而由生物质及各种可再生能源提供采暖、炊事及热水等用热能耗，户均生物质能耗约 1000 千克标准煤/户，同时一部分光伏发电可以作为商品能耗的补充。通过大力推广生物质和可再生能源的利用，在农村中可使非商品能为农村用能提供能量 2.62 亿吨标准煤，可将农村住宅的商品能耗总量控制在 1.32 亿吨标准煤。

具体而言，在北方发展“无煤村”，南方发展“生态村”。

（1）北方农村“无煤村”的技术途径如下：①房屋改造，加强保温，加强气密，从而减少采暖需热量，发展火炕，充分利用炊事余热；②发展各种太阳能采暖，太阳能生活热水；③秸秆薪柴颗粒压缩技术，实现高密度储存和高效燃烧。

（2）南方农村“生态村”的技术途径如下：①房屋改造，在传统农居的基础上进一步改善，通过被动式方法获得舒适的室内环境；②发展沼气池，解决炊事和生活热水；③解决燃烧污染、污水等问题，营造优美的室外环境。

以上的节能技术或措施已有相当多的案例，例如，秦皇岛市石门新村，通过围护结构改造，建造沼气池，利用秸秆气化炉取代传统柴灶和煤炉，加强太阳能利用等措施，年户均生活总能耗为 2.1 吨标准煤，对比未改造的村落（3.8 吨标准煤），商品能用量（电、煤、液化气）明显降低，特别是煤的使用量，仅为对比村的 1/10，生物质能利用效率提高，而服务水平也明显提高；而对于生物质利用，目前已有生物质固体压缩成型燃料加工技术、生物质压缩成型颗粒燃烧炉具、SGL（solid-gas-liquid）气化炉及多联产工艺、低温沼气发酵微生物强化技术等多项技术或设备，充分利用农村生物质资源，能够有效地解决炊事、采暖和生活热水等方面的用能需求。

15.2.6　小结

通过分析北方城镇采暖用能、城镇住宅（不含北方采暖）用能、非住宅类城镇建筑（不含北方采暖）用能和农村住宅用能等各类建筑用能的现状及节能技术措施，结合未来人口和建筑面积总量分析，得到在可实现的技术和措施下，未来我国建筑用能总量可以控制在 11.01 亿吨标准煤，符合未来我国全社会能耗总量的控制目标和建筑能量总量的控制目标。

对比当前建筑用能强度和建筑面积，总结各项用能和建筑面积控制目标如表 15.4 所示。

表 15.4　我国未来建筑能耗总量规划

分项	建筑面积/户数		用能强度		总能耗/亿吨标准煤	
	2013 年	720 规划	2013 年	720 规划	2013 年	720 规划
城镇住宅	2.57 亿户	3.5 亿户	723 千克标准煤/户	1098 千克标准煤/户	1.86	3.84
农村住宅	1.62 亿户	1.34 亿户	1102 千克标准煤/户	988 千克标准煤/户	1.79	1.32
公共建筑	99 亿 m^2	191 亿 m^2	21.3 千克标准煤/米 ^{2}	24.3 千克标准煤/米 ^{2}	2.11	4.63
北方采暖	120 亿 m^2	200 亿 m^2	15.1 千克标准煤/米 ^{2}	6.11 千克标准煤/米 ^{2}	1.81	1.22
总量	545 亿 m^2 13.6 亿人	720 亿 m^2 14.7 亿人			7.57	11.01

在此规划下，未来我国住宅建筑的能耗总量为 6 亿吨标准煤，占建筑能耗总量的 55%；公共建筑的能耗总量为 5 亿吨标准煤，占建筑能耗总量的 45%，与美国目前的住宅建筑能耗与公共建筑能耗之比非常接近（1.3∶1）。除了北方采暖能耗

强度有所下降，其他三项的能耗强度均有所增长或保持不变（农村包含生物质的总能耗强度仍大幅上升）。我国建筑能耗总量 2013 年现状及未来规划如图 15.6 所示。

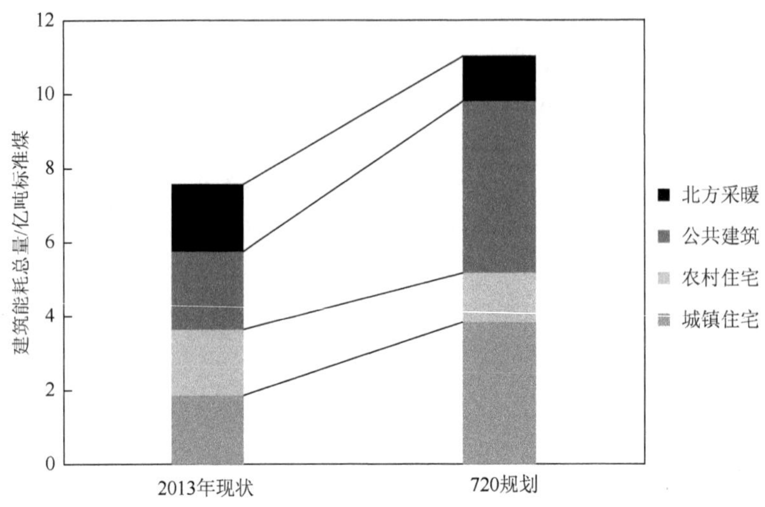

图 15.6　我国建筑能耗总量 2013 年现状及未来规划

为了实现此规划的建筑能耗总量控制目标，最大的节能潜力在于通过北方采暖地区的供暖能耗实现热源结构的调整和热源效率的提升，实现供热能耗强度的大幅降低。在供暖建筑规模从 120 亿 m^2 大幅增长至 200 亿 m^2 的情况下，北方采暖能耗需要通过能耗强度的大幅下降，实现能耗总量的负增长，节能潜力巨大，同时任重道远。充分利用现在的集中供热管网的巨大能力，大规模使用热电联产和工业余热承担基础负荷，使得单位平方米供热能耗大幅降低。在规划情况下，单位平方米的供热能耗仅为 6.9 千克标准煤/米^2，加上北方的夏季空调能耗 4kW • h/m^2，可使得北方城镇地区每平方米空调采暖能耗共计不超过 25kW • h/m^2，与夏热冬冷地区空调采暖能耗强度相当（20kW • h/m^2）。

而其他三项建筑能耗最主要的目标在于规模增长时，控制强度不出现大幅增长，从而保证能够满足建筑能耗总量控制的目标。公共建筑的能耗总量受规模的影响十分明显，因此合理控制公共建筑的增加规模，尽量多地增加公共服务类建筑而对商业类公共建筑进行合理的规模控制，应该是抑制公共建筑能耗过快增长的最主要措施。农村住宅用能存在不确定性，控制能耗总量的关键在于合理地利用生物质解决生活用能，将商品能耗控制在与城镇住宅用能相当的水平。

15.3　本 章 小 结

建筑用能关系到国家能源安全、社会稳定和经济的可持续发展。本章自上而下地提出了未来建筑能源总量目标，并根据我国建筑能耗特点和实际情况，规划了各类建筑用能控制目标的技术措施，提出了我国建筑节能技术路线。

（1）我国能源消耗总量受全球碳减排目标和我国能源供应能力的共同约束。为保障国家能源安全，承担大国责任，我国未来能源消耗应该控制在 47 亿吨标准煤以内。根据我国以工业能耗为主的能源结构特点，未来建筑能耗应该控制在 11.01 亿吨标准煤以下。

（2）根据我国各类建筑用能特点，从实际用能现状和可实现的技术或措施出发，自下而上地分析我国建筑用能总量可以达到的目标，即综合北方城镇采暖用能、城镇住宅（不含北方采暖）用能、非住宅类城镇建筑（不含北方采暖）用能和农村住宅用能，未来建筑用能总量有可能控制在 11.01 亿吨标准煤以内。

（3）要实现总量控制的目标，最大的节能潜力在于通过北方采暖地区的供暖能耗实现热源结构的调整和热源效率的提升，实现供热能耗强度的大幅降低，最大的不确定性在于合理控制公共建筑的规模总量，以及大力发展农村生物质和可再生能源的应用。

（4）对于北方城镇建筑采暖，从热源、输送与分配和建筑热需求等三个方面，应该着重抓提高热源效率，落实热改以消除过热现象，改善保温以降低采暖热需求。

（5）引导绿色健康生活方式，是实现城镇住宅（不含北方采暖）用能节能目标的关键措施；尤其是在长江流域应该开发和提倡各种分散的空气源热泵形式，在进一步改善这一地区冬季室内环境的基础上，使其全年空调加采暖能耗不超过 $20\text{kW}\cdot\text{h/m}^2$。

（6）对于非住宅类城镇建筑（不含北方采暖）用能，分别对新建建筑和既有建筑逐步落实以用能定额为目标的建筑用能全过程管理，发展和推广先进的创新技术，推广合同能源管理制度等，实现用能控制目标。

（7）农村建筑用能是最大的不确定因素，发展以生物质能源和可再生能源为主，辅之以电力和燃气等新型清洁能源系统，在北方发展“无煤村”，南方发展“生态村”，应作为新农村建设的主要目标之一。

中国建筑能源消耗不可能走欧美发达国家的发展模式。中国建筑节能技术路线应是：从我国建筑用能特点出发，结合我国城镇化发展大背景，具体落实各类建筑用能指标，从实际用能数据出发，从具体的每一类建筑的实际特点出发，自下而上全面落实、实现我国的建筑节能宏大目标。

参 考 文 献

[1] 清华大学建筑节能研究中心. 中国建筑节能年度发展研究报告 2015. 北京：中国建筑工业出版社，2015.

[2] IEA（International Energy Agency）. Word Energy Outlook 2011. Paris，2017.

[3] IEA. Energy Technology Perspectives 2010. Paris，2010.

[4] EIA（U.S. Energy Information Administration）. International Energy Outlook 2011. Washington，2011.

[5] Zhou N，McNeil M A，Fridley D，et al. Energy Use in China：Sectoral Trends and Future Outlook. LBNL（Lawrence Berkeley National Laboratory），2007.

[6] 《2020 中国可持续能源情景》课题组. 2020 中国可持续能源情景. 北京：中国环境科学出版社，2003.

[7] 联合国开发计划署驻华代表处，中国人民大学. 2009—2010 中国人类发展报告-迈向低碳经济和社会的可持续未来. 北京：中国对外翻译出版公司，2010.

[8] 中国能源中长期发展战略研究项目组. 中国能源中长期（2030、2050）发展战略研究. 北京：科学出版社，2011.

[9] IEA. CO_2 Emissions from Fuel Combustion Highlights 2011. Paris，2011.

[10] IPCC（the Intergovernmental Panel on Climate Change）. Working Group III Fourth Assessment Report. Cambridge：Cambridge University Press，2007.

[11] Meinshausen M，Meinshausen N，Hare W，et al. Greenhouse-gas emission targets for limiting global warming to 2℃. Nature，2009，458（7242）：1158.

[12] United Nations Department of Economic and Social Affairs. World Population Prospects，the 2010 Revision. New York，2011.

[13] 中华人民共和国国家统计局. 中国统计年鉴 2014. 北京：中国统计出版社.

[14] 中华人民共和国国土资源部. 2011 中国国土资源公报. 北京，2012.

[15] 中国科学院可持续发展战略研究组. 2012 中国可持续发展战略报告. 北京：科学出版社，2012.

[16] D&R International，Ltd. 2010 Buildings Energy Data Book. Washington，2011.

[17] European Commission. Eurostat. http: //epp.eurostat.ec.europa.eu [2011-09-01].

[18] 中华人民共和国国家统计局. 中国能源统计年鉴（2000～2011）. 北京：中国统计出版社，2011.

[19] 杨秀. 基于能耗数据的中国建筑节能问题研究. 北京：清华大学博士学位论文，2009.

[20] 国家发展和改革委员会能源研究所课题组. 中国 2050 年低碳发展之路. 北京：科学出版社，2009.

[21] 清华大学建筑节能研究中心. 中国建筑节能年度发展研究报告 2013. 北京：中国建筑工业出版社，2013.

[22] 清华大学建筑节能研究中心. 中国建筑节能年度发展研究报告 2011. 北京：中国建筑工业出版社，2011.

[23] 肖贺. 办公建筑能耗统计分布特征与影响因素研究. 北京：清华大学硕士学位论文，2011.

第 16 章　澳门建筑能耗特点分析及节能建议①

随着澳门经济的发展、人民生活质素要求的提高及人口的不断增加，在可见的将来，其对能源的需求会越来越大，而澳门地少人多的特征，决定了建筑节能对于其整体节能减排的实施具有重要意义，也是澳门可持续发展的基础；分别从居民建筑及酒店建筑两方面来分析澳门建筑能耗状况，识别能耗环节和设备，对预测澳门地区建筑能耗过程的 CO_2 排放，具有十分重要的现实意义。

需注意的是，在澳门，旅游业是一个以提供服务为主并相应涉及众多行业和企业的非生产性行业，具有较强的综合性，在第三产业中起着先导作用[1]。为满足旅游者的需求，必须提供包括“行、游、住、食、购、娱”在内的各种服务，从而涉及餐饮、住宿、交通、旅行业、商店等多个行业和企业[2-4]。毋庸置疑，博彩旅游业在澳门经济中居于举足轻重之龙头地位，其主导产业的定位已被诸多学者论证。根据澳门统计暨普查局公布的数据，2013 年，澳门博彩旅游业在 GDP 中占有 67%的比重。而与博彩旅游业最相关的是酒店业，酒店是博彩旅游业的基本服务单位，不仅为游客提供进行博彩的场所，也为游客提供衣、食、住、行的全套服务。因此，酒店能耗在澳门建筑业能耗中占据主体地位，对澳门酒店能耗进行分析和研究是了解澳门建筑业能耗特征的必备工作。

与其他地区酒店不同的是，澳门酒店的功能更加多元化，随着澳门经济、产业结构的调整，会展业、文化休闲旅游业等也将得到进一步的发展，而这些产业的发展会对酒店服务功能提出新的要求，也会影响酒店的能耗特征。结合澳门的气候、地理与自然条件以及澳门酒店功能和特征，对澳门酒店能耗进行详细分析，并在此基础上提出可行的减排措施建议，既是研究澳门未来建筑能耗特征的重要工作，也能对酒店节能减排工作起到借鉴作用。

16.1　澳门居民建筑能耗分析

16.1.1　澳门人口及住宅基本情况简介

根据澳门统计暨普查局公布的数字，澳门特别行政区总人口为 636 200 人

① 本章作者：孟翔宇。

（2014 年数据），人口密度为 20 500 人/km^2。2014 年全区人口增长率 4.6%，出生率 11.8‰，死亡率 3.1‰，男女人口比例 0.97∶1，全区居民平均寿命 82.9 岁，澳门人口的变化情况如图 16.1 所示。

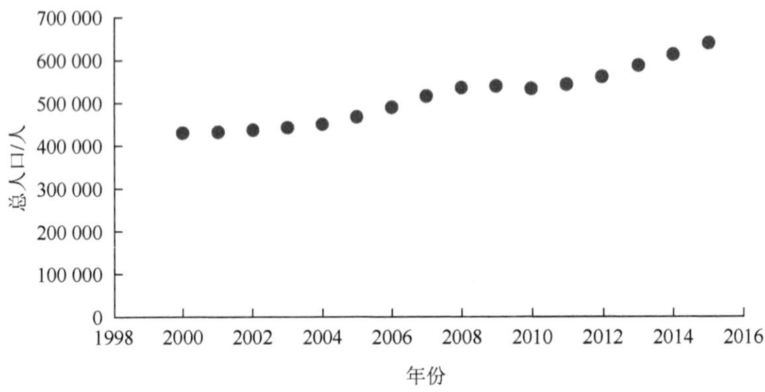

图 16.1　澳门人口变动示意图

由图 16.1 可知，澳门总人口呈现缓慢增长的态势。澳门共有家庭 189 600 户（2014 年统计数据），变化趋势如图 16.2 所示。

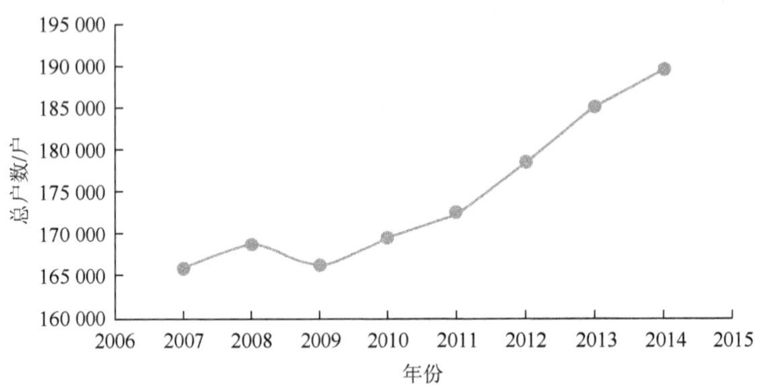

图 16.2　澳门家庭户数变化趋势图

从图 16.2 可知，澳门家庭户数除 2008～2009 年有所降低外（由于亚洲金融危机的影响），整体呈逐渐增长的态势。而每户平均人数变化如图 16.3 所示。

由图 16.3 可知，澳门每户平均人口数基本保持稳定。尽管澳门人口在增长，但是由于住宅建设也在同步增长，每户平均人数维持一个较为稳定的状态。澳门人均住宅面积变化如图 16.4 所示。

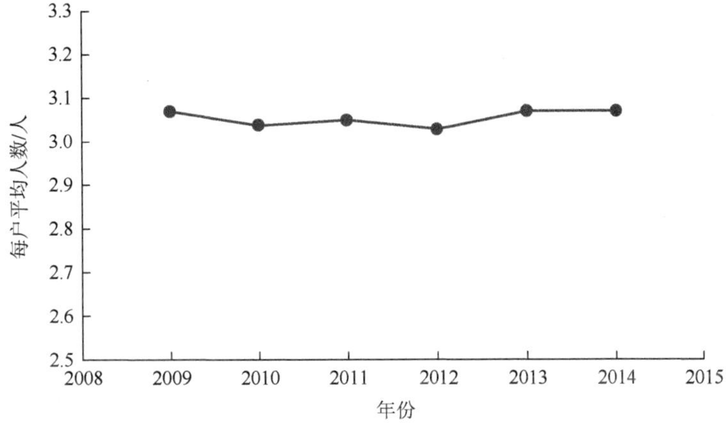

图 16.3　澳门每户平均人数变化示意图

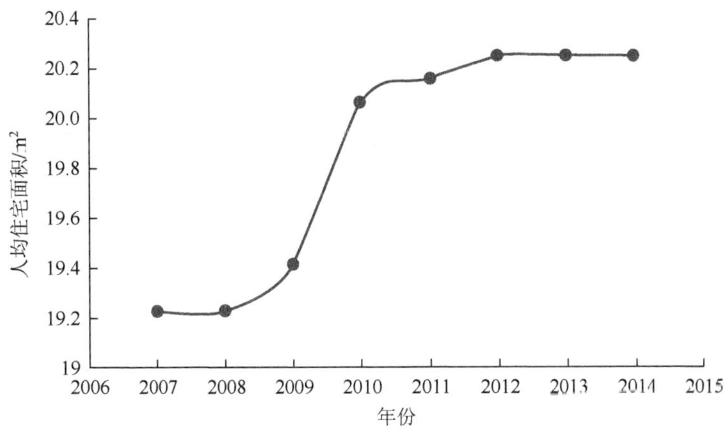

图 16.4　澳门人均住宅面积变化示意图

由图 16.4 可知，澳门人均住宅面积在 2009 年后有一个较大增长。2008 年后由于亚洲金融危机的影响，常住人口减少，同时在住宅面积逐渐增加的情况下，人均住宅面积增高，结合图 16.1 和图 16.4，可得澳门总体居民住宅面积变化情况，如图 16.5 所示。

由图 16.5 可知，澳门整体住宅面积自 2007 年以来，呈现逐渐缓慢增长的态势（2009 年除外），这也与澳门整体社会经济发展的态势相吻合。

16.1.2　澳门地区基本建筑能耗特征简介

电力是当今城市生活不可或缺的一种能源，城市人依赖电力的生活模式已从过去的主要用作照明转变成现在的生活必需，大部分的生活设备，建筑物内的设

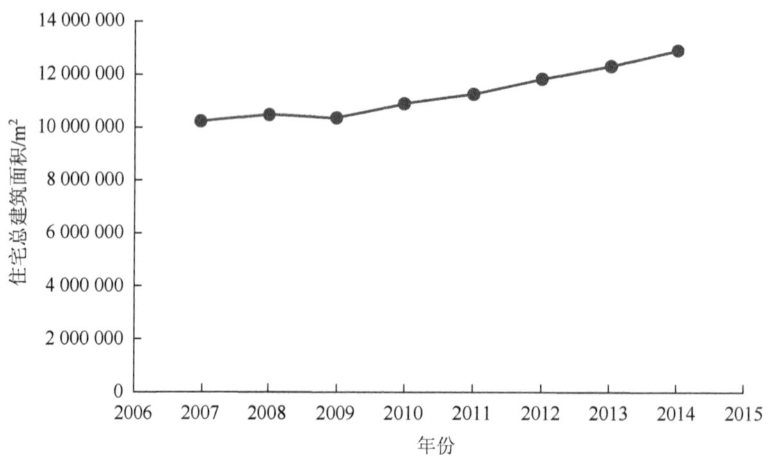

图 16.5　澳门居民住宅总面积变化示意图

备如消防、照明和空调设备等都需要电力来运行，随着澳门人口的增加和人民对生活品质要求的提高，电力的需求也逐渐增加，这其中就包括民用建筑、商业建筑、公共建筑的用电，根据澳门特别行政区能源业发展办公室的统计，澳门地区售电量（2013 年和 2014 年）如表 16.1 所示。

表 16.1　澳门地区售电量　（单位：GW·h）

类别	2013 年	2014 年	年变动率/%
总售电量	4232.35	4468.17	5.58
民用住宅	966.94	1079.34	11.62
商业	3165.08	3281.30	3.67
工业	100.33	107.53	7.18

各部分占比如图 16.6 所示。

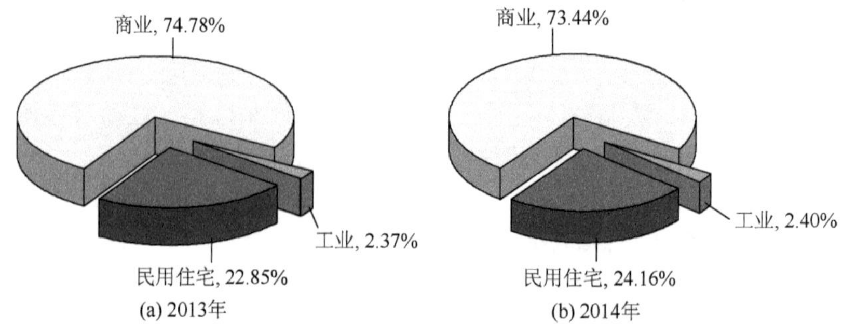

图 16.6　澳门售电量占比变化

由图 16.6 可知，澳门售电量占比中，商业占绝大部分份额，2013～2014 年，民用住宅耗电量增加速度较快，比重有所增加，但是，商业用电的比例依然没有显著降低，因此，澳门地区用电能耗分析应以商业用电分析为主。另外，关于建筑能耗的石油气、轻柴油、煤油等燃料的消耗量如表 16.2 所示。

表 16.2　2012 年建筑其他能耗状况　（单位：TJ）

类别	石油气	轻柴油	煤油
总能耗	1987	6361	174
商业及酒店	1354	770	170
住宅	594		

由表 16.2 可知，在石油气能耗量中，商业及酒店的消耗数额和占比都很大，而住宅能耗相对较低，根据澳门特别行政区能源业发展办公室的统计数据，结合图 16.3 和图 16.4 可知，居民住宅能耗的平均耗电量和平均耗热量如表 16.3 所示。

表 16.3　澳门居民住宅建筑能耗示意表

年份	平均耗热量/（MJ/m^2）	平均耗电量/（$kW \cdot h/m^2$）
2011	306.5	79.5
2013	312.8	78.6

资料来源：《澳门特别行政区能源效益状况 2013》研究

根据表 16.3 所示数据，可以得到澳门地区居民住宅终端能耗种类占比，如图 16.7 所示。

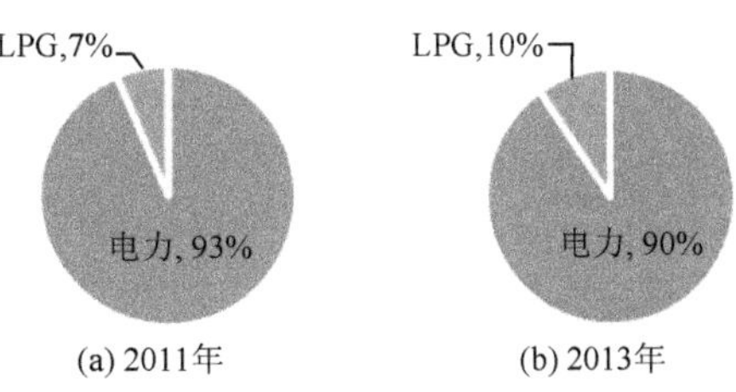

图 16.7　住宅能耗种类占比示意图

由图 16.7 可知，澳门住宅能耗以电力为主，其他能源以 LPG 的消耗为主，且近年来，电力平均消耗数量及占比在逐渐降低，这是澳门逐渐开展的住宅节能活动取得了成效，且人们的节能意识在逐渐提高的结果。

澳门居民住宅能耗和节能产品使用占比变化如图 16.8 所示。

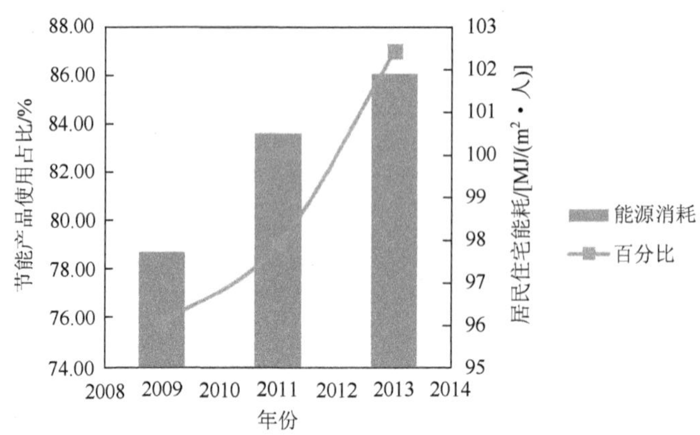

图 16.8　居民住宅能耗和节能产品使用占比变化示意图

由图 16.8 可知，居民住宅能耗在逐渐上升，但是，使用节能产品的家庭比重也越来越大，这说明澳门节能、环保的意识在加强，各居民家庭也开始逐渐采用具体行动践行节能减排工作。

为推广和扩大可再生能源的应用，自 2010 年开始，澳门特别行政区能源业发展办公室联同多个政府单位在澳门合作开展了太阳能光伏系统试验项目，并将示范工程延伸至社会房屋，2012 年 2 月濠江花园三座社会房屋屋顶的太阳能光伏系统正式投入运作。同时，完成了《太阳能光伏并网安全和安装规章》草案咨询及修改工作，并进行了光伏并网电价的研究，以进一步推动可再生能源在澳门的广泛应用。

16.1.3　居民住宅能耗特点与节能建议

澳门地区住宅主要能耗品种为电力和 LPG，且电力占绝大部分，故住宅节能应以节电为主，除了继续鼓励居民住户采用更多的节电产品和技术，也应鼓励居民在日常生活中减少不必要的电力消耗，同时鼓励居民采用节能型炊具，以减少 LPG 消耗。

在住宅建筑的设计上，应遵循被动节能措施优先的原则，充分利用天然采光、自然通风，结合围护结构保温隔热和遮阳措施，降低建筑的用能需求。

在可再生能源利用方面，建议扩大太阳能技术应用范围，推广太阳能光热或光伏与建筑一体化系统。建议探索发展中小型太阳能供热空调系统，以利于居民住宅使用。

16.2　澳门酒店的发展与现状

16.2.1　访澳门游客的变化

澳门是一个开放性的微型经济体，旅游博彩业在澳门经济的发展中起着至关重要的作用。澳门回归、赌权开放、世遗申报成功和多元文化的积累使澳门入境旅游者的来源更为广泛，其国际化的旅游目的地形象进一步确立。内地“自由行”政策的实施则使澳门入境旅游者的数量快速增长。自澳门回归以来，旅游业和博彩业经历了前所未有的高速发展，澳门的入境游客数量从 1999 年的 744.39 万人次增长到 2014 年的 3152 万人次，平均停留 1.0 天。访澳门游客数量变化状况如图 16.9 所示。

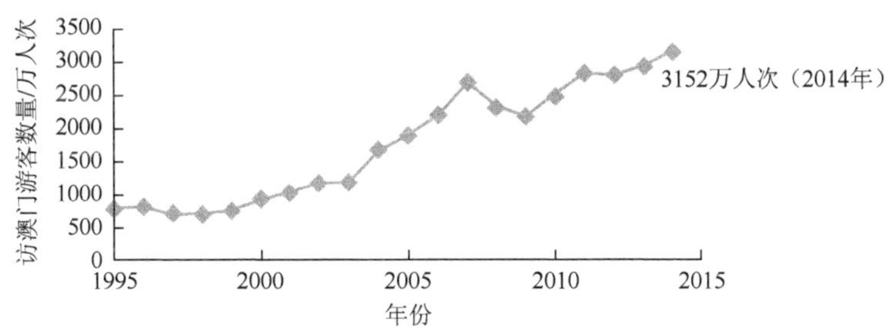

图 16.9　访澳门游客数量变化示意图

资料来源：《2014 澳门年鉴》

在金融危机和国家的宏观调控下，2008～2009 年，游客人数有所回落，但绝对数值依然很大。庞大的旅游人流在推动旅游博彩业高速发展的同时，也给澳门的酒店业提供了巨大的发展空间。可以预见，澳门入境游客正处于数量转型时期，但是入境游客的总量依然在高位徘徊。作为澳门经济支柱的旅游博彩业依然具有广阔的前景，酒店业具有雄厚的客源基础和成长空间，相应酒店的能耗在未来几年也将继续增长。

16.2.2　酒店业发展情况简述

受亚洲金融风暴和澳门社会经济发展的影响，澳门酒店业在 1997～2002 年的 6 年内一直处于低谷调整时期，酒店数量从 1997 年的 105 家减少到 2002 年的 38 家，客房数量由 1999 年的 9431 间跌落至 2002 年的 8954 间，澳门酒店的数量自 2004 年起有较大增长，而后，因为酒店的经营策略等事宜，总数出现反复变化，自 2010 年后由于新建酒店陆续落成，又有了较大增长。近年来，由于经济发展突飞猛进，建筑业一片兴旺，住宅楼宇的兴建也借着经济发展迅速的势头，几年间以倍数的速度递增，新的建筑物在澳门基本上可以随处可见，其中许多为新建设的酒店，澳门酒店企业的数量和变动率如图 16.10 所示。

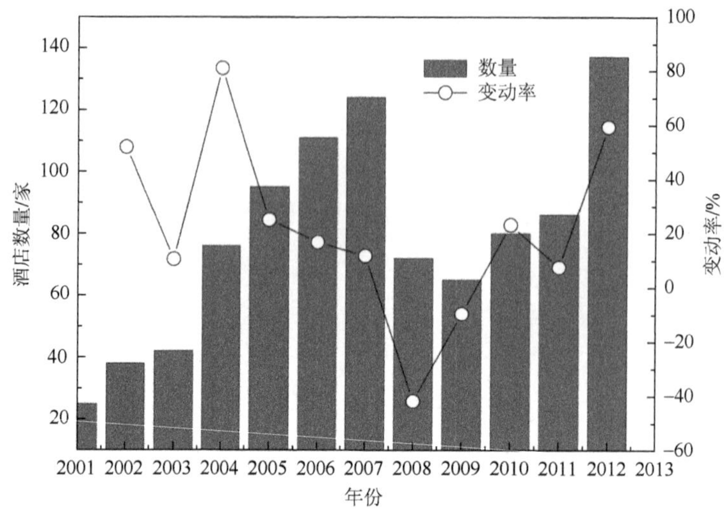

图 16.10　澳门酒店数量与变动率示意图

自澳门赌权开放后，酒店行业发展的低谷状态在 2005 年得以终结，该年的客房增加量达到 1664 间，2006 年比 2005 年则激增 2146 间。2007 年之后，澳门新酒店相继落成开业，酒店业继续呈现高速发展，至 2013 年客房总数已增长至 27 759 间，并呈继续增长的势头。截至 2015 年 12 月，酒店类别及数目分布如表 16.4 所示。

表 16.4　澳门酒店分布构成表

酒店星级	酒店数量/家	客房数量/间
五星级酒店	32	20 559
四星级酒店	17	7 719
三星级酒店	13	2 528
二星级酒店	12	812
公寓式酒店	32	631
总计	106	32 249

以上酒店的平均入住率在 81%左右，因此，澳门酒店基本处于接近饱和状态在运转。从统计数据来看，澳门酒店的客房数呈倒金字塔结构，五星级酒店的客房数量最多（含五星豪华级酒店），四星、三星、二星级酒店和公寓式酒店的客房数量依次降低。目前，澳门酒店的新增客房大都集中在四星级及以上的高星级酒店，因此，高星级酒店的能耗是现在及未来澳门酒店能耗的主体单位，为体现澳门酒店能耗的特征，酒店能耗研究应以高星级酒店为主。

16.2.3　酒店的空间分布及特征变化

澳门地少人多，旅游业和酒店业的发展深受人地关系的影响。澳门酒店在地域上呈集中化发展趋势，主要向商业便利的市中心、游客出入的近东区码头和风光优美的离岛集聚，澳门狭小的地域环境使得这种集聚更为集中，酒店业的用地成本因此而不断提升。另外，各高星级酒店都有专车往来于机场、码头、关口等游客进出聚集区域，接送游客来往于这些区域，这也使得澳门酒店在位置上更接近于交通便利的地区。

澳门酒店的功能及结构自回归以来经历了三个阶段的变化，1999～2004 年为第一阶段，此阶段的酒店除获得赌权的葡京酒店外，基本以满足赴澳游客住宿及餐饮为主，功能较为单一，澳门半岛地域有限，故占地面积不大，星级酒店的特色主要体现在豪华客房、高档餐厅和更加细致的服务上。2004～2007 年为第二阶段，2002 年澳门赌权开放后，博彩业的竞争使得与博彩业相关的酒店蓬勃发展，新建高档次的酒店层出不穷，这个阶段以澳门金沙酒店、永利酒店、渔人码头酒店、星际酒店为代表的酒店相继落成。这些酒店的功能以博彩为基础，以满足住宿为基本需求，同时部分增加了购物、餐饮、娱乐、艺术表演等功能，体现了综合化发展的特点。但是，由于澳门土地有限，这些酒店基本以单体高层大型建筑为主，同时在内部体现着功能区域化的特色。2007 年至今为第三阶段，以 2007 年威尼斯人酒店的落成及金沙城中心的建设为代表，澳门酒店走向了集群化、区域化、多功能化、特色化、高端化发展的方向。这一时期的酒店业主要体现着综合度假娱乐的特色，不再以单一建筑为主，而是多家酒店以分工合作联合发展为特征，集群化共同经营，在保持基础博彩功能的同时，增加了更多的新功能，如商店、电影、舞台剧、艺术表演等，而且体现了新的发展方向，如会展业等，这使得澳门酒店建筑的能耗分布更加多元化。

在空间分布上，澳门半岛区域的酒店以单体大型建筑为主，除永利酒店建设新建筑外，其他酒店基本上都是单体建筑。离岛区域（氹仔和路环）则在拥有大型单体建筑的同时（如新濠天地），体现着酒店集群化的度假村的特色（如金沙城中心、银河综合娱乐中心等）。对于澳门半岛的酒店能耗研究应以单体建筑为主，对于离岛区域的酒店能耗研究应以区域化建筑综合体为主。

16.2.4　澳门酒店建筑的功能

与其他类型的公共建筑相比，酒店类建筑有其自身的特点。而澳门酒店以博彩业为基础，故更加呈现出一些不同的特色。澳门酒店内有各种不同功能的设施，如餐厅、客房、娱乐中心、商店、桑拿房、健身中心、洗涤房、办公商务楼等，运营时间不同，室内环境及空调参数因客人的要求而不同，入住率的变化、室外温度变化等因素都会影响其能耗，因此，对于酒店的能耗分析必须分门别类进行研究。

根据澳门酒店建筑的特点，可以将其划分为如下几个典型的空间形式。

（1）门厅。门厅，也称大堂、中庭。若规模大并且贯穿多层，则为共享大厅。门厅是旅客建筑内部空间环境印象的起点，是酒店建筑空间组织的核心。门厅一般有入口、大堂值班经理、服务总台、休息区、交通组织、商务中心、零售商店等辅助设施。

（2）餐饮空间。一直以来餐饮空间都是酒店建筑的基本组成部分。标准的餐饮空间内容很多，但澳门酒店的餐厅作为博彩业的辅助设施，并不是酒店空间的主体。由于澳门酒店不仅为游客提供餐饮服务，还要满足酒店员工的餐饮需求，餐厅所占空间较大，且能耗较高。

（3）客房。客房是酒店建筑的主要功能部分，澳门高星级酒店中，客房一般占总面积的 50%～60%，且酒店建筑标准越低，客房所占比重越大。客房是酒店建筑中的私密性空间，应创造出和谐、宁静的休息环境和“家”的氛围。客房的标准同酒店建筑的标准是相应的，客房有单幢别墅、套间、单间的不同，通常可从总统套房、套房、单人间、标准间等分成若干档次。

（4）功能空间。澳门酒店建筑的功能空间指所有的多功能空间，是酒店建筑公共空间中最能体现类型差别的功能系统；其规模构成、项目构成和空间构成都与酒店建筑的类型直接相关，并在很大程度上影响着其他公共空间的功能构成。许多国际、国内组织常常使用酒店建筑的功能空间来进行各种招待会、年会；企业或公司团体的发展需要各种规模的空间来举行各种会议和培训等，也有很多会展借助酒店功能空间来实现，同时一些重大比赛也经常使用澳门酒店建筑的功能空间来进行。功能空间是澳门酒店建筑的新特征，是为酒店建筑更适应社会、更适应市场、更适应变化的未来而应运而生的空间形式，也是区别于其他酒店、最具特色的标识。

（5）娱乐空间。对于澳门酒店而言，博彩业的经营场所都是依靠各大酒店的娱乐空间。因此，娱乐空间是澳门酒店最核心也是最重要的场所。随着酒店建筑功能的不断完善和人们对娱乐健身要求的不断提高，娱乐空间在酒店建筑中越来越重要，现今娱乐设施已经成为衡量酒店建筑标准的依据之一。一般情况下，四星级以上的酒店几乎应具有全套娱乐设施。

（6）商场、停车场、内部使用空间。商场是酒店建筑必须具备的空间部分，对澳门酒店尤其重要，澳门酒店中的商场主要出售奢侈品、日常生活用品、地方纪念品和土特产品等，主要服务对象是酒店的客人。

停车场虽属酒店建筑中的次要空间，但必须考虑设置，停车场分为车场和车库（单层和多层）。车库设在地下层的居多，车库空间的构成取决于酒店建筑类型、规模、环境等诸多因素。

内部使用空间是相对酒店建筑公共空间而言的，包括洗衣房、设备用房（水、暖、电等各种机房）、备品库（家私、器具、纺织品、日用品及消耗物品库）、职工用房（行政办公、职工食堂、更衣室、医务室等），属于酒店建筑的辅助空间。

16.3　澳门酒店能耗特征与分析

16.3.1　澳门酒店基本能耗情况介绍

由于澳门高星级酒店的客房数量占比较高，本章以高星级酒店的实地调研和问卷结果为基础，梳理出酒店基本能耗状况。

1. 能耗经济性分析

以五星级酒店 A 为例，其 2013 年和 2014 年经济收益情况如图 16.11 所示。

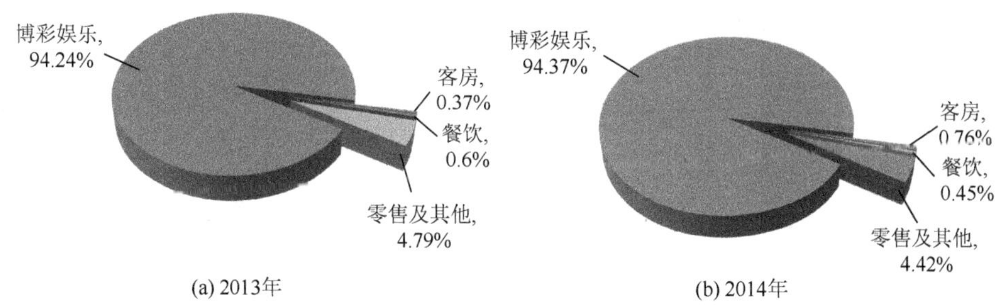

图 16.11　酒店 A 的收益结构示意图

从图 16.11 可知，酒店 A 的经营收益共分为四个部分：博彩娱乐、客房、餐饮、零售及其他。其中绝大部分收益来自于博彩娱乐（占比在 95%附近），其次为零售及其他，餐饮及客房收入只占总收入的极小份额。其经营总收益从 2013 年的 313 亿港元下降至 2014 年的 294 亿港元，下降率为 6%，这主要是由贵宾娱乐场的博彩营业额下跌以及贵宾娱乐场的净赢率下跌造成的。另外一个原因是酒店 A 自身商店、租赁店铺的业务额下降，导致这些部门的营业额也总体降低。

酒店 A 的 2014 年经营支出占比情况如图 16.12 所示。

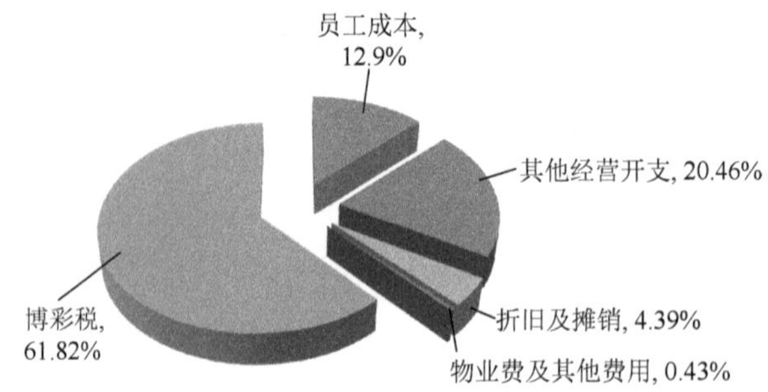

图 16.12　2014 年酒店 A 整体支出占比结构示意图

从图 16.12 可知，酒店 A 的整体支出中，博彩税占主体部分，其次是其他经营开支占 20.46%。其他经营开支中，包括博彩中介人佣金等 13 项支出内容，其具体结构如图 16.13 所示。

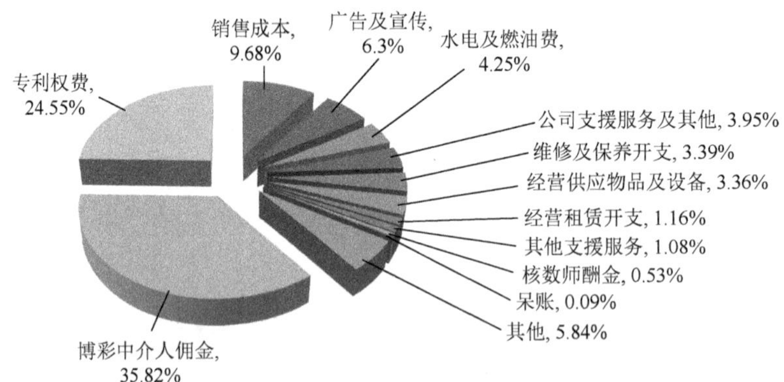

图 16.13　2014 年酒店 A 其他经营开支结构示意图

从图 16.13 可知，在其他经营开支的项目中，与能源相关的水电及燃油费占 4.25%，综合图 16.11～图 16.13 可知，酒店能源费用相关开销占总收益的 0.7%。

类似地，结合调研的另外三家都具备博彩功能的同星级酒店，其酒店能耗经济性分析综合如表 16.5 所示。

表 16.5　2014 年酒店能耗消费示意表（五星级及五星豪华级酒店）

酒店	能耗费用/MOP①	收益/MOP	占比/%
A	206 482 402	29 444 855 000	0.7
B	83 623 572	9 296 083 754.02	0.90
C	276 620 196	24 846 343 823.25	1.1
D	321 420 468	32 161 203 333.73	1.0

① MOP 为澳门元。

从以上的对比计算分析可知，五星级及五星豪华级酒店的能耗费用各有不同，但能耗费用在收益中的占比在 0.7%～1.1%。由此可知，澳门豪华酒店的能耗费用支出占比不大，这是因为以上酒店的主要收益以博彩收益为主，故能耗费用尽管数量很大，但与总收益相比，占比较低。

2. 能耗构成品种分析

与其他类型的公共建筑相比，酒店类建筑有其自身的特点，而且酒店能耗与当地自然条件、能源禀赋有直接关系。澳门地区的能耗结构以电力、LPG、柴油、重油为主，酒店能耗也要符合这一特性，结合调研结果，酒店 A、B、E、F 的能耗种类构成如图 16.14 所示。

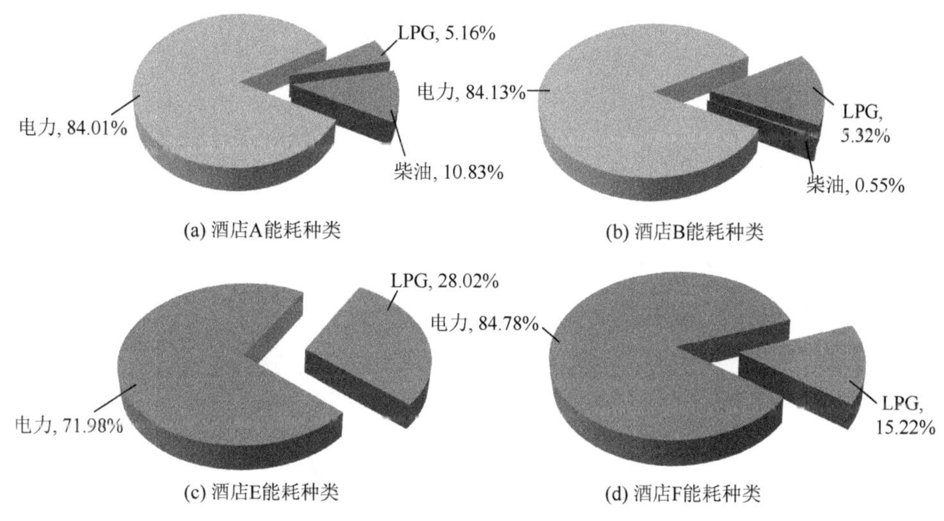

图 16.14　澳门酒店能耗种类构成

由以上分析可知，澳门酒店能耗以电力为主（大部分约占整体能耗的 84%），因此，研究酒店能耗应以研究电力消耗为主。其余 LPG、柴油、汽油的消耗与各酒店不同的经营特点及服务理念有关。例如，各大型酒店都有专车往来于所属酒店与机场、码头之间以接送客人，这部分能耗虽然属于交通领域，但也是酒店能耗之一。根据以上分析可知，澳门豪华五星级酒店的节能应以节约电力消耗为主。

以建筑面积为标尺，可以得到酒店平均建筑面积能耗对比，如表 16.6 所示。

表 16.6　酒店平均建筑面积能耗对比（超豪华五星级）

酒店	平均耗电量/（kW・h/m^2）	平均总耗能量/（GJ/m^2）
A	516.2	2.21
B	455.9	1.95
E	655	3.28
F	233	0.98

由表 16.6 可知，澳门酒店平均耗电量约为 500kW・h/m^2，酒店 F 的耗电量较低的原因在于，其空调冷冻水及部分生活热水由外购获得，酒店自己只负担部分空调及生活热水的能耗，所以酒店总体能耗较低。酒店 E 的平均耗电量和平均总耗能量较高的原因在于，该酒店的高能耗装饰性灯具较多，使得总体能耗水平较高。因此，酒店能耗应从具体功能需求角度进行分析。

3. 主要功能需求能耗总览

为识别酒店能耗主要满足的功能需求，以酒店 A、D、F 的实际调研数据为基础，列出酒店功能能耗构成，如图 16.15 所示。

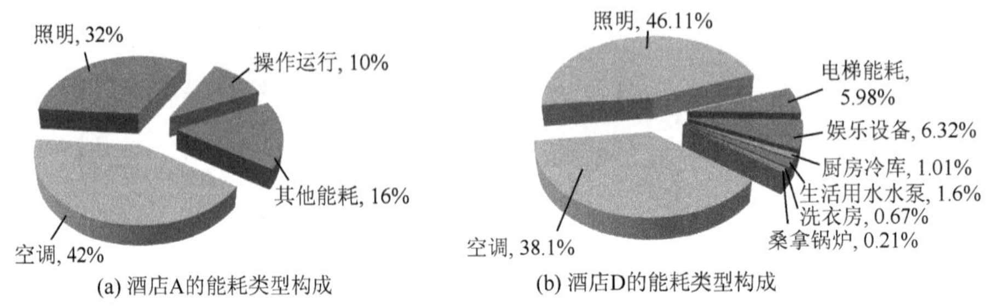

(a) 酒店A的能耗类型构成　(b) 酒店D的能耗类型构成

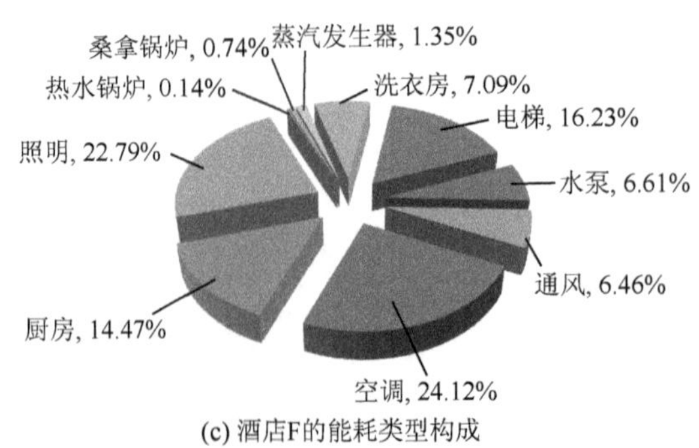

(c) 酒店F的能耗类型构成

图 16.15　酒店能耗类型构成示意图

由图 16.15 可知，酒店主要能耗以满足空调、照明用能为主，尽管酒店 F 的空调冷冻水由外购获得，但是酒店自身依然承担着空调末端用能、独立空调系统供能，因此，空调能耗占比还是很大。另外，照明也是酒店的主要能耗项目，故只有对酒店的空调和照明系统进行用能分析才能明晰酒店能耗的主要问题。

16.3.2　澳门酒店主要功能需求的能耗分析

1. 空调系统能耗分析

澳门属夏热冬暖气候地区，冬季一般不需使用暖气采暖，酒店冬季由热泵进行供热。但夏天一般开空调降温，且空调使用周期较长。空调系统的能耗部件一般包括：制冷机组（主要为压缩机及附属设备）、冷却塔、循环泵、末端系统等，以酒店 A 的空调系统能耗为例，其构成如图 16.16 所示。

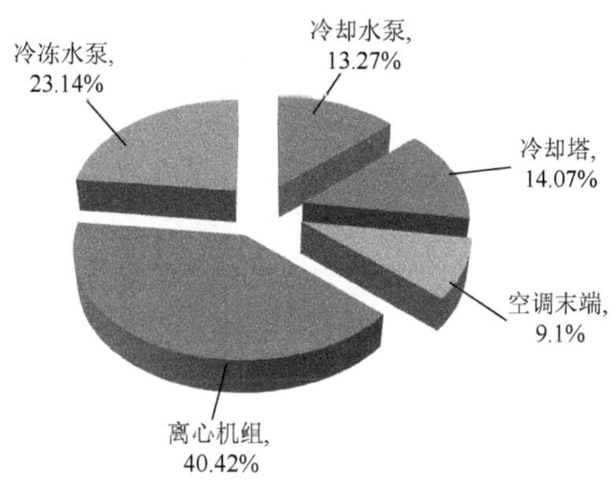

图 16.16　酒店 A 的空调能耗构成

由图 16.16 可知，空调能耗以制冷系统的离心机组能耗为主。这是因为离心机组承担着为满足酒店整体用冷需求而提供冷量的任务。而其能耗量不仅与酒店整体负荷有关，也与制冷压缩机机组性能有关。因此，改善机组用能状况，提升节能水平，除了考虑降低负荷需求，还应注重提高制冷机组的整体性能。各酒店制冷机组形式和性能参数如表 16.7 所示。

表 16.7　酒店制冷机组形式与性能参数（制冷）

酒店	制冷机组形式	制冷性能系数
A	离心式	4.5
B	离心式	4.6
D	离心式	5.0

续表

酒店	制冷机组形式	制冷性能系数
E	离心式	4.6
G	离心式	5.6
H	离心式	4.5

由表 16.7 可知，澳门酒店空调制冷机组基本为离心式机组，该类型的制冷机组具有排气量大、结构简单紧凑、重量轻、机组尺寸小、占地面积小、运转平稳、可调速等特色。但也存在稳定工况区较窄、虽可调速但经济性差、效率比往复式压缩机低等缺点。而从制冷性能系数的调研分析可以看出，其性能还有可以提高的空间（三级压缩式离心式制冷机制冷性能系数可达 7.0 以上）。因此应从提升机组性能的角度寻求节能措施。酒店离心机组构成形式如表 16.8 所示。

表 16.8　酒店离心机组构成形式

酒店	结构形式	改进
A	三级压缩	部分变频
E	三级压缩	部分变频
G	两级压缩、三级压缩	部分变频

还应注意到，酒店冷冻水泵、冷却水泵等设施的能耗水平也较高，这不仅与机组整体运行负荷相关，也与配套设备的能效水平、系统整体优化程度等因素相关。改善这部分的用能，需要从提升设备运行效率、降低负荷、系统整体优化的角度通盘考虑。

若酒店所需空调冷冻水由外购获得，以酒店 F 为例，则其自身负担的空调能耗结构如图 16.17 所示。

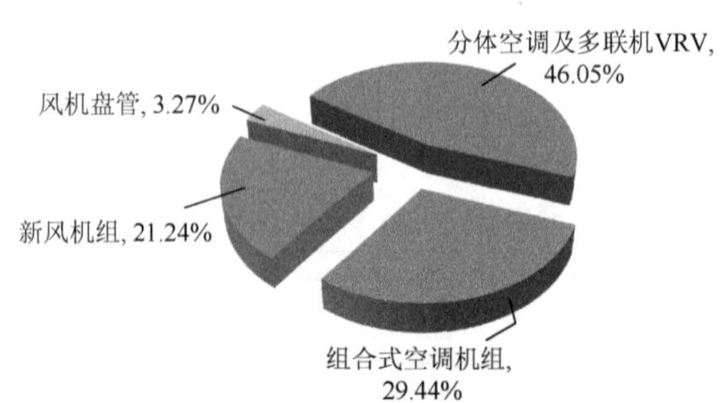

图 16.17　酒店 F 的空调能耗构成

由图 16.17 可知，若排除制取空调冷冻水能耗后，酒店 F 的空调能耗以分体空调及多联机变制冷剂流量（variable refrigerant volume，VRV）空调系统能耗为主，另外，为满足不同空间的特殊环境需要（如酒店的机房室）等，组合式空调机组的能耗需求也是必须考虑的问题。这需要结合不同的功能需要确定用能优化策略，而新风机组的能耗则需要结合对新风温度、湿度控制的要求进行研究。

以酒店 H 的功能区域为研究对象，可得不同区域的空调能耗，如图 16.18 所示。

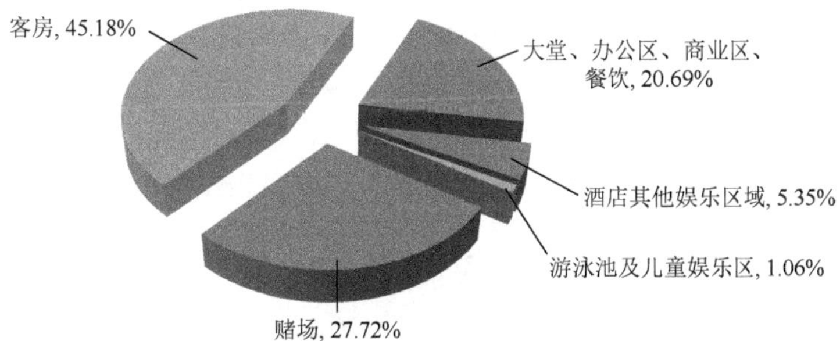

图 16.18　酒店 H 的不同功能区域空调能耗构成（含赌场）

由图 16.18 可知，酒店的空调能耗以客房、赌场的需求为主。因此，节能应从客房、赌场的空调设备及技术的角度出发，进行能耗分析和节能改造。客房能耗以满足住客对环境空间品质的要求为主，因此，其能耗分析应以室内环境空间的主要参数设定以及空调末端设备能耗为主。对于赌场，由于它是开放空间，其室内空气流动组织形式、送风方式是应重点考察的对象。另外，赌场空调不仅要满足游客对于空间品质的需求，也要满足赌场设备（如娱乐机、照明灯具等）的散热需求。因此，赌场空调的负荷应从设备能耗和游客数量等角度综合考虑。与客房不同的是，赌场是 24 小时开放的，因此赌场空间的主要指标参数（如温度、湿度等）应维持 24 小时平稳运营。如果酒店不含赌场，以酒店 F 为例，那么其不同功能区域的能耗构成如图 16.19 所示。

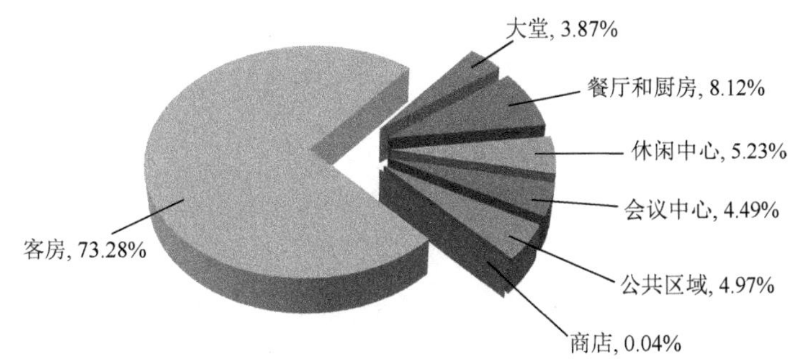

图 16.19　酒店 F 的不同功能区域空调能耗构成（不含赌场）

由图 16.19 可知，若不含赌场，则酒店主要空调需求为客房部分。因此，减少客房部分的空调能耗就是节能的主要目标。

2. 照明系统能耗分析

为满足不同功能区域对于照明的要求，酒店照明系统也采用了不同的灯具和设备以实现不同的照明效果。高星级酒店往往会利用不同照明设备的组合来实现自己独特的风格。因此，照明系统更多是体现酒店的艺术及装潢理念。以酒店 A 为例，其不同照明设备的能耗结构如图 16.20 所示。

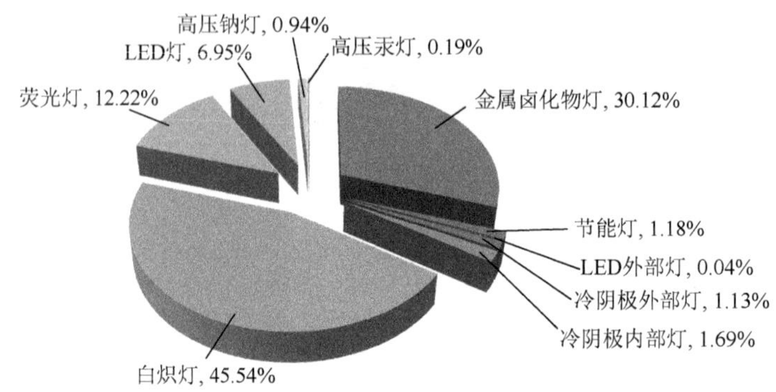

图 16.20　酒店 A 的照明设备能耗结构

由图 16.20 可知，酒店 A 的照明能耗占主体的是白炽灯、金属卤化物灯、荧光灯。LED 灯、冷阴极灯等尽管运用的数量很多，但是总体能耗偏小，因此，酒店照明能耗的节能应以替换白炽灯、金属卤化物灯等照明器具为主。若不考虑赌场因素，以酒店 F 为例，其照明设备能耗结构如图 16.21 所示。

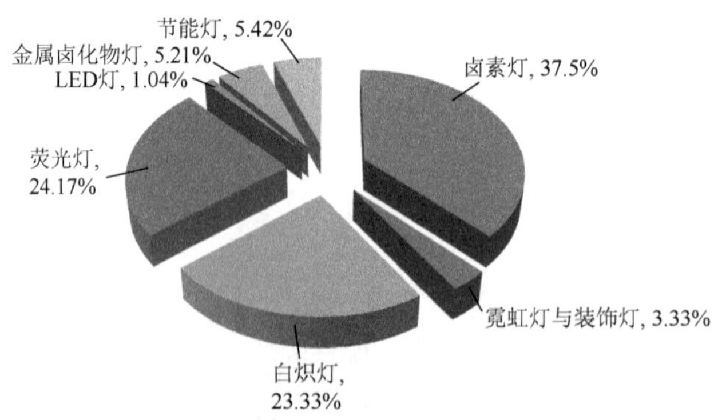

图 16.21　酒店 F 的照明设备能耗结构

由图 16.21 可知，即使没有赌场因素，酒店照明能耗还是以卤素灯、白炽灯等为主（目的是满足室外夜间装饰装潢的需要），因此，节能应以该类型灯具的替换为主。

16.4　澳门酒店能耗现存问题与分析

16.4.1　澳门现有建筑节能政策与标准研究

1. 澳门地区标准介绍

澳门特别行政区能源业发展办公室于 2009 年制定了《澳门建筑物能耗优化技术指引》（简称《指引》），《指引》介绍了建筑物于设计及建造阶段关于建筑节能的考虑，该《指引》主要包含建筑设计及节能材料技术、可再生能源利用技术及建筑设备节能技术三个方面。

该《指引》主要从设计考虑和技术应用来推动建筑物自身的节能，《指引》中提到建筑节能是通过节能材料的使用、先进技术的应用及合理设计的整合，达到在建筑使用过程中，用户能减少能源消耗的目的，同时《指引》中指出，合理设计的重要性大于技术因素，技术系统的重要性又大于单纯材料，其主要内容如下。

（1）建筑节能规划设计。建筑节能规划设计要对建筑物的基地总平面布置、建筑物平立面形式、太阳辐射、自然通风气候参数对建筑能耗的影响进行分析，建筑节能规划设计应考虑建筑物的朝向、建筑物的平面布置、建筑物的窗墙面积节能规划、建筑物玻璃节能规划和绿化对建筑节能的影响。

（2）建筑围护结构的保温与隔热。建筑围护结构的保温性能是建筑设计的重要节能措施，建筑物的能耗在围护结构中的主要途径是热传导、冷风渗透和散热，若建筑围护结构具有良好的保温和隔热性能，便可减少冬季室内传出室外的热量和夏季室外传入室内的热量，也可减少为保持室内环境热舒适度所需要提供的空气调节的能量，即制冷和供暖；建筑物保温与隔热可分为墙体保温与隔热、门窗保温与隔热和屋面保温与隔热。

（3）建筑遮阳。夏热冬暖地区的太阳辐射对建筑能耗影响非常大，建筑物在夏季应主要考虑遮阳与隔热，以减少太阳直接辐射热进入室内为主要目的的隔热、防热措施称为建筑遮阳。建筑的绿化、建筑物的布局、座向、日照、风向、气象等建筑外部环境，以及建筑开窗部分之外遮阳板与玻璃遮蔽系数都是建筑遮阳考虑因素，建筑围护构件如墙体、屋顶等也都有遮阳的功效。

2. 澳门建筑节能及用能评价方法思考

《指引》中提到，建筑节能规划设计要对建筑物的基地总平面布置对建筑能耗的影响进行分析，应考虑建筑物的朝向、建筑物的平面布置对建筑节能的影响。但澳门属建筑物密集型城市，由于最初没有有效的城市规划，规章制度不完善，加上缺乏土地，有限的土地都会尽可能被用作兴建建筑物，很多建筑物更与相邻的建筑物紧靠着，在朝向、体形和造型上有很大的局限性，若以建筑物朝向和平面布置来达到建筑物的节能要求，相信会比较困难且不切合实际。

对于酒店类建筑物，节能设计中比较重要的为外围护结构节能设计，只要能掌握建筑物外围护结构的开窗、方位、遮阳、隔热等设计参数，就同时掌握了建筑物八成以上的耗能比率；而对于外围护结构节能设计，只要规范了外围护结构导热系数、窗墙面积比和遮阳，就可以有效保证外围护结构的有效节能功效。需注意的是，在酒店类建筑中，客房占有大部分的空间，客房的能耗依然与上述参数有关，因此，对于酒店类能耗的研究，也应掌握上述参数。以酒店 C 为例，其外围护结构参数如表 16.9 所示。

表 16.9　酒店 C 外围护结构类型及参数

项目	类型	导热系数/[W/(m^2·K)]
围护结构	混凝土剪力墙	1.63
	玻璃幕墙	1.57
外窗	双层中空玻璃	1.57
玻璃	Low-e	1.57
保温	内部保温	—
遮阳	无遮阳	—

表 16.9 所示数据表明，澳门酒店外围护结构采用混凝土剪力墙、玻璃幕墙等类型结构，该类型结构的导热系数均较高，由此会导致酒店空调负荷能耗较高。但也需指出，酒店选择了中空式双层 Low-e（低幅射）玻璃，该类型玻璃具有导热系数低、坚固耐用、保温性好等特色，有利于降低空调负荷。但是，酒店为保证室内的采光率，没有在玻璃内层加涂反射涂料，降低了其隔热性能。

通过对中国大陆和台湾地区的标准与规范的了解，规范屋顶和外墙的导热系数是外围护结构节能设计中的一个重点[5]，根据中国大陆和台湾地区的标准，屋顶的导热系数 K 值均小于 1.0W/（m^2·K），此规定数值比外墙规定的导热系数小的原因在于屋顶的节能措施虽然对整栋建筑的节能贡献不大，但对顶层房间的室内热环境而言是非常重要的，因此在澳门建筑能耗的研究中也应考虑此点。

两个标准或规范在确定窗墙面积比时均考虑了外窗遮阳的效果，显示外窗遮阳的重要性，中国台湾地区的规范把开窗形式也考虑在等价开窗率中，由于澳门地区新建的建筑物中已逐渐趋向观景式的大窗户，把开窗形式的通风修正系数和外遮阳修正系数与窗墙面积比同时进行考虑，相信比较切合澳门的实际情况，应在能耗分析时考虑。

中国内地的标准中对于建筑物节能设计未能完全符合标准中条文限值的规定时，可以用“对比评定法”对建筑物进行节能评估；澳门地区受地块限制，大多数建筑物外围护结构若按照单栋建筑物的节能要求设计将会造成浪费或不合理，引入“对比评定法”可使建筑节能设计和评估更加具有弹性，建筑物只要不超过总体的节能要求最低值便达到节能的效果，这一评定方法值得在澳门地区的酒店能耗分析中使用。

16.4.2　酒店已采用的节能措施

1. 空调系统节能措施

澳门各酒店空调能耗状况不同，各酒店都针对各自空调能耗的特点，采取了不同的节能措施，根据调研结果，一般性的措施归纳总结如下。

（1）利用热泵机组实现余热利用。该技术主要利用高效离心式热泵机组实现空调冷冻水回水废热利用。利用热泵供给的热量除了可以满足生活热水用热的需要，还能够实现对蒸汽锅炉回水进行预热，从而达到节约锅炉 LPG 能耗的目的。同时，热泵系统降低了冷冻水回水温度，从而降低了制冷系统冷负荷，节省了压缩机功耗，从而实现了空调系统节电的目的，以酒店 H 为例，其热泵余热回收系统如图 16.22 所示。

（2）离心压缩机变频技术改造。部分酒店对所用离心制冷压缩机进行变频技术改造。大型离心式压缩机空调用冷水机组大部分时间是在部分负荷下运转的，在这些时间里，往往气候不是最炎热的，环境温度比较低，离心式冷水机组工作的冷凝温度比较低。因此，变频离心式冷水机组由部分负荷转速降低造成排气压力降低，也能与较低的冷却水温度相适应。相关研究表明，通常变频离心式冷水机组可以比定频离心式冷水机组年节电 30%～35%，在特殊的部分负荷点运行时，可以比定频离心式冷水机组节电 75%。一般情况下，在 2～3 年内，变频离心式压缩机冷水机组所节省的运行费用，可以补偿变频离心式冷水机组和定频离心式冷水机组初始投资的差价。

（3）优化送风系统。部分酒店根据气候变化特征提升及优化空气分配系统，主要是满足不同区域送风要求，避免对无空调要求区域的送风浪费。以酒店 G 为例，经过对空气分配系统的改造（包括设立自动程序控制风量、改造送风模式等），实现每年省电达 800MW・h。

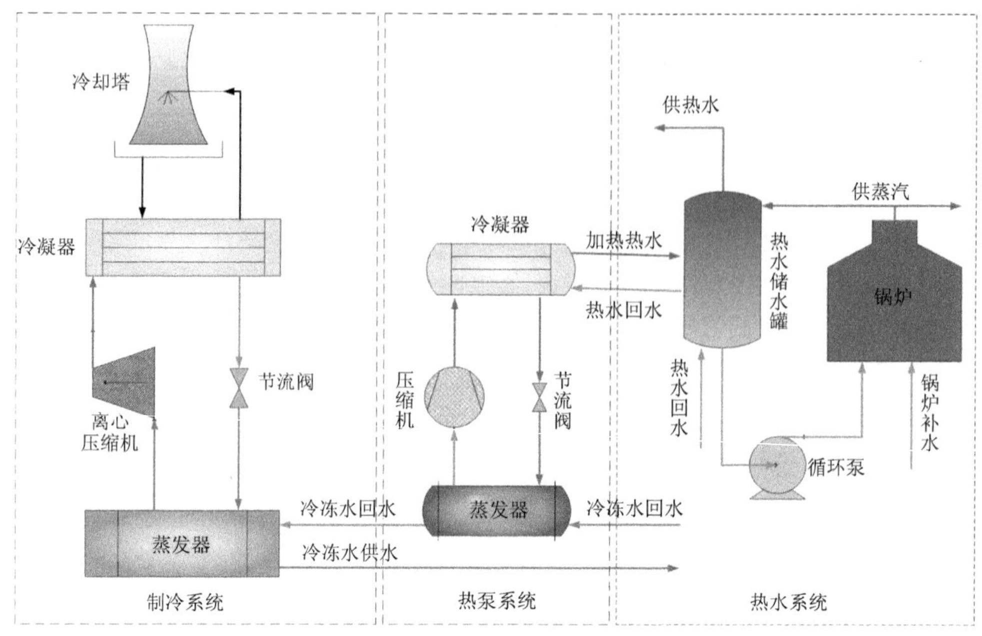

图 16.22　酒店 H 热泵余热回收系统示意图

（4）改造冷却塔系统。从前面分析可知，冷却塔能耗在整体空调能耗中占比不小，改造冷却塔的方式主要包括：安装最佳冷却塔控制程序，应气候变化为制冷机组自动选择最佳的冷却塔配置。以酒店 G 为例，经此一项改造，每年可省电 150MW·h。

（5）局部空间温度控制系统改造。为确保对后勤及公共区域的空调机组进行更好的温度控制，部分酒店对局部空间的温度控制系统进行了改造，安装了智能恒温控制器，可根据房间负荷的变化来调整送风温度和送风量，酒店 G 经此改造，可以实现每年省电 80MW·h。

2. 照明系统节能措施

（1）LED 灯具替换。对于澳门的五星豪华级酒店，其外观及室内灯饰非常多，目前许多酒店已对所使用的霓虹灯、卤素灯、装饰灯等进行 LED 灯具替换，部分酒店计划今后两年完成全部的高能耗灯具 LED 替换，实现酒店灯具全节能的目标。

（2）T8 型荧光灯灯具替换。部分酒店将 T8 型荧光灯替换为 T5 型荧光灯。T5 型电子式节能荧光灯管比 T8 型传统灯省电 40%以上，在有照明亮度要求的地区，采用 T5 型灯管替换 T8 型灯管是一个较为可行的选择。

3. 其他节能措施

（1）蒸汽锅炉的冷凝水热量回收。个别酒店尝试回收蒸汽锅炉的冷凝水热量，首先蒸汽锅炉提供蒸汽给厨房使用，然后回收冷凝水用来洗碗。餐厅的热水需求量很大，若能回收部分蒸汽冷凝热，则能节省很多热水耗量。

（2）电梯能量回收发电系统。酒店 H 创造性地安装了电梯能量回收发电装置，即回收直行电梯下降时产生的势能落差，并利用此落差发电，发出的电量直接与外部电网并网，实现在电梯上升时耗电、在电梯下降过程中发电的目的。

（3）扶梯节能系统。部分酒店对大部分扶梯安装了节能控制系统，能够做到有人时开启、无人时停止运行，从而避免了扶梯空转而带来的能源浪费。

（4）可再生能源利用。在可再生能源利用方面，部分酒店已经做了应用计划，酒店 E 在日常运行中，观察到客房露台的日照时间长，故准备在露台设立太阳能热水器供应餐厅热水，从而节省热水能耗。

4. 酒店对节能工作的管理措施

（1）具备建筑能耗综合管理自动化系统。为完善酒店能耗管理，各大型酒店在建或拥有建筑自动化管理系统，在利用率低的公共区域实现远红外控制等单独自动控制方式；能够对空调系统关键设备实现参数反馈和自动控制，包括末端控制、冷机群控等；自动化管理系统除应用于设备能耗测量之外，在日常管理中也可实现自动调节和最优化控制。

（2）具备电能质量管理体系。各大酒店有针对电能质量、功率因数和谐波控制的运行规范手册，有人工或自动手段检测和记录的电能质量数据，部分酒店还应用削峰填谷能量储存设备实现电费账单结构优化，应用滤波等装置进行电能质量和谐波校正。

（3）积极开展能源审计工作。各酒店实现了配电室线路分布优化、用电分项计量；燃气、蒸汽、供水等采用能耗分项计量；定期进行能源账单梳理和分析，进行简单内部能源审计；部分酒店曾聘请节能服务公司进行专业节能诊断，并按照审计报告制订相应的措施；另外，还对来年能耗水平进行预估并进行总量控制。

（4）有效的设备运行维护管理。各酒店有专门的设备运行维护管理和执行机构，制定并实施定期维护保养计划；制定并实施针对建筑夜间运行的专项措施；对空调通风系统按照国标或其他标准进行定期的检查和清理。

（5）系统化的内部及外部交流。各酒店制定了相应的制度，定期召开能耗和节能相关会议；定期开展内部节能和管理技术培训；定期发布能效和能源管理报告并指明改善建议；制定并执行对员工的节能、节水、节材相关制度和考核标准；有专门稳定的能源管理和节能组织机构；高管层对能源管理工作有明确的职责和权利划分。

16.4.3 现存问题及原因分析

尽管酒店在节能方面做了许多工作，也取得了很好的成效，但依然存在一些共性问题，归纳总结如下。

（1）酒店设计建造阶段没有统一的节能指导性标准。《指引》颁布于 2009 年，而许多酒店是在此之前设计和建造的，因此缺乏统一指引。另外，如前所述，该《指引》是没有强制性、约束力的标准，因此，之后建造的酒店更多的只是作为参考而不是强制性遵守。澳门高星级酒店多为国际性酒店管理集团进行管理，建造时多遵循国际绿色建筑评价标准，如美国 LEED（Leadership in Energy and Environmental Design，绿色能源与环境设计先锋）标准、英国 BREEAM（Building Research Establishment Environmental Assessment Method，英国建筑研究院环境评价方法）标准、加拿大“绿色建筑挑战”GBTool、日本建筑物综合环境性能评价体系 CASBEE（Comprehensive Assessment System for Building Environmental Efficiency，建筑物综合环境性能评价系统）等。但是，需指出的是，澳门有其独特的气候、地理条件，需结合自身自然特点确定符合其酒店业发展的绿色建筑标准，如果照搬国际标准，有可能会不符合澳门的实际情况。

（2）酒店空调负荷过大，存在过度设计的问题。酒店空调主要为满足客房及赌场空间温度、湿度和污染物控制的需要。其中温度需求直接决定空调负荷的大小。另外，酒店外围护结构、制冷系统的形式及制冷性能系数等也与空调负荷大小有关，结合中国住建部公布的《公共建筑节能设计标准》（GB 50189—2015）中关于夏热冬暖地区建筑标准规定的参数，其对比如表 16.10 所示。

表 16.10 澳门酒店参数与住建部标准对比

酒店参数	数值	住建部标准
房间温度	23℃	25℃
外围护结构导热系数	1.63W/(m^2 • K)	≤1.5
制冷系统制冷性能系数	4.2～5.6	5.7

由表 16.10 分析可知，澳门酒店实际运行参数基本上都不符合住建部标准，这是因为酒店建设时并未遵循住建部绿色建筑的标准，且住建部的标准近些年也在逐渐变化而趋于丰富和完善，故澳门酒店的实际运行参数很难符合住建部公布的标准，而且为保证住客对于舒适性的要求而使得空调温度等参数的设计值过低，就会导致空调负荷过大。另外，由于澳门酒店的空调负荷是在满足酒店最大接待能力的假设条件下进行设计的，而该设计是为了满足极端情况出现时（如酒店赌场、客房人员数目全部达到最大峰值），仍能实现对酒店房间、赌场温湿度的控制。

然而，在日常运行中，其人员及设备负荷往往达不到极端峰值的状态，以酒店 G 为例，其日常运行负荷往往只相当于设计负荷的 50%～60%，这就使得酒店设备的选型过大，效率降低，从而导致整体系统能耗较高。

（3）酒店空气处理形式不够先进，大空间送风形式不合理。酒店的空气处理多采用温湿度联合控制方式，即先对空气通过制冷降温除湿来实现湿度控制，然后通过空调末端的加热系统进行升温来实现温度控制。在制冷除湿和末端加热的过程中，由于没有有效地回收热量，存在着能量的浪费。另外，酒店赌场都有较为宽敞的空间，其空调送风形式多采用顶棚送风、上送上回的方式。该方式由于避免了在地面设置送回风装置，有利于地面空间的高效使用。但是也应看到，该方式对于送风速度、送风温度都有较高要求，故而能耗较高。

（4）已采用的节能方式效果有限。如前所述，酒店为实现节能目标，采取了许多节能措施。但是，由于建设规模和技术水平的限制，节能效果有限。以热泵余热回收利用应用工程为例，许多酒店都采用了该技术进行余热回收并提供热量，但是普遍存在着热泵系统规模建设过小、余热回收量有限等问题。这是因为，热泵系统需要有较大规模的初投资，且设备体积过大、占用空间较多，这不利于酒店空间使用。因此，各酒店对于建设规模较大的热泵系统进行余热回收并不热衷。

（5）分布式能源系统缺乏建设基础。以吸收式制冷技术为基础的冷、热、电联供（combined cooling heating and power，CCHP）系统为代表的分布式能源技术具有能够实现能量梯级利用、能效水平高、节能效果明显等优点。但是因为分布式能源系统建设需要较大的土地面积，不利于酒店土地的商业化开发，同时，酒店担心建设分布式能源系统会造成过度发展而产生浪费，所以对该项技术持消极态度。另外需说明的是，澳门法律规定，出于安全性考虑，普通商家不能囤积大量重油，这也使得利用燃烧重油的吸收式制冷技术来实现冷、热、电联供变得不可实现。

（6）可再生能源开发空间较低。部分酒店准备利用建筑物外部空间，采用太阳能进行供热和发电。但是由于澳门地少人多，建筑物密集，可以利用的太阳能空间极为有限，从而限制了酒店对于太阳能的深度开发。同样的原因使得以单体建筑为基础的小型风电技术可利用的空间较低。另外，由于澳门属于夏热冬暖地区，冬、夏季对于制热和制冷的负荷需求相差较多，这不利于地源热泵的利用和开发，使得地表浅层热能的可开发程度降低。

（7）过度装潢造成的能耗巨大。各酒店为吸引游客、体现艺术特色，都对酒店内部及外部空间进行了充分装修。该种装修一般都采用了大量高能耗的灯具，以满足不同装饰及宣传需求。由于 LED 灯并不能完全满足不同类别需求，酒店为了保证所设计的样式不受影响，而不愿将其中的部分高能耗灯如白炽灯、卤素灯等进行替换。而这将影响酒店照明能耗降低程度。

（8）酒店对节能没有迫切需求。如前所述，酒店总能耗费用占比极低（不到

1%），酒店经营的绝大部分收益来自于博彩业，故酒店的总体布局和功能都要服务于博彩业的需要。而能耗问题整体费用占比不高，不是酒店经营中主要关注的部分。因此，对于节能改造除了出于带来部分经济利益的考虑，主要出于维护企业形象、尽企业社会职责。对于可能采用的大规模节能改造工程，若影响到博彩业的经营，酒店则会拒绝进行相应的改造，这也会影响到酒店的节能成效。

16.4.4 推荐采用的节能措施

酒店建筑与写字楼及商场等公共建筑不同，其特点如下。第一，营业时间长，一般全天都需开启空调。第二，由于其居住人数变化很大，空调供冷负荷受入住人数影响很大。第三，宾馆一般提供 24 小时热水供应，因此供热除需要满足空调负荷外，还需满足洗浴用水用热。特别是澳门酒店，由于需要满足游客对于博彩的需求，需要 24 小时提供娱乐设备及相应服务。设计人员对宾馆建筑进行设计时，由于缺少对宾馆建筑供冷负荷变化的定量分析（如居住人数的变化对供冷负荷会有多大影响），以及热水负荷所占比重和变化规律这些方面的数据，并且考虑到娱乐场所对于空间需求的特殊性，在设计时不得不凭经验取其最大值，从而造成很多宾馆建筑设备选型过大以及整体空调构成形式不合理。针对以上的情况，建议采用一些有效的措施以实现酒店建筑能耗节能。

1. 对现有离心式制冷机组进行磁悬浮式改造

无油离心式磁悬浮压缩机是一种完全不需要使用润滑油的压缩机，其结构如图 16.23 所示。

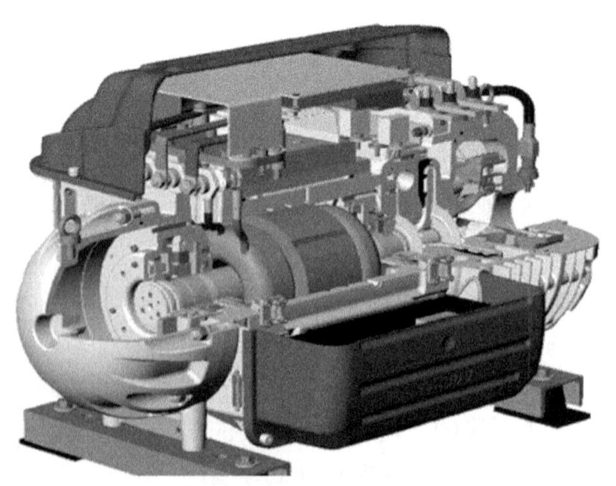

图 16.23 无油离心式磁悬浮压缩机结构示意图

磁悬浮压缩机轴承并非机械轴承而是磁悬浮轴承，利用磁铁异性相斥的原理，轴承内径与轴的外径同极，使轴承的内径与轴相互之间不接触。电动机、驱动轴，以及离心叶轮都被磁力轴承托起，处于没有直接接触的悬浮状态，因此消除了机械摩擦，在实际运行时，而代之的是气流摩擦，而气流摩擦损失只是机械摩擦损失的 2%，并且能够极大地降低噪声。不仅如此，它还减少甚至消除了机械摩擦所产生的效率损失、振动和噪声等问题。由于压缩机避免了机械摩擦，压缩机不再需要润滑油和润滑油系统，使压缩机的效率极大地提高。

磁悬浮压缩机的另一特征是可以实现部分负荷下较高的运行效率。这是因为直流式变频压缩机可以实现变速运行，是一种可变压缩比的压缩机。尤其对于澳门酒店空调大部分处于部分负荷下运行的状况，离心式磁悬浮压缩机更加适合澳门酒店的要求。但需指出的是，由于澳门酒店制冷量需求较大，而离心式磁悬浮制冷系统初投资较高，建议采用常规的离心式机组与磁悬浮式机组搭配的方式，这样可以兼顾系统节能和降低造价的关系。

磁悬浮压缩机的另一大特点是将高度的数字化技术结合到了压缩机中。该型压缩机整合了电磁测量与控制系统、交流/直流变频电源转换与管理系统、软启动控制系统等，使其大大异于传统的机械式离心压缩机，现有研究表明，磁悬浮压缩机制冷性能系数可高达 7.18，综合节能效果与传统离心式制冷压缩机相比接近 20%。

2. *采用温湿度独立控制空调系统*

传统的空调系统均通过空气冷却器同时对空气进行冷却和冷凝除湿，生产低温干燥的送风，实现排热排湿的目的。这种方式存在如下问题：①热湿联合处理所造成的能源浪费。显热负荷占总负荷的比例为 50%～70%，潜热负荷占总负荷的比例为 0～50%。原本可以采用高温冷源来承担，却与除湿共用 7℃冷冻水，造成了利用能源品位上的浪费，这种现象在澳门这样的湿热地区表现得尤为突出；经过处理的空气，湿度可以满足要求，但会引起温度过低的情况发生，需要对空气进行再热处理，进而造成了能耗的进一步增加。②空气处理的显热与潜热比难以与室内热湿比的变化相匹配。通过冷凝方式对空气进行冷却和除湿，其吸收的显热与潜热比只能在一定的范围内变化，而酒店建筑实际需要的热湿比却在较大的范围内变化，当不能同时满足温度和湿度的需求时，一般是牺牲对湿度的控制，向满足温度的要求妥协，造成室内相对湿度过高或者过低的问题。③室内空气品质问题。冷凝除湿产生的潮湿表面成为霉菌繁殖的最好场所，空调系统繁殖和传播霉菌成为其可能引起健康问题的主要原因。

温湿度独立控制空调系统是指在一个空调系统中，采用两种不同蒸发温度的冷源，用高温冷冻水取代传统空调系统中大部分由低温冷冻水承担的热湿负荷，这样可以提高综合制冷效率，进而达到节省能耗的目的。在温湿度独立控制空调系统中，高温冷源作为主冷源，承担室内全部的显热负荷和部分的新风负荷，占空调系统总负荷的 50%以上；低温冷源作为辅助冷源，承担室内全部的湿负荷和部分的新风负荷，占空调系统总负荷的 50%以下。温湿度独立控制空调系统构成如图 16.24 所示。

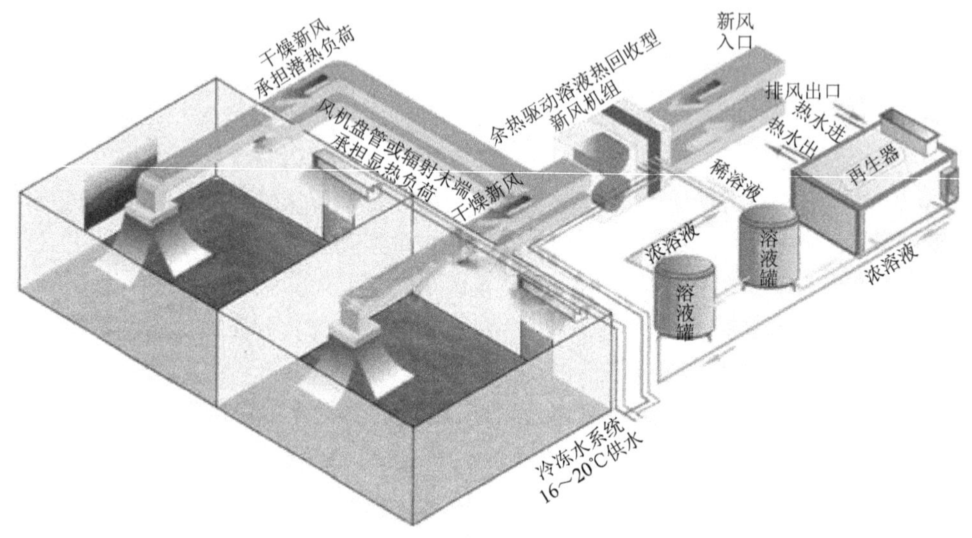

图 16.24　温湿度独立控制空调系统构成示意图

如图 16.24 所示，温湿度独立控制空调系统避免了传统机组单一利用较低蒸发温度负担全部热湿负荷的缺点。从处理空气的过程可以知道，为了满足送风温差，一次回风系统需对空气进行再热，然后送入室内。因此，这部分加热的量需要用冷量来补偿。而温湿度独立控制空调系统就避免了送风再热，从而节省了能耗。

温湿度独立控制空调系统能解决室内空气处理的显热和潜热与室内热湿负荷匹配的问题，针对澳门气候特点（夏热冬暖、常年湿度高），能够避免传统空调系统中有可能采用的湿膜加湿方式所造成的细菌污染空气等问题。与传统空调系统相比，温湿度独立控制空调系统可以节能 12%。

3. 赌场采用置换通风方式送风

赌场由于游客较多且 24 小时开放，对室内空气品质的要求很高，若要同时满足空调节能和保证室内空气品质两项要求，置换通风就是一项可以采用的技术。

置换通风的原理如图 16.25 所示，置换通风以低速在房间下部送风，气流以类似层流的活塞流的状态缓慢向上移动，到达一定高度时，受热源和顶板的影响，发生紊流现象，产生紊流区。气流产生热力分层现象，出现两个区域：下部单向流动区和上部紊流混合区。空气温度场和污染物浓度场在这两个区域有非常明显的不同特性，下部单向流动区存在一明显垂直温度梯度和污染物浓度梯度，而上部紊流混合区温度场和浓度场则比较均匀，接近排风的温度和污染物浓度。

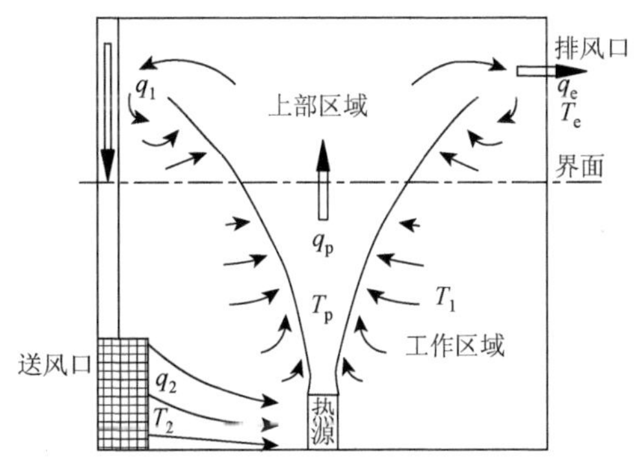

图 16.25　置换通风原理示意图

T_1 为工作区温度；T_p 为热源温度；T_2 为送风温度；T_e 为排风温度；q_1 为混流热量；q_2 为送风热量；q_p 为热源热量；q_e 为排风热量

为了在工作区获得同样的温度，置换通风系统所要求的送风温度高于混合通风，这就为利用低品位能源以及在一年中更长时间地利用自然通风冷却提供了可能性，以达到节能的效果。有关资料统计，置换通风与混合通风相比，可以节约 20%～50%的制冷耗费。

置换通风可以对工作区的 CO_2 等污染物进行更为有效的控制。它的通风效能系数大于混合通风，这样就能达到改善室内空气品质的目的。

4. 辐射供冷、供暖技术

辐射供冷、供暖技术是指降低或提高围护结构内表面中一个或多个表面的温度，形成冷、热辐射面，依靠辐射面与其他物体之间的辐射热交换进行降温或升温的技术办法。辐射供冷、供暖的基本结构如图 16.26 所示。

从总供热、供冷量中，进入使用区内的散热量比例越高，则供暖、供冷效果就越好，供暖、制冷效率就越高。使用辐射供暖、制冷的系统，其总供热、供冷量中，约 60%是以电磁波的形式传递的，围护结构的受热面可被直接加热或冷却，而不需通过加热或冷却空气来间接传热，这不仅符合人体散热的要求，舒适度也特别好，从节能的角度讲，建筑热损失比对流供暖、制冷时低，原因如下。

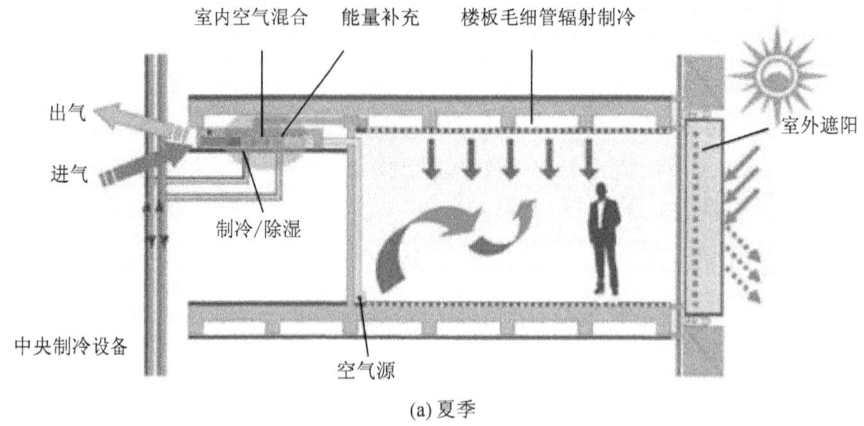

(a) 夏季

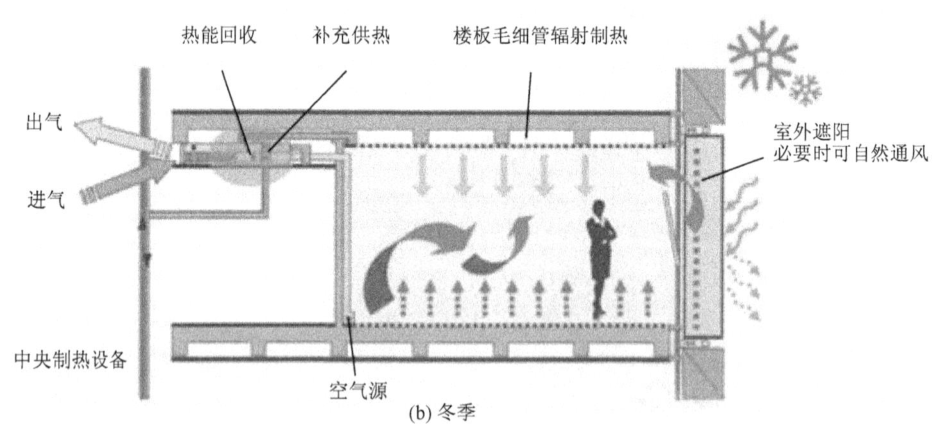

(b) 冬季

图 16.26　辐射供冷、供暖形式示意图

第一，由于辐射供热、供冷时，辐射热直接照射供暖、供冷对象，几乎不加热或冷却环境中的空气，辐射供暖、供冷时的空气温度比相同卫生条件下对流供暖时的空气温度低或者高，一般可以低或高 2～5℃，因此室内外温差小，冷风渗透量也较小。

第二，由于对流供暖或制冷时，室内空气被加热或者被冷却，并形成冷热空气的对流，室内空气温度有较大的梯度，屋顶部分温度高，地面附近温度低，一般对流供暖或制冷温度梯度为 0.5～1.0℃/m，而辐射供热或供冷时，辐射热或者冷量直接向下辐射，地面部分还可以积蓄部分热量或者冷量，因此，室内空气温度梯度小，相应建筑物上部的热损失也较小。

第三，供暖系统的热量或者制冷系统的冷量可以得到充分利用，而传统方式供暖或制冷系统，热源或冷源被引出后，沿途有 10%～15%的热或冷损失，所以热/冷效率较低。

研究资料表明以上措施相对其他供热或者供冷方式节约能源可达 30%，可有效降低运行成本。

16.5　澳门酒店节能减排建议

基于澳门的实际状况，结合前述内容的分析，建议分别从建筑能耗管理、实际运营、引进先进技术等方面采取以下措施降低酒店的能耗和碳排放水平。

在建筑能耗管理方面，建议采用以下措施。

建议在现有基础上，结合澳门地区的实际气候、地理条件，修改和完善《指引》，成为可对澳门酒店类建筑设计和建造进行具体指导的准则；能够给出对酒店类建筑的各项能耗进行量化计算的方法和评价指标，尤其对于照明、空调部分，除了给出可选择性的技术，还应给出各项技术达到节能效果的具体能耗标准范围。

在建筑设计方面，建议采用如下一般性标准。

（1）酒店设计应根据场地条件，在满足酒店建筑功能和美观要求的前提下，通过优化建筑外形和内部空间布局，充分利用天然采光来减少建筑的人工照明需求，适时合理利用自然通风以消除建筑余热余湿，同时通过围护结构的保温隔热和遮阳措施减少通过围护结构形成的建筑冷热负荷，达到减少建筑用能需求的目的。

（2）当酒店追求通透、大面积使用透光幕墙时，要根据窗墙面积比选择玻璃（或其他透光材料）使幕墙的导热系数和玻璃（或其他透光材料）的热工性能符合住建部《公共建筑节能设计标准》（GB 50189—2015）的规定。

在建筑空调通风方面，建议采用以下措施。

（1）当通风可以满足消除余热余湿的要求时，应优先采用通风措施，可以明显降低空气处理的能耗。自然通风主要通过合理适度地改变建筑形式、利用热压和风压作用形成有组织气流，满足室内通风要求，减少能耗。复合通风系统与传统通风系统相比，最主要的区别在于通过智能化的控制和管理，在满足室内空气品质和热舒适的前提下，使一天的不同时刻或一年的不同季节，交替或联合运行自然通风系统或者机械通风系统以实现节能。

（2）制冷机组在制冷的同时，需要排出大量的冷凝热，通常这部分热量由冷却系统通过冷却塔散发到室外大气中。澳门酒店有大量的热水需求，将冷凝热回收予以有效利用具有显著的节能意义。冷凝热的回收利用要同时考虑质（温度）和量（热量）的因素。不同形式的冷凝热回收机组（系统）所提供的冷凝器出水最高温度不同，同时，由于冷凝热回收的负荷特性与热水的使用在时间上存在差异，在系统设计中需要采用蓄热装置并考虑是否进行必要的辅助加热装置。是否采用冷凝热回收技术和采用何种形式的冷凝热回收系统需要通过技术经济比较确定。

在建筑照明方面，建议采用以下措施。

（1）在光源的选择上，通常同类光源中单功率较大者，光效高，所以应选单功率较大的光源，但是前提是应满足照度均匀度的要求。对于直管荧光灯，根据现今产品资料，T8 型 18W 的灯管光效要比 T5 型 14W 的灯管光效高，再加上其镇流器损耗差异，前者的节能效果十分明显。所以除特殊装饰的需要外，建议选用 T8 型灯管。与其他高强气体电灯相比，荧光高压汞灯光效较低，寿命也不长，显色指数也不高，故不宜采用。自镇流荧光高压汞灯光效更低，故不建议采用。

（2）室外景观照明不应采用高强投光灯、大面积霓虹灯、彩灯等高亮度、高能耗灯具，应优先采用高效、长寿、安全、稳定的光源，如高频无极灯、冷阴极荧光灯、LED 照明灯具等。

（3）一般照明应以保障一般均匀性为原则，局部照明以保障使用照度为原则，但两者相差不能太大。通道和其他非作业区域的一般照明的照度值不应低于作业区域一般照明照度值的 1/3。

（4）漫射发光顶棚的照明方式光损失较严重，不利于节能，故不建议采用。

（5）在人员聚集的场所，如酒店赌场、报告厅、演艺场所、宴会厅等外来人员较多的场所，推荐采用智能照明控制系统。智能照明控制系统包括开、关型控制或调光型控制，两者都可以达到节能的目的，但舒适性、价格不同，应结合经济性综合考虑选择。

（6）当酒店考虑设置电动遮阳设施时，照度可以根据需要自动调节。酒店外部范围设置景观照明时，应采取集中控制方式，并设置平时、一般节日、重大节日等多种模式。

（7）照明控制应结合建筑使用情况及天然采光情况，进行分区、分组控制。

（8）走廊、楼梯间、门厅、电梯厅、卫生间、停车场等公共场所的照明，宜采用集中开关控制或就地感应控制。

（9）当设置电动遮阳装置时，照度控制宜与其联动。

在建筑实际运营方面，建议采用以下措施。

（1）鼓励酒店定期请具有资质的第三方能耗检验机构做整体建筑能源诊断（建议每隔 2 年一次），形成详细的建筑能源诊断报告，酒店可按报告要求逐条进行整改，并将整改后的具体结果纳入改造总结报告。

（2）建议设有博彩业的酒店，能够对博彩业区和客房等区域的能耗水平分别独立进行计量与核算，能够将博彩业的能耗水平和其他区域区隔开来。这样有利于评估博彩业发展带来的能耗变化状况。

（3）建议酒店对员工餐厅总体能耗进行详细统计，包括燃料消耗品种、数量和电力消耗数量，鼓励采用节能型炊具以及节能效果更高的冷库、冰箱等。

在节能技术的应用与可再生能源的开发方面，建议采用以下措施。

（1）鼓励酒店以节能型灯具更换现有的高能耗灯具，争取新建酒店全部采用节能型灯具，争取酒店建筑照明能耗降低 16%以上，并鼓励酒店减少过度装潢。

（2）鼓励酒店对现有设备进行空调节能技术改造、新建酒店全部采用节能空调技术，使单位面积空调能耗降低 20%。

（3）鼓励酒店采用太阳能热水器等可再生能源设施辅助供应热水系统、扩大热泵等节能设备的应用规模等。

（4）鼓励酒店加入由政府支持开发的第三方碳排放监测平台，有利于统计和识别酒店业主要能耗部分与碳排放源。

（5）在澳门半岛的酒店，鼓励多采用技术整改的方式进行节能，在离岛区域的酒店则鼓励建设分布式能源系统以满足需要。

（6）建议酒店更多地使用清洁能源巴士替代现有车辆，或者考虑与其他酒店联合使用接送游客。

若要在未来实现酒店业能耗达峰，并开始降低能耗，则需要综合采用不同的节能方式。其关键措施在于，不仅要控制酒店面积的增加，还要同时完成现有酒店的节能设备技术改造。因此，要从澳门产业布局的整体规划角度考虑酒店业发展，以及从推行节能改造的规模和力度上尽早实现酒店业的能耗达峰。

参 考 文 献

[1] 朱任飞. 澳门旅游业发展及产业多元化的途径. 科技情报开发与经济，2013，17（23）：145-147.

[2] 朱奕宁. 澳门建筑业发展、酒店业发展和房地产发展的关联性分析. 海峡科学，2011，9（57）：61-62.

[3] 谢朝武. 澳门酒店业：现状、问题及其发展研究. 北京第二外国语学院学报，2009，9（173）：51-56.

[4] 贺静. 澳门酒店业发展情况分析. 中国旅游报，2009-4-17（6）.

[5] 许海岐. 可持续发展视角下的澳门建筑节能设计研究. 武汉：华中科技大学硕士学位论文，2011.

第 17 章　村镇住宅建筑可持续用能体系[①]

由于农村地区住宅分散，建造方式主要依靠农民自建，能源供应方式以“自给自足型”为主，而且在很多人的观念中，农村地区收入水平和用能水平相对较低，农村住宅节能工作长期以来没有得到足够的重视。进入 21 世纪以来，随着新农村建设的全面开展，相关政府部门和科研院所才开始关注农村住宅建筑节能工作，并将其纳入影响民生及可持续发展的重要方面。我国农村地区目前的社会和经济发展正处在一个关键的发展时期，农宅的更新换代也进入加速发展的快行线。

与人口集中的城市显著不同的是，农村人口呈散落居住，并形成了以村落为主要行政单元的小规模聚居模式。在过去相当长的时期内，由于农村固有的生活、资源特性，以及城乡经济状况的巨大差异，农村住宅用能以秸秆、薪柴等生物质能为主，其商品用能总量和单位面积的商品用能耗都远低于城市建筑，形成了独有的“自给自足型”能源供应方式。然而，随着农村经济水平的不断提高和新农村建设的全面开展，广大农民在进入或奔向小康时代的同时，农村地区传统的居住、生活模式的变化导致了用能方式的转变，因此，农村住宅建筑的能源消费水平也发生着前所未有的变化，煤炭、液化石油气、电能等商品能开始广泛使用，能源供应方式逐步由传统的“自给自足型”转变成“外部输入型”。随着农村的逐步开放，与城市甚至是国外地区之间的信息交流越来越广泛，再加上国家新农村建设和游牧民定居工程等政策的实施，农村住宅能源消耗总量和结构正发生深刻的变化。全面认清农村生活用能现状，并据此制定切实可行的农村住宅建筑节能战略、技术措施和实施机制，对加快我国整体建筑节能步伐起着举足轻重的作用，也是实施可持续发展战略的重要组成部分。

17.1　村镇住宅建筑用能现状及问题

17.1.1　村镇住宅建筑生活用能现状

2014 年，农村建筑商品能耗为 2.25 亿吨标准煤，占建筑总能耗的 68.8%，生

① 本章作者：杨旭东、单明。

物质能（秸秆、薪柴）的消耗约折合 1.02 亿吨标准煤。北方地区的农村住宅总耗能量为 1.97 亿吨标准煤，其中采暖能耗为 1.05 亿吨标准煤（包括煤炭 0.78 亿吨标准煤、生物质 0.26 亿吨标准煤），采暖燃煤消耗量巨大；炊事能耗为 0.7 亿吨标准煤（包括煤炭 0.36 亿吨标准煤、生物质 0.3 亿吨标准煤、液化石油气 0.02 亿吨标准煤）。由于北方地区农宅体形系数大、围护结构保温性能差，加上用能设备效率低下，在同样的室内热环境状况下，单位面积农宅的采暖能耗已超过城镇建筑。而且目前北方农宅冬季的室内热状况普遍不佳，温度偏低。

南方长江流域地区的农村住宅总能耗量为 1.3 亿吨标准煤，其中采暖能耗为 0.29 亿吨标准煤（包括煤炭 0.11 亿吨标准煤、生物质 0.18 亿吨标准煤），炊事能耗为 0.45 亿吨标准煤（包括煤炭 0.13 亿吨标准煤、生物质 0.23 亿吨标准煤、液化石油气 0.05 亿吨标准煤）；目前该地区的生活用能中有 37.9%为生物质，高于北方地区 28.9%的水平，但经济较发达地区的商品能消耗量逐年增长，主要体现在用电量的增加上。整个南方地区总耗电量已经达到北方地区的 2 倍，如果空调等高耗能家电在农村推广和普及，未来的用电量可能会变得更高。

综上，农村地区的用能结构正在由以传统的秸秆、薪柴等非商品能为主逐步转向以煤炭、电等商品能为主（图 17.1）。

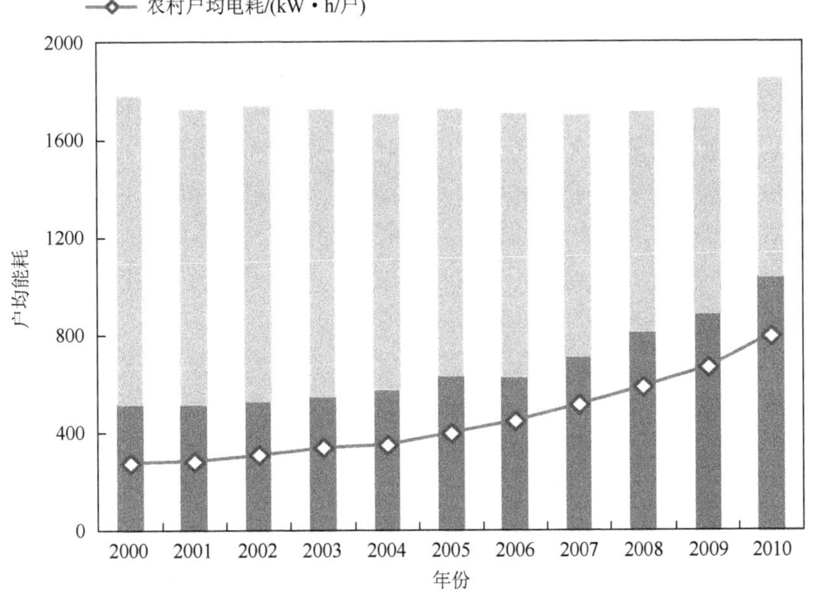

图 17.1　我国农村住宅用能强度变化趋势

农村开始大量使用燃煤是从煤炭价格较低的 20 世纪 90 年代开始的，近年来，煤炭价格逐年上涨，而农民由于使用惯性等因素一时很难改变这种习惯，采暖和炊事用煤逐渐成为了农民较大的经济负担，目前北方农村每户的年平均取暖费用为 1000～3000 元，占到年收入的 10%～20%。即使在收入水平较高的北京地区农村，也有 80%左右的农民认为目前采暖负担较重。随着化石燃料的消耗，其价格必将继续呈现上升的趋势，如果继续以燃煤为主要燃料进行采暖和炊事，必然会对一部分家庭造成更加沉重的负担。

对于燃煤锅炉，当规模较小时，燃烧效率非常低。城镇采用的大型供热锅炉，单台锅炉容量达到 20t/h，效率可以达到 80%以上。而农村住宅所采用的小煤炉燃烧效率不足 40%，尚不及大型锅炉的 1/2。这种低效燃烧的一个直接后果就是造成煤炭资源的极大浪费。目前北方农村每年消耗的 1.13 亿吨标准煤都是低效燃烧使用，与大型锅炉燃烧相比，相当于每年约有 5600 万吨标准煤被浪费掉了。小型燃煤炉的广泛使用还会产生大量的灰渣污染以及堆放的燃煤的污染。对于大型锅炉房，灰渣可以实现集中储存、处理和利用，基本不会污染环境。而农村的小型煤炉产生的炉渣，由于过于分散，很难集中进行处理和再利用，只能当作废弃物丢弃于村落周边，其中夹杂着一些生活垃圾，生成“煤渣垃圾围村”之势，不仅恶化了农民的生存环境，还有可能对农村的水体、农田生态环境等造成破坏。

17.1.2　对室内空气质量的影响

家庭固体燃料燃烧被公认为是造成环境污染以及区域和全球性气候变化的主要原因之一，同时是一种最主要的环境性健康风险影响因子。流行病学研究证据表明，煤炭和生物质燃烧烟雾可对人的肺脏呼吸功能产生影响，与哮喘、慢性支气管炎和慢性气道阻塞等呼吸系统疾病及心脑血管疾病密切相关，且可能造成多种类型的肺脏组织病理学变化。长期暴露在燃烧烟雾环境中可增加血管内膜厚度和粥样硬化斑块的数量并使血压升高。因此由农村地区生活用能引起的室内空气污染与人的健康密切相关，应该引起高度关注。

对于北方地区来说，冬季采暖是室内空气污染的主要源头。不同的采暖形式，对室内空气质量的影响也不同。一些填料口在室内的传统火炕，在烧炕的时候有大量烟气进入室内。还有一些农户直接将采暖炉放置到室内，虽然炉子与烟囱相连接，但是会有一部分 CO、$PM_{2.5}$ 等从炉盖等缝隙处泄漏出来，造成安全隐患。农村土暖气在燃烧单位质量煤炭时的 $PM_{2.5}$ 排放量是带有除尘设施大型锅炉的 10 倍以上，从输出单位有效热量的角度考虑，农村土暖气提供单位有效热量时的 $PM_{2.5}$ 排放因子将是带有除尘设施大型锅炉的 20 倍以上。对于采用土暖气煤炉+暖气片采暖的农户，也不宜将锅炉放置在室内，否则烟气也会泄漏到室内，造成一定程度的污染。对于南方地区来说，尤其是在一些气候寒冷的山区，采用火盆甚至直接在地上烧柴烤火的方式仍很普遍，也导致污染物大量直接排放到室内，对人体健康构成了直接的威胁。

除了采暖，农村地区用敞口柴灶或火膛进行炊事也较为常见。这些炊事方式没有烟囱向室外排烟，燃烧产生的烟气直接散发到室内，造成室内污染尤为严重。即使安装了烟囱的柴灶和煤灶，部分燃烧污染物也有可能从填料口泄漏到厨房里。下面以对我国南方（四川）和北方（内蒙古）几个典型村落的实地测试结果来定量说明农户生活用能对室内空气质量和人体暴露的影响。

对四川省北川羌族自治县 11 个自然村约 200 户农户的实地调研发现，大约有 90%的家庭都把木柴作为主要的炊事燃料，其次为 LPG、沼气和电；而且由于地处高海拔地区，冬季大约有 95%的家庭通过把木柴或木炭放置在火盆内敞口燃烧作为主要的采暖方式。测试后发现由此导致冬季室内 $PM_{2.5}$、CO、NO 和 NO_2 的平均浓度分别是夏季的 2.5 倍、1.6 倍、2.6 倍和 1.5 倍。而且不管夏季还是冬季，由于受早、中、晚三顿饭的影响，农户全天的逐时 $PM_{2.5}$ 浓度会出现三次峰值。夏季时约有 1/3 农户的峰值浓度位于 100～250μg/m^3 的范围，冬季时约有 1/3 农户的峰值浓度位于 250～500μg/m^3 的范围。按照世界卫生标准室内 $PM_{2.5}$ 浓度指导标准为 35μg/m^3，夏季室内 $PM_{2.5}$ 三个峰值浓度超标率分别为 64%、66%和 73%；冬季室内 $PM_{2.5}$ 三个峰值浓度超标率分别为 86%、82%和 93%。综合评价结果表明，该地区夏季室内空气重污染占 34%，中污染占 21.3%。冬季受室内烤火、熏腊肉和房间密闭性提高等因素的影响，室内空气重污染比例上升到 76.5%，中污染比例占 15.7%。

而在北方地区，通过对内蒙古赤峰市 6 个自然村约 100 户农户的实地调研发现，有超过 90%的家庭都把玉米秸秆和木柴作为主要的炊事燃料，且有超过 80%的农户使用燃煤土暖气作为主要采暖方式，农户一般会将土暖气煤炉和柴灶安置在厨房内，也有个别农户直接将煤炉放置在卧室内。实测结果表明，普通柴灶的开放式填料口结构会造成农户在进行炊事活动时短时间内产生更高浓度的室内空气污染，瞬时浓度可超过 8000μg/m^3，但持续时间相对较短；而由于农户一天内需要对室内燃煤采暖炉进行多次的加煤、搅拌煤等行为，燃煤采暖炉更容易造成长时间的较高浓度的 $PM_{2.5}$ 污染。

在上述室内空气污染的影响下，四川所测试农户的冬季人体 $PM_{2.5}$ 平均暴露浓度（几何均值：169μg/m^3）是夏季（几何均值：80μg/m^3）的 2.1 倍。冬季人体 CO 的平均暴露浓度（1.9ppm）是夏季（0.6ppm）的 3.17 倍。而内蒙古农户冬季时为了减少农宅的冷风渗透，大多数会将门窗外面整体用塑料薄膜进行覆盖，而且整个冬季都不开窗，造成室内换气次数过少，这样更容易加重室内空气污染程度。测试结果表明，该地区农户的冬季人体 $PM_{2.5}$ 平均暴露浓度（几何均值：284μg/m^3）接近四川农户冬季暴露水平的 2 倍。

另有大量研究表明，长时间暴露于这种高浓度的污染环境中，农村居民的身体健康会受到极大的危害，导致中国心血管疾病负担（心血管动脉硬化、血压升高等）日益增长和死亡率的升高。在中国云南地区的研究发现，去除其他变量的影响后，年龄较大妇女在受到使用生物质做饭所产生的$PM_{2.5}$暴露影响时，每对数单位的$PM_{2.5}$增加量会导致4.1±2.6mmHg（1mmHg=0.133kPa）的收缩压升高，由此推算会造成中国每年有23.1万名妇女死亡，且其中黑炭暴露对血压的影响比$PM_{2.5}$更强。

通过对农户全天当中所在不同位置的人体$PM_{2.5}$暴露比例的测试发现，尽管农户一天中平均只有14%的时间在厨房，但厨房人体$PM_{2.5}$的贡献率占总暴露量的60.9%，由此可见，厨房是农宅内污染最为严重的地方，尤其在冬季，室内门窗很少开启，仅靠自然渗透作用，污染物很难及时排至室外。

加强厨房内通风尤其是使用排风扇及时排走燃烧和炊事过程产生的污染物对降低室内污染至关重要。在四川省的204户研究农户中，只有28户安装了排风扇，且其中仅有不到1/2的农户会长期使用排风扇，这样做饭时虽然采用的是液化石油气、电炊事或者沼气等清洁能源，厨房内也还会存在烹调过程中的煎炒烹炸所造成的室内污染。在高温烹调过程中形成的厨房油烟成分非常复杂，包含醛、酮、烃、脂肪酸、醇、芳香族化合物、内酯、杂环化合物等，其中包括苯并芘、挥发性亚硝胺、杂环胺类化合物等已知致突变、致癌物，这些污染物如果不能及时排出，会严重影响农民的身体健康。

17.1.3　对室外空气质量的影响

农宅室内燃烧固体燃料（煤炭、木柴、秸秆等）所产生的各类污染物，不管是通过烟囱直接排放到室外，还是通过炉灶本体先泄漏到室内再扩散到室外，最后都会成为大气中的污染物。从质量守恒的角度分析，当流经某一区域的气流方向一定时，基本可以忽略从气流两侧及上方所扩散进来的污染物，此时如果下风向浓度与上风向浓度相同，说明气流下方即农户家中没有污染物排放；如果下风向浓度高于上风向浓度，说明有新的污染源即农户家中排放的污染物进入气流中。

通过对北方地区典型村落内部不同位置的冬季室外$PM_{2.5}$浓度监测发现，不管是烧土暖气还是烧火炕，大多数农户每天都会填两次料，而且时间段相对来说比较集中，主要是上午6：00～10：00和下午16：00～20：00，进入后半夜，基本没有农户新添加燃料。对某个局部区域来说，如果农户比较密集，会出现短时间内集中添加燃料并排放大量烟气的情形，遇到室外空气扩散条件不好时，可能造成局部污染物的大量堆积和浓度升高，高浓度的局部室外环境不仅对周围的人员造成较大的健康威胁，还可能重新进入室内成为二次污染源。表17.1给出了整个冬季不同风向时有风状态（持续 10 分钟以上）的上、下风向 $PM_{2.5}$ 测点浓度情况，从表 17.1 中可以看出，下风向的平均浓度都要高于上风向的平均浓度，但由于受到污染物源排放强度（与填燃料农户比例具有一定关联性）和污染物向气流外部扩散强度（与风速大小具有一定关联性）等因素的共同影响，浓度增加量各不相同。

表 17.1　不同工况时位于上、下风向的平均浓度情况

风向	时间段数	风速/(m/s)	上风向平均浓度/(μg/m³)	下风向平均浓度/(μg/m³)	浓度增量/(μg/m³)	烧固体燃料农户比例/%
北风	36	0.94	159.4	196.8	37.4	24.0
东北风	13	1.21	55.4	141.4	86.0	4.9
西北风	17	1.62	19.1	73.4	54.3	11.1
东风	25	0.53	321.2	369.1	47.9	15.6

图 17.2 给出了某典型日的村落内部上、下风向测点 $PM_{2.5}$ 逐时浓度随风向、风速的变化情况，从中可以看出，从早晨 8：00 左右开始出现平均速度为 0.14m/s 的介于东南风和西风之间的偏南风，此时作为下风向的村北测点浓度略高于作为

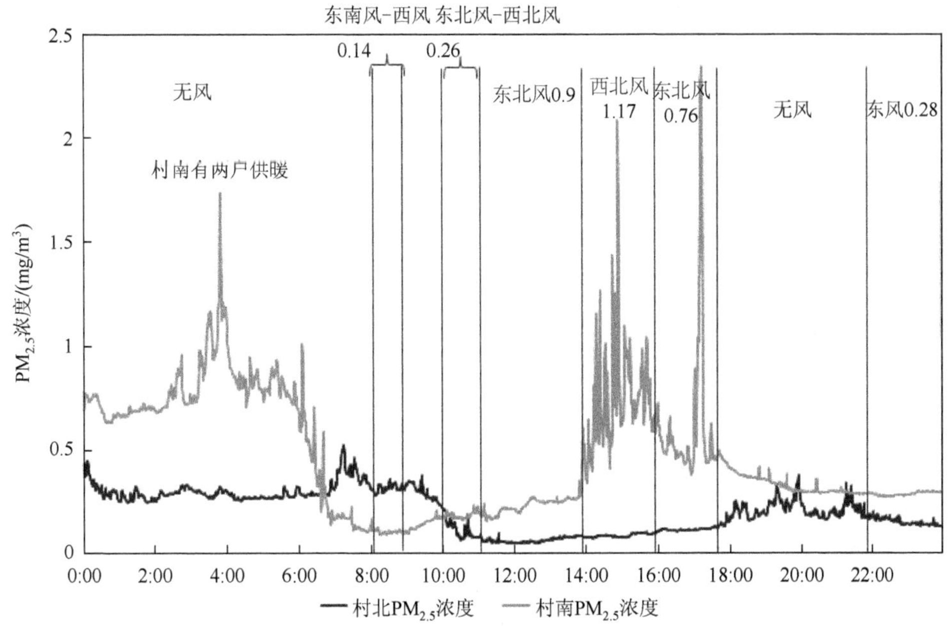

图 17.2　某典型日村南和村北 $PM_{2.5}$ 逐时浓度随风向、风速的变化情况

图中风速单位为 m/s

上风向的村南测点浓度，到 10：00 左右时，风向转变成平均速度为 0.26m/s 左右的介于东北风和西北风之间的偏北风，此时作为下风向的村南测点浓度开始高于作为上风向的村北测点浓度，而且到 14：00 后随着风速的增大，村南测点的浓度更加高于村北测点，一直到 18：00 左右进入无风状态后，两个测点的浓度值开始接近。上述数据监测结果和现象都说明了农户燃烧固体燃料所产生的污染排放会造成村落内 $PM_{2.5}$ 背景浓度的升高，加重区域性雾霾风险。

17.2 村镇住宅建筑用能可持续发展理念及实现模式

17.2.1 村镇住宅建筑用能可持续发展理念

针对目前我国农村地区住宅建筑生活用能现状，结合近年来在新农村建设过程中的摸索与实践，分别提出了实现北方农宅“无煤村”和南方农宅“生态村”的理念，作为未来发展方向及目标。

“无煤村”应该满足以下几个特征。

（1）无煤特征。农宅不使用燃煤，而是以生物质、太阳能等可再生能源解决全部或大部分采暖、炊事和生活热水用能；不足时，用少量的电、液化气等清洁能源进行补充，同时采用电网的电力满足农宅用电的正常需要（照明、家电等）。

（2）节能特征。农宅围护结构具备良好的保温性能，从而极大地减少采暖用能需求。一个不满足节能要求的农宅，即使不烧煤，也不是“无煤村”所追求的目标。

（3）宜居特征。农宅满足与农村地区居民相适应的热舒适要求，同时避免由用能引起的室内外空气污染及环境恶化。“无煤村”绝不是以牺牲农宅室内舒适性或环境质量为代价的无煤化。

因此，“无煤村”并不是单纯追求简单意义上的无煤化，而是将村落作为考量和设计我国北方农村可持续发展的基本细胞单元，紧密结合农村实际，基于合理的建筑形式与可再生能源清洁高效利用，在满足冬季室内环境的同时，大幅降低农宅采暖和炊事能耗，这应该是我国大部分北方农村未来新农村建设的合理化能源模式，也是实现北方农村住宅用能可持续发展的主要目标。

我国南方地区气候适宜，雨量丰富，河流众多，具有更为优越的生态环境。因此，南方农村发展的目标是充分利用该地区的气候、资源等优势，打造新型的“生态村”。所谓“生态村”，首先是指在不使用煤炭的前提下，以尽可能低的商品能源消耗，通过被动式建筑节能技术的使用和可再生能源的利用，建造具有优越室内外环境的现代农宅，真正实现建筑与自然和谐互融的低碳化发展。该模式不同于以高能耗为代价、完全依靠机械的手段构造的西方式的建筑模式，而是在继承传统生活追求“人与自然”“建筑与环境”和谐理念的基础上，通过科学的规划和技术的创新，所形成的一种符合我国南方特点的可持续发展模式。

南方农村具有的以下三个特点，也是实现“生态村”的重要基础。

（1）适宜的气候条件。尽管南方地区地域辽阔，不同地区气候条件差异明显，但在绝大部分时间，南方室外气温都处于相对适宜的范围。这样的气候条件使得在大部分时间里，仅通过合理的围护结构等被动式手段来满足建筑室内热环境的需求成为可能。这是南方地区与北方地区最大的区别。

（2）宜居的自然环境。与城市的集中住宅不同，农村住宅密度较低，一般采用“一户一楼一院落”的居住模式，具有优美的自然环境。在这种模式下，农宅可充分利用自然资源，营造生态宜居的微环境。因农宅前后无遮挡，很容易形成自然舒适的穿堂风，还能充分利用太阳能，提高室内热舒适性；院落内栽种的绿色植物，既能减少房屋周围地面温度，还能起到遮阳降温的作用。诸多农宅彼此独立，又相互影响，通过生态规划，还可与村落内的良田、树林和自然水体等形成配合，形成最自然、健康、舒适的生活环境，建成幸福宜居的生态家园。

（3）良好的用能习惯。调研结果显示，与北方农村相比，南方大部分地区缺少煤炭资源，煤的平均使用量明显低于北方农村。南方农村地区目前的主要能源形式是生物质，大部分地区的居民仍然保持了使用生物质的习惯。虽然也使用电、液化气等进行炊事、降温和采暖，但基本维持在较低的水平，远低于城市平均消耗量。这些用能习惯，是南方地区实现“生态村”的巨大优势。

17.2.2　北方“无煤村”实现模式

1）加强农宅围护结构保温，降低冬季采暖用能需求

围护结构热性能差是导致目前北方农宅冬季供暖能耗高、室内热环境差的重要原因。如果不对其进行改善，就不会实现真正意义上的节能。因此，围护结构保温是实现“无煤村”的重要基础。

由于农村住宅与城镇建筑相比在建筑形式、室温要求、经济性等方面存在诸多不同，农村住宅围护结构保温性能要求不能照搬城镇住宅的标准。针对农村住宅的诸多特殊性，近几年来，国家相关部门组织专家，通过研究和大量实际示范工程先后制定了《农村单体居住建筑节能设计标准》（CECS 332：2012）和《农村居住建筑节能设计标准》（GB/T 50824—2013）等行业标准和国家标准，对不同气候条件下的农村住宅建筑墙体、屋顶、地面、门窗等导热系数限值、南向窗墙比、通风换气次数等提出了要求，可以作为指导新建农宅设计或既有农宅围护结

构保温改造的依据。在保温做法和保温材料的选取上，应结合农村当地实际，尽可能使用本地材料。另外，由于北方农宅冬季室温要求为 15℃左右即可，在保证夜间有窗户保温（如保温窗帘）和局部供暖（如火炕、电热毯等）的前提下，南向可以采用较大的窗墙比，以便在白天获取更多的太阳能。

以北京郊区某典型农宅为例，如果做好农宅本体保温，也就是更换气密性差、导热系数大的门、窗，使房间的换气次数降低到 0.5 次/小时左右，窗户导热系数从 5.7W/(m^2·K)降到 2.8W/(m^2·K)左右，再通过添加保温层将农宅的外墙、屋顶的综合导热系数降到 0.3～0.5W/(m^2·K)，再加上集热蓄热墙、直接受益窗或附加阳光间等被动式太阳能热利用方式的合理应用，那么可比目前常见的北方无保温农宅减少 50%左右的采暖能耗。上述效果已经在多个实际农宅节能改造示范工程中得到验证。

除了满足上述保温要求，农宅的建筑设计还应做到崇尚自然，充分利用自然环境来改善室内环境并满足功能需求。千百年以来，我国各地人民创造了既符合节能理念，又丰富多彩、特色各异的建筑形式与文化，如北方的生土农宅、江南的水乡建筑、华南的岭南民居。这些建筑与地域文化相辅相成，是特定时期、特定区域文化历史的真实写照，具有强烈的历史厚重感和视觉冲击感，是我国历史文化宝库中浓墨重彩的一笔。以我国西北地区的窑洞建筑为例，当地农民利用高原黄土层较厚的地形特点，凿洞而居，窑洞室内冬暖夏凉。从建筑热工的角度分析，厚重墙体具有较大的传热热阻和热惰性能，在北方严寒的气候条件下，能在白天尽可能多地存储太阳能，减少房间围护结构散热，从而提高冬季室内热舒适性能，降低冬季采暖能耗；而门洞处的圆拱和高窗，有助于充分获取太阳辐射，提高房间冬季白天的室内温度。针对其外观土气、采光不好和通风欠佳等问题，由刘加平院士领导的研发设计团队，通过利用科学的建筑设计和节能技术，建成了新型绿色窑居示范建筑，在保持了原来冬暖夏凉的热舒适特性的基础上，解决了采光通风等一系列问题。为传承并发扬这种建立在黄土高原地区社会、经济、文化发展水平与自然环境基础之上的建筑形式进行了一次成功的尝试。

针对大量既有农宅，尽管已有不同规模的应用示范，但目前在整个北方地区进行节能改造的工作尚未全面展开。北京市走在了全国的前列。北京市于 2006～2008 年，率先在郊区农村开展了几百户的单体农宅围护结构被动式节能改造示范，通过改善农宅的围护结构保温性能，增加被动式太阳能热利用措施，大幅度降低了农宅的燃煤消耗，并提高了冬季室内热环境舒适程度。实测结果显示，冬季室内平均温度提高了 5～10℃，每户年均采暖耗煤量减少了 1/3 以上，从 3～4t/年降为 2～3t/年。基于以上成果，北京市推出了《新农村“三起来”工程建设规划》，大力推进农村住宅围护结构被动式节能改造。据北京市住房和城乡建设委员会统计，截至 2014 年北京市已累计完成节能农宅新建和改造约 35 万户，每个采暖季的节约燃煤折合标准煤约 46 万 t，减少 CO_2 排放约 110 万 t。由此可见，改善农村住宅围护结构热工性能，可以为农村住宅节能和“无煤村”奠定坚实的基础。

鉴于北方农宅围护结构保温在农村建筑节能方面的重要作用，一方面，需要对既有农宅继续加大围护结构节能改造的引导和支持力度；另一方面，对新建农宅围护结构热工性能，相关部门也应像对待北方城镇住宅一样，逐步严格对农村建筑节能标准的实施，最终将其列入建筑节能的全面监管范围。

2）建立新型农村能源供应方式，实现生活用能无煤化

在良好的围护结构热性能基础上，若能进一步对农村现有的能源供应方式进行调整，因地制宜，合理开发利用各种可再生能源，实现以清洁化、自给化为主要特点的农村能源新模式，将是在广大农村地区实现“无煤村”的另一个关键因素。

与城市地区相比，我国农村地区具有丰富的可再生资源，包括太阳能、水能、风能、地热能和以秸秆、薪柴、牲畜粪便为主的生物质能等自然能源。生物质能作为我国农村的传统能源，总量非常丰富，其中农作物秸秆资源量达 8.8 亿 t/年，可利用资源约 5.3 亿 t/年，再加上禽畜粪便、薪柴等，可利用的生物质资源总量折合约 4.96 亿吨标准煤/年；我国大部分北方地区处于太阳能资源丰富的一、二类地区，全年日照总数在 3000 小时以上，全年辐射总量在 $5.9\times10^5 J/cm^2$ 以上；这两类可再生能源资源分布广泛，是农村地区的“天然宝藏”，对解决我国农村地区生活用能具有非常重要的作用。但是要充分利用这些可再生能源资源，需要有良好的利用条件。例如，太阳能利用要有充足的空间以采集阳光并避免遮挡；生物质利用需要有充足的空间进行收集和储存，还要改善传统的粗犷式燃烧的模式，通过合理的加工转换方式及高效的炉灶，大大提高燃烧效率和减少污染排放。农村地区分散的居住模式、充裕的土地和建筑空间等特点，恰好符合可再生能源利用的这些条件，因此农村地区在利用可再生能源方面具有得天独厚的优势，具体的技术方案简述如下。

（1）生物质固体压缩燃料和清洁炉灶主要提供采暖与炊事用能。在我国东北、华北大部分粮食产区和林区，生物质资源都较为丰富。可以利用生物质压缩固体燃料结合相应的采暖炉代替小型燃煤采暖炉，实测燃烧效率达到 70%以上，比燃煤小锅炉热效率提高 30%～40%，或者采用灶连炕、火墙式火炕或生物质对流炕末端技术，充分利用炊事余热解决冬季采暖需要，来代替目前的燃煤土暖气。按照节能农宅的采暖负荷，北方地区农户平均需要 2～3t 生物质压缩燃料即可满足冬季采暖用能需求。对于炊事用能，可以另外配置一台小型生物质固体成型燃料炊事炉，由于燃烧效率大大提高，平均每户每年只需要 0.5～1t 生

物质压缩燃料。目前，市场上已经开发出能综合考虑农户实际需求、炊事习惯的应用方便的新型生物质颗粒燃烧器，既能高效地满足炊事和生活热水用能的需要，又不需改变农宅既有的“大锅大灶”炊具结构，和传统生物质直接燃烧相比，炊事效率从不到 20%提高到 35%，$PM_{2.5}$、CO 等主要污染物排放因子降低了 80%～95%，并且能够实现自动点火、火力调节、手动续料，方便了农户使用，深受农户欢迎。

（2）利用太阳能解决生活热水及部分采暖用能。相对于生物质能源来说，太阳能是更加易得的清洁能源。采用户用太阳能热水器提供生活热水，成本低、效果好、技术成熟、使用方便，目前在农村地区已经大量应用。而就太阳能采暖来说，由于太阳能具有不连续性、不稳定等特点，当太阳能无法满足室内采暖要求时，需要其他能源进行补热。已有一些地区尝试建立户用小型太阳能热水系统对建筑进行采暖。但由于系统成本较高、系统较为复杂，以及运行维护等方面的问题，推广效果不好，需要进一步完善或研发符合农村住宅特点、经济便捷的太阳能采暖方式。例如，太阳能空气集热采暖系统由于系统简单、运行维护方便、初投资以及运行费用低、不存在冻结问题，与被动式太阳能利用相结合，可以承担有太阳时的全部采暖负荷。在晚上、阴天或太阳不足时，可以在生物质压缩燃料炉、节能炕灶、电热毯等多种形式中选择一种进行补充。

（3）利用电、液化石油气等清洁能源提供部分生活用能。除了采用生物质清洁燃料满足采暖和炊事用能，还可以采用电、液化石油气、太阳灶等多种形式满足炊事用能需求。这些炊事方式的特点是效率高，污染物排放更小。在北京等生物质和太阳能资源都匮乏的地区，可以采用小型低温空气源热泵进行冬季采暖，既灵活方便，又比现有的燃煤采暖清洁和节能。此外，随着农村生活水平的提高，农民开始购置一些必要的家用电器，如冰箱、电视机、洗衣机等，只要产品符合国家节能标准，都是应该鼓励和支持的。

（4）充分发挥不同地区的资源优势，争取实现村级能源全供给甚至能源输出。除了大力倡导上述以能源自给自足、清洁利用为主要特点的“无煤村”，对生物质、太阳能、小水电资源特别丰富的地区，除了满足本村居民的各种用能需求，还可以进一步开发利用，实现村级能源向临近的镇、甚至小城市的输出。例如，西北部部分农村地区可以向临近地区输出水电、风能、地热能等，在东北、内蒙古等生物质富集地区利用剩余的生物质制作生物天然气或固体成型压缩燃料，补充当地镇、甚至城市能源供应，既减少了传统常规能源的使用，还能提高农户的经济收入，使秸秆、薪柴等从废弃物真正变为农户手中的“宝物”。

综上，无论从顺应国家节能减排战略的角度，还是从改善农村生态环境和农民居住环境质量的角度，或者是从减轻农民在采暖能耗方面的经济负担的角度，在北方农宅实现并维持以非商品能为特征的“无煤村”都具有重要现实意义。随着北方地区新农村建设的逐步推进，各级政府部门也应该把推进“无煤村”建设作为实现节能减排、改善环境、推进新农村发展文明化的一个重要标志。无煤化是农村地区生活进步的标志，也是可持续发展的必然追求。

目前，“无煤村”发展模式在我国北方农村地区已经具备实施的可行性，但其实施过程依然是一个艰巨的系统工程。为实现这一目标，不仅首先要在技术上使其具备实施的可行性，还必须在管理上科学规划，从各个地区的实际情况出发，做出全面合理的方案，并贯彻实施；在政策上，需要进行合理的设计和扶持，保证农民、企业和国家都能够积极地参与进来。另外，由于多种客观因素的限制，不同地区推广“无煤村”应采取不同的形式。例如，有些地区可以先进行农宅保温和被动式太阳能热利用，待条件成熟再考虑其他技术。这样即使不能完全实现“无煤村”，也是对我国建筑节能减排的重要贡献。

17.2.3　南方“生态村”实现模式

南方农村具有实现“生态村”的优势，实现这种生态宜居的发展模式包括以下几个关键方面。

（1）改进炊事方式，降低炊事能耗及引起的空气污染。炊事用能是南方农村生活能耗的最大组成部分，占到总能耗的 1/3 左右。生物质秸秆、薪柴直接燃烧是南方农村进行炊事的主要方式，但传统柴灶的平均效率不足 20%，不仅导致生物质的大量消耗，还会造成严重的室内外空气污染。因此，解决炊事用能问题是实现生态型村落的重要方面。

沼气曾经被认为是解决南方炊事用能的最好方式之一，国家也为此投入了巨额资金进行补贴及推广。其本意是将禽畜粪便、秸秆、薪柴发酵产生沼气后用于炊事，使用方便，燃烧效率高，污染排放小，实现生物质的清洁高效利用。配合南方农村适宜的气候环境和良好的自然资源，还能做到沼气的绿色生态循环利用，将农村的生产生活有机地结合起来。但是，实际调研结果表明，近年来小型沼气被大量废弃，其主要原因之一是农村禽畜养殖结构的变化造成生产沼气的原材料供应不足。这种情况下，应重视推广使用省柴灶或生物质压缩颗粒炊事炉进行炊事，通过提高燃烧热利用效率可显著降低生物质消耗量，同时减少由不完全燃烧引起的空气污染。在四川省北川羌族自治县等地开展的生物质清洁炉灶应用示范表明，采用新型的生物质固体燃料燃烧器，配合农村已有的锅灶结构，可以显著提升炊事的燃料利用效率，减少室内外污染物排放，深受当地农村居民的欢迎。另外，根据实际需求合理地使用电、液化石油气等进行炊事，有利于改善炊事效果和室内外环境。

（2）采用被动方式进行夏季降温。夏季降温也是南方农宅面临的普遍性问题。

农宅具有鲜明的特点：单体建筑为主，建筑密度低，自然环境优越。而农村的热舒适性调研发现，在保持室内空气流动的条件下，夏季室温低于 30℃，大部分农民就可以接受。而在大部分地区，室外温度超过 30℃的时间并不长。因此，与城市建筑普遍采用空调降温不同，南方农宅通过充分利用自然资源，改善建筑微环境，利用被动式降温方式，辅之以电风扇等，即可能实现农宅夏季降温的目的。被动式降温主要依靠围护结构隔热和自然通风两种方式来实现。

墙体和屋顶传热是室内温度升高的原因之一，应根据农宅的特点，从建筑结构、建筑材料和周围环境三个方面来改善建筑围护结构的隔热性能。在建筑结构上，可采用大闷顶屋面或通风隔热屋面减少屋顶传热。在建筑材料上，传统农宅中常用的多孔吸湿材料，可以形成蒸发式屋面，多孔吸湿材料中储存了水分，当受到太阳辐射作用时，屋面温度升高，会加速水汽蒸发，带走部分热量，从而实现隔热的目的。在周围环境上，汲取传统民居的优点，农宅周围还可以栽种绿色攀援植物或进行屋顶绿化，能够遮挡大部分的太阳辐射，既能隔热，也能绿化环境。

南方夏季既炎热又潮湿，自然通风不仅能改善室内的热湿环境，适当的空气流动还能提高人体舒适程度，是南方农宅降温的另一种主要措施。农村地区建筑密度低，前后无遮挡，通过合理的建筑设计和规划，很容易在风压作用下形成穿堂风，显著改善室内环境。通过天井等建筑结构形式，还可以利用热压作用，形成纵向拔风，强化室内的通风换气作用。

通过以上被动式降温技术，不需要消耗额外的能源，就能够营造出自然舒适健康的室内热湿环境，解决南方农宅夏季过热的问题，是实现南方“生态村”发展模式的有效措施。

（3）减少冬季采暖用能，改善室内热环境和空气质量。南方采暖问题主要集中在夏热冬冷地区。该地区冬季室外温度一般在 0～10℃，且低温环境持续的时间较短。因此无论是采暖负荷还是采暖时长，都远低于北方农村地区。因此可以通过合适的建筑围护结构保温，辅之以太阳能、生物质能及少量的商品能来满足采暖需求。

“部分时间、部分空间”是南方最常见的采暖模式，既符合当地气候条件和自然环境，又实现了节能，应该加以保持。但是，南方地区传统的局部采暖措施，如火盆、火炉等，都是通过生物质在室内直接燃烧来进行取暖的，会造成严重的室内污染，应该彻底取缔。为保证室内空气清新，很多人形成了冬季开窗通风的生活习惯。房间的通风换气次数对冬季采暖负荷和室内温度的影响较大。因此，要改善冬季室内热环境，需要根据居民开窗通风情况分别进行讨论。

如果保持目前南方农村冬季开窗的生活习惯，那么由于室内通风换气次数较大，室温主要受室外气温的影响，建筑围护结构的保温作用不再明显。通过改善建筑围护结构热工性能来改善室内热环境的作用较小，因此，可选用辐射型取暖器、电热毯等局部采暖方式，直接作用于人体，提高热舒适性能。避免用对流型的采暖系统，如热泵型空调等。

实际上，很多居民喜欢在冬季开窗通风是与在室内直接燃烧生物质相关的。若不再采用这类炊事或者采暖方式，则很有可能改变目前冬季开窗通风的习惯，从而使房间的密闭性能得到加强，降低通风换气量。这样，就可以通过提高建筑围护结构热工性能来改善冬季室内热环境。传统农宅的墙体一般都采用厚实的土坯墙体或石砌墙体，如福建土楼的墙体厚度甚至达到了 1m 以上，这种形式的围护结构，热阻约为普通 24 砖墙的 2 倍，可以有效保温。同时，较大的热惰性可以抵御室外温度的波动，使室内更加舒适。在不能采用这种厚重墙体材料的地区，也可采用热阻较大的自保温材料，在此基础上，辅助以局部采暖，便能够满足冬季采暖的需求。

17.3　总结和展望

我国农村地区目前正处于一个快速发展和变化时期，造成了未来农村住宅建筑用能发展的不确定性。关于农村住宅能源发展之路，还存在许多争议，但总体上可以概括成以下四种发展模式。本节将对这四种可能的发展模式进行对比，并结合前面的分析指出其优劣和可行性。

1. “准城镇化”发展模式

长期以来，我国农村居民采用分散居住、自给自足经营土地的生产生活方式。近年来，随着城市化进程的推进，在大量劳动力进城和保护耕地压力日益沉重的背景下，全国各地出现了撤并村庄、仿照城镇进行集中居住的趋势，即把住在自然村的农民集中到住宅小区居住，把许多村庄合并成一个村庄或合并到镇，传统农居也被城市常见的多层楼宇所取代。

生活方式与居住模式有密切关系，居住模式会带来生活方式、文化等方面的巨大变化，从而也相应地带来能源消耗的变化；而居住方式又由居住者从事的生产活动形式决定。对于我国中小规模以农业为主的农民，纵观其文化生产活动、生活方式和能源消耗模式等，若外部引导不合理，则我国农村当前的用能方式和生活方式会逐渐向城镇地区转变。并且由于居住方式由分散变为集中，建筑失去了利用可再生能源所必需的土地和空间资源，农民使用生物质、太阳能等可再生能源的习惯将全部被抛弃。“准城镇化”发展后的农村住宅用能方式、用能意识和水平都会接近城镇住宅用能水平。按照目前的城镇能耗水平估算，我国农村住宅的总能耗将增加 1.4 亿吨标准煤，其中仅北方采暖就会增加 1.2 亿吨标准煤，并且会呈现逐年增加的趋势。

2. “准西方化”发展模式

由于农民长期习惯了“独门独院”的建筑形式，整个农村地区未来可能出现的另外一种发展模式如下：农户依然保持着分散居住，在建筑形式和材料使用等方面追求与城镇甚至国外别墅（因为都属于单体住宅）类似的做法，内部用能设备追求的也是与此相当的奢华生活模式，在一些发达省份的部分农村已经出现了这种情况。

此类建筑在能源使用上也将抛弃传统的生物质等能源形式，完全靠天然气、电能等商品能进行支撑。而由于农村住宅的分散特性，首先就需要敷设大量的天然气管道、加大电网容量等设施，这将会需要巨额的基础投资以及支持这些能源基础设施的运行维护费用。

由于单体农宅的体形系数是城镇单元式高层住宅的 2 倍以上，且与现有的城镇建筑相比，农村地区的能源输送距离加长，输送效率降低，能耗水平将会超过城镇集中型建筑，甚至在某些方面的能耗（如采暖、空调、电耗等）与西方国家水平靠拢。目前，美国单位建筑面积商品能消耗约为 40 千克标准煤/米 ^{2}，而我国城镇住宅和农村住宅单位建筑面积商品能消耗分别只有 20 千克标准煤/米 ^{2} 和 9 千克标准煤/米 ^{2}。假如农村住宅达到美国能耗平均水平的 1/2，我国 230 亿 m^2 农村住宅商品能消耗也将由现在的约 1.9 亿吨标准煤/年骤增到 4.2 亿吨标准煤/年，这会对我国能源供应造成巨大压力。

3. “自由化”发展模式

在农宅建设和用能发展方面，如果政府不加以引导，而是由农民依据自己的喜好任意发展，将会出现非常复杂的情况，导致农村地区会出现城乡建筑夹杂、多种模式并存的局面。

现在很多地方的农宅建设处于无序状态，一方面带来了耕地大量流失的不良后果，加剧了人地之间的矛盾，直接危及我国的粮食安全问题；另一方面，一些先富裕的农户会抛弃原有的传统住宅，盖起现代化的高耗能多层住宅，而其他后富裕起来的农户的认识水平很容易受到这些“样板户”的影响，纷纷效仿。如果任由这种情况发展下去，将会导致越来越多的农村人逐渐摒弃一些传统而又独特的生活方式，放弃使用传统的生物质能而转向使用商品能，盲目地追求高能耗的发展模式，最终也会导致我国农村住宅的总能耗增加 1 亿吨标准煤以上，给农户自身和国家总体节能减排都会带来不利的影响。

以上三种发展模式的特点和所带来的相同后果如下。

一是打破了长久以来形成的“庭院经济”和家庭养畜的生产方式。以往农户均占地 300m^2，包括利用宅基地种植蔬菜、瓜果贴补家用，集中居住后，有些地方因农业生产所需的农机具和粮食、种子没有地方搁置，农民只得在楼房下面搭建大量的棚子，实际占地面积并没有减少。此外，我国农民散户养猪，可将剩饭菜等家庭垃圾直接分解，并将猪粪施回农田或填进沼气池，形成简单的循环生态链。而集中居住后，对猪进行集中饲养，生活垃圾无法处理，只能扔掉；而粪便集中处理，造成农户对肥料无法直接使用。

二是加大了能源建设投资。农户集中居住，或者农村能源仿照城市和国外建设，由于农村居住密度远远小于城市，以城市供电、供气模式提供农村用能，投资巨大，并且大量能源消耗在输送环节上。

三是导致农民能源消费和生活支出的变化。农民进入楼房后，无法延续烧秸秆、薪柴的习惯，而被迫改为依赖电力和燃气，这样必然带来炊事能耗的大幅度增加。而北方需要采暖的地区出现了农民无法采用传统的采暖方式，又交不起取暖费，只能挨冻的情况。

因此，上述三种发展模式都是不可持续的。

4. “可持续”发展模式

伴随着我国农村经济发展、人民生活水平及对建筑环境品质要求的不断提高，如何营造一个健康、舒适、安全的农村住宅室内环境，而不造成能源消耗的大幅度增长，是我国农村未来发展必须面对和解决的战略性问题。与城市相比，我国农村拥有更广阔的空间、相对充裕的土地资源和低廉的劳动力，以及丰富的生物质等可再生能源；反之，由于用能密度低，输送成本高，常规商品能源的成本又比城市高，农村能源应当采取与城市完全不同的解决方案。

“可持续”发展模式的主要特点如下：未来的农村住宅除了做好围护结构的合理设计、被动式节能，以及大幅度降低建筑冬季采暖和夏季降温能源需求，还必须基于当地产生的秸秆、薪柴等生物质能源的清洁高效利用，配合太阳能、风能和小水电等无污染可再生能源，另外再辅助少量电能，最终发展出一条独特的农村能源解决途径。这样在显著提高农村住宅的室内热环境、大幅度减少室内外污染和 CO_2 排放的前提下，使农村住宅用能中商品能的消耗量在现有基础上不增加甚至逐步减少，为国家建筑节能及减少温室气体排放做出重要贡献。

从具体操作层面来说，不同地区的实现核心是将村落作为衡量和设计中国农村未来可持续发展的基本细胞单元，北方地区要逐步建设和推广“无煤村”，通过建筑保温和被动太阳能热利用等被动式节能技术，减少建筑采暖能耗需求 50%，然后通过太阳能、生物质等可再生能源的合理利用，全面摆脱农村采暖、炊事等生活用能对煤炭的依赖；南方地区要逐步打造和推广“生态村”，依靠室外得天独厚的气候环境条件，重点是通过生物质压缩颗粒炊事炉、液化气灶、电炊事等高效炉具的使用来降低炊事能耗，并改善室内空气质量，采用被动式隔热降温技术和适宜的采暖方式来分别改善夏季及冬季农宅室内的热环境状况，除了消除目前的生活用能对煤炭的消耗，还要从根本上防止未来夏季空调用电量和冬季采暖能耗的大规模增长，实现农村住宅与自然和谐互融的低碳化发展，从而创造出城市地区所无法实现的宜居人居环境，最终使我国农村住宅实现节能 1 亿吨标准煤，减少 4 亿 tCO_2 排放，并避免未来 945 亿 kW·h 的用电增长。

综上，无论从国家能源供应能力，还是从能源基础设施建设和维护等方面，我国都不能承受“准城镇化”“准西方化”或“自由化”的发展模式，只能发展并坚持走“可持续”的发展模式。几千年的农业文明史使我国农民的思想中积淀了对山水自然和人居和谐的无限情怀，在不断的发展过程中与自然有着和谐的共存共生关系。这种朴素的“天人合一”自然观与农村固有的自然因素、文化渊源和地域特色，是进行农村生活和发展的资源优势。实际上，农村生活的进步更应该强调农村自身所具有的富有自然气息的、可以充分实现人类与自然协调发展的生活环境条件和优势，建立人与自然共生、共同发展的生态理念，充分利用这一资源优势，调整人居、生产与自然各因素间的相互协调，维持各因素之间的动态平衡，从而达到改善农村人居条件、人与自然共同协调发展的最终目的，这才是真正意义上的高品质生活，也正是未来新农村建设应该追求的真正目标。

第六篇　低 碳 交 通

第 18 章　中国车用能源系统可持续转型①

在工业化、城市化加速发展的背景下，中国的汽车工业和道路交通发展迅速。目前，中国已成为全球汽车市场增长最快的地区之一，也已成为全球最大的汽车消费国和生产国。道路运输是交通运输业中消费能源最多的运输方式，能源消耗规模逐年上升，近年呈现出快速增长的态势。车用能源问题已成为中国汽车发展战略、能源发展战略以及环保问题中的一个核心问题。为了积极应对全球气候变化和保障能源供应安全，中国车用能源需要走可持续发展之路，由于涉及能源、环境、技术、经济、社会、政策、管理体制等多个方面，认识中国车用能源问题并提出解决方案需要开展系统和深入的多学科综合研究。

18.1　车用能源研究背景

18.1.1　交通运输是能源消费的主要部门之一

目前，在中国现行统计体系中，交通运输能源消费统计仅包括从事社会营运的交通运输企业或运输工具，而工业企业内部用于交通运输的能源消费、企事业单位自备车辆和私人汽车的交通能源消费并不包含在内。按照国际通用口径估计，中国交通运输部门实际能源消费远远大于目前统计的能源消费量。

从全球来看，交通部门是能源消费的主要部门之一。据统计，近年该部门占石油消费总量的60%左右，占终端能源消费总量的30%左右。该部门能源消费（尤其是石油消费）的增长速度在过去30年达到年均2%～3%，远超过工业和民用等其他部门的能源消费增长速度。

相关研究测算表明，中国交通运输部门实际能源消耗占全国总能耗的比重为10%～15%。发达国家经验表明，进入城市化稳定发展阶段，交通运输能源消耗占总能耗的比重将达到30%～40%。据统计，中国交通部门终端能源消耗量从1980年的2410万吨标准油（ton oil equivalent，toe）增长到2012年的2.2亿吨标准油，在终端能源消耗量中，交通部门在总终端能源消耗中的比例也由1980年的7.65%增长到2012年的13.05%。但是目前中国的这一比例还远远低于一些发达国家现有

① 本章作者：欧训民、彭天铎、王海林、张希良。

水平，2012 年日本的比例为 25.08%，美国为 41.74%。根据相关机构的研究成果预测，中国未来交通部门能源消耗有可能从现在的不到 3 亿吨标准油增长到 2035 年的 5 亿多吨标准油，将占届时总终端能源消耗量的约 20%。

研究数据表明，随着中国经济的发展，中国交通终端能耗总量正在迅速增加，增速较快。近 30 年的经济发展中，中国交通终端能耗在世界交通终端总能耗中的占比从不到 2%上升到 7%，引起了全世界的广泛关注。接下来的 10～20 年，中国仍然处于快速的城镇化和工业化的进程中，中国的交通部门也同样面临着快速的增长时期，中国未来交通能源总量增长趋势明显，根据相关研究结果预测，即使在 2030 年之后，在基准情景下，仍将继续增长到 2050 年；在强力政策情景下，增长趋势直至 2030 年，之后有所下降，但到 2050 年仍将高于现有水平（2010 年）的 1.5 倍左右。如何做好协调有序地发展低碳高效的交通是我国当前面临的主要问题。

从全球来看，目前约有 20%的能源相关的 CO_2 排放来自交通部门，这一比例在发达国家中更高，美国约为 30%，欧洲约为 25%；其中道路部门在其交通部门排放中占比均达 80%以上，中国尚无权威官方统计数据公布。根据 IEA 研究，中国道路交通部门在中国 CO_2 总排放中的占比不到 10%，而未来中国交通部门的 CO_2 排放量将会进一步增加，其在总 CO_2 排放中的占比也将进一步向世界平均水平和发达国家水平发展。

18.1.2 车用能源消费现状与趋势

根据运输工具分类，交通部门分为道路交通、航空交通、水路交通、铁路交通和管道交通，其中，道路交通以机动车辆为运输工具，对应能量消费为各类民用汽车（包括商用车和乘用车）和摩托车的能源消费。研究结果表明，在中国交通行业中，道路运输业能源消费比重很高，是交通运输业中消费能源最多的运输方式，其能源消费占交通运输业的 85%左右，其他几种交通方式在交通运输业能源消费中的占比不到 15%，未来道路交通能源消费占比将维持在 85%以上，与欧美国家的汽车交通能源消费量在交通能源消费总量中占比 80%以上的结构类似。

改革开放以来，随着经济持续快速增长，我国汽车保有量总体上呈现加速增长趋势。全国民用汽车保有量 1978 年为 135.84 万辆，到 2010 年增长到 7801.83 万辆，为 1978 年的 57.4 倍，到 2012 年又比 2010 年增长 39.7%，达到 1.09 亿辆，2014 年汽车保有量已达 1.45 亿辆。专家预测，2020 年中国民用汽车保有量将达 2.7 亿辆。中国汽车产销量更是增长迅速，年产量从 2001 年的 233 万辆提高到 2014 年的 2372 万辆，年均增长 19.5%，自 2009 年起连续位列世界第一。专家预测，2020 年中国汽车销量将达 3000 万辆。道路和航空交通的快速增长使得目前中国交通能源主要依靠石油消费（如 2005 年其中的石油占比为 96%），在整个石油消费市场中，汽油和柴油的消费占了总消费量的 50%以上，据统计，汽油主要由道路交通部门消费，2012 年全国柴油消费量中交通部门占比达到 66%，这一比例相比 2000 年的 27.5%有明显的提高。而道路运输业是主要的用油行业，目前新增需求的 2/3 来自于道路运输业。

目前除少量替代燃料之外，我国车用燃料仍然主要来自于传统石化油品（即汽油和柴油）。我国汽车保有量的急剧增加引起了车用燃料消费量的快速增长，并逐步成为石油能源消费的主体。2005～2012 年，道路交通消费的汽油总量从 4608 万 t 增长到 8510 万 t，道路交通消费的柴油总量从 5890 万 t 增长到 1.07 亿 t。

18.1.3　车用能源节能探索

随着车用能源安全问题日益严重，我国积极开展车用能源节能研究，发展交通节能技术。相关研究表明，从运输结构优化、技术进步和加强管理三个方面推进交通节能，到 2020 年和 2030 年交通能耗与基准情景相比将分别下降 20%和 40%，大力发展公共交通，控制私人轿车使用，使城市客运油耗下降 20%左右；提高燃油经济性、发展替代燃料、实施电动化和柴油化，可使私人轿车油耗下降 60%左右；通过优化货运交通方式、发展第三方物流、优化管理和提高信息化水平等手段，货运能耗可降低 15%左右。

有关专家对中国单位交通服务的能耗水平研究后发现，近 20 年来中国道路交通单位客运周转量能耗和单位货运周转量能耗有很大进步。客运道路交通服务方面，民用轿车、出租车、公共汽车的单位交通服务能源消耗有显著下降，如民用轿车单位交通服务能耗从 1990 年的 97.4 千克标准煤/千人公里下降到 2007 年的 70.6 千克标准煤/千人公里；道路交通货运方面，单位货运服务的能源消耗有了很大程度的进步，从 1990 年的 74.8 千克标准煤/千人公里下降到 2007 年的 54.8 千克标准煤/千人公里，交通技术的进步和交通部门的管理政策发挥了重要作用。

目前节流与开源是减少车用石油液体产品消费的两个方面，前者主要是提高传统汽车的燃料经济性，后者主要是通过燃料替代实现车用燃料多元化。顺应车用能源多元化、动力电气化和排放洁净化的发展趋势，我国正在大力开展多种车用替代燃料。目前多个省市实现了生物燃料乙醇的推广使用，通过与汽油以 10∶90 体积比进行掺混形成 E10，直接加注到乘用车中使用；近几年，公交车领域应用替代燃料技术更是迅速发展，在公交车柴油化的同时，压缩天然气、液化石油气、二甲醚、甲醇公交车在具有资源或者技术优势的地区和城市得到商业化应用，混合动力、纯电动和燃料电池公交车也处于商业化早期、示范运行或者技术研发阶段。

同时，我国新能源汽车发展迅速，纯电动乘用车在整车控制、动力系统匹配与集成设计等方面取得突破且已进入量产，纯电动客车技术已趋于成熟，插电式混合动力乘用车已自主开发出驱动系统。2014 年我国新能源汽车呈现井喷式增长，成为全球第二大销售市场，保有量约达 12 万辆。2014 年，我国纯电动汽车销售 4.5 万辆，约占全国新能源汽车市场的 60%，插电式混合动力汽车销售近 3 万辆。混合动力汽车国内主要集中在城市客车的研发，技术上较为成熟，国内燃料电池汽车目前处于研发和试验考核阶段。

有关中国交通运输中长期节能问题的研究表明，在 2020 年和 2030 年最大节能潜力分别为 1.4 亿吨标准煤和 3.1 亿吨标准煤，其中公路交通和私人汽车交通的节能量占主要部分，占到 2/3。

18.2 影响车用能源发展的因素

根据其作用机制的特点，可以把影响车用能源发展的主要因素划分为经济发展、人口地理、技术进步、公共政策和环境保护[1-6]。

一是经济发展，一般说来，在一定时期，经济规模、汽车交通运输服务需求和车用能源消费量三者之间呈现很强的正相关关系。实践表明，改革开放以来，中国的发展符合这个规律。在未来相当长的时期，中国经济仍然处在成长期，GDP 增长是中国汽车交通运输服务需求的关键驱动因素。

二是人口地理，一个国家的人口地理特征也是影响该国汽车交通运输服务需求及车用能源消费量的关键因素。人口地理特征体现在人口数量、人口构成、幅员面积、城市化率、城市化模式和交通运输基础设施条件等。美国国土面积广阔，城市群分散，高速公路网高度发达，乘用车保有率高，每千人 785 辆；日本国土面积狭小，人口密度高，城市密集，每千人只有 450 辆；加拿大、德国、英国和法国介于美国和日本之间。因此，人口增长率、人口密度、城市化率及模式和交通运输基础设施发展模式也是中国汽车交通运输服务需求和车用能源消费量的关键驱动因素。

三是技术进步，汽车技术和能源技术进步会对未来车用能源的发展产生深刻的影响。汽车节能技术创新和推广会不断提高燃油经济性与降低污染物排放水平。纯电动和燃料电池等新能源汽车技术的进步，除了会大幅度地提高汽车燃油经济性和降低污染物排放，也会带来车用能源转换及储存技术、基础设施和汽车产业本身的深刻变革。生物替代能源技术进步也会改变我国车用能源供应结构。然而未来车用能源技术进步和市场渗透率有很大的不确定性。

四是公共政策，中国车用能源发展的目标是建立可持续车用能源系统。因为国家整体利益和个体利益在一定程度上存在着不一致性，市场机制在外部性内部化和信息供应等方面存在失灵的问题，中国可持续车用能源体系的建立需要政策干预。车用技术进步也在很大程度上由政策导向决定，在宏观经济因素和人口地理因素相同的背景下，不同的政策导向在很大程度上决定着车用能源技术创新未来发展的方向和不同车用能源技术路线可能发挥的作用。

五是环境保护，以汽车为主体的机动车数量的快速增长，带来了严重的环境问题。现阶段中国机动车污染控制水平较低，机动车污染物排放密度和污染物浓度都比较高，造成的危害也比较大。目前机动车排放在中国城市污染物排放的分担率呈现出上升趋势，在多数城市 CO、碳氢化合物的分担率超过 50%，在部分大城市甚至达到 90%以上。目前控制机动车污染的措施主要有采用严格的新车污染物排放标准，改善燃油品质，加强在用车的排放控制管理，加速淘汰落后技术车辆，发展压缩天然气（compressed natural gas，CNG）、LPG 和燃料乙醇等替代燃料，发展电动汽车（electric vehicles，EV）和燃料电池汽车（fuel cell vehicles，FCV）等新型动力汽车，以及在特殊情况下采取临时交通管理等。

18.3　可持续的车用能源系统

目前还没有公认的可持续的车用能源系统的定义，但是可以从以下几个方面认识中国可持续车用能源系统的一些基本特征。

（1）汽车交通经济：以尽量少或支付得起的成本来满足社会经济发展和个体对汽车交通服务的需求，向可持续的车用能源系统转型应带来明显的宏观经济效益。

（2）能源系统效率：理想的可持续的车用能源系统应该是在满足相同的汽车交通服务需求的条件下，从矿井到车轮（well-to-wheels，WTW）全生命周期能耗最小的或较小的系统。

（3）温室气体排放：控制 CO_2 排放已成为全球车用能源技术创新最主要的驱动力之一。理想的可持续的车用能源系统应该是，在满足相同的汽车交通服务需求的条件下，WTW 全生命周期 CO_2 排放最小的或较小的系统[7-10]。

（4）能源供应安全：中国 2010 年石油对外依存度已接近 55%，未来会进一步升高。目前中国 95%以上的车用能源消费来自石油基燃料，车用能源增长是推动中国石油对外依存度不断攀升的最主要力量。可持续的车用能源系统应该是多元化的，在经济可行的条件下尽量减少对国外能源资源的依赖。

（5）燃料品种供需匹配：可持续的车用能源系统应该不仅能保证车用能源在数量上供需平衡，还能保证在品种上匹配合理，尽量避免品种上大的余缺，保证车用能源炼制、运输和加注等基础设施得到科学的利用。

（6）汽车工业竞争力：中国汽车产业起步较晚，在传统汽车技术和能源技术领域缺乏竞争力，但在新能源汽车领域超越的可能性较大。新能源汽车市场有一定的规模才能为汽车产业升级和竞争力提升提供所需的动力。

18.4 中国车用能源情景分析

利用情景分析方法，建立中国车用能源发展的 5 个情景——参考情景、电动汽车发展情景、燃料电池汽车发展情景、生物燃料发展情景和综合政策情景。参考情景下，主要的假设条件如下：汽车技术和能源技术创新速度与趋势按现有趋势发展，汽车交通服务需求方面，公交服务无明显改善，未实现私人客运向公交、汽车货运向铁路的有效转移；车队燃油经济性方面，有小幅改善；2040 年以前电动乘用车、客车无法与石油基汽车竞争；燃料电池汽车 2040 年以前无法与石油基汽车竞争；2025 年以前主要利用一代生物燃料，数量有限，2035 年以后二代生物燃料成本可能大幅降低。相应的分析结果如下：车用燃料消费量将保持增长，2050 年以前不会达到峰值，燃料消费集中在柴油、汽油，供需不匹配，矛盾不能缓解；新能源汽车市场规模很小，气体燃料发动机汽车的比重提高有限；汽车交通部门造成的温室气体排放不断增长，2050 年将接近 24 亿 t[2-4]。

电动汽车发展情景下，主要假设如下：电动汽车技术有突破性进展，并积极推广应用，2025 年左右，电动乘用车、客车交通综合成本可与石油基汽车持平，进入快速发展期。燃料电池汽车发展情景下，主要假设如下：燃料电池中、大型乘用车和客车，以及燃料电池货车在 2030 年左右交通综合成本可与石油基汽车持平，进入快速发展期。生物燃料发展情景下，主要假设如下：2025 年，生物燃料，特别是第二代生物乙醇和二代生物柴油进入快速发展阶段。综合政策情景下，主要假设如下：实施私人客运向公交转移、汽车货运向铁路转移等交通方式优化措施；与参考情景相比，乘用车的燃油经济性有进一步改善，客车车队、货车的燃油经济性有较大幅度的提高；电动汽车、燃料电池汽车和生物燃料发展方面，分别与上述 3 个替代情景相同。

上述替代情景下，车用燃料和车用 WTW 石油都在 2030～2035 年达到峰值，以后下降，能显著提高整个车用能源系统的效率，减少石油对外依存度。尤其是综合政策情景下，到 2050 年，生物燃料、电、氢和天然气对车用燃料的贡献分别为 16%、9%、9%和 9%；汽车交通 WTW 温室气体排放 2030～2040 年达到峰值，然后不断下降，2050 年比参考情景减少 14%～54%。

18.5 中国车用能源可持续转型之路

中国车用能源发展的最终目标是要建立起可持续的车用能源系统这一理想政策目标情景。通过上述情景分析，可以探讨由参考情景转向政策目标情景的中国车用能源可持续转型之路[2-7]。

第一，不断提高汽车燃油经济性和车用燃料品质。提高汽车燃油经济性是近、中、远期控制车用石油基燃料消费增长和温室气体排放都十分有效的措施之一。需要长期坚持汽车技术节能，推广先进车辆技术，不断提高汽车燃油经济性，影响车辆的燃料经济性的因素主要有发动机、传动装置、汽车外形的气动性能、辅机系统、空调和轮胎、车重等。对上述因素的技术革新都将使车辆的经济性得到提高。通过采用先进的发动机技术，在未来 10～15 年，汽油机汽车发动机仍有50%以上的节油潜力，重型卡车柴油机仍有 25%的节油潜力。提高汽车燃油效率的先进技术要求车用燃料品质不断提高，石油化工行业应积极布局，推进化工设施的升级换代。

第二，2025 年前建立起完整的充电基础设施。电动汽车（含插电式电动汽车和增程式混合动力汽车）是中、远期实现车用能源系统效率提高、能源供应安全改善和温室气体减排的关键支撑技术。应积极推动电动汽车的技术研发、示范和商业化，使其在 2025 年以前进入快速增长期。大规模发展电动汽车可能导致柴汽比不均衡加剧，需要发展生物柴油等柴油替代品加以平衡。电动汽车大规模发展的制约因素是电池关键技术尚未突破。完整、方便的充电基础设施是电动汽车大规模发展的前提。政府部门应协调好汽车行业与电力行业，制定相应的充电设施标准，积极推进充电基础设施的建设。

第三，2025 年前第二代生物柴油进入快速发展阶段。发展第二代生物柴油不仅能在中、远期直接替代石油基柴油和减少温室气体排放，也能有效校正电动汽车大规模发展带来的柴汽比失衡，是支撑车用能源可持续转型的关键技术。第二代生物柴油大规模发展的瓶颈为原料供应问题和制备技术尚未突破。低廉、充裕的原料供应是大规模发展生物柴油的前提。在保障农业土地供应和粮食生产的前提下，要充分利用边际土地，研发先进种植作物及耕作技术，为生物燃料提供稳定、充足的原料供应。

第四，2035 年前燃料电池汽车进入快速发展阶段。据测算，燃料电池汽车是远期实现能源供应安全改善和温室气体减排的重要技术，也可以在一定程度上校正电动汽车大规模发展造成的柴汽比失衡。应加强氢气供应体系研究，支持燃料电池汽车的技术研发、示范和商业化，使其在 2035 年以前进入快速增长期。燃料电池汽车大规模发展的瓶颈为燃料电池技术尚未实现突破。氢制备和运输过程中的能耗及 CO_2 排放问题也为燃料电池汽车的大规模发展带来了不确定性。

第五，近、中期重视天然气的作用。在近、中期，使用天然气是实现车用燃料多元化和温室气体减排的措施之一，在远期也有一定的作用。天然气在我国远期车用燃料替代中的作用同天然气国际市场供应状况和生物燃料能否真正突破有关。

第六，长期坚持交通运输方式优化。由于公路运输的单位能耗远远高于铁路运输和水运，调整、优化交通运输结构，大力发展绿色物流，减少对公路运输的依赖，转移运输量到铁路运输和水运，将实现交通运输全系统的节能降耗。根据测算，实施私人客运向公交转移、汽车货运向铁路转移等交通方式优化是 2030 年以前控制车用石油基燃料消费增长和温室气体排放最有效的措施，远期也十分有效。因此需要大力发展公共交通，不断提高铁路货运的比例，同时提高铁路电气化和铁路货运比例，采用新型高效机车，提高能源利用效率；加强管理节能，减少非机车或非运输能耗。

第七，加大对车用能源关键技术研发和示范支持力度。加大对中国车用能源关键技术研发和示范的支持力度，力争尽快实现技术上的重大突破。中国车用能源可持续转型的重大关键技术包括电动汽车电池技术、燃料电池技术、二代生物柴油原料与制备技术、高效环境友好的先进制氢技术（如生物质基多联产制氢、煤基多联产制氢和核能制氢）。

第八，建立公平有效的车用能源财税政策体系。财税政策是基于市场的政策工具，可以为可持续车用能源系统转型提供动态激励。具体建议如下：为电动汽车、燃料电池汽车和第二代生物燃料技术的示范项目提供投资补贴；改革现有的燃油税税制，使燃油税的征收和收益的利用与我国车用能源可持续转型紧密结合起来；免除电动汽车和燃料电池汽车购买环节的一切税费；研究减免电动汽车和燃料电池汽车在使用环节税费的方案与实施路线图；研究在交通运输部门征收碳税的方案与实施路线图。

参 考 文 献

[1] 欧训民，张希良. 中国车用能源技术路线全生命周期分析. 北京：清华大学出版社，2011.

[2] 清华大学中国车用能源研究中心. 中国车用能源展望 2012. 北京：科学出版社，2012.

[3] CAERC，Tsinghua University. Sustainable Automotive Energy System in China. Berlin：Springer，2013.

[4] 张希良，张旭，欧训民. 中国新能源汽车产业发展现状与展望. 环境保护，2013，41（10）：24-27.

[5] 张希良，欧训民，张茜. 中国车用能源系统的可持续转型. 环境保护，2012，（12）：21-24.

[6] Lyu C J，Ou X M，Zhang X L. China automotive energy consumption and greenhouse gas emissions outlook to 2050. Mitigation and Adaptation Strategies for Global Change，2015，20（5）：627-650.

[7] Ou X M，Zhang X L，Chang S Y. Scenario analysis on alternative fuel/vehicle for China's future road transport：Life-cycle energy demand and GHG emissions. Energy Policy，2010，38（8）：3943-3956.

[8] Ou X M，Zhang X L，Chang S Y，et al. Energy consumption and GHG emissions of six biofuel pathways by LCA in（the）People's Republic of China. Applied Energy，2009，86（Supplementl）：S197-S208.

[9] Ou X M，Yan X Y，Zhang X L. Life-cycle energy consumption and greenhouse gas emissions for electricity generation and supply in China. Applied Energy，2011，88（1）：289-297.

[10] Ou X M，Yan X Y，Zhang X L，et al. Life-cycle analysis on energy consumption and GHG emission intensities of alternative vehicle fuels in China. Applied Energy，2012，90（1）：218-224.

第 19 章　绿色低碳交通发展战略——主要影响因素与实现途径①

实现绿色低碳交通是我国城市健康发展的必然选择，是城市交通的发展方向，是构建和谐社会、全面实现小康社会在交通领域的具体体现。然而，如何实现绿色低碳交通，则是城市交通领域当前面临的重要理论问题和实践问题。

19.1　绿色低碳交通的定义

绿色低碳交通是一个理念，是以减少交通拥挤、降低能源消耗、促进环境友好、节省建设维护费用为目标的城市综合交通系统。绿色低碳交通的狭义概念更加强调交通系统的环境友好性，主张在城市交通系统的规划建设和运营管理过程中注重环境保护与生活环境质量。绿色低碳交通的广义概念包含了推动公交优先发展，促进人们在短距离出行中选择自行车和步行的出行模式，节约能源、保护环境、建立公共交通为主导的城市综合交通系统等[1]。

绿色低碳交通的本质是建立维持城市可持续发展的综合交通体系，其发展目标是既要满足人们的交通需求，又要实现资源节约、环境保护和社会公平。绿色低碳交通具有明确的可持续发展的交通战略目标，主张以最少的资源投入和环境成本实现社会经济发展产生的交通需求，要求交通发展与城市环境相协调，与城市土地利用良性互动，多种交通方式共存、优势互补。因此可以说，从广义上看，绿色低碳交通等价于城市可持续交通；从狭义上看，城市可持续交通包含绿色低碳交通。更细致地说，绿色交通包含低碳交通，各种用语均可用绿色交通来概括。为扣题，本章采用绿色低碳交通这一用语。

“绿色低碳”主要体现在如下三大方面。

（1）绿色低碳交通结构为基础，绿色低碳交通方式为主导：短距离出行以步行、自行车为主；长距离出行以公共交通为主。

（2）绿色低碳交通工具为主体：促进无污染、低污染的交通工具的推广使用；强化新交通工具的开发。

（3）绿色低碳交通组织管理为手段：通过综合管理技术和交通管理智能化水

① 本章作者：陆化普。

平的不断提高，营造安全、高效、环保、节能、以人为本的综合交通系统。

绿色低碳交通系统与传统交通系统的差异主要表现在以下五点。

（1）绿色低碳交通系统更注重交通与土地利用的一体化，要实现交通负荷小的紧凑型城市建设，包括推进 TOD 模式、混合土地使用、强调以人为本的规划设计理念等。

（2）绿色低碳交通系统更加注重绿色低碳交通系统优先的理念和原则，在交通发展战略、通行时空资源配置、交通工程设施设计与交通管理方案制定等各方面，突出落实绿色低碳交通优先原则。

（3）绿色低碳交通系统更注重分析和考虑系统的整体性及交通系统与其他系统的相互关联性。

（4）绿色低碳交通系统的规划更加注重人的感受、宜人尺度、以人为本、人的方便和安全。

（5）绿色低碳交通系统在交通系统规划的全环节注重环保节能。

19.2　绿色低碳交通的主要影响因素分析

研究探讨绿色低碳交通的主要影响因素和影响机理，是建立绿色低碳交通系统规划与管理理论、实现城市绿色低碳交通的基本前提。影响绿色低碳交通的因素很多，可以从改变交通需求特征、改变小汽车出行总量、改变车辆运行状态、改变单车排放水平，以及改变交通出行者的交通行为特征等五个角度来认识，如图 19.1 所示[1]。

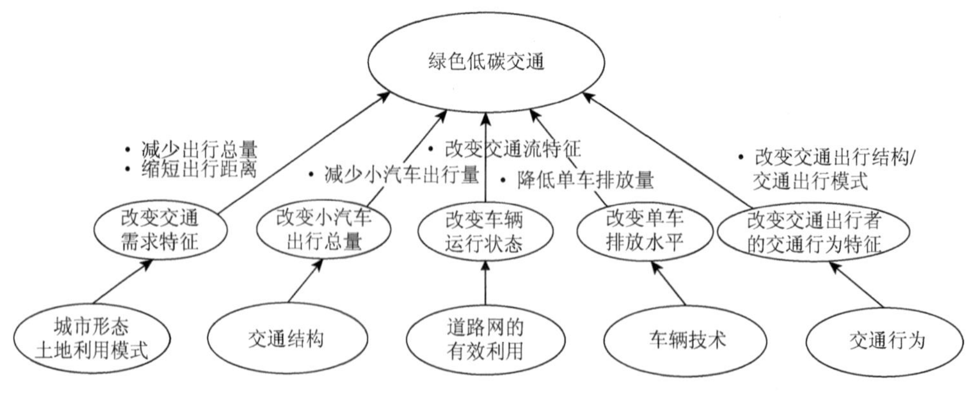

图 19.1　绿色低碳交通的主要影响因素及影响关系图

由图 19.1 可知：①城市形态和土地利用模式将会影响城市交通需求总量、交通出行距离等特性，是影响绿色低碳交通的第一因素。合理的城市形态和土地利用模式能够减少交通需求总量、缩短交通出行距离，从而实现减少交通有害气体排放总量和减少排放单体的目的。②当城市交通需求总量一定时，通过优先发展城市公共交通、提高公共交通分担率、减少道路上的机动车总量，实现减少汽车尾气排放总量的目的。③通过建立合理的道路网结构，并通过提高交通管理的科学化、智能化水平，实现交通畅通有序的良好运行状态，大量减少怠速、低速、走走停停等不良工况，实现有效减少汽车尾气排放的目的。④通过提高车辆技术、制定严格的排放标准以及提高燃油质量等措施，实现降低机动车单车排放量的目的。⑤人的认识和交通行为是保证实现上述目标的重要条件与能动因素。因此，不断提高居民的环保意识，促进城市居民利用公交、自行车和步行方式出行，促进交通参与者依法行车走路，是实现绿色低碳交通的基本前提和重要保证。

19.3 绿色低碳交通的实现途径

根据绿色低碳交通的主要影响因素分析，实现绿色低碳交通的途径主要有以下五大方面（19.3.1～19.3.5 节）。

19.3.1 交通发生源对策——建设交通负荷小、绿色交通主导的城市综合交通系统

城市交通出行需求主要分为上下班出行、上下学出行、生活出行三大类，从交通发生源角度来讲，形成合理的城市结构和用地形态，尽可能减少城市交通出行总量、缩短交通出行距离是实现低碳社会的根本对策。

具体来讲，通过促进混合土地使用、混合建筑物类型等实现职住均衡，缩短通勤交通的出行距离；通过合理规划设计学区通学路系统、实行严格的学区制并建立完善的中小学生上下学交通组织等措施，改变学生上学的交通方式、缩短学生上学的出行距离，实现绿色出行，降低碳排放；通过完善社区公共与生活设施，打造生态城市单元，使市民可以就近购物、就近活动等，从而减少长距离的生活出行，实现降低交通排放的目标。从交通发生源的角度出发，实现低碳的对策内容及其原理如图 19.2 所示。

1. 合理的城市结构和用地形态

对整个城市来说，合理的城市结构与土地使用应具有的主要特征是：城市交通需求总量小，平均交通出行距离短，能够促进以公共交通为主导、步行和自行车交通优先的可持续交通系统的建立。

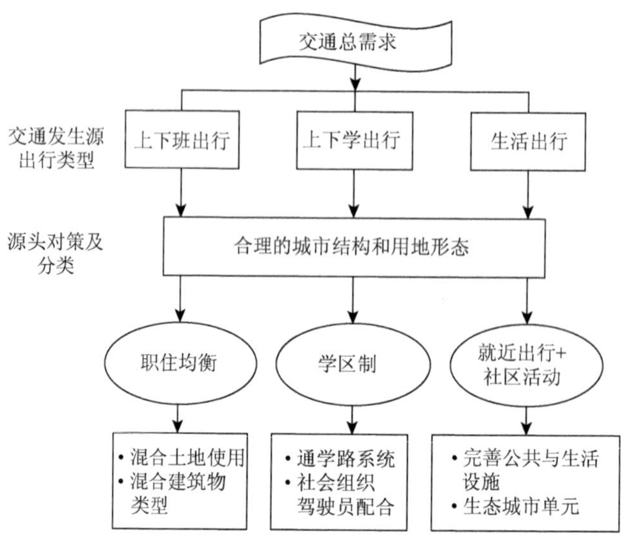

图 19.2　交通发生源对策[2]

1）合理的城市空间结构

合理的城市空间结构应具有如下特点。

（1）城市各组团内职住平衡。

（2）城市以居住为主的组团规模不宜过大，且应配备完善的公共设施和生活设施。

（3）在组团间的交通走廊上提供强大的公共交通服务。

（4）在中心城与卫星城之间提供轨道交通服务。

2）城市土地使用的发展方向

城市土地使用的国际经验和发展方向如下。

（1）建设紧凑型城市。

（2）混合土地使用。

（3）基于 TOD 的开发模式，越靠近公交系统的土地开发强度越高。

（4）优先步行和自行车交通。

（5）土地使用与服务于该土地的交通系统一体化。

（6）城市组团和新城功能完善，具有独立的城市功能。

（7）公交主导。

（8）以生态城市单元为单位实施职住均衡的开发模式。

2. 职住均衡

职住均衡能改变城市居民出行的空间分布特性和总量特性，从而减少城市居民出行的总量、缩短出行距离。实现职住均衡的目标是一个涉及政府主导推动、法规政策保障、规划设计科学、企业积极努力、市民参与配合等各方面的复杂过程，关键对策如下[3]。

（1）提高认识。应充分认识职住均衡对减少交通需求总量、缩短出行距离的重要作用，将其作为解决交通供需矛盾的重要战略和长期对策，制定系统的实施方案。

（2）系统规划。推进职住均衡的首要环节是规划，尤其是城市总体规划、土地使用规划和产业布局规划的协调，应注意混合土地使用、混合建筑物类型、完善的绿色低碳交通系统在规划层面的落实。

①混合土地使用。就业岗位和居住容量应基本匹配，可根据生态城市单元主体功能的不同确定不同的比例，注重不同土地使用的空间布局，可采用职住混合度与均衡度指标衡量。购物、上学、社区活动、业余常规活动均应在 300～500m 实现。

②混合建筑物类型。提供不同建筑类型和不同户型的重要意义在于为不同阶层、不同经济地位的市民提供选择性，从而为职住均衡提供可能性。没有混合的建筑物类型，很难实现职住均衡的目标。

③完善的绿色低碳交通系统。住和行是密不可分的。按照生态城市单元的规划设计思路，实现居民近距离出行采用步行和自行车交通，远距离出行使用公共交通的绿色低碳交通模式。

（3）完善政策法规体系。职住均衡的实现涉及法规、制度、方法和保障体系等，具备和完善相关法规、制度，是实现职住均衡的基本前提。

（4）对职住均衡作用机理进行深入研究，加强职住均衡实证研究和规划研究工作，制定职住均衡规划设计指南或操作手册等。

3. 学区内通学路系统建立

学区内通学路系统规划的基本思路是：以学校为中心，以学校的服务对象范围为规划范围，对所有住宅对象设置通学路径，并对通学路径上的所有路段和路口进行精细的交通工程设计与交通安全设计。

（1）调整中小学布局及发展战略，严格实施学区制，消除“择校”交通。

（2）学区内道路进行系统规划，以学校为中心建立通学路系统，同时全面完善交通安全设施，确保学生上下学通学路的安全性。从居住区到达学校一般不应跨越交通性主干路。

（3）系统规划设计学区范围内的步行与自行车路系统。以学校为中心的步行与自行车系统设计，半径可适当放大到 1000～2000m。

（4）建立学校、家长和社会无缝配合，确保通学学生安全的上下学组织模式。

（5）坚持不懈地开展交通安全教育，改变驾驶员的驾驶行为，确保通学路上的文明驾驶和学生安全优先。

（6）加强交通安全的系统管理。

4. 公共设施的合理配置及生活设施的配套与完善要点

（1）实现公共设施、生活设施与居住工作区基本功能三同时——同时规划设计、同时施工、同时投入使用。

（2）全面完善公共设施的合理配置，实现“就近活动”。

（3）强化生活设施的配套与完善，实现“就近购物”。

（4）城市各功能区应合理混合土地使用，提倡商业、办公、居住、休闲、交通等功能混合布置，实现城市结构与土地使用布局、功能配置、开发强度的优化，在住宅开发的同时完善生活配套设施，建设生态城市单元，实现人们的就近购物、就近活动出行。

5. 推动实施生态城市单元的规划、设计与建设

生态城市单元的构建首先应尽量将刚性出行放在每个单元内解决，从而极大地减少城市居民出行总量和出行距离，由此可以节约大量的城市交通空间；其次通过完善生态城市单元的功能配置，提高单元内步行和自行车交通系统的质量与水平，使生活出行就近解决，从而降低城市居民对小汽车的依赖程度。

构建生态城市单元的主要目的是减少过多的出行次数和缩短出行距离，城市单元内以步行和自行车为主要出行方式，单元之间以公共交通为主要出行方式。因此，生态城市单元是典型的混合用地形态，居住、就业与正常的生活设施都在步行和自行车可接受的范围内。生态城市单元也应该避免单一性，每一个生态城市单元所承担的城市主体功能有一定的差别，要根据实际的需求来设定单元外部和内部的道路交通系统与方案。

19.3.2 交通出行结构优化对策——打造绿色低碳交通出行主导的综合交通系统

交通出行结构是指综合交通体系中不同交通方式所承担的交通量的比例，反映了交通系统的主要特点和不同交通方式的主要功能与角色，直接影响着有限的交通资源的配置方式以及向交通出行者提供更优选择的可能性，是决定城市交通系统基本属性和效率高低的关键因素之一。合理的交通出行结构有助于最有效地利用城市交通资源，最大限度地发挥城市交通系统的整体功能和作用，实现构建环保节能、安全高效、以人为本的绿色低碳交通系统的目的。相反，不合理的交

通出行结构必然带来高能耗、高污染、交通拥挤等城市交通问题，成为城市交通可持续发展的一个重要制约因素。交通出行结构优化关键对策如表 19.1 所示。

表 19.1 交通出行结构优化关键对策

对策名称	对策主要内容与要点	对策目标与效果
优先发展城市公共交通	构建以公共交通为主体的综合交通系统，提高公交服务水平	提高公交竞争力和公交分担率
建设完善的自行车系统	打造连续、安全、舒适的自行车交通系统	提高短距离出行的自行车分担比例，引导形成绿色低碳交通出行模式
建设完善的步行道路系统	打造连续、安全、舒适、温馨的步行交通系统	提高短距离出行的步行分担比例，引导形成绿色低碳交通出行模式
引导小汽车的合理使用	对小汽车保有和使用进行全面合理引导	降低小汽车通勤出行率
建设一体化的综合交通枢纽	实现多种交通方式的无缝衔接、零距离换乘，强化枢纽与周边土地一体化开发	方便换乘、引领城市交通结构和城市空间结构调整，建设绿色、高效、安全的综合交通系统
提供多样化的公共交通服务	根据不同的需求特性提供不同层次、多样化、有特色的公交服务	提高公交分担率和公交吸引力，满足多样化的公交需求
良好交通文化建设	充分认识回归步行自行车、建设绿色家园，是幸福生活的前提条件，是实现生态宜居城市、绿色低碳交通系统的第一关键	文明交通行为既是责任，也是安全，需要全体交通出行者的共同努力才能实现

无论城市类型还是规模，树立绿色低碳交通主导理念，提高绿色低碳交通分担率，积极落实绿色低碳交通优先措施，打造绿色低碳交通出行模式，是建设生态城市的根本要求。

不同交通方式的合理分工直接关系到绿色低碳交通出行模式建设的成败，关系到投资效益和决策的科学性，交通方式间的无缝衔接则是提高交通效率和方便程度的第一关键。从交通服务的角度看，实现了无缝衔接，才能提供高质量的全程一体化服务。表 19.2 是对不同交通方式一体化的基本要求。

表 19.2 不同交通方式一体化的基本要求[4]

尺度	宏观层面	中观层面	微观层面
关键内容	支撑城市交通发展的方向：绿色低碳交通为主导	支撑组团间交通需求的交通方式的合作与分工	支撑组团内交通需求的交通方式结构
对应关系	1. 绿色低碳交通为主导的导向 2. 满足城市交通需求特性对交通方式结构的具体需求 3. 充分体现不同交通方式的技术经济特性	组团间通道需求与交通方式结构关系	构成组团的生态城市单元内部以及内外间交通需求与交通方式结构关系

续表

尺度	宏观层面	中观层面	微观层面
规划设计原则	战略方向：以绿色低碳交通为主导	1. 通道供给以公共交通为主导 2. 通道供给与通道需求相互配	1. 生态城市单元内以步行和自行车为主 2. 组团内各功能用地单元间以公共交通为骨干
实现	1. 根据城市规模、具体特点和交通需求特性，确定以绿色低碳交通为主导的具体交通方式结构 2. 道路资源、交通设施向绿色低碳交通出行者倾斜	1. 根据通道需求，确定通道供给模式，即交通方式分工模式 2. 在上述基础上实现通道供需平衡，即交通方式合作模式	建立生态单元规划设计指南

19.3.3　道路系统优化与城市交通管理的科学化和智能化对策

城市道路不仅是城市中最基本的交通基础设施，而且在实现城市空间发展战略、形成城市景观、提高城市防灾能力、方便城市居民交流、建设良好生活环境方面均发挥着重要作用，也是协调城市土地使用和交通系统的关键环节。

城市道路具有交通功能、空间功能、防灾功能和文化交流功能，其中，交通功能是最主要的功能。道路只有形成网络，才能充分发挥它的作用。

优化道路网络和合理配置通行空间是在道路网规划中要综合考虑道路的各种功能，注重路网中不同等级道路的合理构成、功能定位和连接关系，确定道路网的形状、道路网中各条道路的功能分工以及各条道路的服务水平，同时对道路通行空间资源进行合理配置，以促进绿色低碳交通系统形成，起到缓解交通拥堵作用。

1. 道路网合理结构的含义[5]

道路网结构包括等级结构、功能结构、连通结构和布局结构。第一，合理的道路网络首先要求道路网的层次构成、连通结构合理，功能定位与周边土地使用相协调，空间布局与城市结构和交通需求相一致。第二，城市道路应根据其所在位置、需求特性、周边的土地使用状况等来确定合理的道路红线、功能定位、通行能力、横断面形式和道路资源的分配等。道路宽度应适当，过宽过窄都不合适。第三，城市道路交叉口是影响道路网交通容量的关键。交叉口的通行能力必须与路段的通行能力相匹配，以利于提高整个路网的通行能力。第四，城市道路要慎重处理好与城市空间、土地开发、历史风貌、遗产保护等之间的关系。

（1）合理的等级结构。合理的等级结构包括道路的不同等级、不同性质道路的道路横断面资源的配置等，道路等级结构的合理性直接影响道路的通行能力和利用效率。按照城市道路设计规范，主干路、次干路、支路等级的比例约 1∶2∶4 为宜。

（2）合理的功能结构。城市道路网按其功能可以大致分为交通性（疏散性）路网和生活性（服务性）路网两部分，功能结构实质上就是对交通与土地使用协调程度的反映和指导。

交通性（疏散性）路网要求快速、畅达，避免行人频繁过街的干扰，对于快速的、以机动车为主的交通性主干路要求避免非机动车的干扰；交通性（疏散性）路网必须与公路网有方便的联系，与城市中的居住、公共建筑、游憩等非交通性用地（工业、仓库、交通运输用地）有较好的隔离，同时要求线型尽量顺直。

生活性（服务性）路网要求行车速度相对低一些，并尽量减少快速通行车辆的干扰，有较方便的停车条件，同居民区有良好方便的联系，同时有一定的景观要求，主要反映城市的中观和微观面貌。同时兼顾城市市政管线、绿化、景观、日照、防灾等其他附属功能。

（3）合理的连通结构。合理的连通结构是指道路网中不同层次的道路要依次连接，次干路与主干路相连，支路与次干路相连，要尽量避免支路直接与主干路相连。当路网密度一定时，连通度越高，道路网的连通结构越好。同时要实现路网发展过程中的功能合理转换、等级顺利衔接，促进交通与用地布局的良性互动。

（4）合理的布局结构。城市道路网从布局上通常可分为方格网式、环形放射式、自由式、混合式四种基本形式。不同城市规模、性质、土地使用、交通需求特性情况等决定了不同城市道路网的分布形态。在路网布局中，需要注意交通性主干路不能穿越大型客流集散中心，要设置城市过境道路。

我国城市大多数是稀路网、宽马路。这样的道路网往往会增加绕行距离、降低机动车辆的通行效率、降低行人过街的安全性和方便程度。应适当加密道路网，以适当减小街区物理分块（block）的规模，使城市街道更温馨、更高效、更方便。

城市道路网结构的合理性主要体现在其对城市交通需求与城市用地服务的影响上，表现如下：各级各类城市道路的密度和横断面要匹配；道路系统的功能分工要合理；城市道路网与对外交通设施的配合、衔接要良好；城市道路系统与城市用地布局要有良好的配合和引导关系；城市道路与城市公共交通系统要有良好的配合关系。

优化道路网络和合理配置通行空间是指根据道路网合理性的要求，对城市区域内的道路网络进行优化和设计道路横断面，明确主干路、次干路、支路所承担的交通功能，以确保能够充分利用道路资源，确保车辆通行安全、连续及顺畅。

2. 道路网系统设施优化关键点

道路网作为交通供给中最重要的交通基础设施之一，对缓解交通拥堵起到至关重要的作用。其拥堵对策可分为如下六种。

（1）形成合理的道路网级配结构。对策作用是可明显提高道路通行能力和通行效率。

（2）形成合理的道路网连通结构。对策作用是打通断头路、消除交通瓶颈、提高道路可达性、提高网络整体通行能力和通行效率。

（3）形成合理的道路网功能结构。对策作用是使道路功能定位与周边土地使用性质相匹配，避免不同性质交通冲突，减少交通违法现象，便于形成良好的交通秩序，同时为市民提供良好的交通服务。

（4）打造合理的道路网空间布局。对策作用是使道路网布局与城市城镇体系规划和城市规划、城市空间发展战略、城市各组团发展规划相适应，满足城市日常交通需求，从宏观层面缓解交通拥堵。

（5）设置合理的道路横断面构成。对策作用是达到向绿色低碳交通倾斜，优先步行、自行车和公共交通，保障行人和车辆安全快捷通行的目标。

（6）道路网络与绿化景观相协调。对策作用是使道路网在满足交通需求和保证交通安全的前提下充分考虑绿化景观要素，提升城市生态景观环境品味和重要公共活动空间品质。

3. 道路网的绿色低碳、高效利用实现方法

调整路网结构、道路横断面的通行空间资源配置向绿色低碳交通倾斜，是绿色低碳交通理念在道路通行空间配置方面的重要体现。目的是为绿色低碳交通提供更多方便，引导和促进人们转向绿色低碳交通的利用。

借助于城市交通科学化与现代化的管理手段，使道路交通流更加顺畅，增加机动车在畅通工况下的运行比例，从而实现减少排放总量的目的。

1）调整路网结构

依据城市规划布局和土地使用规划，合理规划道路网络的功能结构、等级结构、连通结构，科学设计道路横断面。

（1）建设连续、安全、温馨、以人为本的步行道路系统。从宏观、中观、微观三个层面建设完成步行交通系统。宏观层面，从路网入手解决步行交通系统的整体性、连续性难题，解决步行出行中通道出行需求；中观层面，从节点辐射考虑不同类型区域对人行通道形式、周边环境结合需求不同而设置的步行道路系统；微观层面，从步行道设置的舒适程度、温馨程度要求系统考虑步行道线性、材质、趣味性、景观等方面。

（2）建设连续、安全、方便、以人为本的自行车道路系统。第一，要保障自行车通道的连续性；第二，根据客流特征在不同道路等级两侧设置不同宽度、不同形式的自行车道；第三，根据城市特色，设置相应的自行车专用通道/路；第四，要保障自行车有便捷的停放空间，按照“点位分散、规模适宜、形式灵活”的原则设置自行车停放空间。

（3）形成主次干路上的公交专用车道系统。根据公交走廊分布特性，在城市主次干路上形成公交专用道网络系统，尽量保障公交出行全路段的路权专用、运行快速。同时建议在城市交通性主干路（双向 6 车道及以上道路）上均设置公交专用道，可根据客流特征分期实施。

（4）道路横断面的通行空间配置向绿色低碳交通倾斜。在道路规划设计中注重道路资源向绿色低碳交通倾斜，设施公交专用道，确保步行和自行车通行空间，使不同交通方式各行其道，实施机非隔离、人车隔离，设置过街行人安全岛，提高交通安全和运行效率，强调可行走的城市建设，建立环境友好和以人为本的道路交通系统。

2）实现交通管理的科学化与现代化

科学化就是要做好交通工程设计和交通组织。现代化的主要工程内涵就是建设和使用好智能交通系统，推动和完善智慧城市交通系统建设。

精细化的交通工程设计是基础。交通系统的效率、秩序和安全性很大程度上可通过合理、科学的交通工程设计来实现，经过十几年的努力，我国的交通工程设施水平已经得到很大提高。例如，交叉口渠化寸土必夺、分秒必争的交通工程设计原则，具有很大的启发意义。应该通过精细的交通工程设计，挖掘尚未被充分利用的路段交叉口时空资源的作用。与此同时，要持续努力改变人的交通行为并进行交通文化建设，这是提高交通安全性和交通设施使用效率极其重要的基础性工作。

智能交通系统的应用将极大地提高交通管理的执法效率、交通组织管理的科学性和改变人们不良交通行为的威慑作用，是提高道路系统通行能力、提高交通安全性和有序性的投资小、见效快的有效途径。

19.3.4 绿色理念的广泛宣传和环保节能车辆的推广使用

针对交通参与者直接参与交通的工具，应实施更加严格的交通环保节能政策，推广应用低能耗、低污染的清洁能源交通工具和方式，合理提高机动车排放标准和燃油标准，加速发展技术含量高、排放低的汽车车型，改善机动车排放状况，减少对环境空气的污染[6]。

（1）绿色理念的广泛传播，推广环保节能车辆的使用。要想真正实现绿色低碳交通，除规划管理的措施外，还必须使全体交通出行者牢固树立绿色理念、人人鼓励绿色行为、努力形成绿色低碳交通风尚。

（2）在研制开发、制造、销售推广以及使用条件等方面，以更加优惠的政策支持发展各类技术含量高、低能耗、低排放、使用清洁能源的车辆和运载工具。

（3）提高车辆燃油的油品质量，加速全面实施国家第五阶段机动车污染物排放标准的进程，尽快淘汰国家第三阶段机动车污染物排放标准。

（4）制定严格的在用车辆强制检测与保养维护（inspection/maintenance，I/M）制度，改善上路行驶车辆的安全与环保工况。

（5）提高机动车辆市场准入和在用车辆强制更新淘汰的节能环保性能要求标准。

19.3.5　改变人的交通行为，形成文明交通和良好交通文化

人是交通行为的主体。交通参与者的绿色低碳交通意识、守法意识、交通道德意识，直接影响整个交通系统的运行效率和演化方向，是交通这个复杂巨系统中的最活跃因素与主导因素。

1. 养成良好交通行为的途径

交通行为是一种社会行为，其表现不是无规律的、突发的、随机的和无原因的活动。相反，交通行为具有明确的目标指向，在动机的驱动下是一个与环境密切交互的过程，具有可控性。因此，交通参与者在参与交通活动的过程中务必要摒弃一切攻击型、违法型交通行为，努力养成良好交通行为。只有这样，交通参与者在参与交通活动的过程中才会减少交通事故的发生，提高自身及他人的交通安全性。

养成良好交通行为的途径可分为以下几个方面。

1）加强交通安全宣传教育

推进“文明交通行动计划”，大力开展互动式、体验式交通安全宣传教育，组织开展各种形式、多种内容、多途径的宣传教育活动。加强组织策划，加强公益宣传，建设宣传教育基地，强化志愿者队伍。开展“五进”交通安全宣传教育，进农户、进社区、进学校、进场所、进工地，将宣传教育对象扩展到各种社会各个阶层；建立完善的交通安全公益宣传机制；出版交通安全宣传教育系列作品，加强交通安全文化建设。

2）提高交通安全意识

交通参与者在参与交通活动过程中所表现出的交通行为是受其交通安全意识支配的。交通参与者个体的交通安全意识越强，在参与交通活动过程中表现出的

交通行为的安全性则越高，其受到交通伤害的可能性就越低。因此，要使一个交通参与者在交通活动中所实施的行为具有安全性，首先必须使其拥有正确的交通安全意识[7]。

3）加强交通执法

在完善法规的基础上加强交通执法，尤其是对重点交通违法行为、对社会产生严重交通安全后果的交通违法行为严格执法，加大惩罚力度，这是使交通参与者养成良好交通习惯的重要手段。

4）完善交通工程设施

交通工程设施也是规范人的交通行为、提高交通安全性的重要途径。例如，隔离护栏的设置，对乱穿马路违法行为的减少有十分明显的效果，在混合交通严重、人流较大的区域，应该完善隔离护栏。

2. 文明交通与交通文化

1）文明交通

文明交通是保障居民出行安全、降低道路交通事故的重要举措。文明交通要切实增强公民交通安全意识，纠正各类违反交通法规的现象，创造良好道路交通环境，进一步提升公民文明素质和社会文明程度。随着 2010 年中央文明办、公安部联合提出的文明交通行动计划在全国范围内的实施，各级地方政府积极开展文明交通学习活动，倡导文明交通，使公民交通出行的法制意识、安全意识、文明意识明显增强，交通事故明显下降，交通执法更加规范，交通管理更加科学，交通秩序明显改善。

在道路交通系统中，每个人都是交通参与者，因此，文明交通应从每个人做起，只有大家共同努力，互相谦让，有序停放，遵守交通法规，才能创造一个良好的居民出行环境。创造文明交通可从以下几点做起[2, 8]。

（1）广泛开展文明交通行为教育。组织力量深入基层单位，采取多种宣传教育形式，有计划、有步骤地开展文明交通知识教育培训。同时，要加大对重点群体（如驾驶员）的教育力度，将文明交通常识教育纳入驾校培训内容。全面推行中小学生交通安全联系卡制度，开展交通安全“进学校”活动。

（2）进一步完善安全和管理设施。认真排查治理道路交通安全设施和管理设施隐患，为文明出行创造良好道路通行条件。对一些交通安全隐患比较突出的公路、城市道路等，实施挂牌督办，限期整改。加大科技投入，科学设置电子监控设备，规范使用非现场执法装备，提高科技应用与管理水平。

（3）大力整治交通秩序。加强对城市道路重点路段、重点时段的管控力度，以预防重特大道路交通事故为目标，开展严重交通违法集中整治行动。对公路交通秩序混乱进行专项整治。

（4）努力提升执法水平。提高交通秩序管理、事故处理执法水平。进一步细化执法制度，强化执法管理，规范执法行为。深化警务公开、值班警官制度，提升管理服务水平。

（5）大力营造浓厚氛围。开展多种形式的主题实践活动。广泛开展文明交通志愿服务活动。通过报刊、广播、电视、网络等各类媒体，广泛宣传文明交通常识和基本要求。利用地铁、公交车、长途客运车的电视、道路电子显示屏、社区宣传栏等宣传文明交通常识。

（6）切实强化社会监督。建立健全单位内部交通安全管理制度，加强对公务车辆的监管，制定公务车辆交通违法、交通事故日常管理、考核、抄告制度。完善群众举报制度，选聘文明交通监督员记录交通违法行为和不文明现象，利用新闻媒体进行批评曝光。

2）交通文化

交通文化是一种具有特殊内容和表现手段的文化形态，是人们在社会活动中依赖以交通、交通资源、交通技术为支点的信息活动而创造的物质财富与精神财富的总和。交通文化既涵盖了交通行业的优良传统，又体现了与时俱进的时代精神。交通文化一般可分为交通物质文化、交通制度文化和交通精神文化，其中，交通物质文化与交通制度文化主要集中在交通法制、法规等方面[9]。

交通文化是社会文化和交通建设与管理实践相结合的产物，是在交通行业内部逐步形成的相对稳定的管理思想、共同信念、价值观念、行业准则、行业形象、精神风貌、工作目标等，它体现了交通行业自身的指导思想、理想信念、价值观念、文化传统、时代精神以及奋斗目标，集中反映了交通行业的基本性质、政治倾向、心理状态、精神风貌和进步水平。交通文化具有内容广泛性、表现直观性、传播社会性、影响持久性的特点，对交通整体和交通参与者的价值取向和行为取向具有导向作用，能够激励和约束交通参与者，形成一种巨大的向心力和凝聚力。

交通文化是交通事业发展的精神动力，是交通参与者应具有的行业规范和思想境界。加强交通文化建设，全面提高交通参与者的思想文化素质，是交通行业持续健康发展的必然要求。

（1）树立新的交通文化发展观。要深化对交通文化地位和作用、交通文化发展方向和动力、交通文化发展思路和格局的认识，坚决冲破一切妨碍交通文化建设的思想观念，坚决改变一切束缚交通文化建设的做法和规定，坚决革除一切影响交通文化建设的体制弊端，做到思想上不断有新解放，理论上不断有新发展，实践上不断有新创造。

（2）提高人的素质。加强交通文化建设必须把提升人的素质、提高人的境界作为第一要务。人的素质如何是交通文化建设的根本性指标。要坚持以人为本，彰显交通参与者的主体地位，力求把实现交通的整体价值和实现交通人员的个人价值统一起来。

（3）增强交通人员依法守法的职业理念。要通过交通文化建设提高交通人员执法为公的职业意识，提升交通人员清正廉洁的职业操守，营造交通行业团结务实的职业氛围，使交通行业成为交通精神的塑造者、法律法规的执行者、交通文化的完善者[10]。

（4）树立终身学习的观念。文化的积累不是一朝一夕形成的，交通文化也不可能在短暂的时间内建设起来。树立终身学习的观念，通过长期的培养熏陶创造良好的学习氛围，努力培养出一支知识型、专业型、复合型的交通队伍，推动交通事业又好又快发展。

（5）完善交通制度规范。文化作为一种导向、指引的思想意识，本身不具有强制性，要发挥文化的作用，必须辅以制度规范来约束交通参与者的行为，两者有机结合，才能促进交通文化的传递和内化。

（6）与构建“和谐交通”相结合。交通文化建设的核心是以人为本构建和谐交通。创造和谐的交通环境，要始终把公众利益放在第一位，有效化解各种矛盾，营造和谐、稳定的交通环境。

19.4　生态城市单元与城市绿色低碳交通系统构建

19.4.1　生态城市单元概念

城市居民的出行主要分为刚性出行和柔性出行。刚性出行是指上班、上学等固定时间、固定目的地的出行；柔性出行是指不定期、不定目的、可调整的生活性出行，如一般性购物、娱乐、游憩等。生态城市单元构建的目的如下。首先，应尽量把刚性出行放在每个单元内解决，从而极大地减少城市居民交通出行的总量和出行距离，由此可以大量节约城市交通的空间。其次，通过完善生态城市单元的功能配置，提高生态城市单元的步行系统和自行车系统的质量与水平，使生活出行就近解决，从而降低城市居民对小汽车的依赖程度。

生态城市单元不是佩里提出的邻里社区，也不是类似于北京的大院体系，而是有着完整功能配置的混合型城市区域，既要有住宅，也要有工作区，还要有绿地公园，还要有公共设施，包括购物中心、生活超市、24 小时便利店、银行邮政、运动场馆、中小学校、幼儿园、卫生医院、派出所、餐饮娱乐、交通车站等，同时配备相应的单元管理体系。整体的尺度以自行车服务半径为标准，内部配有良好的步行系统和景观系统，不排斥低速小汽车通行。生态城市单元最大的特点就是综合性，从而减少大规模长距离交通出行，同时逐渐形成具有市民交互的开敞空间，增强人与人之间的信任感与社会认知感。

生态城市单元是有着完整功能配置的混合型城市区域，特点是综合性。按照每一个生态城市单元所承担的城市主体功能/特色可分为不同类型[11]。

（1）集居住、商务、就业于一体的主题生态城市单元。

（2）历史街区等历史文化类主题生态城市单元。

（3）文教体育类主题生态城市单元。

（4）景观区类主题生态城市单元。

（5）交通枢纽类主题生态城市单元。

（6）产业物流类主题生态城市单元。

（7）大型工业类主题生态城市单元。

（8）其他类型主题生态城市单元。

生态城市单元也应该避免单一性，每一个生态城市单元所承担的城市主体功能有一定的差别。有些生态城市单元是城市中的极化单元，代表了城市某一方面的单独特色，是城市核心竞争力的载体。这种单元是城市交通出行的目的地，因此，要根据实际的需求来设定单元外部和内部的道路交通系统与方案。

19.4.2　生态城市单元节理

生态城市单元是城市构成的核心要素，但不是唯一要素。除各个生态城市单元之外，可以依据绿地、林地、山地或水系等自然环境的走势与脉络形成生态节理及城市的线单元。生态节理作为各单元之间的缓冲带与生态自然带，包括形成单元之间互动的场所，可以与生态城市单元一起共同组成有效的城市空间，形成屏蔽掉现代化冰冷楼群和马路的自然生态带，提升城市居住的质量与自由，丰富城市形态和文化组成。

绿色低碳交通系统是将组成城市的生态城市单元和生态节理联系起来，从而构成生态城市的关键要素和动脉系统。生态城市单元对外交通系统可以通过经行覆盖各单元的公共交通与火车站及汽车站等连接起来，并根据生态城市的开发规模与强度，预测对外交通的出行需求，以此设计连接高速公路、国道以及交通枢纽的单元间综合交通系统。需要注意避免建成宽敞气派的迎宾大道，而是通过合理的景致布设和绿化打造具有生态特色的道路系统，从而与整个城市的生态风格保持一致。

绿色低碳交通系统包括生态道路系统、生态公共交通系统、生态停车系统、生态交通管理系统、生态交通枢纽系统、生态物流系统、生态车辆系统以及文明环保的交通参与者行为等诸多方面。

19.4.3　生态城市单元的功能、规模与绿色低碳交通系统

生态城市由不同类型的生态城市单元、生态节理和生态交通系统构成，生态城市单元、生态节理等要素通过生态交通系统这张网络组织起来。生态城市单元是一个由各种要素构成的综合系统，单元的人口既是这个系统的主要构成要素，又是系统的主要服务对象。人通过物质流、资金流、信息流使单元内的自然、社会、经济各要素之间发生着千丝万缕的联系。人是生态城市单元的主导因素。人既是生态环境的建设者和保护者，但当单元内的人口数量、素质和行为特征不适当时，往往又容易成为生态环境的破坏者。人口数量结合单元规模因素，直接影响生态环境承载力。因此，确定生态城市单元人口数量及单元规模是一个重要的理论与实践问题。

生态城市单元与生态社区不一样。一般采用的社区概念，主要是指城市居民统一的居住环境，其社会功能性以居住和生活设施为主。早期的社区是以交通道路作为界限的，后期开始从居住者对所居住环境的控制能力和认知能力出发来判断。英国哈罗新城总规划师吉伯德（Gibberd）认为，认知邻里范围距离不宜超过 275m，因此面积大约在 0.3km^2。即以用地 0.3km^2 左右的邻里作为社区的基本居住单位，可增进居民的交往，加强居住空间的邻里感。一般来说，中国城市的社区人口保持在 1 万人左右较为适宜，这也是北京市对社区进行重组规划的基本考量单位。

生态城市单元设立的主要目的是减少过多的交通出行次数和缩短交通出行距离，因此，生态城市单元是典型的混合用地形态，居住、就业与正常的生活设施都在自行车与步行可接受的范围内。但范围过小，会造成资源浪费，例如，卫生医疗单位设置过密，大型购物中心设置过密，都会使公共资源闲置，并且容易形成恶性竞争。步行的出行距离一般在 500m 以内，自行车的出行距离一般在 4km 以内。因此，一般生态城市单元的规模最大可以按照 4km 边长的矩形，或者 2km 半径的圆形或八边形进行规划，这样也基本对应了生态城市单元功能配置服务区域面积。若按此面积规划，居住大约占生态城市单元总面积的 1/3，即 5km^2 以内，每个生态城市单元的人口规模可控制在 10 万人以内。每一个单元配备一家大型购物中心和若干小型商业圈，1～2 家大型生活超市和众多 24 小时便利店，1～2 家大型综合医院和若干卫生所，若干中小学校和幼儿园等。基本能保证步行和自行车出行能覆盖所有完备的生活设施。同时为保证生活的舒适性与自然生态绿色，生态城市单元的绿化率应达到 45%以上。

生态城市单元的内部交通以步行和自行车为主，因此，生态城市单元内的交

通系统应依靠生态道路系统、生态停车系统、温馨的步行道路系统，以及连续、安全的自行车道路系统等组合而成。

生态道路系统是生态交通系统的基础。生态道路系统的主干道宽度不宜过宽，一般不宜超过 6 车道，大部分道路断面以 4 车道为主。在道路交叉口设置专用转向车道，满足对交通合理组织的功能需求。路口应设置安全岛。铺设在地下的各条管网集中在道路两侧，并预留部分管线，有效减少路面破损，杜绝安全隐患。此举也便于日后维修，避免出现道路多次开挖“马路拉锁”的现象。主要道路上应配备便捷快速环保的公共交通，采用清洁能源车辆，以服务单元间的交通客流为主。此外，路面材料应按生态标准，采用全透水结构，实现对雨水的有效收集，以构建水资源循环利用体系。同时路面照明应采用太阳能等可再生能源，使用节能效果显著的 LED 灯，从而达到生态环保、节能减排的目的。

生态停车系统为单元内的车辆停放提供场地与空间，其发展思路是应大力发展地下和立体停车场，避免大面积停车场对土地资源的占用。地下和立体停车场比例应高于 60%，而路面停车场可以铺设草坪和空心地砖，既提供绿地，又方便停车。另外，需要避免路侧停车，路侧停车过于方便，会导致单元内机动车购买的增长趋势，不利于稳定建设生态交通系统的发展。

步行道路系统和自行车道路系统分为单独系统与共同系统。与机动车同网络的步行道路系统和自行车道路系统可称为共同系统，这样的系统首先需要与机动车道路系统共同选线，其宽度应占到全部道路宽度的 50%，并通过设置相应的隔离带，满足自行车和居民步行需要，充分实现机非分离和人车分离。

公共交通系统是生态城市的主要交通系统，它主要服务于单元间、组团间和都市圈中不同城市间的交通需求。根据交通需求特性，主要是出行距离和交通通道上的需求强度确定公交系统的类型及所扮演的角色。应通过提高公交服务水平来提高公交分担率，使其超过 50%。无缝衔接、零距离换乘的综合交通枢纽建设是绿色交通系统建设的关键，也是提高交通运输系统效率和交通系统服务水平的关键。

除了生态交通系统，规划打造以“24 小时便利店指引回家”为主题的便利店布置方案，是鼓励步行和自行车的另一个重要举措，也可为生态城市单元的治安提供充分保障。在中国台湾步行的过程中，几乎不到 10 分钟就可以看见一家便利店。便利店里提供日常所需的食品、饮料、生活日用品、杂志报纸、电话卡等，为生态城市单元内的居民提供了极大的方便。更重要的是，在步行过程中，尤其是夜间，经常能看到路边亮着灯和有工作人员的便利店，会使步行者感到非常温馨和安全，而且沿着自己熟悉的便利店，很快就能回到家中，过程非常怡人。另外，每一家便利店也承担一些社会治安的维护功能[12]。

对于生态城市单元、生态节理的具体规划与设计，还需要对空间特性和生态指标进行全面的量化分析与评估。

19.4.4　生态城市绿色低碳交通系统构建关键点

绿色低碳交通坚持“以人为本”的规划原则，注重人的舒适性，考虑人的可达性高于车辆的可达性。不仅要考虑交通出行者的舒适性、安全性和高效性，同时要考虑道路周围居民是否受到尾气污染、噪声、振动等危害。绿色低碳交通更深层次的含义是和谐交通，包括交通与环境的和谐、交通与资源的和谐、交通与社会的和谐以及当今的交通行为对未来的影响。

绿色低碳交通系统注重系统内部的协调性和效率性以及与外部系统的协调共生。一方面，看到发达国家在城市交通发展过程中经历的需求导向、效率导向和环境导向 3 个阶段，我国应该充分借鉴其经验，走城市可持续交通的发展道路。可通过以下主要途径积极促进绿色低碳交通的发展完善：建立方便、快捷的多层次公共交通系统；为步行和自行车交通提供空间；引导私人小汽车适度、合理使用；不断提高交通工具的环保性能；积极建设智能交通管理系统。另一方面，只有从整体上对城市布局、土地使用、道路系统的合理性及其使用效率、资源投入和环境保护等进行一体化考虑，才能实现绿色低碳交通，尤其要重视以下几个方面：交通与土地使用的一体化；交通与生态系统的协调；交通与环境保护的协调；交通决策的科学化与公众参与[13, 14]。

因此，构建生态城市绿色低碳交通系统的关键点如下。

（1）强调交通规划与城市土地使用的一体化规划。交通规划与城市规划的关系主要表现在两个方面。一方面是交通规划对城市规划的支撑作用。当城市功能定位、城市空间发展战略和城市土地使用规划确定后，交通规划的一个重要使命就是为城市规划的实现提供交通支撑。另一方面，综合交通系统的空间布局、交通方式结构和建设时序等交通系统要素，也将对城市空间结构和土地使用产生极强的影响与引导作用。这两种作用同时存在，交通系统的使命就是对城市的发展同时发挥支撑和引导的双重作用，而实现上述双重作用的关键是交通规划与城市土地使用的一体化规划。

具体可体现在，城市设计需要认真考虑地域特征和地理环境情况，为交通规划的制定提供依据；同时在城市设计过程中，通过用地、密度和可达性设计三个重要方面，最大程度上鼓励绿色低碳交通方式的使用。

（2）强调紧凑型城市建设与 TOD 模式。TOD 模式是实现紧凑型城市建设的重要途径及实现交通与土地使用一体化发展、促进人们利用公交出行的重要手段。TOD 的核心要点是：在公共站点附近实施高强度开发、混合土地使用；提供良好的步行与自行车出行环境；在 TOD 范围内配置完善的生活设施和公共配套设施等。从而实现短距离出行利用步行自行车、中长距离出行利用公共交通的绿色用地模式和绿色低碳交通模式。

（3）促进职住均衡度的提高与生态城市单元建设。城市交通需求可以分成通勤出行需求和生活出行需求两大部分。实现职住均衡能够使占城市总需求大约70%的通勤出行需求总量减少、出行距离缩短。同时，功能合理、规模适中的生态城市单元将会减少生活出行总量、极大地缩短生活出行距离，使城市居民的生活环境更方便、更安全、更温馨。

（4）把提供高质量公交服务作为核心目标。绿色低碳交通系统规划高度重视公共交通优先战略及以公共交通为主导的城市综合交通系统的形成。众所周知，无论是可持续交通，还是绿色低碳交通，其核心本质和建设目标都是建设以公交为主导的城市综合交通系统。因此，全面规划、精细设计公交系统，把提供高质量公交服务作为规划的核心目标，是绿色低碳交通系统规划设计的显著特点。

（5）把步行、自行车系统规划作为重要的规划建设内容。一般而言，步行出行将是城市居民出行的主要交通方式之一，通常占城市居民出行总量的30%左右。因此，绿色低碳交通系统规划将步行、自行车系统规划作为重要的规划内容，在规划设计中充分体现步行与自行车优先策略，努力改善慢行环境，从而达到提高绿色出行比例、引导形成绿色低碳交通模式的目的。

慢行交通系统规划通过对不同区域的精细分析，根据不同区域的需求特性，对整个规划对象进行分区，规划设计与城市特点相适应、与公共交通相衔接的安全、方便、舒适、富有情趣的慢行交通系统。

绿色低碳交通分担率的控制，即步行、自行车和公共交通系统的出行率，应借鉴国内外可持续发展先进案例并结合当地的交通评估进行制定。在土地使用规划和交通规划的初期就应该制定该指标，避免反复建设对资源的浪费。在不同的交通模型中，这三种绿色低碳交通方式的比例可以按需求进行调整，但在大多数欧洲可持续社区案例中，一般制定的是私家车出行率限制指标。

（6）提高道路网络建设的合理性。在道路网的规划设计中，首先，要强调道路性质与周边用地的协调，不同性质用地决定了道路的不同功能，进而决定了道路的横断面构成和道路交通管理方案；其次，应注重道路的级配结构和连通关系，避免左转车辆严重阻碍对向直行车流以及直行车流妨碍右转车辆进入右转专用车道等现象。

（7）将需求管理引入规划建设。根据城市发展的阶段特点和交通需求特性，采取合理的交通需求管理措施以实现城市交通供求关系的动态平衡，是我国城市的长期任务和长期对策，不是权宜之计。绿色低碳交通系统规划将把需求管理内容纳入规划中，自始至终通过调整交通供给和交通需求两个方面，实现交通供需求关系的动态平衡。

在规划初期对规划区进行交通评价，运用评价的成果指导进一步的交通规划，这对于确定新社区的对外和内部交通需求至关重要。

（8）注重交通管理规划与实施。交通管理的目标是充分发挥已有道路交通资源的最大效益，变无序交通为有序交通，减少道路交通事故，使道路交通高效率地运行，为道路使用者创造有序、安全、高效、方便、舒适的出行环境，从而实现环保节能、以人为本的目标。

因此，在绿色低碳交通系统规划中更加重视交通的整体组织和系统管理规划。同时绿色低碳交通规划更加强调改变人的不良交通行为和进行交通文化建设，这是提高交通安全性和交通设施使用效率的极其重要的基础性工作。

（9）注重考虑资源环境问题。毫无疑问，绿色低碳交通的规划设计强调综合交通系统的环保节能，强调交通系统与生态环境的协调，主张在城市交通系统的规划建设和运营管理过程中注重环境保护及生活环境质量。在绿色低碳交通系统规划设计方案中体现交通系统的资源节约、环境友好和景观协调，促进低排放、低能耗的交通工具的推广使用，促进以公共交通为主导、以步行和自行车为主要补充的城市综合交通系统的形成。

（10）注重以人为本。绿色低碳交通系统坚持“以人为本”的规划设计原则，注重人的安全性、方便性、舒适性和可达性，为不同需求的交通出行者提供交通出行的可能性，如残障人士、老幼人士等。上述思想体现在网络规划、道路资源配置、运营管理以及交通工程设计等全环节中。

（11）注重创造公共交通的比较优势。在绿色低碳交通系统规划中，尤其注重公共交通的比较优势。例如，在综合交通枢纽的规划设计中，把最方便的空间、最好的位置优先步行和公交的使用；在建设时序上强调公交建设与小区建设同步实施等原则，以创造公共交通的比较优势，达到吸引更多出行者利用绿色低碳交通系统出行的目的。在不适宜步行或自行车通行的行程中，公共交通的使用应成为一种“常态”。

（12）在道路设计与建设中注重道路资源向绿色低碳交通倾斜。依据城市规划布局和土地使用规划，合理规划道路网络的功能、等级，科学设计道路横断面，在道路设计中注重道路资源向绿色低碳交通倾斜，设置公交专用道，确保步行和自行车通行空间，使不同交通方式各行其道，实施机非隔离、人车隔离，设置过街行人安全岛，提高交通安全和运行效率，强调可行走的城市建设，建立环境友好和以人为本的道路交通系统。

（13）在综合交通枢纽规划设计中注重无缝衔接、零距离换乘以及综合开发。无缝衔接、零距离换乘是当前发达国家城市建设一流交通系统所追求的重要目标之一，交通枢纽规划设计的好坏是影响交通运输系统效率的最重要因素。要想实现综合交通枢纽的无缝衔接，需要实现综合交通枢纽的物理空间一体化、运营管理一体化、信息服务一体化和票价票制一体化。例如，英国伦敦于 2000 年成立的伦敦交通局（Transport for London，TFL），统一管理大伦敦市域的交通运输工作；建立可共享的实时交通信息平台以满足出行需要；整合遍及伦敦的无缝交通体系，提供公共交通 24 小时可达主要公共设施的服务，可供选择的出行方式有地下铁、地上铁、火车、轻轨、公交车、有轨电车、船、索道、客运巴士、出租车和微型租赁车、租赁电动自行车、自行车和步行等；提供公共交通一通（oyster card）服务，为当地居民和外来游客提供便利和优惠的出行选择。同时交通枢纽应与周边土地一体化开发。

（14）在停车规划中考虑满足停车需求和引导形成合理交通结构的双重作用。提供必要的停车设施是改善交通秩序、提高道路通行能力的重要途径。应根据实际需求，加强配建停车场的建设和使用管理，建设必要的社会停车场，合理设置路边停车泊位。

同时停车泊位的供给合理性对人们的交通选择行为影响很大。绿色低碳交通系统规划中的停车系统规划考虑和反映停车设施对小汽车的使用抑制与引导作用。

（15）注重使用环保节能新技术。在规划设计中要注重使用环保节能新技术、新工具、新装备，促进交通系统的资源节约、环境友好和景观协调，提高低排放、低能耗的交通工具使用率，积极构建绿色智能交通系统。

（16）注重通过设施的使用和智能交通系统的应用改变人的交通行为。持续努力改变人的交通行为是一项长期任务，现阶段注重通过设施的使用来改变人的交通行为。设计中注重完善的道路安全设施、实施精细的交通工程设计。交通系统的效率、秩序和安全性很大程度上可通过合理、科学的交通工程设计来实现。如设置行人过街安全岛，以交通功能为主的主次干路设置隔离护栏，完善过街设施和相关标志标线等。

尤其是智能交通系统（intelligent transportation system，ITS）的使用，将极大地提高交通管理的执法效率、交通组织管理的科学性和改变人们不良交通行为的威慑作用，是提高道路系统通行能力、提高交通安全性和有序性的投资小、见效快的有效途径。

（17）绿色低碳交通系统应具有可持续性。在绿色低碳交通系统规划中，应充分考虑未来发展的需要，制定可持续的交通规划策略，能够容纳在规划时间段内的交通需求改变，在尽量减少重复建设的前提下，确保改造和升级的可能性。

19.5　中国城市绿色低碳交通发展的策略选择

首先通过对我国城市进行分类，研究不同类型城市的交通发展策略，梳理出我国城市交通可持续发展路线图（不同城市规模、不同交通需求特性、不同自然地理条件对应不同的交通发展策略），以期为不同类型城市的交通发展策略、规划设计提供技术支撑。

19.5.1　城市分类

一个城市的交通如何发展，以哪种交通方式为主体，建设多大规模的城市交通网络，关键要看这个城市的交通需求特性以及城市发展所处的阶段特征。而交通需求特性的主要决定因素是城市结构和土地使用形态。上述影响因素可以粗略地用城市规模来反映，特别是用城市人口规模（人口规模决定了总的交通需求规模）来反映。城市规模就是指城市的大小，它涵盖经济规模、人口规模和用地规模 3 种含义。经济规模是指城市中聚集的物质与经济要素的数量；人口规模是指城市人口的数量；用地规模是指城市规划市区的土地面积。

在一定历史时期，在相近的社会经济条件下，城市的经济规模、用地规模与人口规模之间存在正相关关系，即人口多，经济规模就大，占地就多；反之，人口少，经济规模就小，占地就少。因此，人们常常用城市的人口规模来表示城市的规模。在城市交通问题上，也常常直接将城市人口规模作为衡量指标，乘以“人均出行次数”（即居民平均每日的出行次数）来计算城市一日的交通出行总量。

为了更好地对我国城市交通发展策略进行研究，首先需要对我国城市进行分类，表 19.3 为国务院依据城市规模进行的城市分类。

表 19.3　国务院城市规模划分

城市规模	人口数（城区人口）/万人
超大城市	＞1000
特大城市	500～1000
Ⅰ型大城市	300～500
Ⅱ型大城市	100～300
中等城市	50～100
小城市	＜50

不同类型城市的需求特性见表 19.4。

表 19.4 超大城市、特大城市、Ⅰ型大城市交通系统的主要区别

城市规模	特点与区别
超大城市	轨道交通覆盖面广，形成轨道交通网络，轨道交通分担率占全交通方式分担率的 40%以上
特大城市	由轨道交通覆盖主要交通走廊，轨道交通为骨干，常规公交为主体，轨道交通分担率占全交通方式分担率的 30%以上
Ⅰ型大城市	根据需求特性，由轨道交通满足通道交通需求，以快速公交和常规公交为主形成公共交通网络，轨道交通分担率占 20%以上

但是单单基于人口规模对中国城市的交通发展策略进行分类研究还是明显不足的，对于城市的特殊需求还应考虑针对旅游城市及城市群制定相应的城市交通发展策略。

19.5.2 不同城市交通发展策略

1. 超大城市交通发展策略

城市交通拥堵问题是所有超大城市面临的共同难题。尤其在城市人口规模和建设用地不断扩展、机动车拥有量仍然不加控制地快速增长的态势下，超大城市面临的交通挑战形势严峻。

为了较好地解决超大城市交通问题，超大城市交通发展模式应为以轨道交通为主体、常规公交为辅助、步行和自行车为补充，强化一体化综合交通枢纽核心作用的综合交通系统。

超大城市的结构多为组团结构，有一个较强的城市中心，形成以轨道交通为主体，各种交通方式紧密配合、功能互补、多层次服务、以人为本的综合交通系统。日本东京在交通系统方面是这类城市的成功案例。东京在土地利用方面形成了单中心结构，产生了巨大的长距离通勤出行，城市运行成本巨大。然而，面对这样的交通需求特性，东京建立了以轨道交通为主体的强大的综合交通系统，实现了绿色低碳交通主导，取得了巨大成功。超大城市除应考虑中心城区内长距离出行以轨道交通为主、中近距离出行以步行自行车为主的绿色低碳交通主导模式外，还应考虑外部组团与中心城区通过轨道交通或快速公交（bus rapid transit，BRT）系统联系起来。

为了实现城市交通的良性发展，不同主导功能区之间应协调发展，组团内的居住条件与就业岗位应保持基本平衡，从而实现就近就业的目标。这是一种可持续的发展模式，也是我国超大城市的发展方向。

交通发展策略如下。

（1）中心城区以轨道交通为主体，形成运量大、通达性好的完善轨道交通网络系统。

（2）组团与城市中心间以大运量、快速度的轻轨交通或快速公交等为主导，保证城市外围区与中心城区的快捷联系，提供强大的通道交通运输能力，支撑新城发展。

（3）组团间形成以公交为骨干，根据交通需求特性，形成以道路公交或有轨电车为主导的综合交通通道运输系统。

（4）加强综合换乘枢纽的建设，形成无缝衔接、零距离换乘综合枢纽。

多种类型的轨道交通、快速干道和综合换乘枢纽构成城市交通网络系统的主骨架，以各种形式的路面公交形式为补充形成完善的城市公共交通系统；同时发挥自行车在短距离出行中的作用，有效地调控私家车的分担比例，理想状态是私家车分担率控制在 10%以内，不同交通方式共同形成大、中、小容量相结合，高效率、高可达性的立体化现代综合交通体系。

1）以轨道交通网为主体

城市轨道交通是一种快速、准时、安全、舒适、大运量的客运交通系统，是大城市交通的重要组成部分，在城市客运交通中起着骨干作用。城市轨道交通主要包括地铁、轻轨、市郊铁路、有轨电车、磁悬浮等，具有速度快、运量大、污染小、安全性高的特点，是缓解大城市、特大城市交通堵塞的利器和出路。

《国务院办公厅关于加强城市快速轨道交通建设管理的通知》中对申报发展轨道交通的城市条件做了明确规定，要求地方财政一般预算收入在 100 亿元以上，国内生产总值达到 1000 亿元以上，城区人口在 300 万人以上，规划线路的客流规模达到单向高峰小时 3 万人以上的城市可以申请建设地铁。

国务院在《“十二五”综合交通运输体系规划》中也明确提出“市区人口超过 1000 万的城市，逐步完善轨道交通网络”。

超大城市应该建设以轨道交通系统为主体的综合交通体系。据调查，目前我国超大城市的单向断面流量已长期处于流量很大且继续增长态势，只有发展轨道交通才能缓解超大城市道路交通压力。超大城市中心城区因人口密集、土地资源有限，应积极开发利用地下空间，在已有的地铁系统的基础上，不断完善城市轨道交通网。这种轨道交通模式具有较密的线路、较近距离的站点分布，安全并且土地资源利用率高，特别适合沿线居住和就业密度高、客流量大的情况，这也是 TOD 开发模式最适合的区域。城市外环路辅助轻轨线网用来增强远郊及城市边缘地区与城市中心的联系。轻轨具有运量大、速度较快且造价较低的特点，适合作为连接超大城市中心区域与郊区或中心城与卫星城之间的大运量交通走廊。与中心城区轨道交通网络相连接，构筑完整的轨道交通线网，提高轨道交通网络运营效率。

2）道路公交全面完善

虽然超大城市交通发展以轨道交通线网为主体，但轨道交通的覆盖范围毕竟有限，无法实现门到门服务，因此，必须依靠道路公交作为补充，道路公交具有灵活性高、可达性好、建设造价低、经营灵活等特点，可与轨道交通进行互补。道路公交可采用快速公交与常规公交两种形式共同发展。在中心城区，地面交通压力较大，轨道交通客流分担率较高，道路公交辅助轨道交通方便乘客到达目的地；外围地区相对来说面积大、人口密度低，轻轨交通无法解决覆盖率问题。道路公交将与轨道交通共同分担出行客流。

在当前情况下，应继续完善以快速路和主干路为骨架、以次干路和支路为基础、各级道路层次结构和衔接合理的道路网络。应充分利用已有城市快速路和主干路网，扩大地面公交专用道的总里程，形成地面公共交通专用道网络系统。

此外，公交专用道的设置应配合实施必要的交通管理措施，如在某些路口设置公交车左转专用相位、为公交车增加专用的转弯车道等。逐步增加公交专用道的数量和公交信号优先，使公交车辆运行更加快捷、准时。在时间和空间通行权上实现公交优先，实现节能环保、畅通高效、以人为本的目的。

3）确立自行车近距离出行和与公共交通的接驳的功能定位

自行车交通在大城市扮演两种角色：其一是作为近距离出行的主要出行方式；其二是作为大城市公共交通的衔接交通方式，即“最后一公里”的主要交通方式。自行车交通具有灵活方便、购买和使用成本低廉、有利于健身和环保、占用道路面积较少等优点，是先进城市广泛认可和积极推动的重要交通方式。斯德哥尔摩全天全目的自行车分担率高达35%，阿姆斯特丹全天全目的自行车分担率为34%，它们均建立了良好的自行车文化。它们通过建立自行车专用道路网等措施来促进自行车交通的发展，充分发挥了自行车在短距离出行和换乘中的作用。

在《住房城乡建设部 发展改革委 财政部关于加强城市步行和自行车交通系统建设的指导意见》中提到：“大城市、特大城市发展步行和自行车交通，重点是解决中短距离出行和与公共交通的接驳换乘；市区人口在1000万以上的城市，步行和自行车出行分担率达到45%以上。”自行车的近距离出行和公共交通的接驳地位已再次被确立。

4）建立安全、便捷、温馨的步行通行空间

步行出行不仅是环保节能的交通方式，而且是促进身体健康和社会健康的最重要、最合理的出行方式。统计数据表明，无论城市规模多大，都离不开步行，因为步行不仅是短途出行的绿色低碳交通方式，而且承担着与公共交通方式的衔接和换乘的任务。所以，无论是国内还是国外，无论是大城市还是中小城市，一般来说，步行分担率都在 20%～30%，有的城市甚至更高。例如，巴黎 105km^2

的中心城区范围内，步行出行分担率高达 54%。因此，除了《住房城乡建设部 发展改革委 财政部关于加强城市步行和自行车交通系统建设的指导意见》中提倡步行这种方式，国家发改委会同财政部、中共中央宣传部等 17 个部门联合印发的《“十二五”节能减排全民行动实施方案》中也明确提出支持步行出行的交通模式，即“135”出行方案，即“1 公里以内步行，3 公里以内骑自行车，5 公里乘坐公共交通工具”。

5）综合换乘枢纽

由于超大城市交通方式的多样性，高效率的综合交通枢纽建设具有更加重要的意义。例如，日本东京的新宿综合交通枢纽，每天客流超过了 400 万人。综合交通枢纽是实现交通与土地利用一体化、绿色低碳交通主导的关键。综合换乘枢纽的交通衔接主要包括与轨道交通的衔接、与公交系统的衔接、与步行自行车的衔接和与私人小汽车的衔接。综合换乘枢纽是交通网络的交汇点和转换点，通过交通衔接系统将各种交通方式内部、各种交通方式之间、私人交通与公共交通、市内交通与对外交通有效衔接，发挥出交通体系的整体效益和综合优化效果。对乘客提供方便快捷的中转换乘服务，从而提高交通系统综合效率，对于改善城市交通状况和缓解城市交通拥挤具有重要意义。

此外，综合换乘枢纽还承担着城市对外的客运交通（如国铁、城际铁路、长途客运、航空）与城市内部客运系统的衔接，选址布设在火车站、客运站、机场等城市对外客运交通集散点，需要建设大型、复杂的综合建筑体，为乘客提供便利的换乘需求，满足连续、大量、集中的客流的快速集散。

6）加强中心城区与周边地区及其他城市组团的交通联系

在中心城区与周边地区及其他城市组团之间，应根据各自的交通需求特性，选择市域快线系统或市郊铁路系统及快速公交等不同的主导交通方式，促使近郊与中心城区交通一体化。近郊全面融入市区，缩小城乡差异。新城内部尽量实现职住均衡，具有比较独立的城市功能，内部以步行自行车为主，与主城之间以公共交通为主导。

组团城市是城市同心圆圈层发展的理想疏导方式，通过在城市周边发展不同功能定位的城市组团，各组团与中心组团通过公共交通进行有效联系，根据交通需求特性确定主导交通方式，例如，以轨道交通为主导，提供强大的通道交通运输能力，组团内以常规公交+自行车+步行为主。

2. 特大城市交通发展策略

特大城市交通发展模式应为“轨道交通+快速公交+常规公交+自行车+步行”。超大城市结构宜为组团结构，有一个较强的城市中心，组团内居住与工作基本平衡，组团内就近工作应占较大比例。

交通发展策略如下。

（1）组团与城市中心间、组团间以轨道交通为主导，提供强大的通道交通运输能力。

（2）轨道交通支线、公交干线进入各组团客流集散点。

（3）组团内以常规公交+自行车+步行为主。

特大城市以轨道交通为骨干，道路公交为主体，全面实施“公交优先”的发展策略，尽快形成完善的城市快速公交系统，并在城市中心区尤其是中央商务区（central business district，CBD）实行限制机动车等措施，同时发挥自行车在短距离出行中的作用，并有节制地适量发展自用乘用车，合理设置换乘枢纽，共同组成多元化的现代交通体系。生态城市单元构成城市的基本单元，单元内出行以步行+自行车为主。

在中心区，宜发展大运量城市轨道交通系统，缓解市内交通压力。在外围区，宜发展轻轨交通等中运量城市轨道交通系统，保证城市外围区与中心区的快速联系，支持新城发展。

1）由轨道交通承担交通走廊需求

国务院在《“十二五”综合交通运输体系规划》中也要求“市区人口超过300万的城市，初步形成轨道交通网络主骨架”。

因此，特大城市在城市建成区以轨道交通为骨干，轨道交通网络具有运量大、站点密的特点，可以实现快速到达的目的。同时，在城区与城市边缘组团之间提供强大的通道，提供公共交通运输能力，主要承担组团与城市中心区的客运量交通量，实现长距离大运量的快速运输，构建外围区与中心区的交通走廊。

2）道路公交全面覆盖

在无轨道交通线路且具备设置快速公交条件的城市干路上，布设城市快速公交走廊作为大运量客运交通服务空白区域的客运交通干线补充，承担客运量介于轨道交通与常规公交之间的长距离快速客运交通。

常规道路公交可以主要服务于各自运营区域内的客运交通，有助于增加各地区的公交线网密度，提高公交站点有效覆盖率，改善各地区的公交服务水平。同时，应重视公交专用道系统的设置。

公交干线也是各组团内客流集散点间的重要交通方式，组团内的各功能用地间的交通出行以常规公交+自行车+步行为主。

3）重视自行车及行人的出行需求

根据《住房城乡建设部 发展改革委 财政部关于加强城市步行和自行车交通系统建设的指导意见》中的要求：“市区人口在500万以上、建成区面积在320平方公里以上或人口在200万以上、建成区面积在500平方公里以上的城市，步行和自行车出行分担率达到 50%以上。”特大城市的交通发展也应重视自行车及行人的出行需求，积极发展绿色低碳交通。

公共交通的运行效率也依赖于慢行交通的充分整合，超大城市应重视慢行交通系统的建设和完善，为步行和自行车出行创造条件，并积极解决好步行、自行车与公共交通的接驳换乘问题。为此，不仅要优化公交站点布置，将乘客的步行时间控制在合理的范围内，而且要为乘客创造一个安全、和谐的步行空间。

3. Ⅰ型大城市交通发展策略

Ⅰ型大城市宜采取“轨道交通+道路公交+自行车+步行”的模式，形成组团之间联系相对紧密，可以有多于一个的城市中心的组团结构，实现组团内居住与工作基本平衡。

2003 年《国务院办公厅关于加强城市快速轨道交通建设管理的通知》中对申报发展发展轨道交通的城市条件做了明确规定，要求地方财政一般预算收入在 60 亿元以上，国内生产总值达到 600 亿元以上，城区人口在 150 万人以上，规划线路客流规模达到单向高峰小时 1 万人以上的城市可以申请建设轻轨。中型城市经济水平一般达不到建设地铁的要求，建设轻轨，不仅可以满足客运需求，建设费用也较低，更能符合实际需求。

《住房城乡建设部 发展改革委 财政部关于加强城市步行和自行车交通系统建设的指导意见》中提出：“市区人口在 200 万以上、建成区面积在 120 平方公里以上的城市，步行和自行车出行分担率达到 55%以上。”因此，也要充分发挥自行车在短距离出行中的作用，并适量发展自用乘用车，共同组成适应性强、机动、灵活的交通系统。实现组团内各功能用地间的交通出行以道路常规公交+自行车+步行为主的方式，并且小单元内出行以自行车+步行为主。

4. Ⅱ型大城市交通发展策略

Ⅱ型大城市可采用“轨道交通/道路公交+自行车+步行”的模式，条件具备的情况下可以沿主要客流通道建设大运量轨道交通。轨道之外建立以快速公交为骨干、常规公交为主导，功能层次明晰、网络布局合理、换乘衔接方便的公交服务体系。引导私家车有序发展、合理使用。重视慢行交通系统建设和完善，为步行和自行车出行创造条件。

在《“十二五”综合交通运输体系规划》中明确要求强化城市公共交通网络，市区人口 100 万以上的城市实现中心城区 500 米范围内公交站点全覆盖。

国务院在《“十二五”综合交通运输体系规划》中还提出：“市区人口超过 100 万的城市，结合自身条件建设大容量地面公共交通系统。”因此，大城市组团间以轨道交通或公交干线（快速公交、大站快车）为主导，提供强大的通道交通运输能力；轨道交通、公交干线（快速公交、大站快车、常规公交干线）进入各组团客流集散点。在主要出行方向上设置公交专用道及中运量、普速主干型的轻轨交通作为城市的主要交通走廊。还应制定并逐步实施“公交优先”的措施，提高公交的适应性，形成快速公交道路网络系统。

另外，《住房城乡建设部 发展改革委 财政部关于加强城市步行和自行车交通系统建设的指导意见》中提出：“市区人口在 100 万以上的城市，步行和自行车出行分担率达到 65%以上。”因此，大城市也应引导私家车有序发展，合理使用。重视慢行交通系统建设和完善，为步行和自行车出行创造条件。

5. 中等城市交通发展策略

2004 年 3 月建设部文件《建设部关于优先发展城市公共交通的意见》（建城[2004]38 号）指出：“大中城市基本形成以公共汽电车为主体，出租汽车为补充的城市公共交通系统。”《住房城乡建设部 发展改革委 财政部关于加强城市步行和自行车交通系统建设的指导意见》中提出：“市区人口不在 100 万以上的其余城市，步行和自行车出行分担率达到 70%以上。”

因此，市区人口规模 50 万～100 万人的中等城市交通发展策略如下。

以“常规公交+自行车+步行”模式为主导，形成单核圈状城市，划分功能片区，避免单一功能集中在某一个片区。片区间的交通出行以常规道路公交系统为主导，片区内各功能用地间的交通出行以自行车+步行为主。生态城市单元构成城市的基本单位，单元内的出行以步行+自行车为主，单元间的出行以公共交通为主。

同时针对该类城市，宜根据实际情况（旅游、历史文化需求、客流需求等），规划建设现代有轨电车。

6. 小城市交通发展策略

小城市城区一般都具有结构紧凑、用地类型混合度高等特征，居民出行距离多数在步行和自行车交通的合理服务范围内。

因此，该类城市交通出行策略应以自行车+步行为主，灵活便利，交通资源向行人与自行车倾斜，如道路横断面资源 70%以上通行空间给行人和自行车；可采用道路公交连接城市主要通道。生态城市单元构成城市的基本单位。

7. 旅游城市交通发展策略

对于旅游城市来说，发展与旅游城市特性相适应的环保交通模式——慢行交通模式是未来旅游交通的发展方向。旅游城市交通模式的发展在向环保大容量的公共交通转型的同时，还要考虑城市本身的特殊性，制定合理的交通策略，保证旅游与城市共生协调发展[15]。

1）大力发展有特色公共交通

城市公共交通是城市交通的重要组成部分。合理规划城市公共交通在加快城市化进程、培育和发挥城市综合功能、促进经济增长等方面起着决定性的作用。

旅游城市公共交通应根据城市规模发展与之相适应的交通方式，有针对性地选择有轨电车、道路公交、慢行交通等特色交通方式。

2）注重公共交通的安全性、便捷性及舒适性

旅游城市对公共交通的安全性、便捷性及舒适性要求较高。公交系统的安全性应体现在公交站点的乘客过街和车内两方面，通过引进合适的车型来提高公交系统的舒适性。

游客对旅游城市交通的陌生是影响其游览质量的因素之一。因此，旅游交通必须清晰明确地告诉游客城市为其旅游提供何种交通方式，各种交通方式如何换乘可以更方便地到达游览目的地。

3）发展可持续的交通方式

交通方式就是游客对交通工具的选择。游客到达旅游目的城市后，根据自身的旅游需求选择不同的交通工具。旅游城市需要低污染、高效率、运量大、低成本、可达性好、对景观影响小的交通方式。

现代有轨电车作为大运量交通运输工具，对于旅游城市而言优势明显，具有造价低廉、清洁无污染、建设周期短、运营效率高、舒适度优越、布局灵活以及易于审批等众多优点，在解决城市内部交通方面，与其他公交系统相比更加适合旅游城市发展。

同时，完善旅游城市慢行通道，通道布局可灵活自由，街巷、人行道、林荫道、滨水通道都可作为旅游城市的慢行通道。风景化的慢行交通，可极大地提高旅游设施的可达性，也增加了游览性。

8. 不同类型城市交通发展策略汇总

不同类型城市交通发展策略如表 19.5 所示。

表 19.5　不同类型城市交通发展策略[4]

城市类型	主要特点	交通发展策略
超大城市	多为组团结构，通常有一个较强的城市中心，形成以轨道交通为主体、常规公交为辅助、步行自行车为补充的综合交通系统，轨道交通分担率应占40%以上	形成轨道交通骨干网，配合完善的常规公交接驳换乘体系，并在轨道交通没有覆盖区域，建立可达性高的常规公共交通服务体系，从而提高整个公交系统的覆盖率和可达性；一体化综合交通枢纽建设是提高交通运输系统效率、实现绿色低碳交通系统主导的关键；提高良好的自行车和步行通行空间，短距离出行以步行和自行车为主；私家车分担率控制在 10%以下 1. 中心城区以轨道交通为主体，常规公交为衔接，形成高运量、通达性好的公共交通服务体系 2. 组团与城市中心间以快速城市轻轨/有轨电车为主要交通方式，保证城市外围区与中心城区的联系，提供强大的通道交通运输能力，支撑新城发展 3. 组团间根据交通需求特性提供有轨电车、快速公交或常规公交服务

续表

城市类型	主要特点	交通发展策略
特大城市	组团结构，有一个较强的城市中心，除应考虑城区内交通衔接，还应考虑外部组团与中心城区的交通联系	轨道交通+快速公交+常规公交+自行车+步行 1. 组团与城市中心间以轨道交通为主导，提供强大的通道交通运输能力 2. 组团间根据需求特性提供轨道交通、快速公交或常规公交服务 3. 组团内以常规公交+步行+自行车为主
Ⅰ型大城市	组团之间联系相对紧密，可以有多余一个的城市中心的组团结构，实现组团内居住与工作基本平衡	轨道交通+道路公交+自行车+步行 1. 组团间以轨道交通为主导，提供强大的通道交通运输能力 2. 轨道交通支线、公交干线进入各组团客流集散点 3. 组团内各功能用地间的交通出行以常规公交+步行+自行车为主
Ⅱ型大城市	组团结构，组团间联系相对紧密，多中心	轨道交通/道路公交+自行车+步行 1. 根据交通需求特性沿主要客流通道建设大运量轨道交通 2. 其他交通通道建立以快速公交为骨干，常规公交为主体，功能层次明晰、网络布局合理、换乘衔接方便的公交服务体系；引导私家车有序发展，合理使用 3. 重视慢行交通系统建设和完善，为步行和自行车出行提供良好条件
中等城市	单核圈状结构，划分合理功能片区，避免功能集中于某一个片区	常规公交+自行车+步行 1. 片区间的交通出行以常规道路公交系统为主导，片区内各功能用地间的交通出行以自行车+步行为主 2. 生态城市单元构成城市的基本单位，单元内以步行+自行车为主 3. 宜根据实际情况（旅游、历史文化需求、客流需求等），规划建设现代有轨电车
小城市	单核圈状结构，居住与生活配套设施同步完善	自行车+步行为主，常规公交为辅 1. 片区间的交通出行以快速公交、常规公交为主 2. 片区内各功能用地间的交通出行以步行+自行车为主
旅游城市	流动人口多，对城市交通枢纽至景区的交通连续性要求高，交通应体现城市特色	环保舒适交通模式 1. 提高公共交通的安全性、便捷性及舒适性 2. 注重增强旅游城市的交通特色建设，如现代有轨电车、空轨等

我国城市轨道交通在规模发展的同时将会注重模式的多样性，避免出现目前我国各大城市已建和在建的轨道交通功能层次结构不尽合理的状况。

未来城市应从城市出行需求构成的实际状况出发，合理选择适宜不同出行需求类型的轨道交通模式与运量等级，按合理比例级配构建经济合理的多元化轨道结构体系，而不是一味热衷于建设适合城市中心区高强度客流的地铁，忽视支持城市功能疏解、引导城市空间结构优化调整所需要的市域轨道交通、市郊铁路，以及提高城市中心区轨道交通可达性所需要的中低运量等级有轨电车系统。

目前城市严重的交通污染和交通能耗的不断增加，已经成为我国建设资源节约型、环境友好型社会面临的严峻挑战，因此，节能环保的绿色低碳交通方式将是不二选择。

表 19.6 是对城市的各种客运交通方式在运量、运输速度、道路面积占用等方面的比较。其中，对运量的比较是以一条机动车道的宽度为单位进行的。每百公里的人均能耗，电车是小汽车的 3.4%～4%，是地铁的 5%，是公共汽车的 8.4%。

表 19.6　城市各种客运交通方式的运输特性比较

<table>
<tr><th colspan="2">交通方式</th><th>运输速度/(km/h)</th><th>道路面积占用/(m^2/人)</th><th>运量/(人/小时)</th><th>适用范围</th><th>特点</th></tr>
<tr><td colspan="2">自行车</td><td>10～15</td><td>6～10</td><td>2 000</td><td>短途</td><td>成本低，无污染，灵活方便</td></tr>
<tr><td colspan="2">小汽车</td><td>20～60</td><td>10～20</td><td>小于 3 000</td><td>较广</td><td>成本高，投入大，能耗多，污染严重</td></tr>
<tr><td colspan="2">常规公交方式</td><td>20～50</td><td>1～2</td><td>小于 6 000</td><td>中距离</td><td>成本低，投入少，人均资源消耗和环境污染较小</td></tr>
<tr><td colspan="2">快速公交</td><td>20～50</td><td>1～2</td><td>4 000～15 000</td><td>中距离</td><td>成本和投入较少，人均资源消耗和环境污染较小</td></tr>
<tr><td rowspan="3">轨道交通方式</td><td>有轨</td><td>30～60</td><td>0.5～1</td><td>6 000～20 000</td><td>中距离</td><td>成本和投入较少，人均资源消耗和环境污染较小</td></tr>
<tr><td>轻轨</td><td>40～60</td><td>高架轨道：0.25
专用道：0.5</td><td>10 000～30 000</td><td>长距离</td><td>建设、运营成本较高，运输成本较低，能耗和环境污染小，运输效率高</td></tr>
<tr><td>地铁</td><td>40～60</td><td>不占用地面面积</td><td>30 000 以上</td><td>长距离</td><td>建设、运营成本高，运输成本较低，能耗和环境污染小，运输效率高</td></tr>
</table>

19.6　主要结论与展望

绿色低碳交通是城市交通的发展方向。作者认为以下五点对形成城市绿色低碳交通系统及其健康发展非常关键。

（1）解决交通供需不平衡的矛盾不但要努力提高交通供给能力，而且要从源头上管理需求。紧凑型城市建设、混合土地使用、促进职住均衡、完善生活配套设施等交通需求的源头管理措施能够明显减少交通需求总量、缩短交通出行距离。

（2）绿色低碳交通分担率是生态城市、绿色低碳交通系统的关键评价指标，适合各种规模、各类城市，提高绿色低碳交通分担率，是建设生态城市的根本要求。城市规模不同，合理公交分担率也不同，主要取决于交通需求特性。但是无论需求特性如何，绿色低碳交通分担率不应低于 85%。在优先发展城市公共交通时，应根据具体城市的交通需求特性确定合理的公交结构。此外，在建设时序上应保证公交优先。

（3）实现交通枢纽与周边土地的一体化开发，推进交通引导城市发展的 TOD 模式，是实现生态宜居城市、绿色低碳交通系统的关键。当前正值交通枢纽大规模建设之时，应抓住时机，努力做到各种交通方式无缝衔接、交通与土地使用一体化开发。

（4）生态城市绿色低碳交通系统建设美好目标的根本实现途径是生态城市单

元。前述的综合交通枢纽可以看成是特定的城市单元。生态城市单元规划建设的核心因素是单元合理规模、土地使用混合度与开发强度。特定城市单元具有特定的主导功能，有其合适的土地使用混合度。生态城市单元的上限规模取决于绿色低碳交通方式的可达范围；下限范围考虑设置小学的最小规模限制。对于面单元来说，一般可取边长 4km 的矩形或半径 2km 的圆形区域。

（5）实现低碳交通系统需要采取综合对策，包括调整城市结构和土地使用形态、优先发展绿色交通、建设完善的城市路网和提高道路交通管理的科学化现代化水平、提高机动车单车排放技术和油品质量，以及改变交通出行者的选择行为和提高交通出行者的守法意识，这是一个社会系统工程，需要全民的参与和行动。

参考文献

[1] 陆化普. 城市绿色交通的实现途径. 城市交通，2009，7（6）：23-27.

[2] 陆化普，等. 城市交通拥堵机理与对策. 北京：中国建筑工业出版社，2014.

[3] 陆化普，丁宇，张永波. 中国城市职住均衡实证分析与关键对策. 城市交通，2013，（3）：1-6.

[4] 陆化普. 绿色智能人文一体化交通. 北京：中国建筑工业出版社，2014.

[5] 陆化普. 城市交通规划与管理. 北京：中国城市出版社，2012.

[6] 傅志寰，陆化普，等. 城镇化进程中的综合交通运输问题研究. 北京：中国建筑工业出版社，2013.

[7] 石建军，赵箐，陈静. 道路交通行为控制方法研究. 交通运输研究，2011，（22）：123-129.

[8] 交轩，吕向，孙中国. “文明交通行动计划”：关爱生命文明出行. 道路交通管理，2010，（2）：5-7.

[9] 李振福. 交通文化及其城市形象整合功能. 北方交通大学学报（社会科学版），2002，1（1）：74-77.

[10] 方向. 浅谈交通文化建设的地位和作用. 商场现代化，2012，（28）：261.

[11] 陆化普，匡文博. 考虑文化生态的城市交通系统规划设计思路. 城市交通，2013，（5）：37-43.

[12] 陆化普，叶祯翔. 生态城市单元构建与生态交通系统. 建设科技，2011，（17）：14-18.

[13] 陆化普，张永波，赵杰. 绿色交通系统评价指标与规划设计要点研究. 建设科技，2012，（14）：23-26.

[14] 陆化普，王晶. 基于绿色交通理念的交通供求关系导向策略. 综合运输，2013，（6）：4-10.

[15] 闫晓燕. 旅游城市交通模式发展研究. 长沙：长沙理工大学，2012.

第 20 章　中国新能源汽车研发进展与展望①

近年来我国新能源汽车发展迅速，成为技术创新和产业升级的亮点领域。核心技术的突破带动了产品性能的提升，鼓励政策的实施促进了产业化的进程。本章对我国科技研发计划支持下的新能源汽车技术进步及其产业化进行总结，并分析新能源汽车节能减排潜力，展望未来的技术研发重点。

20.1　新能源汽车研发历程

我国政府十分重视汽车工业的可持续发展，长期以来对电动汽车技术研发给予了高度重视和大力支持，从“十五”开始对电动汽车技术进行大规模有组织的研究开发。“十五”期间是我国新能源汽车打基础的阶段，组织实施了国家“十五”“电动汽车”重大科技专项；“十一五”期间是我国新能源汽车从打基础到示范考核的阶段，组织实施了“十一五”863 计划“节能与新能源汽车”重大项目；“十二五”期间是我国新能源汽车从示范考核到产业化启动阶段，组织实施了“十二五”科学技术部“电动汽车”科技发展重大专项。

20.1.1　“十五”“电动汽车”重大科技专项

在我国汽车产业快速发展、传统汽车技术落后、电动汽车与国外处于相近起跑线的背景下，为在世界汽车工业新一轮竞争中占领制高点、取得有利地位，提高我国汽车工业的国际竞争力，从而实现我国汽车工业跨越式发展，2001 年，经国家科技教育领导小组批准，我国实施了国家电动汽车重大科技专项[1]。电动汽车重大科技专项以汽车整车技术和关键零部件技术为开发重点，采取整车牵头、零部件配合、产学研相结合的模式，根据整车产品特征属性和关键核心系统共享属性，建立了电动汽车“三纵三横”的矩阵式研发布局[2]，如图 20.1 所示。

“三纵”是指燃料电池汽车、混合动力汽车和纯电动汽车三种整车。“三横”是指多能源动力总成控制系统、电机驱动系统和控制单元、动力电池和电池组管

① 本章作者：欧阳明高、王贺武，清华大学汽车安全与节能国家重点实验室。

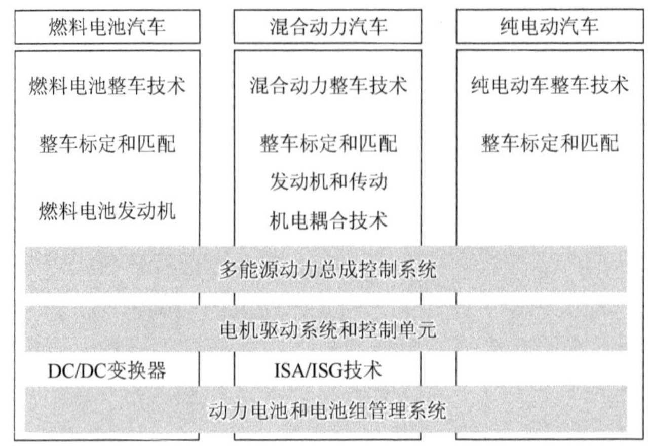

图 20.1 “十五”“电动汽车”重大科技专项布局

DC 指直流；ISA 为集成式起动机（intergrated started alternator）；ISG 为集成式电动机（intergrated started generator）

理系统等三大关键零部件系统。在“三纵三横”研发布局中，整车项目单位对整车各个阶段和总体目标的质量、进度及资金运用全部负责，实现了对总成、子系统和零部件研究课题的择优组合、协调、指导、监控，从而构成了产业链纵向子联盟；同时，为了使“横向”能够联合和交流，培育三种整车共同的零部件基础和产业链，分别成立电池、电机、电控三个专题组，负责协调零部件系统技术指标，建立评估和技术标准体系，同步进行安全性、可靠性协调开发等。

通过“十五”国家科研资金的投入，在国内形成了 200 多家企业、高校和科研院所，以及 2000 多名技术骨干组成的研发队伍，培养了一批中青年技术骨干，建立了我国电动汽车产业发展急需的人才队伍，推动出台了 26 项国家标准；累计申请 796 项国内外专利。专项的实施，对于提升我国汽车工业的核心竞争力并实现重点跨越发挥了重要作用，为电动汽车的产业化奠定了技术基础[3]。

20.1.2 “十一五”“节能与新能源汽车”重大项目

随着《国家中长期科学和技术发展规划纲要（2006—2020 年）》[4]的发布，与优先主题之一“低能耗与新能源汽车”和前沿技术之一“氢能及燃料电池技术”相呼应，“十一五”总体研发思路如下：基于国家中长期科学和技术发展规划交通与能源领域战略研究成果，推进节能与新能源汽车并行互动与协调发展[5, 6]。一方面优化现有以内燃机为基础的车用能源动力系统，发展节能汽车；另一方面开发新一代车用能源动力系统，发展新能源汽车。通过“过渡”与“转型”的双重战略促进汽车动力电控化和电气化双重技术变革。研发总体布局在保持“三纵三横”的基本框架下，在车型的“三纵”方面的内涵相应有所扩展，将基于燃油的节能内燃机汽车和混合动力汽车，基于气体燃料的燃气汽车和氢燃料电池汽车以及基于电能的纯电动车和增程式电动车综合考虑。

“十一五”“节能与新能源汽车”重大项目研发布局如图 20.2 所示[7]。项目以“十五”“电动汽车”重大科技专项和“清洁汽车”科技行动计划研发成果为基础，以“建立技术平台，突破关键技术，实现技术跨越”“建立研发平台，形成标准规范，营造创新环境”“建立产品平台，培育产业生态，促进产业发展”为三大核心目标，在关键零部件、动力系统、整车集成、测试平台、示范推广以及标准政策研究等方面安排课题 270 项，以整车集成为载体、动力系统为核心，重点突破关键零部件瓶颈技术，支撑产业化示范推广。国内整车及零部件企业、研究机构、大学院校等 432 家单位 1.46 万名科技人员参与研发工作，构建了我国电动汽车产学研联合研发创新体系。

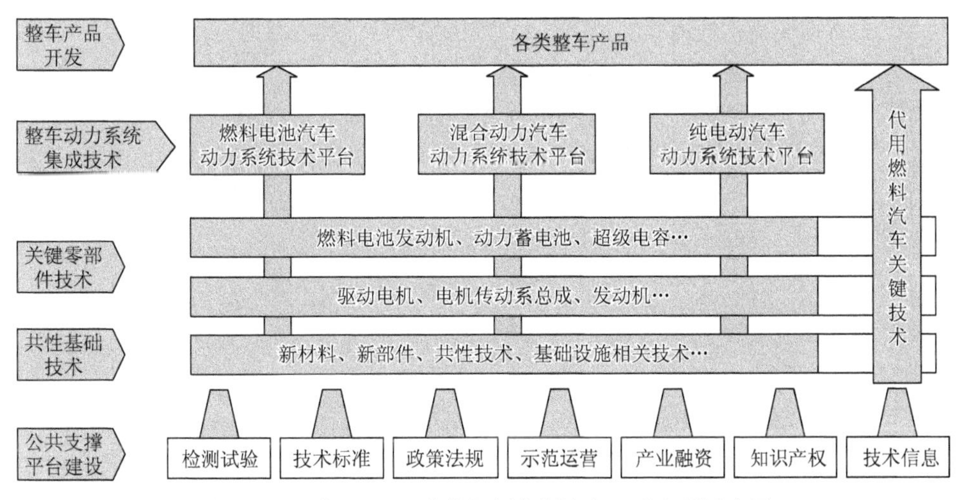

图 20.2　“十一五”“节能与新能源汽车”重大项目布局

通过五年国家科技计划的实施[8]，攻克了一大批节能与新能源汽车关键技术，有各类新能源汽车 350 余款进入国家汽车公告目录，在 25 个示范城市有超过 1.9 万辆自主研发的电动汽车产品示范应用；突破了一批代用燃料汽车关键技术，带动形成国内 140 万辆天然气汽车保有规模；结合 2008 年北京奥运会、2010 年上海世界博览会、2011 年深圳世界大学生运动会等国际大型活动的举办，成功开展了集中化、高强度、大规模的电动汽车示范运行，取得了良好的国际影响；制定电动汽车国家和行业标准 59 项，基本满足电动汽车科技研发和产业化需求；建成 15 个国家重点实验室和工程技术研究中心，形成电动汽车研发平台 48 个；项目成果获得国家科学技术进步二等奖 10 项，省部级科学技术进步一等奖 22 项；累计申请专利 2011 项，其中，发明专利 1015 项。

20.1.3 “十二五”“电动汽车”科技发展重大专项

“十二五”期间，我国汽车工业面临更加急迫的战略需求，首先是作为国家战略性新兴产业之一，新能源汽车承载了汽车行业的技术转型需求[9]，其次是汽车行业节能环保法规不断加严带来的技术升级换代需求[10]。国家领导人在多次听取专家意见的基础上，以胡锦涛总书记2010年在两院院士大会上的讲话为起点[11]、习近平总书记在2014年关于新能源汽车的讲话为标志[12]，电动汽车上升为国家战略。

在此背景下，科学技术部制定了《电动汽车科技发展“十二五”专项规划》[13]，在“十一五”节能与新能源汽车研发成果基础上，以全面实施“纯电驱动”技术转型为总体战略，以“三纵三横”研发布局为基础，在“三纵”方面，纯电动汽车、增程式电动汽车和插电式混合动力汽车作为纯电驱动汽车的基本类型归为一个大类；燃料电池汽车作为纯电驱动汽车的特殊类型继续独立作为一“纵”；混合动力汽车则主要为常规混合动力汽车。在“三横”方面，“电池”包括动力电池和燃料电池；“电机”包括电机系统及其与发动机、变速箱总成一体化技术等；“电控”包括“电转向”“电空调”“电制动”等电动汽车电子控制系统技术，同时增加了标准检测、能源供给、集成示范等三大支持平台的研究，从而形成“三横三纵三大平台”战略重点与任务布局，如图20.3所示。

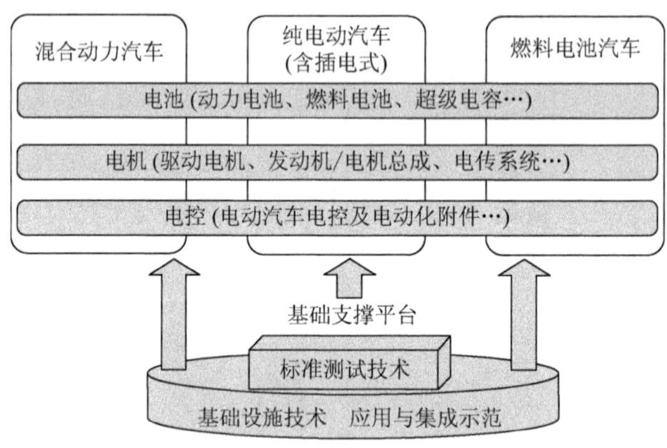

图20.3 “十二五”“电动汽车”科技发展重大专项布局

同时基于新的需要，提出了技术平台“一体化”、车型开发“两头挤”、产业推进“三步走”的技术发展路径。在城市公共用车和私人小型轿车上优先发展“纯电驱动”电动汽车，形成“两头挤”的发展格局，启动市场。然后滚动发展，逐步挤占中高档轿车这一市场空间。项目的组织实施落实了2010年《国务院关于加快培育和发展战略性新兴产业的决定》精神，成为培育和发展新能源汽车战略性新兴产业的重大科技举措。

根据“纯电驱动”技术转型战略，专项部署的项目共 61 项，包括 863 项目 18 项、科技支撑计划项目 36 项、国际合作项目 3 项、公益类项目 4 项。全国 177 家高校和科研院所参与新能源汽车技术研发，推动建立了以企业为主体的产学研结合的技术创新体系。截至 2015 年，已经验收的首批启动项目完成新产品、新工艺及相关软件开发 500 多项，发表科技论文 1000 多篇，申请国内发明专利 1000 多项，专项的实施全面覆盖了关键零部件、整车和支撑平台的全技术链与产业链，技术支撑了我国新能源汽车市场在 2015 年跃居全球首位。

20.2　新能源汽车技术进展

经过三个五年计划的科技攻关，我国掌握了新能源商用车的整车技术，实现了从混合动力向纯电驱动的转型；发展出了独具特色的新能源乘用车纯电驱动技术路线，实现了技术的跨越式发展；燃料电池汽车形成了自主研发能力，实现了与国际技术的基本同步；在关键零部件方面，锂离子车用动力电池技术和电机驱动系统技术取得重大进展；在公共平台技术方面，建立了新能源汽车标准体系和整车、电池、电机测试平台。

20.2.1　关键零部件技术

1. *动力电池与电池组管理系统*

迄今为止，我国电动汽车动力电池研发经历了三个阶段。“十五”起步阶段，主要研发镍氢动力电池和锰酸锂离子动力电池；“十一五”发展阶段，加大了磷酸铁锂电池研发，支撑了“十二五”电动汽车示范与产业化；“十二五”升级阶段，重点支持三元材料动力电池的研发，电池能量密度目标要求达到 180W·h/kg。经过三个五年计划，我国已基本掌握了电池材料、单体电池、电池系统、批量生产工艺等核心技术。我国已形成包括磷酸铁锂、锰酸锂、三元材料前驱体、石墨负极材料、钛酸锂负极材料、电解液和 PP/PE（聚丙烯/聚乙烯）隔膜在内的完整电池材料技术体系，技术水平与国际基本同步。我国单体电池设计制造能力取得重要突破，电池能量密度显著提高，如磷酸铁锂电池单体的能量密度从 2007 年的 90W·h/kg 提高到接近 140W·h/kg，三元材料的电池单体的能量密度达到 180W·h/kg，与国际水平基本保持同步；功率型电池功率密度最高达到 3000W/kg，与国际先进水平相当，钛酸锂电池批量应用于快速充电公交车辆。我国在电池系统集成技术和能力方面取得较大进展与突破，动力电池模块的能量密度最高达到 140W·h/kg 以上，锂离子动力电池产业化技术水平已经具备支撑电动汽车开展大规模商业化运行的技术条件和产业条件。但是，我国在先进电池材料与机理等基础研究，以及电池一致性和良品率、电池安全性和系统管理技术等方面与国际领先水平相比仍存在差距。

2. 电机驱动与电力电子总成

在驱动电机技术方面，采用车用电机多领域集成优化设计理念，解决了多目标高性能车用电机的极限设计、多物理场精确分析、控制策略、系统集成等技术难题；采用结构集成设计技术，实现了电机与变速器在机械、电磁、热上的高度一体化设计与应用。我国多个电机企业已经突破高效、高功率密度车用永磁电机的设计与制造技术，研制出功率密度超过 3kW/kg 的高速高密度永磁电机，在多款纯电动轿车、插电式混合动力轿车上获得了广泛应用；我国商用车电机（特别是直驱电机）在转矩指标、成本控制方面具有较强的竞争优势。

在电机控制器技术方面，采用电力电子模块集成技术，将汽车级绝缘栅双极型晶体管（insulated gate bipolar transistor，IGBT）模块、长寿命膜电容与低电感复合母排高度集成、低热阻散热技术以及小型化电路板设计技术高度集成，降低了电机控制器的体积和重量，提高了系统集成度，实现了电力电子与信息处理技术的融合。我国典型电机控制器功率密度达到 8.0kW/kg，控制器峰值效率超过 97%，大于 90% 的高效率区超过 50%。全速度范围的转矩控制精度提升至±2～3N · m 或±3%～5%。但是我国在芯片集成设计、电力电子系统集成等方面与国际领先水平仍存在差距。

3. 车用燃料电池系统

燃料电池系统技术链长，我国相关基础薄弱。经过多年努力，我国在燃料电池电化学基础材料器件和电堆方面取得了显著的进步，近年来突破了耐久性强化的复合膜、高活性抗毒催化剂、高导电性碳纸、低铂载量的电极组件、超薄金属双极板冲压、防腐蚀、焊接和密封等关键技术；我国在“十二五”期间已基本突破了金属双极板电堆的设计技术，研制的样堆功率密度突破了 2kW/L 的水平，为今后高功率密度发动机的研发奠定了基础。研制的燃料电池催化剂、复合膜、碳纸、膜电极及双极板样品从性能指标上已经能够满足商业化需求，但是需要建立批量化生产线，大力开展测试评价并建立相关产业链，推动我国燃料电池技术赶上国际先进水平。

4. 电动化附件

（1）电空调：开发了无位置传感器的变频压缩机电机控制技术、高效的一体化低噪声电动空调技术、基于总线控制技术的电动空调高效控制技术，实现了空调与电池的集成热管理。

（2）电转向：突破了转向传感器、电动助力转向（electric power steering，EPS）系统控制器、电子液压助力转向（electric-hydraulic power steering，EHPS）系统控制

器、EPS 系统与电动轿车匹配、EHPS 系统与电动客车匹配等电控助力转向系统关键技术。电控助力转向系统在–40～85℃正常工作，具有良好的高低温稳定性。

（3）电制动：在我国已有液压和气压防锁死制动系统（anti-lock break system，ABS）自主技术的基础上，通过集成化设计，成功地开发出了能量回馈式液压和气压制动系统，打破了国际垄断，且在成本上有竞争优势。实现了制动安全性、系统可靠性与寿命、制动舒适性与制动能量回收效率的综合优化。回馈制动对能量经济性的贡献率达到 20%以上。

20.2.2　整车技术

1. 纯电动汽车技术

纯电动汽车是我国新能源汽车的主要类型。经过三个五年计划的努力，我国纯电动乘用车技术取得重大进展，整体技术水平接近国际先进水平，续驶里程、可靠性、安全性不断提高，能效持续优化，完全具备了商业化推广条件。尤其是形成了中国特色小型纯电动轿车技术特色。

纯电动公交车整体技术达到国际先进水平。已建立起纯电动客车设计理论与系统集成体系；在高效电驱动系统、整车轻量化、动力电源热电集成和管理技术等方面取得了重大进展，通过关键部件通用化、总成配置模块化、机电接口标准化建立了新能源客车的技术平台，开发出低地板公交车专用电动化底盘，基于平台开发的整车性能优异，实际运行百公里电耗在 120kW • h 左右。

在电动汽车充换电设施技术方面，建立了电动汽车充换电设施仿真平台；研发了基于交流和直流能源供给模式的多种变换容量的充换电设备接口技术、充换电过程控制技术、电能计量技术、安全可靠性技术；研发了 40kW 单口三相交流车载充电技术和 450kW 直流非车载充电技术及产品；新型换电技术可以实现 3 分钟内更换 11 箱电池；开发了无线充电系统样机，开始在整车上进行示范。

2. 插电式混合动力汽车技术

在乘用车方面，国内基本掌握了混合动力机电耦合、混合动力系统动态协调控制与能量管理系统等核心关键技术。形成了以比亚迪“秦”为代表的 P3 后并联式混合动力系统及在此基础上发展出来的四驱混联系统；以上汽“荣威 550”为代表的双电机串并联式混合动力系统，吉利和科力远联合研制的以“CHS”（China hybrid system，中国混合动力系统）为代表的双星排功率分流构型混合动力系统，基本打破了日本公司在国际上的技术垄断。进入“十二五”以来，国内企业纷纷发力插电式/增程式汽车，推出了比亚迪“秦”、上汽“荣威 550”、广汽“传祺”等插电式混合动力车型。其中，比亚迪“秦”百公里加速时间达到 5.9 秒，百公里综合油耗低至 1.6L，总体上达到国际先进水平。“荣威 550”插电式实现了纯电行驶里程 58km，百公里综合油耗 2.3L（新欧洲驾驶循环（new European drive cycle，NEDC）工况），百公里加速时间 10.2 秒。

在商用车方面，国内基本掌握了混合动力整车控制、高功率电机系统、混合动力自动变速箱及控制、辅助动力电源发电单元（auxiliary power unit，APU）等关键技术，开发出具有完全自主知识产权的整车系统。具有中国技术特色的直驱混联系统节油率达到 40%。基于自主机械式自动变速器（automated mechanical transmission，AMT）技术的同轴并联混合动力机电耦合系统构型混动模式下的节油率＞30%。以车载发电装置和储能装置共同驱动电机为特征的新型纯电驱动客车动力系统形成了插电、增程、纯电动、燃料电池等各种技术路线的一体化平台，具有总成模块化、能源多元化、车型系列化的技术特点和优势。

3. 燃料电池汽车技术

我国燃料电池轿车采用独具特色的“电-电混合”动力系统平台技术方案，具有“动力系统平台整车适配、电-电混合能源动力控制、车载高压储氢系统、工业副产氢气纯化利用”的技术特征。进入“十二五”后，以上汽为代表的汽车集团制定了燃料电池汽车发展的五年规划，开始投入大量资金研发燃料电池汽车，完成了第 3 代燃料电池轿车的开发，在 2011 年必比登比赛中，上汽开发的燃料电池轿车在燃料电池轿车组别中位列第三。

我国燃料电池城市客车在“三大系统（燃料电池/蓄电池混合动力、电动化底盘、整车控制）和三大技术（燃料电池耐久性、氢电安全性、整车燃料经济性）”上取得重要突破。基于国家标准公交循环的整车氢耗≤7.5 千克/百公里，达到国际先进水平。“十二五”期间，以宇通客车为代表的国内领先的新能源客车企业全面介入燃料电池客车研发，开发出获得国家产品公告的燃料电池客车，并制定了“十三五”燃料电池客车商业化计划。

我国已基本掌握 35MPa 加氢站系统集成技术。加氢站三大关键设备：45MPa 大容积储氢罐、35MPa 加氢机和 45MPa 隔膜式压缩机已实现国产化。在上海 2010 年世界博览会上，规模化的副产氢气提纯、输送以及由两辆移动车（移动加氢站）和两座固定加氢站构成的小型加氢网络成功为世博园区内外 196 辆燃料电池观光车、轿车和大巴提供高压氢气加注服务，安全性和可靠性得到检验。

20.3　新能源汽车示范考核与推广应用

20.3.1　新能源汽车示范推广历程

我国新能源汽车示范推广经历了 3 个阶段。

（1）第一阶段（2003～2008 年）：技术验证与科技奥运示范工程。2003～2007 年，在"十五""电动汽车"重大科技专项和"十一五""节能与新能源汽车"重大项目支持下，开展了小规模的电动汽车示范运行和技术验证，积累了大量的技术研发和升级的宝贵数据。在此基础上，国家发改委已于 2007 年 11 月正式公布实施《新能源汽车生产准入管理规则》及工业和信息化部颁布实施《车辆生产企业及产品公告》的管理规定，为后续的新能源汽车奥运会示范与"十城千辆"新能源汽车示范考核奠定了基础。2008 年，开展了全球最大规模的奥运会新能源汽车示范运行，共投入 595 辆节能与新能源汽车为奥运会提供服务，累计行驶 371.4 万 km，载客 441.7 万人次。在奥运史上第一次实现了中心区零排放、周边地区交通低排放。对我国新能源汽车产业化发挥了巨大的推动作用。

（2）第二阶段（2009～2012 年）："十城千辆"示范推广工程一期。2009 年开始，我国加大了对新能源汽车的投入力度，出台了系列支持政策。2009 年，财政部、科学技术部、工业和信息化部、国家发改委四部门共同启动组织实施"十城千辆"新能源汽车示范推广工程。为保证示范推广工程的顺利开展，2010 年私人新能源汽车补贴政策出台。2010 年 10 月，国务院印发《国务院关于加快培育和发展战略性新兴产业的决定》，将新能源汽车列为七大战略性新兴产业之一。2012 年 6 月，国务院印发《节能与新能源汽车产业发展规划（2012—2020 年）》。我国新能源汽车发展由科技研发阶段进入示范推广阶段，2009～2012 年，我国在 25 个试点城市开展了大规模的新能源汽车示范运行，共推广新能源汽车 2.7 万辆。

（3）第三阶段：（2013～2015 年）："十城千辆"示范推广工程二期。2013 年，国家开始密集出台对新能源汽车的支持政策，促成了新能源汽车大规模示范推广。2013 年，第二期示范推广工程补贴政策出台。2014 年，国务院先后四次发布加快新能源汽车发展的政策措施，新能源汽车市场发展出现快速增长的良好势头。2015 年我国新能源汽车销量达到 33 万辆，在新增汽车销售中的占比首次突破 1%，在 2015 全球销售新能源汽车中的占比超过 50%。我国首次超过美国销量位居全球第一。我国新能源汽车已经成为全球最大的推广应用区域，其中，自主品牌占据 95%以上的份额。

20.3.2　关键零部件技术示范考核与产业化

1. 动力电池及管理系统

我国已建立起较为完整的锂离子动力电池产业链，形成了以珠江三角洲、长江三角洲、中原地区和北京-天津区域为主的四大动力电池产业化聚集区域。锂离子动力电池正极材料、负极材料、电解液和隔膜已进入国际动力电池生产企业供应体系。磷酸铁锂电池产业成熟度和规模国际领先，采用三元正极材料的高能量密度电池和钛酸锂负极材料的快充电池大规模商业化应用。在整车需求的带动下，我国电动汽车用动力电池产业快速发展，2015 年产量达到 20GW • h，涌现出比亚迪和宁德时代新能源等具有国际竞争力的动力电池生产商，其中，比亚迪建成全球最大的锂离子动力电池生产基地，浙江微宏动力的车用锂离子电池系统规模出口欧洲。我国车用锂离子电池产业总体上处于国际前三名。

2. 电机驱动与电力电子总成

我国的乘用车驱动电机系统和商用车驱动电机系统已形成规模化产业。乘用车驱动电机形成了功率范围涵盖 100kW 的驱动电机系列化产品，并为国内多款乘用车配套，部分产品实现了批量出口；开发出了深混动力分流双电机、并联单电机和高速桥驱电机等重点产品，应用于混合动力和插电混合动力以及纯电动各类车型。在商用车驱动电机系统产品方面，形成了 65～200kW 的系列化电动客车用电机及其控制系统产品，分别应用于 10.5～12m 插电式混合动力客车和 12～13.7m 纯电动客车；开发出了同轴混联双电机动力总成产品，应用于 12m 插电式混合动力公交车。

基本形成电机驱动系统基础零部件的完整产业链，包括硅钢片、液冷铸铝壳体、永磁体、电磁线等。我国也建立了“电动汽车电驱动系统全产业链技术创新战略联盟”和“中国 IGBT 技术创新与产业联盟”，在高性能硅钢、高性能磁钢、车用功率模块、车用膜电容器、旋转变压器、车用接插件以及车用 DC/DC 变换器等方面取得了大量的成果，形成了一大批典型产品，其指标和性能与国外同类产品相当；在技术标准方面也取得了快速进展，推动了我国电动汽车电驱动系统产业发展。

20.3.3 新能源整车技术示范考核与产业化

伴随着国家科技项目和推广工程的实施，各龙头企业加快了新能源客车产品开发，形成了混合动力客车、纯电动客车、燃料电池客车等多种技术路线。2014 年底，各种车型的产业进程加速，2015 年实现了新能源汽车产业化快速发展。2015 年销售各类新能源汽车 33 万辆，新能源汽车累积销量接近 50 万辆。截至 2015 年底，建成充电站 3600 座，充电桩 4.8 万个，初步形成了充换电服务网络，智能网联技术开始应用，有力支撑了新能源汽车推广。

1. 新能源商用车

新能源商用车产销量从 2013 年开始快速增长，2015 年产量超过 17 万辆。其中，新能源客车产量超过 12 万辆，占据全球总量的 80%以上，居全球首位。新能源公交车是新能源客车推广的先行者和主力军。截至 2015 年，新能源公交车保有量超过 10 万辆，现在已经占到国内公交保有量的 19%左右，在全球遥遥领先。新能源商用车国际竞争力取得重大突破，行业标杆企业新能源客车整车与总成开始规模出口。目前，各种混合动力客车产品成熟度较高，经过市场拉动作用，产品性能逐步提高，与国际对标水平（25 升/百公里）相比，我国混合动力客车的油耗已经从 2012 年的局部相当水平（11 款车型中 2 款达到 25 升/百公里），改善到 2014 年全面超越的水平（21 升/百公里），并发展出插电式混合动力产品系列，2015 年，技术领先企业的插电式混合动力客车的油耗水平已经降至 19 升/百公里。纯电动客车经历了电池快换、大容量电池慢充、小容量电池多次快充的示范考核与技术选择，已逐步形成主流技术和主流车型。随着电动客车性能的不断提升，电动客车逐步受到市场认可，运营效率已经从最初的 60%提升至 93%，运营成本下降到 2 元/km 左右，基本上可以跟传统燃油车竞争。

2. 新能源乘用车

新能源乘用车产销量从 2010 年开始逐步升高，在乘用车中的市场占有率也成倍增加。2010 年新能源乘用车产量仅为 3773 辆，2014 年的产量增加到 6.2 万辆，2015 年，产量大幅上升到 20.5 万辆。新能源乘用车在新增乘用车销售中的占比首次突破 1%，这是一个具有里程碑意义的数据，它表明新能源乘用车已经从示范推广阶段的产品导入期进入规模化推广阶段的产业成长期。分车型来看，纯电动乘用车以微小型电动轿车为主，而且比例在逐年提高，2015 年占比超过 85%，小型电动汽车性价比高，节能环保优势明显，可以成为中国电动国民车的战略车型，同时具有形成国际竞争优势的巨大潜力。中高级别新能源乘用车以插电式混合动力车为主，2015 年销量占比超过 82%。尤其是以比亚迪“唐”为代表的插电式运动型多用途车（sport utility vehicle，SUV）受到市场欢迎，销量直线上升。SUV 的插电化正在成为重要的发展趋势，这对进一步增强中国品牌 SUV 竞争优势，同时对解决 SUV 油耗和排放问题将发挥重要作用，SUV 有望成为中国品牌主流战略车型。从插电式混合动力实际使用看，基于在用车大数据分析统计发现，随着充电基础设施的改善，用电的比例在大幅上升，纯电行驶里程已经占到总行驶里程的 2/3 以上，纯电驱动的节能环保优势正在显现。

20.4　“十三五”新能源汽车研发展望

20.4.1　“十三五”“新能源汽车”重点专项背景与目标

当前，中国汽车产业发展正面临三个重大挑战和历史任务。第一，汽车产业由大到强转型的挑战。习近平总书记明确指出："发展新能源汽车是我国从汽车大国迈向汽车强国的必由之路。"第二，汽车排气污染治理的挑战。大气污染控制的国家行动计划倒逼零排放汽车的发展。第三，汽车保有量快速上升带来的能源安全和低碳发展的挑战。2020 年乘用车百公里平均油耗降到 5L 的国家油耗法规，倒逼我国汽车新型能源动力的发展。

从全球范围看，以动力电气化、材料轻量化、车辆智能化三大科技为核心的新能源汽车技术大变革正在深入发展，未来 5～10 年，将迎来全球汽车产业重组和技术转型升级的重要战略机遇期。

总体来看，我国新能源汽车核心关键技术尚未完全突破，如高能量密度、长寿命、高安全动力电池技术、第三代燃料电池膜电极技术、新一代电机驱动电力电子技术等；配套体系不够完善，例如，充电基础设施的技术、规范和运营模式极大地滞后于整车市场发展；产品性能还不能完全满足市场需求，例如，纯电动轿车的性价比与燃油轿车相比还偏低，插电式混合动力轿车燃料经济性与国外先进车型相比偏低。我国新能源汽车技术研发虽然起步不晚、速度不慢，但基础不牢、体制不顺，与国际领先水平相比仍有差距。作为一个完全开放的市场，技术竞争压力越来越大。加快新能源汽车持续创新，推进汽车产业技术转型升级，是我国科技发展重大战略需求。

"十三五""新能源汽车"科技创新的总体目标是：落实《节能与新能源汽车产业发展规划（2012—2020 年）》；实施新能源汽车"纯电驱动"技术转型战略；完善电动汽车"三纵三横"技术体系和新能源汽车研发体系，升级新能源汽车动力系统技术平台；抓住新能源、新材料、信息化科技带来的新能源汽车新一轮技术变革机遇，超前研发下一代技术；到 2020 年，建立起完善的电动汽车动力系统科技体系和产业链，技术支撑新能源汽车战略性新兴产业又好又快发展。

20.4.2 研发布局及重点任务与目标

1. *研发布局*

"十三五""新能源汽车"试点专项总体布局如图 20.4 所示，按照全创新链设计原则分为四个层次：基础科学、共性核心技术、系统集成技术、集成开发与示范。每层有三个模块：三大基础科学问题；"三横"共性核心技术；"三纵"动力系统技术；面向集成开发与示范的三大支撑平台。

将上述十二个模块通过串并联组合形成从基础研究、重大共性关键技术攻关到应用示范的全链条贯穿的 6 个创新链条（动力电池与电池管理、电机驱动与电力电子、电动汽车智能化技术、燃料电池动力系统、插电/增程式混合动力系统和纯电动力系统），共部署 39 个任务，如图 20.5 所示。

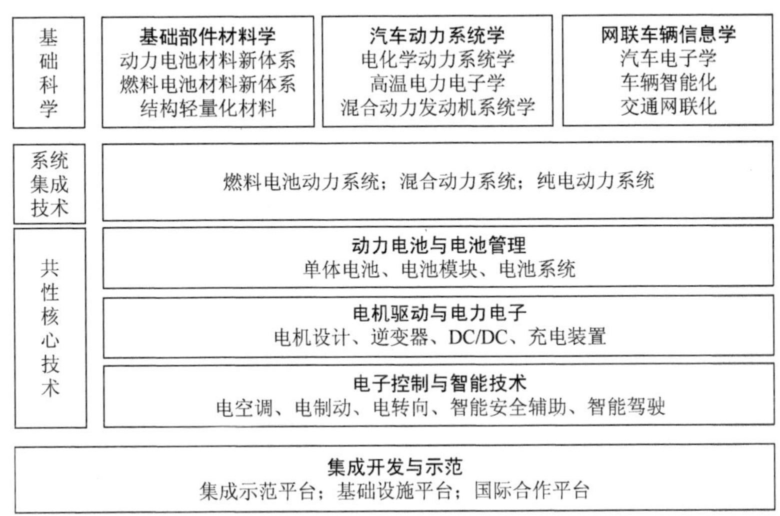

图 20.4　“十三五”“新能源汽车”试点专项研发布局

2. 重点任务与目标

（1）动力电池与电池管理研究重点与目标。重点突破高能量密度动力电池技术和电池管理系统、电池安全性等电池系统集成技术。2020 年，量产化能量型动力电池单体能量密度达到 300W·h/kg，系统能量密度大于 210W·h/kg，寿命达到 1500 次，成本达到 0.8 元/kg；示范用新型能量型电池单体能量密度达 400W·h/kg，探索性能量型动力电池新体系单体能量密度达到 500W·h/kg；功率型动力电池单体功率密度达到 1500kW/kg，循环寿命达到 10 000 次。

（2）电机驱动与电力电子研发重点与目标。开发功率密度超过 4kW/kg 的高速、高效和轻量电机系统；电机驱动控制器功率密度 2020 年达到 17kW/L，新一代车载电力电子变换器功率密度＞36kW/L。

（3）电动汽车智能化技术研究重点与目标。突破纯电动汽车智能化平台技术，电动汽车智能化水平达到 SAE 3 级（结构化道路的无人驾驶）。实现百辆级自动驾驶智能电动汽车、千辆级网联化智能电动汽车示范运行。

（4）燃料电池动力系统研究重点与目标。重点突破高功率密度、低成本的乘用车燃料电池发动机产业化技术和长寿命、高效率商用车燃料电池发动机产业化技术。到 2020 年，轿车燃料电池电堆体积功率密度超过 3.1kW/L，发动机最高效率达到 55%；客车燃料电池发动机耐久性超过 1 万小时，最高效率达到 60%。加速开展氢能的“储-输-运”体系研究和基础设施建设，支撑燃料电池汽车的规模化示范和推广应用。

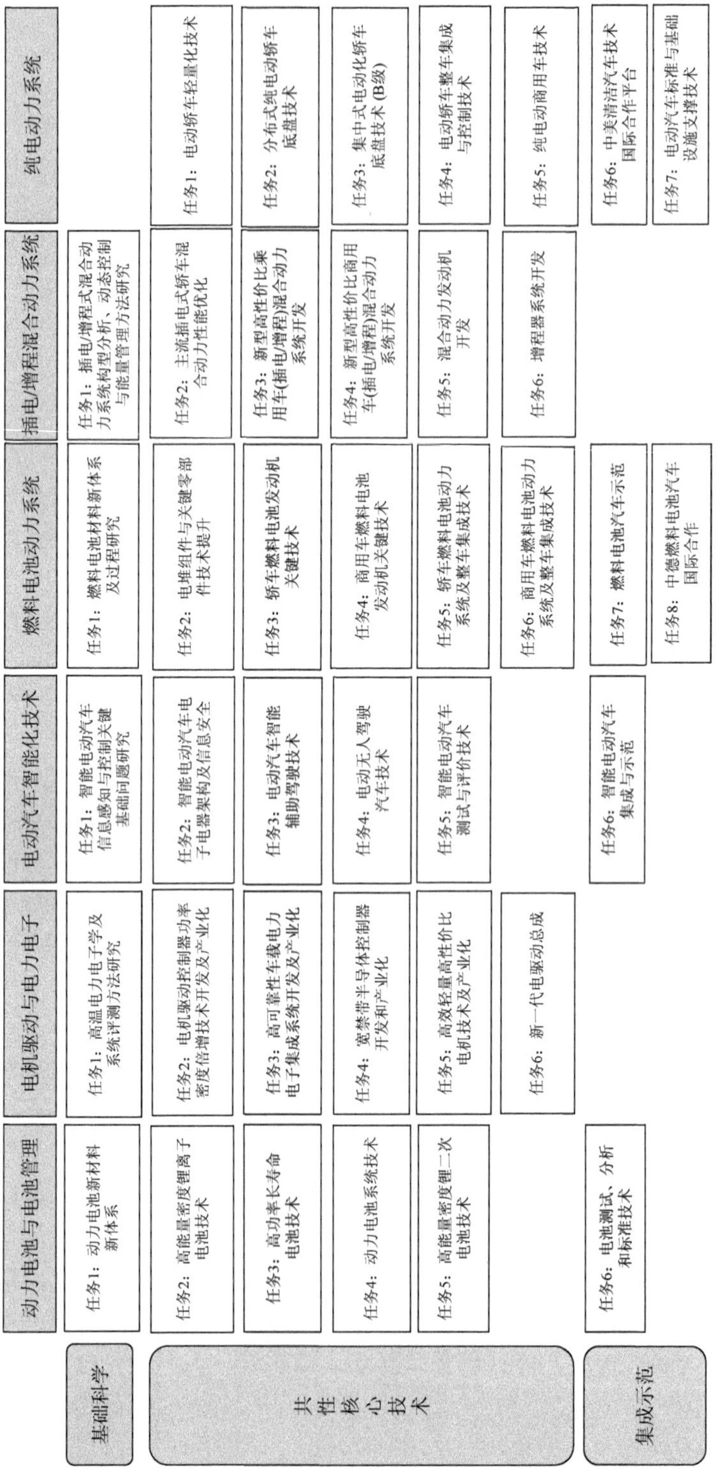

	动力电池与电池管理	电机驱动与电力电子	电动汽车智能化技术	燃料电池动力系统	插电/增程混合动力系统	纯电动力系统
基础科学	任务1：动力电池新材料新体系	任务1：高温电力电子学及系统评测方法研究	任务1：智能电动汽车信息感知与控制关键基础问题研究	任务1：燃料电池材料新体系及过程研究	任务1：插电/增程式混合动力系统构型分析、动态控制与能量管理方法研究	
共性核心技术	任务2：高能量密度锂离子电池技术	任务2：电机驱动控制器功率密度倍增技术开发及产业化	任务2：智能电动汽车电子电器架构及信息安全	任务2：电堆组件与关键零部件技术提升	任务2：主流插电式轿车混合动力性能优化	任务1：电动轿车轻量化技术
共性核心技术	任务3：高功率长寿命电池技术	任务3：高可靠性车载电力电子集成系统开发及产业化	任务3：电动汽车智能辅助驾驶技术	任务3：轿车燃料电池发动机关键技术	任务3：新型高性价比乘用车(插电/增程)混合动力系统开发	任务2：分布式纯电动轿车底盘技术
共性核心技术	任务4：动力电池系统技术	任务4：宽禁带半导体控制器开发和产业化	任务4：电动无人驾驶汽车技术	任务4：商用车燃料电池发动机关键技术	任务4：新型高性价比商用车(插电/增程)混合动力系统开发	任务3：集中式电动化轿车底盘技术 (B级)
共性核心技术	任务5：高能量密度锂二次电池技术	任务5：高效轻量高性价比电机技术及产业化	任务5：智能电动汽车测试与评价技术	任务5：轿车燃料电池动力系统及整车集成技术	任务5：混合动力发动机开发	任务4：电动轿车整车集成与控制技术
共性核心技术		任务6：新一代电驱动总成		任务6：商用车燃料电池动力系统及整车集成技术	任务6：增程器系统开发	任务5：纯电动商用车技术
集成示范	任务6：电池测试、分析和标准技术		任务6：智能电动汽车集成与示范	任务7：燃料电池汽车示范		任务6：中美清洁汽车技术国际合作平台
集成示范				任务8：中德燃料电池汽车国际合作		任务7：电动汽车标准与基础设施支撑技术

图 20.5　“新能源汽车”试点专项创新链与任务部署

（5）插电/增程式混合动力系统研究重点与目标。形成中国特色插电式电动汽车主流技术路线和处于世界领先地位的主流车型；到 2020 年，插电式混合动力轿车百公里综合油耗小于 1.3L，混合工况节油率大于 45%；插电式混合动力客车（12m）百公里油耗小于 16L。

（6）纯电动力系统研究重点与目标。全面提升纯电动轿车底盘一体化、车身轻量化、整车智能化综合技术水平。以集中驱动式电动轿车为重点，通过技术进步全面提升主流电动轿车性价比，A 级车百公里电耗降低 20%，达到 12kW·h（工况法测试），续驶 250km 左右的小型纯电动轿车，取消补贴后购置+使用综合成本可以与燃油车竞争。同时研发高性能电动轿车技术：针对典型车型（车长≥4.5m），同时实现百公里电耗≤10kW·h（工况法）和续驶里程≥400km（工况法）。重点加强充电基础设施技术支撑能力，提高互联互通水平，开展无线充电和 V2G（vehicle to grid，车辆到电网）等前沿技术研发，实现推广应用。

20.5　新能源汽车的节能减排潜力

新能源汽车在全生命周期内具有显著的节能效果。科学技术部 863 计划的研究表明（图 20.6），以目前最节能的内燃机汽车（百公里油耗 7.6L）与市场上百公里电耗 21kW·h 的电动汽车比较（续驶里程 150km 的纯电动或者纯电里程 50km 的插电式），在 15 年或者 25 万 km 的全生命周期内，车辆生产阶段与使用阶段能耗比例大概是 20%和 80%[14]。尽管在新能源汽车生产阶段由于电池生产能耗的增加，整车能耗上升了 30%，但由于在使用阶段又降低了 30%的能耗，在全生命周

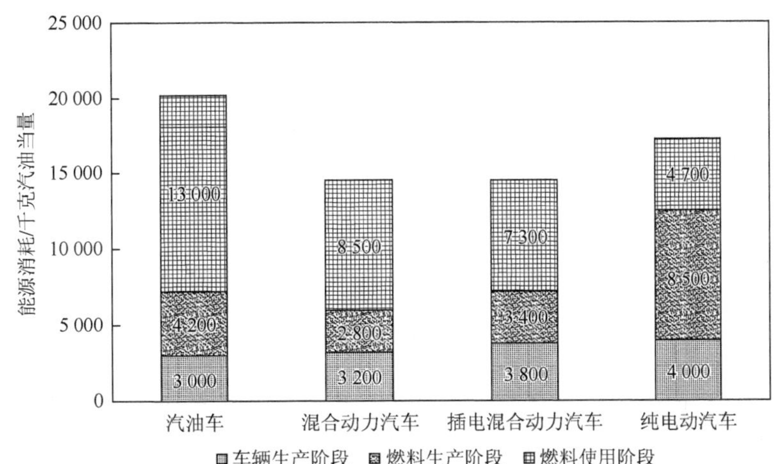

图 20.6　不同技术乘用车 25 万 km 全生命周期能源消耗比较

期内，新能源汽车的总能耗降低了 25%。尤其要强调的是，新能源汽车由于使用电力，大幅度降低了车用汽柴油的消耗。

国务院发展研究中心的研究表明，基于国内能源供给，电力可以作为我国车用主体替代能源[15]。2020 年的 500 万辆新能源汽车，年耗电 400 亿 kW·h，不足当年总电量的 0.5%；如果 2030 年的 2.5 亿辆乘用车全部使用电力驱动（纯电动或 50km 续驶里程的插电式），那么所需要的总电量大约为 0.7 万亿 kW·h，仅占我国预计发电总量 10 万亿 kW·h 的 7%。

新能源汽车不仅可有效降低城区雾霾排放，也有利于集中处理污染物排放。汽车的排放占到北京、上海等大型城市的 22%，新能源汽车在使用阶段几乎零排放，因此有效缓解了城区的污染排放量。中国电动汽车百人会最新的评估报告表明（图 20.7），在城市区域内，与满足国四排放标准的柴油车相比，纯电动公交车的零排放，相当于减少了每辆车每年 1000kg 形成雾霾的机动车排放，极大地改善了区域环境质量，对于插电式混合动力客车，至少有 20%的上述污染物总量减少，其减排比例还随着实际运行中纯电里程所占比例的上升而进一步增加，这可以通过采用多次充电（快充）的措施实现[16]。即使考虑了电力生产阶段的排放的全生命周期范畴，纯电动车仍能降低 75%的气体污染物排放。（注：柴油车污染物排放包括 CO、VOC、NO_x 和 $PM_{2.5}$，这些都是雾霾成因之一。）

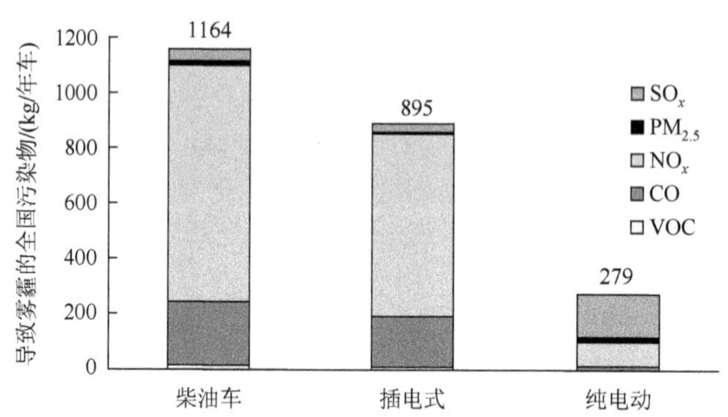

图 20.7　新能源公交客车全生命周期污染物排放

美国阿贡国家实验室对中国电动汽车温室气体排放的分析表明（图 20.8），在考虑纯电动汽车及汽油车各自车辆零部件生产、组装、报废，以及相应车用燃料生产、运输、使用等环节的前提下，纯电动汽车温室气体排放随着燃煤电力在电网中所占比例的下降而下降，同时会随着纯电动汽车相对汽油车的能效的提高而下降[17]。在现有中国电网燃煤电力占比约为 75%的情况下，如果中国纯电动汽车相对能效达到 400%，那么中国纯电动汽车相对汽油车将实现约 21%的单位行驶里程温室气体减排。随着中国汽油车油耗标准将于 2020 年提高至每百公里 5L 汽油，即使纯电动汽车的绝对能效仍维持在 2015 年水平的情况下，如果煤电占比降至 60%以下，中国纯电动汽车相对汽油车仍具有 15%以上的温室气体减排潜力。

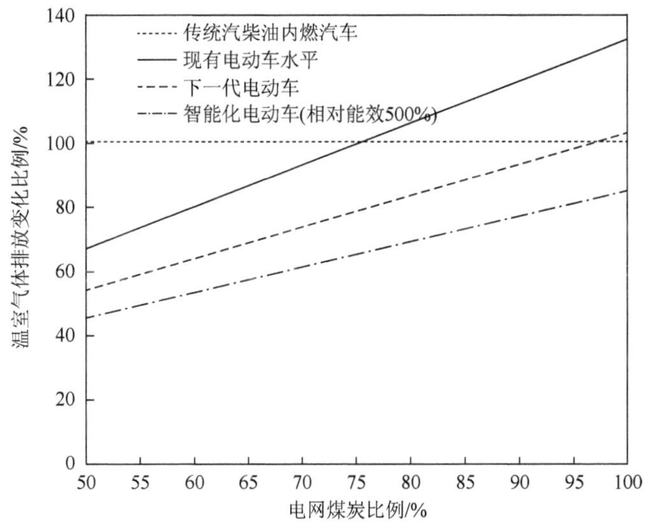

图 20.8　我国电动汽车温室气体排放情景与减排潜力

20.6　本 章 小 结

进入 21 世纪以来，在科学技术部、工业和信息化部等多个部委的支持下，我国科学家、技术研发人员、工程开发人员经过三个五年计划的艰苦努力，我国新能源汽车实现了从打基础、示范考核到产业化启动的过渡，“三纵三横”研发布局的内涵和外延不断得到完善，纯电驱动的转型战略得以确定，核心技术的突破带动了产品性能的提升，科技创新促进了汽车产业的升级。我国已成为全球新能源汽车技术研发和产业化最活跃的区域之一。随着动力电气化、材料轻量化、车辆智能化的新能源汽车技术大变革的深入，作为一个完全开放的市场，我国面临的技术竞争压力越来越大。我们要尽最大努力抓住新能源、新材料、信息化科技带来的新能源汽车新一轮技术变革机遇，完善电动汽车动力系统科技体系和产业链，以更大的技术突破支撑新能源汽车战略性新兴产业又好又快发展，最终实现中国汽车工业的技术强国梦。

参 考 文 献

[1]　许倞. “十五”国家 863 计划电动汽车重大专项正式启动. 中国科技产业，2002，(3)：49-50.

[2]　万钢. 中国“十五”电动汽车重大科技专项进展综述. 中国科技产业，2006，2：110-117.

[3] 科技部. “十五”电动汽车重大科技专项通过验收. http: //www.most.gov.cn/kjbgz/200602/t20060219_28821.htm [2006-02-20].

[4] 国务院. 国家中长期科学和技术发展规划纲要（2006—2020 年）. http: //www.gov.cn/gongbao/content/2006/content_240244.htm[2006-02-09].

[5] 严陆光，陈俊武，周凤起，等. 我国中远期石油补充与替代能源发展战略研究. 电工电能新技术，2006，4：1-7.

[6] 欧阳明高. 我国节能与新能源汽车技术发展战略与对策. 中国科技产业，2006，2：8-13.

[7] 科技部. “十一五”863 计划节能与新能源汽车重大项目实施方案（内部报告）. 北京，2006.

[8] 科技部. “十一五”863 计划节能与新能源汽车重大项目通过验收. http: //www.most.gov.cn/kjbgz/201210/t20121008_97083.htm[2012-10-09].

[9] 国务院. “十二五”国家战略性新兴产业发展规划. http: //www.gov.cn/zwgk/2012-07/20/content_2187770.htm [2012-07-09].

[10] 国务院. 节能与新能源汽车产业发展规划. http: //www.nea.gov.cn/2012-07/10/c_131705726.htm[2012-06-28].

[11] 胡锦涛. 在中国科学院第十五次院士大会中国工程院第十次院士大会上的讲话. http: //www.gov.cn/ldhd/2010-06/07/content_1622343.htm[2010-06-07].

[12] 习近平. 发展新能源汽车是迈向汽车强国的必由之路. http: //news.xinhuanet.com/2014-05/24/c_1110843312.htm[2014-05-24].

[13] 科技部.电动汽车科技发展“十二五”专项规划. http: //www.most.gov.cn/tztg/201204/t20120420_93807.htm[2012-03-27].

[14] 李书华. 电动汽车全生命周期分析及环境效益评价. 长春：吉林大学，2014.

[15] 冯飞. 中国车用能源战略研究. 北京：商务印书馆，2014.

[16] 中国电动汽车百人会. 新能源公交车示范推广与商业模式. http: //www.chinaevloo.org/ShowArticle.aspx?id=3060 [2015-12-31].

[17] 蔡皓，王全录. 纯电动汽车不是“伪环保”. http: //www.cnautonews.com/zlpl/201503/t20150302_347556.htm [2015-03-02].

第 21 章　低碳交通发展规律探索[①]

21.1　全球及我国低碳交通发展进程

21.1.1　交通发展概况

交通的发展是伴随着人类文明的进步而不断演化的。从人类社会的发展历程来看，在农耕社会，交通随着人与人之间的物物交换产生并发展，当时主要的交通动力来自于人力、畜力和自然力；在经历了农耕文明进入工业文明以来，随着蒸汽机、内燃机等新型动力设备的发明，汽车、飞机、船舶等交通工具不断得到繁荣与发展，交通逐渐成为社会发展中十分重要的一个要素，也与吃、穿、住、用并列成为人类生活中最基本的需求之一。

以技术为依托，交通的内涵也正在不断地完善和发展。现今社会，交通可以定义为：以交通基础设施为依托，交通工具为载体，消耗能源来实现人或者货物的空间移动的过程。一般而言，该过程会对环境产生一定的影响。随着信息技术的发展，交通的概念得到了延伸，信息作为一种新的载体，通过互联网或者通信技术实现空间传递，并且发挥了替代人或者货物运输的作用。本章所讨论的交通是指人或者货物的交通运输，不包括信息传递方面的内容。

1. 交通变革的里程碑

交通的发展是伴随动力技术进步而不断发展的，主要经历了如下三个关键历史时期。

第一时期，是以人力、畜力和自然力为动力的时期。该时期以马、牛等牲畜和人作为交通动力的主要来源，或者运用自然力作为交通动力，如风力或水流等。该时期的生产力水平较低，人类社会物质比较匮乏，人和货物的运输以近距离运输为主，中远距离运输为辅。该时期交通为人类的农耕文明提供服务。

第二时期，是蒸汽机技术发明与应用的时期。该时期出现了以蒸汽为动力的交通工具，即火车和轮船。火车的推广，加速了陆陆之间的大宗货物运输和人口的长距离迁徙；轮船的使用，实现了远洋之间货物的运输，促进了不同大

① 本章作者：王海林、何建坤、张希良。

陆间人类文明的交融。大型蒸汽动力成为现代交通发展的基石，从而开启了现代工业文明。

第三时期，是发动机技术发明和推广的时期。该时期汽车的发明进一步扩展了人们的出行半径，使个体的长距离出行变得更加容易，与之相配套的高速公路也成为该时期发展的一大亮点。同时飞机的发明和商业化进程更加打破了人类远距离出行的障碍，从而加速了近代文明的步伐。

随着科技的发展，人们对交通的舒适性、便捷性以及时效性的追求越来越高。以高速铁路为代表的新型交通方式正在我国快速崛起，逐渐发展成为城际交通中另外一种重要的交通方式。现今乃至未来，基于信息的交通服务技术将进一步改变人们交通出行的方式与理念，未来交通将朝着多样化、智能化和扁平化的方向进一步发展。

2. 交通发展产生的负面影响

交通给人类生活带来变革的同时，也产生了一定的负面影响，其主要表现为如下三个方面。

第一方面，日益增长的交通出行需求与交通资源短缺是当今交通发展中突出的矛盾之一。随着人类物质生活的不断改善，交通出行需求也日益增加，特别是在大型城市或超大型城市中，交通拥堵造成的城市运行效率降低尤为明显。造成该矛盾的主要原因在于城市化进程中城市人口迅速增加，原有的交通基础设施无法匹配城市的快速发展和扩张；同时随着人们生活水平的进一步提高，生活改善型交通需求迅速扩张，城市私家车数量也不断上升，进而加重了城市交通运行负担。

第二方面，交通产生的污染物对环境破坏的贡献日益增大。当前全球交通部门 80%以上的能源消费仍然来自化石燃料，化石燃料中的碳、氮、磷、硫等化学元素经过充分或不充分燃烧，所产生的相应的氧化物对大气环境均产生一定影响。这些氧化物一部分可与空气中的水分子结合形成酸雨；一部分可与空气进一步发生化学反应，产生二次污染，形成雾霾；还有一部分氧化物自身就具有一定的温室效应，进一步增加了全球温室气体的总量。随着人们生活改善型交通服务需求（如购买大排量私家车、乘坐飞机等）的增加，化石燃料的消耗相应增加，交通污染物排放对环境的破坏也将越来越大。

第三方面，交通部门助长全球能源消费总量进一步攀升。交通部门在全球终端部门能源消费中的占比已经超过 1/4，并且仍然呈现进一步增长的态势。美国是较早完成工业化的发达国家，1971～2011 年的 40 年间，其交通部门终端能源消费量从 1971 年的 4.02 亿吨标准油增加到 2011 年的 6.48 亿吨标准油；而以集约型模式完成工业化阶段的日本，其交通部门终端能源消费量从 1971 年的 0.36 亿吨标准油增加到 2011 年的 0.76 亿吨标准油[1]。从美国和日本的发展历程来看，从开启工业化进程到实现工业化乃至发展到后工业化的时期内，交通部门终端能源消费都将持续增加。以中国为代表的广大发展中国家，交通部门发展仍比较落后，未来在相当长的时期内，生活改善型的交通服务需求还将进一步增加，交通部门的能源消费增加势必助长全球能源消费量的进一步攀升，全球能源供给压力日益严峻。

3. 全球交通部门发展现状

交通部门中各种交通方式发挥着不同的重要作用。在货物运输方面：水路运输是最具经济性的运输方式，其充分利用了内河或者海洋的资源实现大宗货物的中长距离运输，运输总量大，运输综合能耗低；铁路运输的经济性仅次于水路运输，但铁路运输在速度方面有显著的提升，其综合能耗也比水路运输高；道路运输的经济性又次于铁路运输，运量方面也不如铁路运输，但道路运输具有灵活性，是货物终端分配环节中最有效的方式，其综合能耗也要高于铁路运输；航空运输的经济性最差，综合能耗水平也最高，但其在运输时效性方面具有相当突出的优势，成为货物运输中的重要补充。2012 年全球货运周转量的结构分布如图 21.1（a）所示，水路运输占全球货运周转量的 81.5%，铁路运输和道路运输分别占了 9.0% 和 8.8%的份额，航空运输占总货运周转量的 0.7%[2]。

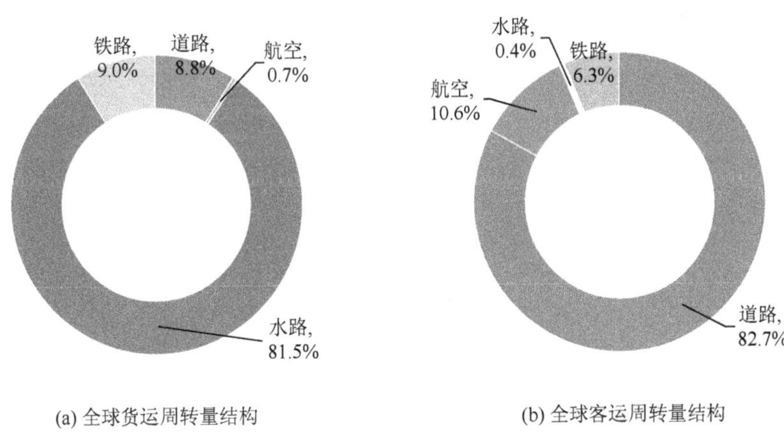

(a) 全球货运周转量结构　(b) 全球客运周转量结构

图 21.1　全球交通周转量结构（2012 年）

在客运方面：道路交通具有便捷性和时效性，可满足大部分“门到门”的日常出行，是人们日常出行中最重要的交通方式；铁路交通相比道路交通，其在中长距离方面更具有安全性，综合能耗也比道路交通低；航空交通在中远距离出行中的时效性方面具有相当突出的优势，已成为城际或者国际出行的重要交通方式；水路客运在时效性和便捷性等方面都不具有竞争力，其在客运中的占比也逐年下降，但在某些水资源比较发达的地区仍发挥着重要的作用。2012 年全球客运周转量的结构分布如图 21.1（b）所示，道路交通占全球客运周转量的 82.7%，航空和铁路分别占客运周转量的 10.6%和 6.3%，水路客运在总客运周转量中的占比很低，约为 0.4%。从客运周转量分布可以看出，道路和航空已成为现代个体出行的首选方式，它们是耗能较高的交通方式，但在舒适性和时效性方面有更加突出的特点。

全球道路交通中机动车保有量水平不断增加。1971～2011 年，全球机动车保有量水平从 2.62 亿辆增加到 11.02 亿辆，年均增速为 3.66%。该时期 OECD 国家机动车保有量从 2.34 亿辆增加到 7.19 亿辆，净增加 4.85 亿辆；而同期非 OECD 国家机动车保有量从 0.29 亿辆增加到 3.83 亿辆，净增加 3.54 亿辆，净增量低于同期 OECD 国家。OECD 国家的人口约为全球人口的 1/6，快速增长的机动车保有量促使其人均机动车保有量水平迅速增加，从 1971 年的 259 辆/千人的水平增加到 2011 年的 576 辆/千人；而由于非 OECD 国家人口约占全球的 5/6，1971～2011 年，人均机动车保有量仅从 10 辆/千人增加到 67.1 辆/千人。近年来，随着 OECD 国家机动车保有量趋近饱和，非 OECD 国家表现出对机动车的强劲需求，成为机动车保有量增长的主要地区。

人均交通部门能源消费水平代表一个国家或地区交通综合发展水平的程度。通常，经济发展处于起步阶段时，交通资源相对匮乏，交通服务要满足快速经济社会发展，无法提供更舒适快捷的交通服务，人均交通能源消费较低；当经济发展到较高阶段时，交通资源不断得到改善，生活改善型交通需求不断增加，舒适型和快捷型交通服务增长较快，人均交通能源消费也快速增加；当人民生活水平达到更高程度以后，交通服务需求将趋于饱和并开始下降，人均交通能源消费将保持一个较高的水平后也呈现出下降的趋势。

交通部门 CO_2 排放总量不容忽视。2012 年全球交通部门的 CO_2 排放总量约为 72 亿 t，占化石能源消费产生 CO_2 排放总量的 23.1%。其中道路部门的 CO_2 排放占 73.2%，航空部门和水运排放分别占 10.5%和 10.4%，铁路部门排放占 3.6%，管道运输和其他交通方式的排放分别占 1.8%和 0.5%。由此可见，交通部门减缓 CO_2 排放对实现全球减排目标有着重要的作用，道路交通的减排程度与效果将直接影响交通部门未来的排放水平。

4. 我国交通部门发展现状

我国交通部门统计数据显示，自 1978 年以来我国交通部门发展较快，交通基础设施建设（表 21.1）、交通工具保有量（表 21.2）、交通运输量和交通服务周转量（图 21.2 和图 21.3）等方面都有非常显著的变化[3]。

表 21.1　我国交通运输业运输线路长度　（单位：万 km）

项目	1978 年	1990 年	2000 年	2005 年	2013 年
铁路营业里程	5.17	5.79	6.87	7.54	10.31
国家铁路电气化里程	0.10	0.69	1.49	1.94	3.60
高速铁路营业里程	—	—	—	0.07*	1.10
公路里程	89.02	102.83	167.98	334.52	435.62
高速公路	—	0.05	1.63	4.10	10.44
内河航道里程	13.60	10.92	11.93	12.33	12.59
定期航班航线里程	14.89	50.68	150.29	199.85	410.60
国际航线	5.53	16.64	50.84	85.59	150.32
管道输油气里程	0.83	1.59	2.47	4.40	9.85

*为 2008 年的统计数据

表 21.2　我国各种交通工具保有量

项目	1985 年	1990 年	2000 年	2005 年	2013 年
铁路客车/万辆	2.09	2.73	3.60	4.03	5.68
铁路货车/万辆	30.09	36.50	43.99	54.18	71.55
民用载客汽车/万辆	79	162	854	2 132	10 562
民用载货汽车/万辆	223	368	716	956	2 011
民用机动船/万艘	26.03	32.59	18.50	16.59	15.53
民用飞机/万架	—	0.05	0.10	0.14	0.40

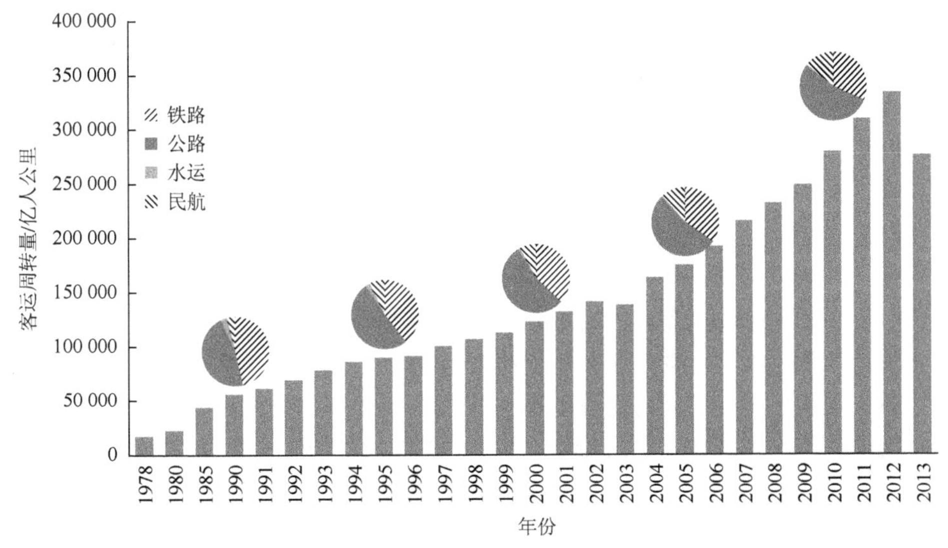

图 21.2　我国客运周转量及其主要年份交通结构（1978～2013 年）

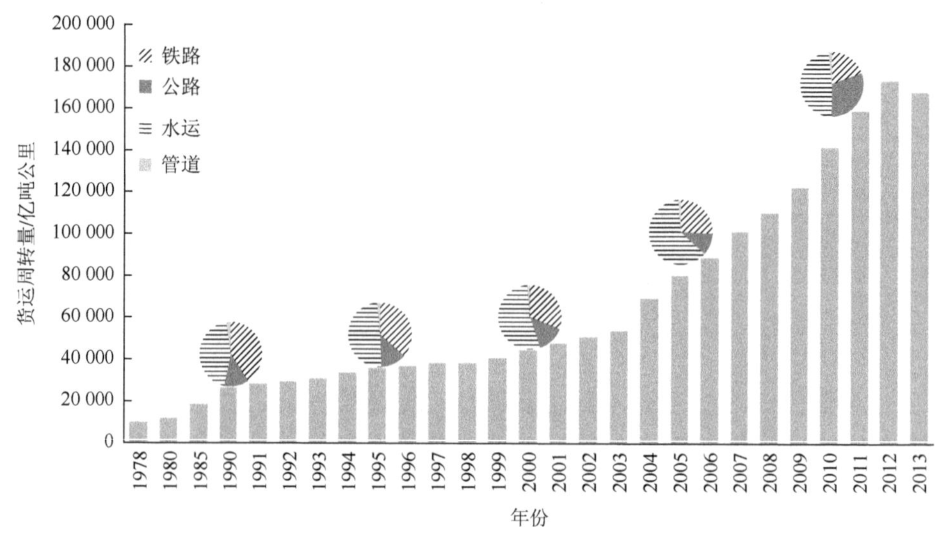

图 21.3　我国货运周转量及其主要年份交通结构（1978～2013 年）

交通结构还包括“民航”，但因其占比太小，图中不显示

交通基础设施建设方面，铁路、公路、民航和管道的运输线路长度都有十分明显的增长，2013 年分别约为 1978 年的 2 倍、5 倍、27 倍和 12 倍，其中高速铁路营业里程近年来表现出更加迅猛的增长势头，从 2008 年的 0.07 万 km 增长到 2013 年的 1.10 万 km，在我国城际交通运输中发挥着重要的作用；交通工具保有量方面，我国 2013 年铁路客车、铁路货车、民用载客汽车、民用载货汽车分别约为 1978 年的 2.7 倍、2.4 倍、133.7 倍和 9.0 倍，民用飞机数为 1990 年的 8 倍。总体而言，铁路和民航的运输线路长度增长与交通工具保有量增长幅度相当，而道路交通中民用载客汽车的增速远快于公路运输线路的增速，因而近年来道路交通引发的拥堵问题更加明显；客运周转量和货运周转量方面，2000 年之后都表现出更强劲的增长势头，一方面周转量总量迅速增加，另一方面道路、民航、高速铁路等舒适型高耗能交通方式在交通周转量中的占比迅速提高[4]。

近 40 年我国交通部门发展具有如下特点：第一，道路交通在交通部门中的地位进一步上升，民用汽车和民用货车的保有量进一步增加，道路交通周转量所占份额不断加大；第二，生活改善型交通服务需求强进，以飞机、高速铁路以及私家车为代表的舒适、快捷的交通服务增长较快；第三，交通工具保有量和交通服务量的增速快于交通基础设施的增速，交通需求与交通运行效率之间的矛盾日益突出。

我国交通服务周转量与 GDP 发展指数比较（以 2000 年为 100，GDP 以 2005 年不变价折算）如图 21.4 所示，该指数衡量了我国交通部门的客运周转量、货运周转量的增长速度与 GDP 增长速度的相对关系。从 2000 年之后的 10 多年来看，我国客运周转量、货运周转量的增长速度显著快于 GDP 的增长速度。

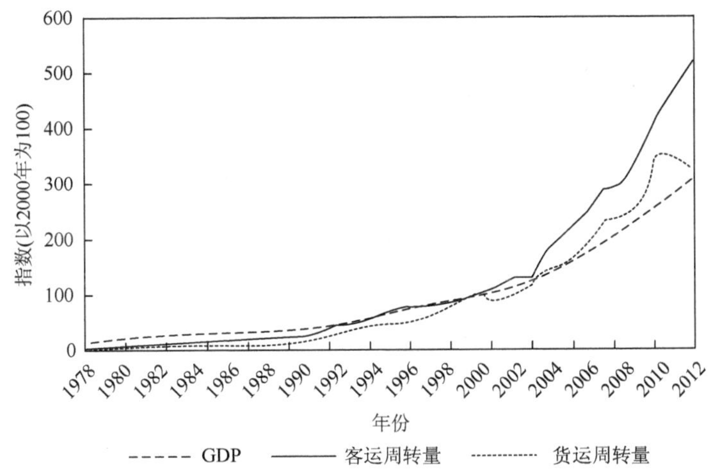

图 21.4　中国 GDP、客运周转量和货运周转量发展指数图（1978～2012 年）

近年来，我国交通运输能源消费量也增长较快。2005～2013 年，我国汽油消费量从 4600 万吨增加到 9500 多万吨，柴油消费量从 6500 多万吨增加到 1.2 亿吨，燃料油和煤油消费量也分别从 700 多万吨和 1000 万吨增长到 1700 多万吨和 2000 多万吨的水平。在短短的 8 年间，我国交通部门能源消费量就增加了近 1 倍，快速增长的交通能源需求一方面加剧了我国交通能源的安全隐患，另一方面交通能源消费产生的污染物成为影响环境和人们身体健康的主要元凶。

21.1.2　我国交通低碳转型面临严峻挑战

2015 年底召开的巴黎气候大会形成了《巴黎协定》的共识，进一步强调将全球平均温度控制在 2℃以内，并继续努力争取把温度升幅限定在 1.5℃以内，以大幅减少气候变化的风险和影响。为实现这一目标，各国都积极提出国家自主决定贡献目标，明确各国在兼顾自身发展的基础上能为全球减缓 CO_2 排放所做出的努力。

为加速实现全球减排的目标，我国提出积极的、经努力可实现的自主减排贡献目标，即 CO_2 排放在 2030 年左右达到峰值并争取尽早达到峰值。在这个目标的约束下，工业（含电力）、建筑、交通等几个主要的能源消费部门都需要积极探索可达峰的低碳转型路径。

交通部门为整个社会经济提供了生产和生活方面的交通服务。从发达国家发展历程来看，随着经济社会发展的完善以及工业化和城市化进程的实现，为生产提供交通服务的需求将首先达到饱和；而随着居民生活水平的提高，为生活提供交通服务的需求才能达到饱和。我国正处于经济的高速增长时期，也面临着城市化和工业化进程的全面推进，交通部门为保证生产而提供的交通服务需求与日俱增；再加上我国人民生活水平刚刚得到改善，生活改善型交通服务需求（如私家车出行、民航出行等）也将进一步释放。由此可见，在未来相当长的一段时期内，我国来自生产和生活的交通服务需求都将持续增加，这意味着我国交通部门未来的能源消费和 CO_2 排放都将有大幅度增长。在发达国家发展历程中，交通部门 CO_2 排放水平为总排放量的 1/4～1/3，交通部门 CO_2 排放达峰时间一般也晚于工业部门和建筑部门。若按发达国家的发展规律，我国要在 2030 年左右实现全国 CO_2 排放总量达峰这一目标，不仅需要工业部门和建筑部门 2030 年之前实现达峰，而且需要在 2030 年左右实现工业部门和建筑部门 CO_2 的绝对减排量大于交通部门 CO_2 排放增长量。按我国当前的发展趋势来看，为实现全国 CO_2 排放达峰这一目标，工业、建筑和交通部门都将面临严峻的考验。特别是交通部门 CO_2 排放，其排放的达峰时间和水平对全国 CO_2 排放达峰这一目标的实现至关重要。

我国交通部门发展转型与当今发达国家交通部门的转型有本质的区别。发达国家经济社会发展已十分完善，交通服务需求也都不再增长，其交通部门正以推广新型高效的交通工具、完善城市公共交通系统、提高新能源和可再生能源在交通用能中的比例等方式来推进交通部门的转型工作。由于发达国家交通服务总量和交通能源消费不再增长，交通部门技术进步和结构调整产生的减排效果会直接体现在交通部门的绝对减排量中。而我国交通部门正处于快速增长期，新增交通服务需求总量大，新增需求对化石能源消费的依赖程度高，所产生的 CO_2 排放量远高于清洁低碳交通技术产生的 CO_2 减排量。当前以电动汽车为代表的新型交通技术有待进一步突破电池的瓶颈问题；优化交通结构过程中面临着改变已有的生活方式和放弃一些较舒适的生活方式等问题；液氢、生物燃料等交通替代燃料面临着降低成本、保障供给等一系列问题。我国交通部门转型需要在较短的时间内实现交通技术的突破和推广、交通出行理念和方式的转变、交通替代能源技术的成熟和产业化，我国交通部门是在发展中进行转型的，不同于发达国家交通部门在发展完善下进行优化。

21.2　发达国家和地区交通发展模式研究

21.2.1　美国、日本和欧盟的发展指数

交通部门、工业部门和建筑部门是当前终端能源消费的三个主要部门。美国、

日本、欧盟（28 国）等发达国家和地区在 20 世纪末先后完成了各自的工业化进程，终端能源消费总量已纷纷达到峰值并开始出现缓慢下降的趋势；继终端能源消费总量达峰之后，这些发达国家交通部门的终端能源消费和 CO_2 排放也纷纷达到峰值并开始缓慢下降。

交通部门作为经济社会发展的重要服务部门，在一个国家或地区经济发展中发挥着重要作用。一个国家或地区的交通发展水平要与其经济社会发展水平相适应，其交通发展特征不仅与该地区的地理环境、人文历史相契合，而且与社会制度、经济结构、产业特点、消费方式以及文化水平等方面相关联。美国地大物博，人口密度较低，资源较为丰富，人们生活方式以高能源消费和高碳排放为主要特征，道路和民航是美国最重要的交通方式；日本国土面积小，人口密度较高，资源较为匮乏，充分利用沿海资源和大规模发展轨道交通成为日本交通部门的显著特点，忧患意识促成了日本在发展中更注重规划；欧盟由 28 个成员国共同组成经济共同体联盟，平均人口密度略低于我国，拥有相对丰富的可再生能源资源，其在交通部门绿色低碳转型方面积极努力和探索。

我国是发展中大国，也是世界上最大的能源消费国和 CO_2 排放国，未来 CO_2 排放增长的压力巨大。我国自身能源资源相对匮乏，能源结构以煤炭为主，多煤少油气的能源结构不利于 CO_2 减排；以工业为主导的产业结构对能源的依赖很大，钢铁、冶金、水泥等重化工业加剧了对能源的依赖；随着经济的发展和居民生活水平的提高，以交通运输业为代表的服务业迅速发展，人们不仅对交通服务的数量有较强的需求，而且对交通服务的质量提出了更高的要求，以舒适性和时效性为特点的“生活改善型”交通服务需求（如私家车、高速铁路、民航）正在迅速增加。新增的“生活改善型”交通服务需求对交通基础设施和交通能源的依赖性更强，所产生的 CO_2 排放更高，交通部门如何发展是关乎我国 CO_2 排放 2030 年左右能否达峰的关键要素之一，也是我国未来经济社会稳定发展的重要基础。发达国家当前所建立的交通体系是通过一系列实践、总结、调整而逐渐形成的，是在探索交通与经济、环境、能源之间相互关系的过程中逐步建成符合各自国情的、特有的交通体系。我国交通部门也有许多自身的特点，不能盲目地照搬发达国家交通部门的发展理念，而要充分吸取和借鉴它们的发展经验与教训，逐步探索适合我国国情的交通发展路径。

表 21.3 是美国、日本、欧盟（28 国）和中国 2013 年（部分指标为 2011 年）一些宏观发展指标的比较。数据显示，我国城市化率较上述发达国家还有一定的差距；人口密度方面介于美国和日本之间，与欧盟较为接近；我国交通部门人均终端能源消费仅为 0.16 吨标准油/人，远低于日本 0.60 吨标准油/人、欧盟（28 国）0.71 吨标准油/人和美国 1.86 吨标准油/人的水平。从上述指标对比来看，我国与发达国家所处的发展阶段不同，基本国情差别很大，交通部门方面也存在一定的

差异[5]。交通部门的发展具有时代的特点，各国交通的发展与交通技术的革新相关、与交通发展过程中的环境容量和能源供给相关，也与政府对交通发展采取的态度和实施的政策措施相关。总结发达国家交通部门发展特点将对我国交通部门实现跨越式发展提供宝贵的经验。

表 21.3　美国、日本、欧盟（28 国）和中国经济发展宏观指标（2013 年）

指标	美国	日本	欧盟（28 国）	中国
人口总数/亿人	3.16	1.27	5.07	13.57
城市人口比重/%	81	92	74	53
国土面积/万 km^2	962.9	37.8	438	963.4
人口密度/（人/km^2）	33	337	113	141
GDP（名义）/万亿美元	16.80	4.93	18.00	9.26
一次能源使用量*/亿吨标准油	21.9	4.6	17.0	25.2
CO_2 排放量*/亿吨	52.7	11.7	37.7	85.6
交通部门终端能源消费*/亿吨标准油	5.89	0.76	3.62	2.11
交通部门人均终端能源消费*/（吨标准油/人）	1.86	0.60	0.71	0.16

*为 2011 年数据

21.2.2　美国交通部门发展模式研究

美国是世界上最大的经济体，也是世界上人均能源消费和人均 CO_2 排放较高的典型发达国家。自 20 世纪开始，汽车工业在美国起步并伴随美国经济社会共同发展，汽车文化逐渐成为美国文化中一个重要组成部分，美国也因此而称为“车轮子上的国家”；飞机的发明和商业化进一步加速了美国经济的繁荣，美国逐步建成以“汽车+飞机”为主要出行方式的高耗能交通体系。

1. 交通周转量与 GDP 指数

经济发展是交通服务周转量增长的主要驱动力之一。经济增长的过程是创造产品和服务的过程，产品的设计、生产、装配以及销售等各环节都离不开劳动力的投入和物流服务的支持，即需要客运服务和货运服务作为支持。美国 1980～2011 年 GDP、客运周转量（国内）和货运周转量（国内）的指数关系如图 21.5 所示（2000 年指数为 100，GDP 以 2005 年美元不变价计算）。30 多年里，美国 GDP 的年均增长率为 2.7%，高于同期客运周转量（国内，1.7%）和货运周转量（国内，1.12%）的年均增速。

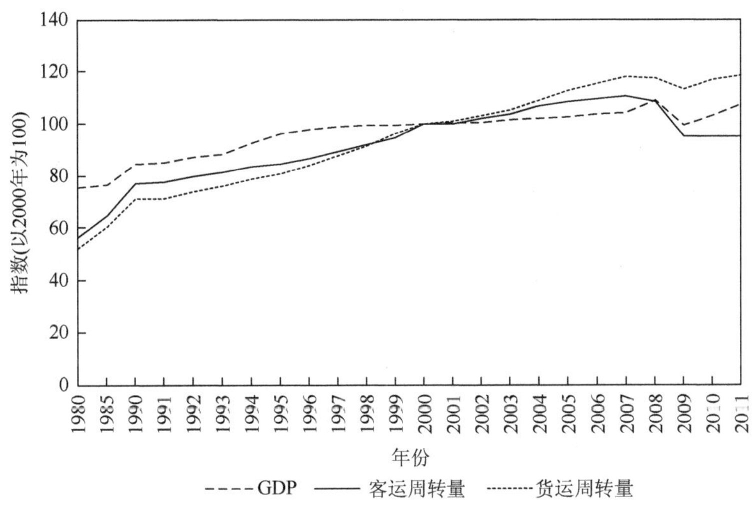

图 21.5　美国 GDP、客运周转量和货运周转量发展指数图（1980～2011 年）

GDP、客运周转量（国内）以及货运周转量（国内）的增速关系与国家所处的发展阶段相关。图 21.5 中数据显示，1980～2011 年美国客运周转量（国内）和货运周转量（国内）对 GDP 的弹性均小于 1。该时期的美国处于后工业化时期，经济增长平缓，年均增速约为 2%；主要产品的附加值较高，经济产出对国内客运交通服务和国内货运交通服务的需求进一步下降。

美国客运周转量（国内）、货运周转量（国内）和 GDP 指数之间具有一定的正相关性。图 21.5 中数据趋势显示：2009 年美国经历金融危机，GDP、客运周转量（国内）和货运周转量（国内）同时出现负增长；2010 年，美国经济逐渐回升，GDP、客运周转量（国内）和货运周转量（国内）又同时转为正增长。

2. 交通部门发展演变

1）机动车发展历程

机动车保有量水平是美国道路交通发展水平的一个重要标志。美国 1900～2013 年机动车千人保有量和年均增速情况如图 21.6 所示，100 多年机动车发展历程大致经历了五个重要的发展时期[6]。

第一时期是 1917 年以前，该时期为机动车发展的起步期。机动车千人保有量水平低于 50 辆，汽车是少数人拥有和使用的奢侈品，发展汽车工业成为美国该时期经济增长点。

第二时期是 1918～1930 年，该时期为机动车快速增长期。机动车规模化生产使其价格变得更加低廉，成为更多家庭买得起和用得起的交通工具，机动车千人保有量水平从 50 辆上升到 220 辆左右。

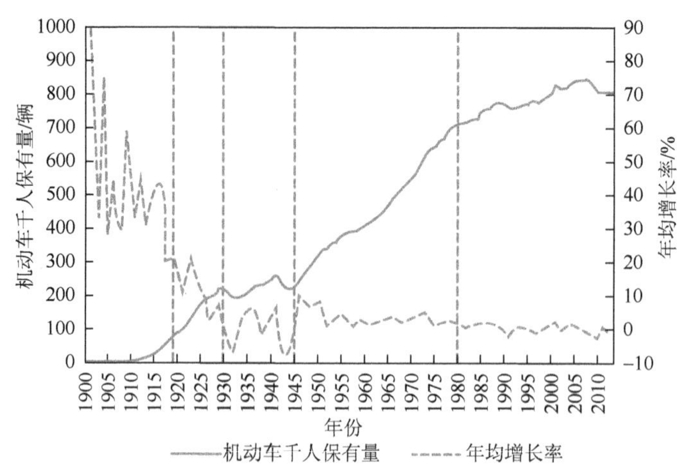

图 21.6　美国机动车千人保有量与年均增速（1900～2013 年）

第三时期是 1931～1945 年，该时期为机动车发展停滞期。期间美国先后经历了经济大萧条和第二次世界大战，民用汽车工业发展几乎停滞，机动车千人保有量水平维持在 220 辆左右的水平。

第四时期是 1946～1980 年前后，该时期为机动车持续增长期。期间美国以发展高速公路来全面促进经济的发展，机动车千人保有量水平也从 220 辆增长到 710 辆，年均增速达到 3%以上。

第五时期是 1981～2013 年，该时期为机动车发展成熟期。机动车千人保有量从 710 辆增加到 845 辆的最高值并回落到 2013 年的 809 辆水平，美国机动车千人保有量水平维持在 800 辆的较高水平。

机动车没有强制报废制度是美国机动车千人保有量如此之高的一个重要原因，这也使得每一个美国家庭平均拥有机动车的数量比较高。根据美国家庭车辆拥有水平的统计调查，1960～2013 年的 50 多年里，无车和仅拥有一辆车的美国家庭在总家庭数中的比例持续下降，分别从 21.5%和 56.9%下降到 9.1%和 33.9%；家庭拥有 2 辆车及以上的比例在不断增加，分别从 19%和 2.5%上升到 37.3%和 19.7%；1990 年之后家庭车辆拥有量比例趋于稳定，拥有 1 辆车和 2 辆车的家庭占美国家庭总数的 70%以上。

2）道路交通发展

美国机动车的繁荣促进了道路交通的快速发展，这不仅造成大城市的交通拥堵，而且引发不少的环境问题。从 20 世纪开始，纽约、芝加哥、洛杉矶等美国一线大型城市先后经历了严重的雾霾事件，道路交通作为城市空气污染物的主要排放源而受到广泛关注。在治理雾霾保护环境的行动中，美国将提高车辆燃油经济性、大力推广清洁能源汽车以及重视发展公共交通作为控制道路交通污染物排放的三种有效手段。

美国机动车平均燃油经济性水平不断提高。美国橡树岭国家实验室的统计调查数据显示，2012 年美国全社会平均燃油经济性中，小汽车为 8.2 升/百公里，SUV 型客车为 9.68 升/百公里，箱式货车和 SUV 型卡车的平均燃油经济性也都达到约 11 升/百公里的水平，这些指标与 1975 年的百公里油耗相比提高了近一倍。随着节能意识的不断增强，美国对新机动车的燃油经济性提出了更高的要求，计划到 2025 年实现小型汽车的燃油经济性达到 4.19 升/百公里，轻型货车的燃油经济性达到 5.84 升/百公里。

美国替代燃料汽车的数量在不断增加。1995～2011 年基于统计数据测算的数据显示，该时期在美国使用的替代燃料汽车数量从 24.7 万辆增长到 119 万辆，其中 E85 替代燃料车的使用得到很好的推广，从 1995 年的 1500 多辆增加到 2011 年的 86 万多辆。随着电动汽车和燃料电池汽车技术的不断突破，电动汽车和燃料电池汽车也逐渐进入美国家庭，2011 年美国电动汽车保有量达 6.7 万辆，以 H_2 为燃料的燃料电池汽车保有量也超过了 500 辆的水平。

美国以道路为主的交通方式与美国人的生活方式息息相关。美国的城市化过程是城市向周边不断扩张、人口和居住地向城市边缘逐渐转移的过程。以独立住宅为特点的居住方式，使得美国人居住得更加分散，公共交通难以发挥效力，私家车更加成为日常生活的必需品。在城市化进程的同时，大量的就业机会和岗位仍然保留在城市中心地区，城市中心与城市周边大量的日常通勤加剧了道路交通资源的紧缺，造成城市中心的交通拥堵和城市运行效率的降低。美国近 20 年来为缓解大城市交通拥堵，积极在公共交通方面增加投入，产生了一定的效果。但由于美国城市边缘的不断扩张，城市周边公共交通的运营成本较高，不具备替代私家车出行的优势。

3）非道路交通发展

除道路交通外，航空、水运、管道和铁路四种交通运输方式也是美国交通的重要组成部分，在美国交通中发挥着不可替代的作用。

航空是美国长距离出行的重要方式。美国航空的客运周转量（含国际），从 1970 年的 0.24 万亿人公里增加到 2014 年的 1.40 万亿人公里，年均增速为 4.09%；同期航空货运周转量（含国际）从 60.42 亿吨公里增加到 554.64 亿吨公里，年均增速为 5.17%。处于后工业化时期的美国，航空客运周转量和货运周转量保持较高的增长速度，这充分体现出舒适性、时效性的交通服务需求随人们生活水平的不断提高而进一步增加。

美国铁路运输（一级铁路）总的货运周转量从 1970 年的 1.23 万亿吨公里增加到 2013 年的 2.80 万亿吨公里，年均增速仅为 1.93%；而客运方面，包含国家铁路运输和通勤铁路运输在内的铁路客运周转量，从 1984 年的 340.54 亿人公里增加到 2013 年的 628.36 亿人公里，年均增速为 2.13%。与民航相比，铁路的客运周转量和货运周转量增速都较低。

美国水路运输（含国际）总货物运量增长缓慢，货运量从 1970 年的 15.32 亿吨增加到 2013 年的 22.74 亿吨，年均增速为 0.92%。该时期，美国水路运输总量的增加主要来自于国际海运部分，国内水路运输实际上低于 1970 年的水平。

在非道路交通中，航空是美国最重要的交通方式，在美国国内长距离出行中占据着主要的份额。不断增长的民航与较为发达的道路交通共同形成美国交通部门中“汽车+飞机”的出行特点。

3. 终端能源消费和 CO_2 排放

交通部门是美国重要的终端能源消费部门之一。1973～2014 年，美国终端能源消费总量从 19.05 亿吨标准油，振荡上升至 2007 年 25.45 亿吨标准油的历史最高值，近年来呈现振荡下降的趋势。从终端能源的构成比例方面来看，交通部门在终端能源消费中的占比略有上升，从 24.6%上升到 2014 年的 27.6%。

道路部门能源消费是美国交通部门能源消费中的绝对主力。美国交通部门各交通方式终端能源消费的占比情况如图 21.7 所示。1973～2013 年，美国交通部门的能源消费量从 4.69 亿吨标准油增加到 6.83 亿吨标准油，年均增速为 0.9%。5 种主要的交通方式中，道路交通用能占交通总用能的 80%左右，其次是航空、管道、水运，最后是铁路。其中 2013 年美国交通部门各交通方式的能源消费占比如图 21.8 所示。其中道路交通能源消费占交通部门总能源消费的 82%，航空占 8%，管道占 4%，水运占 4%，铁路占 2%。在 82%的道路运输中，有 58%的能源消费来自于小型车（27%为小汽车，31%为轻型货车），23%的能源消费来自于卡车（5%为 3-6 型卡车，18%为 7-8 型卡车），摩托车和客车能源消费占比约为 1%。

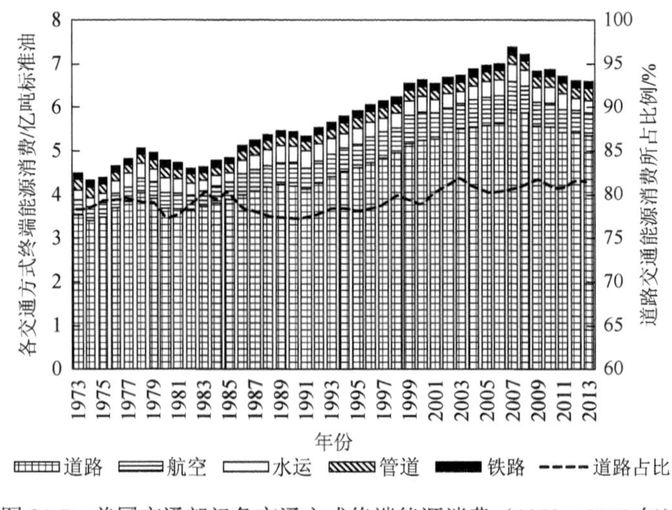

图 21.7　美国交通部门各交通方式终端能源消费（1973～2013 年）

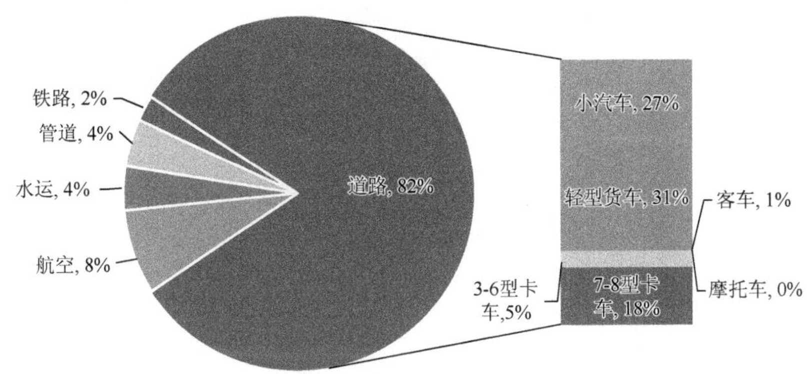

图 21.8　美国交通部门各交通方式能源消费占比（2013 年）

成品油是美国交通部门中最重要的能源消费类型。1973 年美国交通部门消耗能源的 95.8%来自于成品油，4%为天然气，其余 0.2%为电力，以消耗煤炭为主的蒸汽动力在美国交通中退出了历史舞台。到 2014 年，美国交通部门的能源结构发生了一定的变化，成品油在交通部门中的占比下降到 91.5%，天然气占比为 3.5%，电力占比为 0.2%，可再生能源的快速发展使其占比增长到 4.8%。美国交通部门当前交通能源消费构成与其“汽车+飞机”为主的交通结构特征是分不开的。近年来，随着可再生能源技术的不断发展，生物乙醇、生物柴油等可再生燃料在美国得到进一步发展，成为美国交通部门减少 CO_2 排放的一个重要举措。

美国终端部门化石能源消费产生的 CO_2 排放于 2007 年达到了历史峰值，为 51.26 亿 t，近年来呈现缓慢的下降趋势；交通部门也于 2007 年达到历史排放峰值，为 18.95 亿 t。交通部门 CO_2 排放在总排放中的占比呈缓慢上升趋势，2013 年交通部门化石能源消费的 CO_2 排放为 17.22 亿 t，占总终端部门化石能源消费产生 CO_2 排放量的 33.6%。

美国 1990～2013 年交通部门按交通方式统计的 CO_2 排放情况如图 21.9 所示。2013 年交通部门排放 CO_2 中：道路排放最多为 14.43 亿 t，占交通部门总排放量的 83.8%；航空、管道和铁路的排放量分别为 1.49 亿 t、0.48 亿 t 和 0.44 亿 t，分别占交通部门总排放量的 8.6%、2.8%和 2.6%；水运的 CO_2 排放量最少为 0.39 亿 t，占总 CO_2 排放量的 2.2%。2007 年美国交通部门的 CO_2 排放达到了峰值，峰值时交通部门的人均 CO_2 排放水平为 6.29t。

以 1990 年为基准年，美国各交通方式 CO_2 排放量的变化趋势如图 21.10 所示。图 21.10 中的数据表明，仅有国内航空和国内水运的 CO_2 排放下降，道路、铁路以及管道的 CO_2 排放相比 1990 年而言，仍呈增加的趋势。

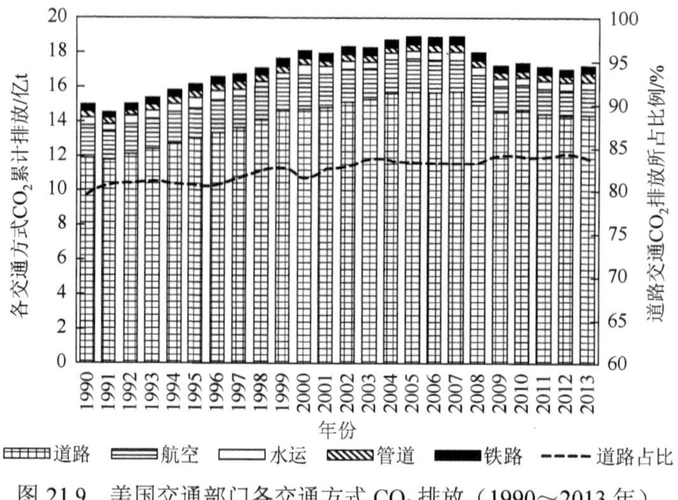

图 21.9　美国交通部门各交通方式 CO_2 排放（1990～2013 年）

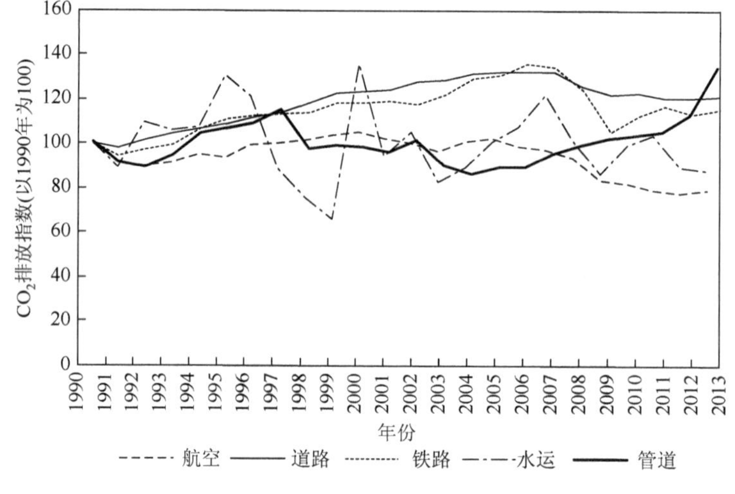

图 21.10　美国各交通方式 CO_2 排放与 1990 年比较

4. 交通政策变迁

自第二次世界大战以后，美国公共交通从私有化完成了公有化。自此开始，美国交通政策逐渐从发展道路交通转向发展公共交通，进而向可持续的综合交通体系转变。

20 世纪 50 年代至 90 年代，美国交通政策发展主要以支持国防和发展经济为主要目标，以发展国家州际高速公路为核心全面推进道路交通基础设施建设，该时期出台了《联邦援建公路法》《新城开发法》等政策；随着道路交通不断发展，城市交通拥堵问题日益严重，美国交通政策逐渐转向重视公共交通发展，出台了

《城市大众法》《城市大众援助法》等政策，其中 1975 年的《联合公路/公交规划条例》以重视交通规划而著称。

20 世纪 90 年代以后，以“冰茶法案”和“续茶法案”为标志，美国交通发展进入以可持续发展为目标的综合发展阶段。美国联邦政府一方面推出系列法案来促进公共交通的发展，如《在 21 世纪中前进法案》和《美国成长法案》，另一方面逐步促进公共交通与其他交通方式均衡发展，代表的法案有《能源政策法案》和“露茶法案”等。

从上面美国交通部门的发展历程可以看出，美国十分重视交通立法在其可持续发展转型中的重要作用。以发展高速公路促进机动车繁荣的发展模式已不可持续，重视交通规划、大力发展公共交通，促进综合交通发展成为美国交通部门发展的新方向。在加速促进交通体系转型方面，美国加利福尼亚州积极走在了前面。1990 年加利福尼亚州以全民公决的方式通过了《交通堵塞缓解和支出限制法》，明确将发展综合运输作为加利福尼亚州交通发展的长期目标，并在之后的立法中明确了对发展综合交通进行投资和开展的项目；此外，加利福尼亚州也在美国率先实施更严格的汽车尾气排放标准，制定了低排放机动车计划，以补贴鼓励市民使用电动汽车和混合动力汽车。加利福尼亚州于 2012 年签发州长令，提出加利福尼亚州交通温室气体排放到 2050 年比 1990 年基础减少 80%的目标，到 2025 年要实现 150 万辆零排放汽车的拥有量。

加利福尼亚州零排放汽车法案以促进企业推广零排放汽车为目标，要求在加利福尼亚州具有一定销售规模的企业，零排放汽车在其汽车销量中满足一定的占比，并以“信用积分”的形式对其所销售零排放汽车进行量化。若“信用积分”不能够达到法案的要求，则需要通过向其他企业购买或者向政府交纳罚金的形式来满足。这一计划将促进汽车企业在零排放汽车方面的研发投入，加速加利福尼亚州低排放汽车的购置和使用。

21.2.3　日本交通部门发展模式研究

日本是一个人口密度较大的岛国，有 80%的人口居住在城市中，资源短缺的忧患意识促成了日本在经济社会发展中更加注重规划和节能，日本交通部门的发展也同样体现出这一特点。

1. 交通周转量与 GDP 指数

图 21.11 是日本 1970～2012 年 GDP、客运周转量（国内）和货运周转量（国内）的增长指数关系图（2000 年指数为 100，GDP 以 2005 年美元不变价计算）。数据显示，日本交通部门总的客运周转量（国内）和货运周转量（国内）的增长

速度低于同期 GDP 的增速。1970～2012 年，日本 GDP 的年均增长率为 2.63%，客运周转量(国内)的年均增速为 1.69%，货运周转量(国内)的年均增速为 0.75%，客运周转量（国内）和货运周转量（国内）对 GDP 的弹性均小于 1。与美国相比，日本的 GDP 增速和客运周转量（国内）增速与美国同期较为接近（美国 GDP 的年均增速约为 2.7%，客运周转量（国内）年均增速为 1.7%），货运周转量（国内）的平均增速低于美国的同期水平。

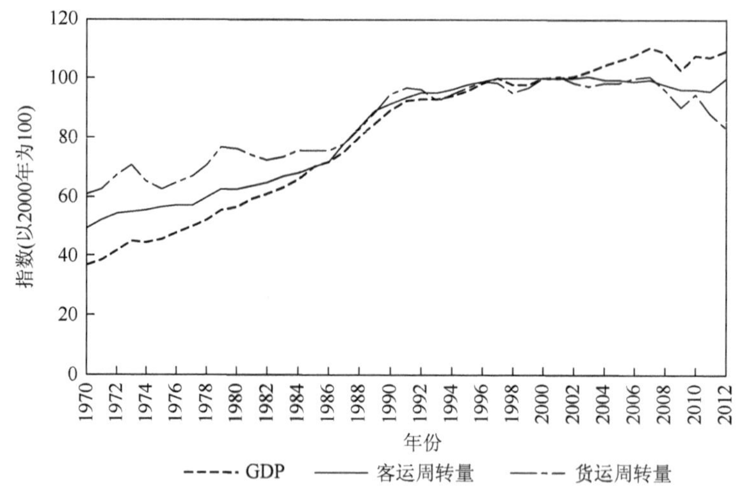

图 21.11　日本 GDP、客运周转量和货运周转量发展指数图（1970～2012 年）

图 21.11 中的数据趋势显示，近年来日本客运周转量（国内）和货运周转量（国内）总量在保持一段时间稳定之后，开始呈现下降的趋势，这标志着日本的交通部门发展到经济增长与交通服务需求脱钩的新阶段。在该阶段，交通服务调整和优化产生的节约量可满足经济增长对交通服务的需求。

2. 交通部门发展演变

1）机动车发展历程

机动车保有量水平也是日本道路发展水平的一个重要标志。1970～2012 年，日本机动车发展经历了两个重要的发展时期，如图 21.12 所示[7, 8]。

第一时期是 1970～1995 年，该时期为机动车发展的快速增长期，机动车千人保有量水平在 25 年间，从 1970 年的 174 辆快速增长到 520 辆左右的水平。

第二时期是 1995～2012 年，该时期为机动车发展的稳定时期，机动车千人保有量水平在近 20 年间，从 520 辆缓慢增长到 595 辆，趋于饱和。特别是 2000 年之后的 10 多年，机动车总量增速进一步放缓，在个别年份出现负增长，这标志着日本机动车发展达到了一个新的阶段。

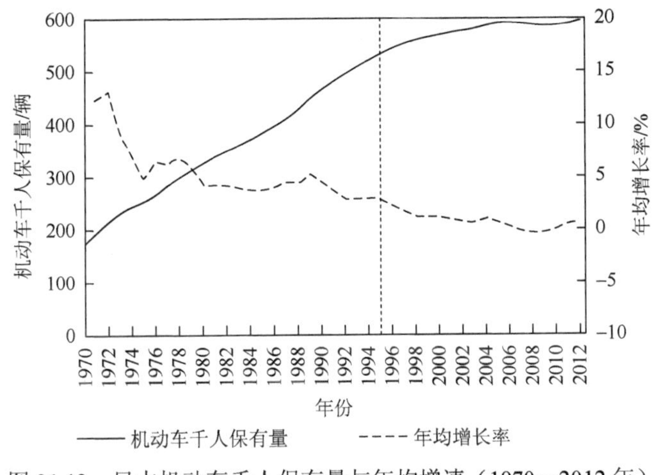

图 21.12　日本机动车千人保有量与年均增速（1970～2012 年）

为进一步减少机动车对环境的影响，日本通过税收政策激励清洁燃料汽车发展。对购买以电力、天然气为动力的汽车或者低排放汽车给予 50%的减税，而对车龄超过 11 年的柴油车以及车龄超过 13 年的汽油车额外征收 10%的税费，对于达不到《机动车 NO_x、PM 法》所规定的排放标准的机动车予以淘汰。在这些措施的影响下，日本高排放机动车得以加速报废，日本机动车千人保有量水平低于美国。

2）道路交通发展

日本十分重视机动车燃油经济性的提高。1976 年以来，全社会机动车平均燃油经济性有了显著的提高，从 1976 年的 8.26 升/百公里的燃油经济性水平提高到 6.54 升/百公里的水平。全社会平均燃油经济性的提高一方面得益于市场上高燃油经济性的新车销售和老旧车辆的加速报废，另一方面与政府实施智能交通等管理措施是分不开的。

日本道路交通周转量方面，客运和货运都表现出一定的增长势头。客运方面，商用车、私家车以及客车承担的客运周转量从 1970 年的 4000 亿人公里增长到 2012 年的 9400 亿人公里，年均增速为 2.1%，道路交通在总客运周转量中的占比从 1970 年的 56.8%上升到 2012 年的 66.0%；货运方面，道路交通承担的货运周转量从 1970 年的 1374 亿吨公里增长到 2012 年的 2820 亿吨公里，年均增速为 1.7%，道路货运在总货运周转量中的占比从 1970 年的 39%上升到 2012 年的 58.6%。从日本道路交通发展来看，无论客运还是货运，道路交通在周转量中的份额不断增加，道路交通在交通部门中发挥着不可替代的重要作用。

3）非道路交通发展

日本非道路交通客运周转量方面，铁路发挥了重要的作用。1970～2012 年，铁路部门客运周转量从 2885 亿人公里增加到 4044 亿人公里，年均增速为 0.81%，呈现出稳步的增长趋势；同期国内民航客运周转量从 93.2 亿人公里增长到 779.3 亿人公里，年均增速为 5.19%。日本充分认识到轨道交通低能耗、低污染的特点，大力发展轨道交通成为日本客运交通的一大特点。由于道路交通的快速发展以及轨道交通和民航的扩展，水路交通的客运周转量减少很多，从 1970 年的 66.7 亿人公里下降到 2012 年的 30.5 亿人公里。

货运方面，日本充分利用其独特的地理环境资源，形成了以水运和公路运输为主、铁路和民航作为补充的货物运输体系。1970～2012 年，日本水运的货运周转量从 1970 年的 1512 亿吨公里增加到 2001 年的 2445 亿吨公里，而后下降到 1778 亿吨公里；铁路在货运周转量中的份额更多地被道路和水运所取代，从 1970 年的 627 亿吨公里减少到 2012 年的 205 亿吨公里，年均减少 2.63%。航空货运周转量尽管所承担的份额小，但其增长的速度较快，从 1970 年 0.74 亿吨公里增加到 2012 年的 10.18 亿吨公里，年均增速为 6.44%。

美国和日本非道路交通结构差别较大。美国非道路交通中以航空为主，航空成为除道路交通之外美国最重要的交通方式，这与美国领土面积较大的特点分不开；而日本在非道路交通中铁路和水运发挥着更重要的作用，该特点与日本拥有较丰富的水资源和较小的国土面积是分不开的。

3. 终端能源消费和 CO_2 排放

交通部门是日本仅次于工业部门的第二大终端用能部门。日本自 1970 年以来终端能源消费总量持续增长，于 2000 年达到了历史峰值之后呈现缓慢下降，1970～2012 年终端能源消费总量的年均增速为 1%；日本交通部门终端能源消费总量与总能源消费量的趋势相一致，并于 1999 年达到历史峰值，1970～2012 年交通部门的终端能源消费的增速为 2.08%，快于终端能源消费总量的增速。交通终端能源消费在总终端能源消费中的占比持续增加，从 1970 年的 16.2%增长到 2012 年的 25.1%。

日本交通终端能源消费中各交通方式的能源消费占比情况如图 21.13 所示。1970～2012 年，日本交通部门的能源消费经历了两个发展时期：第一个发展时期是 1970～1999 年，交通部门新增的能源消费主要来自于道路交通部门，道路能源消费在总交通能源消费中的占比进一步提高；第二个发展时期是 2000～2012 年，该时期交通部门总能源消费降低，各交通方式在总交通用能中的占比变化不大。日本交通部门能源消费量于 1999 年达到峰值。

日本 2012 年交通部门中各交通方式（不含管道）的能源消费占比情况如图 21.14 所示。其中道路消耗的能源占交通部门总能源消费的 89%，其次是水运和国内民航，分别占 5%和 4%，铁路部门占 2%。道路交通中的能源消费主要来自私家车和货车，分别占总交通能源消费的 55%和 31%；公交车和商用车的能源消费相对较少，两者分别占总交通能源消费的 2%和 1%。

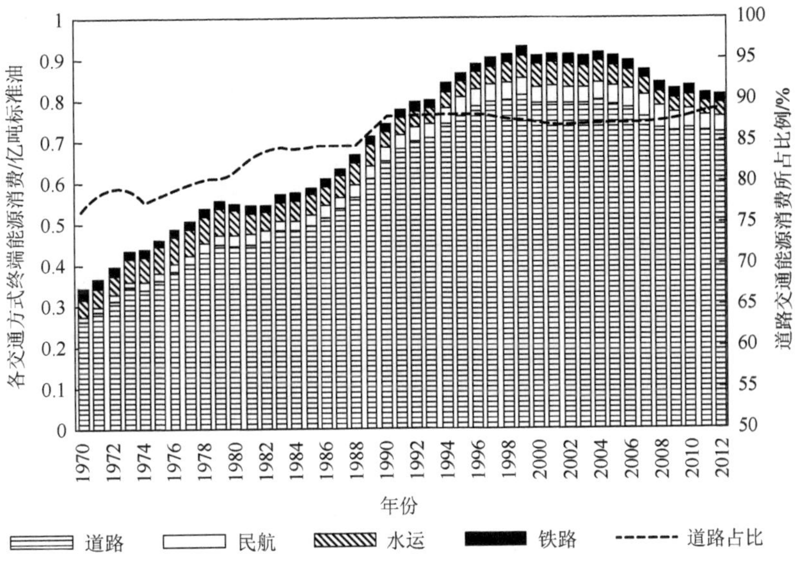

图 21.13　日本交通部门各交通方式终端能源消费（1970～2012 年）

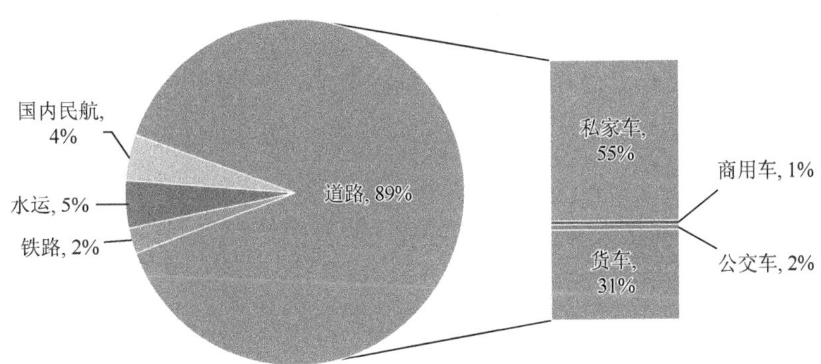

图 21.14　日本交通部门各交通方式能源消费占比（2012 年）

1990～2009 年的近 20 年的 CO_2 排放数据显示，日本总的 CO_2 排放量在 2007 年达到历史峰值，而交通部门的 CO_2 排放历史峰值出现在 2001 年。日本交通部门 CO_2 排放量在总 CO_2 排放量中的占比，从 1990 年的 20.3%上升到 2000 年的近 25%，后又逐年下降到 2009 年的 21.4%。日本交通部门人均 CO_2 排放量约为 2.1t，约为美国人均 CO_2 排放的 1/3。

图 21.15 是日本交通部门各交通方式 CO_2 排放累计图。图 21.5 中数据显示，道路部门是交通部门 CO_2 排放的主力，占交通总排放的 80%左右；国内水运和国内航空以及铁路交通产生的 CO_2 排放相比道路而言，仍然比较低，在交通总排放量中的占比不到 20%；另外在道路 CO_2 排放中，来自客运的 CO_2 排放量高于货运的 CO_2 排放量。

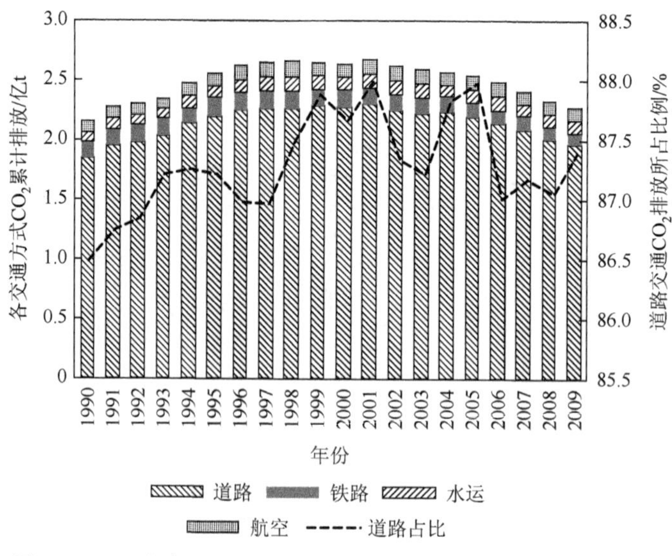

图 21.15　日本交通部门各交通方式 CO_2 排放（1990～2009 年）

以 1990 年为基准年，日本各交通方式 CO_2 排放量的变化趋势如图 21.16 所示。图 21.16 中的数据表明，日本水运方面的排放总量进一步降低，2009 年实际排放水平低于 1990 年的排放水平；除水运之外，道路、航空以及铁路都有不同程度的增加，道路交通 2000 年之后表现出较强的减排趋势。

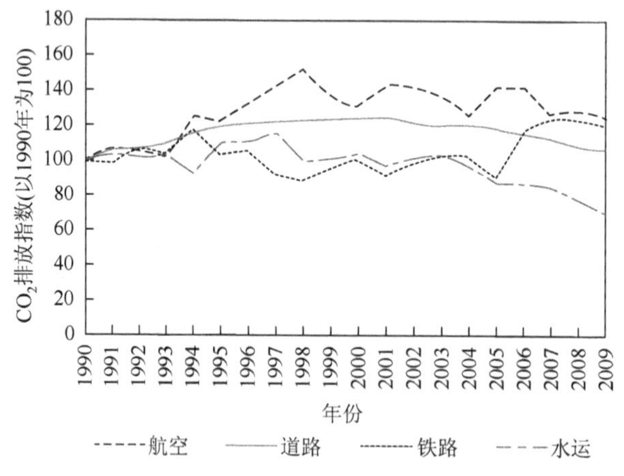

图 21.16　日本各交通方式 CO_2 排放与 1990 年比较

4. 交通政策变迁

自第二次世界大战以后，日本产业颓废，百废待兴。自此开始，日本交通政策发展经历了以下四个重要时期。

第一时期：第二次世界大战后～1955 年，日本交通政策以复兴经济为基础，旨在修复第二次世界大战时期日本停滞的城市建设。1950 年，日本政府颁布《国土综合开发法》，尤以其中“全国综合开发计划”为主。其中，阐述了交通运输的重要地位、作用，以及制定交通政策的目的、与其他计划的关系等问题，为日本交通政策的制定和发展奠定了良好的基础。

第二时期：1956～1976 年，随着日本经济的复苏，日本交通政策制定的主要目标转向“解决交通瓶颈”，以适应经济的高速增长，集中修建高速公路、电力机车铁路线，并建设东京至大阪的新干线。该时期，日本十分重视交通发展的规划，为当今日本形成的比较完善的交通体系奠定了良好的基础。

第三时期：1977～2000 年，以“第三个全国综合发展计划”为转折点，日本开始重新审视交通发展观，将交通发展重点转向公共交通，将交通区域重点从东京转向全国布局。

第四时期：2000 年以后，日本全面进入“低碳交通”发展时期，交通网络逐渐完善、交通智能化系统水平和普及率进一步提高，公共交通全面发展。

日本交通部门在经历了几次重要的战略调整和发展时期后，交通部门低碳转型初显成效，东京是日本开展低碳交通实践取得显著成效的代表城市。不同于世界上许多其他大城市的“发展私家车—道路交通拥挤—发展公共交通和轨道交通”的“先拥堵后治理”的交通发展模式，东京很早就建立了以发展轨道交通为核心的发展方式。东京当前的公共交通体系已经相当完备，交通线路众多，形成了地面、地上和地下的立体交通网络。其中，东京的轨道交通十分发达，轨道交通的密度超过 950m/km^2，每天承担东京市民 86%的交通出行，运送旅客超过 2000 多万人次。轨道交通换乘便利、票价便宜、运行准时等特点是吸引广大市民选择其出行的主要原因。

东京的机动车保有量水平很高，几乎每 2 个人就有 1 辆车，但东京道路交通的效率仍然很高。一方面，东京依靠高昂的停车费这一价格杠杆调控市民的交通出行方式，在不限制购置车辆、不限制使用车辆的情况下，市民自愿放弃使用私家车；另一方面，东京对道路违章停车的惩罚力度很大，不仅要支付高昂的罚金，还要受到驾驶证罚分的惩罚，违规停车导致的拥堵明显减少。另外，日本个人的交通意识与交通素质很高，自主杜绝闯红灯，在车辆交汇口处自觉遵循“拉链”原则等行为，不仅减少了道路的交通拥堵，而且减少了交通事故的发生。

另外，智能交通技术在东京也得到了广泛应用。车辆信息与通信系统（vehicle information communication system，VICS）提供实时的道路信息，为驾驶员的出行决策提供依据；不停车收费（electronic toll collection，ETC）系统在东京的收费道路和高速公路上得到广泛的普及，该系统可减少车辆在收费处的等待时间，减少在收费口处的拥堵。

21.2.4　欧盟交通部门发展模式研究

1. 交通周转量与 GDP 指数

图 21.17 是欧盟 28 个成员国 1995～2013 年 GDP、客运周转量（欧盟内）、货运周转量（欧盟内）的增长指数关系图（2000 年指数为 100，GDP 以 2005 年不变价计算）。1995～2013 年，欧盟 GDP 年均增速为 1.64%，货运周转量的年均增速为 1.13%，客运周转量的年均增速为 1.04%。近 20 年的数据显示，欧盟经济整体趋势向好，在经历 2008 年欧洲经济危机之后，经济增速进一步放缓，其客运交通服务量和货运交通服务量也同样受到不同程度的影响。尽管该时期欧盟的货运周转量和客运周转量相对于 GDP 的弹性也都小于 1，与美国和日本的趋势相似，但该期间欧盟的货运周转量出现了较大的波动，在 2004～2007 年出现了较大的增长[9]。

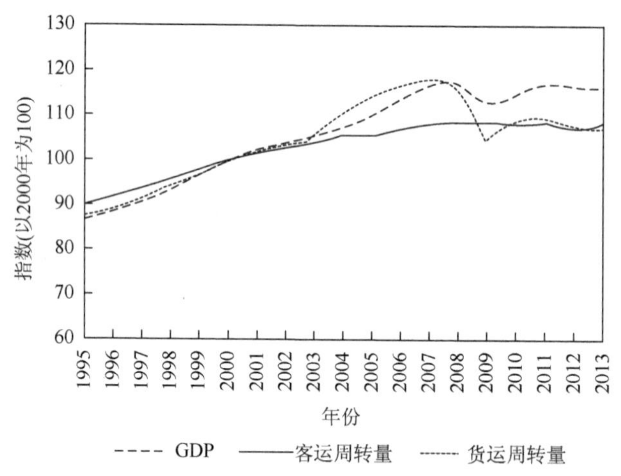

图 21.17　欧盟 GDP、客运周转量、货运周转量发展指数图（1995～2013 年）

2. 交通部门发展演变

1）机动车保有量

欧盟（28 国）1990～2013 年机动车千人保有量水平一直呈增长的趋势，从 1990 年 343 辆的水平增长到 2013 年 491 辆的水平；在机动车保有量增速方面，从 1990 年 3%左右的水平回落到 2013 年 1%以下，年均增长率保持在 1.8%的水平上，略高于同期 GDP 的年均增速，如图 21.18 所示。

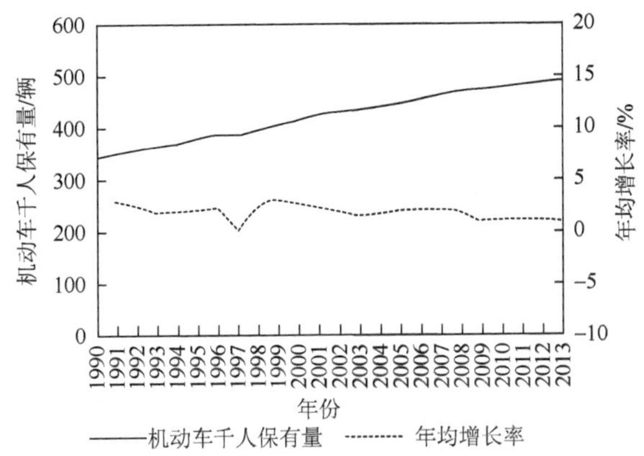

图 21.18　欧盟机动车千人保有量与年均增速（1990～2013 年）

机动车千人保有量在欧盟 28 个成员国之间的差异也比较大。卢森堡的机动车千人保有量最高，达到 661 辆，而罗马尼亚的机动车千人保有量水平最低，仅为 235 辆。保加利亚、爱沙尼亚和立陶宛是机动车千人保有量增长较快的国家，增速达到了 4%左右；而意大利、希腊等国家机动车千人保有量开始呈下降的趋势。

2）客运周转量

欧盟交通部门客运周转量几近饱和，交通结构基本稳定。欧盟客运周转量总量从 1995 年的 5.4 万亿人公里增加到 2013 年的 6.5 万亿人公里，增速较为缓慢，从 2005 年至今，客运周转量总量变化更小，并于 2009 年达到了历史峰值；交通结构方面，道路交通承担了 80%以上的客运周转量，航空在客运周转量中的比例也不断增加。1995～2013 年，约有 2.5%的客运周转量从道路部门转向航空部门，而铁路和水运的客运周转量占比没有较大的变化。

3）货运周转量

1995～2013 年，欧盟交通部门货运周转量的总量于 2007 年达峰后逐渐回落，货运交通结构也逐渐调整优化。货运周转量从 1995 年的 2.85 万亿吨公里增长到在 2007 年达到历史峰值为 3.84 万亿吨公里，近年来呈现缓慢下降的趋势，2013 年下降到 3.48 万亿吨公里。货运周转量结构方面，道路交通的份额有一定程度的增加，从 45.3%升高到 49.4%，水运、铁路和管道所占比例下降，分别从 1995 年的 37%、13.6%和 4.0%下降到 2013 年的 35.7%、11.7%和 3.2%。

3. 终端能源消费和 CO_2 排放

欧盟（28 国）终端能源的消费总量方面，2004 年终端能源消费总量达到历史峰值，为 11.44 亿吨标准油，交通部门则在 2007 年达峰，为 3.37 亿吨标准油。从交通部门终端能源在总终端能源消费中的占比来看，这一比例从 1990 年的 24.6%增加到 2011 年的 30%，近两年开始略有下降。

欧盟总交通终端用能在 2007 年达到历史峰值。在 1990～2013 年交通部门各种交通方式能源消费占比中，道路交通占了交通用能中 90%以上的份额，其次是铁路、欧盟内航空和欧盟内水运，最后是管道及其他（图 21.19）。2013 年欧盟其他交通方式用能在交通总用能中的占比约为 7%。

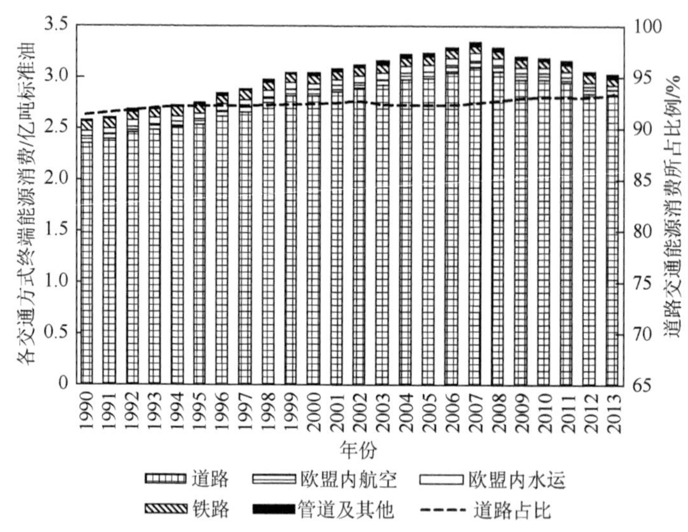

图 21.19　欧盟交通部门各交通方式终端能源消费（1990～2013 年）

欧盟（28 国）的统计数据显示，1990～2012 年，欧盟化石燃料排放的 CO_2 总量从 42.6 亿 t 降至 34.4 亿 t，而同期交通部门化石燃料消耗排放 CO_2 从 1990 年的 7.7 亿 t 增加到 2007 年的 9.8 亿 t 的峰值之后，降至 2012 年的 8.8 亿 t。2012 年，欧盟交通部门 CO_2 排放在总 CO_2 排放中的占比为 25.66%。

欧盟交通部门各种交通方式的 CO_2 排放总量及道路 CO_2 排放在交通部门中的占比如图 21.20 所示。统计数据显示，欧盟交通部门 CO_2 排放中，道路交通是其最主要的排放源，其占比从 1990 年的 92.3%上升到 2012 年的 94.4%，其他几种交通方式的 CO_2 排放总占比约为 5.6%，远低于道路交通部门 CO_2 排放。欧盟人均交通部门 CO_2 排放水平约为 2t，与日本的水平相当。

欧盟各种交通方式以 1990 年 CO_2 排放绝对量为基准的比较如图 21.21 所示，2012 年欧盟的道路和欧盟内民航的 CO_2 绝对排放量与 1990 年比较仍有一定程度的上升，而欧盟内水运和铁路的 CO_2 排放量持续下降，明显低于 1990 年的水平。若按图 21.21 中的趋势发展，欧盟各交通方式有望很快将交通部门的 CO_2 排放减小到 1990 年的水平。

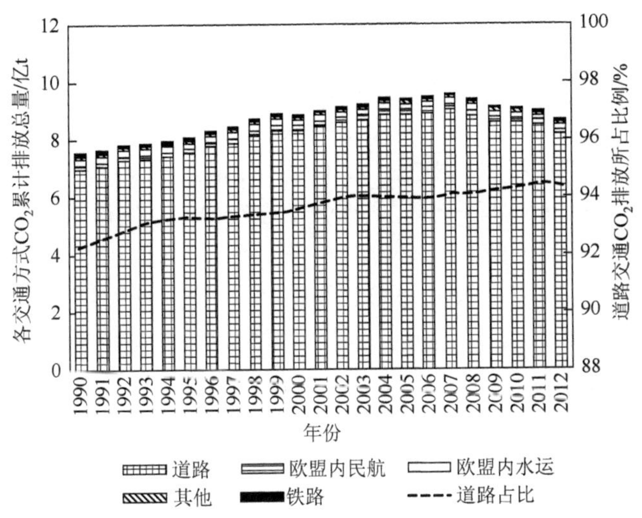

图 21.20　欧盟交通部门各交通方式 CO_2 排放（1990～2012 年）

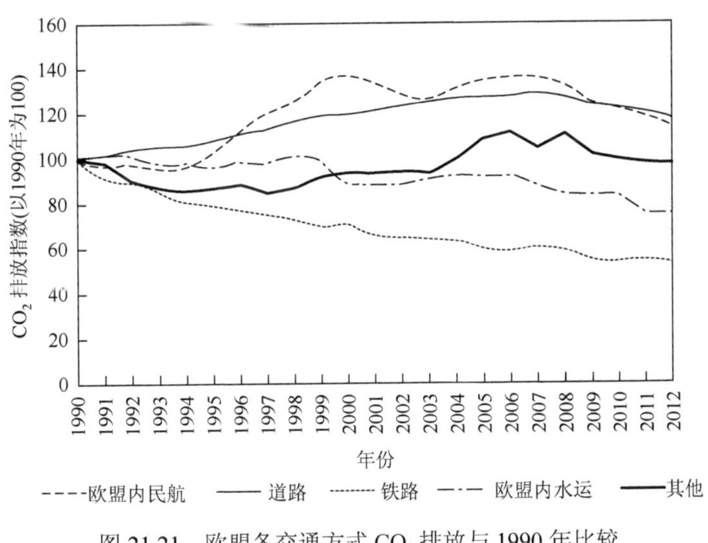

图 21.21　欧盟各交通方式 CO_2 排放与 1990 年比较

4. 交通政策变迁

相比美国和日本，欧盟交通能源消费中道路交通能源消费比例超过 90%。为此，近 20 年欧盟交通部门政策主要从三个方面促进其交通体系转型：第一，鼓励发展非道路交通以发挥替代道路交通的作用，比较典型的措施有“第五个环境行动计划”“马可波罗计划”等；第二，提高能源使用效率，促进清洁能源和可再生能源在交通部门中的使用，典型的措施包括“能源效率行动计划”“燃料质量指令修订”“欧盟2020战略”等；第三，指引和约束各成员国交通部门减排目标，包括“国家分配计划（NAP）”和“交通运输白皮书”。

除此之外，欧盟各成员国也根据自身的发展特点，积极促进交通转型。英国伦敦积极开展征收“拥堵费”来提高城市运行效率。“拥堵费”的征收方法是对上午7：00～下午6：30时间段内驶入或停靠在市中心特定区域的车辆进行征收，摩托车、公共交通车辆、残疾人车辆、应急车辆以及居住在市中心的私家车除外。这一政策促使伦敦私家车使用量下降了30%，公共交通使用量得到了明显的提高，道路拥堵情况得到显著改善。同时，“拥堵费”政策提出将所征收费用的80%以上用于公共交通建设的投资，进一步提升公共交通的服务能力。伦敦是英国征收“拥堵费”缓解交通拥堵的一个成功案例，其成功的原因在于：①伦敦具有比较发达的公共交通系统，在减少小汽车出行的情况下有公共交通作为出行替代；②所征收的费用有非常明确的使用制度和管理制度，并且投资于公共交通以改善公共出行的环境，得到广大市民的认可和支持；③市民的文化与素质比较高，对征收“拥堵费”以缓解交通拥堵有更清晰和更准确的认识，选择公交出行或者绿色出行逐渐成为伦敦市民主要的出行方式。但是，征收“拥堵费”绝不是简单的收费而已，而是要结合城市自身的特点用价格杠杆来优化市民的出行方式，不可盲目复制。

21.2.5 发达国家和地区交通部门发展特点

上面对美国、日本、欧盟三个主要的发达国家和地区交通部门的演变进行了分析，本节将初步对发达国家交通部门发展特点进行总结。

1. 经历道路交通快速发展阶段

美国、日本和欧盟都经历了机动车快速增长阶段，当前机动车千人保有量水平都超过了500辆；并且道路交通能源消费在交通部门能源总消费中的占比都高于80%，欧盟这一比例更高，超过90%。

道路交通发展是促进发达国家经济繁荣的动力之一。首先，道路交通发展促进汽车工业的繁荣，进而带动了汽车工业上下游相关产业的共同发展，促进了就业和区域经济发展；其次，道路交通的机动性、灵活性和便捷性等特点，增加了家庭和个人的出行半径，以往不容易抵达的购物场所或者娱乐场所变得更容易，家庭短途旅行也更容易实现，家庭和个人的消费水平不断提高；最后，道路交通对新增交通服务需求的调节能力较强，不像铁路、航空等交通方式那样需要较长的基础设施建设周期，因而道路交通的发展能够更快速地调节经济扩张对交通服务的需求。

发展道路交通出现的拥堵和空气污染促使发达国家道路交通部门转型。美国、日本、欧盟三个主要发达国家和地区都已将“积极发展公共交通”“促进综合交通协同发展”“促进新能源汽车推广”作为道路交通发展战略，通过进一步优化交通结构，优化交通能源结构，来促进交通部门绿色发展。

从家庭和个人的角度来看，发达国家经历了机动车从“奢侈品”向“代步工具”普及的时期，也同样经历了机动车发展所带来的拥堵和空气污染的时代，较高的生活水平和不断发展的环保意识促使发达国家人们更愿意接受绿色、低碳的出行方式。

2. 人均交通能耗与人均 GDP

美国、日本和欧盟交通部门发展体现出，随着物质生活的不断提高，人们更加关注交通的安全性、舒适性、时效性，交通用能的需求也将进一步提高。

图 21.22 是世界主要国家人均 GDP（2005 年美元不变价）和人均交通能源消费的关系图。图 21.22 中数据揭示，不同的国家国情不同，所处发展阶段不同，人均交通能源消费和人均 GDP 的关系表征也不一样。图 21.22 中的数据可将国家大致分为三类：第一类是美国、加拿大、新西兰、澳大利亚等发达国家，这些国家人口密度相对较低，交通结构中以高耗能交通方式为主，人均交通能源消费量都达到 1～2 吨标准油/人；第二类是国土面积较小的发达国家（如英国、德国、法国、日本、意大利等），这些国家完成工业化和城市化之后，人均 GDP 达到较高水平后人均交通能源消费量为 0.6～0.7 吨标准油/人，这些发达国家的人均交通能源消费量比较接近；第三类是发展中国家（如中国、印度、墨西哥等），这些国家处于人均 GDP 较低的工业化进程阶段，人均交通能源消费量也较低，两者呈现出较强的线性关系。

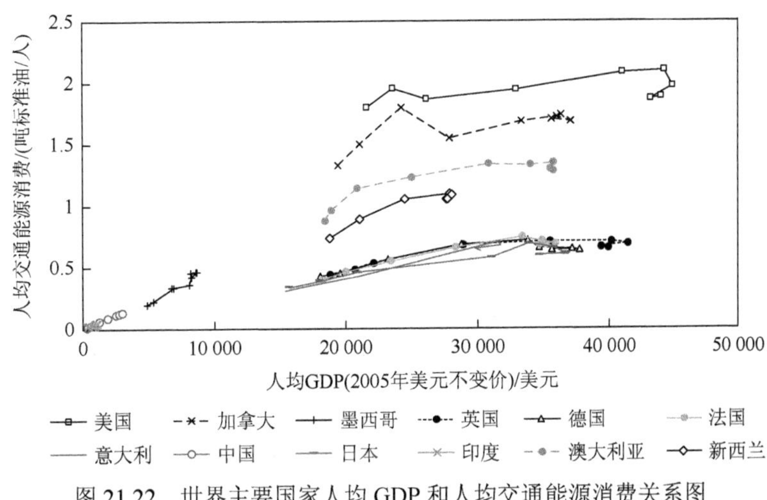

图 21.22　世界主要国家人均 GDP 和人均交通能源消费关系图

从 GDP 发展水平方面对图 21.22 中的数据进行分析，人均交通能源消费随人均 GDP 发展，大体经历了三个主要阶段。

第一个阶段：人均 GDP 水平较低（低于 25 000 美元，2005 年不变价），该时期随着人均 GDP 的增加，人均交通能源消费增加较快，往往人均 GDP 与人均交通能源消费表现出较强的线性关系。

第二个阶段：人均 GDP 在 25 000～35 000 美元（2005 年不变价），人均能源消费随人均 GDP 的增长而缓慢增长，增速较第一个阶段下降很多。

第三个阶段：人均 GDP 水平较高（高于 35 000 美元，2005 年不变价），人均能源消费不再随人均 GDP 的增长而增长，而是呈现缓慢下降的趋势。

通过上述比较，总结人均 GDP 和人均交通能源消费在不同社会发展阶段中的关系如图 21.23 所示。处于工业化初期和工业化中期阶段，GDP 呈粗放型增长，产品和服务的附加值相对较低，经济对交通服务需求的依赖程度较高，人均交通能源消费随人均 GDP 的增长而快速增加；处于工业化后期阶段，经济转向内涵式增长，产品和服务的附加值不断升高，进而对交通服务需求依赖逐渐降低，人均交通能源消费随人均 GDP 的增长而增速逐渐放缓；处于后工业化阶段，随着人民生活水平达到一个新的高度，人们节能环保意识不断加强，技术、运营、管理以及意识形态等方面的提升对交通部门的节能贡献越来越大，人均交通能源消费不再随人均 GDP 的增加而增加。

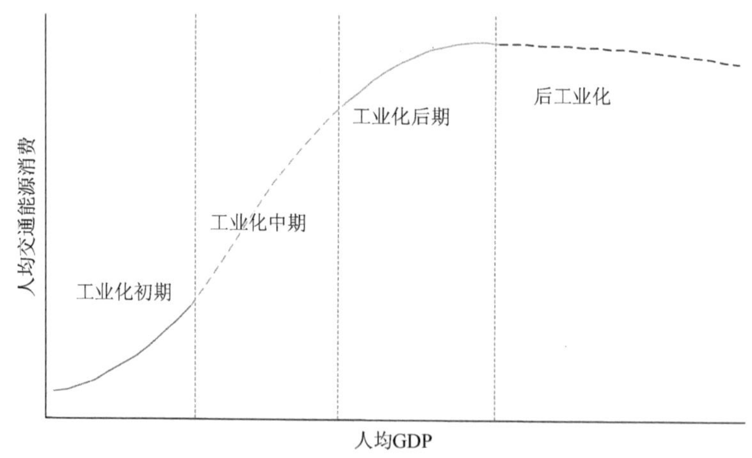

图 21.23　不同发展阶段人均 GDP 和人均交通能源消费关系图

3. 政策在交通转型中的重要作用

通过美国、日本和欧盟交通部门的发展演变可以看出，政策在促进这些国家和地区交通发展转型中发挥着重要作用。

1）加强交通部门可持续发展的相关立法

从美国、日本和欧盟的发展历程来开，加强交通部门的立法工作是开展交通相关工作的基础，通过立法工作可促进交通部门在规划、管理、实施等方面程序化，进而全面有序地推进交通部门的转型工作。只有交通部门立法完善，交通相关的行政制度出台才有根基，交通相关的业务开展才有保障，影响交通发展的因素才能够得以抑制。交通立法工作为发达国家交通发展的转型提供了制度保障。

2）提高道路交通燃油经济性

以各项标准来严格约束交通部门发展是发达国家交通部门转型的重要举措之一，其中进一步提高机动车燃油经济性标准更具代表性。

美国在机动车燃油经济性方面实行的是 CAFE（Corporate Average Fuel Economy，企业平均燃油经济性）标准，日本实行的是“能效领跑者”制度，这两个国家通过对企业平均燃油经济性进行核算，不断提出更严格的企业平均燃油经济性标准，进而鼓励企业在生产环节向低排放交通工具生产转移。欧盟机动车燃油标准是由欧洲汽车工业和欧盟委员会共同商议制定的，欧盟也不断对其燃油经济性标准提出更高的要求，进而促使道路交通节能减排。2000 年以来，世界各国都将提升机动车的燃油经济性作为节能减排的重要措施（图 21.24），提高机动车燃油经济性已成为世界各国在交通部门中节约能源消费的重要抓手。

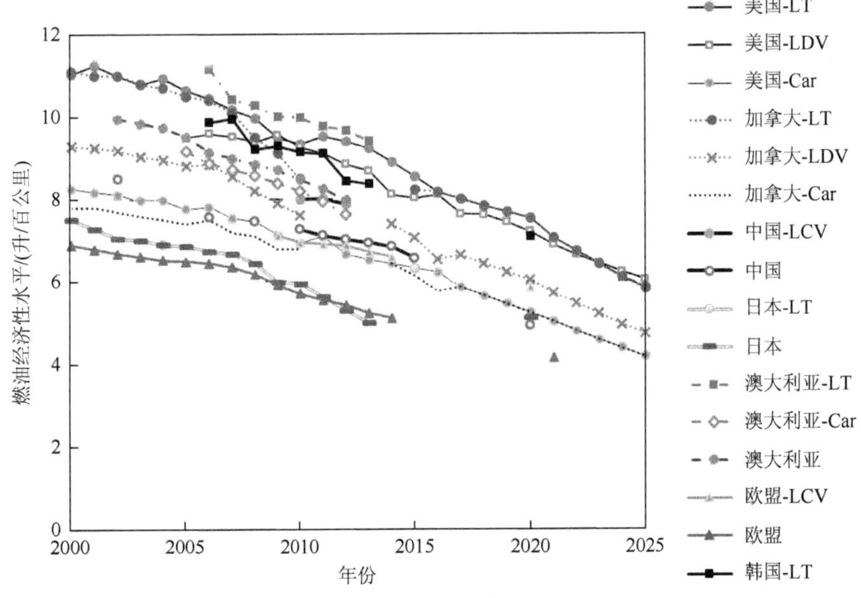

图 21.24　多国机动车燃油经济性标准

3）金融政策扶持和引导

价格杠杆是调节市场经济中供需关系的有效手段之一，在交通部门中引入相关的财政金融政策，调控交通服务中的供需关系，是发达国家优化交通结构、促进交通转型的方法之一。当前在交通部门中使用的金融政策手段较多，包括通过对公共交通的补贴来影响个人出行方式，对新能源汽车购置补贴以加速其市场化，征收高昂的停车费以制约私家车出行，通过对老旧车辆实施提前报废补贴以加速车辆的清洁化，对智能交通技术进行补贴以加速其更快地产业化和市场化等。这些交通政策措施在发达国家发展历程中都有不同程度的应用。

政府希望能够通过干预价格来调控交通需求，进而促进交通发展转型。但在实际操作的过程中，通过价格干预能否达到预期的效果还将受到制度、文化、法律、技术、行为等一系列因素的综合影响，存在非常大的不确定性。既需要有相关理论和模型从方法学上进行仿真，又需要不断地将政策效果进行及时的评估和反馈，进而充分发挥政策对交通发展转型的引导作用。

21.3 中国交通部门低碳转型

21.3.1 本节引论

本节基于 21.2 节对交通部门减排技术和减排潜力分析，首先从理论上推导交通部门发展的一般规律；其次分析我国交通部门低碳转型路径；最后基于我国交通低碳发展路线图和低碳转型因素研究分析，提出我国交通部门低碳转型的政策建议[10]。

21.3.2 交通部门 CO_2 排放、能源消费和服务量达峰条件分析

学习 Kaya 公式研究中国 CO_2 排放达峰问题的方法，我国交通部门 CO_2 排放可以分解为四个部分，如式（21.1）所示：

$$\mathrm{CO_2}=\mathrm{GDP}\times\frac{\mathrm{Service}}{\mathrm{GDP}}\times\frac{E}{\mathrm{Service}}\times\frac{\mathrm{CO_2}}{E} \tag{21.1}$$

其中，CO_2 表示交通部门 CO_2 排放量；GDP 表示国内生产总值；Service 表示交通服务周转量；E 表示交通部门能源消费量。

式（21.1）的具体含义为，交通部门 CO_2 排放量取决于 GDP 总量，单位 GDP 的交通服务强度 I_{gs}（即公式中的 $\frac{\mathrm{Service}}{\mathrm{GDP}}$），单位交通服务量的能源消费强度 I_{se}（即

公式中的$\frac{E}{\text{Service}}$），以及单位交通能源消费的CO_2排放强度I_{ec}（即公式中的$\frac{CO_2}{E}$）。可将式（21.1）改写为

$$CO_2 = \text{GDP} \times I_{gs} \times I_{se} \times I_{ec} \tag{21.2}$$

交通部门CO_2排放是一个不断变化的过程。为研究交通部门CO_2排放如何在变化过程中达峰，可将式（21.2）动态化。在国家层面上，随着交通部门排放达峰时间的临近，式（21.2）中各变量的年变化率都将在百分之几的小范围内变化，忽略二阶小项，CO_2年变化率的关系可由式（21.3）近似描述：

$$\beta_c \approx \beta_g - \gamma_{gs} - \gamma_{se} - \gamma_{ec} \tag{21.3}$$

其中，β_c代表交通部门CO_2排放年增长率；β_g为GDP的年增长率；γ_{gs}为单位GDP的交通服务强度年下降率；γ_{se}为单位交通服务量的能源消费强度年下降率；γ_{ec}为单位交通能源消费的CO_2排放强度的年下降率。

（1）当交通部门CO_2排放达峰值时，单位交通能源消费的CO_2排放强度年下降率与交通能源消费年增长率之间的关系如下。

单位交通能源消费的CO_2排放强度的年下降率（γ_{ec}）取决于交通部门能源结构的调整和变化。根据交通能源消费的CO_2排放强度年下降率的定义，可将γ_{ec}展开为式（21.4）：

$$\gamma_{ec} = \frac{\Delta I_{ec}}{I_{ec}} = \frac{\left[\frac{Q_c}{E} - \frac{Q_c(1+\beta_c)}{E(1+\beta_e)}\right]}{\frac{Q_c}{E}} = \frac{\beta_e - \beta_c}{1+\beta_e} \tag{21.4}$$

其中，Q_c代表交通部门的CO_2排放；E代表交通部门的能源消费量；I_{ec}代表单位交通能源消费的CO_2排放强度；β_c和β_e分别代表交通部门CO_2排放的年增长率和交通部门能源消费量的年增长率。

在交通能源消费量的年增长率（β_e）较低的情况下，$\frac{1}{1+\beta_e} \approx 1$，式（21.4）可近似为式（21.5），即交通部门单位能源消费的CO_2排放年下降率近似为交通部门能源消费量的年增长率和交通部门CO_2排放的年增长率之差。

$$\gamma_{ec} \approx \beta_e - \beta_c \tag{21.5}$$

若交通部门CO_2排放达到峰值，即交通部门CO_2排放的年增长率$\beta_c \leqslant 0$，则由式（21.5）得到

$$\gamma_{ec} \geqslant \beta_e \tag{21.6}$$

由式（21.6）可知，交通部门CO_2排放达到峰值的一个必要条件为：交通部门单位能源消费的CO_2排放强度的年下降率（γ_{ec}）要大于交通部门能源消费量的

年增长率（β_e）。该必要条件也意味着，随着交通能源结构的调整和优化，交通部门 CO_2 排放达峰时，交通部门能源消费量可仍在增长，交通部门能源消费的达峰时间一般晚于交通部门 CO_2 排放的时间。

（2）当交通部门 CO_2 排放达峰时，交通服务周转量与单位交通服务量 CO_2 排放强度之间的关系如下。

根据前面动态化 Kaya 公式的推导思路，还可将交通部门的 CO_2 排放按式（21.7）进行展开来表示，即

$$CO_2 = \text{Service} \times \frac{CO_2}{\text{Service}} = \text{Service} \times I_{sc} \tag{21.7}$$

在交通服务总量（Service）和单位交通服务量 CO_2 排放强度（I_{sc}）的年变化率较低的情况下进行动态化展开，忽略二阶小，即有

$$\beta_c \approx \beta_s - \gamma_{sc} \tag{21.8}$$

其中，β_c 为交通部门 CO_2 排放的年变化率；β_s 为交通服务量的年增长率；γ_{sc} 为单位交通服务量 CO_2 排放强度的年下降率。在交通部门 CO_2 排放达到峰值时（$\beta_c \leqslant 0$），则有

$$\gamma_{sc} \geqslant \beta_s \tag{21.9}$$

式（21.9）为交通部门 CO_2 排放达到峰值时的另一个必要条件，即单位交通服务量 CO_2 排放强度的年下降率（γ_{sc}）要大于交通服务量的年增长率（β_s）。

（3）当交通部门能源消费量达峰时，交通服务量与单位交通服务量的能源消费强度之间的关系如下。

单位交通服务量的能源消费强度年下降率（γ_{se}）取决于交通结构优化和交通节能技术进步，根据单位交通服务量的能源消费强度年下降率的定义，可将 γ_{se} 展开为

$$\gamma_{se} = \frac{\Delta I_{se}}{I_{se}} = \frac{\left[\dfrac{E}{\text{Service}} - \dfrac{E(1+\beta_e)}{\text{Service}(1+\beta_s)}\right]}{\dfrac{E}{\text{Service}}} = \frac{\beta_s - \beta_e}{1+\beta_s} \tag{21.10}$$

其中，E 表示交通部门的能源消费量；Service 表示交通服务量；I_{se} 表示单位交通服务量的能源消费强度；β_e 和 β_s 分别表示交通部门能源消费量的年增长率和交通部门服务量的年增长率。

在交通服务量的年增长率 β_s 变化较小时，$\dfrac{1}{1+\beta_s} \approx 1$，因而式（21.10）可近似表达为

$$\gamma_{se} \approx \beta_s - \beta_e \tag{21.11}$$

当交通部门能源消费达峰时，即 $\beta_e \leqslant 0$，因而有

$$\gamma_{se} \geqslant \beta_s \tag{21.12}$$

由此可以得出交通部门能源消费量达到峰值时的必要条件，即单位交通服务量的能源消费强度年下降率（γ_{se}）要大于交通部门服务量的年增长率（β_s）。该条件也意味着，随着交通结构的进一步优化以及交通节能技术的提高，交通部门能源消费量达到峰值时，交通服务量可仍在增长，交通能源消费达到峰值的时间一般会早于交通服务量达到峰值的时间。

（4）当交通部门服务量达到峰值时，GDP 的年增长率与单位 GDP 交通服务强度之间的关系如下。

单位 GDP 的交通服务强度年下降率（γ_{gs}）取决于产业结构的优化以及交通结构的调整。根据单位 GDP 的交通服务强度年下降率（γ_{gs}）的定义，可将其展开为式（21.13）：

$$\gamma_{gs} = \frac{\Delta I_{gs}}{I_{gs}} = \frac{\left[\dfrac{\text{Service}}{\text{GDP}} - \dfrac{\text{Service}(1+\beta_s)}{\text{GDP}(1+\beta_g)}\right]}{\dfrac{\text{Service}}{\text{GDP}}} = \frac{\beta_g - \beta_s}{1+\beta_g} \tag{21.13}$$

其中，Service 为交通服务量；GDP 为国内生产总值；I_{gs} 为单位 GDP 的交通服务强度；β_g 和 β_s 分别为 GDP 的年增长率和交通部门服务量的年增长率。

在 GDP 年增长率（β_g）变化较小的情况，$\dfrac{1}{1+\beta_g} \approx 1$，即有

$$\gamma_{gs} \approx \beta_g - \beta_s \tag{21.14}$$

当交通部门交通服务量达峰时，即 $\beta_s \leqslant 0$，则有

$$\gamma_{gs} \geqslant \beta_g \tag{21.15}$$

由式（21.15）可得到交通部门服务量达到峰值时的必要条件，即单位 GDP 的交通服务强度年下降率（γ_{gs}）大于 GDP 的年增长率（β_g）。该条件也意味着，随着 GDP 产业结构以及交通结构的优化，交通服务量达到峰值时经济仍可保持持续增长，也意味着交通服务将在经济持续增长的过程中达到峰值。

美国、日本和欧盟国家交通部门达到峰值的年份如表 21.4 所示。其中美国和欧盟 CO_2 排放达峰、交通部门能源消费量达峰和交通服务周转量达峰几乎是同时实现的，均为 2007 年。略有不同的是美国货运服务周转量达峰时间为 2008 年而欧盟的客运服务周转量达峰时间为 2009 年。美国和欧盟交通部门 CO_2 排放、交通部门能源消费量和交通服务周转量几乎同时达峰的关键在于经济发展与交通服

务需求已实现完全脱钩，交通服务量达峰发挥了重要的作用。日本的交通达峰在顺序上略有不同，先实现交通部门能源消费量达峰，而后是交通部门 CO_2 排放达峰和交通服务周转量达峰，其主要原因在于日本交通能源结构低碳化方面的进展稍落后于交通节能工作的进展。

表 21.4　发达国家交通部门达峰时间比较

达峰时间	美国	日本	欧盟
交通部门 CO_2 排放达峰时间	2007 年	2001 年	2007 年
交通部门能源消费量达峰时间	2007 年	1999 年	2007 年
交通客运服务周转量达峰时间	2007 年	2003 年	2009 年
交通货运服务周转量达峰时间	2008 年	2007 年	2007 年

美国、日本和欧盟交通部门 CO_2 排放达峰、交通部门能源消费量达峰和交通服务周转量达峰是在后工业化发展到一定阶段时实现的，也是在全球共同应对气候变化的新国际形势下加速促成的。我国交通部门正处于快速发展时期，所处的发展阶段和所具有的发展特点与发达国家交通部门有非常大的不同。在我国 2030 年左右实现全国碳排放达峰的约束下，我国交通部门将在快速发展中实现低碳转型。在这样的形势下，我国交通部门达峰时的阶段性特点将更加明显，在达峰时间方面将前后经历如下几个过程，如图 21.25 所示。

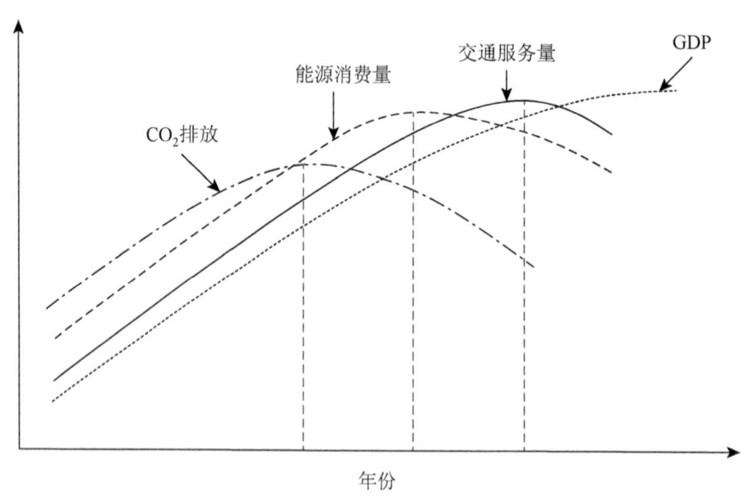

图 21.25　我国交通部门 CO_2 排放、能源消费量及交通服务量达峰规律

第一阶段是交通部门 CO_2 排放达峰，即该阶段实现了交通部门的发展与碳排

放脱钩。也就是说通过交通技术的提升和交通能源结构的调整实现了交通部门单位能源的 CO_2 强度下降速度大于能源消费的增长速度，在交通能源消费仍然增加的情况下实现交通部门 CO_2 排放达峰。

第二阶段是交通部门能源消费量达峰，即交通部门的发展与交通能源消费脱钩。届时新增的交通服务需求所增加的交通能源消费量完全可由技术节能、管理节能和交通结构向低能耗转型等产生的节能量所取代，即单位交通服务能源强度下降速度快于交通服务增长的速度。

第三阶段是交通部门交通服务量达峰，即经济增长与交通服务完全脱钩。届时我国的经济社会发展较为完善，人们生活水平较高，节能与环保理念成为社会文化共识。由经济结构调整、交通系统优化以及互联网和物联网资源的有效配置，单位 GDP 交通服务强度下降释放的交通服务需求可满足经济增长对交通服务的需求。

21.3.3　交通部门低碳转型的核心要素

我国交通部门低碳转型的核心要素包括三个层面，即技术转型、体系转型和文化转型。

技术转型是动力。随着技术的发展和进步，新旧技术的更替是实现交通部门节约能源和减少 CO_2 排放的主要途径之一。这里面所讲的技术包含了各类先进的交通技术，大到新型飞机发动机的设计和制造，小到汽车尾气回收装置中催化剂的选配，既可以是一种新材料的应用，也可能是一个新结构的推广。所有这些技术在交通部门中的应用，都可以获得最直接的 CO_2 减排效果。

体系转型是保障。体系转型是采用各种“方法”来实现交通部门的节能减排。这里面所说的“方法”可以是配套法律体系的建设，可以是相关标准的制定，可以是财税金融方法的实施，还可以是新制度的执行。不断地使用各种“方法”来促进交通部门的进一步优化，使之发挥减少 CO_2 排放的作用。

文化转型是根本。文化转型是人通过认识上的转变和提高，自觉在生活中实践低碳交通。这里面谈到的“文化”可以是交通出行时更偏好使用公共交通出行，可以是购置私家车时主动购买电动汽车或燃料电池汽车，还可以是日常生活中尽可能多地选用非机动出行，尽可能地用铁路来替代飞机出行等。随着低碳生活理念的不断加强，人们将在生活中首选绿色的出行方式（非机动出行或者步行），其次在各类交通出行方式中选择更低碳、更节能的交通方式。

技术转型、体系转型和文化转型是交通低碳转型三个维度层面上的措施，是相辅相成的。技术转型是“物”层面上的转型，通过资金、人力和物力的投入，促使交通部门中出现新的“物”来替代旧的“物”，进而促进转型；体系转型是“方法”层面上的转型，通过在实践中不断地摸索和创新，理顺交通部门中各主体之间的关系，从而发挥交通部门的整体优势；文化转型是“精神”层面上的转型，通过不断的学习和教育，让每个人在思想上认识到低碳，在行动上自觉实践低碳。三个维度层面是相互促进的，越来越多的低碳技术和管理得以应用，个人对低碳生活的理解也越来越深刻；当低碳理念被认可时，低碳技术和低碳管理可以理解得更深，推广得更远。

另外，从转型时效性上面来讲，技术转型更直接，只要新技术得以使用，其减排的效果可以直接体现出来；体系转型需要一定时间，它需要对交通系统的内部关系进行优化，但这种优化涉及的领域很广，主体较多，减排的成功与否以及减排效果的大小都具有较大的不确定性；文化转型则需要一代人或者几代人的时间来完成，需要在思想上教育，文化中学习，生活中实践。一旦实现了文化转型，其减排的潜力是相当巨大的。

参考文献

[1] EDMC. Handbook of Energy and Economic Statistics 2014. Japan：The Energy Conservation Center，2014.

[2] IEA. Railway Handbook 2015. Paris：OECD Publication Service，2015.

[3] 中华人民共和国国家统计局. 中国统计年鉴. 北京：中国统计出版社，2015.

[4] 傅志寰. 中国交通运输中长期节能问题研究. 北京：人民交通出版社，2011.

[5] Wang H L，Ou X M，Zhang X L，et al. Comparison study of structure feature，energy consumption and policy application in transportation sector among China，the USA and Japan. Advanced Management Science，2014，3（3）：5.

[6] Davis S C，Diegel S W，Boundy R G. Transportation Energy Data Book：Edition 34. Washington：United States Department of Energy，2015.

[7] Statistics Bureau of Japan. Japan Statistical Yearbook 2015. Tokyo：Ministry of Internal Affairs and Communications，2015.

[8] Statistics Bureau of Japan. Historical Statistics of Japan. http: //www.stat.go.jp/english/data/chouki/index.htm [2016-1-15].

[9] European Commission. EU Transport in Figures Statistical Pocketbook 2015. Brussels：Publications Office of the European Union，2015.

[10] 何建坤，陈文颖，等. 应对气候变化研究模型与方法学. 北京：科学出版社，2015.